Ernst Ludwig Posselt

Europäische Annalen

Jahrgang 1798 erster Band

Ernst Ludwig Posselt

Europäische Annalen
Jahrgang 1798 erster Band

ISBN/EAN: 9783742893055

Hergestellt in Europa, USA, Kanada, Australien, Japan

Cover: Foto ©ninafisch / pixelio.de

Manufactured and distributed by brebook publishing software
(www.brebook.com)

Ernst Ludwig Posselt

Europäische Annalen

Europäische Annalen

Jahrgang 1798

Erster Band

von

D. Ernst Ludwig Posselt.

Tübingen
in der J. G. Cottaischen Buchhandlung
1798.

I.

Die Ligurische Republik,

oder

Revolution von Genua. *

(von einem teutschen AugenZeugen.)

Erster Abschnitt.

Die Republik Genua hatte seit dem Anfange der Feindseligkeiten zwischen Frankreich und den alliirten Mächten eine gefährliche Rolle zu spielen. Zwar beschloß sie, eine strenge Neutralität zu beobachten; aber ihre örtliche Lage und die individuellen Verhältnisse ihrer Regierung

* Die beide einzige, mir bis izt bekannt gewordene DrukSchriften über die Gennesische Revolution: Mallet du Pan's Briefe, und eines Ungenannten „Storia della rivoluzione di Genova" (bei Caffarelli zu Genua herausgekommen, und bei Chaigneau dem ältern zu Paris in's Französische übersezt) sind, ausser ihrer Unvollständigkeit, so auffallend, jene in aristokratischem und diese in revolutionairem Sinne abgefaßt, daß sie für den GeschichtsForscher beinahe unbrauchbar bleiben. Mehr nähert sich der Wahrheit die Erzählung, welche die Pariser Quotidienne in einem SupplementBlatte lieferte, und welche eigentlich wörtlich aus einer geheimen KlagSchrift gegen Faipoult genommen ist, die der kleine Rath von Genua, kurz vor seiner

erschwerten das in der Ausführung sehr. Von der einen Seite wurde die Majorität ihres Adels durch das warnende Andenken an die Begebenheiten des Jahres 1746, und durch sein GeldInteresse, auf die Seite der fränkischen Republik gezogen, von der er in den kritischen Jahren 1793 und 1794 durch den Handel unermeßliche Summen gewonnen, und in deren Fonds er noch beträchtliche Kapitale liegen hatte. Von der andern Seite schrekten ihn die Drohungen Englands, und vielleicht noch mehr die fränkischen Grundsäze, von einer grösern Annäherung ab, da diese, wenn sie in Genua einmal Zugang fanden, seiner AlleinHerrschaft ein plözliches Ende weissagten.

Minder bedenklich war das Volk, welches, durch eben jene HandelsVortheile angelokt, und vielleicht von einem dunkeln VorGefühl einer glüklichern Zukunft geleitet, sich im Ganzen, nebst der Minorität des Adels, merklich auf fränkische Seite neigte.

Vernichtung, durch Abgeordnete dem fränkischen Directorium überreichen ließ. Wie der Herausgeber zu diesem diplomatischen ActenStüke gekommen ist, weiß ich nicht. Da indessen der Concipient, Stefano Rivarola, einerseits als StellVertreter einer Aristokratie schrieb, anderseits aber die fränkischen Grundsäze schonen muste: so wird man sich nicht wundern, wenn auch hier manches Factum in unrechtem Lichte dargestellt, manches verschleiert geblieben ist. Vielleicht ließt man daher auch noch die Erzählung eines unbefangenen Fremden nicht ungern, der zwar keinen Anspruch darauf macht, überall die UnterSeite der Karten zu kennen, der aber doch AugenZeuge eines Theils der beschriebenen Vorfälle, und gewiß keiner Partei entschieden zugethan war. — Dem Vernehmen nach wird der damalige Secretair der fränkischen Gesandschaft eine Geschichte dieser Revolution in mehreren Bänden schreiben. Allein von einem jungen enthusiastischen Demokraten läßt sich wohl Neuheit und Ausführlichkeit, schwerlich aber Unpartheilichkeit erwarten.

Diese Verschiedenheit der Gesinnungen, dis unentschlossene Schwanken im Ergreifen einer Partei, sind die eigentlichen Quellen der häuslichen Intriguen und politischen Machinationen, die seit fünf Jahren Genua's innere Ruhe störten. Man kennt die Geschichte dieses Zeitraums. Die geheimen Bemühungen der fränkischer Minister Tilly und Faipoult waren nicht fruchtlos geblieben; ihre Partei hatte sich selbst im Senat vergrösert, und seit Buonaparte's Fortschritten senkte sich sichtbar die politische Wagschale in Genua auf Seite der kühnen Sieger.

Bis dahin war indessen unter den Anhängern der fränkischen Partei nie, wenigstens nie öffentlich, von einer Veränderung in der innern Verfassung, sondern stets nur von dem politischen System der Regierung, und von den Masregeln die Rede gewesen, welche Genua bei den so häufigen Collisionen mit den kriegführenden Mächten zu ergreifen hätte. Nachdem aber das Beispiel Mailand's den Völkern Italiens die Möglichkeit einer Demokratie in ihrem Lande gezeigt hatte, begannen auch in Genua die Unzufriedenen mit der bisherigen RegierungsForm sich in einem eignen Zirkel zu vereinigen, und ihre Anfangs geringe Anzahl wuchs, sobald sie sich des Schuzes des fränkischen Gesandten versichert sahen, dergestalt an, daß sie bald in dem Staate eine wichtige Rolle spielten. Da nun in dem Maase, als dieser Klub seinen revolutionairen Grundsäzen mehr Publizität gab, ein groser Theil der vorher sogenannten fränkisch Gesinnten, welche Rang oder Reichthümer bei einer RegierungsUmstürzung Gefahr besorgen ließ, sich von demselben zurükzog: so existirten zur Zeit der Leobener FriedensPräliminarien in Genua eigentlich, in Beziehung auf innere Verfassung, drei Factionen: die Majorität des Adels, welche streng auf Beibehaltung der alten Constitution hielt; die alte OppositionsPartei, aus dem Uiberrest des Adels, den bergerlichen Kaufleuten, und den meisten Begüterten bestehend, welche zwar eine Veränderung der in eine Oligarchie ausgearteten RegierungsForm, aber ohne Einmischung der Franken und ihrer Grundsäze wünschten; und endlich die neue demokratische Partei, von ihren Gegnern noch oft die jacobinische genannt. Diese, der Zahl nach die schwächste, war bei weitem die unternehmendste, und die Energie einiger ihrer Anführer, so wie der fränkische Schuz, machten sie den Gewalthabern nicht wenig gefährlich. Die merkwürdigsten öffentlichen Mitglieder waren: Lodi, ein junger reicher PrivatMann von vielen Talenten; Phillipp Doria, ein Roue' aus der bekannten Familie dieses Namens; Isolabella, Neven des kaiserlichen Ministers, ein heftiger Kopf, der schon einmal in Marseille als Terrorist mit Mühe dem Tode entgangen war; Morando, Apothicaire fournisseur der fränkischen Armee, sehr beschränkten Geistes, aber ein eifriger Patriot, in dessen Hause der Klub seine Zusammenkünfte hielt; Cuneo, ein intriganter ExMönch, der die Gabe der Sprache in hohem Grade besizt; die Gebrüder Boccardo, welche, der eine als GeneralIntendant der Posten zu Genua, der andre als Agent seiner Verbündeten in Paris, sehr reelle Dienste zu leisten Gelegenheit hatten; die Aerzte Mongiardino, Fegare, Alberti, Vasaressa, und mehrere Advocaten. Ihre geheimen Gönner waren, ausser dem fränkischen Minister *, vorzüglich die reiche patrizische Familie Serra, deren Haupt, durch mehrere Vorfälle beleidigt, hier beinahe die Rolle des ehemaligen Herzogs

* Faipoult, der seinen Namen in der Genuesischen Geschichte so denkwürdig gemacht hat, als irgend Doria oder Fiesko, war vormals PrivatSecretair bei Roland, welcher sich seiner Talente oft sehr gut zu bedienen wuste. Bekanntlich ward er hernach selbst (Finanz) Minister, und als er diesen Posten verlor, schikte man ihn gleichsam in's Exil nach Genua.

von Orleans spielte.* Auch hat, gleich ihm, Serra seinen Einfluß kaum ein halbes Jahr nach vollendeter Revolution behaupten können.

Die Regierung machte allerlei Versuche, die Zusammenkünfte dieses Klubs zu unterdrüken; Faipoult aber nahm sich dessen unter dem Vorwand öffentlich an: daß darinn nichts constitutionswidriges vorgehe, sondern die Mitglieder nur wegen ihrer politischen Anhänglichkeit an Frankreich von ihren östreichischgesinnten Feinden verfolgt würden.

Unterdessen hatte diese Faction, durch den Vorgang von Venedig angefeuert, den 25 Mai 1797 bestimmt, um mit Hilfe einer durch Faipoult's Vermittelung von Livorno erwarteten fränkischen Escadre die bisherige Regierung zu stürzen, und eine demokratische an deren Stelle zu sezen. Durch einen Zufall brach indeß die Verschwörung früher aus, und misglükte.

Eine Anzahl junger Nobili hatte das lang unterlassene Spiel, „alla barra", das auf einem gewaltsamen körperlichen WettStreit zweier Parteien beruht, wieder hervorgesucht; und der Beifall, den der erste Versuch gefunden hatte, vermochte sie, troz der Warnungen der ältern Senatoren, auf den 16 oder 17 Mai — ich kan den Tag nicht mehr mit Zuverlässigkeit angeben — einen neuen

* Für das reichste Haus in Genua hielt man Cambiaso. Serra und Brignole gaben ihm wenig nach. Dann folgten die Pallavicini, Durazzi und Doria, welche leztern beiden jedoch in Verfall zu gerathen anfiengen. Es sind kaum zwanzig Jahre, daß ein Cambiaso auf seine Kosten bei Campo Morone eine Chaussee anlegen ließ, die ihm zwei Millionen Lire kostete, und wofür er vom Staat weiter nichts, als eine Statue im RathsSaale erhielt. Der Familie Pallavicini gehört in Sizilien, ausser mehreren Herrschaften, der ThunFischFang bei Trapani, der ihr allein im Durchschnitt 30,000 neapolitanische Ducaten jährlich einträgt.

SpielTag anzuberaumen. Sie glaubten allen möglichen Folgen des politischen ParteiGeistes dadurch zuvorzukommen, daß sie mehrere Demokraten zum Mitspielen einluden, und sie unter beide Fahnen vertheilten.

Die leztern nahmen zwar die Einladung an; aber wahrscheinlich mit dem Entschlusse, bei dieser Gelegenheit öffentlich Streit anzufangen, und dadurch die Gesinnungen des Volks zu prüfen. Dem gemäs fanden sich Doria, Isolabella und einige ihrer Gefährten eine Stunde vor der bestimmten Zeit auf dem SpielPlaze, vor dem Thore Cassola, auf der Contrescarpe ein, und schlugen Ballon. Als sich nun die Spieler zum „la Barra" versammelt hatten, und man sie ersuchte aufzuhören, weigerten sie sich dessen, und es entstand ein Gezänke, welches bald so ernsthaft ward, daß man sie mit Gewalt vom dem Plaze wegzuschaffen drohte. Nun sprangen Isolabella, Doria und alle Demokraten, die sich zahlreich als Zuschauer eingefunden hatten, in ein benachbartes Haus, wo ihre Waffen verstekt lagen, und griffen damit die Edelleute an. Natürlich entstand ein groser Tumult, der sich damit endigte, daß einige Personen SäbelHiebe bekamen, ein teutscher Offizier von der ThorWache, welcher herbeigeeilt war, um Ruhe zu stiften, in den FestungsGraben geworfen, und die Partei des Adels vom SpielPlaze verdrängt ward. Insoweit erreichten die Demokraten ihren Zwek; das zuschauende Volk aber, grösstentheils aus den VorStädten, statt Theil zu nehmen, oder in das LosungsGeschrei: „Viva il popolo sovrano!" mit einzustimmen, zerstreute sich in hastiger Unordnung. — Die Nobili flüchteten durch das benachbarte Thor in die Stadt; die Demokraten, Isolabella an der Spize, verfolgten sie, und als die SchildWache den SchlagBaum niederlassen wollte, ward sie — man hat nicht ausmitteln können, von wem — niedergeschossen. Nichts destoweniger that die Wache unverhoften Widerstand; es gelang ihr, erst das innere, und dann auch das äussere Thor zu schliesen, und zwischen beiden Isolabella'n und den Bedienten eines andern Demokraten, Nolli, mit gezogenen Säbeln zu ergreifen,* worauf sich die übrigen, nach einem fruchtlosen Versuche das Thor zu sprengen, zerstreuten.

Natürlich machte dieser Vorfall in der Stadt erstaunliches Aufsehen. Auf der einen Seite war man in Verlegenheit, was man mit den beiden Verhafteten, für die man die Unternehmungen ihrer Verbündeten, und vielleicht noch mehr die Verwendung des fränkischen Gesandten fürchtete, anfangen sollte; und auf der andern beschlossen die Demokraten nunmehr allem aufzubieten, um die entworfne Revolution durchzusezen, und dadurch zugleich ihre Mitbrüder zu befreien. Ein Unbefangener würde es zwar immer für das rathsamste gehalten haben, diese Befreiung bis zum 25sten desselben Monats aufzuschieben, wo gedachtermasen ein fränkisches Geschwader auf seinem Rükwege von Livorno im Hafen eintreffen sollte: man sagte auch, daß Faipoult dringend diesen kleinen Aufschub angerathen habe; die Verbündeten aber fanden für gut, schon früher loszubrechen.

Die Ursachen dieser Uibereilung, welche hauptsächlich an dem unglüklichen Ausgange schuld war, liegen noch im Dunkeln. Die Häupter der VolksPartei versicherten, gewisse Nachricht zu haben, daß der Rath einen MachtStreich habe ausüben, und sie sämtlich in der Nacht vor dem 23sten Mai aufheben lassen wollen, um sie mit ih-

* Ich hörte Isolabella'n in der Folge selbst seine Gefangennehmung erzählen. Hienach hatte die Wache, als er, mit dem Rüken gegen die Wand gelehnt, sich mit dem Säbel gegen sie vertheidigte, das sonderbare Mittel gebraucht, den schwerfälligsten ihrer Kameraden plözlich auf ihn zu schleudern, wodurch ihm die Führung des Säbels auf einen Augenblik behindert ward. Troz dessen, betheuerte er, hätten sie beide die ganze Wache forciren können, wenn sein Gefährte mehr Muth gezeigt hätte.

ren schon arretirten Gefährten zum Tode zu schiken. Andre, welche in die Politik der Regierung mehr eingeweiht zu seyn glauben, läugnen, daß dieselbe, überall von siegreichen fränkischen Armeen umgeben, einen so ausschweifenden und gewaltsamen Gedanken im Ernst habe fassen können; vielmehr hätten, ihrer Versicherung nach, die StaatsInquisitoren von dem auf den 25sten verabredeten Plan durch Spione Nachricht gehabt und da sie, bei Dazwischenkunft der Franken, den unvermeidlich nachtheiligen Ausgang vorausgesehen, jene Besorgnisse geflissentlich den Demokraten beibringen lassen, um sie dadurch zu der Unvorsichtigkeit eines frühern Ausbruchs zu verleiten.

Genug, Sonntags den 21 Mai, gegen Abend, versammelten sich, nach einer zu St. Pietro d'Arena gehaltenen grosen Mahlzeit, die Demokraten und ihre Anhänger auf der „Piazza dell' acqua verde" (izt „Piazza della liberta") ohngefähr 4 bis 500 stark, fiengen an FreiheitsHymnen zu singen, riefen den vorbeigehenden Adelichen zu: „Nieder mit den Excellenzen!" und zogen zuvörderst durch die „Strada nuova", die Strasse „Balbi" (izt „Strada del popolo"), und den Plaz „delle Fontane amorose", vor den Pallast des fränkischen Gesandten, angeblich um seine Verwendung für die beiden Verhafteten anzusprechen. Von da wendeten sie sich zum Theater, wo man eben den Vorhang aufgezogen hatte. Die Wache verschloß jedoch vor ihnen die Thüren, und trieb sie am Ende, nachdem sie vergeblich versucht hatten, durch PistolenSchüsse die Thüre aufzusprengen, zurük. Bei dieser Gelegenheit ward die Sänfte des spanischen Ministers mishandelt, und erst da man die Insurgenten glauben machte, sie gehöre Faipoult, schienen sie zu kühlern Gesinnungen zurükzukehren. Mehrere Stimmen riefen: „Alla Porteria!" — so heißt das am stärksten bewohnte Quartier der Stadt. Sie verliesen das Theater, wo die Oper dieses Abends die lezte blieb, und zerstreuten sich bald durch alle Quartiere, um das Volk zu wärmerer Theilnahme zu bereden. Bei dem allen blieb die Regierung, ohngeachtet mehrere Excesse vorfielen, auf eine unbegreifliche Weise unthätig — unbegreiflich, insofern man nicht die schon erwähnte Hypothese annimmt, daß der Rath, im Vertrauen auf die UiberZahl seiner Anhänger, selbst die Explosion gewünscht habe, um die Unzufriedenen bei Zeiten durch einen entscheidenden Streich niederschlagen zu können.

Leztere versammelten sich daher am folgenden Morgen, Montags den 22sten, von neuem ungestört auf dem kleinen Plaze, „delle Mele", hinter den „Banchi." Die ganze Stadt wuste, was geschehen sollte; ich fand mich also aus Neugierde gleichfalls ein, und traf Lodi, welcher die kleine FreiTreppe eines benachbarten Gebäudes bestiegen hatte, und von hier das Volk haranguirte. Es war nicht möglich, alles zu verstehen: der HauptInhalt aber war, eine Aufmunterung, die Tyrannei des Adels abzuwerfen, und das Versprechen, es von den *bisherigen* drükenden Abgaben auf LebensMittel zu *befreien*. Zugleich foderte er dasselbe auf, sich im InsurrectionsZustand zu erklären, und Repräsentanten zu einem provisorischen Gouvernement zu ernennen. Seine Zuhörer, welche freilich meist aus vorher abgerichteten Anhängern zu bestehen schienen — auf dem kleinen Plaz „delle Mele" haben höchstens 200 Menschen Raum — antworteten mit FreudenGeschrei; und Lodi selbst, Cuneo, Morando, Fegare und Mongiardino, wurden durch Acclamation der Nächststehenden zu provisorischen Repräsentanten gewählt. *

Nun sezte man sich in Bewegung, um von der angemaßten Gewalt auch wirklich Besiz zu nehmen. Der erste

* Alles, ausser Morando, Männer von Talenten und Einsicht, denen aber doch vielleicht der Grad von Achtung und Wichtigkeit unter ihren MitBürgern fehlte, der gewöhnlich nur mit Geburt und Vermögen verknüpft ist.

Angrif geschah auf die bei den Banchi befindliche kleine Wache von fünf Mann, welche entwafnet ward. Ein ähnlicher Versuch auf die nicht weit entfernte HauptWache misglükte, da die Soldaten sich in die WachStube zogen, und den Zugang mit gekreuzten Bajonetten vertheidigten. Dafür aber bemächtigten sich die Insurgenten gleich darauf aller zum Hafen und zur Darsena führenden Thore, wo die Offiziers und Kadetten mit ihnen einverstanden waren, und eine Stunde vorher schon die Wache unter Anstimmung des Ça ira bezogen hatten. Ein Theil dieser Mannschaft vereinigte sich sogar mit ihnen, und half Besiz vom SeeArsenal nehmen. Nun gewann die Sache ein sehr vortheilhaftes Ansehn für die Demokraten. Ihr Haufe, der Anfangs aus höchstens 800 Mann bestanden hatte — die Anführer ausgenommen, waren es meist KaufmannsDiener, Friseurs, und die zu Genua anwesende Franken und Mailänder, sämtlich mit fränkischen Kokarden * — vergrößerte sich nun durch Soldaten und Matrosen auf mehr als 2000 bewafnete Menschen, ohne den Pöbel mitzurechnen, welcher aus Neugierde oder PlünderungsSucht mitlief. Die Insurgenten vertheilten sich nun in Detachements, um die Thore der Stadt, die FestungsWerke und übrigen ZeugHäuser zu besezen, und erreichten überall ihren Zwek. Auch erbrachen sie — welches jedoch von dem Publikum sehr misbilligt ward — die Gefängnisse der WechselSchuldner und der GaleerenSklaven, und sezten ihre Bewohner in Freiheit. (Der Versicherung der meisten Patrioten nach, hat jedoch diese Masregel nicht mit zu ihrem Plan gehört, sondern ist

* Wenn gleich vielleicht bei einzelnen Individuen dieses Trupps eigennüzige Bewegungsgründe mit unterlaufen mochten, so habe ich mich doch durch sorgfältige Erkundigung überzeugt, daß der bei weitem gröste Theil nicht bezahlt war, und daß man ihnen beim Anwerben auch ausdrüklich Achtung gegen das Eigenthum der Bürger zur Bedingung gemacht hatte.

vom Pöbel eigenmächtig bewerkstelligt worden). — Ihre Losung war: „Viva Maria e il popolo sovrano!"

Während dieser Vorfälle war zwar der kleine Rath (die zweihundert Nobili, in deren Händen die höchste StaatsGewalt eigentlich lag) im Pallast des Doge versammelt, und erließ einige Decrete, um die Insurgenten zur Ruhe zu ermahnen. Mehreres aber geschah nicht, da die Parteien darinn heftiger als je kämpften, und sich über die zu ergreifenden Masregeln nicht vereinigen konnten. Hingegen versammelten mehrere der jüngern Adelichen, sogar (wie man sagte) ohne ausdrükliche Autorisation des Raths, eine nicht unbeträchtliche bewafnete Macht in den Höfen des Pallastes. Sie bestand hauptsächlich, da man den Soldaten nicht traute, aus den Domestiken (Famiglia) des Adels, aus LastTrägern, KohlenFührern, Sbirren und dergleichen Leuten aus den untersten Klassen des Volks, unter welche man Flinten und Geld austheilte, und welche zu gewinnen die Demokraten unvorsichtiger Weise vernachläsigt hatten. Die angesehnen Einwohner, und was man sonst unter der Benennung „rechtliche Leute" begreift, verschlosen sich in ihren Häusern: zwar existirte seit einigen Jahren eine BürgerMiliz; aber die Regierung, welche ihre Gesinnungen kannte, getraute sich nicht, sich derselben zu bedienen. Inzwischen überstieg doch die im herzoglichen Pallast versammelte bewafnete Macht jene der Insurgenten beträchtlich. Ihre Losung war: „Viva Maria e il principe!"

Faipoult, der noch immer das Ansehn einer Theilnahme zu vermeiden suchte, und wider dessen Willen auch wirklich der heutige so wenig vorbereitete Aufstand erfolgt war, hatte sich mitlerweile auf Ersuchen des Raths, ob er gleich einen FieberAnfall hatte, im Pallast eingefunden, und ihm seine Vermittelung versprochen. Auf sein Zureden faßte nun der Rath einen Schluß, wodurch er dem Volke die verlangten Erleichterungen in Rüksicht der Abgaben zusagte, und einer zu bewirkenden Veränderung in der RegierungsForm unbestimmt Erwähnung that. Faipoult übernahm es, dasselbe unter einer Bedekung von 50 Grenadieren den Insurgenten zu überbringen. Es ist ungewiß, ob dis eine verabredete Farce, oder ob seine Vermittelung ernstlich war. Wenigstens blieb sie fruchtlos; denn der grösere Theil der Insurgenten erklärte, daß es zu spät zu Unterhandlungen sey, und das bisherige Gouvernement habe nichts zu thun, als seine Gewalt, die ohnedis schon durch einen VolksSchluß der provisorischen Municipalität übertragen sey, freiwillig niederzulegen. Faipoult brachte diese Antwort dem Rathe, welcher dennoch — wenigstens dem Anschein nach — in seinen nachgiebigen Masregeln fortfuhr, und durch einen neuen Schluß eine Commission von Einem Senator, vier Adelichen, und vier Bürgerlichen (sämtlich Kaufleuten) niedersezte, um an der Verbesserung der Constitution zu arbeiten.

Aber während dis im Pallast vorgieng, hatte sich ausser demselben die Gestalt der Dinge beträchtlich geändert. Die Anhänger des Adels hatten eine Abtheilung der Insurgenten, die sich ihrem SammelPlaze näherte, zerstreut, und ihr eine Kanone abgenommen. Hiedurch muthig gemacht, und nunmehr auch vom Doge feierlich zur Treue und Tapferkeit ermahnt, breiteten sie sich schleunig weiter aus, und bald wurden die Demokraten, welche geglaubt hatten, daß die Proclamation der Souverainetät des Volks zureichen würde, eine unblutige StaatsUmwälzung zu bewirken, und daher auf nichts weniger als ernsthaften Widerstand gefaßt waren, von allen Seiten angegriffen. Sehr natürlich war es daher, daß sie, da sie zum Theil nur mit Säbeln bewafnet waren, und keinen einzigen Anführer von militairischer Erfahrung hatten, überall von Posten zu Posten vertrieben wurden. Der grösere Theil der Insurgenten machte sich unsichtbar, und die noch übrigen — meist Ausländer — zogen sich, samt den Chefs ihrer Partei, Abends zum alten Molo und der Darsena zurük, und vertheidigten diese noch bis zum folgenden Morgen. Die hizigsten Gefechte waren: beim Thor St. Thomas, bei St. Benigno, und besonders beim sogenannten „Ponte reale", wo mit Kartätschen gefeuert ward, und Philipp Doria blieb.

Wenn man die BestandThelle der beiderseits aufgestellten bewafneten Macht erwägt, so wird man hier wohl keine grosen Entwikelungen von persönlicher Tapferkeit oder KriegsKunst erwarten. Die Zahl entschied überall in wenig Minuten; die FlintenSchüsse geschahen meist in die Luft; zuweilen nahm man seine Zuflucht zu DolchStössen, und man darf sich daher nicht wundern, daß sich die Anzahl der Gebliebenen von beiden Seiten nicht über 10 oder 12, die der Verwundeten aber, soviel deren in die Hospitäler gebracht wurden, auf 54 belief. Unterdessen war die Stadt an diesem Abend in der grösten Gefahr geplündert zu werden. Die Häuser Morando's und einiger andern Demokraten hatte dis Schiksal bereits getroffen; der zügellose Pöbel drang, unter dem Vorwande, die Klubisten aufzusuchen, in immer mehr Häuser ein, und die entfesselten GaleerenSklaven trugen nicht minder das ihrige zu Vergröserung der Unordnung bei. Aber nun zeigte sich der Nuzen der oben erwähnten BürgerMiliz, in welcher alle HausEigenthümer von Genua nach ihren Quartieren vertheilt waren. Diese ließ endlich der bestürzte Rath in der Nacht zusammenrufen, und da es nun ihr Eigenthum galt, versammelte sich dieselbe zahlreich auf den LärmPläzen, nachdem sie den ganzen Tag alle Angriffe auf die Regierung gleichgiltig mit angesehen hatte. Die öffentliche Ruhe ward nun durch zahlreiche StreifWachen ohne Mühe wieder hergestellt, und am folgenden Morgen, nachdem sich die übrig gebliebenen wenigen Demokraten zerstreut hatten, auch der Molo und die Darsena wieder in Besiz genommen.

Es ist nicht zu läugnen, daß der siegende Pöbel bei dieser Gelegenheit manche Ausschweifungen und Grausamkeiten begieng. Noch Dienstags ward der Commis eines fränkischen Kaufmanns aus Marseille, der aus dem Hause seines RechtsFreundes trat, und dem Vernehmen nach an den Auftritten des vorigen Tages keinen Theil genommen hatte, wegen seiner Kokarde auf der Strasse niedergestossen. Faipoult selbst, als er von seiner Mission zu den Insurgenten zurükkam, war in LebensGefahr; da einige von der Miliz des Adels ihre Flinten gegen ihn anlegten, und Serra ihn nur dadurch retten konnte, daß er ihn mit seiner Person dekte.

Der Rath selbst zeigte äusserlich in seinem Benehmen viel Mäsigung. Er bestätigte die zu Verbesserung der Constitution niedergesezte Giunta, und that nach Möglichkeit den Mishandlungen Einhalt, welche sich der Pöbel, besonders gegen die Franken und Cisalpiner, erlaubte. Zu dem Ende suchte er zulezt dessen Eifer eine religiöse Richtung zu geben, indem er plözlich durch die Priester auf allen Strassen verkündigen ließ, „die heilige Jung„frau sey während der Gefechte mit der Genuesischen Fah„ne in der Hand in der Luft gesehen worden", und deshalb feierliche Prozessionen zu der weissen Fahne in der Kirche N. S. di Gapzo verordnete. * Inzwischen ließ er die Verhaftungen der Demokraten mit groser Schärfe fortsezen, hatte auch noch am Montag Abend Faipoult, der sich aus Furcht vor dem Pöbel nicht nach Hause zu gehen traute, dem Vernehmen nach halb durch Drohungen, dahin vermocht, im Pallast des Doge selbst einen Brief an Buonaparte aufzusezen, und ihm darinn zu melden,

* Es gereicht indeß dem Pöbel zu Genua zum Ruhme, daß dis angebliche Wunder weniger Glauben fand, und weit weniger Sensation machte, als das Mirakel mit den weinenden MadonnenBildern, womit der Apostolische Stuhl im Sommer 1796 seinen Pöbel zu Rom bei einer ähnlichen Veranlassung zu beschäftigen wußte.

„daß die GegenRevolution bereits erfolgt sey, und „es keines Anmarsches fränkischer Truppen mehr bedürfe." Nachdem dieses Schreiben abgegangen war, ließ man ihn, auf sein Verlangen, durch eine verdoppelte Ehren-Wache von 150 Mann nach Hause begleiten. Als sich aber am folgenden Tage eine Deputation des Raths bei Faipoult einfand, fieng derselbe, der sich nun von seinem ersten Schreken erholt hatte, und leicht einsah, daß er von dem Volke weiter nichts zu befürchten habe, izt aus einem ganz andern Ton zu sprechen an. Er hatte bereits Morando'n und einigen Demokraten in seinem Hause eine FreiStätte zugestanden: als die gedachte Deputation bei ihm ankam, befanden sie sich in seinem Zimmer, und seine erste Foderung war, „daß Cuneo, dessen „Verhaftung man ihm eben gemeldet hatte, wieder in „Freiheit gesezt werden müsse." Dis verweigerte aber der Rath, und ließ Cuneo'n blos aus dem gemeinen Gefängnisse in's Haus eines StaatsSecretairs in Gewahrsam bringen. — Ausserdem foderte er „unverzügliche Losgebung aller fränkischen und cisalpinischen Gefangenen, nebst einer öffentlichen Erklärung des Raths, „daß dieselben an dem Aufstande vom 22sten keinen Theil „genommen hätten." Jene gestand der Rath zu, diese aber wollte er dahin einschränken, „daß blos einzelne „Personen von der fränkischen Nation, nicht aber die Republik oder deren GesandschaftsPersonale Theil genommen." Faipoult wollte sich aber hiemit nicht begnügen, und ob er gleich die am 25 Mai richtig auf der Rhede angelangten fünf KriegsSchiffe auf die Vorstellung der Regierung, ohne sie erst einlaufen zu lassen, nach Toulon abfertigte: so sah man doch in kurzer Zeit, daß er den Plan, Genua zu demokratisiren, nicht, sondern nur die Art der Ausführung aufgegeben hätte. Denn kaum war am 26 Mai ein Adjutant von Buonaparte mit dessen Antwort angelangt: so folgten die bekannten Noten, eine nach der andern, in welchen er die

Foderung der Losgebung auf alle gefangenen Demokraten ausdehnte, Absezung der StaatsInquisitoren Grimaldi, Cattaneo und Spinola, verlangte, den Rath an Erfüllung seines Versprechens vom 22sten, wegen schleuniger Umformung der Constitution nach dem allgemeinen Willen des Volks, erinnerte, und endlich auf den Fall, daß man ihm nicht gehorchen wollte, für sich einen Paß zur Abreise foderte, mit dem Beifügen, daß bereits zwei Divisionen den Befehl hätten, sich der Bocchetta zu nähern.

Nun erst befand sich der Rath in einer höchstkritischen Lage. Gleich nach dem 23 Mai hatte er die Nobili Rivarola und Azzeretto nach Paris geschikt, um, gemeinschaftlich mit dem schon dort anwesenden Residenten Spinola, sich über Faipoult zu beschweren, und die Vorfälle dieser Tage dem Directorium in einem vortheilhaften Lichte darzustellen. Als er indessen gewahr ward, daß nicht blos Faipoult, sondern auch die fränkische Regierung und Buonaparte den Umsturz von Genua's Aristokratie beschlossen hatten: so faßte er endlich, nach heftigen Debatten, am 31 Mai den weisen Entschluß, ohne erst den Erfolg jener Mission abzuwarten, den ZeitUmständen nachzugeben, alle Gefangenen von der lezten Insurrection her in Freiheit zu sezen, und in der Constitution, im Einverständniß mit dem General Buonaparte, die Aenderungen zu treffen, die man für vortheilhaft, und dem politischen System Italiens gemäs halten würde. Zu dem Ende wurden die Nobili: Cambiaso, Serra und Carbonara, zu Deputirten mit unbeschränkter Vollmacht ernannt, die sich zu Buonaparte'n begeben, und blos Aufrechthaltung der katholischen Religion und Sicherheit des Lebens und Eigenthums!! zu Grundlagen der Unterhandlung machen sollten. Zugleich wurden sie angewiesen, den General um Erhaltung der Integrität des Gebietes der Republik, an welcher man damals stark zweifelte, zu bitten.

Der Erfolg zeigte, daß der Rath seine Lage richtig beurtheilt hatte, wenn er von den Bemühungen der nach Paris geschikten Deputirten nichts erwartete. Das Directorium, welches augenscheinlich die Verhandlung dieser Angelegenheit Buonaparte'n allein übertragen hatte, verschob die nachgesuchte Audienz unter mancherlei Vorwänden, und ließ das vorläufige ProMemoria, das sie gegen Faipoult übergaben, unbeantwortet, bis der EilBote mit der zu Montebello unterzeichneten Convention anlangte. Nun deutete ihnen der Minister der auswärtigen Angelegenheiten an, daß, da ihre Machtgeber aufgehört hätten, eine gesezmäsige Autorität in Genua auszuüben, man auch sie nicht mehr als diplomatische Abgeordnete ansehen, oder sich in Erörterungen mit ihnen einlassen könne.

Der Inhalt und die Folgen jener Convention sind bekannt. Die Nachricht davon kam erst am 10 Jun. zu Genua unter's Publikum; der kleine Rath ratifizirte sie, fand aber nicht für gut, sie dem grosen Rathe, der freilich schon längst allen Einfluß verloren hatte, für den aber, der alten Constitution nach, ein so wichtiger Beschluß unstreitig gehörte, zur Sanction vorzulegen. Zur Ursache davon gab man an, daß man die von Seiten der armen Edelleute zu befürchtende fruchtlose Opposition habe vermeiden wollen. Man hatte den 14 Jun. zu Uibertragung der gesezlichen Gewalten bestimmt, und schon um 12 Uhr in der vorhergehenden Nacht begab sich das von Buonaparte ernannte provisorische Gouvernement in den ehemaligen herzoglichen Pallast, und übernahm die Zügel der Regierung.

Zweiter Abschnitt.

Man muß der provisorischen Regierung, welche Buonaparte und Faipoult in Gemäsheit der Convention von Montebello zu Genua angeordnet hatten, die Gerechtigkeit wiederfahren lassen, daß sie sich im Ganzen sehr consequent benahm, und in ihrem Gange überall die Vorsicht und Festigkeit zeigte, die ihr der intrigante Ehrgeiz der wohl niedergedrükten, aber bei weitem nicht vernichteten aristokratischen Faction nothwendig machte. Ihre beiden grosen Zweke musten seyn: die Nation mit der ihr durch äussern Einfluß gewissermasen aufgedrungenen demokratischen Verfassung vertraut zu machen, und dann, für dieselbe eine Constitution zu entwerfen, die sie für ihre Aufopferungen schadlos halten, und besser, als die vorige, ihre Ruhe und ihr Glük für die Zukunft sichern sollte.

Die erste dieser Absichten war ihr über Erwarten gelungen. Zwar hatte der ehemalige Adel, wenige Ausnahmen abgerechnet, seine unüberwindliche Abneigung wider die Demokratie beibehalten; eine Erscheinung, die so unmittelbar auf der Natur des menschlichen Herzens beruht, daß es niemanden befremden darf, sie in jedem neurevolutionirten Staate wiederzufinden. Hingegen war die Regierung so glüklich, die obenbeschriebene ehemalige OppositionsPartei, besonders den KaufmannsStand und die begüterten Bürgerlichen, den aufgeklärtesten und minderverdorbenen Theil der Nation, der sich aber Anfangs bei dem Namen „Revolution" alle Grausamkeiten der fränkischen DecemviralRegierung als unvermeidlich vorgestellt hatte, durch Mäsigung, strenge JustizPflege und vorsichtige Abstellung der verjährten Misbräuche, grösten theils auf ihre Seite zu ziehen. Nicht minder wuste sie unter den niedrigsten Klassen, durch Verminderung der

Abgaben und Abschaffung des InnungsZwanges, so wie der drükenden Monopole mit LebensMitteln, eine solche Umwandlung der DenkArt zu bewirken, daß dieselben „Fakini", die am 22 Mai so hartnäkig für das Patriziat gestritten hatten, zwei Monate später freiwillig mit ihren Gegnern fraternisirten, und ein Fest zum Andenken der vormals von ihnen getödeten Demokraten veranstalteten.

Zu Entwerfung der Constitution, als dem zweiten Endzwek, hatte die Regierung einen Ausschuß von eilf Personen niedergesezt. Allein darinn hatte die Familie Serra, theils unmittelbar, theils durch ihre Kreaturen, die StimmenMehrheit; und so war es denn eigentlich diese Familie allein, welche das bekannte ConstitutionsProjekt, das meist überall nur eine Kopie der fränkischen Constitution des dritten Jahres ist, mit sechs gegen fünf Stimmen durchsezte, ohngeachtet die öffentliche Meinung sich mehr für die anders Gesinnten zu erklären schien, welche bei einem kleinen Volke, dessen Existenz ganz auf Handlung gebaut ist, verschiedene Modificationen für nöthig hielten. * Dieses Projekt sollte dem Volke

* Noch tadelte man besonders zwei Beschlüsse der provisorischen Regierung. Durch den erstern wurde den Mitgliedern der vorigen Administration Ersaz der vier Millionen, welche die Republik in Form eines Darlehns an Frankreich hatte zahlen müssen, auferlegt; eine Masregel, die, ausser ihrer Ungerechtigkeit, auch unpolitisch war, da sie nothwendig die ohnedis vorhandene geheime Erbitterung vermehren muste. — Durch den zweiten machte sie sich nicht ganz unverdienter Weise lächerlich. Man schikte alle muhammedanische Sklaven von den Galeeren geradezu nach Algier, und ließ dem Dey erklären: „daß die Republik keine Sklaverei mehr anerkenne, und mit ihm in Frieden leben wolle." — Vielleicht ließ sich von dieser Mission etwas erwarten, wenn man dabei die Vermittelung von Frankreich hätte erhalten können. So aber nahm der

am 14 September, in den UrVersammlungen, zur Annahme oder Verwerfung vorgelegt werden.

Der Zufall fügte es, daß ich gerade gegen diese Zeit wieder durch Genua reiste, und meine Erwartung war nicht wenig auf das merkwürdige Schauspiel eines Volks gespannt, das, in Masse versammelt, sich selbst eine RegierungsVerfassung gibt. In der That konnte man damals im Auslande wohl nicht ein WiederAufleben der unterdrükten Partei des Adels vermuthen, da die fränkischen Truppen noch in Italien Geseze vorschrieben, und da man wuste, daß sich der GemeinGeist in Genua seit dem Mai beträchtlich zum Vortheil der Demokratie geändert hatte. *

Dey, der wenig Gefühl für die philantropische SinnesAenderung der Genueser hatte, zwar wohl die Sklaven an, antwortete aber den Abgeordneten sehr troken: „ihm wäre „an diesen feigen Hunden, die sich hätten gefangen nehmen „lassen, gar nichts gelegen; Frieden möge Er mit Genua „nicht haben, und noch weniger werde er ihnen ihre Skla„ven zurükschiken"! — So kehrten die Deputirten unverrichteter Sachen nach Hause, nachdem sie vorher mit vieler Mühe sich vom Dey einen Paß zur Rükreise verschaft hatten.

* Der Verfasser hatte selbst bei einer kleinen SeeReise, die er in diesem Sommer von Messina nach Neapel auf einem Genuesischen Schiffe machte, Gelegenheit gehabt, jene Veränderung zu bemerken. Die SchifsMannschaft, den Kapitain mit eingeschlossen, sang jeden Abend nach dem Ave Maria eben so regelmäsig ihre FreiheitsLieder: „Non vogliamo piu excellenza" und dergl. Auch sezten einige davon, bei nähern Fragen über ihr Vaterland, die Vortheile der neuen Verfassung in Bezug auf Repräsentation aller Stände, aufgehobnen Druk der Adelichen und wiederhergestellte GewerbsFreiheit, mit einer Beredsamkeit und Bestimmtheit auseinander, welche zeigten, wie geläufig ihnen diese Ideen neuerlich geworden seyn musten. Andre freilich, und mit ihnen der Kapitain, schränkten ihre Gründe darauf ein: daß man nun in Genua weit besseres

Es war am 5 Sept. Nachmittag, als ich mich auf einer spanischen Korvette dem schönen Amphitheater näherte, dessen HinterGrund Genua ausfüllt. Das Wetter war vortreflich, die Natur athmete Freude, unser Verdek ertönte von den Guitarren der Matrosen, die sich mit ihren Fandango's unterhielten, und ein leichter Wind führte uns gerade auf den Hafen zu, als ein entfernter KanonenDonner vom Lande her unsre Aufmerksamkeit auf sich zog. Mit Verwunderung erblikten wir nun überall am Ufer die AllarmZeichen aufgestekt, so wie in den Forts oberhalb der Stadt, anstatt der neuen Ligurischen, die alte Genuesische Flagge wehend. Noch waren wir nicht eins, was diese Erscheinungen zu bedeuten haben möchten, als uns zwei Galeeren, bis auf die MastKörbe mit Soldaten angefüllt, vorbeiruderten. Wir riefen ihnen zu, und erfuhren nun, daß ein Theil des Landes in Aufruhr sey, und sie nach Sestri di Levante giengen, um dasselbe wider die Angriffe der Insurgenten beschüzen zu helfen. Fünf Minuten nachher erblikten wir einen Schwimmer, der, ein Blatt Papier im Munde haltend, seine lezten Kräfte aufbot, die Galeeren einzuholen. Da diese ihn nicht bemerkt hatten, und sich einen eben entstehenden frischen Wind zu Nuze machten: so wäre dieser Mensch — wie wir nachher erfuhren, ein Matrose, der sich freiwillig erboten hatte, den Galeeren einen eben eingelangten neuen Befehl nachzubringen — in der Entfernung von mehr als einer italienischen Meile vom Ufer, wahrscheinlich ein Opfer seines Eifers geworden, wenn nicht unsre Spanier, um ihn aufzunehmen, die Schaluppe ausgesezt, und ihn den schon ziemlich entfernten Galeeren nachgeschikt hätten. Uns hielt der Vorfall, den man von der Stadt aus bemerkt hatte, über eine ViertelStunde auf; beinahe aber wäre dieser ZeitVerlust das geringere

Brod, Oel und Wein finde, die unter den Monopolen der vorigen Regierung auf dem öffentlichen Markt bekanntlich sehr schlechter Qualität waren.

Uibel geworden, denn als wir in den Hafen kamen, wollte uns das SanitätsAmt, nach den eingeführten strengen Gesezen, weil wir mit einem andern Schif — obgleich ihren eignen Galeeren — Connexion gehabt hatten, einer Quarantaine unterwerfen, und kaum vermochte die Versicherung der HafenBeamten, daß diese Galeeren in den zwei Stunden, die seit ihrer Abreise verflossen waren, zuverlässig kein andres Schif berührt hätten — vielleicht auch die Achtung für die spanische Flagge — uns von dieser unangenehmen Zumuthung zu befreien.

Als ich in die Stadt trat, fand ich alles in einer unbeschreiblichen Verwirrung, und beim ersten Anblik schien nur die Menge der NationalGardenUniformen — blau, mit weiß und rother Kokarde — die Szenen des heutigen Tages von jenen des 22 Mai zu unterscheiden. Bald aber ward ich auch in der allgemeinen Stimmung eine wesentlichere Verschiedenheit gewahr. Zwar traf ich diesen Abend keinen meiner Bekannten in seiner Wohnung; indessen gab mir der exaltirte Zustand der Gemüther, welchen die gemeinschaftliche Gefahr erzeugt hatte, und der auf allen KaffeeHäusern und auf allen Pläzen aufmerksame Hörer um den ersten besten Sprecher versammelte, hinreichende Gelegenheit, mich von den bisherigen Vorgängen zu unterrichten.

Kaum hatte die provisorische Regierung das Projekt der Constitution bekannt gemacht, welches am 14 September den UrVersammlungen vorgelegt werden sollte, als die Gegner der Revolution, die Adelichen, deren Häupter zum Theil das Land verlassen und in den Bädern von Pisa eine Art von aristokratischem Ausschuß gebildet hatten, so wie die Geistlichkeit, welche in diesem Projekt das unwiderrufliche Ende ihrer Macht erblikte, alles aufboten, dasselbe der Nation verhaßt zu machen. In Genua selbst war bei der ersten neuerlich umgestimmten öffentlichen Meinung, da die Geistlichen selbst zum Theil zum neuen System übergetreten, und die übrigen, nebst dem **ExAdel**, genau von der Regierung beobachtet wurden, **nicht viel** auszurichten. Auch in der westlichen Hälfte **des** genuesischen Gebietes, der sogenannten „Riviera di Ponente", hatte der grösere Theil der Einwohner **durch** den mehrjährigen Aufenthalt der fränkischen Armee **sich** dergestalt deren Grundsäze zu eigen gemacht, **daß man** nicht im Stande war, irgendwo eine **VolksBewegung** zu organisiren. Anders aber verhielt es sich mit den innern Gegenden, und der „Riviera di Levante." Diese LandStriche, ohne Strassen, ohne ManufacturIndustrie, und beinahe ohne Städte, werden von einer ehrlichen und abgehärteten, aber auf einer sehr niedrigen Stufe der Cultur stehenden MenschenKlasse bewohnt, die — fast ohne Ausnahme Vasallen der Edelleute — kaum einen Begrif von Republik hatte, und ihre GrundHerren, über deren Bedrükungen sie im Allgemeinen nicht klagen durfte, für so gut als ihre Souverains ansah.

Diese Landleute nun gegen die neue RegierungsVerfassung einzunehmen, wurden von ihren gewesenen Herren und von ihren SeelSorgern um die Wette alle ersinnliche Mittel angewandt, und besonders bediente man sich dazu mit vielem Erfolg des mächtigsten Hebels, des ReligionsEifers. In Kirchen und auf öffentlichen Pläzen wurde dem Volke wiederholt, daß die Religion durch die neue Constitution zu Grunde gerichtet werde, und obgleich es in dem gedrukten Projekt ausdrüklich hieß: „daß der Staat die öffentliche Ausübung der katholischen Religion in Schuz nähme": so verließ man sich doch eines Theils auf die Unkunde des LandVolks, von welchem vielleicht unter fünfzig kaum einer lesen konnte, andern Theils erlaubte man sich zur Unterstüzung der geglaubten guten Sache ein Falsum, das erst nach Stillung der Insurrection entdekt ward. Die aristokratische Partei ließ nemlich, mit Hilfe des sardinischen Consuls, im Auslande, vermuthlich zu Turin, die neue Constitution insgeheim wörtlich nachdruken, blos mit Ausnahme jener Stelle, für welche folgende eingerükt ward: „die katholische Religion wird in der Ligurischen Republik abgeschaft. Die Kinder müssen gleich nach der Geburt vom Vater zum FreiheitsBaum gebracht, und dort in die Rollen der Bürger eingeschrieben werden." — Man fand bei einer HausSuchung noch einige tausend Exemplare dieses Abdruks in Genua, und vermuthlich hätte die Regierung deshalb den Consul aus der Stadt gewiesen, wenn sie nicht aus andern Gründen dessen König und Buonaparte'n zu schonen so viel Ursache gehabt hätte.

Man kan leicht ermessen, welche Wirkung Mittel dieser Art auf ein fanatisches Volk haben musten. Die provisorische Regierung, welche, davon unterrichtet, voraussah, daß alle UrVersamlungen in diesen Gegenden das ConstitutionsProjekt verwerfen würden, beschloß desfals am 2 Sept. öffentlich, die auf den 14ten angesezten UrVersamlungen noch auf unbestimmte Zeit zu verschieben, und das Projekt einer nochmaligen Prüfung zu unterwerfen. Zugleich aber verordnete sie insgeheim die Absendung von vierzig demokratischgesinnten Geistlichen in die widerspenstigen Kantons, um den GegenRevolutionärs entgegen zu arbeiten.

Diese Masregeln wurden indeß zu spät ergriffen; der Ausschuß, welcher von Pisa aus durch Correspondenz die Bewegungen seiner Anhänger leitete, und welchem wohl eigentlich die Religion nur zum Vorwande diente, eilte nur um desto mehr loszubrechen. Aber gleich von Anfang zeigte sich der Mangel gehöriger Uibereinstimmung unter den Insurgenten. Die Einwohner des Thals Bisignano machten den Anfang, läuteten am 4 Sept. um Mittag die SturmGloke, und versammelten sich, ihre Geistlichen an der Spize, am Eingange des Thals. Ehe indessen andre zu ihnen stossen konnten, überfiel sie noch an demselben Tage der General Duphot,* welchen Buonaparte den Genuesern zum Kommando ihrer Truppen geliehen hatte, mit einigen LinienTruppen und NationalGarden, und zerstreute sie nach einem kurzen, aber lebhaften Gefechte. Einige flohen in die östlichen Gegenden, namentlich bis Sarzano; die meisten aber in das stark bevölkerte Thal Polcevera. Alle diese LandStriche standen nun auch auf; insbesondre versammelten sich die Bauern des lezten, und marschirten in der Nacht vom 4 zum 5 Sept. mit einer solchen Geschwindigkeit, daß sie sich des folgenden Morgens um 5 Uhr aller, oberhalb Genua, auf den Bergen zum Schuze gegen die Angriffe von der LandSeite gelegenen FestungsWerke, namentlich „Sperone, Tenaglia, der Diamant und die Brüder", durch Uiberfall bemächtigten. — Man behauptete, jedoch ohne Gewißheit, daß ein Verständniß mit einem Theil der ohnedis nicht zahlreichen Besazung die Einnahme erleichtert habe.

* General Duphot war ein ohngefähr 27jähriger, sehr beliebter und liebenswürdiger Offizier. Im italienischen Feldzuge diente er als Adjutant von Buonaparte und genoß der vorzüglichen Liebe des OberGenerals. Bekanntlich waren Buonaparte's Generale, Serrurier ausgenommen, mehr brav als geschikt. Buonaparte gab ihnen daher bei jeder wichtigen Unternehmung einen seiner Adjutanten zu. Die wichtigsten Aufträge dieser Art fielen gewöhnlich dem Duphot anheim, der unter andern sehr oft dem General Augereau zur Seite war. Nach der Revolution von Genua trat ihn Buonaparte für einige Zeit an diese Stadt ab, damit er die genuesischen Truppen kommandirte. Er gieng nachher nach Rom, wo er im Begrif war, sich mit der Schwägerin des dortigen fränzösischen Gesandten, Josef Buonaparte, zu verehlichen, als er (28 Dec. 1797) bei dem Aufstande eines Theils des römischen Pöbels von den päpstlichen Soldaten erschossen ward.

Es ist nicht schwer sich vorzustellen, welchen Schreken diese Nachricht in der Stadt hervorbrachte. Zwar schikte man sofort an demselben Morgen den General Duphot mit seiner gestrigen beweglichen Colonne gegen die Insurgenten: er kehrte aber zurük, weil er wegen ihrer Uibermacht und vortheilhaften Stellung den Angrif unmöglich fand. Nun beschloß die Regierung den Vergleich zu versuchen, und sandte an sie zwei aus ihrer Mitte ab, zwei MunicipalBeamte, und den achtzigjährigen ErzBischof von Genua, der während der Revolution stets so viel Mäsigung als MenschenLiebe gezeigt hatte. Die Unterhandlungen dauerten am 5ten den ganzen Tag über fort. Die Foderungen der Bauern betrafen Anfangs nur die katholische Religion, welche man denn, mit Beziehung auf den Entwurf der Constitution, in ihrem unveränderten Stand zu lassen versprach, ihnen auch eine allgemeine Amnestie anbot. — Nun aber zeigten sich die Absichten der geheimen Chefs näher: die Bauern, statt, ihrem Versprechen gemäs, sich nach Hause zu begeben, spannten nach Zurükkunft der Deputation ihre Foderungen immer höher, drangen auf Wiederkehr des ausgewanderten Adels, und der durch einen Schluß vom 15 August vertriebenen ausländischen OrdensGeistlichen, Herstellung des kleinen Raths, und zulezt geradezu auf WiederEinführung der alten Regierungs-Verfassung. Zu gleicher Zeit zogen sie den Tag über ununterbrochen Verstärkungen an sich, und obgleich die Truppen der Regierung sich verschiedener Ortschaften längst des Meeres bemächtigten: — dis war die Ursache des KanonenFeuers, welches wir bei unsrer Ankunft hörten: — so dienten doch diese kleinen Vortheile nur dazu, das HauptKorps der Insurgenten beim „Sperone" zu verstärken, als wohin sich die Flüchtlinge von allen Seiten sammelten. Nun sah sich also die Regierung genöthigt, wenn sie sich nicht die StaatsGewalt gutwillig entwenden lassen wollte, die Anhänglichkeit der Einwohner von Geung auf die Probe zu sezen, und den Ausschlag ihrem Muthe zu überlassen.

Das Publikum in der Stadt, welches die schlimme Richtung nicht kannte, die die Unterhandlungen genommen hatten, und aus den öfters hin und her gehenden Deputationen auf eine baldige Uibereinkunft schloß, schmeichelte sich Abends beinahe mit Zuverlässigkeit, daß kein ferneres BlutVergiesen nöthig seyn werde, und ich selbst begab mich, von der Reise ermüdet, zeitig in mein WirthsHaus. Noch war es aber nicht Mitternacht, als mich plözlich das Schlagen der LermTrommel aus dem ersten Schlafe aufwekte. Unser Wirth kam athemlos uns anzuzeigen, daß die Unterhandlungen abgebrochen wären, und die NationalGarden sich zum Angrif versammelten. Da er nun mit allen seinen männlichen Domestiken gleichfalls auf seinen Posten müsse: so könne er izt für unsre Sicherheit nicht stehen, da die Insurgenten, wenn sie die Oberhand behielten, die Stadt zuverlässig plündern würden. Ausser mir wohnten lauter Franken im Hause, die dann beschlossen, sich in die Wohnung des fränkischen Ministers zu begeben, und ich fand es für's rathsamste, ohngeachtet dieser ZufluchtsOrt bei einem nachtheiligen Ausgang vielleicht gerade der unsicherste war, in ihrer Gesellschaft zu bleiben. In diesem Hotel fanden wir nun, ausser der verdoppelten Wache mit zwei Kanonen, auch eine beträchtliche Anzahl fremde und PrivatPersonen aus der Stadt, die gleiche Besorgnisse hier versammelt hatten.* Man theilte ohne Ansehn der Person Flinten unter uns aus; wir musten nebst der Wache den Plaz vor dem Hotel besezen, und so trug ich — was ich 24 Stunden vorher freilich nicht geahnet hätte — für die demokratische Verfassung eines kleinen Staats, zweihundert Mei-

* Unter andern traf ich hier unvermuthet den Grafen von G. aus S., der einige Monate zuvor, von der Lectüre der Göthischen Elegien in den Horen begeistert, mit einem Mädchen aus Rom verschwunden war.

len von meinem Vaterlande, die Waffen. Ich hatte hier Musse, die bizarren Wirkungen zu beobachten, welche ParteiGeist und Furcht auf manche Menschen machten: desto weniger aber erfuhren wir von dem Erfolg des Angrifs. General Duphot hatte sich mit so viel fränkischen Offizieren, als sich zufällig in Genua befanden, an die Spize der NationalGarden und der 1800 Mann starken genuesischen LinienTruppen gestellt, und war um Mitternacht in zwei Colonnen die Berge hinaufgerükt. Man sah die Blize von den KanonenSchüssen, und hörte ihren Donner, mit untermischtem lebhaften KleinGewehrFeuer; aber die Lage der Berge und die Nacht verhinderten genauere Wahrnehmungen: selbst die an Faipoult von Zeit zu Zeit einlangenden Nachrichten waren widersprechend, und wir erfuhren nur, daß der Widerstand über Erwarten heftig, und das Gefecht mörderisch sey. Endlich kam, eine ViertelStunde nach 4 Uhr, als eben der Tag anbrach, die Gewißheit, daß sich die Patrioten wieder in dem Besiz des „Sperone", des HauptFestungsWerkes befänden, und nun folgten sich die guten Botschaften Schlag auf Schlag. Die Insurgenten waren mit grosem Verluste zerstreuet, und durch unwegsame Berge in ihre Heimath geflohen.

Es wäre unmöglich, ohne SituationsPlan ein Detail von diesen Gefechten zu geben, und das Allgemeine darüber weiß man bereits durch die Zeitungen. So viel ist gewiß, daß die Genueser auf beiden Seiten bei dieser Gelegenheit einen Grad von persönlicher Tapferkeit zeigten, den ich ihnen, troz der Vertreibung der Oestreicher im December 1746, nicht zugetraut hätte. Die aufgestandnen Bauern, ohne militärische Organisation — denn sie hatten keine andre Abtheilungen, als nach den WohnOrten — und ohne taugliche Anführer — denn die eigentlichen Anführer blieben hinter den Koulissen zu Pisa, und überliesen den Mönchen und DorfSchulzen die Leitung — ohne Kanonen und fast ohne Munition, nah=

men in einer Nacht Festungen, auf welche der Staat seit Jahrhunderten ausschlieslich seine Sicherheit gegen auswärtige Feinde gebaut hatte.* Von der andern Seite stürmten Städter, die erst vor wenig Wochen die Waffen zu tragen angefangen, eben diese Festungen, und eroberten sie eines hartnäkigen Widerstandes ungeachtet.

Die Stärke beider Parteien läßt sich schwer bestimmen; man vergrösserte von jeder Seite die Menge der Gegner ungeheuer. Nach den wahrscheinlichsten Angaben erstrekte sich die Anzahl der Bauern auf 16 bis 17,000. Die NationalGarden waren nicht so zahlreich. Zwar betrugen sie, als man ihr Korps, durch die Erfahrung gewarnt, in den nächsten Tagen vollends completirte,

* Doch muß man sich diese genuesische nicht wie unsre teutsche Bauern vorstellen, denen kaum der Stok eines Korporals in sechs Monaten einige Dressur beibringt, und die, aus Unbekanntschaft mit dem FeuerGewehr, ihm selbst bei Gelegenheiten, wo es ihnen gewiß Ernst war, wie beim Rükzuge der Jourdan'schen Armee, die MistGabel und den DreschFlegel vorziehen. Ausser der körperlichen Gewandheit, worinn selbst der gemeine Italiener den Teutschen so sehr übertrift, hat er auch noch den Vortheil voraus, daß er von Jugend auf mit der Flinte umgehen lernt. Beinahe jeder Bauer besizt eine, und schießt damit in müssigen Stunden nach Vögeln — im Fall der Noth auch wohl nach Fröschen! — Daher der auffallende Mangel an SingVögeln durch ganz Italien, und daher auch die Sitte, da, wo der Nordländer nach dem Stok greift, die Flinte zu brauchen! In Neapel ist es ein gewöhnliches SonntagsVergnügen der Bauern (denen dort jedoch die Erlaubniß eine Flinte zu führen, jährlich 5 Karlin, oder 1 Gulden, kostet) Stieglize und Schwalben, die sie den VogelHändlern abkaufen, fliegen zu lassen, und in der Luft um die Wette nach ihnen zu schiesen; und selten entgehen diese kleinen Märtyrer der Geschiklichkeit ihrer Verfolger. Im Genuesischen wurden selbst durch die Regierung WettSchiessen angeordnet, und durch Belohnungen begünstiget.

20400 Mann, und also ziemlich genau den vierten Theil der ganzen VolksMenge von Genua, die bei der Zählung im lezten Sommer 84,500 gefunden ward: man kan aber wohl annehmen, daß in dieser Nacht, wo der Aristokrat und der Furchtsame so leicht Gelegenheit fanden sich entfernt zu halten, und wo noch beträchtliche Detachements theils abwesend waren, theils zur Erhaltung der Ruhe in der Stadt zurük blieben, ihre Zahl im wirklichen Gefechte sich nicht über 11 bis 12,000 Mann erstrekt hat. Hiezu kamen, ausser den fränkischen Offizieren, noch ohngefähr 1800 LinienTruppen, meist Teutsche, welche die Regierung durch eine plözliche Erhöhung des täglichen Soldes zu eifrigen Demokraten zu machen gewußt hatte.*

Aus dem Gesagten wird man ohne Zweifel abnehmen, daß diese Szenen — der Anfang traf auf eben den 18 Fructidor, der in Frankreich die AlleinHerrschaft des Directoriums entschied — ungleich blutiger waren, als die vom 22 und 23 Mai. Ich bin nicht im Stande, die Zahl der Gebliebenen und Verwundeten, auch nur mit einiger Wahrscheinlichkeit anzugeben, da die Regierung alles anwendete, sie nicht bekannt werden zu lassen. Die grössere Hälfte war, dem Anschein nach, des nachtheiligen Terrains halber, auf Seiten der Demokraten. Ich besuchte noch an demselben Morgen, sobald wir unsre KanonenWache verlassen hatten, den KampfPlaz, und zählte allein in dem Graben des Forts Tenaglia, ohngeachtet man schon viele begraben hatte, 34 todte NationalGarden.

* Die Genueser beschwerten sich heftig über das Betragen, oder eigentlich über die Langsamkeit dieser Teutschen, welche man mit KolbenStössen den Berg hatte hinan treiben müssen! Indessen gestanden einige fränkische Offiziere, die ich, ohne mich als Teutscher anzugeben, darüber befrug, diese Langsamkeit zwar ein — c'est un defaut de la nation, sagten sie — lobten aber ihr nachheriges Aushalten im Feuer, und versicherten, daß die Genueser den guten Ausgang ihnen vorzüglich mit zu danken hätten.

Hier war es freilich am heissesten zugegangen, denn ein unwissender BataillonsChef hatte seine Leute gerade gegen Wälle geführt, die wenigstens 20 Fuß hoch, und à pic aus dem Felsen ausgehauen war. Und doch hatten diese unerschrokene Genueser, troz der Unmöglichkeit, nicht aufgehört zu stürmen, bis nach einer halben Stunde ein andres Korps in die Gorgen des Forts eindrang. * Zu ihrem Glüke hatten die Bauern im Fort aus Ungeübtheit die Kanonen zu hoch gerichtet, und die NationalGarden waren meist alle durch FlintenSchüsse getödet.

Die Folgen dieses Gefechts sind aus den Zeitungen bekannt. Die Regierung bemächtigte sich, durch ausgeschikte Detachements unter Anführung der fränkischen Offiziere, eines Posten nach dem andern in den empörten Gegenden; und da nicht blos die Mehrheit der Einwohner von Genua eine so entschiedene Vorliebe für die Demokratie gezeigt hatten, sondern auch die Einwohner der Riviera di Ponente, bei der ersten Nachricht von der Gefahr der Stadt, denselben haufenweise zu Hilfe eilten — so gaben die Insurgenten in der Polcevera die Hofnung auf, und ihre Anführer entflohen. Mehrere wurden aufgefangen, und nach und nach militairisch gerichtet und erschossen.

Die Einwohner von Fontana buona waren gleichfals aufgestanden, hatten sich der Stadt Chiavari bemächtigt, und den FreiheitsBaum umgehauen. ** Als sie

* Das LosungsGeschrei der Insurgenten in diesen Tagen war: „Viva Maria"! und das der Demokraten: „Viva il popolo sovrano"! — Daher war es, sonderbar genug, in den nächsten Wochen zu Genua, einer sonst so frommkatholischen Stadt, ein todeswürdiges Verbrechen, die heilige Jungfrau hoch leben zu lassen!

** Einen beinahe altrömischen Zug erzählte man in Genua von einem alten Patrizier von bekannter Rechtschaffenheit, der sich, unweit Chiavari, auf seinem LandHause aufhielt. Die empörten Bauern seines Kantons foderten ihn auf, sich

aber, an 5000 Mann stark, auf Genua zu marschirten, erfuhren sie das Schiksal ihrer Gefährten und zerstreuten sich. Auch Sarzano fieng an loszubrechen; allein der Abgeordnete der provisorischen Regierung, Marco Federici, stellte durch seine GeistesGegenwart die Ruhe wieder her, und zwang den Bischof, der den Aufstand begünstigte, zur Flucht. Die Regierung, deren Mitglieder zum Theil noch der Lage, in der sie selbst vor drei Monaten waren, eingedenk seyn mochten, bediente sich ihres Sieges mit vieler Mäsigung, und ihr gröster Kampf war mit dem Volke, welches von Rache wegen seinen gebliebenen Brüdern angefeuert, und durch die Gefechte an Blut gewöhnt, schlechterdings Hinrichtung aller ExAdelichen foderte, die nur der geringsten Theilnahme am Aufstande verdächtig wären. Dis hätte aber bei weitem die grösere Anzahl getroffen; denn ausser denen ParteiChefs, die schon vorher nach Toscana geflüchtet waren, und denen, die noch izt zu entkommen das Glük hatten, als: Augustin Fiesko, (Neffe der Spinola's, die man schon vorher für Emigrirte erklärt, und ihre Güter confiszirt hatte,) Durazzo, Gherardi, Gentile, Josef Doria, u. a. befanden sich mehr als zweihundert in den Gefängnissen der Republik. In den Theatern, wo izt natürlich lauter patriotische Stüke gegeben wurden *, entstand

an ihre Spize zu stellen, und als er sich weigerte, sezten sie ihm die Flinten auf die Brust. Nun versprach er es, und verlangte nur eine halbe Stunde, um angeblich seine Sachen in Ordnung zu bringen, die er aber nüzte, um seine Familie nach Sestri zu schiken. Als er sie in Sicherheit glaubte, kehrte er zu den Insurgenten zurük, erzählte was er gethan hätte, und bot ihnen seinen Degen an, um ihn zu tödten, da er fest entschlossen wäre, nie gegen seine VaterStadt die Waffen zu tragen. Die Bauern fühlten das Grose der Handlung und liesen ihn in Freiheit.

* Der Enthusiasm gieng in den Theatern so weit, daß man

bei jeder Erwähnung des Worts: „Nobili", * ein fürchterliches Rufen: „alla Cava", — so heißt der Ort der Hinrichtungen, — und täglich versammelten sich auf das Gerüchte, daß TodesUrtheile gesprochen werden sollten, Tausende von Menschen vor den Gefängnissen, und gaben jedesmal ihr Misvergnügen über die Täuschung sehr lebhaft zu erkennen. ** Die Regierung zögerte, und

die schaalsten Stüke, welche die Revolution wie Pilze hervorbrachte, wüthend beklatschte, sobald nur in jeder Szene recht bittre Ausfälle wider den Adel vorkamen. Man entschädigte sich dadurch für die Langeweile, daß man das „Ça ira" und den MarseillerMarsch manchen Abend zwanzigmal wiederholen ließ — Einst, als im Stük ein Bedienter vor seinem Herrn den Hut abzog, entstand ein fürchterliches Geschrei, und dauerte einige Minuten, bis der Schauspieler die Ursache errieth.

* Zufällig brauchte ich auf einem KaffeeHause im Gespräche mit meinem Nachbar einigemal das Wort: „ExNobili". Plözlich trat ein „Fakin" vor uns. — „Was habt ihr von Nobili zu sprechen? wisset ihr nicht, daß es keine mehr gibt"? — Aber Bürger, wir sagten ja: ExNobili, das heißt gewesene Nobili. — „Das ist alles eins: Nobili oder ExNobili, mit solchen Benennungen zeichnet ihr das Ungeziefer immer wieder aus, von dem izt Genua befreit ist"! — Vielleicht hätten das die beiden gesezgebenden Räthe in Frankreich auch bedenken sollen, da sie ihre lezten drükenden Geseze gegen die ExAdelichen gaben.

** Diese auffallende Umstimmung der Gemüther kan denen eine Warnung geben, welche Revolutionen zu machen oder zu verhindern haben, und sich dabei so viel auf die Gesinnung des Volks verlassen. Nach dem 6 September hatte natürlich den Genuesern das Blut, das sie für ihre neue Verfassung vergossen hatten, dieselbe noch theurer gemacht, und wer den Enthusiasm beobachtete, mit welchem Tag und Nacht patriotische Lieder gesungen und NationalGarden in den Waffen geübt wurden, der glaubte sich —

erließ eine Proclamation nach der andern, worinn sie dem Volke auffallende Genugthuung versprach, aber immer Zeit foderte, um BeweisMittel herbeischaffen, und gegen jeden Gefangenen ein legales Verfahren instruiren zu können. Während der Zeit ließ sie dann und wann einige von den mit den Waffen in der Hand gefangen genommenen subalternen Anführern — meist Mönche — hinrichten, und auf diese Art gelang es ihr die blutdürstige Hize des Volks abzukühlen, und einigen hundert Menschen das Leben zu retten, welche entweder ganz unschuldig waren, oder denen doch weiter nichts zur Last fiel, als was die Demokraten kurze Zeit vorher auch gethan hatten, nemlich der Versuch, eine ihrer Uiberzeugung zufolge unrechtmäsige StaatsGewalt zu stürzen. In juristischer Hinsicht ließ sich auch in der That alles zu ihrem Vortheil sagen. Die Stimmen über die neue Constitution waren damals noch nicht gesammelt; ein groser Theil des Genuesischen Gebiets hatte sich dagegen, und der übrige noch nicht entschieden dafür erklärt; die provisorische Regierung gründete ihre Existenz nur auf einen durch äussere Gewalt erzwungenen Vergleich, und eine mehr als zweihundertjährige Präscription sollte doch auch nach dem natürlichen StaatsRechte als ein rechtmäsiger Anspruch auf den Besiz gelten,

den nie zu entschuldigenden Durst nach Blut abgerechnet — in die schönen Zeiten der fränkischen Nation versezt, als noch Neunzehn ZwanzigTheile des Volks Freiheit im Munde und im Herzen trugen. — Wie gros war der Kontrast mit Mailand, wohin ich unmittelbar von Genua reißte, und auch nicht einen Funken jener Exaltation fand! Wirklich zu bedauern wäre es daher, wenn Frankreich und Buonaparte, (welcher leztere Genua nie sah, und es daher mit Mailand in eine Klasse zu werfen scheint,) den Genuesern durch ihre beinahe gebieterische Einmischung die neue (2 Dec. 1797) angenommene RegierungsForm schon wieder verleiden sollten, da sie sie erst neuerlich so edel vertheidigten.

bis der grose Prozeß selbst durch das Volk in den UrVersammlungen entschieden seyn würde.

Die neueste Eintheilung und die dermalige VolksZahl der Ligurischen Republik, mit welcher nun auch die ehedem sogenannten Kaiserlichen Lehen vereinigt sind, zeigt folgende Tafel.

Departemente.	HauptOrte.	VolksMenge.	Anzahl der Deputirten.
1. Genua . . .	Genua . .	81,205	13
2. Delle Palme .	San Remo .	38,647	6
3. Capo Verde . .	Diano . .	40,120	6
4. Maremola . .	Pietra . .	40,659	6
5. Letimbro . .	Savona . .	37,767	6
6. Catusi . . .	Voltri . .	39,736	
7. Polcevera . .	Rivarola .	33,698	5
8. Lemo . . .	Gavio . .	26,800	4
9. OstLigurische Berge . .	Rocchetta .	25,820	4
10. WestLigurische Berge . .	Ottone . .	25,280	4
11. Bisagno . .	St. Martino	40,390	6
12. Golfo di Rapallo	Rapallo . .	40,430	6
13. Entella . . .	Chiavari . .	40,570	6
14. Vara . . .	Levanto . .	40,153	6
15. Golfo della Spezzia . .	Spezzia . .	40,210	6
		590,436	29

II.

GrosBritannien.

§. 1.

Allgemeiner Blik auf seine jezige Lage und Gefahren.

Unter allen Mächten, die den furchtbaren KriegsBund gegen die fränkische Republik bildeten, ist nur eine, an welcher der kühne Grundsaz der revolutionären Politik: „neuer Feind, neue Triumphe!" seine Kraft verlor; nur eine, die auf ihrem Element, zur See, nie schlug, ohne zu siegen; nur eine, die Eroberungen machte, ohne selbst nur eines Zolles Erde zu verlieren; nur eine, die eine SchuldenLast, welche man für das höchste Maas des Möglichen hielt, innerhalb 5 Jahren verdoppelte, und izt, von allen ihren BundsGenossen verlassen, allein noch auf dem KampfPlaze steht, wo es nun nicht mehr blos Sieg oder Niederlage, sondern Seyn oder NichtSeyn gilt. Diese erstaunenswürdige Macht ist GrosBritannien.

Wir wissen, daß alles, was die brittischen Minister von dem Sturze der fränkischen Republik unter hundert verschiednen Formen weissagten, durch die Wunder des RevolutionsGeistes, die aller Künste der Politik spotteten, zu Nichts ward. Aber auf gleiche Weise dienten auch alle die Ereignisse, woraus man in Frankreich auf den nahen Untergang der brittischen Macht schloß, nur dazu, diese mit neuer Kraft zu verstärken.

Gleich Anfangs stellten die Brissot's, die Kersaint's 2c. in den Reden, wodurch sie zum Kampfe gegen GrosBritannien auffoderten, die Losreissung des brittischen Reiches am Ganges, dieser köstlichsten Gold-Quelle Englands, als die erste und unmittelbare Folge des Krieges dar — und schon im ersten Feldzuge (1793) nahmen die Britten Pondichery, Chandernagor und alle übrigen fränkischen Niederlassungen in OstIndien, mit einer Leichtigkeit, daß man von diesen Unternehmungen in Europa nicht eher etwas hörte, als nachdem sie vollbracht waren.

Dann sollte den Colonien der Britten in WestIndien der TodesStoß versezt werden, durch den Schluß des NationalConvents (vom 4 Februar 1794), der allen NegerSklaven die Freiheit gab. — Aber GrosBritannien wuste sowohl sein eignes Kleinod, Jamaica, als den wichtigsten Theil seiner von den Franken gemachten Eroberungen zu schüzen, während der mörderischste innerliche Krieg Frankreichs wichtigste Colonie, St. Domingo, in eine Wüste verwandelte.

Eben so täuschend in ihren Resultaten waren die Ereignisse in Europa.

Die Britten werden wieder aus Toulon hinausgeschlagen; welch ein Tag des Triumphs für die Republik! — Aber sie zerstören oder führen eine ganze Flotte mit sich fort, und vernichten dadurch beinahe die Hälfte der fränkischen Marine.

Die LandArmee der Britten in Belgien (im Laufe des Feldzuges von 1794) von einer Niederlage nach der andern betroffen, fast aufgerieben, schift endlich ihre kläglichen Trümmer nach England zurük; während die Franken, mit unermeßlichen Hofnungen, in Amsterdam einziehen. „Woran mag es uns izt noch fehlen?" ruft der NationalConvent im SiegesTaumel auf. „Welch ein Donnerschlag," denkt man im übrigen Europa, „muß es in Pitt's Ohren seyn: die Franken in „Amsterdam! welch ein Zuwachs für die SeeMacht „der Republik!" — Aber die Britten nüzen diese goldne Gelegenheit, sich des Cap's der guten Hofnung, Ceylan's, der Molukken rc. zu bemächtigen, und dadurch das Monopol des WeltHandels vollends in ihren Händen zu concentriren; und die Marine Frankreichs und Hollands zusammen vermag izt eben so wenig gegen den brittischen Trident, wie zuvor die Marine Frankreichs allein.

Müde, von seinen Flotten stolze Erwartungen anzukünden und am Ende doch immer nur Niederlagen zu erzählen zu haben, beschließt der NationalConvent (im August 1795) den ganzen Krieg zur See in einen Flibnstier Krieg zu verwandeln. — Aber die unermeßliche KriegsMarine GrosBritanniens dekt izt, mit verdoppelter Sorgfalt, dessen HandelsMarine, und auch dieser Schlag verfehlt seine Wirkung.

Bald droht eine neue Katastrophe. Spanien schließt Frieden mit der Republik, und erklärt bald darauf GrosBritannien förmlich den Krieg. — Aber die spanischen Schiffe haben keine brittischen Matrosen an Bord; Frankreich und Holland und Spanien vermögen izt gegen GrosBritannien nicht mehr, als zuvor Frankreich allein; Admiral Jervis (izt Lord St. Vincent) bombardirt Cadiz und gewinnt, für die Britten die glorreichste, für die Spanier die schimpflichste SeeSchlacht des Jahrhunderts.

Nun erhebt sich ein Meteor. Ein 27jähriger General, in seinem ersten Feldzuge, bewirkt auf dem festen Lande, was alle Admirale Frankreichs, Spaniens und Hollands zur See nicht vermocht hätten; der blose Ruf seiner Siege verjagt die Britten von Corsika, und schließt ihnen alle Häfen Italiens. „Mögen denn „nun," sagt man izt in Paris, „die stolzen Insulaner „alle Waaren der Welt in ihren Magazinen aufhäufen, „und in ihrem Uiberfluß, den sie fast nirgends hin mehr „ausführen können, erstiken!" — Aber Frankreich und Holland, sonst die einzigen HandelsRivalen GrosBritanniens, manufacturiren izt nicht mehr, haben izt keine ColonialProdukte mehr auszuführen; und wie mögen die Staaten Europens, die keine eignen Manufacturen haben, ohne fremde seyn? wie mag ein WeltTheil, für den der Luxus der Produkte beider Indien, durch die Gewohnheit mehrerer Jahrhunderte, zum Bedürfniß geworden ist, ihrer so leicht entbehren, wenn er sie noch durch einen UmWeg, nur etwas theurer, erhalten kan? ... Hamburg ward izt der StapelPlaz der englischen Waaren für das übrige Europa, und Millionen Goldes strömten von da aus nach GrosBritannien.

Inzwischen waren die StaatsBedürfnisse GrosBritanniens zur Fortsezung des Krieges ungeheuer. Die HauptStüze seiner Grösse, wie die aller HandelsStaaten, ist bekanntlich sein Credit, das zärteste und unerklärlichste Ding, eine Art von politischer Mystik, die izt noch Riesenkraft hat, weil man daran glaubt, aber schon im nächsten Augenblike durch den leisesten Zweifel in Nichts zerstäubt. Bis izt hatte man an die Noten der Bank von England wie an Gottes Wort geglaubt. Aber nun entsteht im Februar 1796 plözlich ein Mistrauen, ohne daß man weiß, wie oder wodurch: alles will für sein Papier baares Geld haben; die Bank von England kan diesen Foderungen nicht Genüge leisten. Man läßt ihr jedoch keine Zeit, sich zahlungsunfähig zu erklären; die Regierung spricht sie nicht nur von der Verbindlichkeit in klingender Münze zu zahlen los, sondern verbietet ihr sogar, Zahlungen zu leisten, und das Parlament bestätigt diese Verfügung. Was entsteht daraus? etwa MisCredit der Bank, oder Fall des PapierWerths? — Keineswegs. Die Bank genießt so viel Zutrauen als je, und ihre Noten gelten, was sie immer gegolten hatten. Man ernennt eine Commission, um ihren Zustand zu untersuchen. Diese findet, daß das ActivVermögen derselben die Schulden um eine ungeheure Summe übersteigt; und doch beschließt man, daß die Zahlungen in baarem Gelde ferner aufgeschoben bleiben sollen. Kaum fällt, während dieser Krise, der WechselCours um eine Kleinigkeit: nach wenigen Tagen hebt er sich wieder, und alles ist wie zuvor. Während in ganz GrosBritannien alle Kassen verschlossen sind, wenn eine Bank-Note in klingendes Geld verwandelt werden soll; öfnen sich die Beutel des festen Landes, um dessen WechselBriefe zu honoriren. So wie die BankNote in einen Wechsel umgeschrieben ist, gewinnt sie 6, manchmal auch wohl 7 auf's Hundert, und ihr Umtausch gegen baares Geld hat keine Schwierigkeit ... Scheint nicht ein günstig Gestirn selbst das, was unmittelbar auf Englands Fall hinführen könnte, zu einer neuen Quelle seines Wohlstands zu machen?

Eben diese Gunst des Schiksals erfuhr GrosBritannien, als zu Ende des Jahrs 1796 einer der kühnsten und talentvollsten Feldherren der Republik (Hoche) von Brest aussegelte, ohne auf ein brittisches Schiff zu treffen, und schon die Küsten Irlands im Angesicht hatte, zu einer Zeit, da in diesem von GrosBritannien niedergedrükten Reiche auf allen Punkten das Feuer des Bürger-Kriegs unter der Asche glühte, und als, dem grosen Ziele so nah, plözlich ein Sturm, weit der treueste und wirksamste Alliirte Englands im ganzen Laufe des Krieges, ihn wieder an Frankreichs Küsten zurükwarf.

Und so konnte denn, troz all diesen Ereignissen, und zulezt auch von seinem einzigen noch übrigen BundsGenossen (Oestreich) verlassen, König Georg III in der Rede, die er am 2 Nov. 1797 vom Thron herab an sein Parlament hielt, mit Wahrheit sagen, daß „während des „Krieges und unter dem unvermeidlichen Druke gehäufter „Lasten, GrosBritanniens Einkünfte doch im„mer gleich ergiebig geblieben, die Natio„nalIndustrie sich vermehrt, und der britti„sche Handel sich weit über seine alten Kreise „hinaus gedehnt habe."

Wie gros erscheint nicht England in dem einfachen

und wahren Gemählde, das sein Monarch hier von ihm entwirft!

Aber bei all diesem Glanze war seine Lage denn doch zu keiner Zeit kritischer, als izt.

Zerrüttung des FinanzWesens ist in der neuern Geschichte bekanntlich der eigentliche Erkenntniß-Grund des Verfalls der Staaten: und die nemliche, ja eine noch weit riesenmäsigere SchuldenLast, als wodurch Frankreich in den Abgrund der Revolution stürzte, bereitet, früher oder später, auch für England dasselbe Ereigniß vor. Frankreichs StaatsSchuld, vor seiner grosen politischen Umschaffung, belief sich ohngefähr auf 4,000 Millionen Livres. Die brittische war schon vor dem Kriege gröser, denn sie betrug 240 Millionen Pf. Sterl. Seit der Zeit vermehrte sie sich so ziemlich um noch einmal so viel; so daß nun selbst der alleswagende Pitt nachgerade vor dem bisherigen System zurükbebt, „mittelst dessen die Schulden sich bis in's Unendliche aufhäufen, ohne daß man um deren RükZahlung „bekümmert ist, weil es blos auf richtige Abtragung der „Interessen ankommt.“ Nicht, wie Kant als PräliminarArtikel zum ewigen Frieden es vorschlug, „um „diese ungeheure politische Springfeder zu zerstören, diesen „gefährlichen Schaz für den Krieg, der dem aller andern „Staaten zusammengenommen überlegen ist, und sich in „die Länge nur durch den Verfall der Taxen erschöpfen „kan; eine Erschöpfung, die noch dazu durch die vortheil„hafte Rükwirkung des Credits auf Handel und Industrie „sehr verzögert wird, wodurch aber doch früh oder spät „ein NationalBankerot erfolgen muß“ — nicht aus diesen Gründen einer menschenfreundlichen Philosophie, sondern weil das FundirSystem, bisher der wahre Talisman der brittischen Macht, nun wirklich bald unter seiner eignen Last erliegen müste, wollte der kühne Minister nun lieber dem allgemeinen Haß und Misvergnügen trozen, durch den Vorschlag einer allgemeinen Taxe, die in einem Jahre zu dem ungeheuren Belauf von 7,000,000 Pf. St. erhoben werden soll; ein Vorschlag, den er in einem Parlament, mit dem Er wie der Künstler mit seinem Werkzeuge spielt, gegen den lauten und einstimmigen Unwillen des Volks, gegen alle Beredsamkeit der Opposition, ohne Mühe durchsezte.

Aber dieser GewaltStreich, wodurch er jedem Britten in die Tasche grif, und der im Grunde mit den Requisitionen und gezwungenen Anleihen in Frankreich, diesen berühmten TummelPläzen der brittischen MinisterialBeredsamkeit, in gleicher Linie steht, erzeugte ein inneres Misvergnügen, dergleichen man bisdahin, wo die unermeßlichen StaatsBedürfnisse, durch den Zauber des FundirSystems, der gegenwärtigen Generation bei den grosen Speculationen des GeldWuchers fast nur Rosen trugen, und die ganze Aussaat von Dornen nur für eine entfernte Zukunft keimte, noch nicht bemerkt hatte. Vergebens suchte der Minister durch vielfache Modificationen bei seinem neuen kühnen Experiment sich mit der Aegide zu deken: „daß die neue Taxen, „nur die Reichen träfen, während die, deren Vermögen ihr dringendstes Bedürfniß nicht übersteige, gar nichts „davon zu tragen hätten." Eine gleich ausgetheilte Abgabe würde mehr abgeworfen haben, und billiger gewesen seyn; die Natur der ökonomisch politischen Maschine selbst, würde bei einem solchen einfachern SteuerSystem Ausgleichungen bewirkt haben, die keine Klügelei so gut aufzufinden vermag. Wenn der Arme mehr zahlen muß, so erhöht er seine Preise und vermehrt seinen Fleiß; der Reiche hingegen, wenn man ihm mehr auflegt, beschränkt seine Ausgaben: im ersten Falle also kommt die Steuer ein; im zweiten aber sieht sich der Calculator getäuscht. Leicht läßt sich's erweisen, daß, wenn man den Armen eine Abgabe auflegt, nicht sie, sondern die Reichen solche zahlen müssen; aber wenn man die Reichen besteuern will, so zahlen sie ihre Abgabe von dem, was sie den

Armen entziehen. Daher, seit der Einführung der neuen Taxe, das nothwendig gewordene Verabschieden so vieler Arbeiter in den englischen Manufacturen, von denen nicht weniger als 3 Millionen Menschen (also mehr als der dritte Theil der ganzen Bevölkerung Englands) ihr Brod haben. Daher der allgemeine Unwille der Nation gegen die neuen Taxen.

Zu diesem innern Stosse gesellen sich nun noch andre, weit empfindlichere von aussen.

Die „grose Nation, die es in dem Staats- und „KriegsSystem von Europa zu der stolzen Höhe gebracht „hat, daß ihr Wille schon Sieg ist"; diese, in den vorigen schreklichen Jahren ihrer Krise von dem brittischen Kabinet mit Feuer und Schwert und Hunger und Gold geängstigte, unbesiegte Nation will nun, nachdem sie mit dem ganzen übrigen Europa Frieden hat, an diesem einzigen ihr noch übrigen Feinde eine Rache nehmen, wovon die JahrBücher der neuern Geschichte, und selbst die der alten, kein zweites Beispiel kennen. Es ist, wenn man will, der Kampf zwischen Rom und Karthago; aber mit einem sehr charakteristischen Unterschiede. Der römische Senat wollte Karthago nur in Schutt legen; das fränkische VollziehungsDirectorium — wenn das Glük, welches im Laufe dieses Krieges so viel für die grose Republik that, auch noch diesen lezten Act desselben begünstigt — hat keinen geringern Plan, als den: auch GrosBritannien zu revolutioniren. „GrosBritanniens Regierung kan „nicht neben der von Frankreich bestehen", hat Revelliere-Lepeaux in einer öffentlichen Audienz des Directoriums gesagt. Daher bietet Frankreich izt alles auf, um die Macht jener Regierung in ihrer Quelle zuzuschütten; und die Quelle dieser furchtbaren GeldMacht ist ihr Handel. Gegen diesen erfolgte also izt Schlag auf Schlag.

Schon am 31 Oct. 1796 war die Einfuhr englischer Waaren in Frankreich verboten worden. Aber der SchleichHandel, der Verfall der eignen Manufacturen in Frankreich während eines 6jährigen innern und äussern Krieges, und eine durch lange Gewohnheit festgewurzelte Anglomanie des reichern Theils der Nation, hatten die Kraft dieses Gesezes gelähmt; so daß Frankreich, die lezte Zeit hindurch, der vorzüglichste MarktPlaz für die brittischen Manufacturen war. Der 4 Januar (1798) war der wichtige Tag, an dem, zur nemlichen Stunde im ganzen Umfang der Republik, die Wegnahme und Confiscation aller englischen Waaren mit der unerbittlichsten Strenge geschah. Dis war, wie das fränkische VollziehungsDirectorium in seiner Botschaft an den Rath der Fünfhundert sich ausdrükte, „der erste Act, wodurch „der Krieg gegen England endlich seinen wahren Charakter „annahm."

Unmittelbar darauf erfolgte der zweite, noch weiter reichende Schlag. Am 11 Januar beschloß die gesezgebende Versammlung: „daß jedes, ganz oder auch „nur zu irgend einem Theile mit englischen „ManufacturWaaren beladene Schiff, ohne „Unterschied ob es neutral oder feindlich ist, eine gute „Prise seyn soll."

Man denkt sich's leicht, welchen Stoß zwei Geseze dieser Art in dem brittischen Handel wirken müssen. Die Entlassung vieler Tausende von Arbeitern in Manchester, Birmingham, Glasgow und Sheffield, und eben daher allgemeine Bestürzung und Unzufriedenheit, müssen nothwendig die Folge des erstern seyn. Und das leztere machte sogleich die Assecuranz von 5 auf 15 ProCent, und seitdem noch höher, steigen, so daß der Preis der englischen Manufacturen dadurch ungeheuer vertheuert, folglich in gleichem Grade deren Absaz erschwert und eingeschränkt werden muß.

Während diese Keime von Misvergnügen im brittischen Boden gähren, rükt der grose HauptSchlag immer näher — die projektirte Landung auf England. Glük, Talent und Heroism, in Einem Manne personifizirt, stehen an der Spize dieser Unternehmung; unermeßliche Zurüstungen kündigen ihre nahe Ausführung an; unter mehr als dreissig Landungen, die seit Julius Cäsar versucht wurden, schlug kaum die zehnte fehl; und gewagt wird diese Landung wohl gewiß. Wenn sie gelingt, so sind die Folgen davon für England und für Europa nicht zu berechnen. „Diese Landung", — sagt Dumouriez * — „zu der die fränkische Regierung so „oft schon Zubereitungen machte, und die das Kabinet „von St. James eben so oft zu hintertreiben wuste, wird „bewerkstelligt werden, sobald die Franken mit Hartnäkig„keit es wollen. Der Friede allein kan diesen Schlag „abwenden, welcher England zu Grund richten und eine „der fränkischen ähnliche Revolution darinn „hervorbringen würde." Mehr als halb Europa hatte sich gegen die fränkischen Grundsäze coalirt. Nach den Siegen der Franken und bei ihren SeparatFriedensSchlüssen war noch immer die Furcht vor Revolutionen geblieben. Dieser Furcht hat nun der Friede von Campo Formio einen Damm vorgeschoben, und dadurch politisches Einverständniß der ungleichartigsten Regierungen möglich gemacht. Um so nothwendiger hielt es aber die grose Republik, diesen entscheidenden Zeitpunkt noch in seinem ganzen Umfang zu nüzen, und sich ein föderatives System zu bilden, wodurch das politische Gleichgewicht zwischen repräsentativen und nicht repräsentativen Regierungen, ohne beständige Erschüttrungen und ohne alle weitere Gefahr eines Rükfalls, sich erhalten könnte. Daher die Cisalpinische und Batavische Republiken; daher die RheinGränze; daher die Revolutionirung Helvetiens; daher dann endlich auch der VertilgungsKrieg gegen die jezigen Grundsäze des jezigen brittischen Ministeriums.

* In der Vorrede zu seinem Etat présent du Portugal.

Izt beginnt also in dem Kriege zwischen Frankreich und GrosBritannien eine neue Epoche; von nun an wird er offensif für die Franken und defensif für die Britten. Wenn man die Schwächen, welche England gibt, und die Kraft, welche die Franken zur Erschüttrung seiner Existenz in's Spiel sezen, gegeneinander abwägt: so zeigt sich auf den ersten Blik ein mächtiger Unterschied in der Lage beider KampfPartien. Wenn Frankreich sein Wagestük mislingt, so verliert es Menschen, aber es bleibt Frankreich; es gilt nicht sein Daseyn, sondern höchstens nur seine Entkräftung. Im Gegentheil, wenn es glüklich ist, so läßt sich an dem Umsturze der jezigen brittischen Regierung gar nicht mehr zweifeln.

Und welch ganz andrer Grad von Enthusiasm beseelt den, der angreift, als den, der sich vertheidigt! Nur die Uiberfahrt über den schmalen Arm des Ozeans, über den Blanchard vor nicht vielen Jahren in einem Aerostat hinflog, ist das, was zweifelhaft bei der Unternehmung ist. So wie der Franke den Fuß auf brittische Erde gesezt hat, betrachtet er sich als Sieger, und sein groses TagWerk fast schon als vollendet: mit dem kühnen SelbstGefühl, womit so viel Siege über die grösten und disciplinirtesten Heere Europens, und nun auch noch das Glük seiner Uiberfahrt ihn beseelen, schreitet er vorwärts, um seinen Gegner zu vernichten, während dieser auf seiner Stelle stehen bleibt, um sich nur in seiner Lage zu behaupten. Der politische Mechanism folgt gleichen Gesezen, wie der physische; die Kraft ist das Produkt der Masse, vervielfacht durch die Geschwindigkeit der Bewegung.

Die Britten lachten, als man in den fränkischen TagBlättern sie mit Armeen bedrohte, die hoch in der Luft daher fliegen, oder unter dem Wasser heranschwimmen sollten. Aber bald verlor sich das Abentheuerliche, und nur das Kolossale blieb. Nun sprach man von Barken, jede mit einem 36 Pfündner auf dem VorderTheile, dergleichen man unter dem Marschall von Belle Jsle 300 in Dünkirchen sah; oder von Fahrzeugen mit 2 Kanonen, eine vorn, die andre hinten, mit Segeln und Rudern; oder von ungeheuren Flössen, deren jeder, mit einer Citadelle von 78 Kanonen ausgerüstet, gros genug wäre, eine ganze fränkische Division zu tragen. Ob irgend etwas von all diesem, und was auch eigentlich das Wahre sey, so ist in jedem Falle doch so viel gewiß: daß es seit dem 26 Oct. in Frankreich eine Armee von England gibt; daß Buonaparte ihr OberBefehlshaber ist; daß Generale wie Desair, Kleber, Dufalga ꝛc. Jngenieurs wie Marescot, Boisgerard, Chasseloup ꝛc. dabei angestellt sind; daß diese Armee, die an TruppenZahl stärker seyn wird, als je irgend eine Armee der Republik war, sich in starken TagZügen an den Küsten des Ozeans, von Brest bis Vlissingen, versammelt; daß in allen Häfen ungeheure Rüstungen zu ihrer Uiberfahrt gemacht werden; und daß ein günstiger WindStoß sie von all den vielfachen möglichen Punkten aus am gleichen Tage an die Küsten von GrosBritannien führen kan.

Aber wenn die Armee von England den grosen Schlag, womit sie droht, auch nur gegen Jrland richten, den Fehler Ludwig's XIV gutmachen, * dis wichtige Königreich, das wahre RüstHaus des Krieges für England,

* „Hätte ein groser Fürst, der in unsern Tagen regierte, „(K. Ludwig XIV) als er einen seiner Nachbarn (K. „Jacob II) entthront sah, diese TrennungsMaximen der „Römer befolgt: so würde er eine stärkere Macht angewendet haben, um ihn zu unterstüzen und auf die Insel, „die ihm treu geblieben war, (Jrland) einzuschränken. „Durch diese Zerstükung der einzigen Macht, die sich seinen „Planen widersezen konnte, würde er, selbst aus dem Un-

worinn izt an hundert Orten das Feuer des Aufruhrs unter der Asche glimmt, republikanisiren, und dadurch dem leztern auf immer den HauptNerf seiner Macht abschneiden sollte: so würde, selbst in diesem Falle, der GegenStoß auf GrosBritannien unermeßlich seyn.

In einer solchen Lage der Dinge ist es unstreitig von dem grösten Interesse, den dermaligen Zustand GrosBritanniens, vorzüglich in Rüksicht auf öffentlichen Credit und Finanzen und auf den Kampf zwischen Ministerium und Opposition, näher kennen zu lernen. Am richtigsten zeigt dis folgender

§. 2.

Uiberblik der ParlamentsVerhandlungen vom 2 Nov. 1797 bis in die Mitte des Febr. 1798.

Am 2 Nov. eröfnete König Georg III das Parlament mit folgender Rede vom Throne:

„Meine Lords und Herren!

„Es gereicht mir zu groser Bekümmerniß, daß die eifrigsten Bemühungen, die ich seit Ihrer lezten Sizung anwendete, um auf sichre und ehrenvolle Bedingungen uns den Frieden zu verschaffen, unglüklicher Weise fruchtlos waren. Die Erklärung, welche ich bekannt machen ließ, * und die andern ActenStüke, ** die man auf meinen Befehl Ihnen vorlegen wird, werden Sie und die ganze Welt überzeugen, daß von meiner Seite kein Schritt unterlassen ward, der zur schleunigen Abschliesung des Friedens führen konnte, und daß die langen und vergeblichen Zögerungen, welche die Unterhandlungen litten, nur dem, jeder wahren Annäherung ausweichenden Beneh-

„glüke seines Alliirten, unermeßlichen Gewinn gezogen haben." Montesquieu Grandeur et Décadence des Romains, Chap. 6.

* S. Jahrg. 1797, Heft XII, S. 297 ff.

** Ebendaselbst, S. 216—297.

men, den durchaus unzulässigen Foderungen, der gränzenlosen Ehrsucht und vorzüglich dem alteingewurzelten Hasse des Feindes, mit dem wir es zu thun hatten, beizumessen sind. Ich seze ein unumschränktes Vertrauen in die Vorsehung, in Ihre Weisheit und Energie, in den Eifer eines grosen und freien Volkes, welches überzeugt ist, daß es für seine theuersten Interessen kämpft, und entschlossen, sich der Vortheile, die es zu vertheidigen hat, würdig zu zeigen. Da wir offenbar nothgedrungen sind, den Krieg fortzusezen, bis der Feind friedlichere Gesinnungen an Tag legen wird, so bemerke ich mit Vergnügen, daß unsre Hilfs Mittel der Kraft Aeusserung entsprechen, die von uns erfodert werden wird. Im Laufe dieses Krieges und unter dem unvermeidlichen Druke gehäufter Auflagen, blieben unsre Einkünfte doch immer sehr ergiebig, die National Industrie vermehrte sich und unser Handel überschritt sogar seine alten Gränzen. Der Gemein Geist meines Volkes zeigte sich im schönsten Glanze; meine Truppen von allen Waffen erwarben sich neue Ansprüche auf die Hochachtung und Bewundrung ihres Vaterlands, und die wiederholten Vortheile meiner See Macht über alle meine Feinde wurden neuerlich durch den glänzenden und entscheidenden Sieg gekrönt, womit die Vorsehung den Eifer meiner Flotte unter den Befehlen des Admirals Lord Duncan belohnte. Kein Ereigniß konnte von wichtigern und vortheilhaftern Folgen seyn, noch die zahlreichen Helden Thaten, wodurch im Laufe dieses Krieges der Ruhm unsrer Marine zu einer beispiellosen Höhe emporstieg, auf's neue mit mehr Glanze bestrahlen.

„Meine Herren vom Hause der Gemeinen!

„Ich habe befohlen, daß die Kosten Etats für das nächstkünftige Jahr Ihnen vorgelegt werden sollen. Die Lage des Krieges und die glüklichen Folgen unsrer lezten Siege werden, hoffe ich, einige Verminderungen in den Ausgaben, unbeschadet der nachdruksvollen Kraft Aeusserung, die unsre Lage unumgänglich machen wird, gestatten. In Betref der besten Mittel, die starken, aber noch unvermeidlichen Ausgaben zu bestreiten, bin ich überzeugt, es werde Ihrer Bemerkung nicht entgehen, daß die gegenwärtige Krise Ihnen alle Beweggründe bietet, die Sie zu den kraft- und nachdruksvollsten Anstrengungen vermögen müssen. Den wahren Werth aller augenbliklichen Opfer, die dazu nöthig seyn werden, kan man nur dann richtig würdigen, wenn man sie mit der Wichtigkeit in Vergleichung sezt, den öffentlichen Credit kräftig zu unterstüzen, und den Feind zu überzeugen, daß wir, bei allem unsern sich stets gleichen Verlangen nach einem auf sichre und ehrenvolle Bedingungen zu schliesenden Frieden, doch sowohl die Mittel als den Entschluß haben, diesen schweren Kampf mit Nachdruk fortzusezen, solange man uns zwingen wird, die Sicherheit, Ehre und Unabhängigkeit dieser Königreiche zu vertheidigen.

„Meine Lords und Herren!

„Nach den Versicherungen, die Sie mir von Ihrer redlichen Anhänglichkeit und von ihrer lebhaften Vorsorge für das Wohl meiner Unterthanen gaben, bleibt mir nichts übrig, als Sie aufzufodern, in diesen Grundsäzen und bei diesem Betragen ferner zu beharren. Die Begebenheiten, die jeder Tag vor uns aufrollte, müssen Sie je mehr und mehr von den Vortheilen überzeugen, welche wir von unsern religiösen und bürgerlichen Einrichtungen ärndten, die uns so lange unter allen Völkern Europens auszeichneten. Diese Vortheile können nur dadurch erhalten werden, daß man die den Gesezen gebührende Achtung und Unterwerfung immer tiefer einprägt und befestiget, daß man schleunig jeden Versuch erdrükt, der darauf abzwekt, unsre innre Ruhe zu stören, und daß man jene glükliche Constitution unverlezt erhält, die von unsern VorEltern auf uns vererbt ward und an welche die Sicherheit und das Glük meiner Unterthanen von allen Ständen wesentlich festgeknüpft ist."

Nachdem der König sich entfernt, und die beiden Kammern sich wieder getrennt hatten, wurde die gewöhnliche DankAdresse in Antrag gebracht, und im Hause der Gemeinen, wo nur wenige Mitglieder von der Opposition zugegen waren, ohne Widerspruch beschlossen. Nur im OberHause schlug Lord Fitzwilliam, seinem alten Grundsaze gemäs, daß man an keinen Frieden mit

Frankreich denken müsse, solange nicht die Monarchie in diesem Reiche wieder hergestellt sey, vor: „alles, was Bezug auf Frieden habe, aus der Adresse wegzulassen"; aber dieser Antrag hatte das verdiente Schiksal, verworfen zu werden.

Die ParlamentsVerhandlungen selbst betrafen vorzüglich drei HauptGegenstände: 1. Bruch der FriedensUnterhandlungen in Lille; 2. Masregeln in Bezug auf die angedrohte Gefahr einer fränkischen Landung; 3. Aufbringung der ungeheuren StaatsAusgaben für das Jahr 1798. Wir liefern hier einzeln das Merkwürdigste davon.

I.

Bruch der FriedensUnterhandlungen in Lille.

Sogleich am 3 Nov. wurden alle darauf sich beziehenden ActenStüke den beiden Häusern des Parlaments vorgelegt.

Am 7 Nov. machte hierauf Lord Grenville (Minister der auswärtigen Angelegenheiten) im OberHause den Antrag auf eine Adresse an den König: „um ihn zu versichern, daß das Haus den ihm vorgelegten ActenStüken, die Unterhandlungen in Lille betreffend, seine vollste Aufmerksamkeit gewiedmet; daß es daraus sowohl die friedlichen Gesinnungen, welche Se. Majestät nie an den Tag zu legen aufgehört, als die eingewurzelte Erbitterung seiner Gegner erkannt; daß, während Se. Majestät auf der einen Seite das Beispiel der grösten Mäsigung gegeben, der Feind auf der andern sich von allen annähernden Gesinnungen entfernt habe; daß er den entschiedensten Haß gegen die brittische Constitution hege; daß er nichts Geringeres als deren Vernichtung beabsichte; daß jedoch das Haus auf jeden Preis die Person Sr. Majestät und die Regierung vertheidigen werde; daß es wisse, welch grose Kraft-

Aeusserung der jezige Augenblik erfodre; aber daß es fest entschlossen sey, zu leben oder zu sterben mit der Constitution, den Gesezen und Freiheiten, von denen das Glük aller Klassen der brittischen StaatsGesellschaft wesentlich abhänge." Dieser Antrag, den der Graf Darnley unterstüzte, ward einstimmig genehmiget. Auf den weitern Vorschlag des Lords Grenville ward noch überdis beschlossen: „daß die Adresse, um ihr alle mögliche Feierlicheit zu geben, durch beide Häusser zugleich dem Könige überreicht, und hiezu das Haus der Gemeinen eingeladen werden sollte."

In dem Hause der Gemeinen wurde die von dem OberHause entworfene Adresse am 10 Nov. vorgelesen.

J. Sinclair schlug als Verbesserung derselben vor: „alles, was Gehässigkeit athme, daraus zu tilgen, und zu erklären, daß man nicht entstehen werde, den abgebrochnen Faden wieder anzuknüpfen, sobald Frankreich sich geneigt zeige, auf billige Bedingungen zu unterhandeln."

Dagegen äusserte Lord Temple, in einer heftigen Rede, daß, „solange Frankreichs Regierung sich noch in einem solchen Zustande von Ungewißheit und Erschüttrung befinde, er sich stets jeder Art von Unterhandlung widersezen werde."

Gegen beide erhob sich Pitt. „Haben wir denn" — sagt' er — „Frankreich wegen der Ungerechtigkeit seiner Tyrannen angeklagt? haben wir auf jede Möglichkeit einer Aussöhnung Verzicht gethan? — Keineswegs. Nicht ein Wort ist in der Adresse, welches diesen unversöhnlichen Haß athmete; im Gegentheil hält sie der Rükkehr zu friedlichern Gesinnungen ausdrüklich das Thor offen. Der Himmel gebe, daß dieser gewünschte Augenblik bald komme! Aber wird er das wohl, bei den bekannten Grundsäzen der jezigen Gewalthaber in Frankreich, bei den Mitteln, wodurch sie sich im Besize ihrer Macht erhalten? Wie sehr indeß der König wünschen muß, daß eine Veränderung in der Regierung Frankreichs den Frieden erleichtern möge, so betrachtet er ein solches Ereigniß doch keineswegs als schlechterdings nothwendig zum unterhandeln; und selbst izt, da seine Waffen auf's neue durch den glänzendsten

Sieg gekrönt wurden, ist er bereit, mit derselben Regierung auf dieselben gemäsigten und grosmüthigen Bedingungen, die er ihr bereits antrug, Frieden zu schliesen. ... Ich weiß wohl, daß manche der Meinung sind, mit den jezigen Tyrannen Frankreichs müsse auf keine Bedingung Friede gemacht werden. Aber unmöglich kan ich diese Meinung theilen. Zwar schmeichle ich mir nicht, daß der Feind, nach seiner dermaligen Stimmung, Anträgen Gehör geben werde, die mit der Würde und dem Wohl Englands vereinbar wären; auch würde ich mich der gröbsten Heuchelei schuldig glauben, wenn ich läugnen wollte, daß ich nicht für das eigne Glük Frankreichs, für das Heil Europens und der Menschheit, mit Entzüken den Sturz einer Regierung erbliken würde, deren scheusliche Tyrannei alle verfassungsmäsigen Rechte ihrer MitBürger verlezte, und Zwietracht, Krieg und Verwüstung in so viele durch sie zerrüttete Staaten brachte. Aber das ist nicht der Zwek, auf den wir hinarbeiten. Welches auch immer Frankreichs Regierung seyn mag, so werden unser Muth und unsre HilfsQuellen uns eine hinreichende SchuzWehre dagegen bieten: und wenn wir nur nicht an uns selbst und an unserm Vaterland verzweifeln; wenn wir nur nicht zugeben wollen, daß ein, bis izt unbeflekter Ruhm verdunkelt werde; wenn wir die Quellen unsers Handels, die GrundPfeiler unsrer Gröse nicht vernachlässigen; wenn wir in nichts von jenem edelstolzen Charakter abweichen, wodurch wir, zum Wohl der übrigen Völker, in der Waagschale Europens bis izt einen so glänzenden Rang behaupteten: so wird — ich wiederhole es hier — welche Regierung Frankreich auch haben mag, der Friede immer nüzlich und wünschenswerth für uns seyn. Aber ehe wir aufhören, die zu seyn, die wir bisher waren, und die uns zu seyn ziemt, ehe müsse der lezte Britte seinen lezten Tropfen Blutes aufopfern!

„Einer der Vorsprechenden glaubte: „wir hätten die Unterhandlung nicht anfangen sollen, weil man fränkischer Seits nicht aufrichtig Frieden zu wollen schien". — Ich bekenne gerne, daß ich nie der Redlichkeit derer vertraute, die izt das VollziehungsDirectorium bilden: aber ich wuste, daß die Nation mit Ungedult Frieden wünschte; ich sah, daß der revolutionäre Taumel verglüht war; ich glaubte, die Heftigkeit der

Regierung werde durch die Macht der öffentlichen Meinung gezügelt werden, die Herrschsucht werde der Vernunft, die ErobernugsWuth dem Drange der Umstände weichen. Das Benehmen des Directoriums während der Unterhandlungen bestärkte mich in meiner Hofnung. Sichtbar zwekte sein Gang darauf ab, uns in die Nothwendigkeit eines wilden Bruchs derselben zu sezen. Es entfernte sich von allen bisher unter den Völkern herkömmlichen Formen; es sezte alle Ausflüchten, alle Künste der Intrigue in's Spiel; es erniedrigte sich so weit, daß es alles Wohlstands gegen den Bevollmächtigten Sr. Majestät vergaß; kurz, es ließ kein Mittel unversucht, um die Sache zu dem Bruche zu bringen, den es wünschte, aber wovon es allen Haß auf uns werfen wollte, weil es ihn noch nicht auf sich zu nehmen wagte. Unsre ausdaurende Gedult vereitelte alle diese Manövres, und zwang es endlich, seine wahren Absichten zu enthüllen. Es war von Interesse für uns, den Umfang seiner Foderungen kennen zu lernen: wir kennen ihn nun, und diesen wesentlichen Vortheil haben wir unserm Betragen zu danken. Wir sind izt im Stande, uns selbst, und alle, die hier der fränkischen Politik das Wort sprechen, und den ganzen WeltTheil zu überzeugen, daß Anträge voll Gerechtigkeit, Mäsigung und Ehre mit einem Uibermuthe verworfen wurden, den durchaus keine Umstände rechfertigen konnten. Das FriedensProjekt, welches der Bevollmächtigte Sr. Majestät vorlegte, war voll Klarheit und Offenheit. Nie that man wohl zu Anfang irgend einer Unterhandlung gemäsigtere und mehr auf Frieden abzwekende Vorschläge; sie verdienten also doch mit Achtung aufgenommen zu werden. Inzwischen weiß man, unter welchen falschen Farben sie Europen dargestellt wurden. Der erste Entwurf enthielt Lüken; aber man hatte diese Lüken nur gelassen, um zu erfahren, welche Rükgaben Frankreich fodern würde. Sobald seine Regierung, die eine so zärtliche Vorsorge für das Interesse ihrer Alliirten heuchelt, durch ihre Bevollmächtigten erklärt hatte: „daß sie die Zurükgabe alles dessen wolle, was ihr abgenommen worden sey, und daß die Entschädigung GrosBritanniens von ihren Alliirten geschehen müße", wurden die Lüken, dieser Erklärung gemäs, ausgefüllt. Überdis weiß alle Welt, daß das erste Projekt immer so verfaßt wird, daß es noch Abänderungen und nähere Bestimmungen zuläßt. Die Klugheit gestattet izt nicht, die Modificationen, deren es fähig war, und noch weniger unsern lezten Entschluß hier vorzulegen. Ich bemerke nur, daß wir in WestJndien die feste und fast unüberwindliche Jnsel Martinique, Tabago, Ste. Lucie, den ganzen durch unsre Truppen besezten Theil von St. Domingo, das FischereiRecht auf den Küsten von TerreNeuve und im Golf St. Laurent, die Jnseln St. Pierre und Miquelon, in OstJndien Pondichery, Chandernagor, so wie alle Niederlassungen und Factoreien, deren wir uns bemächtigt hatten, zurükgaben. Und was sollten wir für alle diese Zurükgaben erhalten? Nichts; nichts als den Frieden. Und wem brachten wir alle diese Opfer? einer Macht, die nie unsern Flotten begegnete, ohne die Zahl unsrer Siege mit einem neuen Triumphe zu mehren; einer Macht, die uns auf dem ganzen weiten ErdRund auch nicht eines Zolles Erde entreissen konnte; einer Macht, deren Marine wir vernichtet, die weder Handel, noch Manufacturen, noch Credit mehr hat. Welche Vorschläge konnten wir Spanien machen, welches nur darum Krieg gegen uns führte, weil man es dazu zwang, unsern Triumphen auch seine Niederlagen beizugesellen, und sich mit ewiger Schande zu bedeken? Wir wollten Trinidad behalten, weil es kein Recht hatte, diese Jnsel zurükzufodern, wir hingegen ein Recht hatten, sie zu behalten, nemlich unsre Einwilligung, ohne die ihm, Kraft feierlicher Verträge, jede Veräusserung von St. Domingo untersagt war. Was die Holländer betrift, so boten wir ihnen die Zurükgabe aller Quellen ihres Handels, aller ihrer einträglichen Besizungen an, indem wir nur diejenigen Posten behalten wollten, welche Frankreich in den Stand gesezt hätten, ihm seine andern Besizungen zu entreissen, und uns selbst in unsern Besizungen in OstJndien zu beunruhigen; überdis foderten wir ja nichts von ihm, was wir nicht schon im Besize hatten, und was uns nicht zur Sicherheit unsrer alten Gebiete und unsrer SeeMacht nöthig war. Unsre Bedingungen trugen demnach das Gepräge der Mäsigung;

ja! denen, welche nur unser Waffen Glük in diesem Kriege betrachten, könnte es leicht scheinen, als wären wir hierinn zu weit gegangen. Und doch konnten sie noch näher abgewogen, auf manchfache Art modifizirt werden! Aber nie wollte sich der Feind in irgend eine Erörterung einlassen. Nachdem er uns durch einen Paß zu verstehen gegeben hatte, daß er von keinem andern als Definitiv Vertrage hören wollte, warf er sich, statt mit Festsezung wesentlicher Punkte anzufangen, sogleich auf nichtssagende oder weitabführende Neben-Fragen, die er jedoch zu seinen Präliminarien machte. Er foderte die Entsagung eines leeren Titels, Zurükgabe oder Entschädigung für die in Toulon genommenen Schiffe, und Verzicht auf unsre Hypotheke auf die Niederlande. Obgleich der lezte Gegenstand an sich durchaus von keinem Belang war, da wir durchaus kein Recht auf diese Hypotheke ansprachen, oder ansprechen konnten, so war er doch ein Beweis, daß der Stolz des Feindes so weit reiche, sich in Dinge zu mischen, die ihn gar nichts angiengen. Diesen Präliminar Punkten folgte noch ein andrer, weit mehr auffallender, den man zur Bedingung ohne die nicht des Friedens machte: man foderte, daß wir, ehe man sich in Unterhandlung einlassen könnte, auf alle unsre Eroberungen Verzicht thun sollten; man ließ uns dann hoffen, daß, nach diesem Acte von Nachgiebigkeit, die Franken gefällig genug seyn würden, uns ihre weiteren Foderungen mitzutheilen. Welche Antwort erwartete dieser überstolze Troz von uns? Sollten wir das Haupt beugen und das neue GözenBild von Macht anbeten? sollten wir die Würde und die Ehre unsers Vaterlands zu seinen Füssen niederlegen? sollten wir uns den noch schimpflichern Demüthigungen, die man uns zudachte, unterwerfen? Welcher Kosmopolite würde eine solche Niederträchtigkeit entschuldigt, welcher Britte sie vergeben haben? Der König war zu sehr auf die Erfüllung seiner Pflichten und für unsre Sicherheit bedacht, als daß er sich desfalls irgend hätte bedenken können; und sein Unwille würde ihn damals sogleich ohne weiters zu einem Bruche vermocht haben, hätten nicht Betrachtungen der Menschlichkeit in ihm obgesiegt. . . . Inzwischen glaubte das Directorium sich noch nicht hinlänglich mit Macht umpanzert, um eine unabtreibliche Anhänglichkeit an seine ungeheuren Foderungen durchbliken zu lassen. Die fränkischen Bevollmächtigten nahmen die Antwort des Königs, dem Scheine nach, mit friedlichen Gesinnungen auf; aber sie hatte keine neuen Vorschläge zur Folge. Die langen Zögerungen, worüber wir uns beklagten, waren, ihrer Behauptung nach, nur ein Beweis des ernsten Verlangens nach Frieden; man arbeite daran, sagten sie, die Alliirten zu billigern Gesinnungen zu stimmen. So hielt das Directorium, um seine Absichten zu verhüllen, die Maske seiner Alliirten vor! dieser Alliirten, die es verachtet, die es zu Grunde richtet, und die von seiner Allianz nichts als die Unfälle und die Schmach eines Krieges ärndten, zu dem es sie gezwungen hat. Aber kaum war der Machtstreich vom 18 Fructidor (4 Sept.) vollbracht, als die nemlichen, von uns verworfnen, von ihm seit zwei Monaten aufgegebenen Vorschläge mit noch empörendern Zusäzen erneuert wurden; ohne uns zu sagen, was es etwa fodern möchte, wollte es wissen: wie weit unser Gesandte in Ausübung seiner Vollmacht zu gehen befugt sey? Es ist schwer zu sagen, wer von beiden sinnloser gehandelt haben würde: wir, wenn wir uns auf eine solche Frage eingelassen hätten, oder die fränkische Regierung, wenn sie geglaubt hätte, daß wir in ihren Vorschlag willigen würden. Auch sagten ihre Bevollmächtigten zu Lord Malmesbury nicht: er sollte um eine neue Vollmacht schreiben, sondern: er sollte sie holen. Und unter solchen Vorzeichen wollten sie uns Frieden hoffen lassen! oder vielmehr, dis war die Art, wie sie die Unterhandlungen abbrachen; denn die geheuchelte Mäsigung, womit das Directorium Europen so grob täuschen wollte, indem es seine Minister erst nach Verfluß von 10 Tagen zurükrief, ist zu verachtungswürdig, als daß sie nur die mindeste Bemerkung verdiente. . . . . Der Stolz, die Gewaltthätigkeit, die Unredlichkeit, ich sage nicht der fränkischen Nation, auch nicht einmal der ganzen fränkischen Regierung, sondern nur derer, welche alle Gewalt derselben an sich gerissen haben, ist Euch, so wie der ganzen Welt, aus ihrem Betragen bekannt. Nichts blieb Euch mehr zu kennen übrig, als ihre Absichten und Projekte. Sie selbst haben die Mühe übernommen, Euch davon zu unterrichten. Nicht mehr Euren Handel, nicht mehr Eure Reichthümer nur, Eure Besizungen in beiden Indien, oder die Gröse Eurer SeeMacht, oder den Umfang Eures Reiches bedrohen sie, sondern das GrundWesen Eurer Freiheit, das Bollwerk eurer Unabhängigkeit und Eures Glükes, mit einem Worte: Eure Constitution wollen sie vernichten. Höret sie selbst: „Eure Regierung und die ihrige können nicht zusammen bestehen. Eine oder die andre muß vernichtet werden." Können sie in England eindringen, so werden sie mit ihrem KriegsHeere zugleich die gröste Geisel der Menschheit, den Genius der fränkischen Freiheit mitbringen. Nichts wird dis Ungeheuer befriedigen, als die Vernichtung der brittischen Freiheit und jener glorreichen Grundsäze, die uns zu dem glüklichsten und beneidetsten Volke der Welt machten. Dis sind die Projekte, die uns ihr Haß enthüllte, die Drohungen, die ihre Wuth ausspie. Sind wir denn in einer Lage, daß wir zaudern oder uns fürchten müssen, bestimmt, fest und stolz zu erklären, daß wir uns zu vertheidigen wissen werden? Zweifeln wir denn an der VollKraft der brittischen Energie? Ich meines Orts, selbst wenn ich die Gewißheit hätte, daß der Streit sich nicht zu unserm Vortheil endigen könne, würde doch lieber auf den Zufall hin wagen, als mich unter einem freiwilligen Ruin begraben. Wenn wir demnach auf Eigenthum, auf Freiheit, Geseze, Sicherheit und Glük noch einigen Werth sezen, so müssen wir den prahlerischen Troz des Feindes mit Unwillen von uns stossen. Wir alle, vom Grösten bis zum Kleinsten, haben hierinn gleiches Interesse. Wer wollte nicht, wie gros auch sein Vermögen sey, gerne einen Theil desselben aufopfern, um einen verhaßten Feind zurükzutreiben? Wer wollte nicht, wie gering er auch sey, gerne sein Leben in einem solchen Kampfe aufopfern? Wir sind dis unsern Nachkommen, wir sind es unserm Ruhme und der Vorsehung schuldig, die uns zum Range einer der ersten Nationen erhoben hat. Ja! unser Vertrauen auf diese Vorsehung muß uns den Entschluß einflösen, die Wohlthaten zu vertheidigen, die sie in so vollem Maase über uns ausgegossen hat. Ist auch Gefahr damit verknüpft, so ist doch da, wo sie ist, Ehre, und auf der andern Seite nur die Gewißheit einer vergeblichen und immerwährenden Schande. Kan ein Britte bei dieser Wahl noch zaudern? Was mich betrift, so bin ich überzeugt, daß unser Heil in unsern Händen liegt, und daß nie eine Epoche so schön war wie diese, um vor den Augen einer Welt, die ihren Blik auf uns heftet, die ganze Fülle unsrer NationalEnergie zu entfalten. Noch sind unsre Hilfs-Quellen sehr gros; der Umfang unsers Handels sezt die benachbarten Nationen in Erstaunen. Diese Vortheile gewähren uns die Mittel, sie zu erhalten; und ich hoffe, der brittische Charakter werde nicht nur seinen Ruhm behaupten, sondern sich noch neuen Glanz erwerben. Ihr werdet das VorZeichen dazu geben, indem Ihr feierlich erkläret, daß Ihr entschlossen seyd, mit den Gesezen, der Freiheit und Religion des Vaterlands zu leben oder zu sterben".

Alle Mitglieder, die nach dem Minister sprachen, stimmten mit ihm überein, selbst die von der Opposition. Martin, (nach dem Austritte von Fox, Sheridan rc. einer von den bedeutendsten unter den leztern) erklärte: „ohne von seiner Meinung über den Ursprung des Krieges abzugehen, gestehe er zu, daß izt kein andrer Plan möglich sey; sein Vaterland möge Recht oder Unrecht haben, so werde er nicht dulten, daß es von einem übermüthigen Feinde niedergetreten und gezwungen werde, in die Bedingungen zu willigen, welche dieser ihm zu befehlen gutfinde". Sinclair nahm nun seinen Antrag zurük, und die Adresse ward einstimmig votirt.

II.

Masregeln in Bezug auf die angedrohte Gefahr einer fränkischen Landung.

1.

Erhaltung der innern HilfsQuellen. Oeffentlicher Credit. Bank.

In der Sizung des UnterHauses vom 17 Nov. legte Bragge einen Bericht des geheimen Ausschusses über die Suspension der Zahlungen der Bank in klingender Münze vor. Nach der Untersuchung des Ausschusses belaufen sich alle Foderungen an die Bank auf 17,578,961 Pf. St. Ihre Fonds, ausser den 11 Millionen, welche die Regierung ihr schuldig ist, betragen 21,418,461 Pf. St.; mithin ergibt sich eine Bilanz zu ihren Gunsten von 3,839,500 Pf. St. „Der WechselCours mit Hamburg" — wird in dem Berichte gesagt — „sey sehr vortheilhaft; die Bank habe fünfmal mehr baares Geld in der Kasse, als im verflossenen Februar; die Wechsler und andre, die von dem Parlament bevollmächtigt worden, 3/4 der von ihnen darinn niedergelegten Summen in klingender Münze zu ziehen, hätten nur 1/6 gezogen; auch hätten die Directoren der Bank erklärt, daß die Lage ihrer Angelegenheiten sie in Stand seze, alle Zahlungen ohne Ausnahme in klingender Münze zu leisten. Ohngeachtet dieser vortheilhaften Lage gehe jedoch das Gutachten des Ausschusses dahin, wegen der Fortdauer des Krieges, wegen der bekannten Projekte der fränkischen Regierung, die vorzüglich den Credit GrosBritanniens zu erschüttern suche, wegen des Zustands von Irland ꝛc. die Suspension der Zahlungen noch fortbestehen zu lassen."

Dem zu Folge ward von Pitt eine Bill: „daß die Suspension erst einen Monat nach geschlossenem DefinitivFrieden aufhören soll", eingebracht, und ohne bedeutenden Widerspruch durchgesezt.

2.
Zustand Irlands.

In der Sizung des OberHauses vom 22 Nov. machte Lord Rawdon (Graf von Moira) einen neuen Versuch zu Gunsten dieses unglüklichen Königreichs. „Der Bruch der FriedensUnterhandlungen," — sagt er — „die Drohungen des Feindes, der nichts Geringeres als den Umsturz der brittischen Regierung beabsichtet; ausserordentliche FinanzProjekte, die von groser Verlegenheit zeugen; eine unbestimmbare Entfernung jeder Aussicht auf Frieden — alles fodert GrosBritannien auf, alle seine Kräfte zusammenzuraffen; alles beweißt die Nothwendigkeit eines AussöhnungsSystems zwischen beiden Königreichen, um dem Feinde ihre vereinte Anstrengung entgegenzusezen. Irland, weit entfernt, in seiner dermaligen Lage England mit seinen Einkünften unterstüzen zu können, bedarf vielmehr selbst eines neuen Vorschusses. Sein Handel leidet unbeschreiblich. In Dublin allein sind 37,000 Arbeiter in Manufacturen in solchem Mangel, daß die Regierung ein tägliches Almosen unter sie austheilen muß, damit sie nicht Hungers sterben. Die Häfen von Belfast und Newry haben dem StaatsSchaze nicht den fünften Theil dessen eingebracht, was sie vor dem Kriege ertrugen. Und all dis Unglük ward lediglich durch das in Betref Irlands befolgte RegierungsSystem erzeugt. Alles gährt in diesem Königreiche von Mismuth und Unruhe über die Masregeln jener unpolitischen, unzeitgemäsen Strenge, die man hier in's Spiel sezt. Nie darf man hoffen, das Volk durch solche Tyranneien wieder zu gewinnen. Ich selbst war Zeuge dieser Tyranneien. Man gewöhnte die brittischen Truppen an, alle Irländer wie eben so viel geheime Aufrührer zu betrachten, und machte sie dadurch zu Werkzeugen der Unterdrükung. Auf dem Couvre-Feu*, welches die Engländer stets mit Abscheu als ein Gesez für Sklaven

* Der wilde Eroberer, Wilhelm I, um den Empörungen der Britten zuvorzukommen, gebot: daß jeder HausVater, Abends 8 Uhr, alles Feuer und Licht in seinem Hause auslöschen sollte. Die Glocke, die zu dem Ende um diese Stunde geläutet ward, hieß Couvre-Feu.

betrachteten, wird mit unerhörter Strenge gehalten. In allen Häusern von einer gewissen Art muß Licht und Feuer um 9 Uhr ausgelöscht seyn, und der Soldat vollzieht diesen Befehl mit der empörendsten Grausamkeit. Eine Wache zwang einen Vater, alles Bittens ohngeachtet, das Licht auszulöschen, welches ihm dazu diente, seinem in Gichtern liegenden Kinde beizustehen, und mishandelte ihn, weil er's nicht schnell genug that. Dis ist nur einer von den tausend in diesem unglüklichen Lande verübten Gräueln. Niemand ist da sicher, daß er nicht mitten in der Nacht aus den Armen seiner Gattin und Kinder in's Gefängniß fortgeschleppt wird, ohne zu wissen, wessen man ihn anklagt. Ja man führte das Piketting, eine Art von Tortur * ein, die bei der Cavalerie, als zu grausam, abgeschaft ward: ich selbst kenne mehrere, die auf diese Art gefoltert wurden, weil man sie beargwohnte, daß sie zu einem Komplott gehörten, oder doch darum wüsten; einer stand sie dreimal, auf einen blosen Verdacht hin, aus; ein andrer ward halb gehängt, um ein Bekenntniß von ihm zu erzwingen, und man drohte ihm, diese barbärische Operation wieder von vorn anzufangen, weil er nichts gestehen wollte, oder konnte. Und diese Grausamkeiten waren nicht isolirte Handlungen von Menschen, die der ihnen anvertrauten Gewalt misbrauchten; sie waren Folge eines Planes, den man systematisch befolgte ... Von gleicher Art waren die Quälereien, die zu Folge der berüchtigten Proclamation, daß alle Einwohner ihre Waffen ausliefern sollten, begangen wurden. Unter dem Vorwand, daß man sie verheimliche, ward eine grose Zahl von Häusern niedergebrannt; unter andern wurden 30 in einer Nacht in einem einzigen Bezirke ein Raub der Flammen, „weil nicht alle Waffen, die „darinn enthalten seyn müsten, abgegeben worden wären;" und um diese Zahl zu schäzen, hatte der Offizier, der diese Mord-Brennerei kommandirte, keinen andern Masstab, als seine Einbildung ... Dis sind ThatSachen, die man gerichtlich

* die darinn besteht, daß man jemanden bei seinem einen Hand-Gelenke aufhängt, während sein gegenüber befindlicher Fuß auf einem spizigen Pfloke ruht, und die andre Hand nebst dem andern Fuße zusammengebunden sind. Ohnmachten und Convulsionen sind die unmittelbaren Folgen dieser Marter.

beweisen könnte, die in Irland offenkundig sind, und wenn die Zeitungen nicht davon sprachen, so geschah dis nur aus Besorgniß gleicher Behandlung, wie der Herausgeber des Nord-Sterns sie erfuhr, dessen Pressen bei hellem Tage mit gewafneter Hand zerstört wurden. Diese unbändige Härte diente indeß zu nichts, als immer mehr Misvergnügte zu machen, und nach den neuesten Nachrichten hat die Zahl der Vereinten Irländer sich verdreifacht, und ihre Zweige in alle Grafschaften verbreitet. Noch, vielleicht, kan man die Herzen wieder gewinnen, wenn man das System ändert; befolgt man aber diese Masregel nicht, so ist, ehe fünf Jahre vergehen, Irland auf immer von GrosBritannien abgerissen."

Aber vergeblich war Moira's menschenfreundlicher Eifer. Seinen fürchterlichen ThatSachen sezte Lord Grenville nur die Ausflucht, daß dieser Gegenstand nicht vor das brittische, sondern vor das irländische Parlament gehöre, und den elenden Beweis a priori entgegen: „die angeführten Grausamkeiten könnten nicht „wahr seyn, weil die englischen Truppen sich immer „durch ihre Menschlichkeit ausgezeichnet hätten!" — und die Sache blieb auf sich beruhen.

3.
Vermehrung der Armee.

In der Sizung des UnterHauses vom 30 Dec. machte der KriegsMinister Dundas den Antrag: „daß von der zur LandMiliz gehörigen Mannschaft eine gewisse Zahl auf bestimmte Zeit in die Regimenter des Königs eingeschrieben werden dürfe. Dadurch werde die reguläre LandMacht beträchtlich verstärkt, ohne daß die Ausgaben des Staats erhöht würden. Auch in andrer Rüksicht sey diese Masregel nöthig: es seyen 13 bis 14 Regimenter, die fast nur aus Offizieren bestünden; auf die vorgeschlagene Art aber könne bald ein Korps von 50,000 Mann aufgestellt, und Vertheidigungs- oder Angrifsweise, in England selbst oder in dessen übrigen europäischen Besizungen, gebraucht werden." — Auch dieser

Antrag fand die nemliche günstige Aufnahme, wie alles, was die jezigen Minister dem jezigen Parlament vorschlagen.

Aber weit der wichtigste Gegenstand der Verhandlungen war

III.

Pitt's neuer FinanzPlan für das Jahr 1798.

In der Sizung vom 24 Nov. legte der Minister den HauptUmriß desselben dem UnterHause mit dem Vorbehalt vor, dessen einzelne Theile künftig näher zu entwikeln. „Da der Grundsaz, wornach er die Subsidien für das Jahr 1798 erheben wolle, neu, oder doch seit einem Jahrhundert nicht in Ausübung gebracht worden sey, so erachte er seiner Pflicht gemäs, ihn sogleich vorzulegen, damit man Zeit habe, denselben in gehörige Erwägung zu ziehen. Das Parlament habe dem Könige feierlich die kraftvollste Unterstüzung zugesagt: izt sey der Augenblik da, Wort zu halten und eine Energie zu beweisen, wie die dermalige Krise sie erfodre."

Ehe er noch seinen Plan vorlegte, berechnete er auf's neue die Summen, die zu den verschiedenen Zweigen des StaatsDienstes im Jahre 1798 nöthig sind.

„Für die Marine" — sagt' er — „wurden 12,539,388 Pf. Sterl. bewilligt. Dieser Anschlag wird ziemlich mit der wirklichen Ausgabe zusammentreffen. In dem lezten Jahre überstieg die SeeSchuld die dazu verwilligte Summe um 3 Millionen, die nicht in den Subsidien für das Jahr 1798 begriffen sind: für diese Schuld muß man die Zinsen aufbringen, die nach dem dermaligen Fuße nicht unter 250,000 Pf. St. betragen können. Uiberdis wird sich zu Ende des Jahres ein Vorschuß von 1,500,000 Pf. auf die SeeScheine ergeben, den man gleichfalls fundiren muß.

„Die für die LandArmee verwilligte Summe beträgt 10,112,950 Pf., mit Einschluß der ausserordentlichen Kosten des Jahres 1797, die nicht in die Rechnungen gebracht wurden, weil es unmöglich ist, vor Ende des Jahres ihren wahren Betrag zu kennen. Sie sind auf 4 Millionen angeschlagen. Dagegen betragen die für das Jahr 1798 nur 1,300,000 Pf., durch Abschneidung der Ausgaben für die Kasernen und für die Rekruten, wodurch sich eine Ersparniß von 2 1/2 Millionen ergibt.

„Ferner wurden verwilligt:

für die Artillerie . . .	1,291,038 Pf.
für vermischte Dienste . .	673,000
für die Commissairs der National-Schuld	200,000
Deficit von Octroy's . . .	677,000
welches mit den verwilligten Summen für die Marine, von . .	12,539,388
und	
für die LandArmee, von . .	10,112,950
den TotalBelauf von	25,493,376 Pf. Sterl.

oder in einer runden Zahl, 25 1/2 Millionen ausmacht, die man nun aufzubringen suchen muß.

„Bei allem Reichthum der innern HilfsQuellen Englands, wodurch es allen Bedürfnissen seiner Lage gewachsen ist, kan man sich doch eine so grosse Summe nicht verschaffen, ohne die Bürde, womit das Volk schon belastet ist, noch zu vermehren.

„Die Mittel, wodurch man bisher die für den jährlichen StaatsDienst nöthigen Summen zum Theil aufbrachte, sind:

von dem wachsenden Ertrag der consolidirten Fonds und der Lotterie	700,000 Pf.
von der Land- und MalzTare .	2,700,000

„Aber wenn man diese beiden Summen von der TotalSumme abzieht, so bleiben immer noch 22 Millionen Pf. Sterl. übrig, die man aufbringen muß. Diese Summe ist ungeheuer, zumal wenn man bedenkt, daß sie noch zu allen Schulden und Lasten, die der Krieg unvermeidlich aufhäufte, als Zuwachs kommt. Aber man würde mitten in den Abgrund des Verderbens stürzen, wenn man nicht der Gefahr trozte. Diese Gefahr ist bekannt; sie bedroht alles, was uns theuer ist; wir haben (in der Adresse an den König) uns verpflichtet, ihr die Stirne zu bieten. Es kommt izt nur darauf an, zu untersuchen, welche Mittel wir wählen müssen, ohne die NährQuellen unsers Wohlstands zu schmälern, ohne denen, die dazu beitragen sollen, eine unerschwingliche Last aufzuwälzen.

„Ehe ich den neuen Plan, die Subsidien aufzubringen, vorlege, muß ich eines Gegenstands erwähnen, der auf gleichen Zwek abzielt, und in Betref dessen ich mir aus eben dem Grunde fast allgemeine Billigung verspreche. Ich trage nemlich darauf an, daß die Bank bevollmächtigt werde, der Regierung einen Vorschuß von 3 Millionen auf SchazKammerScheine zu thun, die in kurzen ZeitFristen rükzahlbar seyn sollen, welche jedoch verlängert werden können, solange kein Nachtheil damit verbunden ist; aber immer so, daß die Bank sich dessen weigern und die Zahlung fodern kan, wie sie unfehlbar es thun würde, wenn ein unvorgesehenes KriegsEreigniß oder der Friede sie veranlassen sollte, ihre Zahlungen wieder in klingender Münze zu leisten. Unter solchen Einschränkungen sehe ich nicht, warum die Bank nicht dem Staat zu Hilfe kommen sollte, wenn sie es ohne Nachtheil für sich und ihre Gläubiger kan? Auch ist sie wirklich dazu geneigt, insoferne das Haus seine Zustimmung dazu gibt.

„In diesem Falle wären nur noch 19 Millionen aufzufinden. Das gewöhnliche Mittel, sich solche nach dem bisher für die FinanzOperationen in GrosBritannien üblichen System zu verschaffen, wäre, seine Zuflucht zu einer Anleihe zu nehmen. Alle Welt ist davon überzeugt, daß die HilfsQuellen dieses Landes noch sehr gros sind, und daß man sich demnach mit leichter Mühe dieses altherkömmlichen Mittels bedienen könnte. Aber wie vortheilhaft auch das FundirSystem an sich seyn mag, so glaube ich doch, daß man ihm eine zu grose Ausdehnung gegeben hat, weil es auf die Nachwelt eine Last wälzt, die nothwendig ihre Finanzen zertrümmern und die Springfeder ihrer Energie lähmen muß. Es wäre für England ein Glük gewesen, wenn man in vorigen Zeiten dis System nicht so weit getrieben hätte; man würde sich izt nicht über den Druk der Taxen zu beschweren haben, denn offenbar ward es dadurch unmöglich, in einem einzigen Jahr alle die Subsidien aufzulegen, welche die Bedürfnisse des Augenbliks erfodern. Wenn man auf der andern Seite den dermaligen Zustand der Fonds, den Anwachs des Kapitals, und vorzüglich den von dem Feinde, seinem eignen Bekenntniß nach, entworfenen Plan, Englands StaatsCredit zu vernichten, bedenkt: so wird man erkennen, daß die Klugheit rathe, das FundirSystem in engere Schranken einzuschliesen, weil dis das sicherste Mittel ist, die Projekte des Feindes zu vereiteln, und ihm die Hofnung zu rauben, jenen Credit zu stürzen, dessen England so sehr bedarf, um im Stande zu seyn, alle seine VertheidigungsMittel zu entfalten. Man muß demnach einen Ausweg suchen, wie die Leichtigkeit, welche das FundirSystem bietet, in die gehörigen Gränzen zurükgewiesen, und selbst der Grund zu einer schnellen Verminderung der KapitalSchuld gelegt werden kan, um den gefährlichen Folgen des ungeheuren Anwachses derselben vorzubeugen.

„Um diese Zweke zu erreichen, trage ich darauf an; 7 Millionen Pf. Sterl. in einem Jahre durch eine allgemeine Taxe zu erheben. Diese Auflage ist ungeheuer und ohne Beispiel; ich gebe es zu. Aber wenn man sich die Nothwendigkeit einer grosen KraftAeusserung, worinn wir uns befinden, und den Gegenstand derselben denkt: so wird man finden, daß dis augenbliklische Opfer, wie gros es auch seyn mag, doch nur unbedeutend ist, in Vergleichung mit dem unschäzbaren Werthe alles dessen, was wir nun zu vertheidigen haben. Es bleiben dann noch 12 Millionen zu entlehnen. Ohne näher in die Bestimmungen einzugehen, worunter diese Anleihe geschlossen werden kan (da in der Folge mehr darüber verhandelt werden wird) begnüge ich mich, zu bemerken, daß es in mehreren Theilen zu Stande gebracht werden kan, wovon der erste durch den Ertrag des TilgungsFonds gedekt ist, und die andern, nach einem neuen Plane, in kurz aufeinander folgenden ZeitFristen zurükbezahlt werden.

„In Betref der Art, die 7 Millionen zu erheben, scheint mir jene die vorzüglichste, daß man die unter dem Namen der Haus- und FensterSteuer bekannten Auflagen stark erhöhe. Man muß eine Form auffinden, wodurch zugleich mehrere wesentliche Bedingungen erfüllt werden. Die Auflage muß sich nemlich auf alle Individuen, die dazu beizutragen vermögend sind, erstreken; sie muß, so viel wie möglich, verhältnißmäsig vertheilt werden, ohne daß man gezwungen ist, seine Zuflucht zu gehässigen und beschwerlichen Haussuchungen oder Eiden zu nehmen; sie muß nicht nur nicht auf die Armen fallen, sondern auch noch Mittel übrig lassen, diejenigen zu erleichtern, welche ein Recht auf Begünstigung oder Ausnahme haben; sie muß von der Art seyn, daß sie sich, je nach dem Vermögen, auf- und abstufen läßt, und Verminderungen gestattet in Fällen, wo die Klugheit erfodert, denen, die unter der allgemeinen Regel begriffen sind, dergleichen zu verwilligen. Man sieht leicht, daß keine Masregel alle diese Bedingungen durchaus zu erfüllen vermag: man muß sich also mit derjenigen begnügen, die in dem gegenwärtigen Augenblike ihnen am meisten Genüge zu leisten scheint. Die Natur der Haus- und Fenster-Steuer, die Menge und Manchfaltigkeit der Gegenstände, die sie umfaßt, und wodurch sie sich von Sachen der ersten Nothwendigkeit auf die der Phantasie und des Luxus erstrekt, machen sie zum richtigsten Thermometer, wo nicht des Vermögens der einzelnen Bürger, doch ihrer Ausgaben.

„Für's erste werden dadurch alle die untern Klassen ausgeschlossen, die dieser Taxe nicht unterworfen sind. Man kan annehmen, daß sie mit ihren Familien ohngefähr 600,000 Häusser innhaben, welches eine Bevölkerung von 2 bis 3 Millionen ausmacht. Die Zahl der Häusser, welche der Steuer unterworfen sind, kan man auf 7 bis 800,000 sezen; die Zahl ihrer Bewohner dürfte also ohngefähr 4 Millionen betragen, und auf diese Zahl müßen die 7 Millionen vertheilt werden. Dermalen beläuft sich die Haus- und Fenster-Taxe auf 2,700,000 Pf. Sterl., die von 7 bis 800,000 Familien-Vätern erhoben werden: aber da gegen 400,000 unter diesen nur für den Belauf von 150,000 Pf. dazu beitragen, so ersieht man hieraus, daß die sehr grose Mehrheit nichts oder nur sehr wenig zu zahlen haben, und die neue Auflage hauptsächlich auf die kleine Zahl derer fallen wird, welche die höheren Klassen ausmachen.

„Ferner erkennt man ohne Mühe, wie diese Auflage sich mit dem Vermögen eines Jeden in Verhältniß sezt. Die unter der Taxe begriffenen Gegenstände sind, wie man auf den ersten Blik wahrnimmt, von zweierlei Art: die einen kan man als nothwendig, die andern als willkürlich und als Luxus betrachten. Die erste Art schließt die alten Abgaben, nemlich die Fenster-Steuer, die Commutations-Gebühren, und die darinn gemachten Erhöhungen in sich; alle diese Abgaben betragen ohngefähr 1,400,000 Pf. an den 2 1/2 Millionen der HausTaxe. Die zweite Art begreift die Auflagen auf Bedienten, auf Kutschen, auf Luxus- und AkerBauPferde. Diese leztern gehören einer der reichsten VolksKlassen in England zu; auch ist die ursprüngliche Auflage nur unbedeutend. Man sieht demnach, daß alle, die nicht Gebrauch von jenen Gegenständen des Luxus machen, eben dadurch frei von der Abgabe sind, die sie sonst treffen würde. Auch muß man hiebei bemerken, daß der Theil der Taxe, der auf nothwendigen Bedürfnissen haftet, bisher weit mehr, und beinahe im Verhältniß wie 4 zu 1, auf die grosen Städte als auf das Land fiel. Durch den neuen Plan kan man diesem Fehler abhelfen, und eine billigere Vertheilung einführen; auch kan man, ohne den Ertrag der Taxe zu schwächen, den MinderBegüterten ihre Last erleichtern. Wahrscheinlich wird es die HauptStadt nicht über 3 bis 400,000 Pf. Sterl. treffen, wovon der gröste Theil von den Reichen bezahlt werden muß.

„Was nun den Theil der Taxe betrift, welcher Gegenstände der Nothwendigkeit in sich faßt, so schlage ich vor, daß er überhaupt verdoppelt werde, jedoch so, daß er in gewissen Fällen, wenn nemlich diese Gegenstände mit denen des Luxus in Verbindung stehen ꝛc. auf das Dreifache gesezt werden kan. Ihr Ertrag möchte 2,800,000 Pf. Sterl. ausmachen.

„In Ansehung der Gegenstände des Luxus glaube ich, daß man die Taxe überhaupt auf das Dreifache, ja selbst auf das Vierthalbfache sezen kan. Sie wird 3,900,000 Pf. ertragen, wozu noch 500,000 Pf. für die höchste Klasse kommen, die das Vierfache der gewöhnlichen Taxe zu zahlen hätte. Schon die dreifache Erhöhung würde 8 Millionen geben: aber nach den zu treffenden Erleichterungen für die minder begüterten Klassen rechne ich nur auf einen reinen Ertrag von 7 Millionen.

„Ich habe, nach meinem Plan, alle Arten von Ausnahmen allen bewilligt, welchen es an Mitteln, nicht aber denen welchen es nur am Willen, dazu beizutragen, fehlt; ich bin jedoch überzeugt, daß die Zahl der leztern sehr gering ist. Niemand kan sich weigern, einen Theil seines Eigenthums aufzuopfern, um das Ganze zu erhalten; nur ein unbedingtes Un-Vermögen kan zur Entschuldigung dienen. Nach den von mir eingezogenen Erkundigungen werden selbst die stärksten BeiSteurer nicht über den zehnten Theil ihres Einkommens zahlen; und gewiß werden sie selbst finden, daß der Vortheil, die unbändigen Foderungen des Feindes abzutreiben, und die Hofnungen, die er auf die Erschöpfung unsrer Finanzen baute, zu vereiteln, das allgemeine Zutrauen neu zu beleben, und uns in Stand zu sezen, unsern bisherigen beneideten hohen Wohlstand zu behaupten, damit nicht zu theuer erkauft wird.

„Um diesem Plan die gehörige Vollständigkeit zu geben, muß man verhindern, auf der einen Seite, daß man sich nicht durch Einschränkung seiner bisherigen Ausgaben der Steuer entziehe, und auf der andern, daß die, deren Umstände seit der lezten Umlage sich verschlimmert haben, nicht mit einer Last bedrükt werden, die ihren Ruin nach sich ziehen könnte. Ich schlage demnach vor, daß zwar die lezte Umlage zum Masstabe der neuen Steuer genommen werde, weil man dadurch dem Versuche zuvorkommt, seine Ausgaben zu vermindern, um der Abgabe auszuweichen; aber zugleich auch sich mit den Mitteln zu beschäftigen, diejenigen, die sich, aus wahrer UnVermögenheit ihren Staat auf den bisherigen Fus fortzuführen, eingeschränkt haben, günstiger zu behandeln. Vielleicht findet man zwekmäsig, eine Erklärung von ihnen zu fodern, daß die Erhöhung der Auflage eine gewisse Taxe, z. B. den zehnten Theil ihres gesammen Einkommens, übersteige. Eine solche Erklärung kan man keineswegs wie einen Zwang betrachten, den man erfunden habe, um den Zustand des Vermögens kennen zu lernen, da sie nicht nur freiwillig ist, sondern überhaupt auch nur so viel bestimmt anzeigt, daß das Einkommen unter dieser Taxe ist.

„Dis ist die Skizze des Planes, dessen Details nun dem Ausschusse vorgelegt werden sollen. Ich habe hiebei nur noch zu bemerken, daß die Ausführung desselben von Seiten der VollziehungsGewalt weder neue Geseze, noch neue Beamten, noch irgend eine Vermehrung der EinzugsKosten erfodert. Der einzige Einwurf, der diese Art von Taxation trift, ist ihr mit allen bisherigen gemein; sie erreicht nemlich nicht den geizigen Reichthum, der seine Einkünfte in seinen Kisten aufhäuft, ohne sich ihrer zu bedienen, um sich das Leben angenehmer zu machen. So gerecht es wäre, und so sehr es mich freuen würde, wenn man ihn gerade desto stärker belegen könnte: so weiß ich doch kein ausführbares Mittel, wie man zu diesem Zwek gelangen könnte. Aber ein Einwurf, den man jedem FinanzSystem entgegensezen kan, ist kein Einwurf mehr.

„Noch muß ich die Aufmerksamkeit des Hauses auf einen Gegenstand von hoher Wichtigkeit heften. Durch die Auflage von 7 Millionen in einem Jahre wollte ich vorerst den Belauf der Anleihe vermindern, indem ich sie auf 12 Millionen herabsezte. Aber bei Befolgung dieses Planes muß man zugleich die Sicherheit, den Credit und die Fülle der HilfsQuellen Englands auf unerschütterlichen Grundlagen zu befestigen suchen. Ehe der Krieg neue Anleihen nothwendig machte, hatte der TilgungsFond bereits eine grose Verminderung der NationalSchuld bewirkt, und sein wohlthätiger Einfluß übertraf alle Erwartung. Wollte man jedoch zu einer Zeit, da die KriegsKosten den ganzen Plan der StaatsOekonomie durchkreuzen, sich allein auf dieses Mittel einschränken: so würde eine lange Reihe von FriedensJahren erfodert, um die neugemachten Wunden zu heilen. Ich halte es für möglich, ein System einzuführen, welches, durch Verminderung der Schulden, die man in dem gegenwärtigen Augenblike machen müste, deren künftiger Aufhäufung vorbeugt. Nicht nur ist es, meines Erachtens, ein weiser Grundsaz, grose Subsidien durch eine Taxe von gleichem Belauf zu deken, sondern ich finde es auch gleichweise und gleichausführbar, den Belauf der im nemlichen Jahre gemachten und fundirten Schuld zu deken; so daß man, wenn die Nothwendigkeit, den Krieg fortzusezen, auch die Nothwendigkeit, eine weitere Schuld zu machen, nach sich zieht, doch am Ende nicht mehr schuldig seyn möge als zu Anfang, und wenn die Lage sich nicht verbessert, sie sich doch wenigstens in gleichem Stande erhalte. Dis System kan am besten durch das, was in diesem Jahre geschehen kan, erläutert werden. Von den 12 Millionen, die man entlehnen muß, sind 4, welche die Schuld nicht vermehren, weil der TilgungsFond im Stande ist, sie zurükzuzahlen. Um die übrigen 8 abzutragen, wird es hinreichend seyn, mit der neuen Steuer fortzufahren, bis Kapital und Zinsen bezahlt sind. Die 7 Millionen, welche ein Jahr weiter erträgt, werden mit der BeiHilfe des TilgungsFonds reichlich dazu hinreichen. Auf solche Art wird dis System, wenn man es befolgt, zugleich die laufenden Subsidien liefern und zur schleunigen Abtragung der NationalSchuld führen. Diese Masregel wird Europen, und vornehmlich unsern Feind in Erstaunen sezen: sie wird seine Hize abkühlen, die Aufwallungen seines Hasses dämpfen, und ihm das Lächerliche seiner Projekte fühlbar machen; sie wird eben dadurch dem Kriege früher sein Ziel steken, und eine schnellere Heilung der Uibel, die er veranlaßte, herbeiführen. Bald wird man die glüklichen Folgen davon empfinden. Mehr als jemals wird man dann zugestehen, was so oft gesagt ward: „daß „es besser gewesen wäre, der Gebrauch, die StaatsSchuld „zu fundiren, wäre gar nicht eingeführt worden." Der Vortheil, den dieser Plan gewährt, wird noch einleuchtender, wenn man bedenkt, daß der ganze Belauf dessen, was zu entlehnen ist, sowohl in Kapital als in Zinsen, nur 16 Millionen beträgt, während es, um eine solche Anleihe zu fundiren, nach dem dermaligen Preise der Fonds, über 56 Millionen gekostet haben würde. Die Blike des Gesezgebers müssen sich nicht auf den Horizont des Augenbliks beschränken; sie müssen weiter reichen, und die Vortheile der Nachwelt abwägen. Nach diesem Grundsaze urtheile das Haus, ob es ihm zieme, um sich ein Opfer zu ersparen, auf die Nachwelt eine Last von 40 Millionen überzuwälzen? Es wird hiebei den wichtigen Eindruk nicht aus dem Gesichte verlieren, den ein so edelmüthiges und männliches Betragen wirken muß. . . . Uibrigens will ich keineswegs, daß es izt sogleich einen Entschluß fasse. Wenn ich alle einzelnen Theile meines Planes näher zergliedert haben werde, dann erst entscheide es über dessen Gehalt, und über die Verbesserungen oder Zusäze, deren er fähig ist. Ich selbst fodre es dazu auf, ihn unter allen seinen Ansichten zu betrachten und nach allen seinen Theilen zu prüfen: ich werde jeden Rath, jeden Wink, den man mir gibt, mit Dank aufnehmen, und mit der grösten Aufmerksamkeit erwägen. Es geschieht daher lediglich der Form wegen, daß ich izt schon den Antrag mache: die HausTaxe auf das Dreifache zu erhöhen."

Schon die erste Nachricht von diesem neuen Plane, nach welchem in einem Jahre die ungeheure Summe von 7 Millionen Pf. Sterl. durch eine allgemeine Taxe erhoben werden sollte, erregte das lauteste Misfallen des Volks: in allen grosen ManufacturStädten wurden Zusammenkünfte gehalten, um GegenVorstellungen zu entwerfen. Man weiß, daß im Jahre 1790, als Pitt dem Parlament erklärte: „daß man, um Rußland zum „Frieden mit der Pforte zu zwingen, eine Flotte gegen „jene Macht in die OstSee schiken müsse," die Nation sich so stark dagegen sezte, daß der Minister seinen Plan aufgeben muste. Hier galt es nun einen andern Plan, der nicht blos, wie jener, entfernte politische und mercantile Interessen betraf, sondern unmittelbar jedem wohlhabendern brittischen Individuum in die Tasche grif. Wie hätte man nun nicht erwarten sollen, daß der Widerwille des Volkes sich izt mit gleicher Kraft und gleichem Erfolg äussern werde? Auch erschienen izt wieder, dem Wunsche ihrer Committenten gemäs, die Führer von der OppositionsPartei (Fox, Sheridan, rc.) in dem Parlament, aus welchem sie sich, müde ihre Beredsamkeit vergebens der Corruption entgegenzusezen, seit dem 26 Mai zurükgezogen hatten. Es war in der Sizung des UnterHauses vom 14 Dec., da die neue TaxenBill zum zweitenmal vorgelesen werden sollte.

Wigley widersezte sich dieser Vorlesung.

Auch Thornton erklärte: „er sey von seinen Constituenten einstimmig beauftragt, die Bill, ihrem ganzen Prinzip nach, zu bekämpfen."

Dagegen bemerkte Yorke: „Die erste Pflicht und das erste Anliegen eines Britten müsse seyn, dem Feinde die Stirne zu bieten, und dessen Projekte zu vereiteln. Nach diesem alten Grundsaze sey er bereit, um diesen Zwek zu erreichen, seinen lezten Schilling zu geben und seinen lezten Tropfen Blutes zu verspritzen. Er läugne nicht, daß die Bill sehr drükend sey; aber immer doch sey dis ein weit minderes Uibel, als zu erwarten, daß die Franken kämen, um England zu plündern, und seinen Handel, d. h. die Quelle seines Wohlstandes, zu vernichten. Izt sey nicht von den Verfügungen der Bill, sondern von ihrem Prinzip die Frage, welches seinen ganzen Beifall habe. Auch freue er sich sehr, Foxen wieder in dem Hause anwesend zu sehen, und besonders ihn über das System, die fundirte Schuld nicht zu sehr anzuhäufen, sprechen zu hören, da er von jeher für dis System gewesen sey".

Nichols sprach ausführlich gegen den Krieg und über die Nothwendigkeit des Friedens. „Nur Foxens unwiderstehlicher Beredsamkeit habe man den mit Amerika geschlossenen Frieden zu danken gehabt: auch jenen Krieg, der England so viele Millionen gekostet, der ein so schimpfliches Ende für dasselbe genommen, habe man gerecht und nothwendig genannt. Die neue Taxe sey unausführbar, und er könne nicht glauben, daß der Kanzler der SchazKammer im Ernste darauf bestehen wolle".

Lord Hawkesbury tadelte diese Rede. „Es sey unschiklich zu behaupten, der Krieg sey weder gerecht noch nothwendig, nachdem das Haus so oft und so feierlich das Gegentheil erklärt habe. Auch sey es etwas ganz neues, den Frieden mit Amerika einem Mitgliede zuzuschreiben, von dem alle Welt wisse, daß er ihn laut misbilligt habe". Er vertheidigte das Prinzip der Bill, von welchem allein izt die Frage sey, da dessen Details in einem Ausschusse näher untersucht werden müsten.

Alderman Lushington erklärte: „er widerseze sich der Bill, nicht wegen des Prinzips, sondern weil sie in ihrer dermaligen Beschaffenheit die niedern Stände des Volks erdrüken würde. Der zehnte Theil, dem alle Einkünfte unterworfen seyn sollten, werde allzuschwer auf den leztern haften; denn wer 20 Pf. Sterl. von 200 geben müsse, leide darunter weit mehr, als wer 500 Pf. von 5000 zahle, weil jener dadurch eines Theiles seiner Nothdurft, dieser hingegen nur eines Theiles seines Uiberflusses beraubt werde".

Nun trat Sheridan auf. „Die Mitglieder von der Opposition" — sagt er — „wenn sie sich aus dem Hause entfernen oder wieder in dasselbe zurükkommen, haben keine andern Richter ihres Betragens, als ihr Gewissen und ihre Constituenten. Unter die Rechte des Hauses der Gemeinen gehört es, das Betragen der Minister zu untersuchen, und den Grad von Vertrauen, dessen sie würdig sind, darnach zu bestimmen. Ich prüfe hier nicht, ob der jezige Krieg nicht ungerecht, unpolitisch, und ohne Noth angefangen worden sey, weil ich hoffe, daß diese Frage einst vollständiger erörtert werden wird. Ich glaube, daß in der Alternative, sein Geld hergeben oder sich's von den Franken nehmen lassen zu müssen, nicht ein Britte sich finden wird, der sich weigerte, seinen lezten Schilling aufzuopfern, seinen lezten Tropfen Blutes zu vergiesen, und den Minister, wer der auch sey, mit aller seiner Macht zu unterstüzen. Gäbe es einen, der sich dessen weigerte, so würde man ihn gewiß nicht unter denen finden, die sich diesem Kriege, dem ungerechtesten und leichtfertigsten, der je geführt ward, widersezten: wenn die Franken auf Freunde oder Anhänger in diesem Lande zählen, so müssen sie solche unter den Sklaven der Ober-Macht suchen, unter den Menschen, die ihre Grundsäze nach allen Falten ihres Eigennuzes beugen, nicht unter den wahren Freunden der Freiheit. . . . Offenbar handelten die Minister, auch in der lezten Unterhandlung, nicht redlich. In der ganzen Correspondenz, die sich darauf bezieht, erblike ich nichts, als einen diplomatischen Zweikampf, worinn jeder Kämpfer seiner ganzen Kunst aufbietet, um dem Vorwurfe der Unredlichkeit auszulenken. Uiberzeugt bin ich, daß weder der eine noch der andre Theil Frieden wollte. Aber zugegeben auch, daß das fränkische Directorium den brittischen Botschafter beschimpft habe; zugegeben, daß die Franken einen so tiefgewurzelten Haß gegen uns hegen, daß sie unsre Constitution umstürzen wollen, sehe ich doch nicht ein, wie diese Gesinnungen den Ministern das Recht geben könnten, gebieterisch die allgemeine Beiwirkung aller derjenigen zu fodern, die ihr Betragen tadeln, sich ihren Masregeln widersezen zu müssen glaubten. Mehrmals freilich, indem wir auf Frieden drangen, haben ich und meine Freunde erklärt: „daß, wenn der Feind beharrlich anständige „und billige Bedingungen verweigern würde, wir bereit wä„ren, die jezige Administration zu unterstüzen". Aber diese Erklärung sezte Schritte von Seiten der Minister voraus, als der Friede noch möglich war; als wir noch Alliirte hatten; als Frankreich noch nicht zu seiner jezigen ungeheuren Gröse aufgestiegen war; als die Bank von England noch Credit hatte, und öffentliche Treue und Glauben noch unverschrt waren. Eben daher nahmen wir, während der lezten Sizung, diese Erklärung zurük; weit entfernt bei dem Versprechen, die Minister unterstüzen zu wollen, zu beharren, hielten wir's für unsre Pflicht, dem Antrage beizutreten, durch den ein würdiger Alderman verlangte: „daß man Se. Maje„stät bitten sollte, Ihre Minister zu verabschieden, weil deren „Administration durchaus alle Hofnung zum Frieden ausschlie„se". Nicht mehr, um den herrschsüchtigen Planen Frankreichs einen Damm zu sezen, wird der Krieg izt fortgeführt, sondern einzig um neun schlechte Minister in ihren Stellen zu erhalten. Ich spreche hier nur von ihrem öffentlichen Betragen; sie selbst müssen überzeugt seyn, daß, solange sie am Ruder der StaatsGeschäfte sind, kein Friede zu hoffen ist: aber wie mögen sie bis auf einen solchen Grad Söldlinge seyn, daß sie ihr persönliches Interesse dem des Vaterlands voransezen? wie können sie sich schmeicheln, Frieden zu erhalten, da sie noch immerfort feierlich erklären, daß die englische Constitution sich nicht mit dem Daseyn einer Republik in Frankreich vertrage? Muß die fränkische Regierung demnach nicht glauben, es sey nur Drang der lezten Noth, wenn sie, nach einer solchen Erklärung, sie demüthig um Frieden bitten sieht? muß sie nicht, durch einen eben so natürlichen Schluß, sich für berechtigt halten, die härtesten Bedingungen von ihnen zu fodern? War man doch im Begrif, Religion, Sitten und Verfassung dem Besize des Cap's der guten Hofnung und der Insel Ceylan aufzuopfern! Aber falls man darauf beharrt, von der einen Seite, die Eroberungen zurükzuverlangen, von der andern, sie behalten zu wollen: so sehe ich vorher, daß man auf's neue die Fahne der Religion und der Moral aufpflanzen wird. Wenn es nur das ist, was die Minister einen edlen Kampf nennen, so würden sie wohl gewiß ohne allen Vergleich edler handeln, wenn sie ihre Stellen aufgäben... Was die neue TaxenBill betrift, so wird keine Modification mich je zu deren Billigung vermögen, weil ich sie in ihrem Prinzip verabscheue. Sie ist, ihrem Prinzip nach, eine Sünde gegen den MenschenVerstand; die frechste Verhöhnung aller bisher bei Hebung der Taxen beobachteten Regeln; eine Strafe, die man gegen die Oekonomie verhängt; eine Prämie, die man dem Meineide bewilligt; ein Pasquill auf den GemeinGeist; eine Commission zum Bankerot für alle Handelsleute. Um darzuthun, wie unausführbar diese Masregel ist, darf man nur die deshalb von der Stadt London gefaßten Beschlüsse durchgehen. Nie wird, troz aller Modificationen, wodurch der Minister, bestürzt über die allgemeine Widersezlichkeit, seine Bill zu mildern versuchen mag — nie wird irgend eine Modification mich vermögen, meine Zustimmung zu derselben zu geben".

Dagegen erwiederte Dundas: „Gerne wollt' ich dem Gewissen der Mitglieder von der Opposition und der Meinung ihrer Constituenten, das Urtheil über ihr Betragen, da sie sich eigenmächtig der Erfüllung ihrer ParlamentsPflichten entzogen, überlassen. Aber wie mir's scheint, so wollen sie den ganzen, während ihrer Abwesenheit aufgelaufenen Rükstand von SchimpfWorten und Anklagen, womit sie sonst die Minister zu beehren pflegten, nun mit einemmal abtragen. Ich selbst könnte die Aufrichtigkeit des Vorsprechenden bezweifeln, wenn er zu zweifeln heuchelt, ob die Minister aufrichtig Frieden wollten? Uiber diese Frage ist in dem Hause mit aller Ausführlichkeit verhandelt worden. Da wäre für ihn die Zeit gewesen, seine Zweifel, wenn er wirklich hatte, geltend zu machen: aber lieber wollt' er sich aus dem Hause entfernen, als sich durch dessen Einklang hingerissen sehen. Ich werde mich hier nicht damit beschäftigen, alles zu widerlegen, was, ausser Verbindung mit der jezigen Frage, von ihm gesagt ward.

Nur zwei Gründe sind gedenkbar, woraus man sich dem Prinzip der Bill widersezen könnte: entweder, weil man für besser hält, die ganze StaatsSchuld zu fundiren; oder, weil man glaubt, daß die HausTaxe nicht zum Masstabe dienen könne, um das wahre Vermögen der Steuerbaren darnach zu schäzen. Ich selbst bekenne, daß die HausTaxe kein genauer Masstab des Vermögens ist: aber ich kenne keinen bessern, und überhaupt gibt es in diesem Fache keine Methode, die nicht vielen Einwürfen unterworfen wäre. Die meisten von denen, welche gegen die Bill gemacht wurden, liesen sich mit gleichem Recht auf alle Auflagen anwenden, welche die Ausgaben der Steuerbaren zum Grunde haben. Die, welche behaupten, daß allein das Eigenthum taxirt werden müsse, und zugleich gegen die Vermehrung der fundirten Schuld sind, würden sehr verlegen seyn, ein Projekt aufzustellen, dem nicht weit mehr Einwürfe entgegengesezt werden könnten, als dem meines Freundes (Pitt), der jene Einwürfe noch dazu beinahe sämmtlich durch neue Modificationen aus dem Wege räumen wird. Was das Projekt betrift, eine Anleihe zu machen, und die ganze Summe, die man nöthig hat, zu fundiren, so hat ein edler Lord (Hawkesbury) sehr richtig bemerkt, daß die Taxen, die man auflegen müste, um nur die Zinsen dieser Anleihe aufzubringen, dem Volke eine grösere Last aufwälzen würden, als die Erhöhung der HausTaxe, so wie sie vorgeschlagen worden ist". . . Dundas rechtfertigt nun das Betragen der Minister in den lezten Unterhandlungen. „Wenn wir uns" — sagt er — „in der That als Hinderniß des Friedens betrachteten, so würden wir die Elendesten aller Menschen seyn, wenn wir lieber den Krieg fortsezen, als unsre Stellen aufgeben wollten. Aber zugleich wird doch wohl das verehrliche Mitglied nicht fodern, daß wir desfalls auf sein bloses Wort vertrauen sollen". Er endigt mit der Bemerkung: „daß er keinen Grund sähe, warum die Bill nicht in einem Ausschusse vorgelegt werden könne, um darinn die nöthigen Modificationen festzusezen".

Izt erhob sich Fox: „Ich glaube nicht, daß die Gegenwart oder die Abwesenheit irgend eines Mitgliedes die Aufmerksamkeit des Hauses auf sich ziehen müsse. Jeder muß hierinn sein eigner Richter seyn. Die Gründe, die mich zur Abwesenheit bestimmten, dauern für mich noch immer fort; noch immer glaube ich, daß, durch die unglükliche Verblendung dieses Hauses und den allzu nachgiebigen Charakter der Nation, die jezigen Minister auf solchen Grad die Finanzen zerrüttet, unsre Lage verschlimmert, und unsre Constitution entstellt haben, daß die Dienste, die ein Mitglied dem Vaterland durch seine Gegenwart leisten kan, lange das Unheil nicht aufzuwiegen vermögen, welches der Gedanke erzeugen muß, als wären die Beschlüsse dieses Hauses das Resultat einer vollständigen und wahren Discussion. Nicht durch Modificationen, die man in gewissen einzelnen Fällen erhalten kan, wird der Nation ein wahrer Dienst geleistet: einzig durch eine Reform unsers Systems, durch Zurükführung unsrer Constitution auf ihre wahren Grundsäze, auf die populären Maximen unsrer VorEltern, können wir unsern gänzlichen Ruin abwenden. Uiberzeugt, daß es mir nicht gelingen würde, das Haus hiezu zu vermögen, beschloß ich, nicht mehr in demselben zu erscheinen: und nur aus Achtung für den allgemeinen Wunsch meiner Constituenten, zumal in einer Angelegenheit von der Art, wie die izt vorliegende ist, bin ich heute hier anwesend. . . Man hat hier geäussert, „ich würde Vieles zu lernen „haben, um mich mit den bisherigen Verhandlungen wieder in „gleichen Schritt zu sezen". Wahrlich sehr unwissend wäre der Mann, der nicht wüste, daß es für ihn immer noch unendlich vieles zu lernen gibt: aber ich wünschte doch von dem, der diese Bemerkung machte, zu vernehmen, in welcher, alten oder neuen, Geschichte, in welcher Schule der Philantropie, in welchem politischen System ich mich belehren könnte, daß das wahre Mittel, sich aus der Gefahr zu ziehen, darinn bestehe, in dem Betragen zu verharren, wodurch man sich in dieselbe stürzte. Das freilich wäre eine von den Lectionen, die ich erst lernen muß. Wie dem auch sey, so erbliken meine Constituenten, und ich mit ihnen, in der vorgeschlagenen Bill das Grab aller von unsern VorEltern angenommenen Grundsäze, und eine offenbare Höhnung des in ihren Augen so heiligen EigenthumsRechts. . . . Man frägt: „was man dem Sy„stem, einen Theil der Subsidien in einem Jahre zu erheben,

„entgegensezen könne"? Meine Antwort ist bedingt. Ich billige dis System, wenn man mir ein Mittel zeigen kan, eine grose Subsidie in einem einzigen Jahre zu erheben, ohne daß noch weit grösere Nachtheile daraus entstehen. . . . Aber laßt uns hiebei weilen, und einige Bemerkungen machen. Man fodert uns izt auf, die ganze Last allein zu tragen, um die Nachwelt nicht zu sehr zu bedrüken. Unter gewissen Umständen wäre es vielleicht sehr klug, diese Masregel zu ergreifen; in allen, wenigstens sehr grosmüthig. Aber was mich sofort empört, ist, daß gerade diejenigen sie vorschlagen, die aus allen Kräften dazu beitrugen, diese Nachwelt zu bedrüken. Nun, da sie selbst davor zurükbeben, da sie die Last nicht mehr zu vergrösern wagen, da sie sich gezwungen sehen, Halt zu machen — wollen sie, so edelmüthig! uns zu vermögen suchen, eine unerträgliche Last allein zu tragen. Die Noth also, und nicht ihre Zärtlichkeit für unsre Nachkommen, hat ihnen diesen Plan dictirt. Wenn derselbe zu irgend einer Zeit nüzlich seyn konnte, so war es wohl ohne Zweifel zu Anfang des Krieges. Und warum nahm man ihn damals nicht an? — weil man die Nation täuschen muste; weil dem Minister daran lag, uns wie Kinder nach seinen Absichten zu gängeln. Hätte er diesen Plan damals vorgelegt, so wäre die Illusion zerstäubt; das Volk hätte den Abgrund erblikt, an dessen Rand man es führte; dis System würde es empört haben; der Minister hätte seinen Zwek verfehlt. Er fühlte das so sehr, daß er vom ersten Beginn des Kampfes an den König vom Thron herab sagen ließ: „es gereiche ihm zu grosem Troste, sich nicht genöthigt zu sehen, sein Volk mit Auflagen zu bedrüken". Aber nun, da er Euch so tief in den Kampf verstrikt hat, daß Ihr Euch nicht mehr mit Ehren daraus loswinden könnet, schlägt er Euch diesen Plan vor, den, wie er glaubt, die Lage Eurer Angelegenheiten Euch anzunehmen zwingen wird. . . . Obgleich, in FinanzSachen, kein Freund von Neuerungen, erkläre ich doch, daß man allerdings einen neuen Plan annehmen kan, wenn er nur weise ist. Aber zugleich erkläre ich auch, daß ich in grosen Verlegenheiten kein besseres System, Geld zu erheben, kenne, als das Fundir-System. Hievon ist jedoch izt nicht die Frage. Wir müssen untersuchen, welches die Natur der vorgeschlagenen Masregel ist. Sie scheint mir eine Taxe auf die Production zu seyn, so viel man sich deren bemächtigen kan; und um hiezu zu gelangen, nimmt der Minister den Fuß der dermaligen HausTaxe an. Man nennt es inzwischen eine Taxe auf das Vermögen. Wenn ich sie aus diesem GesichtsPunkte betrachte, so finde ich sie sehr gefährlich. Eine Taxe auf das Vermögen trift entweder GrundEigenthum, oder das Geld, welches in den Fonds angelegt ist, oder den Gewinn vom Handel. Will man die Ländereien mit einer unmittelbaren Auflage taxiren? Nein, das hat man noch nie versucht. Oder will man das in die Fonds gelegte Geld taxiren? Nein; kein Minister war noch blind oder verdorben genug, um dis zu wagen; von Jahr zu Jahr hat das Parlament garantirt, daß diese Art von Eigenthum nie mit einer Taxe belegt werden soll. Dis ist das Gesez: aber die Bill wird indirect treffen, was der Minister nicht unmittelbar zu belegen gewagt hätte. Was den Gewinn vom Handel betrift, so laßt uns bemerken, was geschehen wird. Gesezt, zwei Leute haben, jeder 10,000 Pf.: der eine, der sie auf Unterpfand ausleiht, zieht jährlich 500 Pf. davon, er kan also auch nur für diesen Betrag taxirt werden; während der andre zu 1000 Pf. taxirt werden wird, wenn sein von ihm in den Handel verwendetes Kapital ihm diese Summe einträgt. Sehet hier also zwei Leute, die sehr ungleich belegt sind, ohngeachtet sie gleiches Vermögen haben. Ihr taxiret also den Fleiß, die Thätigkeit und Gewerbsamkeit. Ihr begünstiget den Müssiggang, und strafet die Arbeit. Wie konnte ein so verwerflicher Grundsaz Vertheidiger finden? ... Es beliebt euch, die neue Taxe, eine Taxe auf den Luxus zu nennen. Aber ist ein Haus denn Luxus? Ihr sagt: eine starke HausTaxe zahlen, sey ein Beweis von Reichthum. Aber dieser vorgebliche Beweis von Reichthum ist nichts anders, als das Mittel, seinen LebensUnterhalt zu gewinnen. Laßt uns annehmen, ein HandelsMann, der eine starke HausMiethe zahlt, werde demnach, vermöge des Planes, dafür angesehen, als hätte er 1000 Pf. Einkünfte: sein Nachbar hat in der That 2000 Pf. Einkünfte, aber aus Geschmak oder aus

Zufall hat er ein viel kleineres Haus; nun wird er doch eine weit geringere Taxe als der erstere zahlen, ohne daß ihr ein Mittel in der Hand hättet, eine gleichere Vertheilung zwischen ihnen festzusezen. Und dis ist nun erst noch ein Nachtheil der Bill. Ich sehe, daß die, welche MiethHäuser bewohnen, sie mögen nun von den Zinsen ihres Kapitals oder von dem ungewissen Gewinn eines Handels leben, auf gleiche Weise die ganze Taxe zahlen müssen; aber ich sehe nicht, wie die Bill zwei so verschiedene Lagen mit Billigkeit auf gleichen Fuß behandeln kan. Zwar spricht man davon, diese Verfügung zu modifiziren, indem man dem MiethsMann den Regreß gegen den Eigenthümer geben will; das heißt denn doch nichts anders, als: er soll Prozeß führen, um wieder zu seinem Vorschuß zu gelangen.

„Laßt uns nun diese Bill aus einem andern GesichtsPunkte untersuchen. Man betrachtet, nach derselben, Pferde, Hunde, männliche Bedienten, als eben so viele Zeichen von Reichthum. Ich bekenne, daß mir's unbegreiflich ist, wie der Kanzler der SchazKammer einer solchen Meinung beipflichten konnte. Pferde können für den grösten Theil der Mitglieder dieses Hauses Luxus seyn: aber sind sie es denn auch für den HandelsMann oder Manufacturisten, den der Umfang seiner Geschäfte sie zu halten zwingt? für den Arzt, dem die Pflichten seines Standes sie zum unumgänglichen Bedürfniß machen? .... Also auch unter diesem neuen GesichtsPunkte ist die Bill offenbar fehlerhaft. Es gibt aber einen andern, unter dem sie noch unbilliger und widersinniger erscheint. Willkür ist in jeder Vertheilung von Auflagen verhaßt, obgleich das Ermessen menschlicher Klugheit gewiß nicht immer die schlimmste Regel ist, die man befolgen kan. Aber hier soll nicht die Ausgabe, die man wirklich hat, zum Masstabe dienen; der Mann soll nach dem Aufwande des vorigen Jahres taxirt werden. Wie ungerecht! wie unvernünftig! Wenn jemand die UnKlugheit hatte, sein Haus auf einen unverhältnißmäsigen Fuß einzurichten, so kommt nun also, vermöge der Bill, seine Erfahrung ihm zu spät, und troz seiner noch so weisen Vorsäze bleiben seine Angelegenheiten rettungslos zerrüttet. Ein LandEdelmann, der durch seine Frugalität sich Ersparnisse machte, kan im Jahr 1797 seine Frau und Töchter nach London geführt haben, um ihnen die HauptStadt zu zeigen, mit dem festen Entschlusse, alsdann wieder in seine ländliche Ruhe zurükzukehren. Wohl hatte er die Kosten des Aufenthalts in der Stadt, und der Hin- und HerReise berechnet; aber das war ihm gewiß nicht in den Sinn gekommen, daß er für diese LustReise, dergleichen man oft in seinem ganzen Leben nicht wieder macht, im nächsten Jahre taxirt werden sollte. — Noch bietet sich hier eine weitere Rüksicht dar. Der Reiche, der von seinen Einkünften vollauf lebt, kan leicht die Lüke, welche die starke Vermehrung der Taxen ihm verursacht, durch kleine Einschränkungen ergänzen: aber seine Oekonomie wird den Kaufmann zu Grunde richten, der keine Einschränkungen vornehmen kan, weil in seinen Ausgaben kein Uiberfluß herrscht. ... Daher hört man denn auch von allen Seiten her nichts als Beschwerden gegen die neue Bill und deren Prinzip. Jedermann wiederholt, daß es keinen trüglichern Masstab des Vermögens gibt, als die HausTaxen. Jedermann stimmt darinn überein, daß die Hebung dieser Taxen schon izt nur mit der grösten Schwierigkeit geschieht. Wie auffallend wäre es doch, wenn die StellVertreter des Volks sich allein der allgemeinen Stimme GrosBritanniens widersezen wollten! Und doch haben sich in diesem Hause, welches vorgibt, es repräsentire die Nation, nur 15 Mitglieder gefunden, die muthig genug waren, eine Masregel zu verwerfen, welche die allgemeine Misbilligung gegen sich hat. Die Minister können hier nicht sagen, was sonst gewöhnlich ihre Zuflucht ist: es sey nur das Geschrei einer Partei. Nein, es ist der einstimmige, überlaute Ruf der Nation. So zeigt denn, daß Ihr, bei allen Fehlern in unserm RepräsentativSystem, wenigstens der Sache nach die Repräsentanten des Volkes seyd, indem Ihr seinen klar erklärten Willen befolget und euch an seine Spize stellet. Nur indem ihr ihm mit eurem Beispiel vorangehet, werdet ihr es mit Erfolg zu Opfern einladen. Ich erinnere mich hiebei eines Geschichtgens, welches ein Mitglied dieses Hauses (Burke) erzählte, unter dessen vielen Talenten es keines der kleinsten war, die tiefsten Wahrheiten in's Gewand des Scherzes zu hüllen. Ein fränkisches Regiment erhob seinen verstorbenen Obersten bis in Himmel gegen den neuen. „Was habt ihr denn für Ursache", fragte jemand, „euren alten Obersten so sehr gegen den neuen zu rühmen?" — „Keine", antwortete man, „als daß der alte immer sagte: „Laßt uns marschiren, meine Kinder!" der neue aber sagt: „marschirt meine Kinder!" Allerdings war dis ein mächtiger Kontrast; und gerade so müssen wir's gegen dem Volke halten. Wir müssen nicht zu ihm sagen: „Bringt Opfer!" sondern: „Laßt uns Opfer bringen!" Und selbst die höchste Stelle sollte hierinn das Beispiel geben. — Wir sind aufgerufen, fürchterliche Opfer zu bringen, um Frankreich zu schreken; zu unsern bisherigen niederdrükenden Lasten sollen wir izt noch 7 Millionen Pf. St. geben, um Frankreich zu zeigen, daß bei uns sich immer noch das findet, was seine Dichter embarras des richesses nennen. Frankreich schreken? dadurch, daß wir ein System verlassen, wodurch wir uns bisher aus so manchen Schwierigkeiten rissen? Frankreich schreken? durch Eintreibung einer Abgabe, die nicht bezahlt werden kan? die das Land von einem Ende zum andern in Convulsionen sezt? oder die, sollte sie auch eingetrieben werden, alle unsre Operationen lähmt und uns zulezt hilflos vor die Füsse des Feindes hinwirft? — Glaubt nicht, daß ihr euch täuschen könnt, durch die neue Bill entstehe keine Gefahr: sie ist gros und nahe. Kein Mensch kan die Gräuel berechnen, zu welchen diese Masregel noch führen mag. Contra opes primum, et post in corpora saeviri! Ich übertreibe nicht. Von den grosen Manufactur- und HandelsStädten Bristol, Liverpool, Manchester, Birmingham rc. werdet ihr bald eben so starke GegenVorstellungen erhalten, wie von der City von London, von meinen Constituenten, (von Westminster) und von Southwark. Ich schaudre vor den Folgen, wenn ihr darauf beharret. Nur schleunige Rükkehr zu den Grundsäzen unsrer VorEltern kan euch retten. Thut ihr das nicht, so sage ich kühnlich: die Tage dieses Reiches sind gezählt, sein Untergang ist vor der Thüre. ... Das verehrliche Mitglied (Dundas) hat gesagt: „wenn sich Männer fänden, welche GrosBritannien den „Frieden geben könnten, ohne alles in Unordnung zu stürzen, „so würden die jezigen Minister die verächtlichsten unter allen „Wesen seyn, wenn sie ihnen nicht ihre Stellen abträten."

Hält jemand sich für fähig, GrosBritannien den Frieden zu geben, ohne das bisherige System zu ändern, oder die Constitution in ihre ursprüngliche Kraft herzustellen, so ist alles, was ich von ihm sagen kan: er hoft mehr als ich. Ich kan desfalls ohne persönliche Rüksichten sprechen; denn nie werd' ich irgend eine Stelle in der Administration annehmen, es sey denn, die öffentliche Stimme habe sich für eine unbedingte, vollständige Reform aller Misbräuche und für unmittelbare Rükkehr zu den wahren Grundsäzen der Constitution erklärt. Hat jemand die stolze Vermessenheit, zu glauben, er könne GrosBritannien nicht nur den Frieden, sondern auch innere Ruhe, ohne diese Bedingung verschaffen, so versuche er's: aber nie werde Ich an einer solchen Administration Theil nehmen."

Pitt sucht dagegen zu beweisen, daß alle Gründe, die man angeführt, um zu bewirken, daß die Bill nicht sofort einem Ausschusse zur Untersuchung vorgelegt werde, vielmehr das Haus bestimmen müsten, sie schleunigstmöglich einer näheren theilweisen Prüfung zu unterwerfen, um zu beurtheilen, ob sie auf eine Art modifizirt werden könne, daß alle damit verknüpften wirklichen Nachtheile gehoben würden. Er entwikelt dann ferner die Säze: „1. daß die Umstände grose Subsidien erfodern; 2. daß das Prinzip, einen grosen Theil derselben im Laufe des Jahres zu erheben, angenommen werden müsse; 3. daß die von ihm vorgeschlagene Masregel das beste Mittel sey, die Last, die ein jeder zu tragen habe, seinem Vermögen anzupassen."

Bei dem Abstimmen ward hierauf die zweite Vorlesung der Bill mit 175 Stimmen gegen 50 beschlossen. Auf seinen Antrag bildete sich das Haus in den folgenden Tagen in einen Ausschuß, worinn er grose Modificationen vorlegte. Im Allgemeinen bestanden sie darinn, daß er vorschlug: „zwei besondre Tafeln zu machen, nach einem ganz verschiednen Verhältniß für die beiden Klassen von Personen, die der Haus- und FensterTaxe unterworfen sind: die erste soll aus denen bestehen, welche Taxen von Fenstern, Uhren, Hunden rc. zahlen; die zweite aus solchen, welche männliche Bedienten, Pferde, Kutschen rc. haben. Die, welche bis izt unter 1 Pf. Sterl. zahlten, sollen von allen weitern Abgaben frei seyn.

Von					
1	und	2	Pf. Sterl. zahlt man	1/4	Tare.
2	—	3	— — — —	1/2	—
3	—	5	— — — —	3/4	—
5	—	7 1/2	— — — —	1	—
7 1/2	—	10	— — — —	1 1/2	—
10	—	12	— — — —	2	—
12	—	15	— — — —	2 1/2	—
15	—	20	— — — —	3	—
20	—	30	— — — —	3 1/2	—
30	—	40	— — — —	4	—
40	—	50	— — — —	4 1/2	—
50	aufwärts		— — — —	5	—

„Durch diese Aufstufung" — bemerkte er — „werde die Taxe auf diese untern Klassen so leicht seyn, daß sie solche nicht mehr in die Nothwendigkeit seze, eine eidliche Erklärung über ihre Einkünfte abzulegen. Da die, welche GewerbsLäden halten und Zimmer miethen, einer beträchtlichen Verminderung bedürfen, so schlage er vor, sie nur zu 1/3 dessen, was sie eigentlich zahlen sollten, zu taxiren. Personen von der Art, die izt unter 3 Pf. Sterl. zahlten, sollten von der neuen Taxe frei seyn.

Von					
3	und	5	Pf. St. sollte man zahlen	1/10	Tare.
5	—	7 1/2	— — — — —	1/5	—
7 1/2	—	10	— — — — —	1/4	—
10	—	12 1/2	— — — — —	1/2	—
12 1/2	—	15	— — — — —	3/4	—
15	—	20	— — — — —	1	—

und so weiter."

Noch mehrere andre Modificationen wurden beschlossen, z. B. zu Gunsten der Uhren und Gloken-Macher: „daß alle Uhren, die nach dem 5 Januar 1798 verkauft werden, von der Taxe befreit seyn sollen;" zu Gunsten der Väter, die eine gewisse Anzahl von Kindern haben: „daß ein Vater von 4 bis 8 Kindern 10 ProCent, von 8 bis 10 Kindern 15 ProCent, von mehr als 10 Kindern 20 ProCent weniger zahlen soll;" ferner zu Gunsten der Lehr- und PensionsAnstalten, der MiethKutscher, der Aerzte, die nur ein Pferd halten, der Pächter, deren Bestand nicht 150 Pf. übersteigt ꝛc.

Nach allen diesen näheren Bestimmungen sollte nun die neue TaxenBill in der Sizung des UnterHauses vom 4 Januar zum dritten und leztenmal vorgelesen werden. Nie war, durch alle Künste der Beredsamkeit, denen beide Theile aufboten, und durch die Wichtigkeit der Gegenstände, worüber gesprochen ward, eine Sizung des Parlaments interessanter als diese, die bis nach 5 Uhr des andern Morgens dauerte. Redner, wie Pitt, Dundas ꝛc. auf der einen, Fox, Sheridan ꝛc. auf der andern Seite, schienen sich nicht sowohl mit der in Erörterung gebrachten Frage, als mit der Sorge zu beschäftigen, ihr eignes Betragen zu rechtfertigen, und das ihrer Gegner anzugreifen: alle schienen überzeugt, daß Englands Schiksal, jene an die Erhaltung ihrer Stellen, diese an eine neue Administration nach ihren Grundsäzen, festgeknüpft sey.

Nachdem mehrere Mitglieder nur kurz ihren Beifall oder ihre Misbilligung über die Bill bezeugt hatten, erhob sich Perceval mit Nachdruk zu deren Gunsten, und sprach besonders viel und heftig über Fox'ens Aeusserung: „daß eine gänzliche GrundReform des Systems nöthig sey."

Dagegen bot Sheridan seinem ganzen Talent der Ironie auf, um alles, was von der MinisterialPartei gegen seinen Freund Fox vorgebracht worden war, in's Lächerliche zu ziehen. Mitunter überließ er sich dann wieder den Ausbrüchen der feurigsten Beredsamkeit, vorzüglich in folgendem Bilde, welches er von Pitt entwarf. „Wenn ein Minister, von der Natur mit den glänzendsten Talenten begabt, aber von einem kolossalen und wilden Ehrgeize hingerissen, erst durch Popularität zu seiner Stelle erhoben, dann durch Corruption darinn befestigt, alle Regeln des Parlaments überschreitet, die EigenthumsActe verlezt, nach selbsteigner Willkür Geld erhebt und ausser Land schikt, ohne daß man ihn dafür zur Strafe zieht, ja! ohne daß man ihn auch nur tadelt: so behaupte ich, daß eine GrundVeränderung in unserm System vorgegangen ist. Wenn er durch seine Thorheit und Unfähigkeit nichts als Misvergnügte macht; wenn er durch das Gewicht der Bürden, die er auflegt, um einen unpolitischen und verderblichen Krieg fortsezen zu können, das Volk mit der Regierung entzweit; wenn er, um die Widersezlichkeit, die eine solche Lage erzeugen muß, zu erstiken, seine Zuflucht zur WaffenGewalt nimmt, und der Constitution zum Troz das Land mit Kasernen bedekt: so behaupte ich, daß eine GrundVeränderung in unserm System vorgegangen ist. Wenn seine Administration sich durch eine dem Geiste der brittischen Legislatur unbekannte Strenge auszeichnet; wenn er neue GesezBücher über Aufruhr und Verrath einführt; wenn er Männer von Talenten gleich Missethätern nach BotanyBay schleppen läßt; wenn er daran arbeitet, die Geschwornen herabzuwürdigen; wenn er das VorRecht, Peers zu ernennen, nicht zur Belohnung des Verdienstes, sondern als eine Art von Münze nüzt, womit er die, welche ihn sklavisch unterstüzen, bezahlt; wenn er diesen Unfug so weit treibt, daß, falls die über so viele MisThaten aufgebrachte Nation ihm den Prozeß machen wollte, die Mehrheit der Peers, die über ihn zu richten hätten, aus Geschöpfen seiner Hand bestehen würde: so wiederhole ich, daß die Dinge nicht bis auf einen solchen Grad hätten zerrüttet werden können, ohne eine GrundVeränderung in unserm System. Und würde es denn, nach dieser Voraussezung, nicht recht gethan seyn, dis ganze Gebäude von Corruption niederzustürzen, um die Regierung auf ihre UrGrundsäze zurükzuführen und die Constitution auf ihre wahren Grundlagen herzustellen? Welcher Britte (nur die allein ausgenommen, welche von diesem verdorbenen Zustand Vortheil zogen, oder noch zu ziehen hoffen,) kan läugnen, daß eine GrundReform nöthig ist, und daß nur sie so vielen Uibeln abhelfen kan?" ... Nun geisselte Sheridan, mit fast zu muthwilligem Wize, den D. Lawrence, welcher, aus Anlaß der von den Franken gedrohten Landung auf England, viel von Rom und Karthago, von Scipio und Hannibal gesprochen hatte. Dann zeigte er mit groser Ausführlichkeit, daß und warum er eine Anleihe jedem andern Mittel vorziehe.

„Die Zinse und den nöthigen TilgungsFond für diese Anleihe müsse man in freiwilligen Beisteuern, in starken Reductionen und in grosen Ersparnissen suchen; man müsse den Credit der Bank wiederherstellen, dieser Bank, einst des Stolzes von England, der GrundVeste seines Handels, die nun, unter der gefährlichen Vormundschaft der Minister, einem neuen Janus-Tempel gleiche, der stets in KriegsZeiten geschlossen sey; man müsse vor allen Dingen Frieden machen, und die Verabschiedung der Minister müsse der PräliminarSchritt zu jedem kraftvollern System, zu jeder Aussicht auf Frieden seyn." Am Ende trug er darauf an: „die dritte Vorlesung der Bill noch einen Monat weiter hinauszuschieben."

Dundas, der nach ihm sprach, entwarf ein ganz andres Gemählde von GrosBritannien. „Wer unter uns" — sagt' er — „könnte wohl im Ernste glauben, daß England seit dem Kriege minder reich sey? Man werfe den Blik auf Handel, Manufacturen, Einkünfte, auf alle Quellen des Reichthums: und man wird finden, welch unermeßlichen Zuwachs sie gewonnen haben. Der Werth der Ländereien hat sich nicht vermindert; die öffentlichen Arbeiten sind nicht eingestellt worden; unser Handel hat sich ansehnlich vergrösert; unsre HilfsQuellen sind noch unversehrt. Auf diesen Gründen beruhet meine Zustimmung in die Bill. Ohne Zweifel wird man mich fragen: „warum denn die Fonds fallen?" Darauf antworte ich: daß, da die Vermehrung des Handels und der Manufacturen eine grose Vermehrung der Kapitale erfoderte, diese nur von den Fonds genommen werden konnte. Kommt es nicht eben deswegen der Weisheit des Parlaments zu, so wenig wie möglich die leztern anzutasten, um nicht den erstern zu schaden, und die Mittel zu Aufbringung der nöthigen Subsidien zu suchen, ohne sich in Gefahr zu sezen, die Fortschritte der Industrie und des Handels, dieser NährMütter des Staates, zu hemmen? Ich war daher stets dafür, daß ein Theil der Subsidien im Laufe des Jahres erhoben werden sollte; aber zugleich war ich auch stets der Meinung, daß das FundirSystem viel dazu beitrug, den Staat zu der Stufe von Macht und Wohlstand emporzuheben, worauf er gegenwärtig steht. Aus diesem doppelten Grunde billige ich die vorgeschlagene Masregel, weil sie beiderlei Vortheile, sowohl der Anleihe als der wirklichen directen Steuer vereinigt, welche leztere fortdauern muß, bis die erstere getilgt ist. Auf solche Art werden wir allen Völkern Europens, und besonders demjenigen, welches unsern Untergang geschworen hat, beweisen, daß GrosBritannien in sich selbst HilfsQuellen und Mittel im Uiberfluß hat, alle Subsidien, deren es bedarf, zu erheben, ohne Vermehrung seiner StaatsSchuld. Ist der Feind wahnsinnig genug, seine Drohung gegen uns ausführen zu wollen, und eine Landung auf England zu wagen, so kan der Kampf nicht lange dauern: alle werden von gleichem Eifer glühen, ihn zurükzutreiben; man wird dann nicht berechnen, wie theuer man seine Rettung erkauft; man wird gerne Alles geben. Ist im Gegentheil, wie einige glauben wollen, diese ganze Drohung nur Prahlerei, die man keineswegs auszuführen gedenkt, so wird der Feind die Sache in die Länge zu ziehen suchen: aber in diesem Falle hauptsächlich wird die vorgeschlagene Masregel nothwendig; denn sie muß dem Feinde zeigen, daß er vergebens von der Fortsezung des Krieges den Umsturz unsrer Finanzen hoft, da die brittische Nation den Krieg von ihren jährlichen Einkünften fortführen kan, ohne daß sie nöthig hätte, Zuflucht zu ihrem Credit zu nehmen."

Nach Dundas trat Fox auf, in einer Rede, die so viel Licht auf die politischen Meinungen dieses merkwürdigen Mannes und seiner Freunde, auf die dermalligen Verhältnisse zwischen Ministerium und Opposition, und auf die Lage GroßBritanniens selbst wirft, daß wir sie hier in ihrer vollen Ausdehnung liefern. Sie kan zugleich als Muster brittischer ParlamentsBeredsamkeit gelten.

„Die Beschuldigungen," — begann Fox — „welche man heute Abend und in den vorherigen Debatten sich gegen mich erlaubte, zwingen mich in Erörterungen einzugehen, die eben so weitgreifend als widrig sind, da ich viel von mir selbst werde sprechen müssen.

„Einer der Vorsprechenden (Wilberforce), unter dem

Scheine, die schlimmen Wirkungen des Partei Zwists zu beklagen, warf mir vor, daß ich nicht sowohl aus Eifer für das allgemeine Wohl als aus Haß gegen den Minister wieder in dem Hause erscheine. Ich überlasse es dem eignen Urtheil eines Jeden, ob eine solche Sprache wohl dazu gemacht ist, den Partei Zwist, worüber er sich beklagt, zu erstiken. Warum, statt über die Haupt Frage zu sprechen, erlaubt er sich, das Betragen einzelner Männer zu tadeln, indem er ihnen Absichten andichtet, die ihm strafwürdig scheinen? Wer sagte ihm, daß wir nach dem Ministerium streben, und die Minister nur darum angreifen, weil wir sie beneiden? In welcher Verbindung steht er mit irgend einem unter uns, daß er von diesem Geheimniß so wohl unterrichtet seyn könnte? Ist es gerecht, ist es bescheiden, wenn er die geheimen Wünsche von Männern zu kennen behauptet, die ihn nie in ihre Gesellschaft aufnahmen? Scheint ihm der Posten, den wir seinem Vorgeben nach zu erhaschen suchen, so reizend? ist er wohl gar selbst Candidat dazu? Ich weiß es nicht; aber das weiß ich, daß er unmöglich wissen kan, ob ich es bin, oder nicht? Ich weiß, daß er in Verbindung mit den Männern steht, die er unterstüzt; und wahrscheinlich um ihnen einen Dienst zu leisten, erfand er diese Art von Diversion, wodurch er die Aufmerksamkeit des Hauses von einer Bill ablenken will, von der er selbst wohl fühlt, daß er sie nicht vertheidigen kan. Nicht zufrieden über unsre Plane abzusprechen, will er uns auch noch das öffentliche Vertrauen streitig machen; doch wozu den Ausdruk mildern? — er behauptet geradezu, das Publikum habe eine üble Meinung von uns. Und woher weiß er das? welche Gesellschaft unterrichtete ihn von diesem Factum? — wahrscheinlich seine Freunde vom Schaz Amte. Ich spreche so ungerne von mir! aber man zwingt mich dazu. Ich bin Mitglied einer in jeder Rüksicht wichtigen, und soviel die Bill betrift, der wichtigsten Stadt des Königreichs, weil keine durch den Druk derselben mehr leiden würde. Versteht er denn nun unter der Meinung, wovon er spricht, die Meinung dieser Stadt, also meiner Constituenten? Beurtheilt er sie etwa nach dem Resultat der allgemeinen Versammlung, die sie wegen der gegenwärtigen Masregel hielten? Ich kenne stolze Mitglieder in diesem Hause — ich schmeichle mir, daß man nicht mich darunter zählt: aber weil man mich denn stolz zu seyn zwingt, so laßt mich's laut sagen, daß ich meinen Plaz in diesem Hause bei weitem mehr der Zuneigung meiner Constituenten zu danken habe, als der, welcher vor mir sizt, und alle, die ihn umgeben. Ich spreche izt noch stolzer: kein Mitglied dieses Hauses besizt die Zuneigung seiner Constituenten in höherem Grade als ich. Meine MitBürger eine üble Meinung von mir haben! Tausendmal gaben sie mir den Beweis vom Gegentheil für die Dienste, die ich ihnen leistete, und sie würden ihn, wär' es nöthig, noch izt geben. Wo nahm er denn also seine Nachrichten über dis Factum her? Ich kenne diese Art von Floskeln; es sind die nemlichen, womit man uns zu versichern wagt, die Minister hätten das Vertrauen des Volks: und doch, wie oft erhielt ich nicht, namentlich in diesem Jahre, den Auftrag, Sr. Maiestät, Namens einiger der wichtigsten Bezirke seiner Königreiche, BittSchriften um Verabschiedung eben dieser Minister zu überreichen! Sind dis Beweise von Vertrauen? sind es nicht vielmehr die unzweideutigsten Beweise von NichtVertrauen? Ich weiß, daß man hierauf antworten wird: „die BittSchriften gegen die Minister seyen von keiner Bedeutung für das Haus, welches nicht aufgehört habe, ihnen sein Vertrauen zu schenken." Das sagte man nicht von denen, die im Jahr 1784 übergeben wurden, um die Projekte der Krone zu unterstüzen. Und unter welchen Umständen wurden nicht diese neuerlichen Petitionen überreicht! Es war nach der Aufhebung der Bill of rights; denn in der That ist sie aufgehoben. Es war, nachdem man den Zusammenruf der Versammlungen, die Berathschlagung über öffentliche Angelegenheiten unter die Fesseln des vielfachsten Zwanges gelegt hatte. Welch feste Meinung muste demnach nicht das Volk in Betref der Minister haben, um alle diese Schwierigkeiten zu besiegen und die Verabschiedung derer zu fodern, die so viele Mittel in den Händen hatten, es für die Kühnheit eines solchen Schrittes zu strafen! — Freilich haben wir eine RegierungsForm, die aus dem Könige, den Peers und einem Hause der Gemeinen zusammengesezt ist; aber diese Gemeinen sind nicht die Repräsentanten des Volks von

GrosBritannien *. Die Macht des Volks ist nichts mehr in unsrer Regierung; darüber ist man lange einig: man

* Da Fox auch in dieser, wie beinahe in allen seinen Reden, so dringend auf der Nothwendigkeit einer ParlamentsReform besteht, so dürfte es hier wohl an seinem Orte seyn, wenn wir aus einem neuern englischen Werke (History of the original Constitution of Parliaments from the Time of the Britons to the present day. By T. H B. Oldfield. London 1797.) einige Züge ausheben, woraus man die dermalige Zusammensezung des Hauses der Gemeinen, und wie leicht es dem Minister seyn muß, einen ungeheuren Einfluß auf dasselbe zu üben, am richtigsten wird ermessen können. „Amersham in BukinghamShire, ein Fleken von 120 Häusern, Hn. Drake gehörig, schikt 2 Deputirte, welches izt die beiden Söhne des Eigenthümers sind. Andover hat mehr als 1000 Häuser: allein der Magistrat, aus 24 Personen bestehend, wählt den Repräsentanten, der ganz unter dem Einfluß zweier benachbarten GüterBesizer steht. In dem grosen, blühenden Bath haben nur 18 Einwohner das Recht, zu wählen. Von BedfordShire wird durch den Einfluß des Herzogs von Bedford ein Deputirter von seiner Partei erwählt. Hier, so wie in andern Grafschaften, ist es längst üblich, Einen von der Whig- und einen Andern von der Tory-Partei zu ernennen, „to preserve the peace of the County." Beeralston besteht aus 40 schlechten Häusern, und gehört dem Lord Beverley; die Einwohner, welche ihm 3 Pence GrundZinse bezahlen, haben das WahlRecht. Bramber, ein Theil des Flekens Stayning, besteht aus 14 StrohHütten, deren Einwohner das Recht haben, 2 Repräsentanten zu wählen; der Herzog von Norfolk und ein andrer Lord bestimmen, wer gewählt werden soll. Castle Rising hat nur 2 Häuser, aber gleiche Rechte mit grösern Städten; die eigentlichen Wähler, welche von den Eigenthümern des Orts abhängen, sehen diesen Ort nicht anders, als wenn sie, der vorgeschriebenen Instruction gemäs, ihre Stimmen geben sollen. In mehreren Orten ist es eingeführt, daß die Wähler gerade nicht Einwohner seyn dürfen. Gatton, 20 englische Meilen von London, besteht nur aus Einem Hause; der Eigenthümer ernennt die ParlamentsDeputirten; es ward vor einiger Zeit für 110,000 Pf. Sterl. verkauft. Knaresborough, in YorkShire, besteht aus 84 BurgLehen, die sämmtlich dem Herzog von Devonshire gehören; kömmt der WahlTag heran, so werden diese seinen Pächtern verliehen, und ihnen zugleich angedeutet, wem sie ihre Stimmen geben sollen. In St. Maves, in Cornwall, wählen 22 Einwohner; weil aber die meisten kleine Stellen beim ZollWesen oder andre FinanzBedienungen haben, so geben nur 6 ihre Stimmen zur ParlamentsWahl. In Old Sarum sind weder Häuser, noch

spricht nur noch von einer virtuellen, aber nie von einer wirklichen Repräsentation; auch stimmen die Mitglieder des Hauses täglich im Widerspruche mit der Meinung und mit den Instructionen ihrer Committenten; selbst aus Anlaß der jezigen TaxenBill hatten wir auffallende Beweise davon. Wie soll man sich diese Verachtung des Willens der Nation erklären, wenn nicht ein Projekt obwaltet, die Prärogativen der Krone zu vergrösern und die Rechte des Volks auf Nichts herabzubringen? Und wie weit ist es nicht schon mit der Ausführung dieses Projekts gekommen, wenn man die AllMacht des Ministers mit der UnMacht des NationalWillens vergleicht! Wie anders sollt' ich die unerwartete Wendung, welche die jezigen Debatten nahmen, erklären? und warum hätte man sich sonst so heftig gegen mich ereifert? warum hätte das verehrliche Mitglied, dessen Meinungen ich mehrmals zu unterstüzen das Glük hatte, mit solchem Grimm mich angefallen, wäre er hierinn nicht das Werkzeug der Minister, und handelte er nicht nach deren speciellen Instructionen? Uibrigens darf ich mich hierüber nicht wundern: er wirft mir izt Streben nach dem Ministerium vor, wie er mir im Jahr 1784 vorwarf, ich suchte alle Gewalt an mich zu reissen und mich auf den Thron zu schwingen. Weil er mich denn gezwungen hat, von mir zu sprechen: so laßt mich nun auch von ihm sprechen. Ich kenne in diesem Hause niemanden, der so an den Minister verkauft wäre, wie Er, so bereit, alles zu glauben, was dieser glaubt, an allem zu zweifeln, woran dieser zweifelt, zu verneinen oder zu bejahen, ohne das mindeste davon zu wissen, was dieser verneint oder bejaht, und das alles aus der niedrigsten Speculation des ParteiGeistes. Hat er sich doch heute zu blindlings seiner Instruction überlassen, als daß ich ihn schonen sollte. Was wollen jene gehässigen Insinuationen, wovon seine

Einwohner, aber 7 BurgLehen, die dem Lord Camelford gehören, der also die Deputirten dieses Orts ernennt rc." . . . In einer besondern Tabelle zeigt Oldfield hierauf ferner, welche Familien oder GüterBesizer bei den ParlamentsWahlen Einfluß haben, oder die Deputirten ernennen. Das ganze Königreich Schottland hat nur Eine Stimme mehr im UnterHause, als die einzige Grafschaft Cornwall.

ganze Declamation voll war, gegen die Grundsäze, welche in Frankreich die Gräuel erzeugten, die wir alle beweinen, oder, sagt er, „die wir alle zu beweinen heucheln?" Glaubt er, innerhalb dieser Mauern sey irgend jemand, der alle diese Gräuel aufrichtiger verabscheuen könnte, als ich? Ja, ich verabscheue sie; aber diese giftige Beschuldigung kränkt mich nicht. Er selbst glaubt sie nicht; er kan sie nicht glauben: er ist nur das Werkzeug, dessen man sich bedient, um die günstige Meinung des Publikums von uns zu erschüttern. . . . Doch, ich fühle, daß ich zu viel über diesen Gegenstand gesagt habe; aber man zwang mich dazu.

„Nur eine Bemerkung füge ich noch bei, wozu der Ausdruk eines gelehrten Mitgliedes (D. Lawrence) mich veranlaßt, von dem ich nie anders als mit Hochachtung sprechen werde, da ich die Ehre hatte, einst in näherer Verbindung mit ihm zu stehen. Indem er das Parlament zur Zeit K. Karl's I anführte, gestand er, daß dasselbe mehrere sehr gute Acten erlassen habe, obgleich es späterhin sich durch die schreiendste Ungerechtigkeit entehrte. Er glaubte, mehreren Handlungen eines Parlaments seinen Beifall schenken zu können, dessen Mitglieder in der Folge Königs-Mörder wurden; er that es historisch, als von einem vor langer Zeit erfolgten Ereigniß, worüber alle Parteien mit Kälte urtheilen können, da ihre Leidenschaften und Vorurtheile durchaus nicht mit in's Spiel kommen. Hätte er sich aber unter Karl'n II auf diese Art geäussert, so würde man ihn als einen Empörer und Vertheidiger des Königs-Mords verschrieen haben. Sehet hier, wie die Vorurtheile sich nach dem Colorit des Augenbliks nuanciren! Eben das gelehrte Mitglied, welches mehrere Acten eines königsmördrischen Parlaments billigt, kan nicht anhören, daß man einige zu Anfang der Revolution in Frankreich aufgestellte Grundsäze gut finde, ohne aufzurufen, daß man zu allen seitdem verübten Gräueln klatsche. Ich tadle ihn nicht, daß er an dem Parlament, welches Karl'n I auf's Schaffot schikte, gewisse Acten billigt, die der glorreichen Revolution, welche unsre Freiheiten sicherte, zur Grundlage dienten: aber ich wünsche, er hätte daraus den so natürlichen Schluß gezogen, daß man einige von den anfänglichen Grundsäzen der fränkischen Revolution billigen, und doch die nachherigen Gräuel verabscheuen kan. Kalt urtheilen wir über die Geschichte voriger Zeiten, statt daß Vorurtheile, Leidenschaften und ParteiGeist uns über gleichzeitige Ereignisse verblenden.

„Ich antworte nun einem andern verehrlichen Mitgliede (Percival), welches sich über die Zweideutigkeit eines meiner Ausdrüke in einer frühern Debatte beklagte. Warum rügte er denn aber diese Zweideutigkeit nicht eher? warum wartete er drei volle Wochen, um sein Epigramm zuzuspizen? ... Da man mich der SelbstSucht beschuldigt, so muß ich, bevor ich mich über jenen fürchterlichen Ausdruk, der so viel Schreken verbreitet hat, erkläre, das Haus um Vergebung bitten, daß ich auf meine eignen Worte zurükkomme. Ich weiß, daß man zu verstehen gab, als strebte ich ehrgeizig nach Würden. Mein Gedächtniß ist nicht treu genug, daß ich mich der eigentlichen Worte, die ich hörte, erinnern könnte; aber ich glaube gesagt zu haben: „daß eine RadicalReform, so„wohl in der Repräsentation des Volks im Parlament als in den „Misbräuchen, die sich durch lange UnSitte in die Constitution „dieses Landes eingeschlichen, so wie eine vollständige Verän„derung des AdministrationsSystems, statthaben müsse, und „daß ich, ohne solche, keinen Theil an der Administration „nehmen wolle." Dis waren, glaub' ich, meine Worte; wenigstens war dis ihr wesentlicher Inhalt. Es würde mir nicht schwer seyn, sie zu erklären, obgleich ich bekennen muß, daß ich, was Erklärungen betrift, in Vergleich mit dem verehrlichen Mitgliede (Pitt) nur ein Schüler bin. Welche Dunkelheit oder Zweideutigkeit findet man denn nun in dem Ausdruke: RadicalReform, oder wie es dem verehrlichen Mitgliede zu sagen beliebte, in dem Verlangen nach einer Fundamental- und TotalVeränderung des in den öffentlichen Angelegenheiten befolgten Systems? Unter einer Veränderung des Systems verstehe ich weiter nichts, als daß GrosBritannien nicht durch ein System von Zwang, sondern durch ein System von Freiheit regiert werden soll. Diese Ausdrüke sind sehr klar. Ob ich Recht oder Unrecht habe, davon ist die Frage nicht. Ich sage, daß das jezige System: Vermehrung der Macht der Krone und Einschränkung der Freiheit des Volks ist, während man vielmehr die Macht der Krone vermindern und die des Volks vermehren sollte: ich sage, daß man unter beiden das Gleichgewicht nach dem wahren Geiste der Constitution herstellen muß, und füge noch hinzu, daß dis gleichwesentlich für das Glük des Königs und des Volks ist. Diese Ausdrüke sind doch wohl sehr verständlich. Man kan daraus sehen, daß ich unter Veränderung des Systems nichts andres meine, als was Lord Chatham meinte, als er nicht blos Verabschiedung der Minister, sondern eine FundamentalVeränderung des Systems, welche auf die Uiberzeugung von dessen Fehlern gegründet wäre, foderte; was Lord Camelford meinte, als er, bei der angedrohten Gefahr eines feindlichen Einfalls, sagte: „ich kan, „wie die Sachen izt stehen, auf keine Subsidien für Se. Ma„jestät stimmen." War dis für die Franken eine Aufmunterung ihre Landung in's Werk zu sezen? Nein; er weigerte die Subsidien nur, um gewiß zu seyn, daß man die Minister abdanken und das System der innern und äussern Regierung vollständig ändern würde. Lord Camelford war damals nur noch Thomas Pitt, und seine Rede muste wohl nicht so gefährlich scheinen, da der jezige Kanzler der SchazKammer ihn zum Peer machte zu einer Zeit, wo man die Peerschaft noch nicht dem Duzend nach verlieh. Indem ich auf einer GrundReform bestehe, bin ich also höchstens nur des Plagiats schuldig; ein Verbrechen, welches mir mit der ganzen Seite dieses Hauses und mit dem Kanzler der SchazKammer selbst gemein ist. Wie kan diese Sprache neu scheinen, da ich sie Jahr vor Jahr, und in zwanzig verschiednen Reden wiederholte? Man schlug nicht Lerm, solange ich nur von Reform der Misbräuche, von Veränderung der Masregeln, von GrundVeränderung des Systems sprach: aber so wie ich von ParlamentsReform spreche, wird alles gefährlich und drohend, scheint alles zweideutig und mystisch. Leicht läßt sich die Ursache dieser geheuchelten Besorgnisse errathen. Der Kanzler der SchazKammer sieht, daß seine verlorene Popularität den öffentlichen Haß zur Nachfolge hat; er erinnert sich des Erfolgs, womit er die öffentliche Aufmerksamkeit von den AufruhrBills abzulenken wuste, um sie auf einige meiner Ausdrüke zu heften, welchen seine Verdrehung einen gefährlichen Sinn gab: er sezt nun die nemliche Kunst in's Spiel, in der elenden Hofnung, daß, wenn er mich recht schwarz macht, Er selbst etwas erträglicher scheinen wird. Eben darum erkläre ich mich so bestimmt. Inzwischen darf ich mir's nicht verhehlen, daß es das Wort: Radical ist, woran die Bosheit sich festklammert; und ich will ihr durchaus keinen Schlupfwinkel übrig lassen. Man möchte gerne zu verstehen geben, als verstünde ich, unter dem Worte RadicalReform, das allgemeine StimmRecht, ohngeachtet ich, als ich den Antrag meines hochachtungswürdigen Freundes (Grey) unterstüzte, bestimmt erklärte, daß ich jedes auf allgemeines StimmRecht gebaute Projekt misbillige. Das beredte Mitglied (Percival), indem es mit den Worten Radical und Fundamental spielt, legt ihnen eine Bedeutung bei, als träfe ich unsre Constitution an ihrer Wurzel. Nein, ich will nicht die Grundlagen unsrer Constitution angreifen, sondern nur die der Misbräuche; das heißt nicht die Monarchie vernichten, das heißt sie befestigen, wenn man ein System verändert, welches England an den Rand des Abgrunds brachte. Mehrere Mitglieder von der andern Seite müssen sich erinnern, welches zur Zeit des amerikanischen Krieges ihre Politik, so wie die des Herzogs von Portland, des Grafen Spencer, Burke's &c. war: wir alle waren der Meinung, wie ich es noch bin, daß man die Misbräuche an der Wurzel treffen müsse. Die Ereignisse von 1784, weit entfernt diese Gesinnungen in mir zu schwächen, konnten sie nur bestärken. Aber die fränkische Revolution hat manche glauben gemacht, daß man sich nicht mit Misbräuchen beschäftigen müsse; man hat daher seiner vorigen Meinung entsagt — und ich beharre dabei. Ich thue also nichts, als was alle Whigs in England zu allen Zeiten thaten; der einzige Unterschied ist, daß ich eine ParlamentsReform fodre, weil, ohne sie, Verbesserung der Misbräuche unmöglich ist. Ich gestehe, daß ich nicht immer so dachte, und daß sie sonst mir nicht durchaus nothwendig schien, ohngeachtet ich sie für nüzlich hielt: hierinn war meine Meinung von der des jezigen Ministers (Pitt) verschieden, welcher behauptete, daß, ohne ParlamentsReform, keine, wenn auch gute Administration von Nuzen seyn könne; daß, ohne sie, England keinen Schuz gegen eine üble Administration und keine Sicherheit für die Zukunft habe. Man bemerke die Worte: keine Sicherheit für die Zukunft. Als Commentar derselben fügte er hinzu: „Die Par„lamentsReform allein kan uns gegen alle die Unfälle be„wahren, in welche der amerikanische Krieg uns gestürzt hat." Ich bin überzeugt — dis Haus, ja! ganz England müssen durch Erfahrung davon überzeugt seyn, und die Administration des verehrlichen Mitgliedes selbst gibt uns den stärksten Beweis davon, daß seine Behauptung vollkommen gegründet war, weil wir die nemlichen, ja! noch grösere Uibel, als in dem amerikanischen Kriege, erlitten haben. Vielleicht wird man sagen: man müsse nicht zwei so verschiedene Kriege miteinander vergleichen. Nie können zwei Ereignisse durchaus einander gleich seyn: aber hier finde ich, daß sie sowohl in ihrem Prinzip als in ihren Folgen genau dieselben waren. Der amerikanische Krieg ward unternommen, um eine aufkeimende Freiheit in ihrem Entstehen zu erdrüken: der unglükliche Gang dieses Krieges machte ihn unpopulär; er veranlaßte in Irland Gährungen, die nur durch gütliche Ausgleichung gedämpft werden konnten. Ziehet nun die Parallele! Auch der jezige Krieg ward unternommen, um den Genius einer aufstrebenden Freiheit zu vernichten, oder, wenn man lieber will, um die Fortschritte einer falschen und allzustolzen Philosophie zu hemmen: man hatte die Kunst, ihn auf eine Zeitlang in diesem Königreiche, und unglüklicher Weise auf immer in diesem Hause, populär zu machen; bei weitem mehr durch die Unfälle, die er nach sich zog, als durch sein Prinzip, ward er unpopulär. Die misvergnügte Nation verlangte Frieden; die Minister sezten sich dagegen. Sie verlangte nun, durch Einreichung von Petitionen, die Abdankung der Minister; diese Petitionen wurden verworfen. Man stürzte Irland in Verzweiflung, und statt die AussöhnungsMasregeln zu befolgen, welche zur Zeit des amerikanischen Krieges glükten und welche Lord Fitzwilliam zusagte, weil er sich dazu berechtigt glaubte, wird es nun mit eiserner Hand durch militairische Executionen unterdrükt, die man kraftvolle Masregeln zu nennen beliebt, so daß diese unglükliche Insel, statt dem brittischen Reiche mehr Stärke zu geben, izt nur dazu dient, es noch mehr zu schwächen. Vergleichet beide Zeiten und sehet, wie buchstäblich die Weissagung des verehrlichen Mitgliedes in Erfüllung gieng, „daß, ohne ParlamentsReform, England „nicht versichert seyn könne, daß eine schlechte Administration es „nicht in den Abgrund des Verderbens stürzen werde."

„Ein verehrliches Mitglied (Dundas), indem er von meinem, wie er es nennt, Ajournement spricht, tadelt mich, daß ich mich in einem so kritischen und gefahrvollen Augenblike ajournirt habe. Ich gebe die Gefahr zu; aber kan meine Gegenwart hier sie heben? Ich befolgte hierinn das Beispiel des Marquis von Rokingham, dieses Mannes, dessen Verdienste erst nach seinem Tode in ihrem vollen Umfang erkannt wurden, und dessen Name nie ohne Ehrfurcht ausgesprochen werden sollte. Er, Lord Cavendish, Georg Saville, Burke — kaum wage ich's, solchen Namen den meinigen beizugesellen — mitten im amerikanischen Kriege, im Moment, da grose Anleihen erhoben werden sollten und das Land in groser Noth sich befand, glaubten nichts Besseres thun zu können, als nicht mehr in ein Parlament zukommen, worinn weder ihre Tugenden noch ihre Talente mehr von Nuzen seyn konnten. Ich beharrte nicht auf dieser Meinung, und trat vor ihnen wieder in meine Stelle ein; aber ich tadelte ihr Betragen nicht, und noch izt wird es nicht getadelt. Also eben der Schritt, der ihnen zur Ehre gereichte, soll mich zu einem Aufwiegler machen? Durch welch ungünstig Gestirn kan ich, was ich auch immer thun mag, doch nie meinen Gegnern gefallen! Entferne ich mich, so handle ich unrecht; bin ich anwesend, so sind meine Reden gefährlich. Ich müste also, um mir ihren Unwillen nicht zuzuziehen, zwar anwesend, aber stumm seyn, oder nur in ihrem Sinn und nach ihrem Willen sprechen. So weit kan ich die Gefälligkeit nicht treiben; ich werde, solange es meinen Constituenten nicht misfällt, meinem eignen Urtheile folgen. Und woher überhaupt dis grose Interesse an meinem Betragen? hat es vielleicht einen geheimen persönlichen Grund? etwa, daß meine Abwesenheit den einen die glorreiche, den andern die goldne Gelegenheit entzieht, ihre Eitelkeit oder ihren Geiz zu befriedigen? Das ist ein Unglük; aber frei gesagt, ich suche ja! nichts weniger als ihnen zu gefallen.

„Das verehrliche Mitglied sagte: „das Land sey unzufrieden mit meiner Abwesenheit." Er wird mir inzwischen doch erlauben, desfalls mehr meinen Constituenten als seinem Zeugniß zu glauben; sie sind befugtere Richter, und ich habe nicht Ursache, ihre Aufrichtigkeit zu beargwohnen.

„Ein andres Mitglied wirft uns vor: „wir vernachläßigten „unsre Pflicht, wann andre sie erfüllten." Versteht er etwa unter Pflicht erfüllen, blindlings für den Minister stimmen? Ich denke hierinn ganz anders, und ich sehe hier viele, die, meiner Meinung nach, ihre Pflicht nicht erfüllen.

„Man warnt uns ferner: „das Publikum habe den Blik auf „uns geheftet und werde uns richten." Ich hoffe das; und, ohne Stolz, ich wünsche es. Ja, ich wünsche, daß es unser Betragen mit dem des Hauses vergleiche. Ich wünsche, daß es freimüthig entscheide, ob es, bei unsrer ihm bekannten DenkArt, hoffen kan, daß wir ihm in einem solchen Hause der Gemeinen einen Dienst leisten können.

„Troz dieser Uiberzeugung," sagt man, „behaltet ihr aber doch euren Siz bei." Ja! wir thun es, und ich bin nicht Willens, eine sinecura zu erbetteln und meine Stelle leer zu lassen, weil ich nicht glaube, daß ich dem Publikum einen Dienst damit leisten würde. Warum sollt' ich an der Hofnung verzweifeln, daß das Haus denn doch noch einst seine Gesinnungen ändern werde? ist denn eine solche Veränderung unmöglich? Ich glaube es nicht; und in diesem Falle darf ich mir noch schmeicheln, einst nüzlich zu seyn.

„Du entfernst dich nur," wird man mir einwenden, „weil „du keine ParlamentsReform erhalten kanst: du behaup„test, sie sey nothwendig: wolltest du etwa wieder auf's neue „in diesem Hause den Versuch einer solchen Reform machen?" Hier ist meine Antwort: ich kenne kein andres gesezliches Mittel, diese Reform zu erhalten, weil ich kein andres friedliches kenne; nie werde ich mich daher eines andern bedienen. Ich bekenne, daß meine Hofnung von Seiten dieses Hauses nicht gros ist: aber Umstände können Masregeln herbeiführen, welche eine Total- und GrundReform veranlassen können.

„Wie?" sagt man vielleicht, „und du schmeichelst dir, das „Haus noch zu einem solchen Schritte zu vermögen?" Warum nicht? Zwar meine Reden werden das nicht thun. Und wer denn? — das Volk. Diese Meinung kan auf eine Art ausgedrükt werden, daß das Haus denn wohl endlich die Weisheit und Nothwendigkeit einer solchen Masregel fühlen wird. Nur Eines besorge ich, daß es nemlich die Weisheit derselben nicht eher erkennen möchte, als wann ihm die unbedingte Nothwendigkeit derselben vorschweben wird. Indem ich ihm hierüber meine Gedanken mittheile, habe ich meine Pflicht gethan: aber meine Gegenwart hier soll nicht zu dem Glauben beitragen, daß das Haus frei, daß es nicht von dem Einfluß der Krone unterjocht sey! Mein Ansehn ist nicht gros: wie gros oder klein es aber auch sey, so will ich nicht, daß es dazu diene, die Meinung zu accreditiren, daß die Gesezgebung nicht von der vollziehenden Gewalt beherrscht werde. Man müste von dem, was in beiden Häusern vorgeht, nicht die mindeste Kenntniß haben, um nicht überzeugt zu seyn, daß beide nur das Werkzeug der Krone sind. Ich sage dis, weil ich es glaube; und welchen Grund habe ich, bei einem solchen Glauben mich nicht zu entfernen? — meine Constituenten. Auf sie, aber auch auf sie allein berufe ich mich: und ein Beweis, daß sie mich stets geneigt finden werden, ihrem Willen zu entsprechen, ist, daß ich in diesem Augenblike hier gegenwärtig bin, statt daß ich so viele Mitglieder hier um mich her erblike, die sich's zum Ruhme rechnen, den ausdrüklichen Instructionen ihrer Constituenten nicht gehorcht zu haben. Was ist aus der Freiheit dieser Nation geworden! Noch ist sie der Theorie nach in eurer Constitution enthalten; aber der Einfluß der Krone hat euch alle wesentliche Kraft derselben geraubt. Wenn die Constitution dem Könige das VorRecht gab, Krieg und Frieden zu machen: so gab sie zugleich diesem Hause die Macht, Subsidien zu verweigern, falls der Krieg ohne Ursache unternommen, oder ohne Noth fortgesezt würde. Aber was soll dieser der vollzie benden Gewalt angelegte Zaum, wenn der Einfluß des Ministers ihr blindlings eine beständige SimmenMehrheit sichert?

„Da ich nichts unbeantwortet lassen will, was in Bezug auf mich gesagt ward, so darf ich den merkwürdigen Brief, auf den der StaatsSecretair anspielte, nicht mit Stillschweigen übergehen. Er ist von einem edlen Lord (Moira), für den ich grose Hochachtung hege: aber von allem, was bei jener Gelegenheit vorgieng, und von der Bekanntmachung des Briefes, wuste ich nicht mehr, als der StaatsSecretair selbst. Ich bemerke daher nur, daß dieser Brief uns von einem wichtigen Factum unterrichtet: daß nemlich in diesem Hause eine grose Zahl von Mitgliedern ist, die stets für den Minister stimmen, ohngeachtet sie seine Masregeln misbilligen, und die, weil sie ihn und seine Collegen für unfähig halten, ihre Stellen auszufüllen, eine Veränderung im Ministerium wünschen. Umsonst sucht man, was ich bei dieser Gelegenheit sagen werde, verdächtig zu machen, indem man behauptet, daß ich selbst dabei interessirt sey. Ich habe dem edlen Lord in dieser Sache durchaus keinen Rath ertheilt. Hätte ich's aber zu thun gehabt, so betheure ich dem StaatsSecretair, dem es so schwer wird, an Uneigennüzigkeit zu glauben, daß solcher sehr uneigennüzig gewesen seyn würde. Ich würde ihm gesagt haben: „sehen Sie sich wohl „vor, Mylord, wenn Sie ein Ministerium bilden, daß Sie es „auf einen festen Fuß gründen. Wenn Sie nicht die Gewiß„heit einer Reform haben, so können Sie durchaus nichts „Gutes wirken. Sehen Sie sich wohl vor, daß Sie sich nicht „compromittiren in einem Lande, wo Ihre Rechtschaffenheit „Mühe haben wird, den Fallstriken, die man ihr legt, zu ent„gehen. Sehen Sie sich wohl vor, daß Sie sich nicht in „Schwierigkeiten verwikeln, die Ihren Sturz nach sich ziehen „müsten; daß man Sie nicht blos darum voraussteIlt, weil „man durch Sie Frieden erhalten will, mit dem festen Vor„saze, das System, welches Sie abschaffen wollten, dann sofort „wieder aufzufassen." Und hätte man mich um den Namen des Nachfolgers gefragt, so würde ich kein Bedenken getragen haben, den dermaligen Kanzler der SchazKammer (Pitt) zu nennen. Uibrigens mischte ich mich durchaus nicht in diese Sache. Zwar wünschte ich allerdings eine Veränderung in der Administration, weil ich hoffe, daß sie uns den Frieden gewähren würde: aber zugleich auch war es mein aufrichtiger Entschluß, wie er's noch ist, durchaus an keiner Administration Theil zu nehmen, ohne Garantie einer allgemeinen Reform der Misbräuche, ohne gänzlichen Verzicht auf das seit der Ministerschaft des verehrlichen Mitgliedes befolgte System; mit einem Worte, ohne die Gewißheit der Wiederherstellung der Constitution wenigstens auf den Fus, wie sie vor dem jezigen Kanzler der SchazKammer war. Sehr irriger Weise klagt man mich an, als wollt' ich dem Könige Bedingungen vorschreiben. Ich habe keine Bedingungen gemacht, weil ich meine Dienste nicht angeboten habe; auch fodre ich gar nicht, daß man an mich denke. Aber wenn man mir Gesinnungen andichtet, die ich nicht hege, so ist mir doch wohl erlaubt, mich dagegen zu äussern, durch Angabe der einzigen Bedingungen, unter denen ich eine Stelle in der Administration annehmen würde. Da es izt darauf ankömmt, sich deutlich zu erklären, so füge ich noch hinzu, daß ich nie auf andre Weise eine ParlamentsReform zu erhalten wünschte, als durch das Parlament selbst. Zwar verabscheue ich die gegenwärtige Administration; aber ich verabscheue sie hauptsächlich aus dem Grunde, weil sie mir die Möglichkeit zeigte, Veränderungen durch ungesezmäsige Mittel zu bewirken. Nichts kan ein Herz, welches so warm für unsre Constitution schlägt, tiefer verwunden.

„Nun sage man nach all diesem, daß ich alle Debatten in ParteiKämpfe ausarten mache; daß ich ehrgeizig sey; daß ich nur Zwietracht auszustreuen suche. Glaubt man etwa, ich wolle Tumult und Aufruhr erregen? ich wolle, wie Buonaparte, alles durch WaffenMacht vor mir hinstürzen? oder, wie Barras, dis Haus mit Truppen umzingeln lassen, um mich meiner Gegner zu entledigen? Sind das die Plane, die man mir leiht? Glaubt man, ich suche Unruhen, um ein Vermögen wiederherzustellen, das izt zum Glüke nicht mehr zerrüttet ist, wie ehemals? glaubt man, ich habe, in meinem jezigen Alter, das Projekt, mit den Waffen in der Hand mich zu bereichern? Ich fürchte nicht, daß irgend jemand, der mich kennt, dergleichen

Anklagen sein Ohr leihe. — „Aber der Neid! der Aerger, meine Hofnungen getäuscht zu sehen!" ... Ich verstehe euch. Welch Talent aber auch die Herren für die Carricatur haben mögen, so zweifle ich doch, daß sie in meiner Gestalt auch nur einen Zug herausheben könnten, der dazu gemacht wäre, das Emblem des Neides zu bilden; inzwischen werd' ich mich wohl hüten, ihr Genie im Travestiren herauszufodern. Aber warum suchen sie anderswo, was sie so leicht in ihrer eignen Mitte finden können? Wenn meine Aehnlichkeit mit Hanno dem gelehrten Doctor (Lawrence) auffiel, so hatte er dabei ohne Zweifel den Hannibal unsrer Tage in Gedanken. Obgleich er dessen Bild nicht näher ausmahlte, so ist es doch unmöglich, ihn nicht an gewissen gleichen Umrissen zu erkennen, die der Pinsel eines Plutarch so meisterhaft ausgeführt haben würde. Hannibal war der Sohn Hamilkar's, eines der grösten Generale seiner Zeit: der Kanzler der SchazKammer ist der Sohn eines unsrer grösten StaatsMänner. Hamilkar ließ seinen Sohn, der damals kaum noch neun Jahre alt war, ewigen Haß gegen die Römer schwören: ich weiß nicht genau, wie alt unser Hannibal war, als ihn Lord Chatham ewigen Haß gegen Frankreich schwören ließ. Hanno war nicht blos Hannibal's Feind, sondern der ganzen Barcinischen Partei, welche die Siege dieses Generals sich sehr zu Nuzen gemacht hatte; man nannte selbst Asdrubaln und alle seine übrigen Verwandten, die sich in Spanien bereichert hätten: man hat Grund zu glauben, daß die Verwandten des Kanzlers der SchazKammer sich durch den Krieg eben nicht zu Grunde gerichtet haben. Laßt uns die Parallele weiter verfolgen. Hannibal hatte die Römer mit einer Art von Wuth bekriegt; alle seine Schritte waren mit Treulosigkeit und mit Grausamkeit bezeichnet; und doch, troz seines Schwurs ewigen Hasses, hielt er sich für ganz besonders geschikt, den Frieden zu unterhandeln, und nach der Rede zu schliesen, die Livius ihn halten läßt, war niemand beredter wie Hannibal. Die Rolle, die er damals im Senat spielte, war in der That höchst sonderbar. Nach so vielen Erklärungen von ganz entgegengesezter Art, fühlte er das Verschraubte seiner Lage; er wußte sich nicht anders daraus zu ziehen, als indem er kurzweg sagte: „Ich, Hannibal, suche um Frieden nach." (Ego, Hannibal, pacem peto.) Von der andern Seite kan man nicht in Abrede ziehen, daß der Kanzler der SchazKammer den Krieg mit nicht minderer Wuth und Erbitterung führte wie Hannibal. Obgleich er tausendmal wiederholte, wie entehrend und nachtheilig es seyn würde, Frieden nachzusuchen, so ist er nun doch überzeugt, daß niemand fähiger sey, ihn anzutragen und zu unterhandeln, als Er. Endlich ist er auch, wie Hannibal, sehr beredt. So weit trift die Parallele vollkommen: aber nun entgeht mir die Aehnlichkeit. Hannibal war vielleicht unter allen, die je Krieg führten, der fähigste und glüklichste. Kan man eben das vom Kanzler der SchazKammer sagen? — Hannibal hatte stets mit einem Senat zu thun, der nicht blos mistrauisch war, sondern der alle seine Operationen zu durchkreuzen suchte, ihm nur die kärglichsten Unterstüzungen bewilligte; und doch vollbrachte er Thaten, wie, ausser dem grosen Alexander, nie ein Feldherr. Kan man eben das vom Kanzler der SchazKammer sagen? — Troz dem Mistrauen des Senats, troz der Unzulänglichkeit seiner HilfsMittel, gelang es Hannibaln, in Italien fünfzehn Jahre hindurch gegen die Römer eine furchtbare Coalition von Mächten, die einander haßten, und worunter einige, vermöge ihrer Interessen, sogar Feinde der Karthager seyn musten, zu bilden und zusammenzuhalten. Kan man eben das vom Kanzler der SchazKammer sagen? — Nach den Gesinnungen, die man mir leiht, könnte ich ihn wohl um die Vortheile seines Plazes beneiden; aber niemand, der mir nur irgend noch MenschenVerstand zutraut, wird mich beschuldigen, daß ich ihn um seinen Ruhm beneide.

„Der StaatsSecretair (Dundas) findet, daß ich, ohne es zu wollen, eine LobRede auf die FinanzKünste des Kanzlers der SchazKammer hielt, indem ich das Jahr 1792 als eine Epoche öffentlichen Wohlstands anführte. Ich gebe zu, daß das Jahr 1792 ein glükliches Jahr war in Vergleichung mit dem Jahr 1784. Ich gehe noch weiter: ich lobe, wie ich es schon oft gethan, seine Operation in Ansehung des TilgungsFonds. Uibrigens ist es gerade nichts Ausserordentliches, daß der FinanzZustand eines Landes, nach acht FriedensJahren, blühend ist. Will der StaatsSecretair aber wissen, warum ich das Verfahren des Kanzlers der SchazKammer im Jahr 1792 seinem Verfahren im Jahr 1784 vorzog? — er frage seinen Nachbar (Windham) darum. Ich that es, weil das System von 1784 durchaus den Grundsäzen unsrer Constitution zuwider war.

„Ich komme nun auf jenen berühmten Unterschied zwischen uns und unsern BundsGenossen. „Sie haben uns verlassen: konnte man das erwarten?" Nach den Begriffen, die ich von einem StaatManne habe, scheint mir's, er müsse die Plane und Interessen derer, mit denen er sich alliirt, abwägen, und folglich ihr Betragen voraussehen. „Indem ich einen „Tractat mit Preussen schloß, zählte ich auf sein Wort: „aber es brach dasselbe." Und waret ihr desfalls nicht schon hinlänglich gewarnt? Als ihr euch in Hollands Angelegenheiten mischtet, sagte man euch da nicht, ihr solltet wohl zusehen, was aus Flandern werden dürfte? Ihr verschmähtet unsern Rath; ihr sehet nun die Folgen. Und Oestreich? Ein Freund des Ministers nannte es gestern unsern treulosen Alliirten. Sogleich kam mir alles wieder in's Gedächtniß zurük, was der Kanzler der SchazKammer uns so oft von dieser Macht sagte. Erinnern wir uns z. B. nur der östreichischen Anleihe. Ich hatte sie eine Subsidie genannt. „Wie"? rief der Minister zürnend auf, „eine Anleihe Subsidien nen„nen! eine Anleihe für einen Fürsten, dessen Treue im Wort„halten eben so berühmt ist, wie die Tapferkeit seiner Heere! „für unsern treuen Alliirten! Es wäre Niederträchtigkeit ihn „zu verlassen." Wohlan, was geschah? Se. Kaiserliche Majestät hat noch keine RükZahlung an dieser Anleihe gemacht, und in einigen Wochen wird man das Volk von England einladen, die Zinsen der diesem Monarchen vorgeschossenen Summen aus seiner Tasche zu zahlen, weil es unserm Kanzler der SchazKammer beliebte, sich einen allzugünstigen Begrif von der Wiener Bank zu bilden. Irren ist freilich das traurige Loos der Menschheit: aber wer immer irrt, und in allen Dingen, hat der wohl Ansprüche auf das allgemeine Vertrauen?

„Laßt doch," ruft man mir zu, „laßt Oestreich fahren „und alle unsre Alliirten; heftet den Blik vielmehr auf „die glänzenden Siege unsrer Flotten! Konnten sie grösere

„Thaten vollbringen?" Wahrlich nein, und ohne sie würden wir uns izt nicht mit Debatten in diesem Hause beschäftigen. Aber, wie schon einer meiner Freunde bemerkt hat, was soll man von einer Sache denken, für welche solche Siege durchaus ohne Gewinn waren? Montesquieu, der seinen Ausdruk immer so glüklich seinen Gedanken anzupassen weiß, sagt: „Gott der Herr habe Türken und Spanier erschaffen, damit die Menschen sehen möchten, was ein groses Reich sey, „wenn es durch Sklaven bevölkert ist." Lebte Montesquieu unter uns, so würde er ausrufen: „wie kläglich ist „nicht der Zustand eines Landes, wo der Minister, welcher regiert, seine Sache nicht durch die grosen Thaten eines Howe „und Duncan und St. Vincent gutzumachen weiß! Die „Unternehmungen des Mannes, für dessen Plane Thaten dieser „Art keinen Gewinn abwerfen, müssen alles übersteigen, was „menschliche Kraft vermag."

„Ein Mann, der in allen seinen Schritten ungewiß ist, der unaufhörlich wankt und wechselt, hat entweder keinen bestimmten Zwek, oder, wenn er ihn hat, wird er nie dazu gelangen. Wie können seine Anhänger seine Plane vertheidigen? was können sie zu seinen Gunsten sagen? — „daß ein andrer es noch schlimmer gemacht haben würde." Diese Antwort ist bequem; aber ist sie vernünftig?

„Ist es indeß nicht besser, die vorgeschlagene Masregel anzunehmen, als Buonaparte'n nach England kommen „zu lassen?" Abermals eine sonderbare Art zu beweisen! Freilich, wenn man unter diesen beiden Requisitionen wählen muß, will ich mich lieber noch der von unsrer Regierung unterwerfen. Aber was soll man von dieser Masregel denken, wenn man keinen bessern Grund zu ihrer Rechtfertigung aufstellen kan? Die Bill ist also eine Requisition. Und auf was gründet sich diese Requisition? auf Ungerechtigkeit. Was ist nun aber eine auf Ungerechtigkeit gegründete Requisition anders, als ein Raub? Und man weiß gar nicht einmal, welchen Namen man diesem Raube geben soll. Die einen nennen ihn eine Taxe auf die Ausgaben, die andern eine Taxe auf das Einkommen. Sie ist weder eines noch das andre; auch haben die Commentatoren noch keine befriedigende Definition davon geben können. Was ich davon weiß, schränkt sich darauf ein, daß jede Taxe auf Einkünfte eine grose Ungerechtigkeit ist. Hier zahlt z. B. die Annuität auf kurze Zeit die nemliche Taxe, wie das Grund-Eigenthum, obgleich das Kapital des leztern vielleicht 6mal stärker ist: auf das Kapital reducirt, zahlt also die erste 6mal mehr. Ich gebe zu, daß es der Klugheit gemäs ist, einen Theil seines Eigenthums aufzuopfern, um den Uiberrest zu retten: aber dieser Saz bleibt nicht mehr richtig in Anwendung auf eine Masregel, die wesentlich darauf hinführt, auch diesen Uiberrest ungewiß zu machen; denn durch Annahme der Bill werdet Ihr zugleich den Grundsaz anerkennen, daß der Minister, unter gleichem Vorwand, jeden ihm beliebigen Theil des Eigenthums an sich reissen kan.

„Diese Bill ist ungerecht in allen ihren Clauseln; aber die schreiendste Ungerechtigkeit ist die Verfügung, wodurch ihr eine rükwirkende Kraft beigelegt wird. Weil jemand im vorigen Jahr ein gewisses Einkommen hatte, wodurch er sich in Stand gesezt glaubte, eine gewisse Ausgabe zu machen, so nehmt ihr an, daß er dieses Jahr in gleichen Umständen seyn werde und bestimmet, nach dieser Voraussezung, seine Taxe. Kan man sich etwas widersinnigeres, etwas ungerechteres denken? Einige Mitglieder fühlen das sehr wohl; und doch stimmen sie für die Bill, weil sie keine bessere Art von Auflagen kennen. Ist denn England in der Lage, daß seine Gesezgeber in der unvermeidlichen Nothwendigkeit wären, die Ungerechtigkeit zum Range des Gesezes zu erheben? Und der Ungerechtigkeiten in der Bill sind so viele, daß ich kein Ende finden würde, wenn ich sie alle aufzählen wollte! Ich will hier nur flüchtig einige berühren. Jemand hatte ein Gefährt, das er nicht loswerden konnte, obgleich er lange keinen Gebrauch mehr davon machte. Am nächsten Morgen nach dem 10 October, dem verhängnißvollen Tage, läßt er, da er in Geschäften nach Fulham muß, weil es regnet, sein Pferd an das Gefährt spannen, um sich die Kosten eines Lohn-Kutschers zu ersparen; und diese Häuslichkeit soll ihn nun, der Himmel weiß wie lange, alljährlich 32 Pf. kosten! Ich sage: der Himmel weiß wie lange; denn in der Bill ist keine bestimmte Zeit festgesezt; sie soll fortdauern, bis sie eine gewisse Summe ertragen haben wird. Geschah je in Frankreich etwas Aergeres? — Noch ein Beispiel ungeheurer Bedrükung! Ein Vater verschuldet sein Vermögen, indem er auf einen Fuß lebt, der weit über das Verhältniß seines Einkommens ist. Er stirbt: und sein Sohn soll nun eine Taxe zahlen, die auf die Verschwendung des Vaters berechnet ist! — Allen diesen Einwürfen glaubt man durch die Modification zu begegnen, daß man eine Erklärung über das Einkommen fodern will. Aber wie viel Schwierigkeiten und Nachtheile hat nicht eine solche Erklärung! Mancher sehr rechtliche Mann zahlt lieber schwere Zinsen, als daß er seine Güter zum Unterpfand einsezt, nur weil man darnach den Betrag seines Einkommens schäzen könnte. — Ferner: zwei Nachbarn haben jeder 1000 Pf. Einkünfte; der eine bewohnt ein Haus, welches sein Eigenthum ist; der andre muß eines für 200 Pf. miethen. Beide Häuser sind zu einerlei Taxe angeschlagen. Sie müssen also gleiche Summe zahlen, obgleich das Einkommen des einen um 200 Pf. geringer ist, als das des andern. Ist das eine verhältnißmäßige und billige Vertheilung? Was würde Smith von dieser Bill sagen, der schon in seinem Werke über den Reichthum der Nationen über die Ungleichheit in Vertheilung der kleinen Taxen klagt? . . . Das Wahre ist, daß die Urheber dieser Bill schon bei früheren Anlässen bewiesen, wie sehr sie der Freiheit des Volks, und daß sie nun auch beweisen, wie sehr sie seines EigenthumsRechts spotten. Wiederholt wird man mir antworten: „der Staat bedürfe „groser Subsidien;" aber ist diese Nothwendigkeit von der Art, daß sie so grose Ungerechtigkeiten rechtfertigen könnte? Und was soll dieser Grund? worinn ist er von dem, den man in Frankreich vorausstellte, verschieden? „Wir haben „kein Geld: wir müssen aber haben, gleichviel wie." Diese Bill wird den Armen drüken, und zwar auf eine ungleiche Art ihn drüken. Die Bürde, welche dadurch auf die mitlern Klassen fällt, wird ungeheuer und so ungleich seyn, daß viele sich davon zu Grund gerichtet sehen werden. Sie wird mit verstärktem Gewichte die Reichen treffen, so daß die ganze StufenLeiter der StaatsGesellschaft unter der Ungerechtigkeit derselben leiden wird. Sie hat nur eine Art von Gleichheit; die, daß sie für alle ungerecht ist.

„Und gesezt auch, daß es möglich wäre, diese Taxe zu erheben — wann soll sie aufhören? Man hat keine feste Epoche für deren Dauer bestimmt: sie soll fortwähren, bis sie erst 7, und dann wieder 8 Millionen, also bis sie überhaupt 15 Millionen ertragen haben wird. Ich soll mithin um so viel mehr zahlen, als mein Nachbar weniger zahlt. Wenn ich zwei Jahre hindurch meinen vollen Antheil zahle, und mein Nachbar an seinem gar nichts zahlt, so muß ich also drei Jahre hindurch zahlen. Sehet hier, wohin die Bill am Ende führt! Die im Stande sind zu zahlen, werden erst für sich zahlen, und dann auch für die, welche nicht zahlen konnten oder wollten; so daß ihr vielleicht 3, 4, 5 Jahre hindurch theils für euch, theils für andre zahlen müßt. „Aber so will es das Bedürfniß des Augenbliks!" Nein, so will es der Geist der Rache, welcher alle Begriffe von Recht, Billigkeit und Ehre verdrängt. Warum? — um Krieg führen zu können. Und was ist denn der Zwek dieses Krieges? Hannibal konnte zu den Karthagern sagen: „gebt mir Subsidien; ich erobere dann „Rom und bring' euch den Frieden." Könnt Ihr eben das sagen? Wird Lord Hawkesbury wohl Paris erobern? Doch, laßt uns ernstlich sprechen: eure Armeen, eure Flotten, welche Siege sie auch erfechten mögen, können sie den Krieg endigen? können sie euch den Frieden geben? „Wenn die Franken eine Landung wagen," sagte der StaatsSecretair (Dundas), „so wird der Kampf nur kurz seyn." Ich hoff' es; ich hoffe sogar, daß sie nicht kommen werden; denn ihre desfallsige Drohung erinnert mich daran, wie der Kanzler der SchazKammer sie uns einst, mit dem stärksten Colorit seiner Beredsamkeit, am Rande und fast schon im Abgrund des Bankerots schilderte. Izt stellen sie uns in dieser Lage dar; und ich hoffe, sie betrügen sich in Ansehung unsrer HilfsQuellen in gleichem Grade, wie der Kanzler der SchazKammer sich in Ansehung der ihrigen.

„Wir alle sind darinn einig, daß es einer grosen KraftAeusserung bedarf; nur über die Art derselben sind wir verschieden. Ich meines Orts glaube, daß eine grose KraftAeusserung nicht möglich ist, solange die Minister am Ruder sind, die solche durch den Misbrauch ihrer Gewalt nothwendig machten. Sie verlangen, daß wir alle eines Sinnes seyn sollen, sie werfen mir vor, daß meine Reden diesen Einklang stören; und ich behaupte, daß vielmehr ihre es thun. Ein System, welches so viel Unglük wirkte, kan sich nicht das Zutrauen des Volks erwerben. Die Mehrheit Englands ist gegen Euch. Und wenn Ihr auch diese gewinnen solltet, so müßt ihr erst noch den Einklang von GrosBritannien zu erhalten suchen. Werft Euren Blik auf Irland. Nach den verderblichen Folgen eures WortBruchs, womit ihr alle Versprechungen, welche Lord Fitzwilliam in Eurem Namen that, zurüknahmet — wie könnt Ihr Euch eines Einklangs schmeicheln, ohne ParlamentsReform und Gleichstellung der Katholiken? Nach Euren Dragonaden in diesem Lande und jenen militairischen Executionen, deren Erzählung Schaudern erregt — wie kan die jezige Administration hier jemals Einklang hoffen? Warum, wenn Ihr auf Irlands und Englands Anhänglichkeit zähltet, warum würdet Ihr, troz so vielen Siegen zur See, eine viermal grösere Macht unterhalten, als einst, da Frankreich, Spanien und Holland gegen euch vereinigt waren? Jzt müßt Ihr grose Heere sowohl in England als in Irland halten, um Euch nicht nur gegen Fremde, sondern auch gegen das, was Ihr Eure häuslichen Feinde nennt, zu vertheidigen. Jzt sind wir ein getheiltes Volk.... Und was für ein Mittel dagegen bleibt uns? — eine Veränderung im System. „Etwa ein Ministerium, welches das Vertrauen der Franken hätte?" — Nein, nicht das Vertrauen, welches sie fodern möchten, sondern das, welches wir wünschen müssen: die Uiberzeugung, daß wir Minister haben, die fähig sind, sich die Zuneigung von ganz GrosBritannien und Irland zu erwerben. Dis kan nicht anders geschehen, als durch ParlamentsReform, und vorzüglich wenn man dem Volke das auf unsrer politischen Waagschale von Rechtswegen ihm zukommende Gewicht gibt. Das brittische Volk wisse, daß es eine Constitution hat, die ihm wesentliche Vortheile gewähre, und nicht eine Constitution, welche Confiscationen, Proscriptionen und militairische Executionen erlaube; nicht, eine Constitution, welche die Lasten so ungleich vertheile, daß die einen fast nichts tragen, während die andern unter ihrem Gewichte erliegen! Die Krone sey, was sie seyn soll, Schüzerin der Rechte und der Freiheiten des Volks! Durchblättert unsre Geschichte, und Ihr werdet finden, daß der unbändige Einfluß der Krone die HauptQuelle alles Unglüks ist, welches GrosBritannien traf. Wenn Ihr dann diesen jezigen Krieg näher betrachtet; die Reihe von Unfällen, die er nach sich zog; die Unwissenheit oder Gleichgiltigkeit der HofPartei für die Rechte des Volks, und wer diejenigen sind, die man schüzt oder belohnt, denen man stets Befreiungen einräumt: so werdet Ihr Euch überzeugt fühlen, daß man durchaus das System und die Minister ändern muß, die euch in diesen kläglichen Zustand sezten. Ich erinnere mich, mit welcher Beredsamkeit Burke diese Meinung geltend machte, als er, während des Krieges mit unsern Colonien in NordAmerika, für die er einen Weg zur Aussöhnung vorschlug, bemerkte: wie alle Unruhen in den Grafschaften Wales und Chester, unter Heinrich VIII, aufgehört hätten, sobald man ihnen mittelst einer ParlamentsReform, indem man dem Volk sein gebührendes Gewicht in der politischen Wagschale gegeben, eine wirkliche Repräsentation bewilligt habe. „Gott „und die Natur," sagte er, „haben es dem Menschen in's Herz ge„graben, daß nichts die gesellschaftlichen Vortheile sichern kan, „als eine wahrhafte Repräsentation des Volks." Diese wenigen Worte sagen mehr, als alle über diesen Gegenstand geschriebenen Bücher.

„Die Schwierigkeit unsrer Lage ist zu gros für die Weisheit der Minister; ja sie ist, falls wir bei unsrer dermaligen Politik beharren, zu gros für alle menschliche Weisheit. Laßt uns also das Gutachten der freiversammelten Nation einholen. Laßt uns die GrundFläche unsers Systems erweitern, und dem Volke den vollen ihm gebührenden Antheil an der Regierung geben. Es wisse und fühle, daß es für seine Rechte kämpft, daß es seine eigne Souverainetät gegen Fremde schüzt und sein Blut für eine Freiheit verströmt, die keine andre Nation ihm geben kan. Dann wird die wahre Macht GrosBritanniens sich entfalten. Dann werdet Ihr keiner fremden Truppen mehr bedürfen, weil Ihr in Euch selbst alles finden werdet, was zur Erhaltung und zum Schuze Eurer Freiheit nöthig ist."

Nach Fox, und gegen ihn, sprach nun noch Pitt — mit dem gewöhnlichen Erfolge. Sheridan's Antrag auf weitern Aufschub der dritten Vorlesung der Bill ward mit 202 Stimmen gegen 75 verworfen. Die Bill ward hierauf zum drittenmal vorgelesen, und gieng mit 176 Stimmen gegen 71 (also dismal doch eine mehr als gewöhnlich starke Opposition!) durch. In der Sizung des OberHauses vom 12 Jan. erhielt sie die königliche Sanction; und an eben diesem Tage ajournirten sich das UnterHaus auf den 8, und das OberHaus auf den 13 Februar.

Tübingen. In der J. G. Cotta'schen Buchhandlung ist erschienen:

E. F. Graf von Herzberg. Mit Auszügen aus seiner Correspondenz die neuesten WeltHändel betreffend. — Von D. E. L. Posselt. — Preiß fl. 1.

Der berühmte Verfasser schildert hier in seiner bekannten schönen SchreibArt das Leben eines StatsMannes, das reich an merkwürdigen Ereignissen war, und das durch die unbegränzte Thätigkeit, durch den seltenen Patriotism und durch die unerschütterliche Redlichkeit des Verewigten ein interessantes Gemählde für jeden denkenden Menschen darstellt. Von den angehängten eigenhändigen Briefen Herzbergs an den Verfasser bildet ein Theil eine Art von SelbstBiographie, ein andrer enthält wichtige Aufschlüsse über bisher noch unbekannte StatsEreignisse und Prophezeiungen über Ereignisse, deren wirkliche Erfüllung ein neues Beleg von dem grosen politischen Scharfsinn Herzbergs geben.

Vertrauliche Briefe über Frankreich und Paris, im Jahre 1797. Erstes Bändchen. Zürch bei H. Geßner. 798. 358 Seiten auf SchreibPapier mit lat. Lettern, nebst einem TitelKupfer. 1 Rthlr. 6 gr.

Ausser einer interessanten Schilderung der gegenwärtigen physischen und moralischen Zustandes von Paris und mehreren interessanten Details über Genf und das Pais de Vaud, wo sich der Verfasser vor seiner Reise aufhielt, enthalten diese Briefe eine Menge der schäzbarsten Aufschlüsse über die lezten polit. Vorgänge in Frankreich. Des Verf. Ankunft zu Paris traf gerade in den merkwürdigen Zeitpunkt, als das neugewählte Drittheil in das gesezgebende Corps eintrat und die Spannung zwischen diesem und dem Directorium begann. — Jemehr daher alle aus dieser Epoche zu uns durchgedrungenen Nachrichten durch Factionsgeist entstellt waren, desto willkommner müssen diese Erzählungen eines unbefangenen Augenzeugen, der dabei vermöge seiner Verbindungen aus den besten Quellen schöpfen konnte, dem deutschen Leser seyn, und man wird mit lebhafter Erwartung dem zweiten Bändchen, welches unter anderm auch die Entwikelung des grossen Schauspieles am 18 Fructidor enthalten wird, entgegensehn. Die Anmuth und Reinheit der Diction, die überall in diesen Briefen herrschen, sind um so bemerkenswerther, als der Verfasser, wie verschiedene seiner Aeusserungen zeigen, kein Deutscher ist. Aber eben diese anziehende Erzählungsweise, der allenthalben hervorleuchtende Geist der Humanität, und die Mannigfaltigkeit der geschmakvollen in einander verflochtenen Bemerkungen über Gegenden, Menschen, und die neuesten so vielfach interessanten Begebenheiten, scheinen dem Werkchen gegründete Ansprüche auf allgemeine Verbreitung unter den gebildeten Classen des deutschen Lesepublikums zuzusichern. Das zweite Bändchen wird diesem wo möglich noch vor oder doch gewiß in nächstkommender Jub. Messe folgen.

Folgende Verlags-Bücher sind bey dem Buchhändler Keyser in Erfurt, in der Michaelis-Messe 1797 herausgekommen.

Almanach der Fortschritte in Wissenschaften, Künsten, Manufakturen und Handwerken, von Ostern 1796 bis 1797 herausgegeben von G. C. B. Busch, mit Kupfern. Zweiter Jahrgang. 8. auch unter dem Titel: 1 Rthlr. 18 gl.

Busch, G. C. B. Uebersicht der Fortschritte in Wissenschaften, Künsten, Manufakturen und Handwerken xc. Zweiter Band. 8.

Annalen der Gärtnerey, nebst einem allgemeinen Anzeiger für Garten- und Blumenfreunde, herausgegeben von Neuenhahn d. j. Sechstes Stück, nebst Register über die erstern 6 Stücke. 8. 6 gl.

Beschreibung und Gemälde der herzogl. Parks bei Weimar und Tiefurt, besonders für Reisende. 8. 3 gl.

Schulfreund, der deutsche, ein nützliches Hand- und Lesebuch für Lehrer in Bürger- und Landschulen, herausgegeben von H. G. Zerrenner, 17tes und 18tes Bändchen. 8. 12 gl.

Künftige Messe kommen heraus, und sind zum Theil schon unter der Presse:

Arnould System der Seehandlung und Politik der Europäer, während und bis zu Ende des achtzehnten Jahrhunderts. Ein Handbuch für den Staats- und Kaufmann, mit Hinsicht auf die Ruhe, Sicherheit und Freiheit aller europäischen Staaten, nach ihren Friedens- Commerz- und Schiffahrtstraktaten und andern öffentlichen Urkunden; nach dem Französischen und mit Anmerkungen. gr. 8.

Bauerschubert, Joseph, kurze Volkspredigten, zum Unterrichte und zur Erbauung auf alle Sonn- und Festtage des katholischen Kirchenjahres. Dritter Band. 8.

Handwörterbuch der französischen, englischen und italienischen Sprache, in genauer Hinsicht auf Handlungsterminologie und Comtoirgeschäffte; zur Erleichterung der kaufmännischen Korrespondenz, und Verständniß der in Handlungsschriften und Scripturen vorkommenden besondern Wörter und Redensarten. gr. 8.

Schumann, A. Gewerb- und Produktenalmanach, für Kaufleute und Geschäftsmänner; enthaltend eine möglichst vollständige Uebersicht der Erzeugnisse der Natur, des Industriefleißes und der Handlung, in allen Theilen der Welt; Jahrg. 1798. gr. 8. auch unterm Titel:

Handbuch der geographischen Gewerb- und Produktenkunde, für Kaufleute und Geschäftsmänner. Ersten Bandes zweite Abtheilung.

Neue Verlagswerke der MichaelisMesse 1797. W. Oehmigke jun. welche um beigesezte Preisen in allen soliden Buchhandlungen zu haben sind.

1. Almanach romantisch-ländlicher Gemählde fürs Jahr 1798 vom Prediger F. W. A. Schmidt (Verfasser des Kalenders der Musen und Grazien) mit Kupfern von Jury und Musik, Berlin 1798, gebunden 1 Thlr. 8 Gr.
2. Almanach, derselbe, auf besser Papier mit in englisch. Manier gearbeiteten bunten Kupfern gebunden 2 Thlr. 16 Gr.
3. Neuer Almanach für Spieler auf das Jahr 1798, gebunden 1 Thlr. 4 Gr.
4. Almanach (Neuer Berlinischer) für das Jahr 1798, dem Vergnügen geselliger Zirkel gewidmet und herausgegeben von Adolphi, mit Kupfern und Musik sauber gebunden 21 Gr.
5. Rangordnung der Zivildienerschaft in den Königl. Preuß. Staaten aus ältern und neuern Urkunden, gr. 8. Berlin 1798. 10 Gr.
6. Neuer Schauplatz der Natur eine Reihe der interressantesten Gemählde von merkwürdigen Nationen, Thiere, Pflanzen und Prospekte schöner Gegenden für die Belehrung und Unterhaltung der Jugend. Mit 20 groß 8 Kupfertafeln, gr. 8. 1798. 2 Thlr.
7. — dasselbe Buch mit 20 sauber illuminirten groß 8. Kupfern, gr. 8. 3 Thlr. 20 Gr.
8. Sotzmanns neuester Grundriß der Königl. Stadt Berlin, Fol. 1798. 12 Gr.
9. Gallerie der Welt in einer bildlichen und beschreibenden Darstellung von merkwürdigen Ländern, von Thieren, von Natur und Kunsterzeugnißen, von Ansichten der schönen Natur, von alten und neuen Denkmahlen ꝛc. in beständiger Hinsicht auf Humanität und Aufklärung 1ster Band 3tes Heft, gr. 4to mit illum. Kupfern. 1 Thlr. 22 Gr.
10. dasselbe auf englisch Papier illuminirt. 2 Thlr. 8 Gr.
11. — auf Schreibpapier mit schwarzen Kupfern. 1 Thlr. 4 Gr.
12. Hahns, Christ. Wilh. Gedichte, auf feinem Papier, 8. Berlin 1797. 1 Thlr. 8 Gr.
13. Neue Bildergallerie für junge Söhne und Töchter zur angenehmen und nützlichen Selbstbeschäftigung aus den Reichen der Natur, Kunst, Sitten, und des gemeinen Lebens, 5r Band mit schwarzen Kupfern, Berlin 1798. 2 Thlr. 4 Gr.
14. Dasselbe Buch mit illum. Kupfern, gr. 8. Berlin 1798. 3 Thlr. 22 Gr.
15. Dasselbe Buch auf engl. Papier mit illuminirten Kupfern. 4 Thlr. 18 Gr.
16. Nouvelle Gallerie de Figures pour servir a connètre les objets de la nature et de l'art, les moeurs et les contûmes de la vie commune à l'usage des jeunes Gens deux sexes, l'Année 1798, avec figures illuminées. 2 Thlr. 8 Gr.
17. Engelmanns, Theodor, Anleitung zum Piquet- Trisett- Boston- Kasino- Konnektionen- Piquesept- Goodhope- und Kleeblattspiel, Berlin 1798. 5 Gr.
18. Edmund's (John) neueste Anweisung zur gründlichen Erlernung des Whistspiels. Neue stark vermehrte Auflage, 8. Berlin 1798. 2 Gr.

19. Gynäkologie 11r Band oder über Jungfrauschaft, Beischlaf, Liebe und Ehe mit illum. Kupfern 8 Berlin 1798. 1 Thlr. 12 Gr.
20. Longius vollständige Regeln und Gesetze des l'Hombre- Quadrille- und Cinquillespiels. Neue umgearbeitete Auflage 8. Berlin 1798. 8 Gr.
21. Fabers Anweisung des Taroks- Tarokl'hombre- Reversy- Patience- Kabale- Homme- Imperial- und Triumpfspiels 4 Gr.
22. Fildings, E., das Schach- Verkehren im Brett- und Tokkategalispiel nach den neusten Regeln und Gesetzen zum Selbstunterricht. Neue vermehrte Auflage 8. Berlin 1798. 6 Gr.
23. Andersons Unterricht im Billard- Kegel- und Ballspiel nach den neusten und bewehrtesten Regeln und Gesetzen. Neue verbesserte Auflage 8. Berlin 1798. 6 Gr.
24. Zeichen und Werth des Jungfräulichen Zustandes 10s Bändchen, 8. Berlin 1798. 1 Thlr. 8 Gr.
25. Dasselbe Buch 10s Bändchen illum. 1 Thlr. 12 Gr.
26. — — 11s Bändchen schwarz, 8. 1798. 1 Thlr. 8 Gr.
27. Dasselbe Buch illum. 1 Thlr. 12 Gr.
28. Kiesewetters Darstellung der wichtigsten Wahrheiten der neuen Philosophie für Uneingeweihte. Neue gänzlich umgearbeitete und stark vermehrte Auflage, gr. 8. Berlin 1798. 1 Thlr. 8 Gr.
29. Repertorium aller Verordnungen und Publikandum in so weit sie allgemeine Gegenstände und ganze Städte betreffen von 1796 6 Gr.
30. Anmuth und Schönheit ein Taschenbuch für Damen fürs Jahr 1798. 1 Thlr. 12 Gr.

Für Freunde des Gartenbaues.

Müller, J. C. F. der vollständige Monatsgärtner; oder deutliche und vollständige Anweisung zu allen Geschäften in Baum- Küchen- und Blumengarten, für alle Monate des Jahres, 2te verbesserte Auflage. 8. 1798.

Der schnelle, binnen einem halben Jahre erfolgte Absatz der ersten Auflage beweißt uns, daß dieses Werk den Wünschen der Gartenfreunde entsprochen habe, und läßt uns hoffen, daß diese zweite verbesserte Auflage sich auch eine gute Aufnahme versprechen dürfe. Die Absicht dieses Buchs ist bereits in der Ankündigung der ersten Auflage näher angegeben; der Verfasser zeigt nemlich nicht nur an, was in jedem Monate des Jahres in Baum- Blumen- und Küchengarten verrichtet werden müsse, sondern auch wie es vorzunehmen sey — wie man Bäume zu erziehen, zu pfropfen — kopuliren und okuliren, zu versezen — wie man Saamen zu erziehen — Gewächse zu verpflegen habe, u. d gl. Das Ganze ist zur Erleichterung der Uibersicht unter gehörige Rubriken und Abtheilungen gebracht.

Um den minder bemittelten die Anschaffung dieses nüzlichen Buchs zu erleichtern, ist der Preiß dieser neuen Auflage nur zu 16 gr. angesezt worden.

Von demselben Verfasser ist noch herausgekommen:

Anweisung zur zweckmäsigen Behandlung des Obst- und Gemüsegartens, nebst einem Anhang von Blumen, 2 Theile, gr. 8. 1 Rthlr. 4 gr.

Frankfurt a. M. im Januar 1798.

P. H. Guilhauman.

I.

Helvetien.

„Ita se res habet, ut plerumque, qui fortunam mutaturus est deus, consilia corrumpat, efficiatque, quod miserrimum est, ut casus in culpam transeat."

VELLEJ. PATERC. Hist. Rom. II, 118.

Die Helvetier, einer der mächtigsten Stämme unter den alten Galliern *; das Volk, das unter seinen vielen Triumphen selbst einen über die Römer zählt, ein wahres Sei nStük zu Hermann's Schlacht gegen Varus **; das Volk, das allen übrigen das erste Beispiel der Freiheit gab; durch seine Tapferkeit berühmt, wie durch seine Redlichkeit und Treue; in Zeiten der fürchterlichsten Ausdehnung monarchischer Gewalt ungekränkt durch die allgemeine Achtung und durch das Andenken an die Thaten seiner Väter; ruhig im stillen Genusse seines Glükes; während der Revolution, die zuerst Frankreich und bald das ganze südliche Europa umschuf, von Gährungen aller Art umbraust, an allen seinen Gränzen in (zum Theil unmittelbarer) Berührung mit den mörderischsten Kampf-Plätzen, unerschüttert wie seine Alpen — sieht sich in dem Augenblike, da allgemeiner Friede auf dem festen Lande es endlich den Gefahren einer, in der Mitte von zwei übermächtigen Nachbarn, zwischen denen der Sieg

* „Non esse dubium, quin totius Galliæ plurimum Helvetii possent." CÆSAR.

** CÆSAR bell. gall. I, 12. LIV. epit. L. LXV.

so oft wechselte, so schwer zu behauptenden Neutralität zu entnehmen schien, mit einemmal in eine Krise verschlungen, die auch hier innerhalb wenigen Monden eine ganz neue Ordnung der Dinge, eine neue Welt enstehen macht.

Die lezte GrundUrsache eines so plözlichen, aber nicht unerwarteten Umschwungs, liegt unstreitig in der höchst-sonderbaren innern Zusammensezung des Helvetischen BundesStaats. Bis zum Anfange des Jahrs 1798 war hier alles noch auf dem nemlichen Fuße, wie im MittelAlter; den Geist der Zeit, der mit AllGewalt die ganze südliche Hälfte Europens hingerissen und in neue Formen ausgebildet hatte, kannte man in den BergKlüften zwischen dem Rhein, der Rhone und dem Jura bis dahin nur noch historisch, etwa so wie wir die Revolutionen in China kennen. Im sechsten Jahre der fränkischen Republik waren hier noch, gerade so wie zur Zeit König Ludwig's XI, dicht neben einander die ungleichartigsten politischen Formen: „Verfassungen, wo des ärmsten AlpenHirten freie Hand und Stimme so viel galt als des LandAmmans durch Würde, Reichthum, Adel und Alter sonst geehrtes Ansehen; Verfassungen, wo hunderttausend hochgesinnte und streitbare Männer in Ehrfurcht einer Versammlung von Zweihunderten gehorchten; solche, wo bald ein Baron von uraltem Stamm, bald eines einfältigen LandWirthes verdienstvoller Sohn, aus klösterlicher Stille aufgerufen ward, vor Gott und neben den Fürsten an der Spize seines Landes zu stehen; eine, wo (ohne Waffen sicher bei der angestammten Gewalt) die Könige von Preussen unter Gesezen regierten, welche sie nicht selbst gegeben hatten. Gemeinden, unbekannt mit jedem andern Geschäft, als ihre Heerden zu leiten, und im Kriege für Könige, zu deren Bund sie ihre Hand aufgehoben, den Streit für die vaterländische Freiheit zu lernen; und Bürgerschaften, erfinderisch in Benuzung aller Fehler der auswärtigen HandelsPolitik, über ein Edict betroffener als ihre Väter über Fehden; und Senatoren, von Jugend auf des Gedankens der Herrschaft voll, die ehrgeizig in allen Geschäften sich suchten und Aemter, oder edelmüthig ganz des Allgemeinen, ganz der Sache waren, und Glük und Würde von Gott und ihrem Innern erwarteten. Eine Völkerschaft ohne das mindeste Gefühl für Schönheit und Schiklichkeit, und nicht nur den Wissenschaften und Künsten, sondern selbst den Anfängen des gesitteten Lebens fremd von jeher, unweit von einer andern, welche durch die scharfsinnigsten Speculationen sich lange schon alles Glük des Lebens und die seligen Hofnungen ihrer Väter hatte hinwegdemonstriren lassen; die übrigen, in glüklichem Mittel durch manchfache Grade und Arten verehrungswürdiger Einfalt und wohl oder übelverstandener Cultur doch sehr von einander unterschieden. Republiken, von deren verschiedenem Ursprung die Sprache noch zeugt, und (was die Menschen lange vornehmlich trennte) von zweierlei DenkungsArt über die Religion, von so ungleicher Gröse, daß eine derselben die Macht von zehen übertraf, welche in den Sachen der Nation jede dem Gesez nach so viel als die gröste vermochten." *

Dis ganze, äusserst zusammengesezte Gehake unter manchfachen Bestimmungen mit einander verbundener Länder und Ländchen, so verschieden an Gröse, Bevölkerung, Religion, politischen Formen und moralischer Bildung, aber doch, troz eines so losen Bandes, mehrere Jahrhunderte lang durch Gewohnheit und gleiches Interesse zusam-

* Joh. Müller, der wahre Tacitus der Helvetier, in seiner Geschichte der schweizerischen EidGenossenschaft, Th. I. in der Zueignung: Allen EidGenossen. Wem die obigen Bezeichnungen der verschiedenen einzelnen helvetischen Staaten und Stäätchen nicht ganz verständlich seyn sollten, der werfe nur einen Blik auf die nachfolgende Tafel: Helvetien vor dem jezigen Kriege.

mengehalten, bildete bis zum Jahr 1798 das sonderbare Ganze, genannt Helvetien.

Ein Land wie dieses, im Mittelpunkte von Europa eine Art natürlicher Citadelle, dabei gleichwohl über 900 □ Meilen gros und von nahe an 2 Millionen der derbsten Menschen bewohnt; ein Land, durch seine Lage zwischen den drei cultivirtesten Staaten des europäischen Continents (Frankreich, Teutschland und Italien) so bequem für den Handel und, je nachdem die Verwiklung der Umstände ist, immer von sehr bedeutendem Gewicht in der politischen WagSchale, verdient es doch wohl, daß man zu der Zeit, da ihm eine GrundVeränderung bevorsteht, wie es nie eine erlitt, etwas näher untersuche, was es war und was es künftig seyn wird.

Diesen reichhaltigen Gegenstand dürften, wie uns dünkt, folgende Ansichten erschöpfen:

1. Allgemeiner Blik auf die frühere Geschichte Helvetiens.

2. Verhältnisse Frankreichs und Helvetiens während der fränkischen Revolution und bis zu Ende des ContinentalKrieges (1789 bis 18 Oct. 1797.)

3. Ursache und Anlaß der neuesten Revolution Helvetiens.

4. Bisherige Geschichte dieser Revolution.

I.

Allgemeiner Blik auf die frühere Geschichte Helvetiens. *

Das Land zwischen dem Rhein, der Rhone und dem Jura ward zuerst durch die Helvetier, einen Stamm der Gallier, be-

* Aus Spittler's (meisterhaftem) Entwurf der Geschichte der Europäischen Staaten, Th. 2, S. 4 ff. zusammengezogen.

völkert; nur im südöstlichen Theile wohnten Rhätier. Beide wurden, jene durch Cäsar, diese durch Tiberius und Drusus, dem grosen Römischen WeltReiche unterworfen.

Bei dem Sturze des leztern theilte sich dieses Land unter Franken, Burgundern und OstGothen. Der nördliche Theil gehörte den Franken; am Jura her herrschten die Burgunder; Rhätien stand unter den OstGothen.

Da das Ostgothische Reich untergieng, fiel alles hier den Franken zu, die schon vorher auch das Burgundische Reich zerstört hatten. So blieb Helvetien, über drei Jahrhunderte hindurch (von 534 bis 888), eine Zugehörde der fränkischen Monarchie, und erst da die alte GrosHerrschaft der Franken überall zu Grunde gieng, entstand zwischen der Reuß und dem JuraGebirge ein neues Burgundisches Reich, wie sich neun Jahre vorher auch im Lande zwischen dem Jura und der Rhone ein eigner König aufgeworfen hatte. Nach dreissig Jahren vereinigten sich diese beiden Burgundischen Reiche disseits und jenseits des Jura, und hundert Jahre nach der Union (1032) fiel das Ganze, durch ein Testament des lezten Königs, an Kaiser Konrad II. So kam das Königreich Burgund an Teutschland.

Als Kaiser Konrad's II Stamm (1125) in seinem UrEnkel Heinrich V ausstarb, wollte Graf Reinold von Chalons, dem damals die Grafschaft HochBurgund zugefallen war, das alte unabhängige Burgundische Reich wieder aufrichten. Aber Konrad von Zähringen überwand ihn; das Land zwischen der Reuß und dem Jura blieb bei Teutschland, und der Sieger erhielt von Reichswegen die Verwaltung desselben.

Die Zähringer, bald Feinde bald Freunde der Hohenstaufen, wuchsen in Helvetien mit und neben diesen, unter fünf ruhmvollen Fürsten nach einander, zu immer gröserer Macht empor, und die mächtigsten der übrigen Grosen und Grafen des Landes, Savoyen, Kyburg und Habsburg, kamen ihnen nicht gleich. Sie liesen viele Orte bemauren, und bauten viele freie Städte. So gewann das LandVolk an Schuz und Sicherheit; der Adel gewöhnte sich an polizeimäsigeres Zusammenleben; Gewerbe und Industrie entstanden. Freiburg im Uechtlande und Bern auf einer schönen HalbInsel an der Aar gedeihten endlich vor allen übrigen; neben ihnen blühten Genf und Lausanne im Lande wo man romanisch sprach, Zürich und Basel im Lande teutscher Zunge.

Im Jahr 1218 starb Herzog Berthold V, der lezte vom Zähringischen MannsStamme. Was er von ErbLändern im Uechtland und in KleinBurgund besessen hatte, brachte seine Schwester Agnes an das Haus Kyburg; aber seine Reichs-Statthalterschaften und ReichsVogteien blieben unbesezt. Nun hatten die Habsburger in NordHelvetien und die von Savoyen im südwestlichen Theile des Landes freiern SpielRaum. Viele kleinere Herren und Gemeinheiten suchten ihren Schuz, weil doch der teutsche König damals keinen Schuz gab; viele, die sich wohl noch selbst geschüzt hätten, musten ihren Schuz annehmen; es war eine Zeit, da die Stärke das Recht gab, und der tapferste der mächtigste wurde. Nie war aber, seit den schönsten Zeiten der Zähringer, ein so mächtiger Herr in Helvetien gewesen, als Graf Rudolf von Habsburg geworden war, nachdem ihm (1273) die Güter seines Oheims, des alten Grafen Hartmann von Kyburg, zugefallen waren.

Auch konnte sein Haus, so wie Er es trieb, leicht immer mächtiger werden; er hielt selbst noch als König das Recht, und versuchte nicht die freien ReichsLeute zur Unterwerfung zu zwingen, sondern er zeigte ihnen nur recht anlokend die Vortheile derselben. Aber sein finstrer habgieriger Sohn Albrecht trieb's zum Ausbruch; denn er wollte schnell vollenden, was nur Zeit und Gelegenheit und langsame Klugheit unvermerkt vollenden konnten. Die schwergekränkten Misvergnügten vereinigten sich endlich zur gemeinsamen Besprechung. In der Nacht Mitwoch vor MartinsTag (7 Nov. 1307) kamen im Rütli, einer einsamen Wiese am Ufer des WaldstetterSees, nicht weit von der Gränze zwischen Unterwalden und Uri, gegenüber dem Felsen Mytenstein, 33 redliche, tapfere LandMänner zusammen, unter denen Fürst aus Uri, Stauffacher aus Schwyz und Melchthal aus Unterwalden das Wort führten. Sie schwuren alle, die uralte Freiheit gegen neugesuchtes Herkommen und Unterdrükung zu behaupten, und der junge Wilhelm Tell, Fürstens SchwiegerSohn, der erste aus ihnen,

ten wieder neues Unrecht reizte, erschoß den LandVogt Geßler, sobald er seiner mächtig ward.

Am ersten Tage des Jahrs 1308 brach der allgemeine Aufstand in den drei WaldStädten aus; die LandVögte wurden verjagt; die ZwingBurgen zerstört. Umsonst rüstete sich Kaiser Albrecht zur Bestrafung; unten an den Hügeln wo Habsburg ist, in der Ebene wo die alte Stadt Vindonissa lag und nachher von seiner Gemahlin das Kloster Königsfelden gegründet ward, erstach ihn sein Neffe, Herzog Johann. Sein Nachfolger in der teutschen Regierung, Kaiser Heinrich VII, bestätigte den WaldStädten feierlich, was ihnen Albrecht zu entziehen gesucht hatte, und ihr zehnjähriger Bund erhielt sich.

Bei der zwistigen teutschen KönigsWahl zwischen Ludwig von Baiern und Friedrich von Oestreich erklärten sich die WaldStädte für den erstern; diß gab einen neuen Grund des Hasses der Habsburger gegen sie. Zufälliger Weise hatten sich die Schwyzer um diese Zeit an dem GottesHaus Einsiedel, nach langem geduldigem vergeblichem RechtsStreit, endlich vergriffen; Herzog Leopold von Oestreich übernahm also, die Gebannten zu strafen.

Aber sein Heer, soweit das Andenken der Geschichte zurükreicht, das erste, welches in die WaldStädte zu ziehen unternahm, litt bei Morgarten, nach einem nicht mehr als anderthalbstündigen Kampfe, eine vollkommene Niederlage. Unmittelbar nach dieser ersten FreiheitsSchlacht errichteten Uri, Schwyz und Unterwalden (8 Dec. 1315) zu Brunnen einen ewigen Bund, der sich von einer grosen Menge ähnlicher Bündnisse, die sich um diese Zeit, besonders in OberTeutschland, gebildet hatten, mehr durch seine Folgen, als durch seinen Inhalt unterschied. Die BundesGenossen wollten noch immer blos ihre unbestreitbaren Rechte, und besonders ihre ReichsUnmittelbarkeit behaupten. Was den Habsburgern und andern Herren gehörte, mochte ihnen bleiben; von Unabhängigkeit oder Eroberungen war nicht die Rede.

Innerhalb 38 Jahren traten noch fünf andre, und zum Theil wichtigere, Bezirke und Städte dem Bunde bei. Die Stadt Lucern, von ihrem alten Herrn, dem Abt zu Murbach, an König Rudolf verkauft, fand endlich Habsburgische Herrschaft unerträglich; sie vereinigte sich also im Jahr 1332 mit den WaldStädten. Im Mai 1351 trat die Stadt Zürich bei; fünfzehn Jahre vorher war das dasige StadtRegiment im Sturm und Drang demokratisch geworden, und der lezte mislungene RevolutionsVersuch der aristokratischen Partei (23 Febr. 1350) beschleunigte den Beitrit. Den 4 Jun. 1352 wurden auch die Einwohner des Thals Glarus in den Bund aufgenommen; sie waren gröstentheils ZinsLeute des Klosters Sekingen gewesen, und hatten viel durch Habsburgische Vögte gelitten, nachdem die Vogtei über Sekingen und Glarus durch Recht und Unrecht Habsburgisch geworden war. Noch in eben demselben Jahre vereinigte sich auch die Stadt Zug mit demselben; das Haus Habsburg verlor hier ein schönes Kyburgisches ErbStük. Der wichtigste Gewinn aber war der Beitrit von Bern, der den 6 März 1353 erfolgte; obschon aristokratische Verfassung zu Bern war, so hatte es doch mit den WaldStädten ganz eben dasselbe Interesse gegen Habsburg und gegen die Anhänger des HabsburgOestreichischen Hauses. — So sehr auch noch nachher der Bund wuchs, so bildeten doch diese acht ersten Conföderirten noch bis auf das Jahr 1798 ein eignes Corps, unter dem Namen der acht alten Orte; denn bis der neunte Ort hinzukam, verflossen 130 Jahre. Unterdessen erwarben sich jene acht ersten BundesGenossen wichtige GemeinRechte, an die niemand Anspruch machen konnte, wer späterhin in den Bund trat. Nothwendig aber erhielt dieser VertheidigungsBund manche neue Bestimmungen, wie neue Genossen beitraten: er gewann an Umfang, aber nicht an Festigkeit; denn nicht alle Conföderirte vereinigten sich zu einer und eben derselben Acte, nicht alle erhielten dieselbe Rechte, nicht alle erlangten eben denselben Schuz gegen äussere oder innere Gewalt. So lautete die UnionsUrkunde der Züricher in vielem ganz anders, als die ConföderationsActe der vier ersteren Orte, und Glarus war hundert Jahre lang im Bunde, ohne alle Rechte zu geniesen, die den übrigen zukamen. Jeder neue Alliirte empfieng oder machte seine eignen Bedingungen; nur blieb doch immer die Einheit des DefensivZweks gegen Habsburg, weil bei allen aristokratisch-demokratischen Gährungen, die damals im ganzen südwestlichen Teutschland brausten, und wovon die Helvetischen Geschichten einen Theil ausmachten, immer doch das Haus HabsburgOestreich als Chef der grosen Aristokraten galt.

Die Siege (9 Jul. 1386) bei Sempach im Lucernischen und (9 Apr. 1389) bei Näfels im GlarnerLande versicherten endlich den BundesGenossen einen Frieden, der nicht blos auf wechselsweiser Verabredung, sondern mehr noch auf dem tiefen Eindruk beruhte, den Siege dieser Art machen musten.

Auch hatte der nächst darauf folgende Krieg mit HabsburgOestreich (1415) eine andre Veranlassung, als alle vorhergehende; es war kein Krieg der NothWehr oder Rache, sondern ein BeuteZug. Der Bund war vom Kostnizer Concilium und vom Kaiser aufgefodert worden, den gebannten und geächteten Herzog Friedrich von OestreichTirol seiner Länder zu berauben. Zürich, Bern und Lucern machten dabei für sich Eroberungen; manche andre schöne Stüke Landes aber, worunter auch die Grafschaft Baden war, eroberten und behielten die Conföderirten insgemein, denn Kaiser Siegmund gönnte diesen und jenen die Beute, sobald er selbst eine mäsige GeldSumme erhielt.

So wuchs Macht und Ansehen des Landes bald durch Tapferkeit der Conföderirten, bald durch kluge Erwerbung treflicher PfandschaftsStüke, die dieser und jener BundesGenosse erhielt, bald durch neue Allianzen, die einzelne oder mehrere Verbündete schlossen. Es war ein mächtiges Gedeihen in allem, so wenig auch irgend ein Plan da war, und so wenig auch die Fehler der ersten, zufällig gebildeten Bündnisse durch eine neue vollkommnere Organisirung verbessert wurden. Es blieb, so sehr auch der Bund an näher und entfernter verbundenen Alliirten wuchs, der alte lose Zusammenhang, der mehr nur auf gemeinschaftlichem Interesse als auf tractatenmäsiger, tief in einander greifender Verbindung beruhte. Bald (1417) wurden izt auch die Walliser von den WaldStädten in ein LandRecht aufgenommen; bald erstrekte sich die Schuz- und TruzHerrschaft der lezteren selbst schon jenseits der Alpen.

Nur ein HauptKeim von Zwietracht unter den Conföderirten konnte nicht erstikt noch ausgerottet werden: die besondern

VergröserungsProjekte einzelner BundesGenossen durchkreuzten einander, weil uneingeschränkt jedem frei stand, durch Kauf und Unterhandlungen für sich zu erwerben, und auch ausser dem Bunde neue Genossenschaften zu suchen, neue Allianzen zu schliessen. Einer der heftigsten CollisionsFälle dieser Art war die Toggenburger Geschichte (1436 — 1450). Die VergröserungsProjekte der Züricher kamen hier in Collision mit der VergröserungsSucht der Schwyzer und Glarner, die eben so rege und fast noch zugreifender war; jeder Theil wollte die Toggenburger zu den seinigen machen. Bald wurde der Zwist so heftig, daß Zürich sogar mit Oestreich sich verband, und östreichische Besazung einnahm. Kaiser Friedrich III rief eine französische Armee herbei, um das belagerte und geängstigte Zürich zu retten, und die Habsburgischen ErbGüter gegen die neue Zugriffe der BundesGenossen zu schüzen. Allein der Dauphin Ludwig verlangte nicht zwei solcher Siege, wie der auf dem KirchHofe zu St. Jacob unweit Basel (26 Aug. 1444) war. Er schloß gleich darauf (28 Oct.) Frieden mit ihnen, und bald ward auch der Krieg zwischen Zürich und den BundesGenossen matter: es blieb endlich bei dem schiedsrichterlichen Ausspruche, den der Berner Schultheiß, Heinrich von Bubenberg (13 Jun. 1450) that. Schwyz behielt Recht, und die ganze Confóderation erhielt seitdem bei Auswärtigen den Namen des SchweizerBundes, weil die Schwyzer vor allen übrigen in diesem hartnäkigen Kampfe, wo es nicht nur den Habsburgern gegolten hatte, sondern auch, gegen BundesGenossen selbst, wichtige ConfödrationsGrundsäze behauptet werden musten, den muthvollesten Vorfechter gemacht hatten.

In einem grosen Fall war's also durchgesezt worden: Bei einem Streit zwischen zweien BundesGenossen stehe die lezte Entscheidung bei den neutralen Mitgliedern des Bundes, und diesen gebühre das Recht, ihren Ausspruch selbst mit den Waffen zu behaupten. Auch war's nun entschieden, daß so unbedingt Anfangs und bis dahin das Recht einzelner Alliirten gewesen, auch ausser dem Bunde neue Confóderationen zu schliesen, so gewiß verstehe sich izt dabei von selbst immer die Bedingung, wenn nicht die neue Allianz den alten schweizerischen BundesGenossen gefährlich scheine.

Bald griffen die leztern, unter dem abgerissensten Vorwand, auf's neue gegen Oestreich zu, und eroberten (1460) das Thurgau. Der demokratische Geist zeigte sich um diese Zeit fast noch reizbarer als der Stolz groser Monarchen; das LandVolk wollte Beschäftigung und Beute haben; die Aristokraten strebten nach einer ausgebreiteteren Herrschaft.

Auch der Krieg gegen Herzog Karl den Kühnen von Burgund war kein Werk der Nothwendigkeit; aber die Emissarien König Ludwig's XI von Frankreich, und die schönen Gelder, die dieser als Unterpfand seiner künftigen Freundschaft zusichwrte, mochten ihn leicht dazu machen. Je ruhmvoller alsdann die Tage bei Granson (2 März 1476), Murten (22 Jun.) und Nancy (12 Jan. 1477) waren, je grösere Beute in diesem Kriege gemacht worden, desto kriegslustiger wurde das Volk und desto ehrgeiziger die Grosen. Die alten biedern Sitten waren auf langehin verloren.

Aus Gelegenheit dieses Burgundischen Krieges ward zwischen Oestreich und den EidGenossen eine ewige Union geschlossen. Herzog Siegmund von OestreichTirol that auf alles Verzicht, was diese den Habsburgern entrissen hatten; beide Theile garantirten sich wechselseitig ihre Besizungen und, jeder neuen gefährlichen Zwistigkeit auszuweichen, wurden vorläufig SchiedsRichter bestimmt. Uibrigens war es bei dieser Union, wie bei allen Tractaten der EidGenossen: sie handelten nicht als Korps, sondern jeder derselben schloß einzeln für sich; bald schlossen mehrere fast zu gleicher Zeit, bald blieben einige zurük, oder nahmen nie Antheil, indeß andre, die nicht zum Bunde gehörten, eben denselben Tractat machten. So war's denn auch (1480) bei dem ersten SubsidienTractat mit Frankreich und den nachfolgenden Erneurungen desselben, deren Ehre und Nuzen für den Bund oft so problematisch war.

Kein Wunder aber, daß es bei einem FöderativSystem dieser Art, dessen schwacher Zusammenhang durch PrivatEifersucht immer mehr geschwächt wurde, beim nächsten einheimischen Zwist fast bis zur völligen Auflösung und zum Kriege kam. Doch der fromme Klausner von Flüe erschien wie ein FriedensEngel, und der Stanzer Vergleich (21 Dec. 1481) ist ein herrliches Denkmal, wie viel damals oft noch ein PrivatMann vermochte, und wie leicht sich bei einem Volke, dessen Verderbniß erst ohngefähr seit einem MenschenAlter angefangen hatte, die alten Empfindungen der Menschlichkeit und Redlichkeit wekken liesen. Die vorigen Vereine wurden wieder bestätigt, jedem BundesGenossen wurde zur Erhaltung seiner gegenwärtigen Verfassung Schuz und Beistand versprochen, und die KriegsBeute sollte künftighin nicht nach der Anzahl der Kantone, sondern nach Verhältniß des gestellten TruppenContingents getheilt werden. Auch wurden Freiburg und Solothurn damals als neue Mitglieder des Bundes aufgenommen. Freiburg war, nach Aussterben des Zähringischen Hauses (1218), als Erbstük an das Haus Kyburg, und von diesem an Habsburg gekommen. Bereits im Jahr 1403 hatten Freiburg und Bern ihr ewiges BürgerRecht gestiftet; und da Herzog Albrecht von Oestreich in einer Stadt, die von seinen übrigen Besizungen so sehr entlegen war, weder sein eignes Ansehen noch Ruhe und Frieden erhalten konnte, so überließ er sie 1450 sich selbst, und auch der Herzog von Savoyen muste dem SchuzRecht, welches er zwei Jahre darauf erhalten hatte, 1477 entsagen. Freiburg trat nun also dem grosen Bunde bei, so wie Solothurn, eine der ältesten Städte in Helvetien, die ihre ReichsUnmittelbarkeit gegen die Grafen von Kyburg immer glüklich behauptet hatte, und längst vor der wirklichen Aufnahme in den Bund fast immer in Schimpf und in Ernst mit den EidGenossen gewesen war.

Zwanzig Jahre nachher (1501) kamen noch Basel und Schafhausen hinzu, und endlich (1513) auch noch Appenzell. Basel, zwar nicht das alte Augusta Rauracorum, aber doch wahrscheinlich eine römische Colonie, hatte unter der Regierung der teutschen Kaiser alle Freiheiten einer ReichsStadt erhalten, auch gegen den Bischof behauptet; sein Beitrit zum Bunde war blos die lezte vollendende Erklärung einer genauen Vereinigung mit den EidGenossen, die schon vorher seit langem stattgehabt hatte. Schafhausen, erst ein Fleken der dortigen Abtei Allerheiligen gehörig, der allmählig zur Stadt ward und nun manche kaiserliche Privilegien erhielt, war von 1330 bis 1415 an Oestreich verpfändet, und da es sich endli[ch] gelegenheitlich loskaufen konnte, so verband es sich erst mehreremale mit einzelnen Kantonen, bis es endlich (1501) in den ewigen Bund trat. Die Einwohner des Ländchens Appenzell waren fast bis zu Ende des vierzehnten Jahrhunderts gröstentheils Angehörige des Klosters St. Gallen gewesen, die nach und nach, theils von den Aebten, theils von den Kaisern, Rechte der Freiheit und Privilegien erhalten hatten. Um das Jahr 1400 kam es zur ersten heftigen Collision zwischen ihnen und ihrem Herrn; jeder Theil suchte Hilfe und Allianzen, der Abt bei Oestreich, die Appenzeller fanden sie endlich (1410) bei den EidGenossen. Ihre Aufnahme in den Bund war nur eine Erweiterung der vorhergehenden Allianzen, die sie mit einzelnen der verbündeten Ortschaften gemacht hatten.

Der schöne Augenblik von Enthusiasmus, worinn der Stanzer Vergleich zu Stande gekommen war, konnte indeß die entgegengesezten Gesinnungen der aristokratischen und demokratischen BundesGenossen zwar wohl ein wenig vergessen machen; aber er konnte sie nicht aufheben. Auch kamen solche Augenblike immer seltner oder schwächer, und selbst die Bande, welche einzelne Staaten zusammenhielten, wurden immer loser, je wilder sich das Dienst- und ReisLaufen trieb, und je mehr man sich an auswärtige Pensionen gewöhnte. Insurrectionen des LandVolks gegen die Städte, auch ParteiInsurrectionen in den Städten selbst, folgten in höchst gefährlicher Schnelle auf einander. Das Volk wurde immer unbändiger, die Obrigkeiten geldsüchtiger, der alte Geist stiller Frugalität und frommer biederer Mäsigung schien verloren. Vor kurzem hatte blos der König von Frankreich Geld und Pensionen geboten; izt aber suchten sich der König von Frankreich und der Herzog von Mailand wechselsweise zu überbieten. Bald kam noch der Papst hinzu, und bot auch, soviel er konnte. Wer am meisten bot, oder wer zulezt gab, und dem Stolze des Nehmenden dabei noch am schönsten zu schmeicheln wuste, erhielt gewöhnlich die nachdrüklichste Hilfe.

Zum Glük hatte die VergröserungsSucht der demokratischen Kantone eine andre geographische Richtung, als die der aristokratischen, und die Gefahr, womit diese von jenen stets sich bedroht sahen, war überdis so sichtbar gros, daß die sorglosesten Chefs weder Vorsicht noch Mäsigung vergessen konnten.

Vielleicht gaben selbst auch Kaiser Maximilian's vergebliche Versuche, sie alle insgesammt durch das neue ReichsKammerGericht und den Schwäbischen Bund in engere Verhältnisse mit Teutschland zu ziehen, der Conföderation neue Festigkeit. Wenigstens entschied damals diese neugereizte Empfindung gegen Oestreich, daß man den grauen und Churischen (oder GottesHaus-) Bund (1498) zu Genossen aufnahm. Es kam auch endlich zum sogenannten SchwabenKriege, der aber kein Jahr lang dauerte, und (22 Sept. 1499) nach sechs Niederlagen der Teutschen durch einen unbedeutenden Frieden zu Basel geendigt wurde. Das Verhältniß der EidGenossen zu Teutschland blieb aber so zweideutig als vorher. Noch von Kaiser Maximilian II erbaten sich die Kantone die Bestätigung ihrer Freiheit; noch 1607 drangen einige derselben darauf, daß man diese Bestätigung bei Rudolf II suchen möchte.

Die Niederlage, welche die EidGenossen, nachdem sie den Herzog Maximilian Sforza, gegen beträchtliche Abtretungen, wieder in den Besitz des Mailändischen hergestellt hatten, (14 Sept. 1515) von König Franz I bei Marignano litten, entschied wenigstens einen dauerhaften Frieden mit Frankreich: Bellenz blieb den drei WaldStädten, und die Thäler Veltlin, Cleven, Lauis, Luggarus, Mendris und MeinThal wurden den gesammten Kantonen und den Bündtnern heimgestellt. Bald darauf (7 Mai 1521) folgte sogar eine DefensivAllianz mit Frankreich, weil die damalige Vereinigung der Habsburgischen und Burgundischen Macht in der Person Karl's V den Conföderirten Sorge zu machen anfieng. Doch blieb's noch eine Zeitlang wie vorher. Franz hatte SchweizerTruppen genug, sobald er Pensionen und Sold richtig bezahlte, und Karl erhielt Mannschaft genug, sobald er seiner Partei Geld genug gab, Werbungen in den Kantonen zu veranstalten. Vergebens eiferten redliche Männer gegen ein Uibel, das den Sitten und dem Wohlstande der Nation mehr Schaden that, als Habsburgische Unterdrükung hätte thun können; wenn nicht die italienischen Kriege endlich von selbst aufhörten, was man bei Nebenbuhlern, wie Karl und Franz waren, kaum hoffen durfte, so muste man fürchten, daß endlich der FeldBau im SchweizerLande ganz stillstehe.

Unerwartet kam endlich ein glüklicher Umschwung der Dinge. Zwingli's Eifer und der neue Geist, den die Reformation verbreitete, halfen mehr als alle vorhergehenden patriotischen Vorstellungen. Die Kantone Zürich, Bern, Basel und Schafhausen, auch die Städte St. Gallen, Mühlhausen und Biel, traten dem neuen Glauben bei; in Glarus, Appenzell und im BündtnerLande theilte es sich; bei dem alten blieben Lucern, Uri, Schwyz, Unterwalden, Zug, Freiburg und fast ganz Solothurn; auch ganz Wallis und die italienischen Vogteien änderten sich nicht.

Sobald die neuen Meinungen durch Zwingli und seine Freunde recht in Gährung gekommen waren, in einem Kanton die Liebe zum Neuen zu siegen anfieng, in andern Orten aber die Anhänglichkeit an alte Gebräuche unerschüttert blieb, so muste sich gleich der erste Zwist in den gemeinschaftlichen Vogteien entspinnen. Dort fürchtete jeder Theil für die Erhaltung seines Anhangs und seiner Rechte; jeder sah nothwendig im andern seinen TodFeind; jeder Kanton schloß sich mit denen seiner Meinung enger zusammen, und das allgemeine Band, das bisher alle umfaßt hatte, schien zerrissen zu werden. Da auch überall republikanische Heftigkeit mitwirkte, so gieng alles noch rascher als in Teutschland, und in manchem der Kantone ward blos dadurch eine schnelle Einigkeit wiederhergestellt, weil die schwächere Partei sogleich über die nahe Gränze gieng, und zu ihren GlaubensGenossen auswanderte. Den alten ConföderationsGrundsäzen gemäs hätten bei einem entstandenen Streit der Kantone untereinander die neutralen Orte schiedsrichterlich sprechen sollen; welcher Ort aber war neutral, wo alles Partei war? Schon standen die Armeen gegeneinander im Felde, wie der redliche Johann Aebli aus Glarus (25 Jun. 1529) den ersten ReligionsFrieden noch zu Stande brachte. Kraft dieses Friedens blieb jedem Kanton das Recht, die Religion in seinem Gebiete zu bestimmen; in den gemeinen Vogteien wurden beide Religionen nach ihrer damaligen Lage bestätigt, und hier sollte künftighin die StimmenMehrheit unter der Gemeine selbst die Wahl des GottesDienstes entscheiden. Kein Kanton sollte wegen eidgenossischer GemeinAngelegenheit eine besondre TagSazung halten, und in der Regierung gemeinschaftlicher Orte sollte nichts ohne Vorwissen aller mitregierenden Orte geschehen.

Die HauptStreitigkeiten waren also gehoben, aber die Gemüther nicht ausgesöhnt. Täglich kamen neue Klagen und neue wechselsweise Beleidigungen; Zürich und Glarus wollten endlich nach dem Tode des Abts von St. Gallen nicht mehr zugeben, daß ein Mönch — Fürst und Herr ihrer GlaubensGenossen sey; so brach der Krieg aus. Zwingli blieb (11 Oct. 1531) in der Schlacht bei Cappel; auch beim Zugesberg litten die Züricher eine Niederlage. Der neue Friede (16 Nov.) war aber doch fast in allen wesentlichen Punkten dem vorhergehenden gleich, so sehr auch die katholische Partei nach allen den Szenen, die schon damals der heftige Wilhelm Farel im südwestlichen Theile Helvetiens veranlaßte, für ihre Existenz fürchten muste. Der Sturm, den dieser Eiferer zu Genf erregte, war die lezte Veranlassung auch der politischen Freiheit dieser Stadt, und um diese Freiheit zu sichern, eroberten die Berner das ganze Land zwischen Murten und Genf.* Auch Freiburg und Wallis nahmen Antheil an dieser schönen Beute, die sich so leicht nehmen ließ, weil damals der Herzog von Savoyen mit Frankreich im Kriege war. Gleich darauf theilten die Kantone Bern und Freiburg sämmtliche Ländereien der alten mächtigen Grafen von Greyerz, daß also im ganzen Umfange Helvetiens kein einziges altes groses Haus, Neuburg vielleicht ausgenommen, seine Güter mehr besaß. Sie alle waren in ihrem uralten grosen StammGut von den neuentstandnen Republiken verdrängt worden, und Habsburg hatte im Norden Helvetiens längst eben das erlitten, was izt im Westen dem Hause Savoyen wiederfuhr.

Noch lange nachher war die ReligionsSpaltung in Helvetien sehr fühlbar. Doch blieb es hier mehr nur Zwietracht und Zank, als daß es Krieg ward. Zwar hätte es über den mörderischen VeltlinerHändeln leicht dazu kommen können; aber selbst die katholische Partei hatte hier doch nicht ein Interesse, und Frankreich konnte sie leicht aufmerksam darauf machen, wie wichtig es für ihrer aller Freiheit sey, daß

* S. die hintennach folgende Geschichte des Waadtlandes.

das Veltlin samt den Grafschaften Worms und Cleven zu den Bündnern, seinen alten rechtmäsigen Herren, zurükkehre.

Bei allen Abwechselungen des 30jährigen Krieges in Teutschland hielt der Helvetische Bund eine kluge Neutralität. Manchen Drangsalen konnte aber das Land doch nicht entgehen, weil rings umher Krieg war, viel armes teutsches Volk nach der Schweiz lief, der Handel Noth litt, die Zufuhr aus Schwaben fehlte. Sobald auch einige VertheidigungsAnstalten des Landes, im Züricher und Berner Gebiet, neue Steuern nothwendig machten, so entstanden die gefährlichsten Insurrectionen des LandVolks. Inzwischen war auch für Helvetien das Resultat dieses Krieges von groser Wichtigkeit; denn im Westfälischen Frieden (1648) erfolgte nun die feierliche Anerkennung, daß die schweizerische EidGenossenschaft in einer quasi Possession von völliger Freiheit und Exemtion vom teutschen Reiche sey.

So war denn nun der Souverainetät des Helvetischen BundesStaats selbst von der Seite, von welcher sie bisdahin allein noch bestritten werden mochte, das lezte Siegel aufgedrükt.

Dieser Bund, so wie er nach und nach im stürmischen Laufe von Kriegen sich ausgebildet hatte, war ein höchst sonderbar zusammengeseztes politisches Ganze.

A. Die eigentliche eidgenossische Republik bestand aus den 13 souverainen Kantonen: Zürich, Bern, Lucern, Uri, Schwyz, Unterwalden, Zug, Glarus, Basel, Freiburg, Solothurn, Schafhausen, Appenzell. Jeder dieser Kantone war für sich ein unabhängiger Staat; aber alle wurden durch die mit und untereinander errichteten Bündnisse zusammengehalten, die zwar in ihren näheren Bestimmungen verschieden, doch im HauptInhalt grösstentheils miteinander übereinstimmten. Der erste GrundArtikel in allen diesen Bündnissen war der einander zu leistende Schuz und Schirm wider alle unbillige Gewalt; es war darinn bestimmt, wie und von wem die Ursachen zu einer kriegerischen Unternehmung untersucht und beurtheilt? wie und wo die Hilfe geleistet? wie es sowohl mit den KriegsKosten als mit Vertheilung der gemachten Beute und Eroberungen gehalten werden sollte? Ein weiterer GrundArtikel derselben war der, worinn die Art der Beilegung und Entscheidung der Streitigkeiten zwischen zwei oder mehreren eidgenossischen Staaten festgesezt ward. Auch war besonders einiger Unterschied zwischen den Bündnissen der acht alten und denen der fünf jüngern Orte: jene enthielten die Bedingung, daß man sich nach Befinden auch anderwärts, jedoch mit Vorbehalt der ältern Bündnisse, verbinden möge; diese hingegen enthielten die Zusage, daß man sich ohne der alten Orte, oder doch ohne des grösten Theils derselben Rath, Wissen und Willen mit niemanden weiter verbinden wolle. In allen Bündnissen behielt man sich ältere Verbindungen mit andern, und alle hergebrachten und gehabten Rechte, Freiheiten und Gewohnheiten in jeder Stadt und in jedem Lande, in einigen auch die Verbesserung und Veränderung der Bündnisse vor; auch war darinn verabredet, daß dieselbe alle 5 oder 10 Jahre erneuert werden, wenn aber solches auch nicht geschehe, dennoch von beständiger Kraft seyn sollten. Uibrigens erstrekte sich die eidgenossische Verbindung nicht weiter, als auf die in den Bündnissen verabredete Hilfe und einige andre Vorfälle: in allen übrigen gemeinen eidgenossischen StaatsSachen galt keine StimmenMehrheit der Städte und Orte. Insonderheit stand in Betref der Bündnisse mit fremden Mächten jeder Stadt und jedem Orte frei, in dieselbe mit einzutreten oder nicht, wenn gleich alle übrigen Städte und Orte solche beschlossen haben sollten; das nemliche fand auch in andern Unterhandlungen mit fremden Mächten statt, z. B. bei Bewilligung von HilfsTruppen, bei Durchzügen fremder Mannschaft, ZollVerträgen rc. so wie in Unterhandlungen der Städte und Orte unter sich selbst, z. B. in Absendung von Gesandschaften an auswärtige Mächte, in MünzSachen rc. Jede Stadt und Ort war demnach ein unabhängiger Staat, der seine eigne Regierungsform hatte, und Verordnungen machte, ohne daß ihm darinn von irgend einem andern BundesGliede Eintrag oder Hinderniß geschehen konnte. Die Behandlung der gemeinschaftlichen eidgenossischen Angelegenheiten geschah theils durch Schreiben, welche an die Stadt Zürich, als den ersten Kanton, gesendet wurden, theils durch Zusammenkünfte, genannt TageSazungen, worauf Zürich gleichfalls den VorSiz hatte.

Ausser diesen 13 souverainen Republiken oder Kantonen, welche die eigentliche EidGenossenschaft bildeten, gehörten zu derselben auch noch, als Unterthanen, 21 gemeine LandVogteien, Eroberungen, die sie theils insgesammt, theils mehrere derselben besonders, in der Epoche ihres furchtbaren WaffenGlükes sich unterworfen hatten; ferner 2 gemeine Städte: Bremgarten und Mellingen, und zwei gemeine SchuzHerrlichkeiten: das Stift Engelberg und das Republiketchen Gersau.

B. Uiberdis waren mit der EidGenossenschaft noch 11 andere Helvetische Republiken, unter dem Namen Zugewandte Orte, verbunden. Einige derselben, Associés (Socii) genannt, hatten Siz und Stimme auf den TageSazungen der EidGenossenschaft, und wurden als Theile ihres StaatsKörpers betrachtet; dahin gehörten der Abt von St. Gallen, und die Städte St. Gallen und Biel. Die übrigen waren nur Alliés (Confoederati). Diese waren: die drei Bünde der Rhätischen Republik, die Republik Wallis, das Fürstenthum Neuenburg, die Städte Mühlhausen und Genf, und der Bischof von Basel. Von diesen Alliirten hatten einige wieder ihre eignen Unterthanen; so standen z. B. das Veltlin und die Grafschaften Worms und Cleven unter der Bündnerischen Republik; so waren die Einwohner des untern Walliser-Landes Unterthanen von der Republik Wallis.

Um dis Gehake so vieler, an FlächenRaum, VolkZahl, politischen Formen, Religion und Sprache so verschiedenartigen Länder und Ländchen in seiner ganzen bizarren Gruppirung zu übersehen, werfe man den Blik auf die hier beigeheftete Tafel: Helvetien vor dem jezigen Kriege. Vergebens war, schon um die Mitte des vorigen Jahrhunderts, in Antrag gebracht worden, alle eidgenossischen Verträge in ein einziges HauptInstrument zusammenzufassen, um dem Conföderations-StaatsRecht mehr Einheit und Deutlichkeit zu verschaffen; die Erbitterung, welche damals zwischen den protestantischen und katholischen Orten herrschte, hinderte jede solche Vereinigung. Und so blieb es denn bis auf das Jahr 1798 immer das alte schwache Band, welches fremdartige, ungleiche, in keinem Verhältnis stehende, veralteten Convenienzen und kleinlichen Localitäten unterworfene Theile zusammenhielt, und ohne eine entschiedene, gemeinsame Tendenz auf's Gerathewohl leitete.* Mitten im hochverfeinerten Europa stand der Helvetische Bund allein noch unverändert in seiner vollen Medium aevums-Gestalt da, in altehrwürdiger Loyalität, aber bei den innern Gebrechen seiner Zusammensetzung durch den ersten heftigen Sturm, der über ihn ergehen konnte, in seinem ganzen bisherigen politischen Daseyn bedroht.

Qualis frugifero quercus sublimis in agro
Exuvias veteres populi sacrataque gestans
Dona ducum, nec iam validis radicibus haerens,
Pondere fixa suo est, nudosque per aera ramos
Effundens, trunco, non frondibus, efficit umbram:
At, quamvis primo nutet casura sub Euro,
Tot circum silvae firmo se robore tollant,
Sola tamen colitur. **

Und ein solcher Sturm, der selbst die stärksten politischen Massen erschütterte und die Gestalt von Europa bis zur Unkenntlichkeit änderte, brach im Jahr 1789 aus.

2.

Verhältnisse Frankreichs und Helvetiens während der fränkischen Revolution und bis zu Ende des ContinentalKrieges, (1789 bis 18 Oct. 1797.)

Als am 14 Jul. 1789 die berüchtigte Reliquie aus dem MittelAlter, genannt Bastille, in Paris unter der AllMacht des VolksEinthusiasm fiel, da dachte man im übrigen Europa wohl nicht, daß der Sturz die-

* „L'unité de patrie et d'intérêt doit succeder au faible lien qui rassemblait et guidait au hasard des parties hétérogenes, inégales, disproportionnées et asservies à de petites localités et des préjugés domestiques." Projet de la Constitution Helvetique, S. 1.

** Lucan. Pharsal. I, 136 sq.

ser einzelnen ZwingBurg noch vor Ablauf eines vollen JahrZehends eine neue Welt zur Folge haben würde. Aber von nun an drängten sich die Ereignisse immer wilder; alle Elemente des kolossalen Staats wurden decomponirt, um sie wieder in ganz andre, bis dahin unbekannte Formen zusammenzusezen. Unmöglich konnte das ohne ungeheure Erschüttrungen geschehen: und wenn eine Masse wie Frankreich aus ihren mehr als tausendjährigen Fugen gerissen ward, wie muste nicht der Stoß davon sich auf alle übrigen Staaten fortpflanzen! Alle Völker, mehr oder minder, nahmen Theil an dem grosen Ereigniß. Die Britten beschikten die neue gesezgebende Versammlung in Frankreich mit Adressen und Deputationen; die Belgier, die Batavier glaubten, daß nun auch ihre Reihe gekommen sey; die Ungarn führten gegen ihre Könige Josef und Leopold eine den Herrschern bis dahin ganz ungewohnte Sprache; vom Rhein bis nach Sachsen hin rührte sich der teutsche VolksGeist. Unter allen Staaten, die in unmittelbarer Berührung mit dem grosen revolutionären Vulcan standen, litt Helvetien am wenigsten von dessen Einflüssen. Seine Bewohner, die Erstgebohrnen der Freiheit, fühlten sich zu behaglich im Genusse ihres alten Glükes; was ihnen zum Theil an politischer Freiheit abgieng, hatten sie in desto vollerm Maase an bürgerlicher; überhaupt war der feste Charakter des Schweizers nicht für ungeprüfte Neuerungen. Nur in einigen wenigen Theilen des vielfach und seltsam zusammengesezten StaatenBundes fanden die FeuerFloken, die aus Frankreich herüber wehten, mehr ZündStoff. Seit der Mitte des vierzehnten Jahrhunderts besaß der Kanton Bern, als Eroberung über die Herzoge von Savoyen, das Waadtland (Pays de Vaud), eine der anmuthigsten Landschaften Europens, wo Rousseau seine neue Heloise dichtete, die Gegend wo bis izt die Reichern aus allen Nationen Gesundheit und feinen LebensGenuß suchten und fanden.

Hier, von den Ufern des GenferSees bis über Murten hinaus, ist das Französische die LandesSprache. Dennoch hieng auch hier das LandVolk fast ohne Ausnahme seinem Souverain, der Regierung von Bern, an. Aber eine weit andre Stimmung herrschte unter dem Adel und in den Städten. Das WaadtLand hatte, solange es unter den Herzogen von Savoyen stand, seine Stände gehabt, die aus dem Adel und den Abgeordneten der Städte zusammengesezt waren. In beiden erwachte izt mit neuer Lebhaftigkeit das Gefühl ihrer alten Rechte. Unter den Edelleuten des WaadtLandes sind so manche von altem Stamme, deren Stolz es kränkte, von allem Antheil an der Regierung ausgeschlossen, unter den Patriziern (Leurs Excellences) von Bern zu stehen. In den Städten war ein groses Maas von Aufklärung verbreitet; man erinnerte sich noch allzuwohl der alten Waadtländischen StändeVersammlungen in Moudon, um in einer Zeit, wo repräsentative RegierungsForm das allgemeine LosungsWort war, in Gedult einem Conseil souverain von Bern unterthan zu seyn, in welches höchstens nur einigen Wenigen vom waadtländischen Adel, als Preis ausserordentlicher Anhänglichkeit an die Berner Aristokratie, von Zeit zu Zeit der Eintrit geöfnet ward *. Und in dieser Gegend lag Genf, die VaterStadt des Verfassers des „Contrat social", wo der politische Untersuchungs- und RevolutionsGeist seit langem so wild sich umhergetrieben hatte, und wo auch wirklich bald darauf alle die Szenen, worinn die Revolution auf dem unermeßlichen SchauPlaze von Frankreich wechselte, im verjüngten Maasstabe nachspielten. Indeß war Frankreich um diese Zeit zu sehr von eignen Sorgen verschlungen, (es war die Zeit, da es, ausser dem ungeheuren Geschäfte seiner innern WiederGeburt, seinen Blik noch mit Aengstlichkeit

* Hieher gehörten die von Cerjeat, Rovereaz, Goumoens, Crousatz, Pillichody, Rusillon rc.

auf die Plane der Könige heftete, deren Coalition in Pillniz ihm damals so furchtbar schien,) als daß es auch noch seinen alten Alliirten, den Helvetischen Bund, durch ofne Unterstüzung der misvergnügten Waadtländer gegen sich hätte aufreizen mögen. Als man daher im Jahr 1791 bei der Feier des 14 Jul. hie und da an den Ufern des Lemanus sich zu frei dem Enthusiasm überlassen hatte, als FlugSchriften, welche auf den Umsturz der bisher in diesem Lande bestandenen Verfassung abzielten, immer häufiger ausgebreitet, und mit unter ziemlich laut wieder die alten LandStände gefodert wurden, schikte der hohe Rath von Bern, um durch Ahndung der ersten Ausbrüche alle weiteren Versuche zu erdrüken, eine ausserordentliche StaatsComission, von einem HeerHaufen von 3000 Mann begleitet, in das WaadtLand, welche hier in Rolle (einem Städtchen an den Ufern des Lemanus, 8 Stunden von Genf) ihre Untersuchungen anfieng. Mehrere der Angeklagten wurden in dem festen Schlosse Chillon gefangen gesezt; andre retteten sich durch die Flucht. Unter den leztern war auch der Obrist Amadeus LaHarpe von Yens, der, durch ein ContumazUrtheil wegen HochVerraths zum Tode verdammt, bald darauf in den Armeen der fränkischen Republik von Grad zu Grade bis zu dem eines DivisionsGenerals stieg, und bekanntlich im Feldzuge von 1796 nach dem Uibergang über den Po in einem kleinen Gefechte bei Codogno an der Spize des VorTrabs erschossen ward. So blieb, für den jezigen Augenblik, die Ruhe im Waadtlande hergestellt; aber das unterdrükte Misvergnügen wurzelte nur desto tiefer, und man konnte gewiß seyn, daß es bei der ersten günstigern Gelegenheit aufs neue mit verstärkter Kraft ausbrechen würde.

In der übrigen Schweiz waren nicht nur die Regierungen, sondern selbst auch die unermeßliche Mehrheit des Volks weit entfernt, mit der neuen Ordnung der Dinge in Frankreich zu sympathisiren; einige sehr auffallende Ereignisse schon aus der frühern Epoche der fränkischen Revolution waren von der Art, daß sie einen gewissen Widerwillen gegen dieselbe zu einem National-Gefühl der Schweizer machen musten.

Bekanntlich hatten die EidGenossen von jeher eine beträchtliche TruppenZahl im Solde von Frankreich. Man rechnet, daß von 1480, da mit König Ludwig XI der erste SubsidienTractat geschlossen ward, bis 1715, also in einem Zeitraum von 235 Jahren, 700000 Schweizer ihr Blut an Frankreich verkauften *. Noch im Jahr 1789 befanden sich in Frankreich 11 SchweizerRegimenter, sämtlich Infanterie, deren Stärke ohngefähr 14,000 Mann betrug **.

Eines dieser Regimenter, das von Chateauvieux, hatte sich (im August 1790) in Nancy empört. General Bouille' bezwang es: 137 Soldaten desselben, die mit den Waffen in der Hand gefangen worden waren, wurden zufolge der zwischen Frankreich und Helvetien bestandenen Kapitulation von ihren Landsleuten, den Offizieren der Regimenter Vigier und Castella gerichtet, 22 zum Tode, 41 auf die Galeeren verdammt und zu dem Ende nach Brest abgeführt. Aus Haß gegen Bouille', der nachher bei der versuchten Flucht des Königs die erste Rolle spielte; aus Haß gegen La Fayette, der ihn bei seiner Unternehmung gegen die Rebellen von Nancy unterstüzt hatte, betrachteten die Jacobiner diese leztern nun als SchlachtOpfer des Despotism, und beschlosen ihre Befreiung von den Galeeren. Höchstens hätten sie hiebei das Recht gehabt, sie an die Kantone, unter welchen sie standen, zurükzugeben, um nach Gutbefinden mit ihnen zu verfahren; aber sie zu befreien

* Uiber den fremden KriegsDienst der Schweizer; eine Rede vor der helvet. Gesellschaft in Arau, im Mai 1796, gehalten von F. B. Meyer von Schauensee. In den Humaniora V, 267.

** Humaniora V, 241.

war ein offenbarer Eingrif in die KapitulationsRechte der Schweizer, ihre Verbrecher selbst zu bestrafen. Dumouriez, damals Minister der auswärtigen Angelegenheiten, machte vergebens den diplomatischen Ausschuß der gesezgebenden Versammlung auf die Folgen aufmerksam, die ein solcher Schritt haben könnte; weder der Ausschuß, noch die Versammlung selbst wollte sich damit bemengen. Er wandte sich nun an einen der Koriphäen des JacobinerClubs, Collot d'Herbois; aber dieser Schauspieler, ergrimmt, daß man ihn nicht, seinen Wünschen gemäs, zum Minister des Innern ernannt hatte, statt seinem Ansuchen zu entsprechen, arbeitete nur mit doppeltem Enthusiasm fort: die Jacobiner von Paris liesen die Soldaten von Chateauvieux von den Galeeren von Brest zurükkommen, führten sie in einem TriumphWagen umher, und zwangen die gesezgebende Versammlung (31 Dec. 1791) die empörende Beschimpfung zu sanctioniren, die man einem verbündeten Volke im Namen der Nation zufügte *.

Unmittelbar darauf kam ein neuer, noch kränkenderer Vorfall hinzu. Die helvetischen Kantone hatten allen SchweizerRegimentern in Frankreich befohlen, den im Jahr 1791 decretirten neuen Eid zu schwören, aber zugleich auch ihnen verboten, die JacobinerClubs zu besuchen, oder sich in solche aufnehmen zu lassen. Nun zeichnete sich bekanntlich in den ersten Jahren der Revolution keine Stadt in Frankreich mehr durch ihren ungestümmen Eifer für dieselbe aus wie Marseille. Das dem Kanton Bern gehörige Regiment Ernst, welches hier in Besazung lag, mitten in dieser Glut kalt und seiner alten Ordnung treu, ward

* La Vie du Général Dumouriez, T. II, L. 3, Chap. 6, p. 185. Eine ausführlichere Erzählung des Aufruhrs in Nancy hat Girtanner in seinen Historischen Nachrichten über die französ. Revolution, Band 4, Abth. 9, S. 123 ff. und Band 7, Abth. 15, S. 203.

bald als aristokratisch verschrien. Um dem bei einer solchen Spannung der Geister mit Grunde zu befürchtenden Ausbruch gegenseitigen Unwillens vorzubeugen, beschloß die NationalVersammlung, daß es nach Aix (8 Stunden von Marseille) verlegt werden sollte. Aber bald nach seiner Ankunft in dieser Stadt sezte sich ein HeerHaufe von Marseillanern mit 6 Kanonen in Marsch, unter dem Vorwand, „nach Avignon, als dem Waffen„Plaze einer GegenRevolution, zu ziehen, und Freiheit „und Patriotism dahin zu bringen, aber zuvor das Regi„ment Ernst, welches sie daran hindre, aus seiner „Stellung zwischen Marseille und Avignon zu vertreiben." Am 25 Febr. 1792 langten sie zu Aix an. Der Commandant dieser Stadt, General Barbantanne, und der BürgerRath, im Einverständniß mit den Marseillanern oder aus Feigheit, gaben den Schweizern den Befehl, sich in ihre Casernen zurükzuziehen. Sie gehorchten. Aber nun erklärten die Marseillaner, daß das ganze Regiment sogleich entwafnet die Stadt Aix verlassen müsse, oder sie würden es angreifen. Um ein scheusliches BlutBad auf beiden Seiten abzuwenden, gebot der Commandant desselben, Major von Watteville, seinen Soldaten, die Waffen niederzulegen. Sie zogen nun auf die nemliche Art aus Aix, wie einst die Tigurer den Uiberrest der Legionen des Lucius Cassius entlassen hatten, mit hölzernen Stäben, ohne Ober- und UnterGewehr. Die Regierung von Bern zog dis Regiment, welches von nun an den Namen Watteville führte, ganz aus dem Dienste Frankreichs zurük, und vergab, was sie nicht rächen konnte. *

Als darauf (20 April 1792) der Krieg zwischen Frankreich und Oestreich ausbrach, war es eine der ersten Operationen der Franken, daß General Custine zu Ende Aprils, um das Departement des OberRheins gegen einen Einfall der Oestreicher vom Breisgau her zu sichern, mit einem

* Girtanner Band 7, Abth. 15, S. 204 — 224.

HeerHaufen von 6000 Mann die EngPässe von Brunds rutt in Besiz nahm *. Dieser grösere Theil des Bisthums Basel lag zwar nicht innerhalb den Gränzen des Helvetischen BundesStaats, sondern war ein Theil des teutschen Reichs: aber der Bischof von Basel gehörte doch unter die Verbündeten der EidGenossenschaft, und immer war es gewiß kein gleichgiltiges Ereigniß, die fränkischen Truppen und Grundsäze sich um so viel näher gerükt zu sehen.

Gleichwohl blieb Helvetien seinem wohlverstandenen Interesse und seinem alten System der Neutralität getreu: die Weisheit der Kantone Bern, Zürich und Appenzell widerstand den heftigern Entschlüssen einiger andern Kantone; selbst die Gegenwart des Grafen von Artois (im Mai 1792) konnte sie nicht zum Beitritt zu der Coalition vermögen. Zwar fanden sich, und namentlich in Bern, manche Individuen, die den erklärtesten Haß gegen alles hegten, was nur irgend mit der fränkischen Revolution in Verbindung stand, Leute, die (wie selbst ein RegierungsMitglied dieses Kantons sich ausdrükt **) mit solcher Hartnäkigkeit, Arglist und Leidenschaft durch verdekte Kniffe ihr Vaterland in die Coalition gegen Frankreich zu ziehen, dessen Feinde zu begünstigen und die weisesten Masregeln der Neutralität zu vereiteln suchten, oder die, wenn sie sich denselben fügen musten, es mit solchem Widerwillen und auf eine so verschraubte Art thaten, daß es den Sachen oft an Worten, dem Zwek an Mitteln gebrach, und die loyalsten Schritte oft eine Tinte von verstekten Absichten und zweideutigem Raffinement erhielten. „Aber" — frägt der nem-

* Mémoires posthumes du Général françois Comte de Custine, rédigés par un de ses aides de camp. P. I, p. 2.

** Reveillez vous Suisses, le danger approche! Par le Colonel de Weiss (Jauv. 1798) p. 125.

liche Schweizer * — „wie konnte das in sich selbst so schreklich entzweite Frankreich von den Helvetiern erwarten oder fodern, daß sie durchaus einstimmig wären?"

Sobald die Republik in Frankreich (im Sept. 1792) proclamirt worden war, oder mit andern Worten, sobald der Kampf zwischen der alten und neuen Gewalt aufgehört hatte, und nicht mehr die für einen benachbarten kleinern Staat so drükende Besorgniß stattfand, daß man, indem man der einen zu Willen handelte, der andern misfallen möchte, gewann Helvetiens Betragen gegen Frankreich noch eine festere Haltung. An dem Tage, da dem Königthum mitten in Paris die Schlacht geliefert ward, die seinen Sturz entschied (10 August), wurde bekanntlich die SchweizerGarde des lezten Königs der Franken von dem ergrimmten Volke, welches die Tuilerien stürmte, auch nachdem sie keinen Widerstand mehr that, ohne Schonung geschlachtet **; „Tod den schweizerischen RothRöken!" war das allgemeine LosungsWort dieses Tages, wie späterhin, auf Robespierre's Antrag: „Tod den englischen RothRöken!" das LosungsWort des Feldzuges von 1794 war. Die Wenigen, die dem allgemeinen Gemezel entgiengen, wurden vollends an dem scheuslichen 2 September gemordet ***. Und während auf solche Art tausend Familien in der Schweiz in Trauer versenkt wurden, ergieng auch noch (20 August) ein Schluß der NationalVersammlung, wodurch alle bisdahin in dem Solde von Frankreich gestandne SchweizerRegimenter, troz der alten Verträge zwischen beiden Staaten, verabschiedet, und dadurch die VermögensUmstände so vieler Offiziere und Soldaten, die einige augenblikliche Gratificationen nicht für einen festen und

* Ebendas. p. 112.

** Girtanner Band 9, Abth. 18.

*** Girtanner Band 9, Abth. 19.

ehrenvollen Stand entschädigen konnten, für immer zerrüttet wurden. Gleichwohl ward, mitten unter diesen gehäuften Veranlassungen zu Schmerz und Empfindlichkeit, im Sept. 1792 die Neutralität Helvetiens gegen Frankreich auf einer TagSazung zu Arau durch einen feierlichen Schluß festgesezt.

Und diese Neutralität war für Frankreich allerdings von den wesentlichsten Vortheilen: sie war ihm eine ganze Armee werth, indem sie ihm eine Gränze von mehr als 30 Meilen sicherte, in einem Theile, wo es weder von Natur noch durch Kunst sehr gedekt ist, und wo im folgenden Jahre in einer seiner ersten Städte (Lyon) ein BürgerKrieg ausbrach, welchem der nahe, bewafnete Beistand der Schweizer eine nicht zu berechnende Furchtbarkeit hätte geben können.

Aber Leidenschaft bestimmte die Rathschläge der GewaltHaber in Frankreich um diese Zeit weit mehr als Grundsäze oder feste Plane. In der mit Helvetien verbündeten Stadt Genf hatten die Gemüther sich immer mehr entzündet und erbittert; wild trieben die aristokratische und die demokratische Partei sich umher. Unglüklicher Weise war gerade izt eines der einflußvollsten Mitglieder des fränkischen VollziehungsRaths, der FinanzMinister Claviere, ein gebohrner Genfer, voll Begierde sich an der bisherigen Regierung seiner VaterStadt, die ihn proscribirt hatte, zu rächen, und zugleich den General Montesquiou zu stürzen, den er wegen seiner Talente für das FinanzFach, wodurch er sich in der ersten gesezgebenden Versammlung ausgezeichnet hatte, wie seinen Rivalen betrachtete. Montesquiou, der izt, nach der KriegsErklärung gegen den König von Sardinien, an der Spize der damals unter dem Namen SüdArmee in der Gegend von Grenoble versammelten TruppenMasse stand, (die sich gleich darauf in die Alpen- und Italienische Armee theilte,) hatte die Weisung erhalten, unverzüglich das Herzogthum Savoyen und die Grafschaft Nizza anzugreifen, und nach deren Eroberung an den natürlichen Gränzen der Alpen Halt zu machen; zugleich sollte er mit groser Sorgfalt die Neutralität des Helvetischen Bundes zu erhalten suchen, zu dem Ende stets eine kleine Reserve bei Lyon aufstellen, und sich in die Unruhen von Genf nur mit der nöthigen Klugheit mischen, um die Ruhe in dieser HandelsStadt zu erhalten. * Montesquiou vollzog diesen Auftrag mit eben so viel Verstand als Glük. Innerhalb weniger Tage eroberte Er selbst das Herzogthum Savoyen, während der unter ihm stehende GeneralLieutnant Anselme den fränkischen Waffen die Grafschaft Nizza unterwarf. Da in dieser ZwischenZeit die Regierung von Genf, über den Gang des Krieges zwischen den Franken und Piemontesern, und noch mehr über die Bewegungen in ihrem Innern besorgt, auf ihr Ansuchen (30 Sept.) eine Besazung von 1600 Mann Züricher und Berner Truppen erhalten hatte, so brachte er (22 Oct.) eine Convention zu Stande, vermöge welcher die leztern bis zum 1 Dec. die Stadt gänzlich räumen, aber auch die Franken, welche dieselbe schon wie zur Belagerung eingeschlossen hatten, sich wieder davon zurükziehen sollten. Diese aussöhnende Masregel paßte nicht in Claviere's Plane gegen seine VaterStadt; Montesquiou erhielt einen widersprechenden Befehl nach dem andern **; aller seiner dringenden GegenVorstellungen ohngeachtet schien es, als sollte, ohne alle nöthigen HilfsMittel dazu, Genf augenbliklich belagert werden, und zugleich der Angrif auf die Schweiz von dem WaadtLande aus gegen Bern geschehen. Das Resultat dieses Gewebes von Gewalt-

* La vie du Général Dumouriez, T. III, L. 6; ch. 2, p. 241.

** S. hierüber die Correspondance du Général Montesquiou, avec les Ministres et les Généraux de la Republique, pendant la campagne de Savoie et la négociation avec Genève, en 1792. (à Paris, an 4.)

samkeiten und Intriguen war, daß der Eroberer Savoyens, um einem gegen ihn erlassenen VerhaftsBefehl auszuweichen, sich mit der Flucht retten muste. Claviere begnügte sich für's erste damit, den General, in dem er den FinanzMann haßte, gestürzt zu haben; die von ihm unterhandelte Convention ward nun, mit einigen wenig bedeutenden Modificationen, bestätigt.

Zwei Einladungen zum Beitrit in die Coalition, eine im Sept. von Sardinien, die andre im Nov. von Oestreich, waren den Schweizern geschehen: beide waren mit Festigkeit von ihnen abgewiesen worden. Gleichwohl hatte der fränkische VollziehungsRath seine Plane auf Genf und gegen Helvetien keineswegs aufgegeben. Ganz trunken von dem unerwarteten Glüke seiner Waffen im ersten Feldzuge, war er schon damals der Meinung, zu der erst mehr als ein Hundert blutiger und hartbestrittener Siege das jezige fränkische Vollziehungs-Directorium berechtigen konnten: „daß der grosen Nation nichts unmöglich, daß ihr Wille schon Sieg sey." Im Januar 1793, während man den lezten König von Frankreich auf's Schaffot schikte, debattirte man zugleich in Paris den Plan für den bevorstehenden Feldzug. Dumouriez, damals der Abgott der Franken, hatte sich zu dem Ende daselbst eingefunden. Man bereitete sich, nun auch GrosBritannien und Holland den FehdeHandschuh hinzuwerfen. Auch der Angrif gegen die Schweiz kam auf's neue zur Sprache. Brissot, und mit ihm eine zahlreiche Partei, zum Theil durch die Agenten der fremden Mächte aufgereizt, denen es wichtig war, die Schweizer mit in die Coalition zu ziehen, behauptete, man müsse von ihnen eine Erklärung fodern, oder sie angreifen. Alles deutete darauf, daß der Krieg gegen sie noch vor Ende Februars erklärt werden würde. Schon waren dazu mehrere geheime Zurüstungen im Betrieb; Claviere und einige ausgewanderte Waadtländer hatten einen Plan entworfen, nach welchem der Angrif zugleich auf drei Seiten erfolgen sollte. Der linke Flügel, der aus einem Theile der verstärkten Armee des OberRheins bestand, sollte Basel mit Sturm oder durch Überrumplung nehmen, und die Oestreicher, die schon mit sich selbst genug zu thun hatten, beobachten; der rechte, der zum Theil aus der AlpenArmee zusammengesezt war, sollte Genf, wo die Franken viele Anhänger hatten, blokiren, und durch Versoix in's WaadtLand eindringen; der MittelPunkt, unterhalb Befort, aus den Truppen der benachbarten Departemente gebildet, sollte, durch das schon von den Franken besezte Brundrutt, schnell auf Bern losgehen, nach dessen Schaze, Arsenal und VorrathsHäusern man lüstern war. Obgleich ein tiefer Fluß (die Aar) diesen Ort zur HalbInsel macht, so hofte man ihn doch, mittelst glühender Kugeln von den Anhöhen, die ihn beherrschen, zu erobern, ehe die SchweizerMiliz sich würde gesammelt haben, und in Masse wirken können. Auch rechnete man auf eine starke Diversion von Seiten der Misvergnügten in NiederWallis, im Waadtlande und in einigen andern Gegenden. Die demokratischen Kantone sollten zuvor benachrichtigt werden, daß alles das sie nichts angehe, und daß man mit ihnen Frieden zu halten wünsche. Die Unternehmung sollte mit der grösten Schnelligkeit ausgeführt werden, und höchstens in einem Monat vollendet seyn.* Aber gerade izt befand sich in Paris, um die Interessen der Schweiz zu wahren, ein Mann von vielem Geiste und noch weit mehr Dreistigkeit im Gebrauche desselben, der Obrist von Weiß, Mitglied des souverainen Raths von Bern. Ohne einen anerkannten diplomatischen Charakter hatte er sich die Achtung der Minister, Eingang in den Comite's und eine Partei im NationalConvent zu verschaffen gewußt. Recht im Moment der Krise warf er eine FlugSchrift über die Vortheile der helvetischen Neu-

* Mémoires du Général Dumouriez, ecrits par lui-même, T. I, chap. 10.

tralität * in's Publikum, welche entschieden auf die öffentliche Meinung wirkte. Da auch Dumouriez seine Schritte unterstüzte, und selbst der Minister der auswärtigen Angelegenheiten Lebrun für die Partei der Neutralität war, so unterblieb der schon ganz vorbereitete Antrag zur KriegsErklärung gegen die Schweiz. General Desprez-Crassier, der damals im OberRheinischen Departement kommandirte, erhielt den Befehl, „in Betref der Schweiz mit der grösten Behutsamkeit zu Werke „zu gehen, und besonders mistrauisch gegen die vielen „Uibelgesinnten und Misvergnügten zu seyn, welche Frank„reich mit derselben in Krieg zu stürzen suchten." **

Auch war in keinem Jahre die Neutralität dieses Staats so entscheidend wichtig für Frankreich, wie in dem schreklichen Feldzuge von 1793, wo dieses leztere zugleich von neun Mächten auf allen seinen Gränzen angefallen, nicht nur überall im ungleichen Kampfe unterlag, sondern bald auch noch in seinem Innern durch einen zweifachen BürgerKrieg zerfleischt ward, der die Republik bis auf ihr Daseyn bedrohte. Hätte, als die Vendee mit jedem Tage mehr Boden gewann, Lyon mit so viel Muth und Hartnäkigkeit sich gegen seine Belagerer vertheidigte, alle südlichen Departemente seine Stimmung theilten und bei dem mindesten Glüke, welches diese wichtige Stadt gehabt hätte, oder bei der Hofnung irgend eines kräftigen Beistandes von aussen, zuverlässig gleiche Partei ergriffen haben würden — hätte in dieser drohendsten Krise, worinn je die fränkische Republik schwebte, Helvetien so vielen Einladungen zum Beitrit in die Coalition nachgegeben, und eine Armee von

* Coup d'oeil sur les relations politiques entre la République Française et le Corps Helvetique. à Paris, 26. Fevr. 1793.

** Reveillez-vous Suisses etc. par le Col. de Weiss, p. 53.

auch nur 20,000 Mann auf Lyon marschiren lassen: wer mag sagen, welche Wendung durch diesen einen Schlag die ganze Gestalt der Dinge genommen haben, ob es izt ein VollziehungsDirectorium geben, und ob die grose Nation im Stande seyn würde, allen ihren Feinden der Reihe nach das Gesez des Friedens in einer so stolzen Stellung zu dictiren? ...... Aber Helvetien blieb seinen Grundsäzen getreu, und der Fall von Lyon wurde der erste WiederAnfang des WaffenGlükes der Republik, die izt mit ihrer Gröse alles überflügelt. Bald darauf wurden im Norden die Oestreicher bei Wattigny zurükgedrängt, im Süden die Engländer aus Toulon hinausgeschlagen, im Westen die Vendeer bei Mans und Savenay zertrümmert.

Die Coalition, die in diesem (1793er) und dem folgenden Feldzuge (von 1794) allen ihren Kräften aufbot, führte izt gegen Frankreich auch den schreklichen HungerKrieg; überall sperrte ein enger Cordon zu Wasser und zu Lande Frankreichs Gränzen, um die durch's Schwert unbezwingbare Nation durch Blöse und Mangel an Mund- und KriegsBedürfnissen zu bezwingen. Mit gebieterischem Troze foderte der brittische Gesandte Fitzgerald (5 Dec. 1793) die gänzliche Abbrechung aller Gemeinschaft mit der fränkischen Republik und ihrem Botschafter; aber würdevoll und einmüthig wurde dis Gesuch (26 Dec.) abgewiesen *. Die Schweiz blieb das einzige noch ofne Thor, durch welches Frankreich Getraide, SchlachtVieh, Reis, Leder, Tuch, Salpeter, Kupfer ꝛc. erhielt. Der NationalConvent, der izt, in Robespierre's finstrer Epoche, in seinem KanzleiStyle die Könige nur Tyrannen nannte, nur

* Exposé historique des faits concernants la Neutralité de la Suisse envers la France, p. 7. In dieser im Dec. 1797 (von Karl Ludwig von Haller) verfaßten Schrift wird eine lange Reihe von Belegen zur Geschichte der helvetischen Neutralität angeführt.

immer von dem Sturze aller Thronen sprach, erkannte und ehrte doch die nüzliche Neutralität Helvetiens; der Name Schweizer war um diese Zeit eine mächtige Empfehlung in Frankreich *.

Das unermeßliche Glük des Feldzuges von 1794 hatte den Zweifel der Kabinette über die Unterhandlungs-Fähigkeit der MachtHaber in Frankreich gehoben; es kam izt nur darauf an, den ersten Ring von der Coalition zu trennen, um bald die ganze, aus so verschiedenartigen Interessen zusammengeflochtene Kette aufzulösen; unter allen Mächten schien Preussen am meisten zum Zurüktrit bereit. Aber welche Schwierigkeiten thürmten sich nicht dem ersten FriedensSchlusse zwischen einem Könige und dieser Republik entgegen; Schwierigkeiten, die sich bis auf das Local der Unterhandlung erstrekten! Da ward, als die damals noch in ihrem ganzen Zusammenhang bestandene Coalition beinahe in ganz Europa keinen dazu bequemen Flek mehr übrig liess, die neutrale Schweiz der Boden, aus dem die ersten Zweige der FriedensPalme emporsproßten. In Basel schloß Barthelemy, der mit seinen sanften Manieren recht dazu gemacht war, die gefürchtete und verhaßte Republik in Annäherung mit den Königen zu bringen, im Namen derselben (5 April 1795) mit Preussen, (22 Jul.) mit Spanien und (28 August) mit HessenCassel ab.

In demselben Verhältniß, wie die Coalition sich an Zahl ihrer Mitglieder verminderte, erhöhten die darinn zurükgebliebenen Mächte ihre Anstrengungen im Kampfe gegen Frankreich. Während die Britten einen HeerHaufen von 10,000 Ausgewanderten bei Quiberon auf die Küsten der Republik warfen, sollte, zu Folge mehrerer ge-

* Le nom Suisse est une recommandation puissante auprès d'un vrai Français, et sourtout auprés de moi," schrieb Robespierre (unterm 21 Pluvios, Jahr 2) an den Obrist Weiß. Reveillez-vous Suisses ꝛc. S. 45.

heimen Nachrichten, von dem entgegengesezten Ende her ein andrer Angrif gegen sie erfolgen: die Conde'ische Armee, die einen Theil der grosen östreichischen Armee unter dem General Wurmser im Breisgau ausmachte, sollte erst in das FrikThal versezt werden, um nachher von diesem Punkte aus über das Gebiet des Kantons Basel einen Einfall in die Departemente vom Ob rRhein, MontTerrible, Doubs und Jura zu thun. Der blutige Tag auf Quiberon verhinderte im Jahr 1795 die Ausführung des lezteren Planes. Aber im März des folgenden Jahrs, da das fränkische VollziehungsDirectorium zu glauben schien, daß derselbe von neuem aufgefaßt werden möchte, erklärte Barthelemy, im Namen desselben, der Regierung in Basel: „daß, falls der Feind „fortführe, drohende Anstalten zu treffen, um seinen Plan „eines Einfalls auszuführen, und sie nicht kraftvolle, „hinreichende und unverdächt ge GegenAnstalten träfe, um „ihr eignes Gebiet zu vertheidigen und die der N utrali„tät gebührende Achtung zu behaupten, es selbst alle den „Umständen nach nöthigen Masregeln ergreif n werde." Mit Würde erwiederte darauf der Kanton Bsl: „kein „neutrales Volk könne eine solche Garantie geben, wenn „die kriegführenden Mächte selbst mit ihren Festungen, „Linien, Armeen, mit ihren Anstrengungen aller Art sich „solche nicht verschaffen könnten. Aber es gebe eine andre „Art von Garantie, welche sicherer sey als eine grose „TruppenVersammlung, die vielleicht mehr Besorgniß „als Sicherheit einflösen möchte. Diese sey: das Ver„sprechen und das wohlverstandene Interesse der kriegfüh„renden Mächte auf der einen Seite, und auf der an„dern der feste Entschluß aller Regierungen in der „Schweiz, sich nicht von den von ihren VorEltern er„erbten Grundsäzen der Neutralität zu entfernen, und „die Gewißheit, die alle ihre Nachbarn von diesem Ent„schlusse hätten; ferner die im Local liegende Schwie„rigkeit einen Uibergang über das Baseler Gebiet zu be-

„wirken, ohne sich, wenn die angegriffene Macht nur „irgend VorsichtsMasregeln getroffen habe, einem gewis„sen Untergang auszusezen, und sich durch das Herbei„eilen der miteidgenossischen Contingente, die eben so eif„rig in Rächung der verlezten Neutralität seyn würden, „als sie gewissenhaft in Beobachtung derselben seyen, al„len Rükzug abgeschnitten zu sehen; endlich die Anstalten, „die man getroffen habe, um in Zeiten von jeder Art von „Gefahr benachrichtiget zu seyn, überall GewaltLerm zu „verbreiten und sich in Fassung zu sezen, den Angrif zu„rükzuschlagen oder, falls er schon wirklich verübt wäre, „zu strafen; Anstalten, für deren Erfolg die schon mehr „als 4jährige Dauer dieses Krieges, des blutigsten in der „neuern Geschichte, bürge." Da Barthelemy nichts destoweniger zu warnen fortfuhr, so bewirkte man helvetischer Seits eine feierliche Erklärung des kaiserlichen Ministers von Degelmann in Basel: „daß die östreichi„sche Macht gegen die Kantone nie etwas, das als Ein„grif in die Neutralität ihres Gebietes betrachtet werden „könnte, selbst unternehmen, oder durch die Ausgewander„ten unternehmen lassen werde." Gleiche Zusicherung ertheilte auch der FeldMarschall von Wurmser *. Inzwischen erneuerte man sowohl bei der Baseler Miliz als bei den Contingenten der andern Kantone, die sich an dieser Gränze befanden, den Befehl, die Wachsamkeit auf den ihnen anvertrauten Posten zu verdoppeln.

Der Feldzug von 1796 ward immer reicher an Katastrophen, welche die helvetische Neutralität auf die Probe stellten.

Die fränkische Rhein- und MoselArmee, unter General Moreau, vertrieb die Oestreicher aus ganz Schwaben und bis hinter die Iser. Sobald die Oestreicher von den SchweizerGränzen entfernt waren, wurden die helvetischen Contingente von Basel zurükgezogen.

* Europ. Annalen, Jahrg. 1796, Heft 4, S. 40 ff. und Heft 5, S. 99 ff.

Aber nach zwei Monaten von Siegen wechselte das KriegsGlük. Im September und October machte Moreau seinen berühmten Rükzug aus dem Herzen von Baiern bis an den Rhein. Von Seiten der helvetischen Kantone traf man nun die nöthigen militairischen Masregeln, um den Durchzug von ganzen TruppenKorps und die NachEile der verfolgenden Oestreicher zu verhindern; aber einzelne unbewafnete Franken ließ man ungehindert durch, und unterstüzte, troz der GegenVorstellungen und Drohungen östreichischer Generale, die Kranken, Verwundeten und andre HilfsBedürftigen. Oft wanderten an einem einzigen Tage mehr als hundert, in einem Haufen, durch den Kanton Bern.

Ein langes NachSpiel von Moreau's Rükzuge waren die Belagerungen des Forts Kehl und der BrükenSchanze von Hüningen. Dicht an diese leztere lief ein schmaler Streife des Baseler Gebietes hin, den schweizerische TruppenPosten dekten. In der Nacht vom 30 Nov. unternahmen die Oestreicher auf drei Colonnen einen Angrif auf die BrükenSchanze; schon hatte die mitlere Colonne sich des HalbMondes bemächtigt; eine andre Colonne, welche die rechte Flanke des HornWerks bestürmen sollte, verirrte sich im Dunkel der Nacht; der NachZug folgte nicht der Spize und zerstreute sich, zum Theil auf die Gränze des SchweizerGebietes, wo, wie die Franken behaupteten, die helvetischen CordonsPosten sich seinem Durchzuge nicht mit hinlänglichem Nachdruk widersezten. Barthelemy erhob darüber um so mehr Beschwerden, da bei dem mörderischen Gefechte, das zwischen den Franken und Oestreichern statthatte, der Befehlshaber in dem Hüninger BrükenKopfe, General Abatucci, getödet worden war. Die Baseler Offiziere, welche hier kommandirt hatten (Merian, Burkhart, Kolb) wurden deshalb in Untersuchung gezogen und mit Gefängniß bestraft.

Hüningen fiel endlich (1 Febr. 1797) in die Gewalt der Oestreicher; aber zu gleicher Zeit kapitulirte auch Mantua, das BollWerk der östreichischen Macht in Italien, und Buonaparte drang bald darauf durch die kühnste Invasion so rasch in das Innere von Oestreich vor, daß schon den 17 April die Friedens-Präliminarien zwischen der fränkischen Republik und ihrem lezten Feinde auf dem Continent zu Leoben abgeschlossen wurden.

Man hätte glauben sollen, daß von nun an alle Gefahr von den Gränzen Helvetiens hinweggewälzt sey; aber izt erst äusserten sich die Symptomen derselben auf die drohendste Weise.

3.

Ursache und Anlaß der neuesten Revolution Helvetiens.

Die fränkische Republik befand sich izt in einer ganz andern Lage, als da, etwa acht Monden nach ihrer Gründung, der Beitrit Helvetiens zu der Coalition sie an den Rand des Untergangs hätte bringen können. Die fränkische Revolution hatte nun, so viel die auswärtigen Verhältnisse betraf, den vollständigsten Triumph errungen; alle Monarchen hatten sie anerkannt. Die furchtbarste und lezte unter den sie bekämpfenden Mächten, Oestreich, vollendete ihre in Leoben angefangene Aussöhnung mit derselben (18 Oct.) durch den DefinitivFrieden von Campo Formio. Das uralte Gebäude der Venetianischen Aristokratie war eingestürzt. Die Ligurische Republik glich eben so wenig mehr dem alten Genua, als die Batavische dem ehemaligen Holland. Eine neue Republik in Italien, die Frucht eines im ganzen Umfang der Geschichte einzigen Feldzuges, der 111 Schlachten, Treffen und Gefechte in sich schloß, figurirte schon im Moment ihrer Entstehung unter den Mächten Europens. Der König von Sardinien, eines vollen Fünftheils seiner Staaten beraubt, zum Vasallen Frankreichs herabgebracht, ward auf seinem wankenden Throne nur noch durch eben die Gefälligkeit erhalten, die in Tolentino des noch wankendern Vatican's geschont hatte. Die Fränkische Republik allein, nach überstandnen herkulischen Gefahren, in ihrer siegreichen Majestät, war izt die Sonne, um die alle Staaten des südlichen Europa's wie Trabanten sich in den angewiesenen Kreisen bewegten. Nicht zufrieden damit, ihre Fahnen auf dem MontBlanc, längs des linken RheinUfers und bis zur Mündung der Schelde hin aufgestekt, und dadurch ihrer Stellung neue Furchtbarkeit, ihrer ohnehin schon kolossalen Grösse ein volles Sechstheil Zuwachs gegeben zu haben; nicht zufrieden, ihrem Grundsaze der natürlichen Gränzen gemäs, gegen Spanien die Pyrenäen, gegen Norden einen Arm des Ozeans, gegen Süden das MittelMeer, gegen Osten den Rhein und die Alpen zu ihren Gränzen zu haben — wollte sie auf dieser leztern Linie, von Nizza bis Antwerpen, auf der sie in Zukunft allein noch (von den grosen Mächten im Osten und Norden von Europa: Oestreich, Rußland, Preussen) bedroht werden konnte, eine AussenLinie von FreiStaaten, als eine Art von VorMauer, um sich her ziehen. Schon hatte sie am einen Ende dieser Linie die Batavische, am andern die Ligurische und Cisalpinische Republiken: aber auch in der Mitte derselben wollte sie sich ein solches, durchaus mit ihr gleichartiges VorWerk bilden; und welcher Staat konnte ihr leichter und besser den Boden dazu bieten, als Helvetien? — leichter, als eine schon seit Jahrhunderten republikanische Masse, aus der man nur einige aristokratische Formen tilgen, die man nur aus ihrer zerstükten Zusammensezung in Ein Ganzes vereinigen durfte, um sie durchaus der MutterRepublik zu assimiliren? besser, als dieser ungeheure Klumpe von Gebirgen und Felsen, diese von der Natur im Mittelpunkte von Europa aufgethürmte unüberwindliche Citadelle?

Uiberdis war es, ausser diesen auf gewisse Art mehr militairischen Rüksichten, darum zu thun, in einem so entscheidenden Augenblike, zu Ende eines Krieges, der zwischen einer alten und einer neuen Welt entschied, auch ein neues politisches Gleichgewicht zu gründen. Die Coalition war gegen die Grundsäze des fränkischen Volks gerichtet. Nach den Siegen dieses leztern und bei den verschiedenen SeparatFriedensSchlüssen war noch immer die Furcht vor Revolutionen geblieben. Dieser Furcht schob der Friede mit Oestreich einen Damm vor, und machte dadurch politisches Einverständniß der ungleichartigsten Regierungen möglich. Um so nothwendiger muste es nun der fränkischen Republik scheinen, sich ein BundesSystem zu bilden, wodurch das politische Gleichgewicht zwischen den repräsentativen und nicht repräsentativen Regierungen sich ohne beständige Erschüttrungen und ohne Gefahr eines Rükfalls erhalten könnte. Daher der Vertilgungs-Krieg Frankreichs gegen die jezigen Grundsäze des jezigen brittischen Ministeriums; daher die Batavische, Liguriſche und Cisalpinische Republiken; daher die RheinGränze; daher denn auch der Plan zur Umschaffung Helvetiens. So lange dieses Land unter Regierungen stand, deren Geist, so rechtmäsig und vortreflich sie übrigens seyn mochten, an angeerbte Maximen gewöhnt, sich gegen Neuerungen und neue Verhältnisse sträubte: so lange konnte es alle Eigenschaften eines freien Landes haben, nur nicht die eines Verbündeten mit der fränkischen Republik. Leicht war es daher vorauszusehen, daß in einem Augenblike, wo die Demarcationslinie zwischen beiden politischen Systemen gezogen werden muste, Frankreich die Schweiz für das seinige reclamiren würde.

Wenn hierinn der wahre Grund von Helvetiens

neuester Revolution lag, so fehlte es zugleich nicht an Anlässen, denselben geltend zu machen.

Wir stellen hier die Beschwerden, welche man izt beinahe in allen fränkischen TagBlättern * gegen das Betragen der SchweizerRegierungen im Laufe des Krieges fand, einzeln auf; mit beigesezten Antworten schweizerischer Schriftsteller. **

Erste Klage.

„Die Schweiz nüzte die bedrohte, zwangvolle Lage Frankreichs in den ersten Jahren des Krieges, um sich an demselben ungeheuer zu bereichern. Sie richtete, durch ihren Wucher damit, und durch falsche Assignaten, dessen HauptHilfsQuelle, das PapierGeld, zu Grunde. Was sie etwa zu dessen Behufe that, geschah nicht aus Zuneigung oder GleichGefühl, sondern aus GewinnSucht. Sie machte nur allzuwahr, was der Ausgewanderte d'Antraigue von ihr sagte: „Seit „zwei Jahrhunderten gibt es einen Gözen, den alle Welt „anbetet; dieser Göze ist das Gold: und wenn Europa „sein Tempel ist, so ist die Schweiz sein Allerheiligstes."

Antwort.

„Allerdings mögen mit den Assignaten unbändige Speculationen getrieben worden seyn; aber gewiß dienten solche Speculationen im Auslande vielmehr dazu ihren Credit aufrecht zu erhalten, als ihn zu vernichten. Und wer weiß es nicht, wie manches HandelsHaus in der Schweiz dadurch seinen

* Die erste, etwas detaillirtere KlagSchrift dieser Art enthielt der Redacteur, in der ersten Hälfte des Jan. 1798. Dann folgte bald eine Menge in gleichem Geiste geschriebener Aufsäze, als: les baillifs Suisses demasqués etc. etc.

** Vorzüglich, und meist wörtlich, aus dem Exposé historique des faits concernants la Neutralité de la Suisse envers la France.

Ruin fand? Und wer weiß es nicht, daß der einzige Grund des Verfalls der Assignaten deren monströse Menge war? Mit unendlicher Mühe suchte man der Verfertigung und dem Verkaufe oder Ausgeben falscher Assignaten zuvorzukommen. Nie wurden in der Schweiz dergleichen fabrizirt: aber zahllos waren die Untersuchungen wegen der in den Jahren 1793, 94 und 95 durch falsche Assignaten gegen Franken, Engländer und Schweizer verübten Diebstähle; sie wurden jedesmal streng bestraft. Man betrachte nun dagegen, auf der andern Seite, das Ganze; man denke an den Verlust der beträchtlichen Kapitale, welche die öffentliche Ersparniß in mehreren, von den fränkischen Waffen eroberten, Ländern Teutschlands angelegt hatte; an die mehrmals wiederholten militairischen Masregeln zur Behauptung einer bewafneten Neutralität; an die kostspielige Unterhaltung von TruppenContingenten und PolizeiAnstalten an den Gränzen, um den SchleichHandel mit LebensMitteln zu hindern und solche aus Teutschland in ungeheuren Preisen zu beziehen, in einer Epoche, wo man das scheusliche System hatte, Frankreich auszuhungern und vielleicht, durch gleichen Mangel, die Schweiz zum Beitrit zu der Coalition zu zwingen. Man denke an den Verlust, den so viele PrivatLeute in der Schweiz erlitten, durch die Hemmung alles gewöhnlichen HandelsVerkehrs, welches doch immer das gewinnreichste ist; durch die Kapitale, die sie in Frankreich, in Lyon, in Genf stehen hatten, und die RükWirkung dieses Stosses auf das Ganze; durch die Abdankung so vieler in fremdem Solde gestandenen Regimenter — und man urtheile dann, ob Helvetien die Wohlthat des Friedens nicht theuer genug bezahlt hat. Oder will man ihm den billigen Gewinn einiger HandelsLeute, der sich auf freie Uibereinkunft und den Vortheil beider Theile gründete, als ein Verbrechen gegen die fränkische Nation anrechnen, oder das erhöhte Vermögen einiger Speculanten, worunter, durch Vertheurung aller LebensBedürfnisse, die Schweiz im Ganzen so schwer leiden muste, als Erhöhung des NationalWohlstands betrachten?"

Zweite Klage.

„Aufnahme und Begünstigung so vieler, und zum Theile unruhiger, Emigranten, Priester, Deportirten ꝛc., die von der Schweiz, und namentlich von dem Kanton Bern aus, Unruhen und Intriguen im innern Frankreich unterhielten, und SchmähSchriften gegen dessen Regierung schrieben."

Antwort.

„Freilich kam eine Menge solcher Menschen in die Schweiz, und vornehmlich in den Kanton Bern, weil dis das erste Land ist, in das man von Frankreich aus kömmt; weil die freie Verfassung desselben, die Gleichheit der Sprache, die Leichtigkeit Nachrichten und Unterstüzung von ihren Verwandten zu erhalten, und die Vorsicht sich nicht durch Aufenthalt in einem feindlichen Lande zu compromittiren, sie veranlaßten, diese Gegenden vor allen andern zu suchen. Die Regierung ward dadurch in zahllose Verlegenheiten und äusserst beträchtliche Kosten versezt: auch machten der Eintrit dieser Leute in das Land, ihr Aufenthalt darinn, vornemlich aber ihre Intriguen und ihre heimliche Rükkehr nach Frankreich, eine Menge Verordnungen und die unablässigste Aufsicht nöthig.

„Sogleich vom Anfang der Revolution an unterwarf man die Ausgewanderten einer besondern Polizei. Im Mai 1792 beschloß die helvetische TagSazung, indem sie die Neutralität erklärte, daß keine neuen Ausgewanderten mehr aufgenommen werden sollten. Im Nov. 1792 ward in Bern ein Antrag gemacht, sie sämtlich fortzuweisen, und im April 1793 beschloß man, sie wenigstens alle von den Gränzen zu entfernen, und ohne besondre Erlaubniß keine neuen mehr aufzunehmen. Zur Vollziehung dieser Masregel führte man eine, bisdahin in der Schweiz unerhörte, eigne PolizeiAnstalt für die Pässe ein. Selbst in PrivatHäusern durfte man, ohne Vorwissen und Erlaubniß der Polizei, keinen Fremden mehr über vier Tage beherbergen. Im Sept. 1793 ward eine besondre Commission zur Aufsicht über die Ausgewanderten niedergesezt. Alle drei Monate ließ man aus dem ganzen Lande sich die genauen Listen aller darinn befindlichen Fremden einschiken, um die Ausgewanderten darunter auszufinden, und die, welche nicht die dringendsten Beweggründe für ihr Dableiben anführen konnten oder sich nicht ganz ruhig verhielten, wurden fortgewiesen. Im August 1794 ergieng ein neuer Beschluß, daß man keine weiteren Ausgewanderten mehr aufnehmen, und von den alten nur noch die Greise, Kranke, Weiber oder Kinder behalten sollte; jede Gemeinde erhielt das Recht, die, welche ihr misfielen, fortzuweisen; um geduldet zu werden, ward die Einwilligung der Gemeinde, des LandVogts und der Commission in Bern erfodert; zum Fortschiken reichte schon der Wille einer von diesen Stellen hin. Da die Intriguen, die häufigen Reisen und die Unzulänglichkeit der PolizeiMittel die Vollziehung dieses Schlusses äusserst schwer und immer unvollständig machten, so ergieng den 17 Jun. 1796 ein neuer Schluß, um alle Ausgewanderten ohne Unterschied aus dem Lande zu entfernen, unter der unmittelbaren Verantwortlichkeit der Gemeinden. Man trat in Correspondenz mit den Regierungen von Freiburg und Solothurn, um eine Gleichheit in den VollziehungsMasregeln zu bewirken, und dadurch zu verhindern, daß die Ausgewanderten sich nicht blos aus einem Kanton in den andern begäben. Im ganzen Kanton Bern waren damals nicht über 618, Weiber, Kinder und Bedienten mit eingerechnet; und im Dec. des nemlichen Jahrs, da ein neuer Schluß gleiches Inhalts ergieng, verminderte sich deren Anzahl, obgleich die Schweiz damals von fränkischen Armeen umgeben war, bis auf 114, sämtlich Greise, Weiber oder Kranke, die allgemeines Mitleid erregten. Besonders gab man nicht zu, daß sie sich an den Gränzen von Frankreich, oder im WaadtLande aufhielten, und sezte zu dem Ende eine DemarcationsLinie fest.

„Die Masregeln und Befehle, um die Vollziehung dieser Verordnungen zu sichern, sind beinahe unzählbar. Vom April 1793 an entfernte man die Ausgewanderten und Priester aus den Aemtern Yverdon und Nyon; man vermochte die Regierung von Neuenburg im Oct. des nemlichen Jahrs, die gleiche Masregel zu ergreifen. Wenn man in dieser unglüklichen Epoche einige Wenigen schonte, so waren es meist die damals in Frankreich, unter dem Vorwand des Föderalism, proscribirten VolksRepräsentanten und Verwalter, wovon mehrere noch izt in dem gesezgebenden Körper sizen. Im Jun. 1794, in den Jahren 1795 und 96 nahm man die kräftigsten Masregeln und vermehrte die Patrouillen, um die Versammlungen der Priester in Nyon, Bonmont, Romainmotier, Echallens rc. zu verhindern. Man verabredete die nemlichen Masregeln mit den Regierungen in Freiburg und Neuenburg, namentlich im Jan. und Jul. 1795. Man machte sogar die LandVögte dafür verantwortlich. Alle Intriganten, die der fränkische Botschafter als solche bezeichnete; alle, die angeklagt wurden, daß sie in den benachbarten Departementen Unruhen stiften wollten, wurden verhaftet, bestraft und fortgejagt, und nur, wenn sie erwiesen unschuldig waren, wieder in Freiheit gesezt.

„Die damals von allen Seiten bedrängten Ausgewanderten und Priester, denen man in vielen Staaten nicht einmal mehr das Durchreisen gestattete, aus Furcht, daß sie sich unterwegs aufhalten möchten, suchten sämtlich nach Frankreich zurükzukehren, und bedienten sich aller möglichen Vorwände, um glauben zu machen, daß sie nicht ausgewandert wären. Die Regierung von Bern hatte weder das Recht, noch die Macht, sie daran zu hindern; aber sie bezeugte auf die stärkste Art ihren Unwillen gegen die betrügerischen Mittel, die man zu dem Ende gebrauchen wollte. Vornemlich suchte sie zu verhindern, daß die Ausgewanderten keine falschen Pässe oder unter erdichteten Namen erhielten. Es wurde daher befohlen, daß jeder Franke, der sich nach Frankreich begeben wollte, einen Paß von dem Botschafter selbst haben muste. Jeder Schweizer, der nach Frankreich reisen wollte, muste einen Paß von seinem WohnOrte haben, der zuerst von der Kanzlei des Kantons, und dann noch von dem Botschafter der Republik bekräftigt ward. Um zu verhindern, daß nicht ein Franke sich eines SchweizerPasses bedienen könnte, erfoderte man bei Ertheilung der Pässe eine Menge von VorsichtsMasregeln, als z. B. die persönliche Gegenwart dessen, der den Paß verlangte, seinen GeburtsSchein, sein Signalement, seine Unterschrift, die Beidrükung des KanzleiSiegels, das Numeriren der Pässe, deren Eintrag in ein Register rc Alles das ward im Jahr 1795 wiederholt vorgeschrieben; und als der fränkische Botschafter im Dec. 1796 die nemlichen Formalitäten verlangte, waren sie bereits sämtlich eingeführt, aber man schärfte sie izt auf's neue durch einen strengen Befehl ein. Die Fertigung falscher oder auf angenommene Namen ausgestellter Pässe ward scharf untersucht und bestraft. Auch ist es notorisch, daß alle die Pässe, welche die Rükkehr der Ausgewanderten begünstigten, unmittelbar aus dem innern Frankreich kamen.

„Übrigens suchte man besonders auch den Druk aller SchmähSchriften gegen die fränkische Republik zu verhindern. Man unterdrükte namentlich die des Montgaillard, des ExGenerals Danican und mehrere andre. Sogar wurde den 22 Jun. 1797 Mallet du Pan fortgewiesen, weil er an der Quotidienne arbeitete, die um diese Zeit in Paris öffentlich gedrukt ward. Der fränkische Botschafter bezeugte hierüber mehr als einmal seine Zufriedenheit, und versprach sogar im Namen und von Seiten der fränkischen Regierung in vorkommenden Fällen die Erwiederung."

Dritte Klage.

„SchleichHandel mit englischen Waaren in's Innere der Republik. Duldung eines englischen Gesandten in Bern, der notorisch, durch ungeheure Corruption, von da aus das Gewebe seiner Intriguen über die ganze Republik verbreitete, besonders aber die südlichen Departemente in beständiger Erschüttrung hielt, und Mord, Raub und GegenRevolution darinn organisirte."

Antwort.

„Man hinderte, so viel wie möglich, den SchleichHandel mit englischen Waaren, obgleich es eigentlich Frankreichs Sache war, die nöthigen Masregeln dagegen zu treffen, und dessen Urheber zu bestrafen. Unterm 23 Jun. 1797 ergieng eine Verordnung, in der man alle Einwohner warnte, sich nicht mit diesem Handel zu bemengen. Auch schrieb die Regierung von Bern an die von Biel, Neuenburg, Freiburg und an alle GränzStaaten, um sie zu gleichen Masregeln zu vermögen, obgleich ihren Zoll- und AusfuhrGebühren beträchtlicher Schaden dadurch zugieng.

„Wickham war öffentlich accreditirter Gesandter von Gros-

Britannien: wie konnte man ihm, nach den angenommenen Grundsäzen der Neutralität, den Aufenthalt versagen? Was auch seine geheimen Instructionen und seine Plane seyn mochten, so konnte die Regierung von Bern doch nicht mehr thun, als sie wirklich that, d. h. alles Ernstes darüber wachen, daß keiner ihrer Untergebenen sich zum Werkzeuge irgend einiger Projekte gegen Frankreich gebrauchen ließ. Im Jan. 1796, als Wickham's Aufenthalt in Lausanne Besorgniß erregte, vermochte man ihn nach Bern zurükzukommen. Den 23 Dec. 1794 nahm man in Lausanne, und den 15 Jan. 1795 in Avenches Untersuchungen und Verhaftungen wegen geheimer englischer TruppenWerbungen vor; der Ausgewanderte Dupuis ward bei dieser Gelegenheit fortgejagt. Am 5 März 1795 versagte man den Rekruten für das Regiment Royal Angleterre den Durchzug durch einen kleinen Theil des Kantons Bern, bei Brugg; die alten strengen Befehle gegen diese gehässigen Manövres wurden erneuert. Im April und Mai 1796 verhaftete man mehrere Personen, die beschuldigt worden waren, daß sie, obgleich ausserhalb der Schweiz, über die Errichtung eines englischen Regiments unterhandelt hätten. Es fand sich, daß nie eine Capitulation stattgehabt, daß die gedachten Personen die ihnen angebotenen Stellen nicht angenommen hatten, und das ganze Projekt unterblieb. Seit der Zeit wurden keine weitern Versuche desfalls gemacht."

Vierte Klage.

„Verfolgung der Freunde der Freiheit und der fränkischen Revolution. Tiefer, bei jeder Gelegenheit sich äussernder Haß gegen die fränkischen Grundsäze."

Antwort.

„Die in Untersuchung gezogenen und verhafteten Schweizer waren nur solche, die sich gegen die bestehende Regierung ihres Vaterlands gefährliche Manövres und Komplotte erlaubt hatten; und jede Regierung hat doch das Recht und die Pflicht der SelbstErhaltung: wo bliebe sonst die Apologie des 18 Fructidor? Wie könnte man übrigens mit Billigkeit fodern, daß in einer Zeit und bei einer Revolution, die so viele tiefgewurzelte Gewohnheiten stürzte, so viele Interessen durchkreuzte, in einem Kriege, der seinem Wesen nach ein Krieg der Meinungen und Grundsäze war, in einem lange allein neutralen, unmittelbar an Frankreich gränzenden Lande nicht verschiedene Meinungen hätten seyn sollen, nicht so manche Individuen, welche die neue Ordnung der Dinge in Frankreich nicht liebten, so manche Facta kleinlicher subalternen Intriguen, die oft aller Wachsamkeit der mit ihrer innern Verwaltung so sehr beschäftigten Regierung entgiengen? sollt' es nicht im Gegentheil ein Verdienst weiter seyn, daß man so viele Hindernisse, die in der Natur der Dinge lagen, und die helvetische Neutralität so sehr erschwerten, anhaltend bekämpfte und besiegte?"

Ausser diesen HauptKlagePunkten ward noch eine Menge andrer aufgestellt, als z. B. die nicht genug geahndete Verhaftung Semonville's und Maret's (die den 25 Jul. 1793, zwar innerhalb der Gränzen von Graubünden, aber von mailändischen, damals östreichischen, Sbirren überfallen und verhaftet worden waren); die Affectation, mit der man in der Schweiz noch immer die königlichen OrdensBänder herumgetragen; die Erleichterung des Durchzugs einer östreichischen Colonne zum Angrif des BrükenKopfes von Hüningen; ferner daß man in Basel die dreifarbige Fahne an dem Hotel des fränkischen Botschafters nicht habe dulten wollen, während der östreichische Gesandte das Wappen seines Souverains über seiner Thüre gehabt; daß man dem fränkischen Wechsler, welchen die Regierung daselbst aufgestellt, um die GeldGeschäfte der fränkischen Gesandtschaft zu besorgen, den Aufenthalt nicht habe gestatten wollen rc. rc.

Der FriedensSchluß zu CampoFormio war die Epoche, wo die Verhältnisse zwischen Frankreich und Helvetien zuerst im Ernste sich zu trüben anfiengen. Zwar hatten vorher schon die Seen in den Italienischen LandVogteien und der, vielleicht nicht ganz zu vermeidende, kriegerische SchleichHandel, der darauf getrieben ward, so wie Vorwürfe wegen Erleichterung des Ausreissens der östreichischen Gefangenen auf dieser Gränze, Anlaß zu Weiterungen gegeben. Doch war es den zu Handhabung guter Nachbarschaft und Neutralität nach Lugano geschikten Repräsentanten des Helvetischen Bundes gelungen, diese einzelne Wolke zu zerstreuen. Buonaparte selbst dankte dem Bunde, in einem Schreiben von Passeriano vom 7 Sept., für seine zwekmäsigen Anstalten zur Sicherung der gegenseitigen Gränzen *.

Aber bald darauf wurde die Integrität des Helvetischen Gebietes auf dieser Seite beträchtlich geschmälert. Schon im Mai 1797 hatten die Einwohner von Veltlin, Cleven, und Bormio sich revolutionirt, und für unabhängig von der Republik Graubünden erklärt, die seit dem Jahr 1512 die OberHerrschaftsRechte über sie ausgeübt hatte. Vergebens schlugen die aufgeklärteren Patrioten in Graubünden vor, diese Landschaften, als vierten Bund, in den FreiStaat der drei Bünde aufzunehmen: einige vorherrschende Familien, die hiebei zu verlieren glaubten, hintertrieben diesen so zeitgemäsen Rath. Beide Theile riefen die Vermittelung des Generals Buonaparte an. Er bestimmte eine Zeit, wenn er die Bündnerischen Gesandten mit ihren Vorstellungen erwarten wollte; diese erschienen nicht, und am 10 Oct. entschied der Italiker, in seinem HauptQuartier zu Passeriano, für die Unabhängigkeit des Veltlins und seiner Zugehörden, und zugleich deren Vereinigung mit der Cisalpinischen Republik, von der sie izt das Departement Adda und Oglio bilden **.

So verlor der Helvetische Bund durch die blose Proclamation eines fränkischen Generals, auf seiner südöst-

* Exposé historique etc. p. 13.

** Europ. Annalen, 1797, Heft XI, S. 198 ff.

lichen Gränze 60 □ Meilen Landes und mehr als 100,000 Menschen.

Im folgenden Monat reiste Buonaparte selbst, um sich zum FriedensCongreß nach Rastatt zu begeben, unter den verschiedenartigsten Eindrüken durch die Schweiz. Reiner überwallender Enthusiasm, Ausdruk dessen, was man von ihm hofte, kam ihm entgegen in Lausanne. Kalt abgemessene Feierlichkeit, Ausdruk dessen, was man von ihm fürchtete, herrschte bei seinem Empfang in Bern. Die Solothurner Aristokratie, plump und trozig, konnte sich so wenig in die Achtung, die sie dem Helden Europens schuldig war, resigniren, daß der Artillerie-Kommandant Zeltner, der, ohne Befehl seiner Obern, ihn bei seiner DurchReise mit dem Donner der Kanonen begrüßt hatte, deswegen verhaftet ward. Wie Buonaparte, bei seinem Fluge durch die Schweiz, das Schlacht-Feld von Murten mit den Augen des Taktikers gemessen, so hatte er zugleich als StaatsMann an Ort und Stelle sich noch tiefer von der Nothwendigkeit überzeugt, das gothische Gebäude der helvetischen Verfassung, das mehr als ein Jahrhundert hinter dem ZeitGeiste zurükstand, durch einen kühnen Schlag umzuformen und seinem Idol, dem System der repräsentativen Regierungen, auch diesen, in so mancher Rüksicht wichtigen, Zuwachs zu verschaffen. Darauf deutete seine merkwürdige Aeusserung in Basel: „hier zuerst finde er sich wieder in einer Republik." Und das sagte er, nachdem er die ganze westliche Länge der Schweiz, namentlich die Kantone Freiburg, Bern und Solothurn durchreist hatte. Leicht konnte man also irgend eine nahe grose Explosion, und zugleich wo sie zunächst erfolgen würde, vorhersehen. Auch drängten sich die Ereignisse von nun an mit stürmischer Eile: Frankreichs Schritte waren so berechnet, so kraftvoll und fest zum Zwek führend; die Masregeln, die man ihm entgegen sezte, so schief, so schwankend zwischen Schwächlichkeit und Troz, so sehr dem Geiste der Zeit zuwider, daß der Erfolg des Kampfes nicht lange zweifelhaft bleiben konnte.

Die Taktik der fränkischen Regierung war theils eine politische theils eine militairische. Sie zeigte den Unterdrükten, oder die sich dafür hielten, ihre Bereitwilligkeit sie zu unterstüzen: sie sonderte auf's geflissentlichste die Sache einiger aristokratischen Regierungen von der des helvetischen Volkes; sie nahm über diese Regierungen sogleich eine UiberMacht des Tons an, die fast allein schon sie vernichtete, und indem sie immer von friedlicher Ausgleichung sprach, rükte sie ihre Truppen auf Stellungen vor, von wo aus sie auf jeden Wink den entscheidenden Streich mit unfehlbarem Erfolge führen konnten.

Schon zu Ende Aprils 1792 war der, zum teutschen Reiche gehörige grössere Theil des Bisthums Basel, gewöhnlich das Brundrutt genannt, von den Franken besezt, am 23 März 1793, unter dem Namen Departement des Schrekenberges, mit der Republik vereinigt und im Frieden von Campo Formio dessen Besiz ihr auf immer bestätigt worden. Noch besaß indeß der Bischof von Basel ungestört den kleinern Theil seines Gebietes, den man unter dem Namen des Erguel kennt und der innerhalb den Gränzen Helvetiens lag, so daß er deswegen unter die Zugewandten Orte der EidGenossenschaft gerechnet ward. Plözlich, in den lezten Tagen des Dec. 1797, rükte nun General St. Cyr, der den rechten Flügel der Armee von Teutschland kommandirte, auf Befehl des OberFeldherrn Augereau in dieses Land ein, um davon im Namen der fränkischen Republik Besiz zu nehmen. Selbst auch die Wohnung des FürstBischofs in der Stadt Basel ward von den Franken, die sich für die Nachfolger in alle Rechte desselben ohne Ausnahme erklärten, in Besiz genommen.

Auch die Stadt Mühlhausen, einer von den Zugewandten Orten der EidGenossenschaft, rund umher von dem Gebiete des Oberrheinischen Departements eingeschlossen, wich izt dem Drange ihrer Localität und äusserte den Wunsch, unter guten Bedingungen mit der fränkischen Republik vereinigt zu werden.

So verlor Helvetien nun auch auf seiner nordwestlichen Gränze 16 □ Meilen Landes und zwischen 20 und 30,000 Menschen.

Die Abreissung dieser Zweige von dem alten Stamme erschütterte die ganze EidGenossenschaft, vorzüglich aber die Kantone, die, nach ihrer Lage und den muthmaslichen Planen Frankreichs, sich am meisten für bedroht halten musten. Der Kanton Bern, an dem das Erguel auf einer Streke von etwa 6 Stunden unmittelbar sich hinzieht, ließ sogleich, unter den Befehlen des Generals von Erlach, 10 Bataillone Infanterie an diese Gränze marschiren, um sie von der ZiehlBrüke bei Nidau bis nahe an Solothurn zu besezen, und bot noch überdis 3 Oberländische Regimenter zu augenbliklicher Bereithaltung auf. Auch die andern Regierungen glaubten sich um so mehr in Gefahr, da Frankreichs Plane noch unenthüllt waren und seine raschen Zugriffe zu einer Zeit erfolgten, wo ohnehin auch im Innern der Schweiz der VolksGeist je länger je mehr sich emporsträubte. So muste z. B. der Abt von St. Gallen es geschehen lassen, daß das Volk in der alten Landschaft und im Toggenburg seine Freiheiten beträchtlich erweiterte; so muste selbst in dem ganz demokratischen Kanton Appenzell die Regierung zur Durchsicht der LandesGeseze Hand bieten. Zu allem dem kam noch eine gewisse Erkaltung der Freundschaft zwischen den verschiedenen Kantonen, die Folge einer falschen, seit der fränkischen Revolution in der Schweiz aufgekommenen, aus persönlichen Leidenschaften, aus Furcht und Haß zusammengesezten Politik. Während jeder Kanton allein, oder doch nur einzelne wegen besondrer Angelegenheiten, Gesandte nach Paris schikte, verabsäumten sie die Absendung einer gemeineidgenossischen Gesandtschaft. Zur Wiederherstellung der Eintracht, zur Abhaltung sowohl einheimischer als auswärtiger Angriffe, versammelte sich daher den 26 Dec. 1797 eine Tagsazung in Arau.

Aber mitlerweile verwikelte sich der Stand der Dinge immer mehr auf einer andern Seite. Sogleich bei Abschliesung des Friedens von Campo Formio, wodurch die fränkische Regierung nun zur Entfaltung ihrer weiteren Plane freie Hand erhielt, waren die Wünsche der Waadtländer, welche durch die verhaßte StaatsCommission von den Jahren 1791 und 92 zwar unterdrükt, aber nicht vernichtet worden waren, mit neuem Ungestümm erwacht. Buonaparte's, obgleich nur flüchtige, Gegenwart hatte mächtig ihre Hofnungen gehoben: der Mann, der um diese Zeit den Thermometer von Europa in der Hand trug, hatte sich so fraternisirend in Lausanne, und so hoch und einsylbig in Bern gezeigt! Die Verhaftung seines Kutschers, Picat von Genf, die der LandVogt von Roth in Nyon höchst unkluger Weise sich hatte beigehen lassen, enthüllte ihnen zuerst näher die Gesinnungen der Franken; General Pouget, der in Carouge kommandirte, lies dem leztern bedeuten, daß er den Gefangenen sogleich freigeben sollte, oder Er würde selbst, an der Spize eines Escadrons, es thun: der LandVogt gehorchte und entschuldigte sich. Auf gleiche Weise ward Hauptmann Zeltner in Solothurn, auf die Verwendung des fränkischen Geschäftsträgers Mengaud in Basel, wieder freigegeben. Alle diese Vorfälle gaben den Patrioten im WaadtLande die Uiberzeugung, daß die so lange gewünschte Stunde ihrer Emancipation von Bern nahe sey. Um sie zu beschleunigen, sahen sie sich nach ParteiHäuptern um, und diese fanden sich sowohl auswärts als im Lande selbst. Besonders war izt in Paris ein Waadtländer von vorzüglichen Talenten, warmer Freund der Freiheit und seines Vaterlands, der noch überdis an der Regierung von Bern schwere Beleidigungen zu rächen hatte: Obrist La Harpe. Obgleich die Plane der fränkischen Regierung mit seinen Wünschen so genau zusammentrafen, daß deren Gelingen dadurch sehr erleichtert ward: so wirkte er doch zur Herbeiführung und Beschleunigung der Revolution in Helvetien so entscheidend, daß ein kurzer Abriß seiner LebensGeschichte, als ein Beitrag weiter zu den vielen Beispielen, wie gefährlich es ist einen Mann von Geist und Muth zu kränken, hier an seiner Stelle seyn dürfte.

Cäsar Friedrich von La Harpe, aus dem Städtchen Rolle am Ufer des GenferSees gebürtig, hatte in Tübingen die RechtsWissenschaft studirt, und begann, nach seiner Zurükkunft von da, seine praktische Laufbahn als Sachwalter eines seiner Freunde in einer InjurienSache. Der Verlust dieses Prozesses, für den er sich äusserst interessirt hatte, einige Demüthigungen, die er vor den Tribunalen von Bern erfuhr, flößten ihm einen unbezwingbaren Widerwillen gegen seinen bisherigen Beruf ein; ohne auf den Rath seiner Freunde, ohne auf die öffentliche Stimme zu hören, die seinen Fähigkeiten, der Energie seines Charakters und seiner Rechtschaffenheit ein lautes Zeugniß gab, verließ er sein Vaterland und begab sich nach Rußland zu einem seiner Freunde. Hier ward er der Kaiserin Katharina II vorgestellt, die ihn aus mehreren Mitwerbern, zum Lehrer ihrer beiden Enkel, der Söhne des jezigen Kaisers, wählte. Er entwarf für den künftigen Herrscher des grösten und unumschränktesten Reichs der Welt einen StudienPlan, wie etwa Sieyes ihn für den Sohn des constitutionellen Königs der Franken entworfen haben würde — und Katharina II genehmigte denselben, und schenkte dem freimüthigen, unbefangenen Manne ihr besonderes Wohlwollen. Die Bahn des Glükes schien offen vor ihm da zu liegen; er erhielt den Titel und Rang eines Obersten; die Kaiserin gab ihm bei mehrern Gelegenheiten Beweise ihrer

Achtung: aber der an den zauberischen Gestaden des Lemanus gebohrne Schweizer konnte an den Ufern der Neva nicht sein Vaterland, und noch weniger seinen Haß gegen die Regierung von Bern vergessen.. Die erste Nachricht von der fränkischen Revolution traf ihn mit elektrischer Kraft; bald, glaubte er, würde nun auch die Stunde der Freiheit für sein Vaterland, die Stunde des Untergangs für die Berner Aristokratie schlagen. Mit aller Fülle seines Enthusiasm ergoß er, in den Briefen an vertraute Freunde, seine Hofnungen, seine Plane. Schon sah, zu der Epoche, wo er schrieb, d. i. im Jahr 1791 die Regierung von Bern nicht ohne geheime Unruhe die Begeisterung der Waadtländer für die fränkischen Grundsäze: sie wachte eifersüchtig über alle Correspondenz vom Auslande her, und La Harpe's Briefe an seinen Vetter, den nachherigen fränkischen DivisionsGeneral, und an andre, wurden geöfnet, und Abschriften davon an die Kaiserin geschikt, um ihr zu zeigen, welchem Manne sie die Erziehung ihrer Enkel anvertraut hätte. Aber Katharina mit La Harpe's Rechtfertigung zufrieden, entzog ihm weder seine Stelle noch ihre bisherige Gunst. Indeß ward hiedurch sein alter Haß gegen Bern aufs neue entflammt; Rache war izt in seiner so reizbaren Seele die herrschende Leidenschaft, der einzige HauptGedanke. Alles schien im WaadtLande die Ausführung seiner Projekte vorzubereiten; die Einwohner der Städte, selbst die meisten Adelichen, äusserten sich laut zu Gunsten der fränkischen Grundsäze; auch unter dem LandVolke herrschte ziemlich allgemein dieselbe Stimmung. Der Umlauf fränkischer ZeitBlätter, vornehmlich der feuille villageoise von Cerutti; mehrere FlugSchriften, unter denen eine: der Bramine, die beissendste Satyre auf die Berner Aristokratie, La Harpe'n zugeschrieben wird; verschiedene Reunionen von Patrioten, und besonders die Feyer des 14 Jul. 1791 in allen Städten des WaadtLandes, veranlaßten die Regierung von Bern unter der

Bedekung eines TruppenKorps, eine Art von KriegsGericht dahin zu schiken, von dessen Operationen wir bereits weiter oben gesprochen haben. Nach einem 13jährigen Aufenthalt in Rußland verlies La Harpe von der Kaiserin mit Geschenken überhäuft, im Jahr 1794 diesen Hof, mit dem Wunsche sich wieder in seinem Vaterlande niederzulassen. Sobald jedoch die Regierung von Bern davon Nachricht erhielt, ward auf allen GränzPosten der Befehl gegeben, ihn, sobald er den Fuß auf ihr Gebiete sezen würde, zu verhaften. Er kaufte sich daher ein LandHaus, 5 Stunden von Rolle, auf dem Gebiete der Stadt Genf, wo er sich bis zu Ende des Jahrs 1796 aufhielt. In dieser ZwischenZeit betrieb er, unter der Verwendung des fränkischen Botschafters, im Namen des Sohnes des DivisionsGenerals La Harpe die Aufhebung des gegen den leztern ergangenen Urtheils, welches den Verlust seines Vermögens nach sich gezogen hatte. Die Art, wie die Regierung von Bern bei dieser Gelegenheit auf's neue sich gegen ihn benahm, machte das Maas seines Hasses gegen sie voll, und ohne weiter etwas von dem sanften Wege der Unterhandlungen zu erwarten, beschloß er ihr einen ofnen Krieg zu erklären. Er begann ihn mit einer Art von Manifest, betitelt: Observations sur la proscription du Général divisionaire La Harpe. Dann schilderte er in einer FlugSchrift: De la Neutralité des Gouvernans de la Suisse depuis l'année 1789, das Betragen der schweizerischen Regierungen gegen die fränkische Republik mit den gehässigsten Farben. Sein HauptWerk aber, das, wodurch er zunächst Frankreichs Einmischung in die helvetischen Angelegenheiten herbeirief, war sein Essai sur la Constitution du Pays de Vaud, in zwei OctavBänden. * Die HauptSäze,

* Uiber den nemlichen Gegenstand hatte schon früher ein andrer Waadtländer einen Versuch geliefert. J. J. Cart, Advokat, von Morsee (Morges), ein Mann von den glänzendsten Talenten, durch seine gerichtliche Beredsamkeit so be-

die er darinn ausführte, waren die: „Unter der Regie„rung der Herzoge von Savoyen sey das WaadtLand im „Genusse ansehnlicher Freiheiten gewesen. Jährlich hät„ten dessen Stände in der Stadt Moudon bei dem Land„Vogt, der meist aus dem Adel der Waadt gewählt wor„den, ihre Versammlung gehalten; und wenn solche durch „die Syndike dieser Stadt einen ausserordentlichen Land„Tag begehrt, so habe der LandVogt dessen Zusammenbe„rufung nicht über drei Wochen aufschieben dürfen. Auf „diesem LandTage hätten die in dem Lande begüterten „Aebte die erste Bank, der Adel die zweite, und die „dritte die Städte gebildet, so daß die Vorsteher der vier „guten (d. i. angesehenern) Städte Moudon, Iverdun, „Morges und Nyon vor den Gesandten zehn geringerer „Städte (Cudrefin, Rue, Lescle's, Payerne, Orbe, Mo„rat, Grandcourt, Montagni, Ste. Croix, St. Denis) „gesessen. Keine Verordnung des Fürsten habe Gesez„Kraft gehabt, ohne den Willen dieser Stände **. Nun

rühmt, daß er, um ihn an das Interesse der Regierung zu knüpfen, zum Avocat de Leurs Excellences ernannt wurde, hatte zu Anfang des Jahrs 1790 die Rechte der Stadt Morsee und eines Theiles der Waadt gegen ein neueingeführtes WegGeld vertheidigt, und sich dabei auf alle die Urkunden berufen, die unter der Regierung der Herzoge von Savoyen die Schuzwehren der waadtländischen Freiheit waren, und die Anwendung derselben mit solcher Kühnheit gefodert, daß die Regierung von Bern, damals noch in ihrer vollen AllMacht, der Stadt Morsee Stillschweigen gebot und ihn selbst proscribirte. Er entwarf nun ein politisches Gemählde des alten und neuen WaadtLandes, unter dem Titel: Lettres de J. J. Cart à Bernard de Muralt, sur les événemens du Pays de Vaud. Paris 1793. — Noch hält sich in Paris ein andrer sehr geistvoller Waadtländer auf, Benjamin Constant, von Lausanne. Er nahm aber an den neuesten Schiksalen seines Vaterlandes durchaus keinen näheren Antheil.

** Alles dieses hat auch schon lange zuvor Joh. Müller

„habe in dem Vertrage von St Julian vom 19 „Oct. 1530 der Herzog von Savoyen für sich und seine „Nachkommen den Kantonen Bern und Freiburg das „Waadtland ausdrüklich nur mit denjenigen Rech„ten verpfändet, die er damals daran gehabt. „In Kraft dieses Vertrags, und wegen der Verlezung „desselben, hätten die erwähnten Kantone im Jahr 1536 „der ihnen verpfändeten Provinz sich bemächtigt; und so„gleich hätten die Waadtländer, damit sie ihre Freiheiten „sicher erhalten möchten, sich den Bernern ergeben. Den „30 Oct. 1564 habe Herzog Emanuel Philibert von Sa„voyen für sich und seine Nachkommen durch den Ver„trag von Lausanne auf ewige Zeiten Verzicht auf „das Waadtland gethan, unter ausdrüklichem Vorbehalt „der guten Gebräuche, Herkommen und Rech„te der Edlen und UnEdlen, auch aller Städte, „Dörfern und Communen, wie die in Gang und „Uibung seyen, daß jedermann bei seiner her„gebrachten Gerechtigkeit und Besizung, auch „bei seinem Brief und Siegeln bleiben solle; „und diesen Vertrag, welcher den Vorbehalt der Privi„legien des Waadtlandes in sich schliese, habe König Karl „IX von Frankreich den 25 April 1565 garantirt.„

Dem zu Folge foderte La Harpe seine Landsleute auf, insgeheim diese Garantie der fränkischen Regierung zu reclamiren, um durch deren mächtigen Beistand wieder in den Besiz ihrer ehemaligen, von den Regierungen von Bern und Freiburg ihnen entzogenen Rechte und Freiheiten hergestellt zu werden, wozu die grose Republik

(Geschichte der schweizerischen EidGenossenschaft B. 1, Kap. 16, S. 463), nach einer unter den Papieren des General-Commissarius Quisard in den Archiven der Herrn von Blonay gefundenen Urkunde, bemerkt. Die Autorität dieser Urkunde hat jedoch Nic. Fried. von Mülinen in seinen Recherches historiques sur les anciennes Assemblées des Etats du Pays de Vaud (Berne, Dec. 1797) bestritten.

zu doppelter Rüksicht verbunden sey: einmal durch ihren Eintrit in alle Rechte der vormaligen Herzoge von Savoyen, die in den Verträgen von St. Julian und Lausanne das WaadtLand ausdrüklich nur mit Vorbehalt seiner bisherigen Freiheiten abgetreten hätten, und dann vermöge der alten Obliegenheit Frankreichs selbst, welches den leztern Vertrag garantirt habe.

4.

Geschichte der helvetischen Revolution selbst.

So lag es denn nun in der Hand des fränkischen Directoriums, in Betref zweier der mächtigsten Kantone Helvetiens, wovon der eine (Bern) an FlächenRaum beinahe ein volles Drittheil der gesammten EidGenossenschaft ausmacht *, ein MachtWort zu sprechen. Es war izt durch Verträge aufgefodert, sich der Unterdrükten (und das waren sie, sobald sie sich unterdrükt fühlten) anzunehmen. Das Recht des waadtländischen Volks, die Bedürfnisse Europas, die Foderungen der unabtreiblichen Zeit — unglüklicher Weise auch das Benehmen der Regierung von Bern selbst, schienen sich hier zu vereinigen, um seinem lange entworfenen Plane die Tinte einer blosen unbefangenen Vollziehung alter VertragsObliegenheiten zu geben. Durch einen Beschluß vom 28 Dec. erklärte es die Mitglieder der Regierungen von Bern und Freiburg persönlich verantwortlich für das Leben, die Freiheit und das Eigenthum der Waadtländer, die wegen Wiederherstellung ihrer alten Constitution seine Garantie angerufen hätten. Durch einen weitern Beschluß vom 4 Jan. wurde der fränkische GeschäftsTräger in der Schweiz, B. Mengaud, angewiesen, die Regierung von Bern aufzufodern: sogleich kategorisch zu erklären, ob es wahr sey, daß sie TruppenVersammlungen verordnet habe, um gegen die Franken zu marschiren,

* Büschings neue ErdBeschreibung. Th. 4. S. 313 der fünften OriginalAusgabe.

und daß sie Abgeordnete von Gemeinden, welche sich geweigert, die Waffen gegen die fränkische Republik zu ergreifen, habe in Verhaft nehmen lassen? — Auch näherte sich schon die (ohngefähr 15,000 Mann starke) Division Massena von der italienischen Armee — wie es hieß, auf ihrem Rükwege nach Frankreich — mit starken Schritten den Gränzen des Waadtlandes.

Durch die Beschlüsse des Directoriums und durch den Heranzug einer fränkischen HeeresMacht mit neuer Kühnheit beseelt, nahmen die Revolutionairs im Waadtlande nun einen höheren Ton an. Bis dahin hatten sich, durch entgegengeseztes Interesse, die Städter und das Land-Volk, welches der Regierung von Bern im Ganzen von jeher zugethan war, gegenseitig in Schranken gehalten. Aber nun übergab die Bürgerschaft in Lausanne ihrem Magistrat eine Adresse, worinn sie ihn auffoderten: von dem Souverain von Bern die Zusammenberufung einer waadtländischen StändeVersammlung, oder, noch besser, eine Versammlung von Abgeordneten aus dem ganzen Lande zu verlangen, welche dessen Beschwerden vorlegen und sich mit Herstellung der alten Verfassung desselben, unter den in den jezigen Umständen nöthig gewordnen Modificationen, beschäftigen sollten. Einstimmig genehmigte der Rath von Lausanne diese Petition, und schikte sie nach Bern. Auch die übrigen Städte ahmten diesem Beispiele nach.

Während so die Waadtländer allmählig die Fahne der Freiheit emporhoben, war (2 Jan.) auf der allgemeinen TagSazung in Aarau die schon um die Mitte des vorigen Jahrhunderts vergebens gewünschte Erneurung der ewigen Bünde in Vorschlag gebracht worden. In einigen Kantonen, z. B. in Glarus, Basel, Appenzell, machte man dagegen verschiedene Einwendungen: „eine „BundesErneurung nur von Seiten der Regierungen, ohne „förmliche Zustimmung des LandVolkes, werde keines„wegs ein zuverlässiger Beweis der eidgenössischen Harmo-

„nie seyn, und könne die Misvergnügten sehr leicht noch „mistrauischer machen; der jezige Stand der Dinge und „der Geist der Zeit erfordre vielmehr Revision und Ver„einfachung der alten Bünde, als deren unbedingte Bestä„tigung" Ohnehin lagen Frankreichs Plane noch in Dunkel verhüllt. Während das Directorium in seinen Beschlüssen die Herren von Bern und von Freiburg gleichsam wie rebellische Unterthanen der fränkischen Republik behandelte, schmeichelte sein GeschäftsTräger Mengaud der TagSazung in Aarau mit glatten diplomatischen Phrasen. Da die EidGenossenschaft, überwältigt von der schrekenden Ungewißheit, welche Frankreichs anderweitige Masregeln und Bewegungen diesen Phrasen zum Geleite gaben, sich nicht mit Nachdruk gegen einen so handgreiflichen Widerspruch zu erheben vermochte, so sah Bern, nach den Absichten der fränkischen Regierung, sich vereinzelt; und zu seinem Unglüke befolgte es in Ansehung des WaadtLandes ganz das gehässig = schwächliche System des weiland französischen Hofes. Unfähig, die waadtländische Revolution zu verhindern, benuzte es blos die Umstände, welche diese Revolution verschlimmern konnten. Es sammelte so viel Opposition, als nöthig war, um gefährliche Verwikelungen hervorzubringen, und nie genug, um den Knoten auf eine oder die andre Weise zu zerhauen. Es unterhielt den loyalen Eifer des LandVolks, das es in Waffen aufzustellen sich nicht getraute. Es bewahrte sich seine Partei auf, nicht, um der Revolution Einhalt zu thun, sondern um mit der Zeit etwa eine GegenRevolution zu bewirken.

Schon in den lezten Tagen des Jahrs 1797 waren Abgeordnete von Bern in das WaadtLand geschikt worden, um die Gesinnungen des Volks zu erforschen; sie waren, wie immer SelbstLiebe den Blik des Beobachters stumpft, mit der Versicherung zurükgekommen, daß die unermeßliche Mehrheit des Volks für ihre bisherige Regierung Gut und Leben aufzuopfern bereit sey. So gros war die Zuversicht, worin man sich gefiel, daß die Regierung von Bern dem fränkischen Directorium auf seine Auffoderung vom 4 Jan. mit der vollen Empfindlichkeit einer gereizten unabhängigen Macht antwortete: „Truppen habe sie blos bei der unvermutheten, erst im Augenblik der Ausführung, ihr angezeigten Besiznahme eines innerhalb des helvetischen Gebietes gelegenen Landes, zur Bedekung ihrer Gränzen aufgestellt; eben so werde sie izt, da nach den ihr zugekommenen Nachrichten ein beträchtliches fränkisches TruppenKorps sich dem Lande Gex nähere, bei seiner würklichen Ankunft ähnliche SicherheitsMasregeln ergreifen. Die Verhaftung einiger Angehörigen, und keineswegs Deputirten von Gemeinden, habe ihren Grund allein darinn, daß sie durch pflichtwidrige Handlungen die Einwohner einer Gemeinde, die, wie alle übrigen, zu Vertheidigung ihres Vaterlands bereit sey, abwendig zu machen gesucht, den Befehlen gehorsam zu seyn, welche sie, die Regierung, in Kraft ihrer höchsten Gewalt, die sie zu behaupten fest entschlossen sey, ertheilt habe." Um dem Directorium und der, wie sie glaubte, sehr kleinen Zahl von Mißvergnügten im WaadtLande durch das Schauspiel eines mit seiner Regierung engverbundenen Volkes zu imponiren, beschloß sie, daß den 9 Januar im ganzen Umfang dieses Landes der „Eid der Treue und Anhänglichkeit an den bisherigen Souverain" abgelegt werden sollte. Kaum war diese Verfügung, auf die man das LandVolk durch Künste aller Art vorbereitete, in Lausanne bekannt geworden, als eine grose Zahl von Bürgern sogleich eine Energievolle Adresse an die Regierung verfaßte, um „diesen Act" abzuwenden, „der nicht nur an sich unnüz sey, sondern auch leicht die mißlichsten Folgen haben könne". Zugleich wurden EilBoten an die Magistrate der übrigen Städte abgeschikt, um sie zu gleichem Entschlusse einzuladen. Nichtsdestoweniger sollte die EidesLeistung den 10 Jan. wirklich vor sich gehen. Aber von ohngefähr 3000 Mann, die zu dem Bezirke von Lausanne gehörten, erschienen dabei kaum 600. In dem Bezirke von Nyon huldigte das LandVolk willig, die Stadt-Bürgerschaft in sehr geringer Anzahl, der Magistrat überall nicht. In den Bezirken von Vevay und Aubonne äusserte sich die Widersezlichkeit so heftig, daß man den Schwur nicht einmal zu fodern wagte. In dem Bezirke von Yverdun hingegen zeigte sich die wärmste Anhänglichkeit für die Regierung. Dieser Tag entschied die Revolution des WaadtLandes. Die verhaßte Bastille vom Jahr 1792, das feste Schloß Chillon, auf einer FelsenHöhe, die in den Lemanischen See (eine halbe Stunde von dessen östlichem Ende) hinausläuft, und den Eingang in das WalliserLand so wie diesen ganzen Theil des Sees beherrscht, fiel in die Gewalt der Revolutionärs von Vevay, die den LandVogt, wenn er es ihnen nicht öfnen würde, mit einem Sturm bedroht hatten.

Sogleich am folgenden Tage sezten die Magistrate in den Städten eigne Comite's nieder, die für das Wohl des Staats, für die Sicherheit der Personen und des Eigenthums wachen und den Geist des Volkes bearbeiten sollten. In Lausanne und Vevay wurden BürgerWachen errichtet. Die Clubs arbeiteten ununterbrochen für die Presse; doch war der Inhalt der in Menge ausgestreuten FlugSchriften im Wesentlichen immer noch gemässigt: nicht Losreissung von Bern, noch weniger Reunion mit Frankreich (obgleich die Regierung von Bern das LandVolk, um es gegen die Städter aufzureizen, geflissentlich in diesem Wahn bestärkte), sondern immer nur von Abstellung der bisherigen Beschwerden, Herstellung der alten Constitution. „Sie allein", sagten sie in dem: „Cri de la justice", einer Art von Philippika gegen die Regierung in Bern, „sie allein könnte uns „die Gränzen zu überschreiten zwingen, die wir uns vor„gesezt hatten. So zittre sie denn vor den Folgen, für

„die wir sie im geheiligten Namen der Menschheit verant„wortlich machen!" Zugleich ergieng eine "Brüderliche „Belehrung der StadtBürger des WaadtLan„des an ihre Brüder auf dem Lande." „Wir „benachrichtigen euch", hieß es darinn, „daß wir unsere „gnädigen Herren um die Zusamenberufung von Abgeord„neten bitten, welche jede Gemeinde selbst wählt, um in „der LandesVersammlung darauf zu dringen, daß jeder „ohne Furcht alles vortrage, was in seiner Gemeinde zur „Beförderung des allgemeinen Wohls einiger Reform be„darf. Die Hefte der verschiedenen, durch das ganze „Land erfoderlichen Reformen vereinigen wir dann in eine „einzige gemeinschaftliche BittSchrift, in der Erwartung, „daß unser Souverain sie prüfe, und darüber schleunige, „entscheidende Antwort ertheile."

In der nemlichen Zeit, da auf solche Art im Waadtlande die Geister immer mehr sich erhizten, die gänzliche Losreissung dieses Landes von Bern immer mehr sich vorbereitete, übergab der fränkische Minister Mengaud (11 Jan.) der TagSazung in Aarau eine Note, welche über Frankreichs Plane neues Dunkel warf, und alle Regierungen Helvetiens in die gröste Verlegenheit sezte. „Wenn die Nachricht gegründet sey", hieß es darinn, „daß östreichische Truppen in Graubünden ein„fallen würden, so werde Frankreich auf einer andern „Seite gleichfalls Truppen einrüken lassen." Einige besorgten, daß diese zwei Mächte in Campo Formio auch die Zerstükung von Helvetien, wie die von Venedig, verabredet haben möchten; andre glaubten, daß die Franken dadurch nur einen Vorwand für den Uiberfall, den sie vorhätten, suchten; alle sahen mit Unruhe der Lösung dieses politischen Sphinx entgegen, der wohl nicht ohne tiefer = liegende Absichten hingeworfen seyn konnte. Die Regierung von Bern, mit Recht besorgt, daß der Schlag vorzüglich sie gelten möchte, säumte keinen Augenblik, theils das Volk in ihrem eignen Gebiete zu den Waffen, theils die übrigen Kantone zum bundesmäßigen Beistand aufzubieten. „Wachet auf, ihr Söhne Helvetiens!" — sagte sie in dem Aufruf an ihr Volk — „Euch droht die Ge„fahr, auf einmal alles euer Glük zu verlieren. Wenn „ihr fremde Feinde über unsre Gränzen einbrechen lasset: „so werden eure Häuser geplündert, gebrandschazt, eure „Weiber und Töchter, eure kleinen Kinder, euer Vieh, „dem Muthwillen unbändiger Soldaten ausgesezt seyn; „eure Augen müsten sehen, wie solche mishandelt, fort„geschleppt werden; die Waffen, die ihr izt als Zeichen „eurer Freiheit und eurer Treue besizet und die kein andres „Volk haben darf, würden euch gewaltsam entrissen wer„den. Anstatt der bisher gewohnten bestimmten Abgaben, „die eure Güter abrichten, aus deren Betrag die allgemei„nen Anstalten zur Sicherheit des Landes, zu Verwal„tung der Gerechtigkeit, zu Ausübung des GottesDien„stes, für die öffentlichen Schulen, bestritten, und die Ar„men unterstüzt werden, müstet ihr neue Auflagen aller „Arten bezahlen, die unzählig wären. Man würde euch „an der bisherigen Uebung des GottesDienstes hindern, „euch die Gloken aus euren Kirchen wegnehmen; nicht „mehr würde euch ihr feierlicher Klang eure FestTage, „die Stunde des Gebets, den FeierAbend nach geendigter „Arbeit verkündigen. . . O welche Schmach! o welche „Zeiten! Könnte noch ein Verworfener unter euch seyn, „der nicht lieber sterben wollte, als solches Unglük erle„ben? Und welche Kräfte hat ein Volk, das Hand in „Hand schlägt, und seine Freiheit zu vertheidigen schwört! „Die EidGenossen, alle Völker, die frei seyn wollen, „haben es bewiesen, in viel geringerer Anzahl, als izt „wir. Ohne Waffen haben unsre VorEltern gegen die „mächtigsten Fürsten, gegen die zahlreichsten, mit Ge„schüz versehenen, mit Eisen bedekten KriegsHeere ihre „Freiheit behauptet, alle ihre Feinde in die Flucht ge„schlagen. O könntet ihr doch diese Helden von den un„glaublichen Siegen bei Morgarten, Sempach, Nä-

„fels, Laupen, Murten, Grandson und so vielen „andern erzählen hören: wie würden unsre Herzen erfreut „seyn, von solchen tapfern Männern abzustammen! Ihr „würdet alle schwören, ihnen zu gleichen, wie sie niemals „eure Feinde zählen, sondern nur begierig sehen, wo sie „seyen, und wie sie auf dieselben losstürmen. Fließt „izt noch ihr HeldenBlut in euren Adern, seyd ihr ent„schlossen, allen äussern Feinden zu widerstehen, eure „Freiheit euren Kindern zu hinterlassen: so ist mit Gottes „Hülfe dieselbe erhalten, so dürfet ihr zu euren seligen „VorEltern hinaufbliken; sie werden euch einst in der „Ewigkeit als ihre Söhne umarmen, eure Kinder können „sich ihrer Abkunft freuen, und das Vaterland ist ge„rettet!" Aus allen Gegenden ihres teutschen Gebietes, vorzüglich aus dem OberLande, erhielt die Regierung nun sofort Adressen von sehr vielen Gemeinden, alle voll Ausdruk der treuesten Anhänglichkeit. Zugleich ward eine Commission zu Untersuchung und Hebung der LandesBeschwerden ernannt, das geheime und KriegsRaths Collegium concentrirt, und mit jungen kraftvollen Männern besezt. Um allen Schein von Furcht zu verbannen, erschienen von nun an in Bern: Eidgenossische Nachrichten, worinn die wichtigern Verhandlungen der Regierung zur allgemeinen Publizität gebracht wurden. Der LandVogt von Moudon, Obrist von Weiß, ward zum GeneralCommandanten der Truppen im WaadtLande ernannt, wohin auch zwei gemeineidgenossische Repräsentanten, Statthalter Wyß von Zürich und LandAmmann Weber von Schwyz, sich begaben, um wo möglich durch gütliche Mittel die Ruhe wiederherzustellen.

Aber so wie Bern allein, durch seine feste Haltung gegen Frankreichs Zudringen, eine unnüze, seinen übermächtigen Gegner nur noch mehr reizende Energie bewieß: so waren die übrigen helvetischen Regierungen — wenn sie auch noch so wohl erkannten, daß das, was nach den bisherigen Erklärungen der diplomatischen und militairischen Agenten Frankreichs nur ein Prozeß zwischen dem WaadtLande und der Regierung von Bern zu seyn schien, wobei die fränkische Regierung als Garant intervenire, wesentlich auch ihren Bestand oder ihre, wo nicht Vernichtung, doch Einschränkung betreffe — in einer Lage, worinn Berns Anfoderung um den bundesmäsigen Beistand sie in die weitaussehendste Krise verwikeln muste. In so manchen Kantonen der Schweiz hatte die politische Freiheit nur in den Städten ihren Siz: Generationen hindurch hatte das LandVolk sich mit seiner bürgerlichen Freiheit aus dem MittelAlter begnügt; es war, bei sehr geringen Abgaben, bisdahin zufrieden in seiner Wohlhabenheit gewesen. Aber nach und nach, unter dem Geräusche so vieler Siege der fränkischen Heere, so vieler Revolutionen benachbarter Völker, hatten die fränkischen Grundsäze auch in manchen Gegenden Helvetiens den Geist des LandVolks gewonnen; selbst regieren, nur die Meinung zu haben, daß man selbst regiere, ist so verführerisch! Schon im Jahre 1795 hatte die grose Gemeinde Stäfa am ZüricherSee einen solchen RevolutionsVersuch gewagt, der jedoch, unter den damaligen Umständen, mit Strenge unterdrükt ward; noch sassen mehrere Stäfaer LandLeute als StaatsVerbrecher gefangen. Izt, unter weit andern Umständen, erhizten sich die Geister aufs neue und nicht mehr blos partiell; überall erkannte nun der LandMann seine Lage und die seiner Regierung, seine Wichtigkeit und ihre Verlegenheit; er dachte nach, was er bis izt gewesen, und was er nun, in einem so entscheidenden Augenblike, werden könnte; nie noch hatte die Regierung, um sich zu erhalten, so sehr seines Beistands bedurft. Wenn Zürich, Basel und die übrigen Kantone, der BundesPflicht gemäs, sich für Bern waffnen wollten, so erhob sich die grose Frage: ob, gegen einen furchtbaren Feind, der so eben von Siegen über die zahlreichsten und disciplinirtesten Heere Europens zurükkam, gegen einen Feind, der nur die Oligarchie bedrohte, aber dem Volke Freiheit und Gleichheit zu bringen versprach, dieses leztere überhaupt würde zu den Waffen greifen wollen? ob es nicht wenigstens zuvor manche Bedingungen voranstellen würde? Aus solchen Besorgnissen geschah es, daß man in dem Kanton Zürich bisdahin die Stimme des LandVolks nicht, wie vormals, in den Gemeinden wollte laut werden lassen. Zwar hatten schon einzelne aufgeklärtere Patrioten, sowohl in den RathsVersammlungen als auf den Zünften, auf höhere Befreiung des LandVolks, als das einzige Mittel fester Vereinigung zwischen Stadt und Land gedrungen: aber die Häupter der Regierung, ungewarnt durch so viele Beispiele der neuesten Zeit, glaubten, daß man dadurch die Revolution vielmehr im Sturme herbeiführen, als zurükhalten oder doch mildern würde; sie wollten nur Schritt vor Schritt, nur so weit es durchaus seyn müste, weichen. Der geheime Rath erhielt den Auftrag, Masregeln vorzuschlagen, wie die Eintracht zwischen Stadt- und LandBürgern wiederhergestellt und befestigt werden möchte. Auf seinen, am 17 Jan. dem grosen Rath erstatteten Bericht, ward eine Vigilanz- und SecuritätsCommission (aus 2 Mitgliedern des grosen und 3 des kleinen Raths) errichtet, welche alle Klagen und Beschwerden, alle Vorschläge zu Hebung eingeschlichener Misbräuche und Verbesserung der Constitution annehmen sollte. „Es wäre dis" — bemerkte der Rath — „ein „GerechtigkeitsAct, der einer republikanischen Regierung „nicht anders als zur Ehre gereichen könne, obgleich er „keineswegs ausser dem Kreise ihrer heiligsten Pflichten „liege, denn wo könne die Regierung eines freien Volkes „anders Ehre suchen und finden, als in der Erfüllung ihrer „Pflichten?" Laut äusserten überdis einzelne RathsGlieder den Wunsch, theils nach gänzlicher Freigebung des Handels, der bisdahin sowohl activ als passiv ausschließlich in den Händen der StadtBürger von Zürich gewesen war, theils nach Amnestirung der Revolutionärs von 1795.*

Jeder Tag machte es zur dringendern Nothwendigkeit den Wünschen der Misvergnügten unter dem LandVolke entgegenzukommen, da man nun nicht mehr blos die Folgen des Aufgebots zur Beschüzung von Bern fürchten muste, sondern ein andrer Kanton dem übrigen Helvetien izt das erste Beispiel einer wirklichen Revolution gab.

Lange her hatten in Basel sowohl die Bürger als selbst auch die Regierung sich in entgegengesezte, revolutionäre und antirevolutionäre Parteien getheilt. Schon zu Ende des Jahrs 1797 hatte RathsHerr Vischer, ein Mann rauh und bieder und beseelt von der wärmsten VaterlandsLiebe, die Umschaffung der bisherigen Verfassung in eine stellvertretende vorgeschlagen. Auf gleichem Plan hin arbeitete sein Schwager, der durch seine vorzügliche Geschichte von Basel bekannte OberZunftMeister Peter Ochs, der sich gerade izt wegen alter SchuldFoderungen dieses Standes als Gesandter in Paris befand. Eben so ausgezeichnet durch wissenschaftliche Bildung des Geistes als durch den feinen Ton des WeltMannes, ein warmer Freund Frankreichs und seiner neuen Grundsäze, den in diesen Gesinnungen selbst nicht der Mord seines geliebten Schwagers, des Maire Dietrich, nicht der Verlust des allergrösten Theils seines Vermögens, den er durch die Revolution erlitt, wanken machen konnten, hatte Ochs im ganzen Laufe des Krieges eine sehr wichtige Rolle gespielt. Er vorzüglich hatte dem System der Neutralität in Helvetien die Oberhand zu verschaffen gewußt; durch ihn war die erste Einleitung

* Auch hier fanden sich Männer, die von aussen her wirkten. Die stärkste Sensation machten insonderheit die Materialien zur Geschichte des Standes Zürich, wovon gegen Ende des Jahrs 1797 in Strasburg 2 Hefte herauskamen.

des preussischen und des spanischen Friedens geschehen; er suchte izt die gothische Verfassung seines Vaterlands mit dem ZeitGeiste auszugleichen. Auch gab Basel izt unverzüglich den übrigen Kantonen das Signal dazu. In der Stadt hatte sich eine Gesellschaft von Freunden der Freiheit gebildet, welche unter andern die kraftvollen Männer Legrand, Vischer, Huber, Erlacher, zu Mitgliedern hatte. Zugleich erwachte plözlich der Enthusiasm der Landschaft. Ein Bauer von Aristorf — so erzählt man — sah zufällig auf der LandStrasse den fränkischen GeschäftsTräger mit seiner fliegenden NationalFahne nach Aarau vorbeifahren, und lief nun mit der Nachricht in sein Dorf: „Bürger Mengaud sey „abgereißt, um die Rechte des LandVolks bei „der TagSazung zu schüzen." Sogleich machte sich in Aristorf alles auf, um nach dem Schlosse Farnspurg zu ziehen, und von dem LandVogt „die alten „Rechte zu fodern;" auch nahm man da wirklich nur ein Buch von 1589 und die Erkenntnisse der neuesten Jahre mit fort, ohne irgend eine andre GewaltThätigkeit zu begehen. Der Rath von Basel, durch diesen Vorfall erschrekt, schikte nun von Ort zu Ort Abgeordnete, um die Stimmung des Volks zu erforschen, und dessen Beschwerden anzuhören. Aber ihr troziger Ton erhizte das Volk von Liechstall so sehr, daß es (11 Jan.) vor ihren Augen den GrabStein des Schultheisen Imhof, der bei der Empörung im Jahr 1653 der Regierung treu geblieben war, voll Wuth zerschmetterte, und die Trümmer auf den SchindAnger warf. Bestürzt kehrten die Abgeordneten nach Basel zurük. In dieser Stadt traten nun über 50 Personen von entgegegesezten Parteien zusammen, um sich zur Reform der Verfassung zu vereinigen. Inzwischen verlangten Ausschüsse des LandVolks, in einer Adresse unter der Aufschrift: „die Bürger der „Landschaft an die Bürger der Stadt," die Einführung durchgängiger Gleichheit. Auf das Gerüchte, „daß die

„Regierung sie nur einstweilen hinzuhalten suche, bis sie „HilfsTruppen von Bern und Solothurn erhalten würde, um sie alsdann mit Gewalt zur Unterwerfung zu „zwingen," brach (18 Jan.) der Sturm los. Die Schlösser der LandVögte wurden, aus Besorgniß, daß eine Besazung aus den benachbarten Kantonen sich darinn festsezen möchte, angezündet und zerstört; aber zum Beweise, daß man keine GewaltThat, sondern nur ein VolksSpiel, eine FreiheitsFeier wolle, ließ man vorher die Bewohner mit ihrem Geräthe friedlich abziehen. Nun stekte alles die Kokarde mit der StadtFarbe (weiß, schwarz und roth) auf; überall erhoben sich die Bäume und die Fahnen der Freiheit. Am folgenden Tage zogen mit Einwilligung des Raths und der Bürgerschaft, und unter dem brüderlichen Empfang der leztern, 600 Mann LandMiliz in die Stadt, die dem Kommandanten, Hauptmann Buxtorf, so wie dieser ihnen, feierlich den Eid für SchweizerBund, Freiheit und Gleichheit, Sicherheit des Eigenthums und Beobachtung der KriegsZucht schwuren. Das LandVolk erhielt eine von dem Rathe und der StadtBürgerschaft ihm einstimmig bewilligte Magna charta seiner Freiheit, die ihm durch vier Abgeordnete nach Liechstall, wo seine Repräsentanten sich versammelt hatten, überbracht ward. Auch in Basel wurde nun der FreiheitsBaum gepflanzt, die Kanonen gelöst, die dreifarbige NationalFahne auf dem RathHause aufgestekt, die Deputirten dieses Standes bei der TagSazung von Aarau schleunig zurükberufen. — So erfolgte die erste förmliche Revolution eines helvetischen Kantons, ohne BlutVergiesen oder Unordnung, weil der Rath selbst, und weil er noch frühe genug sich an deren Spize gestellt hatte. „Es ist ehrenvoll für den Kanton, den ich mein „Vaterland nenne" — schrieb izt Bürger Ochs von Paris — „daß er das erste Beispiel für die Schweiz gab. „Ich betrachte die helvetische Revolution als vollendet. Die verschiedenen Kantone, ihre Unterthanen,

„die Zugewandten Orte, werden bald einen einzigen demo„kratischen FreiStaat nach dem RepräsentativSystem bil„den. Alle bisher zu Unterdrükung der Revolution ver„suchte Mittel können vielleicht ihren Fortgang eine Zeit„lang hemmen, die Krise vielleicht gefährlicher und gicht„rischer machen, aber gewiß nicht die Vollendung hindern."

Die Wahrheit dieser Bemerkung erprobte sich izt unmittelbar an dem WaadtLande. Die Regierung von Bern, um mit Gewalt die Ruhe in diesem Lande herzustellen, ertheilte zu dem Ende dem Obristen von Weiß alle Macht eines Dictators: er sollte den Central-Club in Lausanne, die Comite's in den Städten auflösen, das feste Schloß Chillon wieder einnehmen und überhaupt durch das ganze WaadtLand unumschränkt die höchste KriegsGewalt ausüben. Eine solche Dictatur beleidigte auf gleiche Art die Bürger von Lausanne und die eidgenossischen Repräsentanten. Jene bedrohten den LandVogt, der die Wachen im Schlosse verstärkte und sich wie zum vollen Kriege rüstete, mit Uiberrumplung desselben. Dagegen erklärte ihnen Obrist von Weiß (17 Jan.), daß er eine solche GewaltThat nicht anders als HochVerrath, offenbaren Aufruhr und Aufwiegelung zum BürgerKrieg würde ansehen können; weniger jedoch auf seine Drohungen, als auf das Zureden der eidgenossischen Repräsentanten, unterblieb die ohnehin zweklose Uiberrumplung. Die leztern, nachdem sie mit Unwillen und Bekümmerniß wahrgenommen, daß die Regierung von Bern, statt zeitgemäser Nachgiebigkeit, die Sache auf's Aeusserste treiben wollte, reisten, nach feierlicher Auffoderung zu gegenseitiger Schonung, wieder aus dem WaadtLande ab. Auch die TagSazung in Aarau schikte einen EilBoten nach Bern, mit dem dringenden Ansuchen, im WaadtLande die militairische Gewalt wieder der bürgerlichen unterzuordnen und die Wünsche des Volks so gut wie möglich zu befriedigen. So wenig hatte Obrist von Weiß durch seinen hohen Ton Furcht eingejagt, daß er dadurch vielmehr in Lausanne und Vevay die Einführung einer NationalGarde veranlaßte. Selbst das Vorrüken eines TruppenKorps aus dem teutschen BernerGebiete gegen das Waadtland erhizte vielmehr den FreiheitsGeist, als daß es ihn schrekte. In der Verlegenheit säumte sich nun der Obrist nicht länger in Lausanne; beinahe unsichtbar irrte er bald dahin bald dorthin, drohte, schmeichelte, sprach von seiner FreiheitsLiebe, von seinen Verdiensten um Frankreich und Helvetien, von seinen Verhältnissen mit dem VollziehungsDirectorium in Paris, wollte im Jahr 1798, in einer ganz andern Lage der Dinge, genau wieder seine Rolle von 1793 spielen. Unter den verschiedenen Waffen, deren er sich bediente, war auch die Presse; in einer FlugSchrift, unter dem Titel: Reveillez vous Suisses, le danger approche — dem seltsamsten Gemische von Wahrem und Schiefem, Grosem und Burleskem, aber durch und durch voll von einer Eitelkeit, die selbst in der dringendsten Gefahr des Vaterlands nur sich sah — suchte er die Waadtländer und die fränkische Regierung zu warnen — auch wohl zu schreken. „Ihr werdet" — sagt er den Waadtländern — „wenn ihr es denn so wollt, bald fremde „(fränkische) Truppen unter euch sehen, aller Achtung „würdig als Soldaten, aber an Blut, Raub und Extre„men gewohnt, die nach dem wildesten Behagen über „euer Eigenthum verfügen, euren häuslichen Frieden stö„ren, eure Weiber und Töchter schänden und euch selbst, „wenn ihr darüber zu murren wagt, mishandeln werden. „Denn werden Erpressungen, Requisitionen aller Art „folgen; denn bei Revolutionen braucht man Geld „und wieder Geld, und abermals Geld; oft möchte „man sagen, daß das ihr eigentliches GrundWesen sey. „Endlich, wenn nichts mehr da ist, wird man wieder „von euch fortziehen, indem man euch Augen laßt, um „zu weinen, ein von Reue durchbohrtes Herz, und auf „dem Papier sehr schöne Phrasen einer Constitution, die

„unglüklicher Weise noch nirgends in Ausführung gebracht „wurden; denn wo ist man weniger frei, als in den „Ländern der Freiheit, weniger gleich, als in den Län„dern der Gleichheit?" ..... „Wenn euer Entschluß „gefaßt ist" — sagt er weiter zu den Directoren von Frankreich — „so appelliren wir an Europa, an die „Nachwelt, an die fränkische Nation, an eure tapfern „Truppen, die ihr den Weg der Schande und der Unter„drükung führen wollt. „Dann erklären wir sie des Na„mens unsrer Brüder, des Ranges von Republikanern „unwürdig; wir sagen laut, daß es schändliche Heuche„lei ist, wenn sie sich die Wohlthäter des MenschenGe„schlechts nennen. Dann sehen wir in ihnen nichts, als „verächtliche Werkzeuge einiger leidenschaftlichen Men„schen, welche die heiligsten Grundsäze der Revolution „unter ihre Füsse treten, und keine andere Triebfeder „mehr haben, als Hunger nach Raub und ungeheure „Rachgier wegen Beschwerden, die nicht existiren. O „dann erwachet Schweizer! seyd eurer VorEltern wür„dig, hört auf zu lieben, zu bewundern, was ihr nicht „mehr hochachten könnet. Und ihr alle, die ihr ein so „hohes Interesse dabei habt, diese natürliche Citadelle, „die eure Gränzen schüzt, zu erhalten, werdet ihr nichts „für uns thun? Benachbarte Departemente, er„hebt euch, werdet Schweizer, wenn eure Regierer auf„hören wollen, Franken zu seyn! Föderalism, steige „wieder aus deiner Asche empor! Gähre, Lyon! Em„pöre dich, Süd! Teutsche, greift wieder zu den „Waffen! Royalisten, das ist euer Augenblik! Brit„ten, unterstüzet mit Subsidien! Im Mittelpunkte von „Europa ist eine unüberwindliche Citadelle, das älteste „WiegenBette der Freiheit, welches die Natur hier an„legte, um zu den wahren Grundsäzen alle, die sich da„von entfernen würden, zurükzurufen. Und ihr, Schrift„steller, Archivare des Ruhmes und der Menschheit, „brandmarket unsre Zerstörer, heftet ihnen die Schmach-

„Worte der Tyrannen, der Betrüger und Unter„drüker an die Stirne, damit die Geschichte sie durch „alle ZeitAlter wiederhole und unsre Manen räche!"

Während Obrist von Weiß, der izt sein Haupt-Quartier in Yverdun nahm und einige Bataillons bis nach Avenches vorrüken ließ, dieses, volle 11 Bogen starke, Werk schrieb, erklärte sich weit der grösere Theil des Waadtlandes unter den Waffen als unabhängig, bemächtigte sich der öffentlichen Kassen und vertrieb die von Bern gesezten LandVögte. Zu gleicher Zeit wandten sich die Comite's der waadtländischen Städte dringend an den BrigadenGeneral Menard, der izt die Division Massena kommandirte, die täglich zu halben Brigaden in die benachbarte Landschaft Gex einrükte, daß er dem weitern Heranzuge des Berner TruppenKorps, und dadurch einem unnüzen BlutVergiesen Einhalt thun möchte. Menard, der desfalls ohnehin von seiner Regierung sehr bestimmte Befehle hatte, entsprach gerne ihrem Verlangen, und schikte (25 Jan.) seinen Adjutanten Autier nach Yverdun, an den Obrist von Weiß, mit der schriftlichen Erklärung: „wofern er nicht sogleich seine in dem „nördlichen Theile des Waadtlandes zusammengezogenen „Truppen entlassen und dis bereits für unabhängig er„klärte Land gänzlich räumen würde, so werde er an der „Spize seiner Division ihn dazu zwingen." Aber auf dem Wege nach Yverdun wurden, bei dem Dorfe Thierens, unweit Lucens, um halb zehn Uhr in der Nacht, die zwei fränkischen Husaren, die Autier's Wagen begleiteten, von einem Berner TruppenPosten mit FlintenSchüssen empfangen und getödtet. Nach der Aussage der Berner geschah es, weil die Franken im Dunkel unangemeldet vorrükten, und auf den an sie geschehenen Anruf nicht antworteten. Dagegen stellte Adjutant Autier vor, daß seine Ankunft zuvor gemeldet und für ihn unterlegte Pferde bestellt worden; daß er sich in einem Wagen befunden habe, um folglich weder zum Angrif noch zur Vertheidigung bereitet gewesen sey. Er rettete sich so gut er konnte, und kehrte unverzüglich zu General Menard zurük. Am folgenden Tage (26 Jan.) rükte dieser an der Spize seiner Division in das Waadtland ein. Das fränkische VollziehungsDirectorium ertheilte nun in einer Botschaft vom 5 Febr. dem gesezgebenden Körper die erste Nachricht von dem Stande der Verhältnisse zwischen Frankreich und Helvetien, und von den gegen Menard's Adjutanten verübten Feindseligkeiten, auf eine Art, welche voraussehen ließ, daß der entscheidende Schlag nun ohne weiters ausgeführt werden sollte.

(Die Fortsezung folgt.)

II.

Codex diplomaticus zur neuesten Geschichte Helvetiens.

1.

„Das fränkische VollziehungsDirectorium an den Minister der auswärtigen Verhältnisse. Paris 7 Nivos, Jahr 6. (27 Dec. 1797.)

„Das VollziehungsDirectorium, Bürger Minister, hat Ihnen vor einiger Zeit den Auftrag ertheilt, über eine Petition mehrerer Einwohner des Waadtlandes, welche, zu Folge alter Verträge, die Garantie der fränkischen Republik zur Wiederherstellung ihrer Rechte angerufen haben, ihm schleunigen Bericht zu erstatten.

„Noch haben Sie diesen Bericht nicht erstattet, und gleichwohl liegt dem VollziehungsDirectorium daran, sobald wie möglich über die gedachte Petition zu entscheiden.

„Das VollziehungsDirectorium ruft Sie daher auf, ihm ohne weitern Verzug über diese Sache Bericht zu erstatten."

Unterzeichnet: Barras, Präsident.

Unterzeichnet: Für den GeneralSecretär: François (von Neufchateau.)

2.

„Beschluß des VollziehungsDirectoriums, vom 8 Nivos, Jahr 6. (28 Dec. 1797.)

„Das VollziehungsDirectorium, nach angehörtem Berichte des Ministers der auswärtigen Verhältnisse,

„Beschließt: daß durch den Minister der fränkischen Republik bei den Helvetischen Kantonen, den Regierungen von Bern und Freiburg erklärt werden soll, daß die Mitglieder dieser Regierungen für die individuelle Sicherheit und das Eigenthum derjenigen Einwohner des Waadtlandes, die sich an die fränkische Republik gewendet haben oder noch wenden könnten, um, zu Folge alter Verträge, deren Vermittelung zur Erhaltung oder Herstellung ihrer alten Rechte anzurufen, persönlich verantwortlich sind.

„Der Minister der auswärtigen Verhältnisse erhält den Auftrag, gegenwärtigen Beschluß zu vollziehen."

Unterzeichnet: Barras, Präsident.
Für den GeneralSecretair,
Unterzeichnet: RevelliereLepaux.

3.

Auszug aus den Registern der Verhandlungen des VollziehungsDirectoriums." Paris, 16 Nivos, Jahr 6. (5 Jan. 1798.)

„Das VollziehungsDirectorium beschließt folgendes:

1. „Der Bürger Mengaud, GeschäftsTräger der fränkischen Republik in der Schweiz, ist beauftragt, die Regierung des Kantons Bern offiziell und ohne Verzug aufzufodern, zu erklären: ob es wahr sey, daß sie TruppenVersammlungen verordnet habe, um gegen die Franken vorzurüken, und daß sie Abgeordnete von Gemeinden, welche sich geweigert, die Waffen gegen die fränkische Republik zu ergreifen, habe in Verhaft nehmen lassen?

2. „Er wird eine schleunige und kategorische Antwort auf die Note verlangen, die er zu diesem Ende eingeben wird.

3. „Er wird diese Antwort dem VollziehungsDirectorium mit Rükkehr des ausserordentlichen EilBoten zusenden, der ihm gegenwärtigen Beschluss überbringen wird."

Unterzeichnet: der Präsident des VollziehungsDirectoriums.

P. Barras.

GeneralSecretair: Lagarde.

4.

Magna Charta der Landschaft des Kantons Basel, vom 20 Jan. 1798.

„Freiheit. Gleichheit. Einigkeit. Zutrauen.

„Wir, Burgermeister, Klein und Grose Räthe des eidgenössischen FreiStandes Basel geben hiemit zu vernehmen: Demnach die sämtlichen Gemeinden der Landschaft Basel, aus Gefühl ihrer MenschenWürde und aus innigem Trieb nach wahrer Freiheit, deren reinen Genuss dieselben mit Unsrer ganzen Bürgerschaft, deren Stelle Wir vertreten, als biedere Schweizer zu theilen wünschen, sich bewogen gefunden, die Grundsäze einer glüklichen Freiheit und Gleichheit Jedermann in's Herz zu rufen, zu dem Ende durch ehrende Ausschüsse im Namen der Gemeinde auf dem Altare Gottes folgende vier Punkte und Erklärungen unterschrieben, und zur Annahme der E. Bürgerschaft allhier vorgelegt haben; als nemlich:

1. „Dass sie entschlossen seyen, Schweizer zu bleiben.
2. „Dass sie wollen, Freiheit Gleichheit, die heiligen unverjährbaren Rechte des Menschen, und eine Verfassung, wozu Repräsentanten aus dem Volke gewählt werden.
3. „Enge Vereinigung der StadtBürger mit den LandBürgern als zu einem Körper gehörend, welche gleiche Rechte und gleiche Freiheit zu geniesen haben, und
4. „Unverzüglich eine VolksVersammlung begehren, wozu von Stadt und Land, nach zu bestimmenden Regeln z. B. von fünfzig Bürgern Einer, erwählt würde, welche den zu bestimmenden Gesezen für die Zukunft vorläufig beiwohnen könnten.

Dass daraufhin Wir eine gesammte E. Bürgerschaft auf ihren

Zünften, GesellschaftsHäusern der mindern Stadt, so wie auch die bürgerlichen UniversitätsAngehörigen, beförderlichst versammlen lassen, wo dann zum Besten des Vaterlands allgemein mitgewirkt und in die von der Landschaft vorgelegten Erklärungen und Punkte vorermeldt, nachdem ein Jeder namentlich darüber angefragt worden, einhellig eingestimmt und dieselben angenommen worden.

„Wir bezeugen diese vollkommene Annahme und gänzliche Einstimmung anmit auf das feirrlichste, erklären in Folge dessen die ehevörigen Verhältnisse zwischen Stadt und Land durchaus und also zernichtet, daß in ewigen Zeiten dieselben nie mehr zum Vorschein kommen noch angeführt werden sollen; erfreuen Uns hingegen grundmüthigst, daß hinfort Stadt und Landschaft, als Ein Körper, in brüderlicher Eintracht miteinander leben, Religion und Tugend ehren, und das gemeine Wesen unter der Leitung nur solcher Männer, welche sich durch Kenntnisse und warme VaterlandsLiebe des Vertrauens vom Volke würdig gemacht haben, stehen und gedeihen werde. Der Allmächtige verleihe dazu seinen reichen Segen!

„Urkundlich dessen haben Wir Gegenwärtiges mit Unsrer Stadt gröserem Insiegel verwahren, und von Unserm StadtSchreiber unterfertigen lassen.

„Gegeben in Unsrer Grosen RathsVersammlung den 20 Jan. 1798.

(L. S.)

Johann Rudolf Faesch,
StadtSchreiber.

5.

Botschaft des fränkischen VollziehungsDirectoriums an den Rath der Fünfhundert, vom 5 Febr. 1798.

„Bürger Repräsentanten!

„Die helvetische Oligarchie, die, seit dem Anfange der Revolution, an allen Versuchen gegen die Freiheit und an allen zum Umsturz der fränkischen Republik geschmiedeten Komplotten so thätigen Antheil nahm, macht nun das Maas ihrer Frevel volk, indem sie, in der Person mehrerer unsrer tapfern Waffen-Brüder, die heiligsten Geseze des VölkerRechts verlezt.

„Nach dem 328sten Artikel der Constitution liegt es dem Vollziehungs Directorium ob, Sie von allem, was vorgefallen ist, und von den Masregeln, die es ergriffen hat, zu benachrichtigen.

„Seit langer Zeit seufzte das Volk im WaadtLande, welches im Jahr 1530 von Savoyen abkam, unter dem Despotism der Regierungen von Bern und Freiburg. Dis Land, in früheren Zeiten von Frankreich abgerissen, bildete unter der Herrschaft Savoyens eine abgesonderte Provinz, welche durch Stände regiert ward, im Einverständniß mit einem herzoglichen LandVogt, dessen Befugnisse durch constitutionelle Geseze eingeschränkt waren.

„Diese Geseze wurden, unmittelbar vom Jahre 1530 an, durch die Patrizier von Bern und Freiburg verachtet und zu Boden getreten.

„Im Jahr 1564 entsagte der Herzog von Savoyen allen seinen Ansprüchen auf diß Land, jedoch unter förmlichem Vorbehalt der Aufrechthaltung seiner Constitution; und am 26 April 1565 übernahm die fränkische Regierung die Garantie dieses Tractats, und folglich der politischen Rechte des WaadtLandes.

„Man weiß, mit wie wenig Schonung der gesellschaftliche Vertrag, den diese neuen Tractaten zwischen den Waadtländern und den Regierungen von Bern und Freiburg bildeten, von den leztern in einemfort verlezt ward.

„Die Waadtländer erhoben Klagen gegen die Unterdrükung, deren SchlachtOpfer sie waren: aber lange Zeit gebot UiberMacht der Menge Stillschweigen, und diejenigen unter ihnen, welche mehr Muth als die andern zeigten, wurden geächtet; aus dieser Zahl war der tapfre General La Harpe, der darauf, von der fränkischen Republik zum Sohne angenommen, einer ihrer unerschrokensten Vertheidiger ward, und in den Ebenen Italiens die Anhänglichkeit, die er ihr geschworeen hatte, mit seinem Blute versiegelte.

„Inzwischen behielt die Freiheit im WaadtLande zahlreiche und Energievolle Freunde; sie entschlossen sich endlich, den Schuz anzusprechen, den die Republik, zu Folge der Tractaten von

1564 und 1565, als Nachfolgerin sowohl in die Rechte des ehemaligen Herzogs von Savoyen als in die Stelle der alten Regierung Frankreichs, ihnen schuldig war.

„Kaum war die Nachricht von diesen Reclamationen erschollen, als die Bosheit sie zu entstellen suchte, indem sie in einem Journal das Gerüchte ausstreute, daß das Waadtland, zum Lohne seines Eifers für die Freiheit, von der Schweiz abgerissen und Frankreich einverleibt werden würde.

„Dis Gerüchte, welches der fränkischen Republik gehässige und ihrer Redlichkeit widerstreitende Absichten andichtete, hatte offenbar keinen andern Zwek, als die Waadtländer über die Folgen des Schrittes, den sie thaten, um wieder zu ihren alten Rechten zu elangen, mit Besorgnissen zu erfüllen: das VollziehungsDirectorium beeiferte sich, solche durch einen Schluß vom 27 Frimaire, wodurch es das Journal, welches dieselbe enthielt, verbot und alle helvetischen Kantone davon benachrichtigen ließ, für falsch zu erklären.

„Am 8 N.vos (28 Dec.) erstattete der Minister der auswärtigen Verhältnisse dem VollziehungsDirectorium Bericht über die Reclamationen, die wegen Wiedereinsezung der Waadtländer in die politischen Rechte, welche die Tractaten von 1564 und 1565 ihnen bisdahin vergebens garantirt hatten, an ihn eingelaufen waren. Das VollziehungsDirectorium faßte dem zu Folge am nemlichen Tage einen Schluß, durch den es dem Minister der Republik bei den helvetischen Kantonen auftrug, den Regierungen von Bern und Freiburg zu erklären: daß ihre Mitglieder für die individuelle Sicherheit und das Eigenthum derjenigen Einwohner des Waadtlandes, die sich an die fränkische Regierung gewendet hätten, oder noch wenden würden, um durch ihre Vermittelung, vermöge der alten Tractaten, bei ihren Rechten geschüzt oder in dieselben wieder eingesezt zu werden, persönlich verantwortlich seyn sollten.

„Dieser Beschluß war um so dringender, da bereits die Regierung von Bern, (wie sie in ihrer Antwort auf eine offizielle Anfrage, welche das VollziehungsDirectorium durch seinen diplomatischen Agenten an sie hatte thun lassen, selbst anerkannte,) die Zusammenziehung einer Miliz verfügt hatte, um gegen die in einigen Theilen des Departements MontTerrible versammelten fränkischen Truppen zu marschiren, und sogar die Abgeordneten der Gemeinden, welche sich geweigert, die Waffen gegen die Republik zu ergreifen, in Verhaft hatte nehmen lassen.

„Die Regierung von Bern war noch weiter gegangen: sie hatte öffentlich Ausgewanderte und fränkische Requisitionärs und Ausreisser angeworben, und verhehlte nicht ihre Absicht, sich derselben zu bedienen, um mit Gewalt die Reclamationen der Einwohner des WaadtLandes zu unterdrüken, und sie gegen die fränkische Republik zu gebrauchen. Diese feindseligen Gesinnungen waren für das VollziehungsDirectorium ein hinlänglicher FingerZeig, sich in die gehörige Stellung zu sezen. Es wurden Befehle ertheilt, daß die Division der italienischen Armee, die unter dem Kommando des Generals Massena sich so viele Lorbern gesammelt hatte, bei ihrem Rükzuge nach Frankreich, ihren Weg durch Carouge nehmen sollte, um von da in die Departemente des Ain, Jura und Doubs zu ziehen, die Bewegungen der Berner und FreiburgerTruppen zu beobachten, und immer bei der Hand zu seyn, um den Angrif abzutreiben.

„Der Erfolg rechtfertigte diese Vorsicht nur allzusehr. Am 28 Nivos (17 Jan.) ward der kommandirende General in Carouge, durch ein AmtsSchreiben des Comite's von Nyon, der von dem Rathe dieser Stadt Vollmacht erhalten hatte, benachrichtigt, daß von Bern 14 Bataillone und die nöthige Artillerie aufgebrochen wären, die ihren Marsch gegen das WaadtLand nähmen; daß man überdis in der Stille Truppen in die Dörfer, welche die Gränzen dieses Landes umgeben, der dem Comite' gemachten bestimmten Zusage entgegen, beordert habe.

„Bald nach dieser Nachricht erfolgte die Ankunft der Division Massena. BrigadenGeneral Menard, der sie in der Abwesenheit des DivisionsGenerals kommandirte, meldete dem VollziehungsDirectorium, in einem Schreiben vom 6 Pluvios (25 Jan.), daß in Betref der Bewegungen, welche die Kantone Bern und Freiburg machten, um die Reclamationen des WaadtLandes zu unterdrüken, kein Zweifel mehr statt finde; daß der General (Obrist) von Weiß, der als Commandant en chef der

Truppen von Bern und Freiburg im WaadtLande mit Vollmacht von diesen Kantonen ausgerüstet sey, sein HauptQuartier in Yverdun habe, und im Begrif sey, feindselig zu Werke zu gehen.

„Am nemlichen Tage schikte General Menard, in Gemäsheit der Befehle, die er von dem VollziehungsDirectorium erhalten hatte, dem General Weiß eine Auffoderung zu, seine Truppen zurükzuziehen und den Einwohnern des WaadtLandes die freie Ausübung ihrer Rechte, Reclamationen und Recurses zu lassen, indem er ihm erklärte, daß er, widrigen Falls, sich genöthigt sehen würde, Gewalt mit Gewalt abzutreiben, den Widerstand aufhören zu machen und dessen Urheber zu verfolgen.

„General Menard trug seinem Adjutanten, dem Bürger Autier, auf, diese Auffoderung dem General Weiß nach Yverdun zu überbringen, und gab ihm 2 Husaren zur Begleitung mit, welche die Patrioten von Moudon bei seiner DurchReise durch diese Stadt, mit einer Escorte von 2 waadtländischen Dragonern verstärkten.

„Zwei Stunden von Yverdun, beim Eingang in das Dorf Thierens, ward dieser Offizier, im Wagen, und folglich weder auf Angrif noch selbst auch nur auf Vertheidigung gefaßt, plözlich von einem Berner TruppenPosten angegriffen: die beiden Husaren, die ihn begleiteten, stürzten augenbliklich, von einer Menge Kugeln durchbohrt, entseelt zur Erde; einer von den waadtländischen Dragonern ward verwundet, sein Pferd unter seinem Leibe erschossen, und der Bürger Autier selbst rettete sich nur durch eine Art von Wunder.

„Bei seiner Rükkunft in Moudon fand er die ganze Miliz marschfertig und in Waffen. Von dem auf ihn geschehenen meuchelmörderischen Anfall benachrichtigt, wollte sie ihm zu Hilfe eilen und, die Fakel in der Hand, schwur sie, das Dorf, welches der Schauplaz dieser GräuelThat gewesen wäre, in Brand zu steken. Der Bürger Autier bot Allem auf, um diese Rache zurükzuhalten, die den Unschuldigen mit dem Schuldigen treffen konnte; und glüklicher Weise unterblieb die Einäscherung, die man Anfangs als schon vollbracht angekündigt hatte. Die Miliz von Moudon und Lausanne begnügte sich, den Trupp MeuchelMörder aus dem Dorfe Thierens zu verjagen.

„General Menard von der scheuslichen UnThat, die sich

ereignet hatte, benachrichtigt, erkannte leicht die wahre Ursache derselben. Man hatte die Bedekung seines Adjutanten nicht angerufen; man hatte sie nicht recognoscirt; man wuste überdis, daß er durchreisen sollte, da die Pferde für ihn seit länger als 8 Stunden bestellt waren. Die Absicht, einen Abgesandten der fränkischen Republik zu ermorden, war also unzweifelhaft. General Menard glaubte demnach seine Division marschiren lassen zu müssen, und am folgenden Tage rükte sie in das Waadtland ein, indem sie eine Proclamation an die Einwohner dieses Landes vor sich hersandte.

„Von ihrer Seite haben die Berner und Freiburger Truppen das WaadtLand gänzlich geräumt. Die waadtländische Miliz, schon sehr zahlreich, wohl organisirt und von geschikten Offizieren angeführt, ist ihnen auf dem Fuße gefolgt und es scheint, daß sie in diesem Augenblike Bern schon sehr nahe bedroht. Die fränkischen Truppen bleiben in dem WaadtLande.

„Dis war, Bürger Repräsentanten! die Lage der Dinge in dem Augenblike, wo die lezten, an das VollziehungsDirectorium eingelaufenen Berichte abgiengen. Man versichert, daß seitdem sich Ereignisse zugetragen haben, wodurch feindliche Masregeln überflüssig werden dürften, welche die NationalEhre und das VölkerRecht, beide so gröblich gekränkt, sonst allerdings von Seiten der fränkischen Republik gegen die Regierungen von Bern Freiburg erfodern würde.

„Das VollziehungsDirectorium glaubt sich daher heute darauf einschränken zu müssen, Ihnen vorläufig nur die ThatSachen bekannt zu machen."

Unterzeichnet: P. Barras, Präsident.
Lagarde, GeneralSecretär.

III.

Of- und DefensivAllianz- und HandelsTractat zwischen der fränkischen und cisalpinischen Republik, (durch den fränkischen Rath der Alten den 17, und durch den cisalpinischen den 15 März 1798 genehmiget.)

AllianzTractat.

„Artikel I. Die fränkische Republik erkennt die Cisalpinische als frei und unabhängig, und garantirt ihr ihre Freiheit und Unabhängigkeit, und die ewige Vernichtung der früheren RegierungsFormen, unter welchen sie ehemals stand.

„Art. II. Es soll Friede, Freundschaft und gutes Einverständniß auf immer zwischen beiden FreiStaaten seyn.

„Art. III. Die Cisalpinische Republik nimmt Theil an allen Kriegen, welche die fränkische Republik betreffen könnten, wenn sie von dem fränkischen Vollziehungs-Directorium dazu aufgefodert wird. Sobald diese Auffoderung wirklich erfolgt, ist sie gehalten, ihre ganze Kriegs-Macht zu Fuß und zu Pferd in Thätigkeit zu sezen. Durch die Bekanntmachung dieser Auffoderung ist sie ohne weiters in KriegsZustand gegen die Mächte gesezt, gegen welche sie zur Mitwirkung aufgefodert wird; solange aber dis nicht geschieht, bleibt sie neutral.

„Art. IV. Da die Cisalpinische Republik von der Fränkischen ein TruppenKorps verlangt hat, welches hinreichend wäre, um ihre Freiheit zu vertheidigen, die Unabhängigkeit und innere Ruhe zu erhalten und sich gegen jeden Angrif ihrer Nachbarn zu sichern, so sind die beiden Republiken in dieser Hinsicht, über nachfolgende Artikel übereingekommen.

Art. V. Einstweilen, bis eine neue Uibereinkunft getroffen seyn wird, soll in der Cisalpinischen Republik ein fränkisches TruppenKorps von 25,000 Mann, mit Inbegrif des GeneralStabs und der Administrationen, stehen. Diese 25,000 Mann sollen aus 22,000 Mann FußVolk, 1500 Mann Reiterei und 900 Mann sowohl von der reitenden, als von der LinienArtillerie zusammengesezt seyn.

„Art. VI. Zu Besoldung und Unterhaltung dieser Truppen zahlt die Cisalpinische Republik der Fränkischen jährlich die Summe von 18,000,000 Livres, in 12 gleichen Terminen, von Monat zu Monat; zu KriegsZeiten wird der erfoderliche Zuschuß da u gemacht. Die Cisalpinische Republik gibt die für diese Truppen nöthigen Kasernen und Quartiere; aber die Fränkische sorgt für Sold, Equipage, Kleidung und Unterhalt der ermeldten Truppen, sowohl der Gesunden als der Kranken.

„Art. VII. Die fränkische Regierung kan diese Truppen nach Gefallen zurükziehen, und wieder ersezen.

„Art. VIII. Sowohl die fränkische als cisalpinische KriegsMacht stehen beständig unter fränkischen Generalen.

„Art. IX. Die Garnisonen von Mantua, Peschiera, und Ferrara sollen immer wenigstens zur Hälfte aus fränkischen Truppen bestehen.

„Art. X. Wenn fränkische und cisalpinische Truppen sich an Einem Orte befinden, so werden sie, wenn von beiden Theilen Offiziere von gleichem Range dabei sind, von einem fränkischen; wenn aber der Rang der Offiziere ungleich ist, von dem vornehmsten befehligt, er sey nun Franke oder Cisalpiner.

„Art. XI. Die Cisalpinische Republik unterhält die Artillerie in diesen drei Pläzen im besten Zustande, und sorgt dafür, daß in allen dreien beständig MundVorrath für ein Jahr vorhanden sey.

„Art. XII. Die fränkische Republik überläßt der Cisalpinischen, während der zwischen Bürger Buonaparte und dem cisalpinischen Directorium festgesezten Termine, von der dem Feinde abgenommenen Artillerie, soviel als die Cisalpinische Republik nöthig haben wird.

„Art. XIII. Die Festung, welche von den fränkischen Ingenieuren und auf Befehl des Bürgers Buonaparte bei Roc d'Amfo entworfen worden ist, um das Thal von Sabia zu verschliesen, soll ohne ZeitVerlust errichtet werden. Gleichfalls soll unverweilt an Vervollkommnung von Mantua und Peschiera so wie an Befestigung der Höhen von Valeggio und des kleinen Plazes Goeto, nach den von dem Bürger Buonaparte gebilligten Planen, und zwar auf Kosten der Cisalpinischen Republik, gearbeitet werden.

„Art. XIV. Die Cisalpinische Republik wird eine bewafnete Macht organisiren, welche aus Italienern und HilfsTruppen zusammengesezt seyn, und deren Verhältniß durch eine besondre Uibereinkunft bestimmt werden soll. Sie soll einen ArtillerieTrain von 120 FeldStüken, über 60 Pontons, und eine Flotille auf dem GardaSee haben.

„Art. XV. Die Cisalpinische Republik dultet auf ihrem Gebiete keinen fränkischen Ausgewanderten, und wenn sich einer innerhalb desselben finden läßt, so wird er verhaftet, um dahin deportirt zu werden, wohin das fränkische Directorium es für gut finden wird. Auf gleiche Weise wird die fränkische Republik auf ihrem Gebiete keinen cisalpinischen Ausgewanderten dulten. Jeder cisalpinische Ausgewanderte, der sich auf dem Gebiete der fränkischen Republik finden läßt, soll verhaftet und dem cisalpinischen Directorium zur Verfügung übergeben werden."

HandelsTractat.

„Artikel I. Keine von beiden Republiken kan jemals von einem Produkt der Natur oder der Industrie der andern Republik, ihrer Alliirten, die Einfuhr verbieten.

„Art. II. Keine von beiden Republiken kan jemals die Ausfuhr irgend eines Natur- oder KunstProduktes in die andre Republik verbieten; und nur in dem Falle eines allgemeinen Mangels, und wenn das gleiche Verbot gegen alle übrige Nationen statthat, kan die Ausfuhr des Korns und Mehls auf eine Zeitlang untersagt werden.

„Art. III. Wenn eine von beiden Republiken für räthlich finden sollte EinfuhrZölle auf Natur- oder KunstProdukte der andern Republik zu legen, so dürfen diese Abgaben nicht über 6 Procent des Werths der Waaren steigen.

„Art. IV. Bis zum allgemeinen Frieden, wird von allen Abgaben nur die Hälfte bezahlt, wenn die Natur- oder KunstProdukte aus einer der beiden Republiken in die andre, auf Wagen oder Schiffen der einen oder der andern Republik, eingeführt werden. Und zwar wird, um auf diese Milderung der Abgaben Anspruch machen zu können, erfodert, daß die LandFuhrwerke von Bürgern der einen oder der andern Nation geführt werden, und daß bei FrachtSchiffen wenigstens drei Theile der Mannschaft aus solchen bestehen.

„Art. V. So wie der allgemeine Friede zu Stande kömmt, hört die im vorhergehenden Artikel bestimmte Prämie, in Ansehung der zu Schiffe ankommenden Natur- und KunstProdukte, auf; aber von diesem Zeitpunkt an, können die fränkischen Natur- und KunstProdukte in die Häfen der Cisalpinischen Republik nur auf fränkischen oder cisalpinischen Schiffen eingeführt werden. Und gegenseitig können die cisalpinischen Natur- und KunstProdukte in die fränkischen Häfen nicht anders als auf fränkischen oder cisalpinischen Schiffen eingeführt werden. Alle Schiffe fremder Nationen sind demnach, und zwar bei Strafe der Confiscation von Schiffen und Ladung, von diesem Handel ausgeschlossen; überdis müssen die Eigenthümer der diesem Geseze entgegenhandlenden Schiffe, so wie auch die Consignatoren und Agenten der Schiffe und Ladungen, und die Kapitains und Lieutenants derselben, zu einer GeldBusse von 3000 Livres, einer für alle und alle für einen, verurtheilt werden.

„Art. VI. Der Werth der eingeführten Waaren, welcher bei Erhebung der darauf gesezten Abgaben zum Grunde gelegt werden muß, wird durch die Facturen oder geschriebenen Erklärungen bestimmt, welche den Schiffen mitgegeben werden müssen, und wenn die ZollBeamten dieselbe für verfälscht halten, so steht ihnen frei, die Waaren zu behalten, und sie nach dem Inhalt der Factura oder der Declaration mit 25 Procent Aufgeld zu bezahlen.

„Art. VII. Jedes Schiff oder LandFuhrwerk muß sich an dem Orte der Ladung mit einer von dem Consul, oder in dessen Ermanglung, von dem MunicipalBeamten des Orts, auszustellenden Erklärung versehen, in welcher bezeugt wird, aus was für einem Lande das einzuführende Natur- oder KunstProdukt kommt.

Art. VIII. Beide Republiken werden, jede von ihrer Seite, allen ihren Einfluß und gütliche Unterhandlungen dazu verwenden, daß die zwischenliegenden Mächte den gegenseitigen Durchgang möglichst erleichtern, es sey durch Aufhebung der DurchgangsAbgaben, oder durch eine bei einem Austritt aus dem Reiche zu gewährende WiederErstattung des beim Eingang erhobenen Zolles.

Art. IX. Auf dem Wege von Mailand nach Paris werden PferdePostenWechsel, und BriefPostBureau's angelegt; die PostStrasse geht durch das Walliser Land, das WaadtLand, durch Lausanne, und verfolgt den Weg, welcher vor dem Frieden von 1748 üblich war. Die fränkische und cisalpinische Republiken tragen die Kosten dieser Einrichtung jede auf ihrem Gebiete. Sie werden sich vereinigen, um die Helvetische Republik zu bewegen, daß sie ähnliche Anstalten auf ihrem Gebiete mache.

Art. X. Das VollziehungsDirectorium der fränkischen Republik wird sich bei den Barbarischen Mächten verwenden, daß die cisalpinische Flagge von den Korsaren derselben mit eben der Achtung behandelt werde, wie die fränkische."

(Nun folgen die Unterschriften.)

IV.

Die Verschwörung vom 18 Fructidor, (4 Sept. 1797); ein Bericht, in der Sizung des gesezgebenden Körpers vom 16 März 1798 vorgelesen von J. Ch. Bailleul.

Eure Commission würde sich eher des ihr ertheilten Auftrags entlediget haben: aber neue, erst nach und nach entdekte ActenStüke, deren vollständige Mittheilung durch PoliceiMasregeln verhindert ward, hielten uns bis izt zurük. Auch noch izt würden wir nicht in wenigen Tagen eine Arbeit gefertigt haben, die weit mehr Zeit erfordert haben würde, um ihres Gegenstandes würdig zu seyn, wenn die Annäherung der Ur- und WahlVersammlungen uns nicht die Nothwendigkeit gezeigt hätte, vor den Augen der Bürger das Gemählde der Intriguen zu entrollen, welche die Operationen der lezten Versammlung vorbereitete, und der Verbrechen, welche schlechte Wahlen zur Folge hatten, um sie gegen neue Versuche dieser Art zu warnen.

Wenn eure Commission ihrer Arbeit nicht den Grad von Vollkommenheit geben konnte, dessen sie fähig war und der ihrer Wichtigkeit gebührte, so hat sie wenigstens alle bis izt bekannte ThatSachen zusammengetragen, von denen sie euch jedoch nur diejenigen aufzählen wird, deren Wahrheit sie verbürgen kan.

„Viele Versuche wurden gemacht, um den Thron „wiederherzustellen ..... nichts vermochte die „Royalisten muthlos zu machen" — hat ein Agent des anmaßlichen Königs gesagt. Dis Zeugniß ist gewissermasen der Text zu der ganzen ReihenFolge unsrer Bemerkungen, der Masstab aller unsrer Beobachtungen. Man kan die Ereignisse der Revolution, von welcher Art sie auch seyn mögen, nicht ganz verstehen, wenn man nicht den Antheil kennt, den die Royalisten daran hatten; mehr oder weniger hatten sie an Allem Antheil. Unläugbar die einzigen Urheber aller unsrer Leiden im Innern waren sie zugleich auch die Urheber des auswärtigen Krieges; dieses grausamen, fürchterlichen Krieges, der jedoch den Republikanern Ruhm und Macht erwarb, während er über seine Anhezer nur Schande und Zerstreuung brachte.

Sie wagten öffentliche Verschwörungen vor dem 10 August; aber wer könnte genau bestimmen, bis auf welchen Grad sie, die sich mit so viel Gewandheit in alle Masken schmiegten, an der Uibertreibung Theil hatten, die den GemeinGeist vor dem 9 Thermidor charakterisirte, indem sie jenes Feuer, jene unter solchen Umständen so nöthige hohe Spannung der Geister in eine schrekliche Wuth ausarten machten, deren Ausbrüche ihnen bald neue Waffen verschaften?

Unglüklicher Weise haben wir nie recht genau den QuellPunkt dieser Ränke und die Hand gekannt, die ihnen den ersten Anstoß gab. Alles, was wir desfalls mit Zuverlässigkeit wissen, ist, daß die brittische Regierung stets die Agenten der Unordnung und des Verbrechens besoldete.

Wenigstens wagte der Royalism vom 10 August (1792) bis zum 9 Thermidor (27 Jul. 1794) nie, sich in seiner wahren Gestalt zu zeigen; und seine feigen Anhänger gaben überall, und am meisten in den Kerkern, das Beispiel der kriechendsten Niederträchtigkeit.

Der 9 Thermidor rettete die Republik; er ist eine der ruhmvollsten Epochen des NationalConvents. An diesem merkwürdigen Tage ward eine scheusliche Regierung gestürzt: aber unglüklicher Weise ward nichts an ihre Stelle gesezt, als das Verlangen alle Wunden zu heilen; ein an sich lobenswürdiges Gefühl, welches jedoch, da man es an keine Regeln band, in seinen Wirkungen nicht beschränkte, der Keim alles unsers nachfolgenden Unglüks ward.

Allzüneue Erinnerungen und Besorgnisse, die Gewalt der Begebenheiten mächtiger als die der Menschen; Anmasungen selbst von Seiten der Menschen, die keine mehr haben und durchaus hätten befriedigt seyn sollen; die allzu weitlose Vertheilung der Gewalten, die man nach einer so schreklichen Concentrirung für nöthig hielt, so viele verschiedene Leidenschaften — waren die Ursachen, daß man sich durchaus für keinen gewissen Plan entschied und alles dem Zufall überließ.

Das schrekliche Gespenst der revolutionären Regierung schwebte noch über Frankreich: aber in dem Verhältniß, wie es zerstob, (da man noch keinen andern festen VereinigungsPunkt dargeboten hatte,) stürzten alle Elemente in ein wildes Gewirre, der Wille eines jeden wollte vorherrschen und herrschte in der That vor; die Regierung war überall und nirgends: da bot Frankreich das leibhafte Bild der Anarchie; denn Willkür ist das Wesen des Despotism, und Anarchie entsteht aus der Gegeneinanderwirkung sich widerstreitender Willen und Grundsäze. In einem solchen Chaos von Begriffen, Anmasungen und Ränken vergaß sich der Royalism nicht: vor dem Prairial entspann er sein Gewebe und hezte zur Rache auf.

Ein Bürger, der in diesen Tagen der Trauer, indem er dem NationalConvent zu Hilfe eilte, sich gegen alle Empfindungen der Reaction und Rache zu erheben wagte, ward als Jacobiner verschrieen. Dis war schon ein VorSpiel zu dem schreklichen Gebrauche, den man in der Folge von diesem Namen machen wollte.

Die Unfälle des Prairial (20 Mai 1795) entschieden die Leitung, welche die Royalisten seit einiger Zeit dem GemeinGeiste zu geben gesucht hatten. Einen recht tiefen Haß gegen die Jacobiner einzuflösen; unter dieser Benennung alle Bürger zu begreifen, welche republikanische Gesinnungen geäussert hatten, und deren Eifer dem Volke nüzlich war und noch ferner seyn kan — dis ist das System, wovon sie bis izt sich nicht entfernten.

Die Republik unterlag ihren angestrengten Bemühungen, aber der Sieg vom Vendemiaire (5 Oct. 1795) hemmte für einige Augenblike deren Fortgang und Erfolg. Wir zählen hier nicht auf's neue alles auf, was diesem berühmten Tage vorhergieng; noch weniger werden wir den Royalisten die Ehre erweisen, ihr Läugnen zu widerlegen. Wir stellen blos einige Bemerkungen auf, die man nicht zu oft wiederholen kan.

Die Menschen, die in der Verschwörung vom Vendemiaire figurirten, VolksRepräsentanten, Mitglieder der Tribunale und Verwaltungen, Führer der Sectionen, Journalisten, sind die nemlichen, die im leztverflossenen Fructidor eine neue Verschwörung angezettelt hatten.

Lüge, Beschimpfung, Verläumdung waren die Waffen der Royalisten, und ihre Organe waren jene ehrlosen Journale, die alle unglüklichen Epochen der Revolution auszeichneten.

Das Verbrechen dieses Aufruhrs lag keineswegs in der Absicht einer grosen Zahl von Bürgern, die daran theilnahmen, und sogar Opfer davon wurden: sie wurden bewafnet und zu marschiren vermocht, weil man sie beredet hatte, sie wären verloren, wenn sie sich nicht gegen das, was man Jacobiner nannte, vertheidigten.

Dieser Tag schrekte die Royalisten, aber er schlug sie nicht zu Boden, weil Misverstand, Gerüchte und schlau hingeworfne Besorgnisse den Blik der Republikaner vom wahren Ziele abführten, den NationalConvent lähmten und die HauptVerschwörer in den gesezgebenden Körper eintreten liesen.

Das System dieser Verschwörung war, durch MordThaten

zu wirken: Briefwechsel und Emissairs hatten auf allen Punkten der Republik alle Mittel vorbereitet, deren man sich nach der Vertilgung des NationalConvents und der eifrigsten Republikaner bedienen sollte.

Wir gehen hier nicht in die bekannten Details dieser Verschwörung ein, die wir nur um den Faden der Ereignisse nicht zu verlieren, euch wieder in's Gedächtniß riefen. Aber wir enthüllen nun eine der mächtigsten, bis izt unbekannten Springfedern der Verschwörer; die Darstellung derselben wird uns, durch eine ununterbrochne Reihe von Verrätherreien, bis zum 18 Fructidor hinführen.

In den ActenStüken von la Villeurnoy's Processe kam bekanntlich die Stelle vor:

„Der König wünscht ausführlichere Erläuterungen über die „Verbindung mit einer von den zwei HauptArmeen, wovon seine „Agenten in einem Schreiben vom 25 Mai 1796 und in der, wie „es scheint, seit kurzem gebildeten und in einem neuern Schrei„ben nur leise angedeuteten Association gegen ihn Erwäh„nung gethan haben."

Entfernt von den Armeen, voll Bewundrung so vieler HeldenThaten und voll Dankbarkeit gegen deren Urheber; ausser Stande jene kleinen Indiscretionen, jene anhaltende Vorsicht näher zu beobachten, deren augenblikliches Vergessen oft die Projekte des Mannes, der ein groses Verbrechen sinnt, enthüllen — wagte man es nicht, zu glauben, daß jene Angabe einigen Grund haben möchte; man gab nicht einmal dem Argwohn Raum, aus Furcht ungerecht und zugleich des schwärzesten Undanks schuldig zu seyn.

Aber die Zeit, die alles enthüllt, hat endlich die Schleier gelüpft, welche dieses Geheimniß dekten.

Ein Mann, der sein ganzes Glük der Revolution zu danken hat, Sergent in der Artillerie; dann Commis in den KriegsBureaux der alten Regierung; hierauf Commandant eines Bataillons, und mit einemmal in dem RevolutionsKriege OberGeneral einer grosen Armee — Pichegru war beständig ein Verräther, er bediente sich seiner Talente nur so weit er muste, um seinen Credit zu erhalten und den Blik der Beobachtung zu täuschen; er erhielt seinen Credit nur, um der Partei der

Ausgewanderten nüzlich zu seyn, und sich durch die Ausführung eines Projektes auszuzeichnen, das er nie aus den Augen verlor. *

Er rükte nur deswegen in Holland ein, weil die Volks-Repräsentanten ihn dazu zwangen. Seit dieser Epoche durchspähten ihn geistvolle Offiziere, und hörten nicht auf ihn seitdem wie einen alles Vertrauens unwürdigen Mann zu betrachten. In der That kündigte, von dem ersten Augenblike dieser Invasion an, ein gewisser Montgaillard, Abentheurer und Agent der GegenRevolution, den Generalen Clerfaye und Mack die Gesinnungen Pichegru's, ihnen gerne nüzlich seyn zu wollen, an. Ein junger Mensch von Bourdeaux, Adjutant des Generals Thierri, ließ sich in einem kleinen Gefechte bei Tournai gefangen nehmen, und machte zweien Offizieren vom östreichischen GeneralStabe, Frossard und Odonell, die nemlichen Eröfnungen.

Eure Commission hat sich nicht verhehlt, daß man manche Wahrscheinlichkeiten gegen dieses Factum einwenden könnte; aber die Wahrscheinlichkeiten müsten vor bestimmten ThatSachen weichen, für welche Menschen als Zeugen auftreten, deren Wort anständiger Weise nicht bezweifelt werden kan, besonders wenn diese Zeugnisse, zu verschiedenen Zeiten und an verschiedenen Orten gegeben, sich vollkommen übereinstimmend finden. **

* Es ist nicht gleichgiltig, zu wissen, daß Pichegru, bei der Aufstellung der Bataillo e, ein wüthender Patriot war, und die rothe Müze trug.

** Am 30 Fructidor, Jahr 2, in der Schlacht bei Boxtel, erlitten die coalirten Truppen eine solche Niederlage, daß 30 Husaren vom 8ten Regiment zwei feindliche Regimenter gefangen nahmen. Nach der Schlacht sagte B. Daendels, DivisionsGeneral, zu Pichegru: „Wenn mir Ihr Eifer „für den Ruhm Ihres Vaterlands nicht bekannt wäre, so „würde ich Sie mit dem Feinde einverstanden glauben; denn „Sie brauchten nur eine Colonne auf Grave vorrüken zu „lassen, um ihm den Rükzug abzuschneiden, da dis der „einzige Punkt war, auf den er seinen Rükzug nehmen „konnte." — „Schweigt," antwortete Pichegru, „Ihr „seid ein KindsKopf, und Ihr verdientet, daß „ich Euch in den Kerker werfen ließe, um Euch „Mores zu lehren."

Wirklich gestehen es alle KriegsVerständige ein, daß nach einem so vollständigen Siege, wie der bei Boxtel erfochtene war, wenn Pichegru ungesäumt eine Colonne, die durch nichts mehr aufgehalten werden konnte, gegen

Grave hätte vorrüken lassen, die feindliche Armee abgeschnitten, und genöthigt worden wäre, das Gewehr zu streken. Anstatt aber den Feind mit jener Thätigkeit zu verfolgen, ohne welche die glänzendsten Siege oft unnüz werden, ließ ihm Pichegru acht Tage Zeit zu seinem Rükzug nach Grave, obwohl diese Festung nur 5 Stunden vom SchlachtFelde lag. — Von dem Augenblik an ward er der unversöhnliche Feind des General Daendels, der das Opfer seines Grolls geworden wäre, wenn sich nicht VolksRepräsentanten bei der Regierung eifrig seiner angenommen hätten. Er führt gegenwärtig die Batavischen Truppen an.

Am 7 Nivos bemächtigte sich eben dieser General Daendels, mit dem Bajonet, der Insel Bommel, des Andreas-Forts, vier umliegender Posten, 60 Kanonen, und nahm einen Theil der feindlichen Armee gefangen. Nach diesem Siege konnte man ungehindert in das Herz von Holland dringen. Der Repräsentant Bellegarde that auch die eifrigsten Vorstellungen: allein Pichegru schüzte Hindernisse vor, die niemand sah, und bestand hartnäkig darauf, nicht vorzurüken. Er mochte die Gesandten des Statthalters erst abwarten wollen, die den 14 kamen, zwei an der Zahl. Bellegarde glaubte nun nach Paris reisen zu müssen, um dem WohlfahrtsAusschuß davon Nachricht zu geben, und von demselben einen Befehl zur eifrigsten Verfolgung des Sieges auszuwirken. Der Befehl wurde den 19 Nivos erlassen; und während des ganzen Laufes der Unternehmung, deren guter Erfolg nur der Tapferkeit der Soldaten und den Talenten der Offiziere verdankt wurde, indem sie die feindlichen Armee, die Beschwerden der JahrsZeit, und den bösen Willen ihres eigenen Feldherren zu überwinden hatten — bewies die schwarze Laune, die dieser leztere beständig zeigte, bewies sein mürrisches, schweigendes Wesen, wie wenig die Thaten der Krieger, die er anführte, ihn erfreuten, wie wenig Theil er an ihrem Ruhm hatte.

Die Repräsentanten bei der NordArmee sind immer überzeugt gewesen, daß Pichegru Connexionen mit dem Statthalter unterhielt. Die ganze Zeit, die er in Holland zubrachte, war er beständig mit Offizieren von der LeibWache des Prinzen von Oranien umgeben, denen er sogar erlaubt hatte, ihre orangefarbenen Schärpen zu tragen. Im Haag lobte einst der HausHofmeister des Prinzen seinen Herrn gegen den Repräsentanten Bellegarde; er rühmte seine Menschlichkeit, sein vortrefliches Herz, die Liebe der Holländer für ihn; „wenn alle fränkischen Generale," fügte er hinzu, „wie Herr Pichegru gewesen wären, so würde der Statthalter nie die Niederlande verlassen haben; den kennt der Prinz gar wohl, und sie sind recht gute Freunde." Bellegarde rief seinen Collegen Fressine herbei, und ließ den HausHofmeister in dessen Gegenwart die nemlichen Worte wiederholen.

(Die Fortsezung folgt.)

I.

Die Verschwörung vor dem 18 Fructidor.

Ein Bericht des VolksRepräsentanten Bailleul.

(Fortsezung.)

Die Spur dieser ersten Eröfnungen verliert sich eine Zeit lang, und wir finden sie erst im Floreal des Jahres 3, oder Mai 1795, wieder. Damals wurden neue Vorschläge gethan. Im August desselben Jahres gab Condé dem Montgaillard, von welchem wir eben sprachen, Vollmacht, in den Schritten gegen Pichegru fortzufahren *: zu diesem Behuf warf er die Augen auf zwei Menschen, Namens Fauche-Borel und Courant.

Der erste, Buchdruker des Königs in Neufchatel, war fanatisch für das Königthum, hatte wenig Verstand, aber viel Eifer und Enthusiasm; der andre, auch von Neufchatel, ein Mensch von Kopf und Entschluß, hatte ehemals vierzehn Jahre lang für König Friedrich SpionenDienste gethan.

Diese beiden Botschafter des Verraths kommen den 26 Thermidor, oder 13 August, im HauptQuartier Pichegru's zu Altkirch an. Nach allen nothwendigen Vorkehrungen, um einander recht zu verstehen, nach glänzenden Versprechungen, gehen sie den General an, Hüningen in Condé's Hände zu liefern, die weisse Fahne aufzusteken, in seinem Lager

* S. die Papiere aus d'Entraigues Portefeuille.

den König zu proclamiren, und mit Conde's Armee vereinigt auf Paris zu marschiren.

Pichegru war mit dem Plan nicht zufrieden: „Ich mag „nichts Halbes thun," sagte er, „ich mag den dritten Band „zu LaFayette und Dumouriez nicht abgeben. Ich kenne „meine Mittel: sie haben ihre Wurzel nicht allein in meiner „Armee, sondern selbst in Paris, im Convent, in den Departementen, unter den Generalen, die meine Gesinnungen theilen"; — (und diese Sprache führte er ohngefähr 36 Tage vor den Begebenheiten des Vendemiaire). — „Frankreich kan „als Republik nicht bestehen; allein die GegenRevolution darf „nicht angefangen werden, bis man nicht die Gewißheit hat, „sie sicher und schnell — das ist mein Motto — zu Stande zu bringen. Der Plan des Prinzen führt zu nichts; in „vier Tagen wäre er aus Hüningen wieder vertrieben, in vierzehn Tagen wäre ich verloren. Meine Armee besteht aus „braven Leuten, und aus Schurken: man muß sie von einander „absondern, und jene durch einen wichtigen Schritt dergestalt „festhalten, daß sie keine Möglichkeit mehr haben, zurükzutreten, und ihr Heil nur im Ausharren sehen. Um dahin zu gelangen, erbiete ich mich, an der Stelle, dem Tage, der „Stunde, die man mir bestimmen wird, mit so viel Truppen „von jeder Gattung als man verlangen wird, über den Rhein „zu gehen. Ehe ich aufbreche, stelle ich sichre Offiziere, die wie „ich gesinnt sind, in den Festungen an; die Schurken werde „ich beseitigen, und ihre Stellung soll so eingerichtet seyn, daß „sie sich nicht vereinigen können. Bin ich einmal über dem „Rhein, so proclamire ich den König, pflanze die weisse Fahne „auf; das Conde'sche Korps, die kaiserliche Armee stossen zu „mir, wir gehen wieder auf das andre Ufer, wir marschiren „vorwärts; alle Mittel, die ich in den Händen habe, entwikeln „sich, und in vierzehn Tagen sind wir in Paris."

Wie viel mehr Abscheu wird das Verbrechen dieses Treulosen noch erregen, wenn wir ihn nun mit der gräßlichsten Beharrlichkeit bis zum Augenblik seiner Deportation, durch beispiellose Verrätherei, bei allen Unfällen, die uns betreffen, mitwirken sehen!

Ein Glük war es, daß dieser Plan, der freilich nicht gelungen, aus welchem aber groses Unheil entstanden wäre, in die Ohren eines Dinges das man Prinz nennt, fiel, und eines Prinzen von Conde', das heißt eines Wesens, welches nach dem Zeugniß seiner eignen Creaturen, der Handlanger und Anbeter des Königthums, „von Conde' nichts als den Namen „hat, übrigens der kleinste aller Menschen, ohne Mittel und ohne „Charakter, von den mittelmäsigsten, verworfensten, mitunter „auch verruchtesten Menschen umgeben und beherrscht.“

Conde' wollte den Ruhm der GegenRevolution mit niemanden theilen. Nach Pichegru's Plan hätte er müssen die Oestreicher dabei mitwirken lassen. Daher verwarf Conde' diese Anerbietungen gänzlich; aber seine Anhänger waren darüber entrüstet. Mehr als neun Monate darauf schrieb eine Baronin Reich, auch eine Intrigantin, die im Ausland die Correspondenz der Emigrirten besorgte, an den Ausgewanderten Klinglin: „Es ist „traurig, daß Conde' am 18 August nicht gewollt hat, was damals „so leicht war; daß er nicht einmal die schwere Verantwortlich„keit erwogen hat, die, es thut mir um seinetwillen leid, ihn „sein Lebenlang grausam peinigen kan, wenn wir nicht vordrin„gen“ — das heißt, wenn die Oestreicher nicht in Frankreich einrüken!

Sechs und dreissig Tage also, wie ich es schon bemerkt habe, vor dem Vendemiaire war es, daß Pichegru's Hilfsmittel in Paris, im Convent, in den Departementen ihre Wurzel hatten: es ist also klar, daß er mit jenen Bewegungen in Verbindung stand, daß sein Komplot eine mächtige Aufmunterung, ja sogar einen entscheidenden BestimmungsGrund geben muste.

Weil die Republik obgesiegt hatte, so mochten die Correspondenzen und die Zusammenkünfte einige Augenblike unterbrochen seyn; doch schon mit dem Monat November war das Komplot ganz wieder in Gang gekommen. *

Der zusammenhängendste Verkehr wurde aus dem Innern mit den Emigrirten, mit Conde', mit den östreichischen Generalen,

* Alle Facta, Pichegru betreffend, sind aus der Correspondenz gezogen, welche am 2 Floreal des Jahres 5 (nach Moreau's leztem Rheinübergang) unter Klinglin's, GeneralMajors in der östreichischen Armee, Equipage genommen wurde: Klinglin hatte die geheime Correspondenz dieser Armee über sich.

namentlich mit Wurmser, LaTour, Prinz Karln, und dem Emigrirten Klinglin, unterhalten.

Mehrere Punkte auf dem Rhein waren gewöhnlicher Weise dazu bestimmt, besonders Barlenheim, Habsheim, Gernsheim, Eschau. Der ganze Verkehr wurde unter zweierlei Gesichtspunkt betrachtet, dem militairischen und dem politischen. Die militairische Correspondenz begrif alles, was zur Spionirerei in Betref der Lage unsrer Armeen gehörte: die Kosten derselben bestritten die Oestreicher. Zur politischen Correspondenz rechnete man alles, was mit den Intriguen, mit den innern Bewegungen, kurz mit der GegenRevolution zusammenhieng: für diese führte Wikham die Kasse.

Die thätigsten Agenten im Innern waren ein gewisser Demouge' von Strasburg, BusenFreund von Pichegru, er hatte die Correspondenz und die Spionirerei zu besorgen; sodann Fauche-Borel und Courant, die nemlichen Neufchateler welche Montgaillard acht Monate vorher an Pichegru geschikt hatte: Fauche war zu gleicher Zeit Conde'’s und Wikham's Agent; beide reisten immer von einem Punkt zum andern, als MittelsMänner.

Einer Namens Chembe', von Colmar, der nemliche welcher im Germinal des Jahres 5 zur gesezgebenden Versammlung ernannt wurde, hatte besonders den Auftrag, über den Zustand der Magazine, über die Stellungen und Bewegungen der republikanischen Armeen Nachweisungen zu geben.

Die auswärtigen Agenten waren Klinglin, die Baronin Reich, Montgaillard, und ein Baron Wittersbach.

Conde' hieng noch immer an dem Ruhm, die GegenRevolution ganz allein zu machen, und an seinem alten Plan, nur mit dem Unterschiede daß er izt, statt Hüningen, Strasburg überliefert haben wollte; und er hatte seinen Kopf so sehr darauf gesezt, daß Demouge' in einem Briefe an Klinglin sagte: „Ich fühle wie Sie, daß Conde' nichts ohne Wurmsern „machen kan; also müssen Sie von allem unterrichtet seyn; ich „fodere aber daß alles, was ich Ihnen melden werde, unverbrüch„lich zwischen Ihnen, Wurmsern, u. LaTour bleibe." Demouge' fürchtete seinem Prinzen zu misfallen.

Pichegru gibt nicht nach, und findet den Plan immer noch schlecht; er besteht auf dem seinigen, oder vielmehr er hat keinen: er steht bereit, sich die Umstände zu nuze zu machen; nur ist er eifrig beflissen, sie nach seinem Wunsche herbeizuführen.

Er kommt häufig mit den Verschwornen zusammen; er besucht sie, er speißt bei ihnen, er empfängt sie bei sich. Er ist vorsichtig, gewandt, um allen Argwohn zu verhüten; bald wählt er die Stadt, bald das Land: die abscheulichste Witterung hält ihn nicht ab, wenn es darauf ankommt, mit den Agenten der Ausgewanderten und des Königthums sich zu besprechen.

Seine Hofnungen gründet er auf das Misvergnügen der Armee, auf den Mangel den sie leidet, auf die Unmöglichkeit, in welche die Regierung durch den Zustand der Finanzen versezt wird, ihr zu Hilfe zu kommen. Um sich und seine Freunde in diesen Gedanken zu bestärken, geht er die Mittel und das Verfahren der Regierung durch. Die gezwungene Anleihe wird nicht erhoben, und veranlaßt obendrein eine Unzufriedenheit und unruhige Auftritte, die ihm nüzlich und von guter Vorbedeutung scheinen; die Güter in Belgien werden nichts einbringen; die Abgaben bleiben unbezahlt; die Inscriptionen verlieren 40 pro Cent; der Kredit ist zunichte; man ist den Lieferanten 2000 Millionen schuldig; die Soldaten wollen kein Papier mehr nehmen. Der WaffenStillstand wird dem, was er die gute Sache nennt, neuen Vorschub thun. Er wird die Armeen desorganisiren; man wird dadurch Zeit gewinnen, auf die Gemüther der Offiziere und der Soldaten zu wirken. Bei Ablauf desselben gibt es neuen Stof zum Unmuth für den Soldaten, dem man nun zu verstehen gibt, daß, wenn die Regierung keinen Frieden macht, es blos an ihrem Willen liegt. Die erste Requisition wird gleich den Rüken wenden; die Kanoniere aus den Departementen, wieder zu blosen Volontairs geworden, werden die Nation verfluchen; das macht nach Pichegru's Rechnung 15000 Mann, die von der Republik abfallen. Nach der neuen Composition, die auf den Februar 1796 (Pluvios des Jahres 5) angesezt war, sollten eine Menge Offiziere ihren Abschied bekommen: lauter Malcontenten! Und unser neuer Monk rechnete auf die Auswahl derer, welche beibehalten werden sollten, und die man während des WaffenStillstands Zeit gehabt hätte zu bearbeiten. *

* Monk hatte, um Karls des Zweiten Rükkehr vorzuberei-

Er zeigt dem Feinde, namentlich Conde', an, welche Stellungen er behaupten soll; er billigt oder tadelt seine militairischen Operationen; wenn etwas vorfällt, das zu gröserer Behutsamkeit nöthigt, so verbietet er ihm, sich zu nähern, um keinen Argwohn zu erwecken, und bestimmt die Punkte, die am schiklichsten von seinen Truppen besezt werden können. Er meldet, wie stark seine Armee ist, und verspricht alles, was dahin einschlägt, zu berichten. Demouge' wird von ihm selbst gegen Conde' als derjenige Mittels-Mann angegeben, mit welchem er am zufriedensten ist. Auf seinen ersten Gedanken kommt er immer zurük. Er will von keinem partiellen Versuche auf Strasburg etwas wissen; er befiehlt Fauche-Borel'n, der den 13 Jan. 1796 (24 Nivos 4) bei Conde' seyn muste, alle diese abentheuerlichen Rathschläge, mit denen man ihm den Kopf füllt, abzuwenden. Nach seinem Willen müssen die Dinge durchaus erst so weit gediehen seyn, daß er seine Armee dem vorgeblichen König übergeben könne. Er ist nicht gemeint, einen Ausbruch zu wagen, bevor er die andern Anführer und die Offiziere noch sicherer an der Hand habe. „Denn," sagt er, „ohne das würden die Soldaten, so über„drüßig sie sind, doch zaudern. Uibrigens," sezt er hinzu, „darf „man nicht glauben, daß ich nicht Willens sey zu thun, was man „von mir wünscht. Die Regierung haßt mich in den Tod: ich „erkläre mich täglich, und sogar zu kräftig, gegen die Lum„penhunde (gueux); ich kan auf nichts als Verfolgungen, wo „nicht auf etwas noch Schlimmeres, rechnen. Sie sehen also, „daß ich bei einer Sache, die meine Meinung mir vorschreibt, „und die mein Herz wünscht, auch noch persönlich interessirt bin; „und da ich die Unternehmung auf den Punkt gebracht habe, wo „sie izt ist, so werde ich ja ohne Zweifel auch den günstigen Augen„blik, gerade wie er seyn muß um den Streich nicht zu verfeh„len, zu ergreifen wissen."

Er nahm Agenten aus der Hand der Emigrirten an, weil

ten, alle Offiziere der Revolution beseitigt, und alle Anhänger des Königs wieder angestellt. Merkwürdig ist es, daß er, obwohl von Agenten des Königs umgeben, doch von seinen Absichten kein Wort fallen ließ, bis nicht alles zur Ausführung bereit war. Die Vergleichung zwischen Pichegru's Entwürfen und dem Benehmen des Schottischen Generals, hat viel Auffallendes. Willot hatte dieses System in dem Gesez über die Gendarmerie, das er vorschlug, befolgt.

diese sicher wären. Demouge', Fauche-Borel, und andre stellten, sagten sie, unter seiner Leitung Meneurs bei der Armee an, die aus LeibesKräften arbeiteten.

Er besserte eigenhändig an den aufrührerischen Schriften, welche die royalistischen Agenten unter der Armee zu vertheilen Willens waren; er zeigte an, über welche Gegenstände dergleichen Schriften am zwekmäsigsten seyn würden, und wenn Soldaten in der Treuherzigkeit ihres BürgerEifers zu ihm kamen, um über die gegenrevolutionairen Scharteken zu klagen, die man unaufhörlich den VorPosten zuwarf, namentlich ein Gespräch dreier Grenadiere — so scherzte er darüber mit den Agenten des sogenannten Königs, und empfahl ihnen, durch neue Austheilungen diesen braven Kriegern den Ball wieder zuzuwerfen.

Auf seine ausdrükliche Genehmigung ward unter einer dieser Schriften, die den Titel führte: Zweites Gespräch der Grenadiere, die folgende Note gesezt: „Kameraden, ich „schike euch ein Pröbchen von dem Thaler des Königs, der dem „Gefangenen gegeben wurde; ob es gleich ein Ci-devant ist, so „ist er doch nirgends unwillkommen." Es musten nemlich wirklich alte Thaler von 6 Livres diese Pakete begleiten, die an MilitairPersonen, und an WachtHäuser in den Kantonirungen überschrieben waren; ein PostMeister bei der Armee, der sehr gut war, und einige Vertraute hatten es über sich genommen, zu dieser Operation behilflich zu seyn. Ein andermal waren es Stüke von 24 Sous, in Streifen von Assignaten gewikelt.

Nicht genug, daß er mit den Spionen des Königthums in enges Bündniß tritt, und mit ihnen komplottirt: er nimmt sie offenbar unter seinen Schuz; er verspricht, im NothFall den Demouge' als seinen GeneralAgenten anzuerkennen, und zwar mittelst einer verstellten Correspondenz, aus welcher erhellen soll, daß er, durch seine scheinbaren Verbindungen mit den Feinden, in der That der Sache der Republik diente.

Indem er Wurmsern Komplimente machen läßt, entfernt er sich von der Armee, um den Eid des Hasses gegen das Königthum nicht zu leisten; er will abwarten, welche Wirkung dieses Scandal haben wird, um darnach von seinem Einfluß und den Fortschritten seiner Ränke in den Gemüthern der

Soldaten urtheilen zu können: für diesen Zug wird ihm die Achtung der Baronin von Reich zu Theile.

Und so oft der Verräther von den Republikanern spricht, gibt er ihnen die verhaßtesten Namen; er thut sein Möglichstes, um den Haß der Regierung auf sich zu ziehen, ohne daß diese ihm je etwas zur Last legen könne; auf diese Weise hält er sich für gewiß, es ihr einzutränken, wenn sie etwas gegen ihn unternähme: er wünscht abgesezt zu werden, und zweifelt nicht an der guten Wirkung die es haben würde, weil die Armee ihm völlig ergeben ist, und dadurch der Augenblik zur Krisis am ersten reifen müste.

Er erhält sehr höfliche Briefe von Wikham, der ihm 2000 Louisd'ors schikt, zur Ausführung hoher Projekte, die man nicht aller Welt anvertraut.

Wie weit man es aber auch in der Verstellung gebracht haben möge, so ist es doch nicht möglich, sich bei einem Geschäfte immerfort gut zu benehmen, wenn man die bestimmte Absicht hat, gerade das Widerspiel zu erreichen. Es erhoben sich Wolken in Ansehung seiner Aufführung. Er fühlte, daß Unverschämtheit eines der sichersten Mittel für ihn seyn würde. Die Emigrirten zitterten, sie machten Einwendungen: aber Pichegru ward immer mehr von der Nothwendigkeit einer Reise nach Paris überzeugt, ohne welche der Verdacht zur Gewißheit werden konnte. Sobald er sich also versichert hatte, daß er noch keine Gefahr dabei liefe, der Regierung unter die Augen zu treten, war sein Entschluß gefaßt. Er gab sogar zu verstehen, er würde mit den Dummköpfen von Regenten — das war sein Ausdruk — so laut sprechen, daß sie zum Kreuze kriechen würden.

Demouge' bot ihm Geld an zu dieser Reise. In seiner Antwort trug ihm Pichegru herzliche Grüsse an Herrn von Pre'cy, seinen Respect an den Prinzen von Conde' auf, und nahm das Geld an, das Fauche-Borel, welcher mit Ungedult erwartet wurde, bringen sollte. Uiberdem war es Pichegru's Absicht, — so sagen seine Vertrauten — in der HauptStadt zwekmäsige Anstalten zu treffen, damit der Ausbruch in gleichem Augenblik geschähe: er wollte den dortigen Anführern die Stimmung seiner Armee mittheilen, und die ihrige von ihnen erfahren.

Man war indessen wegen dieser Reise in tödlichen Aengsten; allein Demouge', nach einer neuen Zusammenkunft in seinem Kabinet mit Pichegru, versichert Wurmsern, der Furcht hat, und Conde', der an dem Erfolg des Unternehmens verzweifelt, und die Baronin von Reich, die den göttlichen Beistand anruft: sie könnten wegen des Schrittes, den Pichegru thue, ganz ruhig seyn; er sey ein Mann von wahrhaft ausserordentlicher Klugheit; er, (Demouge') sey entzükt darüber, daß Pichegru Geld angenommen habe; Pichegru sey redlich, und um nichts und wieder nichts wage man es nicht, so etwas anzunehmen.

Er reiste aber auch nicht ab, ohne seinen Getreuen einige Worte des Trostes und guten Rath zu hinterlassen. Er beruhigte sie erstlich wegen seiner Reise; sodann: „Ich schreibe an niemanden", sagte er, „so sehr ich es auch wünschte, und so viel Vergnügen „es mir machen würde. Aber ich bin Mann von Ehre: ich suche „das Beste, ohne mich bestimmter Weise zu dieser oder jener Maß„regel verpflichten zu können, indem ja alles von den Umständen „abhängt, die ich berechne. Wenn ich in dieser Minute die Lage „der Sachen zum Vortheil des Königs, den ich verehre, und „der Unglüklichen, die eine so heilige Sache vertheidigen, umän„dern könnte, ich würde keinen Augenblik anstehen. Sagen Sie „ihnen, daß, wenn Conde' von den Oestreichern recht unterstüzt „würde, ich nicht einsehe, wie alsdann in allen Fällen der Er„folg zweifelhaft seyn könnte. In Paris werde ich die Fünfe „sehen; dort werde ich wissen, was Trumpf ist. Ich werde „ihnen das Wort nicht herkauen: die verschiedenen Unterredungen, „durch welche ich ihre Absichten und ihre Mittel erfahren werde, „können mich denn wahrscheinlich bestimmen, wie ich zum wah„ren Besten der Sache mich zu benehmen habe. Ich wiederhole „es aber sehr ausdrüklich, daß den Oestreichern sowohl als Conde' „äusserst daran gelegen seyn muß, diesen willkürlichen, unbegränz„ten WaffenStillstand nicht aufzuheben, der den Franken „schon den grösten Schaden gethan, ihre BelagerungsVorräthe „erschöpft, den Mangel vermehrt hat, und der mit jedem „Tage den Uiberdruß des Soldaten auf das Höchste treibt. „Die fränkische Regierung wird nothwendiger Weise den Waf-

„fenStillstand zuerst aufsagen. Verliehren sie denn keine Minute; „wenn die GnadenFrist von 10 Tagen um ist, müssen sie über die „Unsrigen, wie auch über Jourdan, so derb als möglich her„fallen: wir werden nur einen Unfall aushalten. Werde „ich abgesezt, dann vielleicht kan es gut seyn, daß die Oest„reicher zuerst den WaffenStillstand aufheben und mit Condé „vereinigt uns angreifen: der kleinste Unfall, bei dem Misver„gnügen der Armee und einem kleinen, den Umständen angemes„senen Pamphlet, würde die erwünschte Wirkung einer Vereini„gung, oder eines gänzlichen Auseinandergehens hervorbringen".

Und Demougé wiederholt: „Er hat Geld angenommen," und so oft man, weil die Sachen nicht schnell genug von statten gehen, über die Ergebenheit und den Eifer Pichegru's Zweifel erheben will, antwortet er immer: „Er hat aber Geld ange„nommen, und Pichegru ist rechtschaffen."

Fauche-Borel seinerseits schrieb an Wurmsern den 14 April 1796: „Wenn es möglich wäre, ihn so zu entehren und „zu glauben, daß er fähig wäre nach Schweden zu gehen, „so müste man ihn nicht allein für einen Bösewicht halten, son„dern für den rasendsten aller Narren; denn der Mensch müste „sich's doch selbst gestehen, daß, nachdem er mit dem „Worte und dem Vertrauen des Königs, des Herrn „Prinzen von Condé, Ihrer Excellenz, der Gene„rale Seiner Kaiserlichen Majestät, und des „Brittischen Kabinets sein Spiel getrieben, da er „überall unwiderlegliche Beweise und Spuren „seiner gegen das Directorium getriebenen Ränke „hinterlassen hätte, ein einziges Wort von einer „einzigen der Personen, welche in Strasburg mit ihm in Ver„hältnissen gestanden haben, hinreichend seyn würde, um ihn, „ehe er nach Stokholm käme, in Verhaft nehmen, und seinen „Kopf fallen zu machen . . . . . Geruhen Ihre Excellenz mir „zu erlauben, daß ich Denselben versichere, daß in sehr wenigen „Tagen Pichegru Ihnen den DefinitifPlan und die zu „treffenden lezten Masregeln zukommen lassen wird, „und wenn Ihre Excellenz fortfahren wollen sie zu unterstüzen, „so zweifle ich nicht, daß Se. K. Hoheit, der Herr Erz-

„Herzog Karl, vor Ablauf des künftigen Monats von Ihrer Ex„cellenz in das Innere von Frankreich geführt werden."

Während seiner Abwesenheit verdoppelten drei bis vier Bearbeiter, die dafür bekannt waren daß sie ihm angehörten, ihre Thätigkeit, um so viel Offiziere als möglich an sich zu loken und in ihr Interesse zu ziehen. Badonville, sein GeneralAdjutant, tractirt die Generale, und leiht ihnen Geld; Trugnot, ein andrer Offizier thut ein Gleiches: Demougé hielt auch ofne Tafel.

In Paris, wo man den von ihm gegebenen Antrieb empfangen hat, geht alles vortreflich; Demougé ist sogar überzeugt, daß alle diese übereinstimmenden Bewegungen zum Theil Pichegru's Werk sind, da dieser keinen andern Gedanken haben kan, als an der Quelle alles Uibels die Elemente durcheinander zu werfen, und dadurch unsre Armeen zu bestimmen.

Ein Circular von Demougé, vom 2 Mai 1796, meldet Pichegru's Rükkehr am Rheine. Er hatte, unter dem Vorwand von Geschäften, einen Urlaub bekommen. Ob er gleich in Paris die Gemüther nicht so günstig gestimmt gefunden hatte, als er es hofte; ob die Meinung gleich noch sehr irrig war, so konnte man seines Erachtens doch auf alles rechnen was nicht jacobinisch wäre, und der ausserordentliche Mann hat wichtige Verhältnisse in Paris angeknüpft, hat die zu beginnenden Operationen auf's Haar bestimmt.

Nach seinem Rath muß der sogenannte König auf seine alten Ansprüche nicht zu bestehen scheinen; er muß sich zu Palliatifen bequemen, wenn er verhindern will, daß nicht Ströme von Blut fliessen: die Verkehrtheit des ZeitAlters machte diese Schonungen nothwendig; denn der Anführer der republikanischen Armeen sah die vollkommenste Regierung nur in der vollständigen Tyrannei, und indem er dem sogenannten König so strenge Bedingungen auflegt, sezt er hinzu: „mit dem Vorbehalt nichts „zu halten, so wie er einmal Alles kan."

Sodann — doch war dis vermuthlich der schwerste Punkt — muß dieser sogenannte König sich an der Spize der Seinigen zeigen: die grose Sensation, die seine Gegenwart gemacht hat, beweißt die Nothwendigkeit, den Posten nicht zu verlassen.

Sobald dis alles in Richtigkeit ist, sollen die Oestreicher den WaffenStillstand aufsagen; Pichegru wird ihnen alle Nachweisungen geben, die er erhalten kan. Der Irthum in welchem man in Ansehung seiner stand, das Vertrauen das sein Ruf einflößte, der Wunsch sich bei einem so kriegsverständigen Manne Raths zu erholen: das alles hatte ihm bis zu einem gewissen Punkt zu den Geheimnissen unsrer Generale verholfen. Er wuste, daß Moreau den 28 Floreal seine Truppen sammelte, um den 8 Prairial (27 Mai) zu agiren. Er gab den Feinden davon Nachricht; er empfahl ihnen, sich zu rüsten, damit sie auf allen möglichen Punkten zuerst angreifen könnten; er empfahl ihnen, tüchtig auf das Eisen loszuschlagen, um alles in Schreken zu sezen. Sie werden nur schwachen Widerstand finden; dann läßt man die Armee rufen: „Kein Frieden, „kein Glük ohne Pichegru." Gibt die Regierung diesen Bewegungen nach, so ist Pichegru Meister, ist Dictator; sezt sie sich dagegen, so erklären die siegreichen östreichischen Feldherren, daß sie mit Moreau nicht unterhandeln wollen, sondern Pichegru verlangen.

Bis diese unfehlbaren Siege eintreffen, wird sich Pichegru nach dem JuraDepartement begeben, über welches ihm Demouge' Data gegeben hat, mit denen er zufrieden ist. Er wird dort die zwekmäsigen Masregeln leiten, die mit dem, was am Rhein vorgehen wird, harmoniren sollen; vielleicht wird er auch in das Lyonnische gehen. Voraus wird er einen jungen Mann Namens Holbang schiken, dessen Bruder, ein zurükgekommener verstekter Emigrirter, mächtig für die GegenRevolution wirkt. Dieser junge Mensch wird nüzliche Data einsammeln, was ihn in den Stand sezen wird, erspriesliche Arbeit zu thun, besonders wenn ihm Conde', wie er's versprochen hat, die Namen der royalistischen Agenten, die er in der Franche-Comte' hat, übermacht haben wird.

Vor seiner Abreise macht er Demouge' ein Geschenk mit einem sehr schönen Pferde, und um dem sogenannten König, Conde', den östreichischen Generalen, ein Pfand seiner Treue zu geben, schreibt er ein längst verheissenes Billet, in folgenden Ausdrüken:

„Keine partiellen, vereinzelten Projecte mehr, deren immer

„aufgehaltene, verhinderte Ausführung eine wesentliche Verminderung von Kräften und Mitteln nach sich zieht, ohne „andre Wirkungen hervorzubringen, als Furcht und Muthlosigkeit in den vereinigten Gemüthern, und Entfernung bei denen, „welche Willens wären sich anzunähern. Grose militairische Vorfälle können den günstigen Augenblik herbeiführen; ich werde „ihn ergreifen, und der Abkömmling Heinrich's des Vierten „kan auf meine Ergebenheit rechnen".

Anstatt geschlagen zu werden, waren die republikanischen Heere siegreich; aber die gegenrevolutionairen Plane wurden darum nur aufgeschoben. So wie wir zu Ende des Feldzugs, im October, von Unfällen betroffen wurden, knüpften sich die Correspondenzen wieder an.

Pichegru empfiehlt dem Prinzen Karl und dem General LaTour, immerfort recht zu arbeiten, und den Republikanern keine Zeit zu lassen, zu äussersten Mitteln zu greifen, wenn sie wollen daß er zurükberufen werde.

Er räth dem ErzHerzog an, in Fronkreich eine Erklärung bekannt zu machen, durch welche er ankündigen würde, daß er blos Belgien wieder erobern will; er wiederholt alle Motive, die den Feind ermuntern sollen; er hat eine neue Reise nach Paris im Sinn. Wikham hat die nöthigen Gelder schon hergeschossen, Demouge' soll ihn begleiten. Demouge' hat nicht mehr bekommen, als er zu seinem Pariser Aufwand braucht; aber Pichegru ist für die grosen Fälle überflüssig versehen.

Pichegru hat der Regierung treulose Rathschläge gegeben; laut lacht er darüber auf, indem er seinem würdigen Freund Demouge' die Hand drükt: dieser und seine schändlichen Mitschuldigen rufen unter Pichegru's Leitung Feuer und Mord auf unser Vaterland. Während ihr Patron Pichegru dem Feinde die Fehler an den Verschanzungen von Kehl anzeigt, lassen sie durch Bestechung Plane von diesem Fort und von unsern verschanzten Lagern aufnehmen; sie melden dem Feind, ob sein Feuer gut oder übel gelungen sey, sie belehren ihn ob er zu hoch oder zu niedrig schiese, und wohin er zielen soll; besonders wünschen sie, daß auf ein Gewölbe, wo unsre Generale sich aufzuhalten pflegen, Bomben geworfen werden möchten; sie bezeichnen die

Lage dieses Gewölbes, das man an dem daraus kommenden Rauche erkennen wird.

Badonville, der in seiner Eigenschaft als GeneralAdjutant überall hingehen kan, ertheilt sehr kostbare Nachrichten. Chembe', der VolksRepräsentant Chembe', ist mit den seinigen immer bei der Hand, und nüzt doppelt in seiner Eigenschaft als Spion und als Richter; während er die Stellung unsrer Armeen und den Zustand unsrer festen Pläze verräth, macht er Anstalten um Emigrirte freisprechen zu lassen, weil das Klinglin Freude machen wird. Trugnot kommandirt die Linien von Germersheim nach Leimersheim; sogleich hebt er die Verbote wegen der Correspondenzen auf, und schwächt die Posten so, daß sie fast ganz leer bleiben. Demouge' läßt den Feinden vor Kehl die Parole zukommen, und den andern Morgen erzählt er ganz ruhig, daß ein Posten von den Republikanern durch dieses Mittel in der Nacht niedergemacht worden ist. Diese abscheulichen Menschen haben auch ihre Hand bei dem, was im Inneren vorgeht. Man hat schon bemerken können, wie ausgebreitet Pichegru's Verhältnisse waren. Lyon, die Vendee, die Chouans, die RänkeMacher in Paris, ihre würdigen Echo's, die Journalisten, die Requisitionnairs, die zurükgekommenen Emigrirten, die Mörder, besonders aber die Priester, kamen wechselsweise und vermehrten ihre Hofnungen, so wie sie wiederum der Gegenstand ihrer lebhaftesten Theilnahme waren. Selbst Baböuf's Sache machte ihnen eine HerzensFreude. Und in der That, die Thorheit der Uibertreibung wird immer nur zum Vortheil des Royalism arbeiten. Uiberdem konnte es für sie nicht gleichgiltig seyn, daß eine ihres Amtes unwürdige MagistratsPerson, daß der öffentliche Ankläger Viellard in einer Rede, die er bei jenem Prozeß hielt, die Unverschämtheit hatte zu sagen, es habe im Vendemiaire keine Verschwörung gegeben.

Prahlerisch verkündigen sie, daß Malmesbury eine Menge Schriften und AnschlageZettel, in denen die republikanische Verfassung zerrissen und im Koth herumgeschleppt wird, mitnimmt um sie dem Kaiser zu überreichen. Ausser daß viele Royalisten sich zu Mördern gemacht haben, und daß ihnen die Lehre des MeuchelMords ganz geläufig ist, kan man sich auch noch einen

Begrif machen, welche Wuth diese Menschen verzehrt, wenn man blos die folgende Stelle aus einem Briefe liest, den ein StellVertreter von Demouge' unterm 12 Nov. 1796 schrieb:

„Die teutschen Soldaten dürfen in den fränkischen nichts als „verabscheuungswürdige Ungeheuer erbliken, und im gerechten „RachGefühl müssen sie wünschen, sie bis auf den lezten Mann „zu vertilgen."

Und der rasende Bösewicht, der dieses schrieb, lebte in der Republik! Und er hat Mitschuldige, und es gibt Menschen die ihm Beifall geben! Und mitten unter solchen Leuten lebte jener unwürdige Besizer eines erhabenen Postens und eines grosen Ruhmes! Und unter solchen Verruchten bereitete er seine Ernennung zur gesezgebenden Versammlung, wo ein neuer Plan der Royalisten ihm einen ausgezeichneten Plaz anwieß! Aber wir dürfen den Muth noch nicht verlieren: wir wurden erst den Horizont des Verbrechens ansichtig, und unsre verrathene Armee war erst das Vorspiel zu dem weitgreifenden Frevel, dessen Gang wir nun verfolgen wollen.

Ehe wir indessen weiter kommen, und indem uns der Abscheu vor solchen Ungeheuern ergreift; sollten wir denn nicht die Bemerkung machen, wie bewundernswürdig sie sind, und wie theuer dem Vaterlande sie seyn müssen, diese braven Krieger, die von ihren Anführern verlassen, auf allen Seiten verrathen, von dem schreklichsten Mangel gedrükt, in ihrem Herzen einen solchen Muth, ein so lebhaftes Gefüh von VaterlandsLiebe finden, daß sie ihr eignes Misvergnügen besiegen, die Fallen des Verraths unnüz machen, und den Feind schlagen? Das kommt daher, weil sie eher Bürger als Soldaten sind; weil sie nur der Freiheit, und keinem Feldherrn angehören; weil sie einen Feldherrn wohl als ihren Anführer, aber nicht als ihren Meister anerkennen.

Die Verschwörung vom Vendemiaire hatte die Wiederherstellung des Königthums zum Zwek; die Mittel waren MordThaten. Die Menschen vertilgen, welche mittelbar oder unmittelbar zur Revolution beigetragen hatten; einen Thron wiederfinden, und dabei seine Rache sättigen; auf den Leichen der Republikaner, welche keinen Herrn wollen, wie ein solcher auch benannt seyn möge, zu diesem Throne hinansteigen: ein solcher Triumph war des schwarzen Herzen eines Tyrannen, eines Königs von

Blankenburg, eines Condé' würdig, und die Geschichte der MordThaten, die von ihren Agenten begangen wurden, milderte tröstend den verzehrenden Gram ihrer Verweisung.

Da jedoch ihr Einzug in Frankreich dadurch immer nicht bestimmt wurde, so entschlossen sie sich in ihrer Ungeduld, mit den alten Unternehmungen einen anscheinend menschlicheren Plan, zu verbinden: dieser Plan umfaßte ganz Frankreich, und schloß jede andre partielle Bewegung aus, bis der Streich geschähe, durch welchen sie Meister von Paris geworden wären, indem die Regierung gestürzt wurde.

Pichegru wollte eben so wenig von partiellen Unternehmungen hören, und er sah nichts Wirksames, ausser grosen militairischen Successen.

In diesem Projekt nun suchte man die politischen und militairischen Masregeln neben einander fortgehen zu lassen.

Diese Abentheurer vertheilten demnach Frankreich in zwei Agentschaften; die eine, welche die südöstlichen und mittäglichen Provinzen in sich begrif, ward dem Herrn von Pre'cy anvertraut; die andre, aus dem Rest des Reichs bestehend, stand unter der Leitung der Pariser Agenten. Eine thätige Correspondenz ward zwischen beiden Agentschaften errichtet.

Sie correspondirten mit dem sogenannten Könige und mit der englischen Regierung.

England schoß das Geld her, und im Nivos des Jahrs 5 waren 16,000 Pfund Sterling für einen dieser Agenten bestimmt. Puisaye's Verständnisse erstrekten sich von Brest bis Laval. Frotte', noch in England sich aufhaltend, sollte die ehemahlige Untere Normandie bekommen. Rochecot hatte den Auftrag, Maine, Perche und den Bezirk von Chartres vorzubereiten; er hatte selbst bis in Caen Verständnisse. Bourmont's AmtsVerrichtungen erstrekten sich von L'Orient bis Paris. Mallet kommandirte in der Obern Normandie und Isle de France, ebenfalls bis Paris. Alle Districte, bis 50 Stunden, bildeten ein DreiEk, von welchem ein Winkel sich immer an Paris lehnte. Im Orleanischen war ein gewisser Dujuglatz angestellt. Ein Palu Duparc hatte im Obern Poitou eine Organisation angefangen. Ein Delorge langte aus England an, um die Gegenden um Rochefort und Borbeaux zu organisiren. In Paris, dem Mittelpunkte aller dieser Ränke, waren zwei Compagnien errichtet, deren eine von einem gewissen Defrainville angeführt wurde.

Durch diese militairischen Masregeln, eben so sehr wie durch die Constitution, hofften die Verschwornen die Regierung zu stürzen. Besonders gedachten sie, von der öfteren Wiederkehr der Wahlen Nuzen zu ziehen, und dadurch immer mehr Royalisten in den Regierungs- und VerwaltungsStellen anzubringen.

Zu diesem Behuf muste man: 1. die Royalisten nöthigen, in die UrVersammlungen zu gehen; 2. sie nöthigen, ihre Stimmen auf bestimmte Individuen zu vereinigen; 3. diejenigen Menschen, welche keine Art der Verfassung der andern eben vorziehen, und nur die Ordnung lieben, die ihre Personen und ihr Eigenthum sichert, dahin bringen, daß sie im royalistischen Sinne stimmten.

Man errichtete zwei Verbindungen, die eine von bewährten Royalisten, die andre von furchtsamen Royalisten, Egoisten, Gleichgiltigen.

Die lezte hieß Gesellschaft der Freunde der Ordnung und Feinde der Anarchisten. Ihr Reglement ist in 5 Kapitel, und das 5te Kapitel in 6 Abschnitte eingetheilt.

Der Vorwand dieser Gesellschaft war, dem verwüstenden Strom der Jacobiner einen dichten Damm zu sezen.

Lange noch wird man mit diesen Worten die Schwachen erschreken, und die Meinungen der Ehrgeizigen irre machen. Alle Benennungen sind aus dieser Stiftung verbannt; alle Parteien werden zugelassen, um vereinigt gegen die Anarchisten zu kämpfen, von denen sie sämtlich gefährdet werden. Auf diese Weise war es für die Betrogenen ein OffensivBündniß der rechtlichen Leute gegen die Jacobiner.

Bei'm Eintritt ward ein Eid gefodert, daß man keinem Uneingeweihten je die Worte und ErkennungsZeichen, so wie die Mitglieder der Gesellschaft bekannt machen würde.

Die Gesellschaft hat keine Zusammenkünfte; die Mitglieder haben nur durch Vermittelung von Affidirten Verkehr mit einander. Nur in dem Fall, wo einer auf Unterdrükung zielenden Bewegung Widerstand geleistet werden sollte, kan eine Vereinigung statthaben.

Die Mitglieder sind gehalten, die UrVersammlungen zu besuchen, um das Votum der Gesellschaft hinzubringen.

Die Präsentationen geschehen durch Pathen gegen Affidirte. Der Aufzunehmende erhält von seinen Pathen einen Namen, der das geheime Mittel zum gemeinschaftlichen Verkehr wird.

Die Gesellschaft sollte insbesondre auf die UrVersammlungen ihr Augenmerk richten, als auf das constitutionelle Mittel; den Jacobinern die Aemter zu entreissen, und sie in reine Hände zu bringen. Um einstimmige Vota zu bewirken, gibt jedes Mitglied seinem Affidirten das seinige versigelt. Ein Central-Amt hat den Auftrag, sie alle zusammenzuhalten: das Resultat wird jedem Mitglied der Gesellschaft mitgetheilt, und jedes ist verpflichtet, dem Votum der MehrZahl beizustimmen.

Jedes Mitglied sezt unter seinen Zettel den ersten und lezten Buchstaben seines GesellschaftsNamens: die Ursache davon wird sich gleich entdeken.

Die Mitglieder müssen jede Adresse gegen die Jacobiner, die ihnen vorgelegt werden mag, unterzeichnen.

Jedes berufene Mitglied ist gehalten, sich an dem ihm angezeigten VereinigungsPlaze einzufinden: man wird den Feind, wenn er angreift, mit jenem Nachdruk bekämpfen, der des Sieges gewiß macht.

„Jedes Mitglied wird es seinem Affidirten melden, so oft irgend ein Freund der Ordnung, oder ein falscher Bruder, oder ein Jacobiner, am Orte seines Aufenthalts eintrift.

Die erste, von Duverne de Presle angezeigte, unter diesen Vereinigungen betitelt sich: Cotterie der rechtmäsigen Söhne. Sie ist ein Ausschuß von der Gesellschaft der Freunde der Ordnung und Feinde der Anarchisten. Jedes Mitglied schwört, seinem rechtmäsigen Könige Ludwig XVIII treu zu seyn, sich in allen Stüken nach den Gesezen der Cotterie zu richten, und keinen Artikel derselben je zu offenbaren. Die Freunde der Ordnung dürfen nicht einmal wissen, daß eine solche existirt. Jeder Kanton hat einen Präsidenten. Die Affidirten werden, auf den Vorschlag eines Secretairs, von dem KantonsPräsidenten ernannt. Sie stimmen wie die Secretairs, und kennen den KantonsPräsidenten nicht. Die Secretairs werden vom KantonsPräsidenten ernannt, und von einem OberPräsidenten bestätigt, den sie eben so wenig kennen dürfen. Sie stimmen nach dem Verlangen des Präsidenten.

Dis sind kürzlich die Geseze dieser Einrichtungen, die, so wie auch die militairischen Divisionen, das Werk eines gewissen Despomelles zu seyn scheinen. Was aber nicht mit in den Reglements begriffen war: die militairischen Anführer hatten Befehl, die eifrigsten und muthvollsten Royalisten Kompagnienweise zu sammeln, und ihnen Waffen und Munition zu verschaffen. Sie waren bestimmt, die royalistischen Komplotte zu sichern, die Mitglieder des philantropischen Instituts durch Drohungen, oder sonst, zu nöthigen, daß sie die UrVersammlungen besuchten; darum muste jedes Mitglied den ersten und den lezten Buchstaben seines GesellschaftsNamens auf seinen Zettel sezen, damit man das Betragen eines Jeden kennen lernte. Uiberdis sollten sie alle Personen, deren Gegenwart nicht anstund, von den Versammlungen entfernt halten, welches auch ausgeführt ward, wie man in der Folge sehen wird. Auf den Fall, wo man das Mittel der Wahlen entbehren, und sogleich mit offenbarer Gewalt würde handeln können, waren andre Verfügungen getroffen; da aber die Umstände diesen Fall nicht herbeigeführt haben, so bringen wir hier nur so viel vom Plane in Erinnerung, als auf das Ereigniß Bezug hat, wovon wir Euch die HauptZüge darzustellen den Auftrag haben.

Die Agenten des anmaßlichen Königs sollten alle Mühe anwenden, um die Mitglieder der Regierung und der Administration zu gewinnen. Schon im Jun. 1796 (Prairial, 4) ließ ihnen eine Partei, die sich für sehr mächtig ausgab, Vorschläge machen. (Bekanntlich waren Verschworne vom Vendemiaire in die gesezgebende Versammlung eingetreten.) Die ganze Veränderung, auf die man antrug, war die Concentrirung der vollziehenden Macht. Der anmaßliche König wollte die Bedingungen erörtern. Er verlangte einen Bevollmächtigten, den man sich nicht getraute zu schiken. Die Agenten wusten nicht genau, wie viele Mitglieder der gesezgebenden Versammlung die Wiederherstellung der Monarchie wünschten. Sie meinten, es wären, zum Theil wenigstens, diejenigen, welche sich in Clichy versammelten. Sie kannten nur die einzigen MittelsMänner Lemerer und Mersan. Ein englischer Agent, Namens Hardenberg, hatte unmittelbar Verkehr mit Saladin.

Das war der grose Plan, von welchem in den Instructionen des Prätendenten die Rede war, über dessen Daseyn La Villeurnoi's Prozeß keinen Zweifel gelassen hatte, den er aber nicht ganz an das TagesLicht brachte, ohngeachtet es in die Augen fiel, daß die wichtigsten von den Mitteln, welche dieser Plan angab, die Wahlen waren, und daß der Zwek die Wiederherstellung des Königthums war.

Ich muß hinzusezen, daß schon von diesem Zeitpunkt an zwischen einem Agenten Ludwig's XVIII in Paris, und einem andern Agenten in London, eine Correspondenz im Gange war. Es wurden monatlich 48000 Livres hergeschossen, um alle Kundschaften zu bezahlen, die in der Nähe des Directoriums und der Minister einzuziehen waren; der geheime Agent ließ seinen Bericht alle vierzehn Tage durch einen gewissen Trion, einen Ausgewanderten der seitdem erschossen wurde, nach London übermachen.

Schon hatten die Ränke der Precy, der Besignan, * vom Jura bis zu den Mündungen der Rhone, die grauenvollsten Unordnungen erregt. Lyon war der Mittelpunkt aller königlichen Hofnungen, aller gegenrevolutionairen Intriguen. Ein Mensch in Vaux machte sich reich, blos indem er Ausgewanderte und deportirte Priester nach Lyon beförderte. Willot's Ankunft brachte in den Ländern, die seinem Kommando unterworfen waren, alle Verbrechen an die TagesOrdnung. ** Die Constitution, die

* Dieser Besignan, ein Ausgewanderter, reiste in Frankreich herum, unter dem Schuze eines FreisprechungsScheines vom Ausschuß der allgemeinen Sicherheit, der Rovere unterzeichnet war. Er war am 1 Germinal des Jahres 3 in Paris. Er wurde in den Tuilerien verhaftet, und vor den SicherheitsAusschuß geführt, der ihn ins Gefängniß bringen ließ. Doch zwei Tage nachher kam er auf Lomont's Bericht, den Rovere unterstüzte, wieder in Freiheit.

** Die ganze Folge dieses Berichts stüzt sich auf ActenStüke, die bei den Ministern niedergelegt sind. Sie sind der Commission mitgetheilt worden, welche die folgenden ThatSachen daraus gezogen hat.

Geseze, die Gerechtigkeit, die Menschlichkeit, wurden ohne Schaam noch Larve mit Füssen getreten, indeß ein Lamothe, ein Dominique Allier in diesen unglüklichen Departementen Verwüstung und Tod umhertrugen.

Wie sich nun die Zeit der Wahlen nähert, werden diese unseligen Beispiele wüthend verbreitet, frech befolgt. Die republikanischen Feste werden nicht gefeiert, die patriotischen Gesänge sind verboten. Auf Befehl oder mit Genehmigung der Administrationen werden auf den SchauBühnen Stüke aufgeführt, die das Königthum zurükrufen, z. B. Richard Löwenherz. Die FreiheitsBäume werden abgeschnitten; die Republikaner, die patriotischen Beamten werden beschimpft, bedroht, ermordet. Horden königlicher Würger durchstreifen viele Gemeinden, schreien: „es lebe der König!" schwören die Waffen nicht niederzulegen, bis sie alle Republikaner vertilgt haben werden. Auf diese ersten Frevel folgen Diebstähle, Räubereien, Proscriptionen. Die Couriere werden angehalten, beraubt, ermordet. Unglükliche werden ihren Mördern entrissen; diese bekommen sie wieder in ihre Gewalt, und mezeln sie nieder. Ganz besonders werden auf die Käufer von NationalGütern alle Arten von Schmach und Verfolgung gehäuft. In einem Departement werden junge Leute überwiesen, auf solche Käufer geschossen zu haben; der AnklagsJury spricht sie frei, weil alles, was dahin ziele, die Regierung zu zerstören, für gut zu achten sey. Die Ausgewanderten, die deportirten Priester ziehen schaarenweise wieder in's Land, und fodern zu allen Verbrechen auf. Von den constituirten Obrigkeiten lassen die meisten nicht allein diese FrevelThaten unbestraft; sie beschüzen sie sogar, sie reizen dazu, sie sind die Werkzeuge der Agenten des Königthums. Nur mit unglaublicher Sorge und Mühe brachte man es dahin, die Ausführung des beständig befolgten Projekts zu verhindern, nach welchem alle Republikaner von Lyon bis Marseille umgebracht werden sollten, damit man in ungehindertem Zusammenhang stehen, und sich in offenbaren Rebellions-Zustand sezen könnte. Die CentralVerwaltung des Departements der Drome, die das VollziehungsDirectorium ernannt hatte, und die von den Patrioten dieses Departements bei den

Wahlen des 5ten Jahres glüklicher Weise beibehalten worden war, leistete hierinn die wesentlichsten Dienste.

Die Administrationen achten keines einzigen von den Gesezen über die Pässe, die Priester, die Ausgewanderten. Sie beseitigen alles, was zur Aufrechthaltung der Republik dienen kan. Selbst VolksRepräsentanten muntern, mittelbar oder unmittelbar, diese Unordnungen auf. Boissy d'Anglas bewirkt die Wegschaffung republikanischer Truppen aus dem Departement der Ardeche, und federt daß dieses Departement unter Willot's Kommando gesezt würde. *

Diejenigen von den Tribunalen, welche nicht offenbar gegenrevolutionair sind, geben der Furcht nach, und die Resultate sind eben so beklagenswerth. Kein Republikaner, wie schuldlos er sey, mag unbestraft vor ihnen erscheinen. Die royalistischen MeuchelMörder, die Ausgewanderten, die aufrührerischen Priester finden bei ihnen stets erklärten Schuz: die SchlachtOpfer werden an die Stelle der Schlächter gesezt. FriedensRichter werden vor Gericht gezogen, weil sie gegen Royalisten Untersuchungen angefangen haben; und das geringste Verbrechen dieser Obrigkeiten, wenn sie die Frechheit nicht haben loszusprechen, ist, daß sie nicht richten.

Kan man aber von Verbrechen reden, die in der Revolution begangen wurden, ohne der widerspenstigen Priester erwähnen zu müssen, mit denen wir jene achtungswürdigen Menschen nie verwechseln werden, welche das Beispiel des Gehorsams gegen die Geseze gegeben haben, und auf ihrem weisen Vorsaz

* Ein Mensch aus dem Departement der Ardeche, der im Jahr 5 Anspruch darauf machte, in der gesezgebenden Versammlung die Zahl der Verschwornen zu verstärken, machte in einer Drukschrift bekannt, was ihn alles zu dieser Ehre berechtige: er führte die ausgezeichneten Dienste an, die er durch seinen Eifer in Vertheidigung des Thrones, des Monarchen, seiner Minister, der Ausgewanderten und der widerspenstigen Priester geleistet habe. Aus dieser Schrift läßt sich erkennen, welcher Geist die Arbeiten der WahlVersammlung dieses Departements belebte, und der Verfasser sizt als Richter im CriminalGerichte. Soll man sich denn noch wundern, wenn dort die MeuchelMörder und die Ausgewanderten ungestraft blieben, wenn die Bande von Dominique Allier solche Gräuel dort verüben durfte?

beharrt sind? Wann endlich wird man Recht ergehen lassen über diese Geschöpfe, die kein Vaterland und keine Familie haben, die das MenschenGeschlecht als ihr Eigenthum ansehen, und alles morden was sich nicht unterwirft? wird man sich denn noch lange von ihnen täuschen lassen, von diesen Ungeheuern, die nichts als Gott und Mord im Munde führen? — Sie waren die furchtbarsten Agenten der GegenRevolution, und kaum getraut man sich, von ihnen zu sprechen! Man zittert vor dieser Handvoll Elenden, die etwas Standhaftigkeit auf ewig vom fränkischen Boden verbannt haben würde. Aber diese Leute, die so gewaltig ihren Beistand anriefen, wußten wohl, was die Priester vermochten.

Schon von dieser Zeit an, nemlich zu Ende des Jahres 4 und vor den Wahlen des Jahres 5, schreken sie die öffentlichen Beamten, verhindern sie den Eid des Hasses gegen das Königthum zu leisten, reizen zum Aufruhr, predigen Raub, rufen, das Kruzifix in der Hand, Tod auf die Republikaner, verkündigen mordbrennerische Maximen und Verläumdungen, sprechen eine WiderrufsFormel für jeden Eid aus, womit der Freiheit, der Gleichheit, den Gesezen geschworen ward. Ueberall ordnen sie den BürgerKrieg an, und niemand wagt es, wider sie zu zeugen.

Ein Mensch, der sich Bischof von Castres nennt, empfiehlt seinen Untergeordneten, vorsichtig zu seyn. — „Er ermahnt, im Namen Jesu, alle guten Katholiken, das anbetenswürdige Kreuz wiederherzustellen. .... Die Katholiken dürfen an den heidnischen Festen keinen Theil nehmen, noch der neuen ZeitRechnung beitreten, noch deren Kalender bei sich haben. .... Nicht einmal die Tasche eines Katholiken darf der neue Kalender besudeln, durch welchen man dem Himmel hohnsprechen wollte. .... Ein Katholik darf die neue Sprache und den neuen Styl, weder im Gespräch, noch in seinen Briefen, noch in seinen Urkunden gebrauchen." — Ist es hieraus nicht augenscheinlich, daß die widerspenstigen Diener des katholischen GottesDienstes nicht den Gehorsam gegen die Geseze und die bestehende Regierung predigen? Unverschämte, die Ihr es auf dieser RednerBühne sagtet, wir wußten wohl, daß Ihr loget.

Ein andrer Priester meldete, sie hätten junge Leute auf mehreren Punkten der Republik, die ihr bald den Garaus gemacht haben würden. Ein andrer predigt einen KreuzZug in den Gebirgen der SeeAlpen, sezt sich an die Spize der Barbetten, sägt den FreiheitsBaum ab, während zurükgekommene Ausgewanderte zu einer neuen Vendee in den Schluchten des ehemaligen Vivarais rekrutiren.

Durchgängig waren sie von den Administrationen unterstüzt. Mehr als alles aber waren es die Wahlen, welche ihre Lüsternheit reizten, ihre Aufmerksamkeit auf sich zogen; endlich erschienen sie, und sie fanden sich grosentheils solcher Zurüstungen würdig.

La Villeurnoi's Prozeß hat alles offenbart. Die Agenten des Prätendenten haben gestanden, daß es einer von den wichtigsten Punkten ihrer Instructionen war, den Erfolg der Wahlen zu sichern. Brottier, einer von ihnen, bekannte, daß er allen Eifer dabei angewandt, dessen er nur fähig war. Man schrieb an den General Malseigne in Bern, den 3 Dec. 1796: „wenn die rechtlichen Leute (bonnêtes gens) endlich „ihrer Apathie entsagen .... so werden die Wahlen in allen „Departementen durchgängig gut seyn, 9 ausgenommen, die „man wohl kennt, und in denen man gegenwärtig sucht, den „Bürgern über ihren wahren Vortheil die Augen zu öfnen. Nach „diesen Anstalten rechnet man, da 250 neue Mitglieder das „lezte als gutgesinnt bekannte, aber schwache Drittheil verstärken werden .... daß man Frankreich eine feste Regierung geben wird. In Lyon sind die Personen schon „bezeichnet, auf welche die Wahlen fallen sollen: ein Herr „Montriol, der während der Belagerung Mitglied der DepartementsCommission war; Camille Jordan, ein junger Mann von ganz besonderm Verdienst und Talent; Devrien, Präsident der mittäglichen Municipalität .... Die „umliegenden Departemente beschäftigen sich, vielleicht weniger „laut, aber mit nicht weniger guten Gesinnungen, mit diesen „wichtigen Wahlen."

Schon bezeugten viele der Auserwählten, bekannte Feinde des Vaterlandes, daß sie nicht umsonst gearbeitet hätten; und dennoch ward keine Masregel ergriffen, um so gefährliche Unternehmungen zu hemmen. Vergebens erhob man die Stimme: die Republikaner glichen Wanderern, die ohne Führer und Kompass herumirren. Sie riefen um Beistand, es erfolgte keine Antwort; oder wenn man sich stellte, als hätte man ihren Ruf vernommen, so glaubte man alles für die Republik gethan zu haben, wenn man Worte vorbrachte, die unter Robespierre furchtbar gewesen, die es seitdem nicht minder waren: die Grundsäze erlauben, oder die Grundsäze geben nicht zu — als ob die Facta nicht immer die Beschaffenheit und die Anwendung der Grundsäze bestimmten; als ob für vernünftige Menschen etwas anders, als was zur Erhaltung taugt, Grundsäze genannt werden könnte. Thoren, die in ihrer abstracten Kälte eben so vortreflich raisonniren, wie jener Arzt, der den Tod des Kranken für sehr gleichgiltig ansah, wofern er nur nach den Regeln der ArzneiKunst gestorben wäre!

Anstatt der Masregeln, welche diese Verschwörung nöthig machte, ließ man ihr freien Lauf. Daher waren auch die Wahlen des Jahres 5 zum grösten Theil nichts als ein Spott und ein grausames Spiel, durch alle Arten von Verbrechen eingeleitet. Die Royalisten hatten alles bereitet, um ihren Triumph zu sichern. Uiberall bemerkte man ihre Zuversicht, ihre Freude, ihre Kühnheit. Diese Ci-devants, sonst so voll Verachtung, geruhen bei den Versammlungen gegenwärtig zu seyn; Ausgewanderte führen die Aufsicht, damit alles in der ihnen anstehenden Ordnung hergehe, damit die Freiheit herrsche, damit die Constitution geehrt sey. Jede Art von Verführung wird bei den LandLeuten angewandt, und diese haben die Klugheit nicht, einzusehen daß sie die Wichtigkeit selbst, die man ihnen beilegt, und die sie gegen die Revolution misbrauchen, der Revolution verdanken, und daß, wenn sie in ihre alte Erniedrigung zurükgestürzt würden, diese Ci-devants, die ihnen liebkosen, sie hundertmal ärger demüthigen, sie mit Wucher für die Schritte, die sie sich izt gefallen lassen bei ihnen zu thun, zahlen machen würden.

Die Royalisten rufen Miethlinge in die UrVersammlungen; sie lassen in Sold stehende Bediente, Ausreisser, widerspenstige Priester hineingehen; sie lassen mehrere Zettel durch eine und dieselbe Person ablegen.

Die LandLeute, die nicht lesen konnten, wurden hintergangen, indem man durch angestiftete Leute auf ihre Zettel andre, als die von ihnen angegebenen, Namen schrieb. Das Gesez ward in diesen Versammlungen oft offenbar verlezt.

Ein weiland Adelicher hat die Frechheit, seine ehemaligen Qualitäten in das Protokoll sezen zu lassen, und man läßt seinen Namen stehen, ohngeachtet des Widerspruches von Seiten des Commissairs der Regierung.

Die Republikaner werden beschimpft, weggejagt, in Kerker geschleppt. Vor diesen königlichen Machinationen waren MordThaten hergegangen; diese verkündigten aber nur das Blut, welches noch fliesen sollte, unter noch weit bedenklichern Umständen, mitten in den Versammlungen des Volkes fliesen sollte.

Rotten von royalistischen Räubern, Schaaren von Ausgewanderten, JesusCompagnien, stören die Versammlungen, verbreiten den Schreken, jagen die Republikaner aus einander, legen Feuer an in den Besizungen der Käufer von NationalGütern.

Mit den BrandFakeln des Fanatism durchstreifen Priester das Land, zwingen ihre Anhänger, in die Versammlungen zu gehen, und geben ihnen WahlZettel; andre vertheilen dergleichen in den BeichtStühlen. Ein Club von Mönchen fodert von den Bürgern, und sodann von den WahlMännern, einen Eid daß sie keinen nennen werden, der nicht dem Königthum zugethan sey.

Sollte man glauben, daß es Menschen gibt, die so einfältig sind, sich durch einen solchen Eid für gebunden zu halten? Endlich erscheinen bischöfliche HirtenBriefe, um auf alle diese Ränke des Charlatanism und der Gaunerei das lezte Siegel zu drüken. Ein öffentlicher Ankläger schleudert über 100 VerhaftsBefehle gegen die besten Republikaner.

In einer UrVersammlung zu Mortagne hauchen zwei tadellose Bürger als Opfer ihres Patriotism ihren Geist aus; viele werden verwundet. Man verweigerte alles ZeugenVerhör wegen dieses abscheulichen Vorfalls, aber die Angaben der Mörder nahm man an, und der HauptUrheber, Berthelot, ward zur gesezgebenden Versammlung erwählt.

Mit einer Unverschämtheit, die kein Beispiel hatte, und die, wenigstens hoffen wir es, nicht nachgeahmt werden wird, ernannte man in die WahlVersammlungen lauter weiland Adeliche, Väter, Brüder, Schwäger von Ausgewanderten, Chouans, und überhaupt lauter durch ihren Haß gegen die Revolution und durch ihren Eifer für das Königthum wohlbekannte Menschen.

Das Scandal dieser WahlVersammlungen erreichte einen solchen Grad, daß nur die Gewißheit der GegenRevolution es erklären konnte; und es ward jedermann bekannt, daß in vielen dieser Versammlungen erst auf die Genehmigung und nach den Befehlen der Commissairs des vorgeblichen Königs das DeputirtenAmt angenommen wurde. So verbanden sich nun die Namen der berüchtigtsten GegenRevolutionairs mit denen, welche der Vendemiaire bereits in diesen Bezirk gebracht hatte.

Kaum sind sie angekommen, so behandeln sie schon, ihres Sieges sicher, die Republikaner mit dem grösten Uibermuth. Sie treten an einer Stelle des Saales zusammen, wo sie einen ausgezeichneten Einfluß auf das Bureau und auf die RednerBühne haben können. Wuth ist in ihren Bliken, ihre Lippe fließt von Schmähungen über. Für das Königthum ahmen sie alle Ausschweifungen nach, deren heftige Menschen sich für die Republik bedient hatten; sie bringen die Sprache des Hofes vom Prätendenten und des BriefWechsels der Ausgewanderten auf die RednerBühne.

Schon im Fructidor des Jahres 4, hatte Lemerer, dieser MittelsMann zwischen den Agenten Ludwig's XVIII und dem Club von Clichy, auf der RednerBühne seine Klagen über den Sturz des Tyrannen ausgedrükt, und dem 10 August hohngesprochen. * Pastoret und die Seinigen traten als Fürsprecher der königlichen Agenten Dunan, Brottier, La Villeurnoi auf, die vor einer militairischen Commission verhört wurden. Man hatte die Unverschämtheit, das Projekt eines Beschlusses zu bekämpfen, nach welchem die NeuErwählten den Eid des Hasses gegen das Königthum schwören sollten; man

* Dieser Lemerer hatte völlig die Figur Robespierre's. Royalisten sagten: unter allen diesen Schurken sey Lemerer der einzige, der gerade auf das Ziel losgehe; gegen ihn gehalten sey Dumolard nur ein furchtsamer Schwäzer.

schlug vor, dem Rechte, welches die Constitution dem Directorium einräumt, die DepartementsVerwaltungen zu suspendiren und abzusezen, Schranken zu geben; Boissy d'Anglas that, der Constitution zum Troz, den Antrag auf Abänderungen an den Gesezen über die Ausgewanderten, durch Abänderungen an dem gerichtlichen Verfahren gegen sie.

Kaum aber war ihre Horde durch die Royalisten, die der Prairial herbeiführte, verstärkt, so kannten sie weder Maas noch Ziel mehr. Sie riefen die Deputirten zurük, welche das Gesez vom 3 Brumaire ausschloß, z. B. Job Aime', dessen Name mit allen Verbrechen der südlichen Departemente zusammenhängt, Mersan, den Correspondenten der Bevollmächtigten Ludwig's XVIII; sie erkannten keine Wahlen für giltig, als die zum Besten des Königthums gemacht waren; sie erhoben jenen Barthelemy in's Directorium, den Lemaitre's Correspondenz bekannt gemacht hatte, der mit Barthe's Briefe wechselte, dem Verfasser des TrauerSpiels Ludwig XVI, einem Ausgewanderten, gewesenem Secretair des Grafen von Artois, welcher auf desselben Befehl in einer Menge Provinzen des Königreichs umhergereist war, um die erlauchte Sache des Hauses Frankreich beliebt zu machen, welcher sich's nicht verzieh, daß er sich nicht hinter Monseigneurs Wagen hätte anbinden lassen, seit er ihn in Turin verließ — Barthelemy, der schon zu den Zeiten des NationalConvents als Patron der Ausgewanderten bekannt war, der an Barthe's schrieb, daß die Ausstreichung von der Liste, um die er sich bewarb, schon erhalten worden wäre, wenn er, Barthe's, nicht selbst Hindernisse erregt hätte, daß nach der Weise, wie er sich geäussert hätte, es ihm nicht wahrscheinlich wäre, daß er den Fuß wieder auf fränkischen Boden würde sezen können;* sie erneuerten die Aufseher;

* Als die königliche Faction Barthelemy in's Directorium brachte, gab sie ihm den Herzog von Ursel zum Concurrenten. Augereau, der eben 60 Fahnen im Namen der Italienischen Armee überreicht, Massena, der eben die FriedensPräliminarien gebracht hatte, bekamen jeder 87 bis 88 Stimmen zur Verwerfung. Welcher Hohn! Uiberhaupt ist die Liste der Candidaten zu Ernennung eines Mitgliedes des Directoriums ein merkwürdiges Stük.

sie öfneten den Ausgewanderten alle Thore; sie riefen die deportirten Priester zurük; sie nahmen dem Directorium alle HilfsMittel an Geld, entrissen ihm alle Art von Zutrauen; sie zündeten die BrandFakeln des Fanatism an; sie entschuldigten, ermunterten den MeuchelMord auf der RednerBühne; sie ertheilten der Verrätherei Lobsprüche * — das waren ihre ersten Schritte auf der Laufbahn der GegenRevolution. ** Diese Masregeln beschönigten sie mit den ehrwürdigen Worten Gerechtigkeit und Menschlichkeit: bald aber werden sie kühner. Sie hatten ihre Absichten auffallend geäussert; sie hatten die Hofnungen der Royalisten bestätigt, die Gemüther der Republikaner mit Verzweiflung erfüllt: nun musten Mittel zum Handeln erschaffen werden. Feldherren waren da, vor denen sie sich scheuten; schrekliche Armeen waren da, die man lähmen muste. Ein Willot nimmt es auf sich, Hoche anzugreifen; ein Dumolard reibt sich an Buonaparte. Pichegru, dem seine Komplotte den Weg in die gesezgebende Versammlung gebahnt haben, der schändliche Pichegru schlägt seine Organisation der NationalGarde vor, und zählt seinen Einfluß auf die Armee noch unter seinen Mitteln. *** Willot schlägt eine Organisation der Gendarmerie vor, die so ausgedacht ist, daß kein einziger Offizier der Revolution hineinkommen kan. Da aber alle unsre Feinde auf einmal aufgemuntert werden müssen, so verficht Pastoret die Sache der AngloAmerikaner; Vaublanc fodert zu neuen Mezeleien in den unglüklichen Streken unsrer Colonien auf; Imbert-Co-

* Der Repräsentant Gilbert Desmolieres sagte öfters: „er wolle machen, daß die Regierung und die Directoren Hungers stürben." Villaret Joyeuse behauptete auf der RednerBühne, daß Sercey's Verrätherei, und die Empörung einiger Einwohner von Isle de France die EhrenMeldung verdienten.

** Alle Petitionen, durch welche MordThaten denuncirt wurden, wuste die Faction, wenn sie auf der RednerBühne gelesen wurden, aus dem Wege zu schaffen. Die Angeber waren Verläumder oder Exclusifs, und geschwind machte Dumolard daß man zur TagesOrdnung schritt.

*** Die Organisation der Grenadiere und der Jäger verdient bemerkt zu werden, und kan künftigen Verschwornen zum Muster dienen.

lomes, dieser Vertraute, dieser Agent des Prätendenten, dieser Mitschuldige der Ausgewanderten hat die Frechheit, die RednerBühne zu besteigen, um Klage zu erheben, daß man nicht ganz frei mit ihnen correspondiren könne. *

Zwei Mitglieder des VollziehungsDirectoriums sind solcher Gesezgeber in allen Stüken würdig. Sie lähmen, sie vereiteln alle Anstrengungen der Regierung. Carnot läugnet, daß Mord-

* Conde' schrieb folgendermasen an Imbert-Colomes: „Der König hat für gut gefunden, den Herrn von Besignan nach Lyon zu schiken. Ich lade Sie ein, mein „Herr, ihn mit aller der Achtung zu empfangen, die einem „mit dem Vertrauen Sr. Majestät beehrten Manne zu„kommt. Ich benuze diese Gelegenheit, um Ihnen die Ver„sicherung der Zufriedenheit Sr. Majestät, und meiner auf„richtigen Zuneigung zu erneuern." — „Ich habe", sagt Imbert-Colomes, „mich von der Wirklichkeit dieses „Schreibens überzeugen wollen. Ich habe es für meine „Pflicht gehalten, an den Herrn Prinzen von Conde' „zu schreiben, der mir geantwortet hat, er habe Besignan „nichts Geschriebenes übergeben, und ich habe seine Ant„wort in Händen. Ich werde wahrlich Barras, Reubell „und La Revelliere die Ehre nicht erweisen, ihr und des „Herrn Prinzen von Conde' Zeugniß einander ent„gegenzustellen; und wie hätte dieser Prinz einen sol„chen Brief schreiben können, während es mir überdem ge„lungen ist, die Gewißheit zu erlangen, daß der König „Herrn Besignan nicht das mindeste Zeichen von Zutrauen „gewährt hat? Ich bin, sagt Ihr, kein Republikaner...... „Meine Meinung gehört mir an; ich habe Euch auf „keine Weise Rechenschaft abzulegen. Es stand „mir frei zu denken, daß Frankreich unter einer weisege„milderten Monarchie mehr Ruhe und wahre Freiheit „geniesen würde. — — Ich antworte, daß dieser Brief, „von einer dritten Person geschrieben, wie wichtig auch „deren Ansehen sey, mir nicht als Beweisthum gegen „mich vorgehalten werden kan. Wie? weil mir der Herr „Prinz von Conde' einen Mann empfohlen hätte, von „dem er sagt, daß ihn der König mit seinem Vertrauen „beehrt, schlösse man daraus, ich hätte conspirirt? Glaubt „man denn, Ludwig XVIII habe Frankreich aus dem „Gesichte verloren? Und weil der König gewust hätte, „daß ich kein Bösewicht wäre, weil ihm beliebt hätte, „mich als einen Menschen, den er achtete, zu be„zeichnen, müste daraus folgen, daß ich conspirirt hätte?" — Dergleichen Schriften bedürfen keiner Auslegung. Allein ihre Urheber und deren MitSchuldige müssen, wenn sie entdekt sind, auf die Menschlichkeit derer, die sich begnügen sie fortzujagen, grose Stüke halten.

Thaten begangen würden; beständig sezt er sich der Absezung Willot's entgegen; sonst unversöhnlicher Feind Pichegru's, sieht er ihn alle Tage im geheimsten innigsten Vertrauen, seitdem er Mitglied der gesezgebenden Versammlung ist. Erklärter Patron der Könige, ruft er, weil republikanische Directoren Vorschläge thun, die für Frankreich ehrenvoll sind: „Ihr wollt also den Kaiser unterdrüken!" Ja selbst das politische Daseyn des Papstes lag ihm am Herzen. Alle unsre Eroberungen wollte er in Königreiche verwandeln; besonders die Erschaffung eines Lombardischen Königreichs schmeichelte seiner Fantasie gar sehr: Barthelemy bezeugte durch gravitätisches KopfNiken, wie sehr ihm diese Lehre einleuchtete. *)

*) Nicht blos indem er Oestreich unterstüzte, und sich beklagte, man wolle es unterdrüken verrieth Carnot das System, dem er insgeheim folgte, um die Republik zu stürzen. Wenn man die Angelegenheiten Hollands behandelte; wenn man über den TractatsEntwurf debattirte, in welchem man das dieser neuen Republik gegebene Wort, das Interesse Frankreichs nicht von dem ihrigen zu trennen, halten wollte; wenn man die Mittel berechnete, dieses Land den Drangsalen zu entreissen, mit denen es sowohl die Anhänger des Statthalters als die Anarchisten bedrohten; wenn man die Masregeln überlegte, durch welche dort eine Regierung constituirt und die Freiheit gesichert werden könne: so behauptete Carnot, man müsse Holland aufopfern; dessen Schiksal müsse uns gleichgiltig seyn; wir hätten uns nicht darum zu bekümmern, ob England etwas von seinen Besizungen behalte: „mögen sie sich übrigens unter „einander schlagen so viel sie wollen", sagte er, „für uns ist kein Schaden dabei" Als die Truppen der Republik Kehl mit solchem Muth vertheidigten, behauptete Carnot: „es sey eine Thorheit sich in diesem „Fort zu wehren, das man nicht behalten könne." Und doch würde, ohne diese lange Gegenwehr, die Armee, welche vor diesem Posten aufgehalten ward, den östreichischen Truppen in Italien zu Hilfe gekommen seyn. Als von dem lezten RheinUibergang die Rede war, schob ihn Carnot immer auf, ob man ihm gleich unablässig vorstellte, wie nüzlich diese Diversion für die Italienische Armee seyn würde. Er behauptete immer: „der Uibergang sey nicht zu bewerk„stelligen; es sey noch nicht alles in Bereitschaft", obschon die ganze Armee das Gegentheil bezeugen kan. Er wollte nicht einmal einen scheinbaren Versuch zum Uibergang zugeben, wodurch östreichische Truppen auf diese Seite hingelokt worden wären, und man der Italienischen Armee, die sich in einer bedenklichen Lage fand, Luft und Muth ge-

Wir wissen nicht, wer hier die Betrogenen waren; allein weder die Republikaner noch die Royalisten wurden an so vielen und so frevelhaften Unternehmungen irre.

Doch mit BlizesSchnelle verdoppeln sich die Gräuel, deren fürchterlichen Abriß ich zeichnete. Von allen Seiten vermehrt sich der Zulauf der Ausgewanderten und der deportirten Priester. Die einen ergreifen Waffen, sammeln sich zu Schaaren, verbreiten allerwärts Entsezen und Mord, indessen die andern, stark durch ihre Herrschaft über schwache Gemüther, Uneinigkeit und BürgerKrieg ausstreuen.

Wüthender haut man die FreiheitsBäume um; die Chouans werden ganz von neuem organisirt; JesusCompagnien, Royalisten die sich zu beweglichen Colonnen bilden, Ausreisser von der Requisition, alles trägt zum Entsezen bei. Eine Proclamation Ludwig's XVIII geht in den Departementen von Hand zu Hand. Für die Republikaner scheint nirgends mehr eine Zuflucht zu seyn. Mehr als jemals werden die Käufer von NationalGütern bedroht. Die Angriffe gegen sie werden in der gesezgebenden Versammlung mit Beif[...] empfangen, und nun sind sie vollends geächtet. Von neuem werden sie mit Schmach, mit Raub heimgesucht, sie selbst in die Irre gejagt, ihre Aerndten verwüstet, verbrannt; selbst öffentliche Beamten werden ange-

macht hätte. Er hatte sogar nach der Italienischen Armee geschrieben, daß die RheinArmee erst in zwei Monaten höchstens den Uibergang würde unternehmen können. In dieser Lage der Dinge wurde der Tractat von Leoben geschlossen, mit Aufopferungen, zu denen man sich nicht verstanden hätte, wenn der Feind von zwei Seiten angegriffen worden wäre. Die Unterzeichnung dieses Tractats wird ruchbar; und sogleich kommt Carnot mit allen zum RheinUibergang fertigen Anstalten, worauf dieser am nemlichen Tage befohlen wird. In einem andern Stüke hemmte Carnot die Fortschritte der Achtung, welche die Republik auswärts erlangte. Unter dem Vorwand einer sehr übel verstandenen Sparsamkeit, da sie auf Erniedrigung der Republik abzielte, schlug er vor, keinen Botschafter zu ernennen; er wollte lauter GeschäftsTräger haben, was zur Folge gehabt hätte, daß die Gesandten der Republik überall die lezten im Rang gewesen wären, während im Gegentheil die Botschafter Frankreichs vor allen andern, ausgenommen denen der teutschen Conföderation, den Rang haben.

klagt, mit zu den Plünderern zu gehören; an ihren Thüren finden sie Zettel angeschlagen, die mit den Worten schliesen: „es lebe der König; Tod den Republikanern!" Die Ungestraftheit fährt fort, alle diese Räubereien aufzumuntern. Freundlicher als je wurden die deportirten Priester von den DepartementsVerwaltungen aufgenommen; mehr als je beeiferten sie sich zurükzukommen, als ein mit vielem Beifall angehörter Antrag im Rathe der Fünfhundert ihnen das Maas ihrer Hofnungen gab, und um das würdige Mitglied für sein Werk zu preisen, lassen die Rasenden, die Lächerlichkeit mit der Abscheulichkeit verknüpfend, durch SchwachKöpfe ein Kreuz an den FreiheitsBaum heften, mit der Inschrift: „Zittert, schändliche Jacobiner, und erkennet das Kreuz eures Meisters!"

Sie theilen gegenrevolutionaire Katechismen aus, präsidiren bei aufrühreriſchen Rottierungen, beschimpfen, bedrohen die öffentlichen Beamten, predigen ohne Unterlaß gegen die Republik, ächten die Patrioten, umgeben sich mit einer Wache von Betrogenen und Bestochenen, durch welche die Diener der Regierung verkannt, zurükgestossen, ermordet werden. Diejenigen unter ihnen, welche in EmigrirtenListen eingetragen sind, erhalten ohne Mühe AufenthaltsZeugnisse: mit einem Worte, ihnen ganz besonders verdankt man die gänzliche Verderbniß des GemeinGeistes.* Am meisten aber trieb sie in den Departementen des ehemaligen Belgiens eine verborgene Hand an, ihren verwüstenden Einfluß auszuüben. Sie greifen um sich wie die Flamme. Giftige Schriften, Komplotte gegen die öffentliche Ruhe, WunderWerke, gräßliche Predigten, in deren Verfolg öffentliche Beamte und Bürger ermordet werden — alle Mittel, welche Ehrgeiz, Wuth und Betrug an die Hand geben können, wer-

* Die lezte Deputation vom Puy de Dome war das Werk des Fanatism und der Bestechung. Zu ihr gehörte ein Boyrot, der erste Royalist in Europa. Bonnal, ErBischof von Clermont, Präsident der rechtmäsigen Söhne des Departements, hatte seinen Pfaffen befohlen, allen, welche nicht in die Ur- Communal- und WahlVersammlungen gehen, und nicht nach der gegebenen Vorschrift stimmen würden, die Absolution zu verweigern, und sie im Stande der TodSünde zu erklären.

den von ihnen angewandt; kein einziges Gesez wollen sie anerkennen; sie hindern den Verkauf der NationalGüter; Royalisten, von Mönchen unterwiesen, spinnen den Entwurf zur Ermordung der Republik an.

Sie standen unter dem Schuze der Mitglieder von mehreren constituirten Obrigkeiten, die sich sogar von ihnen leiten liesen; daher sieht man in dem Betragen der einen zugleich das Betragen der andern. Die Pfaffen beteten für den Kaiser, indem sie ihre Messen lasen, und auf den Strassen rief man: „es lebe der Kaiser!"

Als man in Mecheln erfuhr, daß die im GastHofe zum Bären in Antwerpen gemachten Wahlen bestätigt worden seyen, ward ein königliches FreudenFest mit Illumination gefeiert, wobei man geflissentlich Lilien zum Vorschein brachte.

Eine Municipalität macht bekannt, daß es nicht nöthig sey, die Kokarde zu tragen. MunicipalBeamte weigern sich, den Eid des Hasses gegen das Königthum zu schwören; andre wollen gegen die widerspenstigen Priester nicht gerichtlich verfahren. Eine Administration jagt die Patrioten von ihren Kanzleien weg; eine andre entfernt alle Zeichen der Freiheit von dem Orte, wo sie sich versammelt, und durchstreift mehrere Kantone, während ihr voraus eine Bande Musikanten das VolksErwachen singt und spielt. Eine andre Administration muß durch einen eignen Beschluß die Aufführung des Todes Ludwig's des Sechszehnten auf den SchauBühnen verhindern. Unsre Pflicht nöthigt uns anzumerken, daß diese Unordnungen sich besonders von der Zeit herschreiben, als Benezech (ehemaliger Minister des Innern) in den belgischen Departementen seine Reise gemacht hatte.

Diese Übereinstimmung der öffentlichen Beamten und der Priester, womit sie alle Patrioten muthlos machten, womit sie zu Unordnung und Mord auffoderten, die Ungestraftheit, deren sie alle genossen, hatte die schlechten Bürger so ermuntert, daß man in einem eroberten, mit Frankreich neuverbundenen Lande, wo die Regierung kräftiger und die Behutsamkeit gröser seyn muste, dennoch öffentlich Hymnen zu Ehren des ErzHerzogs Karl sang, z. B.

Dux Carole,
Heros invincibilis,
Adesto nostris praeliis,
Dux Carole,
Pugna pro nobis.

Das waren gerade auch die Wünsche Pichegru's und seiner Strasburger Freunde.

Die Sicherheit und die Wuth der Ausgewanderten war eben so gros wie die der Priester, als sie ihre Deputirten in der gesezgebenden Versammlung sahen, als die Repräsentanten, welche das Gesez vom 3 Brumaire ausschloß, wieder aufgenommen wurden, als mit solcher Schnelligkeit so viele Vorschläge, um ihnen freie Wiederkehr und WiederEinsezung in ihre Güter zu verschaffen, auf einander folgten.

Ausgewanderte vom ehemaligen Regiment RoyalAllemand, auf blose MarschRouten hin wieder hereingelassen, rekrutiren im Messidor und Thermidor des Jahres 5, (Jul. und August 1797) im Namen Ludwig's XVIII, in den Departementen der Rhone, der Isle und Vilaine, des Ober- und Nieder-Rheins. Sie rühmten sich, daß es nun bald an ihnen seyn würde, die Republikaner in das Ausland hinauszutreiben. Sie sagten, auf die Gebirge des Jura, des Doubs, des Ain und der Isere könnten sie sicher rechnen, indem die widerspenstigen Priester die dortigen Einwohner zu ihrer Partei gewonnen hätten; und das stimmt vollkommen mit den ThatSachen in Klinglin's Papieren überein.

JesusCompagnien in den Departementen der Rhone, des Allier, der Ardeche verbreitet, Ausgewanderte, Chouans, Priester im Calvados, treten in Gerichten zusammen, sprechen über Leben und Tod der Republikaner, lassen ihre Urtheile durch bewafnete Schaaren vollstreken. Von allen SchrekensMitteln, welche die Royalisten in diesen lezten Zeiten erfanden, ist dieses das kühnste und das entsezlichste.

Zwar war der Schreken gros, und die GerichtsPersonen wagten sich an keinen von den Bösewichtern, welche der Sache des Königthums geschworen hatten; ja sie scheuten sich sogar, ihre verstellte Handschrift ohne NamensUnterzeichnung an das Polizei-Departement zu schiken: aber dennoch bietet das authentische

Verzeichniß der MordThaten, welches durch so viele Schreken hindurch den Weg fand, noch das grauenvollste Bild dar.

Mehr als 26 Departemente werden durch Verbrechen besudelt, deren nähere Umstände Schaudern erregen. Weiber in Stüke zerhauen, Kinder neben ihren Müttern niederfallend, Bürger in der Mitte ihrer Familie ermordet: solche Gräuel begehen diese Menschen, welche sich rechtliche Leute nennen, welche von der Partei der rechtlichen Leute sind. Das sind die Gräuel, über welche jene Baronin von Reich, die Correspondentin der Ausgewanderten, Schmerz und Entsezen bezeugte, indeß VolksRepräsentanten — nein, nie verdienten sie diesen Namen, und sie selbst sagten es ja, sie seyen unsre Collegen nicht — indeß usurpirende Räuber, die im Namen eines Königs ihre Size eingenommen hatten, auf dieser RednerBühne die MordThaten entschuldigten, deren Rechtmäsigkeit erwiesen, Schmach und Schimpf auf die Mitglieder dieser Versammlung schütteten, welche es wagten zu verlangen, daß man endlich über so viele Frevel die Augen öfnen möchte.

Während man dergestalt Bestürzung weit umher verbreitete, richtete man zugleich regelmäsig die Mittel ein, um den Ausgang zu erreichen, welcher die Anstrengungen der Royalisten krönen sollte. Leute die dabei interessirt waren, Menschen die den Namen VolksRepräsentanten an sich gerissen hatten, zeigten in ihren Correspondenzen die Fortschritte der Verschwörung an.

Ein wohlbekannter Anführer von Chouans schriet aus London: „Jeder von uns glüht hier von Verlangen, nach Paris „zu kommen, um die NationalGarde bilden zu helfen, und „unsre Gesezgeber zu vertheidigen. Ich schike sie — (Ausgewanderte) — Ihnen zu 12, zu 15, nach Ihren Weisungen; ich gebrauche die Vorsicht, nur solche auszusuchen, die um ihrer Geschäfte willen hingehen, und dort ihre Familien haben, damit „es der gemeinschaftlichen Börse nichts koste."

Ein zurükgekommener Ausgewanderter schrieb aus Lyon: „Man hat eben izt die Reorganisation der NationalGarde „angeschlagen. So müssen denn alle kleinen persönlichen Rüksichten beseitigt werden, wo es gilt der guten Sache nüzlich zu „seyn. So bin ich also auf dem Punkt, die NationalUniform „zu tragen; aber es wird sich niemand, der mich kennt wie du,

„durch diese Tracht an mir irre machen lassen. Was verschlägt „es, in welcher Kleidung man seinem Vaterland nach seines Her„zens Wünschen diene? Für dich wird es ein neuer Grund seyn, „mich zu achten; denn ein gewaltiger Dienst wird es seyn, da„für stehe ich dir."

Dutheil, Agent Ludwig's XVIII in London, der nemliche den Duverne de Prele als seinen Correspondenten angibt, schrieb an einen wieder hereingekommenen Ausgewanderten: „Ich begreife nicht, was Ihr wegen Ausrüstung der Natio„nalGarde für Schwierigkeiten macht. Hat denn nicht Pi„chegru gesagt, sie würde aus den Zeughäusern der Republik „bestritten werden?"

Man weiß, wie sich zwei Verwalter des SeineDepartements bei den Municipalitäten von Paris bewarben, damit diese die NationalGarde auf die Beine stellen, und alle durch ihren Republikanism bekannten Subjecte davon entfernen möchten.

Saint-Christot, der an der Spize einer Rotte von Räubern sich der Citadelle St. Esprit unter dem Geschrei: „es lebe der König!" bemeistert hatte, gab eine Proclamation heraus, in welcher er das Volk auffoderte, sich gegen das Directorium zu empören, und an Willot und Pichegru anzuschliesen, welche bald mit ihm unter den Fahnen der wahren Freiheit kämpfen würden. Die Rotte war von 11 bis 1200 Mann; mehrere Rekruten sollten sie verstärken: allein der 18 Fructidor kam dazwischen.

Uiber 3000 sowohl Ausgewanderte als Priester warteten im Nassauischen, bis die guten Deputirten ein Gesez gemacht hätten, durch welches sie wieder herein könnten.

Royalisten im mittäglichen Frankreich verkündigten wenige Tage vor dem 18 Fructidor, daß vor Ablauf einer Decade Ludwig XVIII zum König ausgerufen seyn würde. Ein HauptCorrespondent des königlichen Agenten im AinDepartement hatte gesagt, vor Ende des Septembers würde der Streich der Royalisten ausbrechen, alles wäre bereit. Ein Brief aus Paris, dessen Handschrift einen Deputirten anzuzeigen schien, den man nicht nannte, hatte gesagt: „Wir sind hier auf einem

„Vulcan; der Ausbruch kan nicht lange mehr zögern, und wahr„lich er wird furchtbar seyn für die Republikaner." *)

Im Ausland erwartete man einen gänzlichen Umsturz, und in einer MinisterialCorrespondenz hieß es: „darum eilt un„ser Minister nicht, Frieden zu machen."

Die nemliche Hofnung, die nemliche Zuversicht in Ansehung des Ausgangs drükten die Correspondenzen der Royalisten aus. In einem Briefe aus Altona, an L. Victor le Français zu Caen, hieß es: „Haben Sie die Güte, mein lieber Nach„bar, mir einen Paß aus dem Innern zu schaffen. Ich weiß, „daß ein solcher leicht zu erlangen ist; ich weiß auch, daß er „zehn Francs kostet."

Ein andrer, von St. Etienne datirt, an einen Namens Pujol: „Mein älterer Sohn, der bei mir ist, wird sich eifrig „bemühen, der besagten Person die nöthigen Pässe und Aufent„haltsZeugnisse zu verschaffen."

Ein andrer, von Toulon, an Herrn Bares, zu Uiberlingen am Constanzer See in Schwaben: „Ich komme von der „grosen Stadt, (Lyon,) wo ich erfahren habe, daß zehn Gar„des du Corps, mit völlig authentischen Pässen und Aufenthalts„Zeugnissen aus der Insel Corsika, dort angekommen sind."

Ein andrer: „Wir sind alle in unsrer guten Stadt (Lyon); „der Geist ist in allen Stüken ausnehmend gut, sie ist voll von „Einkünften der Fremde."

Wieder einer: „Es werden den Offizieren der Conde'schen „Armee Pässe zugeschikt; Leute, die von Paris kommen, haben „über 200 mitgebracht; der Obrist Roland von Romain„motier im WaadtLande hat die Austheilung übernommen; „zudem werden in Hamburg welche ausgetheilt; man schikte de„ren auch nach England." **

*) Die Verwalter des DromeDepartements haben ein Schreiben eines Repräsentanten bekannt gemacht, worinn zu Anfang des Fructidors angekündigt ward, daß nächstens ein 31 Mai zu Gunsten der rechtlichen Leute statthaben würde.

**) Im Fructidor kündigten alle zu Hamburg anwesenden Royalisten mit unaussprechlicher Freude an, daß Capet nächstens durch Clichy zurükgerufen würde. Patriotische Kaufleute, die sich dort fanden, und denen man anrieth, nicht wieder nach Frankreich zu gehen, bezeugen dieses.

Der Dutheil, von dem ich schon sprach, zu Berthiers Zeit Bratenwender in der Pariser Intendanz, nachher KanzleiAufwärter, kleiner Schreiber, sodann ein unanständiges, empörendes Gewerbe treibend, das ihm die Stelle als GeneralSecretair der Intendanz eintrug, Agent Ludwig's XVIII in London, schrieb an den Agenten in Paris, mit dem er in BriefWechsel stand: „Ich sende Ihnen Ihre Pässe zurük; ich bin nicht dazu „gemacht, als Feiger mich hereinzuschleichen: am Tage der „Rache werde ich zurükkommen, wie ein französischer Ritter."

Nachdem die verschwornen Deputirten auf der RednerBühne die gegenrevolutionairsten Vorschläge gemacht hatten, liesen sie auch noch den Feinden der Republik ihren besondern Schuz angedeihen. Jordan correspondirte mit dem Römischen Hofe. Ein Pfaffe, Namens Montier, schrieb ihm aus London, um ihm wegen seines Eifers in Vertheidigung der Religion glükzuwünschen; ein andrer Fanatiker schrieb ihm aus Mailand: „Ich „werde Sie, mein Herr, nicht Citoyen nennen; denn dieser „Titel, der gerade soviel ist als Jacobiner oder Terrorist, kan „dem ehrwürdigen Vertheidiger der Religion nicht zukommen." *

Dumas, vom Rathe der Alten, selbst Ausgewanderter, schrieb an ausgewanderte Freunde, daß sie nächstens zurükkommen könnten, und daß die barbarischen Geseze über die Emigration abgeschaft werden würden; er hatte die Frechheit, ein Verbrechen, gegen welches das Gesez den Tod spricht, auf der RednerBühne rechtfertigen zu wollen.

Polissard, vom Rathe der Fünfhundert, hegte keine geringeren Hofnungen. Als er deportirt wurde, war ein Ausgewanderter bei ihm verstekt.

Wir können hier nicht umhin, des mächtigsten Hebels dieser strafbaren Komplotte zu erwähnen — der TagBlätter, welche jeden Tag die Rathschläge der Rebellion und des Todes

* Ein andrer schreibt aus Soliange: „Camille Jordan „hat einen glänzenden Bericht gemacht. Wiewohl ich gleich „zu Anfang auf kein allzu vortheilhaftes Decret rechne, so „ist es schon viel gewonnen, daß dem UnGlauben die Ausübung eines GottesDienstes, den er verabscheut, abgewonnen werde. Es wird nicht lange währen, so erhält „unser Cultus die Herrschaft, die man ihm „durch kein Decret bewilligen würde."

an die äussersten Gränzen hin beförderten. Und hier müssen wir uns selbst anklagen.

Wusten wir denn nicht, daß die Urheber dieser abscheulichen Pasquille besoldete Royalisten waren, aus Seminarien entlaufen, was die Theologie und die pfäffische Treulosigkeit nur Unreines ausgespien hatten? Wusten wir denn nicht, daß sie die GegenRevolution zu ihrem Kapital gemacht hatten? Kannten wir denn die Wuth nicht, von welcher sie verzehrt wurden, und wusten wir nicht, daß, nachdem sie den Tag des Vendemiaire in ihren Schriften herbeigeführt hatten, sie auch noch die thätigsten Agenten des Königthums in den Sectionen gewesen waren? Und wir nahmen keine Masregeln! Fructidor muste erst kommen, damit sie deportirt würden! Und was sage ich? An wie vielen dieser Ungeheuer ist das Gesez wohl vollzogen worden? Sie sind noch im Schose der Republik, sie gehen frei herum, sie schreiben, sie lehren, sie hören mir vielleicht zu, während ein Schif sie nach dem Lande, das die Tiger bewohnen, hätte hinführen sollen. Regierung! du haftest für die Vollstrekung der Geseze!

Aber das Mas war nun voll. Die Republikaner, überall gejagt durch anmaßliche VolksRepräsentanten, durch die DepartementsVerwalter, die GerichtsHöfe, durch Ausgewanderte, Ausreisser, Pfaffen, durch Geschworne der Jesus- und SonnenCompagnien, sämtlich Mörder und stets ungestraft — die Republikaner betrachteten endlich die Gröse der Gefahr. So viele Frevel waren endlich bis unter den Heeren erschollen. Vom Rhein bis an die Adda sind die Verschwornen erkannt. Generale, Offiziere, Soldaten hatten, seit dem Eintritt der Royalisten in die gesezgebende Versammlung, deren Berathschlagungen nicht aus den Augen verloren. Sie erkundigten sich nach der Lage des Innern, und aus immer trostloseren Nachrichten erfuhren sie, was sie für ihre Kameraden, für ihre Familien, was sie besonders für ihr Vaterland befürchten musten, das sie so edel vertheidigt, dem sie solche Ehre gemacht hatten.

Müde endlich so vieler Unwürdigkeiten, erheben sie jenen furchtbaren Ruf, und an die Befehlshaber der GegenRevolution und der MordThaten kam izt die Reihe, zu zittern.

Tapfere Krieger! Weder die Entfernung, noch die Gewohnheit der Waffen, noch eure täglichen Gefechte haben Euch gehindert, gesund von den Dingen und von den Menschen zu urtheilen. Nicht einen Augenblik wurdet Ihr an den Bösewichtern irre; Ihr fandet in eurem Herzen und eurer VaterlandsLiebe eine sichre Leitung, bei der Ihr nicht einmal anstehen konntet. Welcher Unterschied zwischen Euch, und jenen Menschen, die noch immer geruhen diejenigen zu verdammen, welche den Fructidor für nothwendig erachtet haben!

Erschroken fühlen die Verschwornen, daß sie mit ihren Anstalten eilen müssen. Sie haben sich in den zwei Commissionen der Aufseher des Saales concentrirt. Willot, Pichegru, Rovere, der listige, geschmeidige Dumas, waren Mitglieder derselben. Die andern verdienen nur durch ihren Haß gegen die Republik mit in Anschlag zu kommen. Sie richten eine Polizei ein; sie stiften Correspondenzen mit den DepartementsVerwaltungen; sie dringen auf schleunige Organisation der NationalGarde; sie lassen schmähliche AnschlagZettel gegen alle Republikaner, besonders aber gegen die Mitglieder der Regierung, an die Mauern heften; sie suchen die Soldaten zu bestechen, und Pichegru wirft in zwei Adressen, an die NationalGarde und an die Armee, seine Larve vollends von sich. Ihr gespanntes, unruhiges Wesen deutet auf grose Plane, mit denen sie umgehen. Erst übermüthig und des Erfolges sicher, sieht man sie aufgeregt, verwirrt, wie von einigen militairischen Anstalten die Rede ist. Sie gewinnen den Anführer der GrenadierWache; sie suchen dieses Korps, welches die NationalRepräsentation im Vendemiaire vertheidigt hatte, umzustimmen, aufzulösen. Auf ihr Verlangen wird ein Bericht, den wir nicht betiteln wollen, im Rathe erstattet. Die seltsamen Verfügungen des ResolutionsEntwurfes, der hinten nachfolgt, zeigen an, daß es nur eine Vorbereitung zu weit wichtigeren Vorschlägen seyn soll. Sie theilen Waffen und ErkennungsZeichen aus; die Nächte reichen kaum zu ihren Berathschlagungen hin. Die Correspondenzen der GegenRevolutionairs dienen ihnen zur Leitung: sorgfältig heben sie alle Stüke derselben auf.

Wir wollen hier die Gerüchte nicht sammeln, von Organisirung einer beträchtlichen königlichen KriegsMacht, noch von dem Schmausse, wo Miranda, jener Peruvianer der sich im

Augenblik einer Revolution in Frankreich findet, um Armeen anzuführen, wo Miranda den Verschwornen für 300 Mann auf jede Section steht, die auf das erste Zeichen bereit seyn sollen, noch von der RollenVertheilung zur Ermordung der Republikaner im Bezirke der beiden Räthe, noch von den Mitteln die gebraucht werden sollten, damit die Posten durch sichere Leute besezt würden, indeß die Grenadiere, unter dem Vorwand einer allgemeinen Musterung, nach den Champs Elysee's geschikt worden wären, noch von der dreifachen Organisirung der Gesellschaft von Clichy, wodurch die gegenrevolutionairsten Vorschläge bis zu den Ohren der betrogenen Schwachen gelangten. Wie viel Zutrauen auch die Menschen verdienen, welche diese Dinge erzählten, so durfte doch Eure Commission sie Euch nur als Gerüchte und Sagen darstellen.

Allein ein Factum, dessen Anzeigen von der äussersten Wichtigkeit sind, und das wir als ausgemacht anführen, indem es durch obrigkeitliche Autoritäten bewährt ist, ist das Daseyn eines völlig eingerichteten Korps von 700 Mann, an dessen Spize ein Anführer von Chouans stand, den wir nicht nennen können, welches bestimmt war, im entscheidenden Augenblike, den die Verschwornen einleiteten, eine besondere Thätigkeit zu zeigen.

Den 17 Fructidor Abends giengen Mehrere von diesem Korps in den Tuilerien spazieren. Sie theilten sich gegenseitig die Gerüchte von militairischen Anstalten des VollziehungsDirectoriums mit; sie bestärkten einander in der Meinung, daß die Sache Grund habe. Demnach begeben sie sich zu ihrem Anführer, erzählen ihm was sie vernommen haben. Dieser meint, daß Pichegru sogleich davon benachrichtiget werden müsse. Er steigt in seine Chaise, nimmt einen von denen, welche ihm Nachricht gebracht hatten, mit; wie sie bei Pichegru angekommen sind, eröfnen sie ihm ihre Besorgnisse — „Sie sind nicht gerüstet," antwortet Pichegru, „sie können es noch nicht seyn, und „morgen werden wir ...... werden wir ihnen den „Treff geben."

Die Republikaner in beiden RathsVersammlungen, die getreuen Mitglieder des VollziehungsDirectoriums, das Militair, stürzten in einem Nun diese gräßliche Verschwörung, welche die Folge und die Vollendung aller Unternehmungen dieser Art war.

Die Deportation ward die Strafe der Verschwornen. Es flos kein Blut, die Barrieren von Paris waren nur wenige Stunden wirklich verschlossen; das Verkehr innerhalb der Stadt ward keinen Augenblik unterbrochen. Mit bangem Herzen, von der grausamsten Unruhe gefoltert, hatte man sich den Abend vorher niedergelegt; der Friede, welcher am Tage selbst dieses berühmten Ereignisses in alle Seelen zurükkehrte, beweißt zugleich dessen Nothwendigkeit und die Weisheit, mit welcher es geleitet ward. *

* Duverne de Presle konnte seine Freude nicht zurükhalten, als er Pichegru im Tempel einsperren sah. Uiber zwei Stunden lang höhnte er ihn durch unmäsiges Gelächter. „Da ist er ja," sagte er, „dieser so weise, so vorsich„tige, so kluge, so aufgeklärte Feldherr, der so zuverlässig „den Thron und den Altar wiederherstellen sollte! Nun, ist „er izt nicht eben so dumm, ein eben solcher Schwindel„Kopf, wie der arme Dunan, den er doch so bitter ta„delte? Gute Nacht, Chambord! Gute Nacht, ro„thes OrdensBand!" (Anspielung auf die Versprechungen, welche Pichegru erhalten hatte.)

Pastoret sagte beständig: „die Constitution ist gut; „aber die Regierung muss concentrirt werden." Und wem ist der Gehalt dieses Wortes nicht bekannt?

Der Repräsentant de la Rue sagte ohne alle Vorsicht, „er sey blos für den König im Rathe."

Ein Offizier von der Marine, der bei deren Organisirung vergessen worden war, wandte sich im Messidor an Villaret Joyeuse, mit der Bitte, sich für ihn zu verwenden. „Es ist noch nicht der Augenblik," sagte dieser, „warten Sie. In kurzem haben wir einen König, die „Sache kan nicht fehlen. Ich habe die Gewißheit, Admi„ral zu seyn; gedulden Sie sich bis dahin, und ich ver„spreche Ihnen meine Unterstüzung."

Die Verwalter des Allier Departements haben der gesezgebenden Versammlung eine ZusammenRottirung, die im Fructidor zu Moulins statthatte, die Einmagazinirungen von Waffen und Munitionen, womit man sich dort beschäftigte, angezeigt. Den 11 Fructidor bei SonnenUntergang vernahm man auf 10 Stunden im Umkreis, an den Gränzen der Departemente vom Cher, vom Allier und von der Creuse, zwei gewaltige Explosionen, die man anfänglich einem Vulcan zuschrieb; allein man entdekte nachher, daß es ein Signal für die rechtmäsigen Söhne dieser drei Departemente war, sich zu einem HauptStreich bereit zu halten. Zur nemlichen Zeit kamen viele royalistische Anführer im Schlosse Villemontais, im Departement der Creuse, zusammen: es ward da über die Wahl

Wie sehr die Menschheit auch über die Verbrechen der Royalisten trauern muß, so gibt es dabei doch Betrachtungen, welche für gute Bürger eben so beruhigend als für jene niederschlagend sind. Ihre an sich widersinnige Sache ist hinführo mit Schmach, mit der Schande des Verbrechens bedekt. Royalist ist izt in der That das Synonim von Mörder, und die Zeit ist nicht mehr fern, wo von allen Augen die Binde gefallen seyn wird, wo allgemeine Verachtung das Loos der Elenden werden muß, die diese Gesinnungen, in denen der Keim des MeuchelMords liegt, an den Tag legen.

Thoren, was verlangt man von Euch? Will man eure Personen herabsezen? die Gleichheit ist die Grundlage unsrer Ver-

eines Königs berathschlagt; ein Ausgewanderter hatte den Vorsiz, den niemand im ganzen Lande kannte; um sich besser zu verstellen, hatte er seinen Bart wachsen, seine Haare beschneiden lassen, und die jacobinische Tracht, mit dem Namen Donat, angenommen. Sobald er die Nachricht vom 18 Fructidor erhielt, vergiftete er sich.

Die Royalisten von Aigueperse, im Departement des Puy de Dome, vertrieben sich die Zeit mit Verfertigung von Patronen, um, wie sie sagten, damit den Republikanern aufzuwarten. Sie hatten schon mehrere Tische voll, als die Post ihnen den 18 Fructidor verkündigte. Da liesen die Herren ihre Arbeit liegen, sagten ihren Familien das lezte Lebewohl, und entflohen.

Man weiß, daß in dem Augenblike des 18 Fructidors alle besonders reichen weiland Adelichen aus allen Departementen in Paris versammelt waren. Ein weiland Herzog eilte eben herbei, ihre Zahl zu verstärken, und zu den grosen Dingen, die im Werke waren, das seinige beizutragen, als er disseits von Orleans einem Kourier begegnete, der ihm die Neuigkeit jenes Tages brachte. Straks kehrte er um, und begab sich voll Trauer wieder nach seinem Schlosse Meillan, im CherDepartement.

Ein Mitglied der gesezgebenden Versammlung, dem man über sein Betragen Vorstellungen machte, sagte in einer Gesellschaft: „Wir haben geschworen, Gott und „den Menschen zu dienen, und wir werden unsern Eid „halten." Mit Unwillen erwiederte ein Mann von Geist: „Unter Gott versteht Ihr die Pfaffen, unter den Men„schen die Ausgewanderten; Euer Eid ist ein Ver„brechen gegen alle Vernünftigen, und gegen alle guten „Bürger." — Solche Anekdoten könnten zu tausenden angeführt werden, so häufig hatte das Vertrauen auf die GegenRevolution die Indiscretionen gemacht.

fassung. Greift man euer Vermögen an? die Verfassung ist dessen sicherste SchuzWehre.

Sehr lächerlich werden sie erscheinen, diese weiland Bürgerlichen, die es müde sind, nicht mehr in den Staub gedrükt zu werden, und sich nach dem Adel sehnen. Gezüchtigt werden sie werden, die Ehrgeizigen, die sich gegen das menschliche Geschlecht verschwören, um es in der Abhängigkeit und Verworfenheit zu erhalten. Es ist Zeit, daß so viele Komplotte enden. Und sie werden enden, Repräsentanten des Volkes, sobald Ihr es kräftig wollen werdet.

Ihr habt bemerkt, durch welche Ränke und Frevel die Royalisten ihre Wahlen erlangt hatten. Und doch hätten, der Lauf der Gerechtigkeit durch schändliche Richter gehemmt, die Verwaltung durch Fanatiker und GegenRevolutionairs gelähmt, die Drohungen, die MordThaten, die TaschenspielerKünste der Pfaffen sie des Erfolgs noch nicht sicher gemacht: sie musten noch die Lüge zu Hilfe nehmen. Den Frieden musten sie versprechen, und die Constitution anrufen, um Stimmen zu erhalten; und dem Beobachter war es klar, daß jene MehrZahl selbst, durch welche sie erwählt wurden, nicht für ihr System, sondern für die Constitution, für den Frieden stimmte. Es ist also klar, daß, wenn nicht so viele Mittel in's Spiel gesezt worden wären, die Masse der Bürger für die Freunde der Freiheit und der Gleichheit, dieser Güter, ohne welche es für den Menschen kein würdiges Daseyn gibt — daß sie für die aufrichtigen Freunde der Constitution, die den Besiz dieser Güter sichert, gestimmt haben würde.

Nun da die Republik so vielen Verräthereien entkommen ist, sollte man sich besonders von Einer Wahrheit überzeugen — daß es nemlich in der Politik keine nothwendigen Ereignisse gibt, daß sie immer Folge von Unvorsichtigkeit sind, und aus allen abgerissenen Unternehmungen zusammenwachsen, die, in ihrem Ursprung nicht aufgehalten, sich weiter erstreken, gleichsam eine Vereinigung unter einander bewirken, und Katastrophen herbeiführen.

Die Republik ist es vor allem, was erhalten werden muß. Wir wissen, daß eine weit umfassende Verschwörung stattgehabt hat; wir wissen, daß noch nicht alle ihre Fäden zerrissen sind:

in allen Begebenheiten, in allen individuellen Handlungen muß man die BestimmungsGründe beurtheilen; ist der Royalism, ist also jene Verschwörung die Quelle, so muß unverzüglich Rath geschaft werden. Die Royalisten haben ein System erschaffen, um sich der Stellen in der Republik zu bemeistern: sie müssen beobachtet, sie müssen ohne Erbarmen fortgejagt werden; die Stellen in der Republik dürfen nur von Republikanern besezt werden. Laßt uns in diesem Stüke unerbittlich seyn; laßt uns, ich wiederhole es, jene widersinnigen Theorien sogenannter GrundSäze, jene thörichten Anrufungen der Constitution verbannen, bei denen, jenem Philosophen gleich, der, die Sterne betrachtend, in einen Brunnen fiel, diese nicht aus der Fassung zu bringenden Vernünftler auf den Trümmern der Republik ermordet worden wären, wenn ihre eigne Erhaltung nicht die Angelegenheit klügerer Menschen gewesen wäre. Wollen wir aber das Recht haben, streng zu seyn, so müssen wir auch gerecht seyn. Zwar nur dem Republikanism müssen die Aemter anvertraut werden; aber eben so wichtig ist es, daß mit dem Republikanism auch Talente, Einsichten und Tugenden verbunden seyen. Nur auf diese Weise kan Glükseligkeit den Familien zu Theil werden, und darinn Wurzel fassen, welches der einzige Zwek einer weisen Regierung ist.

Nach Bemerkung. Daraus, daß nicht in Betref eines Jeden von denen, welche das DeportationsGesez traf, einzelne ThatSachen angeführt worden sind, könnte vielleicht geschlossen werden, daß wenigstens diejenigen, welche in den ActenStüken nicht namentlich bezeichnet sind, auch nicht als strafbar angesehen werden können. Dis wäre aber ein groser Irthum. Räuber sind in ein Haus eingebrochen, und haben es geplündert; sie ziehen zusammen ab, aber nur einige von ihnen sind mit gestohlenem Gute beladen: wird man darum sagen, daß die andern unschuldig sind, wenn es auch keinen andern Beweis gegen sie gäbe, als daß sie zu gleicher Zeit mit den übrigen in das Haus gekommen und aus demselben herausgegangen sind, als daß alle einander nicht verlassen haben? Das Verbrechen liegt in der Verlezung der Wohnung eines Bürgers, nicht in dem unbekannten Antheil jedes Einzelnen bei den Thaten, durch welche das Verbrechen vollzogen wurde. Hier gab es eine weitgreifende Verschwörung um die Wahlen des Volkes auf schlechte Bürger fallen zu lassen. Ausgemacht ist es, daß diese schlechten Bürger in den verschiedenen ihnen anvertrauten Posten den Gang befolgt haben, welchen die Agenten der Verschwörung anzeigten, daß sie ihre Sprache gesprochen, daß sie ihren Versammlungen beigewohnt haben, daß das Komplott im Begrif stand auszubrechen: so ist es dann klar, daß sie in die Verschwörung verwikelt sind, ob man gleich nicht auf einen jeden von ihnen bringen kan, er habe dis oder jenes gethan, ob man gleich nicht genau angeben kan, ihm sey diese oder jene Rolle bestimmt gewesen.

II.

Helvetien.

Geschichte seiner neuesten Revolution.

(Fortsezung.)

Schon standen zwei starke fränkische Truppen-Korps, das eine in dem neubesezten, innerhalb den helvetischen Gränzen gelegenen Theile des Bißthums Basel, das andre im Waadtlande. Schon hatte dieses Land, unter dem Schuze der fränkischen Waffen, sich als unabhängig erklärt, und fieng an eine eigne, Waadtländische oder Lemanische Republik zu bilden. Schon wehten im Kanton Basel zu Stadt und Land die dreifarbigen Fahnen, und im ThurGau und Toggenburg erhoben sich überall die Bäume der Freiheit. Eben so laut hatte sich, seit der Ankunft des fränkischen Ministers Mengaud in Aarau, der Revolutions-Geist in den Städten des AarGaues geäussert, welche mit Ungedult die OberHerrschaft von Bern ertrugen, besonders in Aarau selbst, wo öffentlich der FreiheitsBaum gepflanzt ward. Die helvetische TagSazung, die seit dem Ende des Jahrs 1797 in dieser Stadt versammelt war, da izt jedem Kanton die Gefahr in seinem eignen Innern die dringendste schien, von aussen bis izt hauptsächlich nur noch Bern bedroht war, Basel schon das erste Beispiel der Vereinzelung und einer wirklichen Revolution gegeben hatte, gieng nun den 1 Febr. auseinander, nachdem zuvor die Abgeordneten aller Kantone (ausgenommen die von Basel, welche nach der Explosion vom 18 Jan. sogleich zurükgerufen worden waren) unter freiem Himmel die Erneurung der ewigen Bünde beschworen hatten. Aber diese Feierlichkeit hatte nichts mehr von jenem Geiste, der im Jahr 1308 drei und dreissig hochgesinnte Männer aus Schwyz, Uri und Unterwalden zum ersten Schwur für Freiheit begeistert hätte. Es war ein eitles Schauspiel, ohne wesentliche oder bleibende Kraft.

Kaum hatte der fränkische Gesandte Mengaud die Stadt Aarau, die er wegen ihrer für die Sache der Revolution so laut an den Tag gelegten Gesinnungen in seinen besondern Schuz zu nehmen sich erklärt hatte, verlassen: so beunruhigte alsbald der Bernerische Obrist von Büren nun auch den AarGau durch eben den unzeitigen Troz, durch welchen empört schon das WaadtLand sich von seinem Souverain losgerissen hatte. Mit einem HeerHaufen von 2300 Mann und mit mehreren FeuerSchlünden rükte er gegen Aarau an. Die Einwohner dieser Stadt, um nicht durch Widerstand den Funken des BürgerKrieges anzufachen, nahmen seine Truppen auf, und willigten in ihre Entwafnung; denn auch im AarGau, wie im WaadtLande, hätte das entgegengesezte Interesse der StadtBürger und der LandLeute jene sehr leicht zum Raube der lezteren machen können, welche ausser einer Art von Existenz, wobei sie sich glüklich fühlten, von der Regierung in Bern auf alle mögliche Weise bearbeitet worden waren, um den Versuchen zur Revolution einen entschiedenen Widerstand entgegenzusezen. Hätte Bern nur die Gefahr in seinem Innern zu bekämpfen gehabt, so mochte diese Art von Taktik allerdings von Erfolg seyn; aber was vermochte sie gegen die Plane der Uiberwinder von Europa, die izt schon von zwei Seiten her mit einer TruppenMasse von nahe an 30,000 Mann alle kühnern Masregeln zur Unterdrüklung der von ihnen beabsichteten Revolution zu strafen bereit waren? In einer solchen Lage der Dinge war vielleicht volles, freiwilliges Nachgeben die beste Politik; aber die Regierung von Bern, aus langer Gewohnheit zu herrschen, machte sich und andern Illusion: ohne den Unterschied der Zeiten zu berechnen, durch die grosen Namen von Laupen, Murten, Grandson verführt, indem sie ein schweizerisches Aufgebot in Masse vor den Augen hatte, indem sie bei den grosen Foderungen, welche Frankreich in Rastadt voranstellte, täglich der Nachricht von einer neuen Coalition entgegensah, wollte sie nur so weit nachgeben, daß ihr immer noch der HauptNerv der Gewalt, und die Möglichkeit der Nüzung künftiger Conjuncturen bliebe. Um das LandVolk noch fester an sich zu knüpfen, und dem fränkischen VollziehungsDirectorium durch den vorgehaltenen Schild des VolksInteresse zu imponiren, entschloß sie sich endlich (3 Febr.) zur Zusammenberufung von Ausschüssen aus ihrem teutschen Gebiete, um gemeinschaftlich mit ihnen theils den Plan zu einer verbesserten, auf die Repräsentation des Volks in der Regierung gegründeten Constitution innerhalb JahresFrist zu entwerfen, theils — und wohl hauptsächlich — auf desto nachdrüklichere Vertheidigung gegen Frankreich zu denken. „Eure Erwartungen „sind erfüllt" — sagten die neuen Ausschüsse in einer Kundmachung an ihre Mitbürger. — „Die von aussen „drohende Gefahr ist zwar nicht beseitigt; aber in Einem

„Tage sind wir aus einem schwachen Volke ein starkes „geworden; tausend kleine Bäche, von denen jeder ein„zeln dürftig und kraftlos, der eine hier der andre dort „hinaus lief, sind in Einen gewaltigen Strom verei„nigt .... Alle menschliche Anstalten müssen sich ver„vollkommnen mit dem Gange der Zeit. Das seit Jahr„hunderten bestandene Gebäude unsrer Verfassung hatte, „bei manchem Guten, auch seine Gebrechen und Mängel; „die Väter des Landes fühlten schon lange die Nothwen„digkeit seiner Verbesserung: aber gerne hätten sie die„selbe in ruhigen Zeiten vollbracht. Auch unter euch „ist hin und wieder dis Gefühl erwacht, bei Wenigen „aus innerem Triebe — gesteht es nur — vielmehr, „auf minder rühmliche Weise, von aussen her erwekt. „Und so geschah, gleich nach unserm Eintritt in die Regie„rung, aus ihrer eignen Mitte der Antrag zu denjenigen „grosen und wichtigen StaatsVeränderungen, die sie den „Wünschen des Volkes und den Bedürfnissen des Zeit„Alters für angemessen hielt."

Aber schon daß sie, die Regierung, sich die Bestimmung der Reformen herausgenommen hatte; daß sie denselben Ziel und Maas sezen wollte; daß sie zur Entwerfung der neuen Constitution eine volle Jahres-Frist anberaumte, befriedigte weder die Foderungen Frankreichs, noch die Wünsche ihrer eignen Revolutionärs: sie schien dadurch nur Zeit gewinnen, nur günstigerer Conjuncturen harren zu wollen. Auch erhielt diese Auslegung bald neues Gewicht, durch die am 7 Februar beschlossene Niedersezung einer OberPolizeiCommission, die beinahe im Geiste des fürchterlichen alten WohlfahrtsAusschusses in Frankreich war. Sie sollte darüber wachen, daß das Volk sich in keine grösseren Gesellschaften vereinige, und keine Bittschriften, die von ganzen Corporationen unterzeichnet wären, einsende; nur einzelne Menschen (weil man wuste, daß man individuell nie seine Beschwerden mit gleicher Kühnheit darzulegen wagt, wie im Gesamt-Namen) sollten Petitionen an den Staat gelangen lassen dürfen. Unter langwieriger KerkerStrafe ward verboten, FreiheitsSchriften, die unter dem Volke Sensation erregen könnten, zu verbreiten; sogar Boten und Fuhrleute, welche unbedachtsamer Weise Neuigkeiten aus der Fremde in's Land bringen würden, wurden mit hohen GeldStrafen bedroht. An Orten, wo Truppen stunden, sollte die Untersuchung und Bestrafung aller derartigen Vergehen durch das KriegsGericht geschehen. — Ein solches System von Terrorism verblendete dann die Regierung in Bern immer mehr über den Abgrund, an dessen Rand sie schwankte; niemand wagte es mehr, eine freie Meinung zu äussern, oder die unverhältnißmäsigen, bald zu schwachen bald ausschweifenden, Masregeln zu tadeln; alles war terrorisirt; man heuchelte einen EinheitsSinn, eine Entschlossenheit, die man nicht hatte, und rannte so, gleichsam mit verbundenen Augen, in sein Schiksal; wie ein alter Geschichtschreiber bemerkt hat: „wenn die Göt-„ter eine Veränderung beschlossen haben, verkehren sie „zuerst die Rathschläge der Sterblichen, und machen — „was das Traurigste ist! — daß, was geschieht, sogar „mit Recht geschehen zu seyn scheint, und der Zufall sich „in Schuld verwandelt."

Gleichwohl glaubte die Regierung von Bern nun Frankreichs Foderungen begegnet zu haben. An demselben Tage, da sie die fürchterliche neue Ober Polizei-Commission ernannt hatte, erließ sie, unter dem populären Namen „der Regierung und des durch seine „Repräsentanten mit ihr vereinigten Volks „des eidgenossischen Standes Bern," ein Schreiben an das VollziehungsDirectorium in Paris: „von jeher ge-„wohnt, in dem fränkischen Volke einen wohlgesinnten „Nachbar zu erkennen, sey es dem Berner Volke sehr „schmerzhaft, in diesem glüklichen Verhältniß eine auf-„fallende Veränderung zu bemerken. Innig wünsche es,

„wenn zwischen ihm und der fränkischen Nation einige „Weiterungen obwalten sollten, solche ungesäumt zu he„ben, so weit es ohne Nachtheil der Unabhängigkeit eines „freien Volkes, das dieselbe bis auf den lezten Bluts„Tropfen zu behaupten fest entschlossen sey, werde ge„schehen können. Im Vertrauen auf die Billigkeit die„ses Ansuchens erwarte sie (die Regierung von Bern) die „Zurükziehung der fränkischen KriegsVölker von ihren „Gränzen, da alsdann auch das zu deren Vertheidigung „unter den Waffen stehende Volk sich sogleich zurükziehen „werde."

Aber die Plane der fränkischen Regierung klärten sich nun immer näher auf. Einer von Bern aus in gleicher Absicht an den GeschäftsTräger Mengaud abgefertigten Gesandschaft von Herren und Bauern gab dieser zur Antwort: „nicht nur fodre er Genugthuung „für Arau, sondern daß noch überdis die bisherige „Regierung in Bern unbedingt ihre Gewalt „niederlege; dann erst könne von dem Rükzuge der „fränkischen Truppen die Frage seyn."

Zugleich, um dem HauptZiele näher zu treten, theilte Mengaud izt mit vollen Händen ein in drei Sprachen (teutsch, französisch und italienisch) gedruktes Projekt einer helvetischen Constitution aus, den Entwurf einer Einzigen und untheilbaren demokratischen Republik in der Schweiz, ganz nach dem Muster der fränkischen und cisalpinischen geformt, doch mit einiger Rüksicht auf innere Lage und Umstände. Nach demselben sollte das Directorium der neuen Republik gleichfalls 5 Mitglieder, aber noch einen grösern Umfang von Macht als selbst das fränkische haben. Der Gesezgebende Körper sollte aus einem Senat und einem Grosen Rathe bestehen, und der Siz der höchsten StaatsGewalten in Lucern seyn. Das Gebiete der neuen Republik sollte einstweilen folgende Eintheilung haben:

Kantone.	HauptOrte.
1. Wallis	Sitten.
2. Leman, oder das WaadtLand . .	Lausanne.
3. Freiburg, mit den LandVogteien Petterlingen (Payerne), Wifflisburg (Avenche) bis an die Brüsch, und Murten.	Freiburg.
4. Bern, ohne das WaadtLand und das AarGau	Bern.
5. Solothurn	Solothurn.
6. Basel, mit dem, was im FrikThal dazu abgetreten werden könnte.	Basel.
7. AarGau, von Arburg und Zofingen an	Arau.
8. Lucern	Lucern.
9. Unterwalden, mit Engelberg .	Stanz.
10. Uri, mit dem Urseren Thal . . .	Altdorf.
11. Bellinzona, oder die 4 obern italienischen LandVogteien, d. i. das Liviner Thal, Bollenz, Riviera und Bellinzona	Bellinzona.
12. Lugano, oder die 4 untern italienischen LandVogteien, d. i. Lugano, Mendrisio, Locarno und Valmaggia.	Lugano.
13. Rhätien, oder Graubünden . .	Chur.
14. Sargans, mit dem RheinThal, Sax, Gams, Werdenberg, Gaster, Uznach, Rappersweil und March .	Sargans.
15. Glarus	Glarus.
16. Appenzell	Appenzell und Herisau abwechselnd.
17. ThurGau	Frauenfeld.
18. St. Gallen, enthaltend die Stadt und das von allen oberherrlichen Rechten befreite Gebiet des Abtes .	St. Gallen.
19. Schafhausen	Schafhausen.

Kantone.	HauptOrte.
20. Zürich, mit Winterthur	Zürich.
21. Zug, mit den Unterthanen der Stadt, der Grafschaft Baden und den Freien Aemtern	Zug.
22. Schwyz, mit Gersau, Küßnacht, Einsiedeln und den Höfen	Schwyz.

In diesem Entwurf sahen, die einen unter den jezigen Umständen das einzige noch übrige RettungsMittel für Helvetien, die andern dessen unvermeidlichen Untergang. Die Gründe der leztern waren: „Aller Wohlstand der „Schweiz, die nur wenige Zoll tief gutes Erdreich habe, „und gegen die wilden Ströme dasselbe hin und wieder „kaum behaupte, beruhe darauf, daß der Bauer, bei „dem Geiste der Sparsamkeit, der bisher in der öffentli„chen Verwaltung geherrscht, frei von Auflagen gewesen „sey. Verschiedene Kantone hätten keinen, mehrere nur „einen sehr unbeträchtlichen Schaz, und selbst die, welche „man reich nenne, seyen es nur auf die Art, wie ein „PrivatMann mit hundert Louisd'or, wovon ihm gute „Wirthschaft jährlich zehn erübrige, reicher sey, als wer „tausend einnehme und Schulden mache. Wie denn nun „ein solches Land die Kosten der neuen Regierung, den „Gehalt für Directoren, Repräsentanten, öffentliche Ver„walter aller Art werde aufbringen? wie es ein stehendes „Heer (denn auch dieses lag in dem neuen ConstitutionsEnt„wurf) werde unterhalten können? Und wozu überhaupt „ein solches Heer? Diesen ganzen fürchterlichen Krieg „hindurch habe Helvetien, durch SelbstBewafnung, seine „Neutralität behauptet, ohne daß es ihm so viel gekostet, „als wenn es auch nur einige tausend Mann beständig „unterhielte. Sobald es eine bleibende Armee habe, sey „es um sein NeutralitätsSystem gethan: dann müsse es „sich bei jedem Kriege für den einen oder den andern seiner „übermächtigen Nachbarn erklären; fremde Truppen wür„den in sein Inneres eindringen und es zum Kriegs-

„Schauplaze machen. Seiner bisherigen Verfassung danke „es mehr als ein Jahrhundert von Frieden; ob für ein „solches Glük irgend Ersaz möglich sey? Ob, durch „Gebirge und Thäler von einander getrennt, so verschie„den an Sprache, Religion, physischer und geistiger Cultur, „für die mancherlei helvetischen Völkchen denn nicht im „Grunde nur im Föderalism eine wahre Verbindung „möglich sey, und dagegen das EinheitsSystem nur „die Quelle immerwährender Zwietracht und Collisionen für „sie werden müsse? Ob die kleinen demokratischen Kan„tone, durch ihre Alpen geschüzt, sich dem kostbaren „Joche des neuen RepräsentativSystems würden unterwer„fen, und ihre geliebten LandsGemeinden gegen passive „WahlVersammlungen umtauschen wollen? Ob überhaupt „dis neue GesezBuch von Paris nicht auch Helvetien, „so wie die Batavische und Cisalpinische Republiken, „zu einem Ball in den Händen des fränkischen Directo„riums machen werde, welches freilich seinen Einfluß auf „Eine NationalVersammlung wirksamer und geltender „machen könne, als auf zwei und zwanzig?"

Nirgends eifriger warnte man gegen diesen neuen ConstitutionsEntwurf von Obrigkeitswegen, als im Kanton Bern. Während von Basel aus Abgeordnete die übrige Schweiz durchreisten, um die Annahme desselben als den einzigen Anker im allgemeinen Sturme zu empfehlen, rief die Regierung von Bern die übrigen EidGenossen von neuem zum bewafneten Beistande auf. Vergebens suchten auch Zürich und Lucern sie zu zeitgemäser Nachgiebigkeit zu bereden. Um jedoch zugleich ihre unstreitigen BundesPflichten zu erfüllen, boten sie ihr Volk zu den Waffen auf.

Aber im Kanton Zürich, wo das Andenken des Verfahrens gegen Stäfa noch zu neu, wo bisher der revolutionaire Geist mehr mit Gewalt niedergehalten als erstikt war, äusserte sich das Volk laut und heftig gegen die Bewafnung; mit Ungestüm drang es auf mehrere Bewilligingen, insonderheit auf Amnestie für die gefangenen oder verwiesenen Stäfaer, auf Zurükgabe der alten FreiheitsBriefe, Freigebung alles Kunst- und HandelsErwerbs, Zutritt zum BürgerRechte in der HauptStadt und zu StaatsAemtern. Um den Sturm zu beschwören, genehmigte der Rath (29 Jan.) einstimmig diese Foderungen... Auf die Nachricht von diesen dem LandVolke so günstigen Beschlüssen loderten an den Ufern des Züricher See's die ganze Nacht hindurch Flammen der Freude, und laut erscholl der Donner des Geschüzes. Am folgenden Tage wurden die eilf StaatsGefangenen von Stäfa, unter dem Jubel ihrer Anverwandten und Freunde, feierlich aus der Stadt abgeholt. Das gröste Interesse unter ihnen wekte der ehrwürdige Greis Bodmer, über dessen Haupte der Henker sein Schwert geschwungen hatte, und der izt seine Loslassung aus dem ihm zuerkannten ewigen Gefängniß mit der Erklärung empfieng: „ich wollte immer das „Gute, und mein ganzes künftiges Leben soll zeigen, daß „nicht Rache, sondern reines Wohlwollen gegen alle meine „MitBürger mich beseelt."

Die Regierung von Zürich suchte nun mit Eifer den bundesmäßigen militairischen Zuzug nach Bern in's Werk zu sezen, indem sie (31 Jan.) die Einwohner zu Stadt und Land wiederholt auffoderte, zur Sicherstellung der althelvetischen, teutschen Gränzen aufzubrechen. Aber sogleich erhob sich wieder der vorige Sturm. „Selbst in Kraft der erst am 29 Jan. neubestätigten „Siegel und Briefe," schrie das LandVolk, „habe es we„gen des Aufgebots nicht blos benachrichtigt, sondern „befragt, oder doch näher belehrt werden sollen;" man erregte Zweifel über das Anrüken fremder Truppen auch an die teutsche Gränze von Bern; das Aufgebot könne wohl auch gegen die revolutionairen Bewegungen in dem AarGau gerichtet seyn. Als (2 Febr.) die ersten Truppen in Zürich hätten anlangen sollen, erschien nur eine sehr kleine Zahl. Um daher den guten Willen des Volkes mehr anzufeuern, erklärte izt der Rath, theils daß es keineswegs um Angrif, sondern nur um Vertheidigung der althelvetischen teutschen Gränze zu thun sey, theils daß er ohne Verzug, gemeinschaftlich mit den Abgeordneten sowohl der Landschaft als der StadtBürgerschaft, über eine allgemeine Reform in Berathschlagung treten werde. Sogleich wurden nun, in der Stadt 18 Glieder des grosen Rathes und 26 aus den Zünften, in Allem also 44, und von der gesammten Landschaft 56 Deputirte gewählt. Aber auch auf diesen Beschluß war das Aufgebot nur in wenigen Gegenden von Erfolg; beinahe allgemein, hauptsächlich aber am SeeUfer, widersezte man sich demselben durchaus. „Nach Einführung „einer repräsentativen Verfassung in der Schweiz würden „die fränkischen Truppen sich von selbst zurükziehen," schrien die einen; die andern drohten sogar, „daß sie auch „wohl ohne die HauptStadt einen FreiStaat bilden könn„ten." Durch diesen Drang der Umstände überwältigt, ließ der grose Rath in Zürich (5 Febr.), unter Zustimmung der Zünfte, dem LandVolke eben die Magna Charta vollkommener Freiheit und Gleichheit ausfertigen, wovon Basel das erste Beispiel gegeben hatte. Die aus dem Rathe, aus der Bürgerschaft und Landschaft bereits angeordnete LandesCommission sollte Auftrag und Vollmacht haben, den Plan zu einer neuen, auf jene Grundsäze gebauten, StaatsVerfassung sobald wie möglich zu entwerfen, mitlerweile aber die bisherige Regierung, so wie alle ihr untergeordneten Behörden und Beamten, provisorisch an ihren Stellen bleiben.

Aber auch dieser Schritt, der zu spät geschah, um die Gunst der Freiwilligkeit zu haben, vermochte weder den TruppenMarsch nach Bern zu befördern, noch die Eintracht im Innern wiederherzustellen. Die StadtBürger von Zürich, die sich bei dem bisherigen MonopolSystem so wohl befunden hatten, sahen mit Unwillen und Eifersucht auf die Folgen der neueingeführten Gleichheit, wofür ein groser Theil des LandVolks nicht einmal Dank wuste, weil er deren Anerkennung blos als das unförmliche Werk der Noth, im Sturm ertrozt, betrachtete. Unmöglich konnte die Regierung zugleich und in gleichem Grade den Wünschen so entgegengesezter Parteien entsprechen. Auch hatte sie bei der wilden Eile, worinn ihre neueren Beschlüsse ihr entrissen wurden, zur Zusammenberufung der VolksDeputirten weder die Gemüther genug vorbereiten, noch den Uibergang aus der alten Verfassung in die neue mit jener Feierlichkeit auszeichnen können, ohne welche so leicht die EinbildungsKraft des Volkes ausschweift, oder hinter dem Gange der Begebenheiten zurükbleibt.

In Zusammenberufung der LandesCommission war, wie wir bereits angeführt, das Verhältniß angenommen worden, daß 18 aus dem Rathe, 26 aus den Zünften, also in allem 44 aus der HauptStadt, und 56 von der Landschaft gewählt werden sollten. Nun verhält sich die gesammte StadtBürgerschaft zu der Landschaft ohngefähr wie 1 zu 17. Die Führer des LandVolks fanden daher den angenommenen Fuß um so unzulässiger, da, nach demselben, die StadtDeputirten in den Berathschlagungen sehr leicht die MehrZahl auf ihre Seite hinreissen konnten. Sie erklärten daher (9 Febr.) daß in der LandesCommission wenigstens $\frac{3}{4}$ der Deputirten von der Landschaft, und nur $\frac{1}{4}$ von der Stadt seyn, und daß, während ihrer Berathschlagungen, die HauptStadt eine Besazung von 1000 Mann LandTruppen zum Schuze der LandschaftsDeputirten aufnehmen müsse. Das Mistrauen, die Erbitterung zwischen Stadt und Land, der Geist der Unruhe stiegen auf einen Grad, daß man jeden Augenblik den Ausbruch eines BürgerKriegs, die Stürmung der HauptStadt durch das LandVolk befürchtete. Inzwischen eröfnete doch (12 Febr.) die Landes Commission ihre erste Sizung in Zürich. Ohngefähr die Hälfte der LandschaftsDeputirten fand sich ein; die Ausschüsse der andern Hälfte, hatten sich in Stäfa versammelt. Um eine Vereinigung zu bewirken, schikte man an die lezteren eine Deputation: aber ihren gütlichen Vorstellungen sezte das LandVolk einen wüthenden Tumult, ihren Bitten die fürchterlichsten Drohungen entgegen; ein für allemal beharrte es auf bewafneter Besezung der HauptStadt. Aeusserst bestürzt hierüber, berathschlagte der Rath bis in die Nacht; zwei entgegengesezte Parteien, die gekränkten Privilegien innerhalb den Mauern und die Feinde der Privilegien ausser denselben, zeigten ihm in Genehmigung wie in Verwerfung des Begehrens der Ausschüsse in Stäfa gleiche Gefahr. Endlich am späten Abend, während er zur Abtreibung eines besorglichen Sturms die Kanonen aufpflanzen lassen wollte, trafen noch Abgeordnete von der VolksVersammlung ein, mit der Erklärung: sie werde von der gefoderten gemeinschaftlichen Besazung in der HauptStadt abstehen, insofern der Zwek dieser Foderung, die Sicherheit der LandesDeputirten, auf eine andre beruhigende Weise erreicht werden könnte. Zu dem Ende schlugen sie vor, den Deputirten der Landschaft zu erlauben, daß sie unter militairischer Begleitung in die Stadt einziehen dürften. Einstimmig genehmigte der Rath dis Begehren; auch beschloß er, daß zu den bereits gewählten Deputirten so viel neue LandschaftsDeputirte gewählt werden sollten, bis das Verhältniß von 1 zu 4 zwischen Stadt und Land erfüllt wäre.

Eine ähnliche Form der Repräsentation war bereits wirklich in andern Kantonen eingeführt worden. In Basel hatte man (30 Jan.) die unmittelbare Zusammenberufung einer NationalVersammlung beschlossen, welche provisorisch aus 60 Gliedern bestehen sollte, wovon 20 aus der Stadt durch deren Bürger, 20 gleichfalls aus der Stadt aber durch die WahlMänner der Landschaft, und die weitern 20 aus der Landschaft gewählt würden. Wenige Tage darauf (5 Febr.) verkündigte der Rath feierlich seine ResignationsActe, die

NationalVersammlung trat ihre Geschäfte an, und die Revolution gieng hier ihren ruhigen, man könnte sagen, unrevolutionären Gang fort.

In andern Kantonen drang sie indessen nicht ohne Verwirrung durch.

In Lucern, wo ein Pfiffer von Heidegg, ein Meyer von Schauensee und andre Männer von Kopf und Herz den Geist der Zeit und die Lage ihres Vaterlands kannten, hatten zwar (schon am 31 Januar) eben so edel als klug, die Patrizier selbst freiwillig die bisherige aristokratische RegierungsForm abgeschaft: so gerne aber die KleinBürger in gleiche Rechte mit ihnen eintraten, schämten sie sich gleichwohl nicht, sie dem LandVolke streitig zu machen; und schon war dieses zum Theil von seinen Priestern bearbeitet und gegen alle Neuerungen aufgereizt.

In dem Kanton Freiburg bestritten sich gegenseitig, theils die Bewohner der HauptStadt, theils die verschiedenen teutschen und welschen Gemeinden.

In UnterWallis zeichneten sich, unter den Beförderern der Gleichheit, selbst die KlosterLeute aus.

In dem Kanton Solothurn erschien eine gedrukte Petition der Patrioten, worinn sie zwar erklärten, daß sie die Religion ihre Väter beibehalten und Schweizer bleiben wollten, aber auch die Gleichstellung der Stadt- und LandBürger foderten, und daß aus allen Gemeinden, nach Verhältniß der VolksZahl, Ausschüsse erwählt würden, um die künftigen Geseze zu bestimmen, und die alten Freiheiten und Rechte wieder herzustellen. In einem Kanton, wo so viele fränkische Ausgewanderte, zumal auch Priester, nicht etwa nur GastFreiheit, sondern auch Glauben gefunden, wo der zahlreiche Klerus das ohnehin abergläubige Volk lange schon, vorzüglich aber seit dem Ausbruch der Revolution in dem benachbarten Kanton Basel bis zur Wuth fanatisirt hatte, konnte das neue politische GlaubensBekenntniß nicht ohne heftigen Kampf durchdringen. Gegen 40 Personen, theils in Solothurn selbst, theils in der (reformirten) Landvogtei Buchberg, wurden als StaatsVerräther eingekerkert. Rund um die Stadt her pflanzte man FeuerSchlünde auf, und zum Schuze der alten Verfassung eilte die Miliz nach derselben. Gleichwohl erkannte die Regierung die Uibermacht des ZeitGeistes: am 11 Febr. proclamirte sie durch den ganzen Kanton Freiheit und Gleichheit, „ohngeachtet" — wie sie im Eingang ihrer Kundmachung sagte — „die bei ihr versammelten VolksRepräsentanten darauf angedrungen, die „alte Regierung in allen ihren Theilen beizubehalten."

Auch im Kanton Schafhausen drang die Revolution nicht ohne alle Stürme durch. Dieser Kanton besteht aus 29 Ortschaften. Schon am 2 Febr. überreichten 22 derselben dem dortigen Geheimen Rathe das Ansuchen um durchgängige Freiheit und Gleichheit. Sogleich am folgenden Tage ward sowohl von dem Rathe als auf den Zünften darüber berathschlagt. Als Abgesandte des Rathes begaben sich der ZunftMeister Spleis und der VogtRichter Schalch nach dem Städtchen Neunkirch, wo sie den bereits niedergesezten Congreß der LandBoten, (das nemliche, was im Kanton Zürich der Ausschuß zu Stäfa war), aber zugleich auch die 7 noch ruhigen Gemeinden versammelten. Das Volk versprach, nicht mehr als zwölf selbstgewählte Männer auf den 8 Febr. in die Stadt zu senden, welche mit eben so vielen RathsGliedern und StadtBürgern über eine neue Ordnung der Dinge sich berathen sollten. Zum Zeichen der Vereinigung lagerte man sich zum MittagsMahl um den gleichen Tisch her. Nach Tische entfernte sich unvermerkt dieser und jener LandBote, und plözlich drangen nun einige hundert Mann mit Geschrei in den Saal; laut und stürmisch erschallten die Worte: Freiheit und Gleichheit. In einer neuen Versammlung des Congresses nöthigte man die StadtDeputirten ungesäumt die VereinigungsActe aus der Stadt holen zu lassen: sie kam an; von Lippe zu

Lippe flog nun der BruderKuß. Vom Fenster herab riefen die Deputirten unter die zahllose Menge: „Freiheit und Gleichheit!" Von unten herauf jauchzte die Menge: „Es lebe Schafhausen, es leben die Deputirten!" Man theilte Kokarden aus; schwarze, grüne, rothe Bänder wehten an jeder Brust und von allen Hüten; der ganze Haufen zog in den SchloßHof und pflanzte den Freiheits-Baum. Mit einer EhrenBegleitung zogen die Deputirten nach Schafhausen zurük. Sogleich wurden nun in der Stadt und auf dem Lande die WahlMänner ernannt, um die Deputirten zu einer NationalVersammlung von 48 Mitgliedern, nach dem Beispiel von Basel 32 aus der Stadt theils durch die Bürger theils durch das LandVolk, und 16 aus der Landschaft zu erkiesen. Der Rath, welcher provisorisch bei der Regierung blieb, beschloß den bewafneten Zuzug nach Bern, aber mit noch geringerem Erfolg als in Zürich: an dem bestimmten Tage fand sich nur eine kleine Zahl Truppen ein, und selbst diese kehrten grosentheils wieder nach Hause zurük.

Unter den bisher aristokratischen Kantonen hatten izt Zürich, Lucern, Schafhausen den Zuzug nach Bern beschlossen; Basel, welches dafür hielt, daß alle Gefahr dieses Kantons nur in der Hartnäkigkeit seiner Aristokratie ihren Grund habe, suchte durch mündliche und schriftliche Vorstellungen die Regierung von Bern zur Nachgiebigkeit zu vermögen; Solothurn und Freiburg, die sich nicht minder als Bern selbst bedroht sahen, wafneten ohnehin mit grosem Eifer. Auch die sämtlichen demokratischen oder kleinen Kantone waren zum bundesmäsigen Zuzuge bereit. Indeß bedrohte sie an ihrer Gränze der Ausbruch der Revolution in den Italienischen LandVogteien; freiwillig hatte der Kanton Basel zu Gunsten derselben auf seinen Antheil an der MitHerrschaft Verzicht gethan, und dadurch gleiche Erwartung auch von Seiten der andern Kantone gewekt. Eben diese Erwartung belebte die übrigen bisherigen Unterthanenlande. Alles drängte und sträubte sich gegen das alte, wenn auch noch so sanfte Joch. Hier war's nicht Künstelei, wie am Po und an der Tyber; es quoll von innen heraus; Völkchen revolutionirten sich izt, von denen bis dahin kaum der Geograph von Profession das Daseyn kannte: die Thurgauer, die Rheinthäler, Sarganser, Werdenberger, die von der March rc. rc. Einige darunter suchten doch noch in Bittschriften um ihre Befreiung nach, wollten zum Theil, wo ihre Unterwerfung sich auf alten Kauf oder Pfandschaft gründete, sie mit Geld ablösen; andre erklärten geradezu, sie würden izt auch wohl ohne den Willen ihrer bisherigen Beherrscher frei werden. — So war der durch Jahrhunderte zusammengehaltene Helvetische Bund izt in allen seinen Elementen aufgelöst, das wahre Bild eines Chaos, und kein andrer RuhePunkt, die schwankende Masse wieder fest zu gründen, ließ sich izt wohl mehr gedenken, als die Annahme der neuen Constitution.

Diese Constitution ward denn auch (15 Febr.) von den Städten des Waadtlandes, die keinen höhern Wunsch kannten, als unabhängig von Bern zu seyn, aber zugleich auch fortdauernd Schweizer zu bleiben, troz des Widerstands eines seinem alten Souverain noch immer eifrig ergebenen Theils des LandVolks, unter dem Schuze der fränkischen Truppen, mit Enthusiasm angenommen. An der Spize dieser Truppen, die sich, etwa 12000 Mann an der Zahl, von Petterlingen (Payerne) bis eine starke Stunde von Murten erstrekten, war, seit den ersten Tagen des Februars, * General Brune, der den OberBefehl über die gesammte fränkische KriegsMacht in der

* Da deren bisheriger Commandant, BrigadenGeneral Menard, nach Corsika abgerufen worden war, um die dortigen Insurgenten zu bekämpfen.

Schweiz hatte, so daß selbst General Schauenburg von ihm abhieng. Dieser Leztere hielt noch immer, an der entgegengesezten Gränze von Bern, so wie an der von Solothurn, mit ohngefähr 17000 Mann, das Gebiet des ehemaligen Bisthums Basel besezt. Den 8 Febr. waren 1200 Mann seiner Truppen auch in die Stadt Biel (Bienne) eingerükt, die zwar den Bischof von Basel für ihren LandesFürsten erkannte, aber zugleich, als einer von den Zugewandten Orten der EidGenossenschaft, Siz und Stimme auf deren TageSazungen hatte; wenige Tage darauf ward von den Einwohnern ihre Vereinigung mit der fränkischen Republik erklärt.

Während auf solche Weise die Kantone Bern und Solothurn, von zwei Seiten her, durch die Generale Brune und Schauenburg bedroht wurden, fuhr der Bürger Mengaud unermüdet mit seiner diplomatischen Taktik fort, die Regierungen dieser beiden Kantone von denen der übrigen zu isoliren, die leztern mit Wohlwollen, mit Schmeicheleien zu gewinnen, jene durch den Troz gereizter UiberMacht zu schreken. „Das VollziehungsDi„rectorium" — erklärte er in einem Schreiben an den Stand Lucern vom 10 Febr. — „hegte nie den Ge„danken, das SchweizerGebiet mit einem KriegsHeere zu „überziehen; die Bewegungen der Armee, welche diese „Gerüchte veranlaßten, sind nur eine Folge der Maas„regeln, die man ergreifen muste, um die Anschläge des „Kantons Bern gegen die Freiheit des WaadtLandes zu „vereiteln. Die verschiedenen Stände des helvetischen „StaatsKörpers haben selbst die Nothwendigkeit einer „politischen WiederGeburt gefühlt; sie gestehen ein, daß „ihre jezige RegierungsForm geändert, verbessert, und „auf den ewigen GrundPfeilern der Freiheit und „Gleichheit neu erbaut werden müsse; durch feierliche „Schlüsse haben sie die Wahrheit dieser Grundsäze aner„kannt; es bleibt ihnen nichts übrig, als solche auch

„wirklich auszuführen. Das fränkische Vollziehungs-„Directorium rechnet sich's zur Ehre, zu diesem heilsamen „Zweke mitzuwirken; weit entfernt, die Rechte des Schwei-„zerVolks schmälern zu wollen, ist sein einziges Verlan-„gen, ihm den vollen Genuß derselben zuzusichern. Es „wünscht, daß eine auf die Souverainetät des Volks ge-„gründete Verfassung an die Stelle der oligarchischen Re-„gierungen trete, welche die Plane der Feinde Frankreichs „so sehr begünstigten; und wenn es ferner wünscht, daß „die StaatsForm Helvetiens sich der fränkischen nähere, „so geschieht es in keiner andern Absicht, als um sich mit „Helvetien auf das engste zu verbinden . . . Sobald die „verschiedenen Kantone eine repräsentativ = demokratische „Verfassung eingeführt haben werden, wird es die auf „der SchweizerGränze versammelten Truppen zurükrufen. „Zuvor aber müssen die jezigen Obrigkeiten von Bern „und Solothurn ihre Gewalt niederlegen."

Aber die Regierung von Bern, im Bewustseyn und im Vertrauen auf den hohen Wohlstand, den ihre Untergebenen bisher unter ihr genossen, beharrte noch immer auf ihrem von groser Energie zeugenden, aber unter diesen Umständen selbst für die gröste Energie zu kühnen Plan, sich unabhängig von dem übermächtigen fremden Einfluß zu erhalten, keine Revolution aufkommen zu lassen, sondern nur Reformen, nach selbstgutfindendem Ziel und Maas, zu veranstalten; während ein halber WeltTheil sich dem eisernen Geseze der Nothwendigkeit unterworfen hatte, wagte sie noch zu hoffen, daß sie die Ereignisse werde leiten können. Sie schikte, sowohl an den GeschäftsTräger Mengaud als an den General Brune, Abgeordnete um wegen der Zurükziehung der fränkischen Truppen aus dem WaadtLande und der ganzen Schweiz zu unterhandeln, auch zu bewirken, daß Frankreich eine neue Anschliesung des WaadtLandes an sie, daferne solche statthätte, nicht hindre, und ihr freilasse, ihre neue Constitution ohne fremden Einfluß zu vollenden, indem sie fest entschlossen sey, ihre Unabhängigkeit gegen jede Macht zu behaupten.

Dagegen foderte Mengaud: unverzügliche Abdankung der bisherigen Regierung, des Geheimen und Kriegs-Raths; an deren Stelle, bis zur Vollendung der neuen Constitution, eine provisorische Regierung, mit Ausschluß aller Mitglieder der alten; Herstellung der PreßFreiheit; Entschädigung aller verfolgten Patrioten, vornehmlich der Bürger von Aarau. Zugleich erklärte er den Abgeordneten, „daß er Befehl habe, angreifen zu lassen, sobald die „friedlichen Mittel eine RegierungsVeränderung durchzu„sezen vergebens seyn würden." Die Abgeordneten schikten Mengaud's Note durch einen EilBoten an den Rath von Bern. Dieser antwortete darauf: „er sey fest „entschlossen, von seinem Decret vom 3 Febr. nicht ab„zuweichen, und sich niemals über Foderungen, wie der „fränkische GeschäftsTräger sie aufgestellt, in Unterhand„lungen einzulassen," und rief seine Abgeordneten von Basel zurük.

Nicht glüklicher waren die Unterhandlungen, welche der Sekelmeister Frisching und der Rathsherr Tscharner mit dem General Brune pflogen. Der General erdfnete ihnen kurzweg, daß die fränkischen Truppen nicht zurükgezogen werden könnten, bevor nicht auch Bern die für die ganze Schweiz entworfene Constitution angenommen habe. Indeß bewilligte er ihnen (15 Febr.) einen Waffen-Stillstand von vierzehn Tagen, um wo möglich in dieser ZwischenZeit eine gütliche Uibereinkunft zu erzielen.

Die Baseler NationalVersammlung übernahm izt die MitlersRolle. Aus ihrem Schoose reis'ten die Bürger Legrand, Huber, Schaffner und Wildberg, an welche sich noch von Schafhausen die gerade in Basel anwesende Bürger Schalch und Wildberg anschlossen, (21 Febr.) nach Bern, um die Regierung zu vermögen, sich in die ZeitUmstände zu fügen; aber auch sie erhielten von ihr, kalt und kurz zur Antwort: „sie werde von „ihrer Erklärung vom 3 Febr. um kein Haarbreit abwei„chen." Nicht ohne Gefahr und Beschimpfungen, die sie auf ihrer RükReise von dem fanatischen LandVolke im Kanton Solothurn erlitten, trafen sie den 25 Febr. unverrichteter Dinge wieder in Basel ein.

So bot denn der Rath von Bern dem unwiderruflichen Entschlusse einer Regierung Troz, welche, nach sechs Feldzügen gegen eine Coalition von neun Mächten, worunter drei vom Ersten Range waren, noch immer über 400,000 Krieger verfügen konnte, die sich selbst die Uiberwinder Europens nannten, gegen welche bisher weder die Taktik der disciplinirtesten, noch das rohe Ungestümm halbwilder Truppen zu bestehen vermocht, für welche keine Ströme zu breit, keine Gebirge zu hoch waren. So gros war die Täuschung, in welche das unglükliche SchrekensSystem der lezten Monate ihn gestürzt hatte, daß jeder sich und andern die Gefahr des Vaterlands verhehlte, jeder einen Enthusiasm hätte oder heuchelte, in dem man, ohne die ungeheure Verschiedenheit der Zeiten und Umstände zu bedenken, ein gewisses Vorzeichen des Sieges und jenen alten SchweizerHeldenMuth wieder zu finden glaubte, der einst, gleichfalls in weit geringerer Zahl, bei Morgarten und Sempach über die Oestreicher, bei Murten und Grandson über die Burgunder obgesiegt. In vollem Ernste überredete sich die Regierung von Bern, daß, selbst wenn sie des Friedens wegen abtreten zu wollen bereit wäre, das Volk sie zwingen würde, an ihrer Stelle zu bleiben.

Die Partei, welche sich bisdahin am meisten durch ihren tödlichen Haß gegen die Grundsäze der fränkischen Revolution ausgezeichnet hatte, wünschte sogar, aus Besorgniß vor dem geheimen Spiele der fränkischen Agenten, daß die Sache je eher je lieber zur Entscheidung durch die Waffen kommen möchte. Unter den Ersten von dieser Partei war der General von Erlach, ehemals Obrist des Regiments von Schomberg in Frankreich, der nun den OberBefehl über die gesammte KriegsMacht von Bern führte. Den 26 Febr. erschien er unvermuthet in der Sizung des Rathes, um auf Vollmacht zu dringen: „verfügen zu dürfen, was das Wohl des Vaterlands erheische.“ In Betref der Nothwendigkeit einer solchen unumschränkten Gewalt berief er sich auf die Grösse der über Bern schwebenden Gefahr, auf die sich in immer stärkerer Anzahl sammelnden fränkischen Truppen, auf die gefährliche Stellung der Berner, welche sie nothwendig ändern müsten, und durch eine rükgängige Bewegung nicht ändern könnten, ohne das ganze Land den Franken preiszugeben. Seine Gründe siegten; durch einen förmlichen Beschluß ward ihm die Vollmacht ertheilt, nach Ablauf des geschlossenen WaffenStillstands nach Gutdünken zu verfahren.

Erlach entwarf nun den Plan zu einem allgemeinen Angrif um die Franken von dem SchweizerBoden zu verdrängen, und machte zu dem Ende folgende Dispositionen, die in der Nacht vom 1 auf den 2 März ausgeführt werden sollten.

Die Division des rechten Flügels, von General Altermatt (einem Solothurner) und Obrist von Büren kommandirt, sollte vier Angriffe führen: den einen über St. Joseph und Chalone auf Court, den zweiten über Cremine auf Münster; diese beide Colonnen sollten sich zu Pierre Pertuis vereinigen. Der dritte Angrif sollte über den FallerenBerg von Grenchen aus geführt werden, und über Romont und Frainvilliers auf die Ruchenette gehen; der vierte Angrif endlich war von Lengnau aus, dem Berge nach, auf Pieterlen bestimmt. Die ganze Division sollte aus 5 Bataillons Bernern, 3 Kompagnien Jäger, 2 Kompagnien Dragoner, und 5000 Solothurnern, in allem aus etwa 8000 Mann bestehen.

Die Division der Mitte, von dem GeneralQuartierMeister, Obrist Grafenried von Bümpliz kommandirt, sollte ebenfalls in vier Colonnen wirken. Der erste und HauptAngrif, unter dem DivisionsKommandanten selbst, sollte von Gottstadt, Mett links lassend, auf Bözingen geschehen, um dadurch alle fränkischen Truppen in Biel, Pieterlen, Meinisperg und Reiben abzuschneiden. Der zweite Angrif sollte von Ligerz und Twan aus über den TessenBerg auf das St. ImmerThal geführt werden, wo nur wenige fränkische Truppen lagen; diese Colonne sollte alle BergBewohner, von deren Treue und Hilfe man gewiß zu seyn glaubte, mit sich nehmen. Eine dritte Colonne sollte von Nidau aus, Biel links lassend, vorrüken, um gleichfalls Bözingen anzugreifen; zu gleicher Zeit sollte Biel, von Nidau aus, stark mit Artillerie beschossen werden. Die vierte Colonne endlich war bestimmt, durch einen falschen Angrif Reiben zu beunruhigen, dann sich in Pieterlen mit jener, so über Legnau vorrükte, zu vereinigen, und ebenfalls auf Bözingen zu marschiren. Die ganze Division bestand aus etwa 6000 Mann, die man noch mit tausend BergBewohnern zu verstärken hofte.

Die Division des linken Flügels, von Obrist von Wattenwyl und GeneralAdjutant Knübühler kommandirt, sollte drei Angriffe thun. Der erste und HauptAngrif war über Sugi auf Cudrefin und Estavayer bestimmt, um sogleich die Feinde zu umgehen; der zweite sollte von Murten aus über Pfauen (Faoux) auf Wifflisburg (Avenche); der dritte über Donnatire den Freiburgischen Gränzen nach, Wifflisburg rechts lassend, auf Petterlingen geführt werden. Diese Division bestand aus etwa 7000 Mann, und hatte besonders viele leichte Truppen und ScharfSchüzen.

Am nemlichen Tage sollte Obrist Tscharner, von Ormont aus, Aelen (Aigle) hinwegzunehmen suchen, und wo möglich bis nach Vevay vordringen, um den Feind im Rüken zu beunruhigen. *

Die von den Divisionen der Mitte und des rechten Flügels verlassenen Stellungen sollten in der ZwischenZeit die HilfsTruppen der andern Kantone besezen. Es waren nemlich, theils schon wirklich in das Gebiet von Bern eingerükt, theils auf dem Marsch dahin: 1500 Zürcher, 1200 Lucerner, 600 Unterwaldner, eben so viel Urner, je 400 Mann aus Glarus, Appenzell, St. Gallen, so wie ein Zug Schwyzer und Schafhäuser.

Aber in der nemlichen RathsSizung, worinn dem General Erlach unumschränkte Vollmacht ertheilt worden war, fand sich noch in dem Augenblike, da sie auseinander gehen sollte, ein Adjutant des Generals Brune mit der Erklärung ein: „daß dieser nun die ausgedehnteste Voll„macht zum Unterhandeln erhalten habe, und daher wün„sche, daß die Regierung von Bern eben so unumschränkte

* „Wenn es erlaubt ist," — sagt ein Offizier, der in Erlach's HauptQuartier war, und dessen Güte ich die Mittheilung des oben angeführten Planes danke, — „ein Urtheil über Anord„nungen zu fällen, die nicht zur Ausübung kamen, so ist „wohl kaum zu zweifeln, daß die drei Angriffe, über den „TessenBerg auf das St. ImmerThal, von Gottstadt „aus auf Bözingen, so wie der auf Cudrefin und Esta„vayer geglükt wären, wenn auch immerhin die Franken „Freiburg und Solothurn angegriffen hätten; denn „in diesem Falle waren ihre anderweiten Stellungen, da sie „sich auf zwei Punkte zusammenziehen musten, geschwächt, „und folglich desto leichter durchbrochen. Wären unsre mi„litairischen Dispositionen glüklich vollführt worden, so „hätte unumgänglich der Rükzug der fränkischen Angrifs„Colonnen erfolgen müssen, um nicht durch lange Zögerung „gänzlich abgeschnitten zu werden, da sie in Flanke und „Rüken durch das Vordringen unsrer Truppen auf eine be„deutende Art beunruhigt gewesen wären."

„Bevollmächtigten an ihn abschiken möchte." Auf's neue wurden nun (27 Febr.) der Sekelmeister Frisching und Rathsherr Tscharner, an welche sich auch der Statthalter Wyß von Zürich anschloß, nach Petterlingen abgeordnet. Hier ertheilte ihnen General Brune sein Ultimatum dahin, daß „1. auf der Stelle eine proviso„rische Regierung niedergesezt, und Maasregeln zur Errich„tung einer auf den Grundsaz der Freiheit und Gleichheit „gebauten StaatsVerfassung getroffen; 2. alle wegen „ihrer politischen Meinungen Verhaftete losgelassen; 3. „sowohl die eigenen Truppen von Bern als die der andern „Kantone zurükgezogen; 4. die StaatsGewalt von der „gegenwärtig bestehenden Regierung in die Hände der pro„visorischen niedergelegt werden müsse. Nach der Er„füllung dieser Bedingungen würden die fränkischen Trup„pen nicht nur den SchweizerBoden verlassen, sondern „überhaupt auch die Posten entfernen, welche die Freiheit „der neuen Regierung beunruhigen könnten, und in kei„nem andern Fall in die Schweiz eindringen, als wenn „sie von der neuen Regierung selbst dazu aufgefodert wür„den." — Zu ihrer definitiven Erklärung bestimmte General Brüne der Regierung in Bern eine ZeitFrist von 24 Stunden.

Um, wo möglich, den Schlag abzuwenden, der ganz Helvetien in eine weitaussehende Krise zu verwikeln drohte, schikte die NationalVersammlung von Basel (28 Febr.) auf's neue Abgeordnete sowohl an den fränkischen General als an den Rath von Bern. „Zürich, Lucern und „Schafhausen" — sagte sie in ihrem Schreiben an den leztern — „wollen, vereinigt mit Uns, die Vermit„lung zwischen Euch und der fränkischen Republik über„nehmen; und, vereinigt, thun wir Euch den treueidge„nossischen Antrag, durch schnelle Stellung hinlänglicher „Contingente auf Euren Gränzen diejenige Gefahr von „Euch abzuwenden, die Ihr von dem Uibergang in eine „provisorische Regierung befürchtet. Lucerns feierliche

„Erklärung, seine Mannschaft nur zu diesem Endzweke „bereit zu halten, Zürichs, Schafhausens, und unsre „eigne Ubereinstimmung in den Grundsäzen mit Lucern, „leisten sowohl Eurem Stande als der fränkischen Repu„blik die heiligste Garantie, daß wir nur als neutrale „Verbündete von beiden Theilen auftreten, um einerseits „Eurem Volke den Eintritt in seine unverjährbaren Rechte „zu beschleunigen, andrerseits aber auch, sobald dieser „Eintritt erfolgt ist, für die Unabhängigkeit unsers ge„meinschaftlichen Vaterlands zu kämpfen, dafern solches „gegen alles Vermuthen angetastet würde."

Endlich dann zeigte sich die Regierung von Bern mehr zur Nachgiebigkeit gestimmt. General Erlach erhielt den Befehl, einstweilen alle Feindseligkeiten einzustellen: er theilte solchen sogleich allen unter seinem Kommando stehenden Truppen mit; aber da viele derselben sehr weit entfernt lagen, so traf die Nachricht sie meist schon auf dem Marsche, um nach wenigen Stunden den Angrif zu thun; auch war dieser so unerwartete GegenBefehl, der das gröste Misvergnügen unter ihnen verbreitete, die GrundUrsache aller Gräuel der folgenden Tage. Zugleich faßte die Regierung (1 März) den Beschluß, dem fränkischen General zu erklären, daß sie „1. den Grundsaz der Freiheit und Gleichheit, als Grund„lage ihrer mit aller Beschleunigung abzufassenden „und von den UrVersammlungen festzusezenden Staats„Verfassung, annehme; 2. sich von nun an als provi„sorisch erkläre; 3. innerhalb MonatsFrist vom „Zurükzuge der beiderseitigen Truppen an „die UrVersammlungen berufen werde; 4. dem Grundsaz „der Vereinigung der ganzen Schweiz in dem Verstande „beitrete, wie die Kantone, ohne fremde Einmischung, „über deren Form sich einverstehen würden; 5. alle wegen „politischen Vergehen Verhaftete sogleich in Freiheit sezen „werde." Auch fügte sie noch die Versicherung bei, „daß, „sobald die Gefahr von aussen abgewandt seyn würde,

„jede einkommende Beschwerde untersucht, und, wenn es „nur immer mit dem Wohl des Landes bestehen könne, „gehoben werden sollte."

Auch dieser neue Beschluß der Regierung von Bern verrieth, wie alle bisherigen, deutlich genug, daß sie eben an keine schnelle Abdankung denke, und noch immer nur Zeit zu gewinnen suche. Uiberdis hatten die feindlichen Dispositionen, welche General Erlach vor erhaltenem GegenBefehl getroffen, dem General Brune nicht unbekannt bleiben können. Da nun ohnehin die der Regierung von Bern zu ihrer definitiven Erklärung über die Annahme oder Verwerfung seiner Bedingungen von ihm anberaumte Frist bereits verstrichen war, so nahm er die Abgeordneten nicht mehr an: „er wolle" — antwortete er ihnen kalt und kurz — „in Begleitung einiger „Husaren- und JägerKompagnien selbst nach Bern kom„men, und der neuen provisorischen Regierung einen Be„such abstatten."

Am 2 März, mit dem frühesten Morgen, grif General Schauenburg den Posten von Lengnau an. Dieses Gefecht, worinn die Franken nur einen schwachen Widerstand erfuhren, hatte die Einnahme von Solothurn zur Folge, welches noch am nemlichen Morgen kapitulirte. Die Einwohner wurden entwafnet, die gefangenen Patrioten sogleich von General Schauenburg selbst in Freiheit gesezt, und grosentheils zu Mitgliedern der neuerrichteten provisorischen Regierung ernannt. Ausser einem Geplänkel auf dem TessenBerge, war an diesem Tage auch noch ein Gefecht über der Aar, zwischen Büren und Reiben, vorgefallen, wobei das leztere Dorf, nebst der Brüke über die Aar, gänzlich abbrannte. — Die Berner Truppen vom rechten Flügel und vom Centrum, die das Feuer dieser verschiedenen Angriffe gehört hatten, waren, wegen des Befehls, keine Feindseligkeiten vorzunehmen, (da General Erlach von dem Bruche der Unterhandlungen in Petterlingen noch nichts wuste,) von ihren

Offizieren nicht vorgeführt worden. Daher, von dieser Zeit an, ihr Mistrauen gegen die leztern, die sie nur als Verräther zu betrachten anfiengen; ein Mistrauen, welches mit jeder Stunde zunahm, und endlich so weit gieng, daß am 4 und 5 März die Epaulette ein TodesZeichen ward.

In der nemlichen Zeit, da General Schauenburg sich der Stadt Solothurn bemächtigte, war General Brune gegen Freiburg vorgerükt. Schon früh um 3 Uhr besezte General Pigeon mit seiner Colonne die umliegende Gegend, und foderte die Stadt auf. Der Rath antwortete, „daß einige Stunden nöthig wären, „damit die Räumung von Seiten der Bernerschen Trup„pen und des bewafneten LandVolks ohne Unfug vor sich „gehe." General Pigeon bewilligte zwei Stunden. Doch bald darauf hörte man in vielen Dörfern die SturmGloke läuten; durch ein den AngrifsPunkten entgegengeseztes Thor zog eine Menge Bauern in die Stadt, um die Besazung zu verstärken. General Pigeon wiederholte nun seine Auffoderung; aber einige Bürger und obrigkeitliche Personen kamen mit der Erklärung: „sie hätten, von dem „LandVolke übermeistert, keine Freiheit mehr in ihren „Beschlüssen." Nun wurden einige HaubizKugeln in die Stadt geworfen, und leichte Bresche gemacht; zehn bis zwölf unerschrokene Soldaten erstiegen die Wälle und stürzten sich in die Stadt, während andre durch ein halbzerschmettertes Thor hineindrangen. So ward Freiburg, ohne eine Kapitulation abzuschliesen, gleichsam im Sturme weggenommen. Die Besazung, welche aus 1500 Mann Bernern und etwa 4000 LandLeuten bestand, zog sich in gröster Eile zurük. Auch hier ward sogleich die bisherige Regierung vernichtet, und eine provisorische, durch die Panner oder Quartiere der Stadt ernannte, an ihre Stelle eingesezt.

Die Schweizer verloren an diesem Tage überhaupt 4 Kanonen, die ihnen in dem Gefechte bei Lengnau abgenommen wurden, etwa 400 Mann an Todten, Gefangenen und Verwundeten, und die zwei Städte Solothurn und Freiburg, mit allem ihrem Geschüz und Zeug-Häusern.

In der Nacht vom 2. auf den 3 März zog nun General Erlach, um seine Stellung mehr zu concentriren, und zugleich dem General Schauenburg das weitere Vorrüken von Solothurn aus streitig zu machen, die Truppen von dem TessenBerge, von Nidau, Gottstadt, überhaupt alles, was zwischen der Ziel und der Aar in Kantonirungen gelegen hatte, hinter diesen leztern Fluß zurük. Auf der Seite gegen den General Brune verließ er in gleicher Absicht die Position von Murten, und besezte Gümminen, Laupen und Neuenek, so daß seine Truppen hier die Sense vor der Fronte hatten.

Der 3 März vergieng auf Seiten der Franken in Recognoscirungen und Märschen. Sie rükten in Murten ein, wo sie das berühmte BeinHaus, das Denkmal des Sieges zerstörten, den die Schweizer hier vor 322 Jahren über den Herzog Karl den Kühnen von Burgund erfochten hatten.* Der Zufall fügte es, daß es gerade Bataillone von dem Departement der Cote d'or (dem ehemaligen Burgund) waren, die hier den Gebeinen ihrer VorVäter die Ehre des ScheiterHaufens gaben, und auf ihrem Grabe den FreiheitsBaum pflanzten. — Auch

* Man kennt die Aufschrift, welche Haller an die Mauern dieses alten SchweizerDenkmals sezte. Obgleich dasselbe izt zerstört ist, so verdienen doch die Strophen dieses grosen Mannes, wegen der treflichen Lehre, die sie enthalten, daß jeder Schweizer, und überhaupt jeder Bürger jedes FreiStaats, sie in sein Herz einschreibe.

„Steh' still Helvetier, hier liegt das kühne Heer,
„Vor welchem Lüttich fiel, und Frankreichs Thron erbebte;
„Nicht unsrer Ahnen Zahl, nicht künstliches Gewehr —
„Die Eintracht schlug den Feind, die ihren Arm belebte.
„Kennt, Brüder, eure Macht; sie liegt in eurer Treu:
„O würde sie noch izt bei jedem Leser neu."

kamen an diesem Tage einige leichte Truppen von Schauenburg's Korps nach Aarberg und griffen die Bernerschen VorPosten an, wurden aber bis nach Nidau zurükgetrieben. Der Verlust der Schweizer an diesem Tage belief sich auf keine 30 Mann.

Den 4 März Abends zeigte sich die Colonne des Generals Rampon bei Gümminen, als ob sie diesen berühmten Paß, ein FelsenLoch, das kaum für Truppen mit Geschüz zu passiren ist und izt stark mit Artillerie besezt war, angreifen wollten. Ein andres Korps rükte gegen Laupen. Zu gleicher Zeit erschien die Colonne des Generals Pigeon vor Neuenek, wo der HauptAngrif geschehen sollte.

Die Gährung, die Unordnung und der Ungehorsam unter den Bernerschen Truppen waren inzwischen zu einer fürchterlichen Höhe gestiegen. Sie gehorchten keinem ihrer Offiziere mehr, schrien über Verrätherei; erhizt durch tausend lügenhafte Gerüchte, und durch die berauschenden Getränke, welche die Einwohner mit der Auffoderung zur tapfern Gegenwehr im Uiberfluß ihnen reichten, hielten sie die Offiziere, die von einem Korps zum andern geschikt wurden, auf, tödeten viele derselben, * oder verspäteten sie solange, daß die Aufträge, die sie hatten, nicht mehr befolgt werden konnten. Die Obristen Ryhiner und Stettler, welche die Posten von Laupen und Neuenek vertheidigen sollten, wurden vor den Thoren von Bern erschossen; gleiches Schiksal hatten die Obristen Goumoens und Crousaz. Die Regierung von Bern kam nun, zu spät, von ihrer unglüklichen Verblendung zurük; Feigheit und rathlose Verwirrung folgten dem vormaligen Troze: sie legte ihre Gewalt nieder und an ihre Stelle trat eine provisorische Regierung, oder viel-

* Doch ist bemerkenswerth, daß sie nie durch die unter ihnen stehenden Truppen, sondern von Leuten, die sie nicht kannten, ermordet wurden.

mehr die vollkommenste Anarchie, die sowohl in der Stadt als bei der Armee herrschte.

Abends gegen 5 Uhr traf der Obrist Grafenried bei Neuenek ein, um statt des ermordeten Obrist Stettler's das Kommando dieses Posten zu übernehmen. Auch hier herrschte grose Unordnung; die Truppen hatten schon eine Zeitlang kein Brod erhalten, und sich dafür in Wein und BrantWein berauscht. Er besezte nun sogleich das Dorf Neuenek, welches in der Tiefe des Thals liegt, durch das die Sense fließt, die hier die Gränzscheide zwischen den Kantonen Bern und Freiburg ausmacht, mit 3 Kompagnien, und entwarf zugleich einen OperationsPlan, nach welchem die Posten von Neuenek, Laupen und Gümminen am folgenden Tage vorwärts rüken, und die Franken angreifen sollten.

Aber den 5 März, Morgens zwischen 1 und 2 Uhr, grif die Colonne des Generals Pigeon hier selbst mit einem starken HaubizenFeuer an, gieng ober und unter Neuenek durch die Sense und sezte sich auf die Flanken des Bernerschen Lagers, während eine starke Colonne das Dorf Neuenek angrif. Vergebens ward lezteres von den 3 Kompagnien, die darinn lagen, mit der kühnsten Tapferkeit vertheidigt; da die Franken auf die oben an der Anhöhe postirten Truppen auf beiden Flanken ein heftiges Feuer machten, so geriethen diese, nach einer kurzen Gegenwehr, in die gröste Unordnung, und flohen nach dem rükwärts gelegenen „grosen Forst," ohne daß es möglich war, sie wieder zu sammeln, und das Treffen zu erneuern; Artillerie und Gepäke nahmen ihren Weg nach Bern.

In dieser mißlichen Lage behauptete Obrist Grafenried doch noch immer die HauptStrasse nach Bern, und foderte Unterstüzung, um den vordringenden Feind aufhalten zu können. Gegen 9 Uhr kamen ihm denn auch wirklich das Regiment Thun, zwei Oberländische ScharfSchüzenKompagnien und die HausleutenKompagnie von

Bern, im Ganzen ohngefähr 1500 Mann; zu, Inzwischen hatten sich die Franken bei und in dem grosen Walde oberhalb Niederwangen ausgedehnt und festgesezt. Er bildete nun sogleich eine schiefe SchlachtOrdnung mit zwei ReserveKorps, grif mit seinem rechten Flügel ihren linken an, überflügelte ihn, schlug ihn nach einem stündigen Gefecht in die Flucht, und ließ ihn durch die Scharf-Schüzen und durch 2 Kompagnien Infanterie verfolgen. Den übrigen Theil seines rechten Flügels ließ er eine ganze Schwenkung links machen, und den linken Flügel in Echellons anrüken; durch diese Bewegungen brachte er das Centrum und den rechten Flügel der Franken zwischen zwei Feuer, und warf sie gleichfalls nach einer hartnäkigen Gegenwehr zurük. Mitlerweile hatte sich jedoch ihr linker Flügel wieder gesezt, bei welchem sich auch der rechte sammelte; das Treffen begann von neuem und war allgemein auf der ganzen Linie der SchlachtOrdnung; die Franken wehrten sich mit ungeheurem Muthe; es war eine Zeitlang zweifelhaft, welcher Theil weichen sollte; man schlug sich mit dem GewehrKolben und mit dem Bajonet. Endlich ließ Obrist Grafenried die zwei ReserveKorps anrüken, und die Franken zugleich rechts und links in die Flanken nehmen; nun war der Sieg entschieden. Die Franken zogen sich zurük, sezten sich aber jeden Augenblik wieder; so wurden sie von Zaun zu Zaun, von Wald zu Wald immer zurükgeschlagen, bis auf die Höhe oberhalb Neuenek, wo alle Waldungen gänzlich aufhören, von wo aus sie ein heftiges Kanonen und KartätschenFeuer auf die vorrükende Linie der Berner machten.

Sobald diese auf freiem Felde war, bildete sie, um nicht von der weit grösern Anzahl Franken überflügelt und durch ihre Reiterei in die Flanken genommen zu werden, auf beiden Flügeln Flanken; zugleich wurden die Kanonen da aufgeführt, wo die Franken in Masse und in vierfacher Linie wieder aufmarschirt standen. In dieser Stellung stürmten die Berner, troz ihres heftigen KanonenFeuers, auf sie zu, und trieben sie von allen Höhen hinunter bis in das Thal von Neuenek, und von da über die Sense zurük; erst auf den jenseitigen Anhöhen des Freiburger Gebietes sammelten sie sich wieder. Die Berner besezten das Dorf Neuenek.

Diese Reihe der hartnäkigsten Gefechte hatte auf beiden Seiten viele Mannschaft gekostet, doch war der Verlust, den die Franken erlitten, weit der grösere; ihre Todten lagen haufenweise auf dem KampfPlaz, und über 400 Verwundete wurden nach Freiburg gebracht; auch liesen sie auf den Höhen vor Neuenek 18 Kanonen zurük, die sie den Bernern zum Theil bei dem ersten Angrif in der Nacht, worinn sie auch einige Gefangenen machten, abgenommen hatten. In allen folgenden Gefechten, am Tage, ward kein Gefangener gemacht; die Erbitterung, mit der man focht, war zu gros, und wo man handgemein werden konnte, entschied das Bajonet oder der GewehrKolben.

In dieser Lage der Dinge, gegen 3 Uhr Nachmittags, erhielt Obrist Grafenried aus der Kriegs-Kanzlei von Bern einen EilBoten mit dem Befehl, alle Feindseligkeiten sogleich einzustellen. Während er sich hier mit einer Tapferkeit, würdig des alten Ruhmes der Helvetier, geschlagen hatte, war das Schiksal Berns von einer andern Seite her entschieden. General Schauenburg, der von Solothurn aus weiter vorgerükt war, hatte bei einem heftigen Angrif, früh um 5 Uhr, die bei Fraubrunnen aufgestellten Truppen umgangen, und sie in der grösten Unordnung bis in das GrauHolz zurükgeworfen, wo General von Erlach selbst kommandirte. Diese Position ist fast undurchdringlich; ein Paß, der die HeerStrasse von Solothurn nach Bern ausmacht, durchschneidet sie; zur Rechten ist sie an eine FelsenGruppe, zur Linken an Wald und Sumpf angelehnt; durch einen starken Verhak war die Strasse unzugänglich gemacht. Hier hatte General Erlach sich zu behaupten gehoft. Aber ein Theil des fränkischen Vor-Trabs erkletterte die Felsen, ein andrer drang durch die Moräste vor, um die Berner links zu umflügeln; zu gleicher Zeit ließ Schauenburg die reitende Artillerie vorrüken. Alle Manövres trafen so glüklich zusammen, daß die Berner, angegriffen von vorn und in den Flanken, auf allen Seiten in Unordnung gebracht wurden, alle ihre Kanonen stehen liesen und unaufhaltsam bis vor die Thore von Bern flohen, welches beinahe gleiches Schiksal wie Freiburg hatte; schon standen die Feuer-Mörser der Franken bereit, es zu bombardiren. Nach ohngefähr 20 KanonenSchüssen aus der Stadt, ward endlich ein junger Offizier (Wattenwyl von Landshut) an den fränkischen General abgeschikt, um eine Kapitulation zu schliesen; mitten durch das beiderseitige Feuer eilte er zu ihm hin, und rettete durch seine Unerschrokenheit Bern vom unvermeidlichen Untergang. In gröster Ordnung rükte hierauf General Schauenburg in diese Stadt ein, worinn wenige Excesse, desto mehr aber in den umliegenden Ortschaften und LandHäusern verübt wurden.

Der Verlust der Berner an diesem Tage belief sich auf etwa 500 Mann an Todten oder Verwundeten, und über 1500 an Gefangenen, wovon aber der gröste Theil sogleich entlassen ward. General von Erlach, ein Mann von felsenfestem Charakter, unversöhnlicher Feind der Franken und ihrer Grundsäze, der, da die Muthlosigkeit seiner Truppen ihm keine Mittel zur Behauptung Berns mehr übrig ließ, in die Berge des OberLandes gehen wollte, um zu versuchen, ob er nicht einige Truppen um sich her sammeln und an deren Spize noch einen Versuch gegen den Feind wagen könne, ward bei Münsingen, zwei Stunden von Bern, auf der Strasse nach Thun, von Bauern mit Schüssen und KolbenStössen und BajonetStichen auf die schreklichste Weise ermordet.

Alle HilfsTruppen der Urner, Glarner und

St. Galler, die der Position im GrauHolze hatten zur Unterstüzung dienen sollen, waren die Nacht zuvor unsichtbar geworden; auch die Züricher und Lucerner sahen keinen Feind, und zogen ruhig in ihre Heimat zurük.

Um 3 Uhr Nachmittags war, wie wir bereits erzählt, dem Obrist von Grafenried, der sich bei Neuenek mit solchem Erfolg geschlagen hatte, die Nachricht von diesen Vorfällen mit dem Befehl zugekommen, sogleich seine gesammte Mannschaft abzudanken und zu entlassen. Mit beklemmtem Herzen zogen sie, jeder seiner Heimat zu; erst nachdem sie insgesammt aus der Gegend von Neuenek sich entfernt hatten, nahmen die Franken, bei einbrechender Nacht, Besiz von diesem Dorfe; auf gleiche Weise rükten sie in die Posten von Laupen und Gümminen ein, und noch in der Nacht vom 5 auf den 6 März vereinigte sich der VorTrab des Generals Brune mit den Truppen unter Schauenburg's Befehlen. Am folgenden Morgen kam Brune selbst nach Bern, und übernahm das Kommando der ganzen Armee.

Wenige Tage darauf ward in dieser Stadt, in seiner Gegenwart, ein FreiheitsBaum errichtet. „Hier steht nun" — sagte bei dessen Pflanzung der Präsident der neuen provisorischen Regierung, Sekelmeister Frisching, statt aller Rede — „hier steht nun ihr Freiheits„Baum, Bürger General; möge er gute „Früchte bringen!"

(Die Fortsezung folgt.)

III.

Codex diplomaticus zur neuesten Geschichte Helvetiens.

(Fortsezung.)

6.

Magna Charta des Volkes im Kanton Lucern, vom 31 Jan. 1798.

„Wir Schultheiß, Kleine und Grose Räthe der Stadt und Republik Lucern.

„Nachdem wir in Erwägung gezogen haben, daß die Menschen-Rechte, die wesentlich, unverjährbar und unveräusserlich in der Vernunft der Menschen ihre Grundlage haben, überall zur Sprache gekommen und anerkannt sind;

„daß der Zwek jeder Regierung gesicherte Ausübung eben dieser Rechte, mittelst Errichtung einer öffentlichen Gewalt sey;

„daß in Folge dieser Grundsäze alle Regierung vom Volke ausgehen, und die gröste Wohlfahrt dem gesammten Volke ohne einigen Unterschied und auf gleiche Weise beabsichten müsse:

„Nachdem wir ferner erwogen, daß das VolksGlük von jeher auch Unser landesväterliches Augenmerk war; daß kein Opfer zu gros ist, das wir demselben zu bringen nicht so willig als bereit wären; daß nun in dem gegenwärtigen ZeitPunkt die Lage und Sicherheit unsers Vaterlands, der Geist der Zeit, die Fortschritte der Cultur, eine Veränderung in unsrer Regierungs-Verfassung unumgänglich erheischen: So haben Wir, nach eidlicher Anfrage und Anlobung eines Jeden unsrer anwesenden Mitglieder, von selbst, unaufgefodert und einmüthig beschlossen und festgesezt:

„1. Die aristokratische RegierungsForm ist abgeschaft.

„2. Es sollen Ausschüsse, oder VolksRepräsentanten von der Stadt und von der Landschaft durch freie Wahl gewählt werden, die von dem Volke bemächtiget seyen, eine neue RegierungsForm mit uns zu berathen und festzusezen, die obigen Grundsäzen entspreche, und den Wünschen und Bedürfnissen desselben angemessen sey.

„3. Damit aber Personen und Eigenthum geschüzt bleiben, und weder Verwirrung noch Unordnung eintreten mögen, so werden Wir die Regierung in ihrer vollziehenden, richterlichen und PolizeiGewalt so lange provisorisch beibehalten, bis die neue festzusezende Constitution in ihre volle Ausübung gebracht werden kan.

„4. Unserm eigens verordneten engeren Rath ist auf unsre Genehmigung hin aufgetragen, die Art und Weise, wie die Versammlungen zusammenberufen und die VolksRepräsentanten gewählt werden sollen, zu berathen und festzusezen.

„Dieser öffentliche und feierliche Act soll besiegelt, von unserm StaatsSchreiber unterschrieben, durch den Druk allgemein bekannt gemacht, und der ganzen Löbl. EidGenossenschaft mitgetheilt werden. Gegeben den 31 Januar 1798.

Alphons Pfiffer von Heydegg,
StaatsSchreiber."

7.

Proclamation der Regierung von Bern, vom 3 Febr. 1798, die Niedersezung einer Commission zur Entwerfung einer neuen, repräsentativen StaatsVerfassung betreffend.

„Wir Schultheiß, Klein und Grose Räthe, und Ausgeschossene der Städte und Landschaften des Eidgenossischen StandesBern, thun kund hiemit:

„Daß Wir, nach feierlicher Abschwörung eines theuren Eides zu Gott dem Allmächtigen, Unser Vaterland und seine Unabhängigkeit gegen jeden äussern und innern Feind mit Gut und Blut zu vertheidigen, Uns frei und ungedrungen entschlossen haben, die Regierung mit dem ganzen Volke auf das innigst zu verbinden, und zu diesem heilsamen Endzwek in Unsrer StaatsVerfassung diejenigen Veränderungen vorzunehmen, die das Wohl des Vaterlands erfodert, und dem Geiste der Zeit und den Umständen angemessen sind.

„Zu diesem Ende haben Wir, nach reifer Uiberlegung, folgende Beschlüsse erkannt, und demnach festgesezt und verordnet:

1. „Daß Wir längstens innerhalb MonatsFrist einer aus den einsichtsvollsten und rechtschaffensten StaatsBürgern von Uns niedergesezten Commission den Auftrag ertheilen werden, den Plan zu einer verbesserten StaatsVerfassung zu entwerfen.

2. „Daß jeder StaatsBürger das Recht habe, zu allen Stellen der Regierung und Verwaltung des Staats zu gelangen, und daß die Repräsentation des Volkes in der Regierung, durch selbsterwählte Repräsentanten, als Grundlage dieser Verfassung festgesezt seyn solle.

3. „Daß in Aufrechthaltung der Religion und Behauptung Unsrer Freiheit, Unabhängigkeit und Integrität, Wir fest entschlossen seyen, die erkannte Verbesserung Unsrer StaatsVerfassung ohne einige fremde Einmischung vorzunehmen und zu vollenden.

4. „Daß das PrivatEigenthum, gleich dem Eigenthum des Staats und der Gemeinheiten, unter den Schuz der Geseze gelegt, als unverlezbar erklärt und, so wie die Sicherheit der Personen, heilig seyn solle.

5. „Daß die Besoldung aller Aemter in der Regierung nach dem Verhältnisse ihrer Beschwerden und Arbeit bestimmt, alle übrigen StaatsEinkünfte aber zu Gunsten des Staats verrechnet werden sollen.

6. „Daß der Entwurf dieser Verbesserung der StaatsVerfassung innerhalb JahresFrist den zu dem Ende versammelten StaatsBürgern zur Annahme oder Verwerfung vorgelegt, und von dem Zeitpunkte an, da er wird angenommen worden seyn, fürdersamst in Ausübung gesezt werde.

7. „Daß, zu Handhabung der gesezlichen Ordnung und inneren Ruhe, eine Commission mit der nöthigen Vollmacht niedergesezt werde.

8. „Daß diese Beschlüsse den Einwohnern des ganzen Landes

mitgetheilt, durch den Druk bekannt gemacht, von den Kanzeln verlesen, und an gewohnten Orten angeschlagen werden sollen.

„Gegeben den 3 Februar 1798.

Kanzlei Bern."

8.

Magna Charta der Landschaft im Kanton Zürich, vom 5 Febr. 1798.

„Wir Burgermeister, Klein und Grose Räthe der Stadt und Republik Zürich thun, nach erfolgter Zustimmung Unsrer G. L. Bürgerschaft, hiermit kund: daß Wir, bei sorgfältiger Beherzigung der gegenwärtigen höchst bedenklichen Lage Unsers theuren Vaterlands, in dem festen Vorsaz, desselben bisherige Unabhängigkeit gegen jeden äussern Feind mit Gut und Blut zu vertheidigen, so wie zu Herstellung und sicherer Gründung brüderlicher Eintracht zwischen der Stadt und unserm ganzen Land, nach reifer Uiberlegung, folgende feierliche Erklärung auszustellen und öffentlich bekannt zu machen beschlossen haben:

1. „Daß eine durchaus vollkommene Freiheit und Gleichheit aller und jeder politischen und bürgerlichen Rechte zwischen den Einwohnern der Stadt und des Landes und der MunicipalStädte festgesezt seyn solle.

2. „Daß der, aus der Regierung, aus der Bürgerschaft, von der Landschaft und aus den MunicipalStädten bereits angebahnten LandesCommission der Auftrag und die Vollmacht ertheilt seyn solle, den Plan zu einer, den im Ersten Artikel enthaltenen Grundsäzen gemäsen, StaatsVerfassung sobald als möglich zu entwerfen, welcher seiner Zeit der Bürgerschaft, dem Land und den MunicipalStädten zur Genehmigung oder Verwerfung vorgelegt, auch im erstern Fall unverweilt in Vollziehung gesezt werden soll.

3. „Daß mitlerweile die bisherige Regierung es für theure, heilige Pflicht hält, zur Aufrechterhaltung der Religion, zur Handhabe der Geseze, zur Sicherheit und Unverlezbarkeit

der Personen, zum Schuz alles öffentlichen und PrivatEigenthums, provisorisch an ihren Stellen zu verbleiben, so wie solches auch von allen untergeordneten RegierungsBehörden und Beamten geschehen soll.

4. „Wogegen Wir auch zuversichtlich erwarten, daß Unsre ganze Gemeinde der Stadt Zürich und alle Gemeinden des Landes die, einzig auf die Beibehaltung des Friedens von Aussen, der Ruhe und Eintracht im Innern abzwekenden Befehle der inzwischen bestehenden Regierung und der untergeordneten Behörden respectiren, mithin ein jeder Einwohner Unsrer Stadt und Landschaft, besonders aber alle GemeindsVorgesezte, sich's zur heiligen Pflicht machen werden, jeder an seinem Ort und Stelle, alles von ihm Abhangende hierzu nach seinem besten Vermögen beizutragen.

„Möge der Höchste, nach Unserm innigen Wunsche, die bevorstehenden wichtigen Geschäfte zum Heil Unsers theuren Vaterlands lenken, und dasselbe ferner in seinem mächtigen Schuz gnädig erhalten!

„Gegeben Montags den 5 Februar 1798.

Kanzlei der Stadt Zürich."

9.

Proclamation der Regierung von Bern, vom 7 Febr. 1798, die Niedersezung einer OberPolizeiCommission betreffend.

„Wir Schultheiß, Klein und Grose Räthe, und Ausgeschossene der Städte und Landschaften des Eidgenossischen Standes Bern, thun kund hiemit: demnach Wir in den gegenwärtigen ausserordentlichen ZeitUmständen nöthig befunden haben, eine Obere Polizei-Commission niederzusezen, und solcher zu Handhabung der innern Ruhe und Sicherheit, und zu Execution der gegen die Störer derselben zu nehmenden Masregeln, die nöthige Vollmacht zu geben, Wir in Folge dessen erkennt und verordnet haben, was von einem zum andern in Nachstehendem folget:

1. „Alle Petitionen, oder an die Regierung gerichtete

Begehren, die von mehr als einer einzelnen Person unterschrieben oder eingegeben sind, jedoch mit Ausnahme derjenigen, welche von gemeinsamlichen Besizern, Gemeinheiten oder Gesellschaften, in ihren eigenen Angelegenheiten abgefaßt werden, sollen hiemit untersagt seyn. Wer dergleichen verbotene Begehren unterschreibt, oder wissentlich übergiebt, oder auch Unterschriften dazu sammelt, soll, nebst Sequestration seiner Güter, je nach den Umständen, mit ein- bis zehnjähriger Gefangenschaft, oder LandesVerweisung, sey es an einen bestimmten Ort, oder in einer gewissen Entfernung, bestraft werden.

2. „Sollen alle sogenannten Klubs, oder PrivatGesellschaften, die zu Abfassung und Ausführung von Beschlüssen über politische Gegenstände eingerichtet sind, verboten seyn, und die Plazgeber, wenn sie solche wissentlich dulden, so wie die Vorsteher, Secretairs, und übrige Mitglieder, nebst Sequestration ihrer Güter, je nach den Umständen, mit der im Ersten Artikel bestimmten Strafe belegt werden.

3. „Nicht weniger sind auch, bei gleicher Strafe, verboten, die in Beiseitsezung der vorhandenen rechtmäßigen Gewalt errichteten Aufsichts- und SicherheitsAusschüsse, wie auch alle andern, mit Anmasung einer widerrechtlichen Autorität eingegangenen Verbindungen.

4. „Wir verbieten ferner alle bewafnete oder unbewafnete Zusammenrottirungen, die ohne den Befehl der competenten Obern geschehen würden, unter Androhung der nemlichen Strafe gegen die Urheber und absichtlichen Theilnehmer. Unter der Benennung von Zusammenrottirung soll jedoch nicht begriffen seyn, der im Fall eines feindlichen Uiberfalls demselben entgegensezende Widerstand, oder andre rechtmäßige NothWehr.

5. „Mit der nemlichen Strafe sollen auch belegt werden, diejenigen, so eine durch die LandesVerfassung anerkannte Gesellschaft oder Gemeinheit auf eine nicht gesezmäßige Weise versammeln, oder präsidiren, oder in einer solchen Versammlung, wenn auch selbige gesezmäßig zusammenberufen wäre, Deliberationen vorschlagen und in's Mehr sezen würden, über Sachen, die nicht dahin gehören.

6. „Alle Reden, Hand- und DrukSchriften, we-

durch die LandesEinwohner angereizt werden, der Ausübung der Geseze zu widerstreben, und sich dem schuldigen Gehorsam gegen die gesezlichen Gewalten zu entziehen, sind als aufrühreꝛisch verboten; die Urheber, Druker und wissentlichen Verbreiter derselben sollen, je nach den Umständen, zur gefänglichen Einschliesung, oder LandesVerweisung, wie im Ersten Artikel; entweder lebenslänglich, oder auf eine bestimmte Zeit, auch mit Confiscation oder Sequestration ihrer Güter, bestraft werden.

„Insonderheit soll auf diese Art von Vergehen scharf invigilirt werden, an Orten, da aufgebotene Mannschaft steht, und die Schuldigen, es sey daß sie selbst MilitairPersonen wären, oder derlei unter MilitairPersonen begangen hätten, um so viel strenger bestraft werden.

7. „Wir gebieten jedermänniglich, besonders den Couriers, Postillons und FuhrLeuten, sich der Ausbreitung aller unzuverlässigen Nachrichten, wodurch das Publikum entweder in Schreken gesezt, oder sonst irregeführt wird, zu enthalten; unter Strafe einer GeldBuse von wenigstens einhundert Pfunden, Gefangenschaft, oder auch, je nach den Umständen, einer härtern Züchtigung für diejenigen, die eine solche falsche Nachricht verbreitet haben würden, so wie auch für den Urheber derselben, wenn er entdekt werden sollte.

8. „Die zu Handhabung der innern Ruhe und Sicherheit niedergesezte OberPolizeiCommission wird durch Unsere Amtleute, und andre von ihr ernannte UnterBeamte, trachten, solchen Vergehungen und Unternehmungen, welche die allgemeine Ruhe und Sicherheit stören, zuvorzukommen, selbige zu entdeken, und die Fehlbaren zu behändigen; zu welchem Ende ihr alle mögliche Vollmacht, die zu Erfüllung ihres Auftrags nöthig seyn wird, gegeben, und auch jede Civil- und Militair-Gewalt ihr in allen Fällen die erfoderliche Handbietung leisten und derselben zu Gebote stehen soll.

„Wann dann jemand behändigt wird, der gegen diese Verordnung gefehlt zu haben angeklagt ist, so wird der Amtmann des Orts oder Abgeordnete der Commission, wo möglich in zweimal 24 Stunden, in Beiseyn zweier Vorgesezten und des Offizialen des Bezirks, die Procedur instruiren und beendigen, und selbige dieser Commission einsenden.

„Die Commission wird dann diese Procedur einem besonders von Uns ernannten Gericht übergeben, welches zuerst erdauren wird, ob die Procedur vollständig, und wann dieselbe als solche wird erfunden werden, untersuchen soll: ob, und wessen der Angeklagte schuldig sey; worauf es die Urtheil sprechen, und solche Unserm täglichen Rath zur Bestätigung oder Milderung eingeben soll.

9. „An Orten, wo Truppen stehen, sollen alle hier angegebene Vergehen durch das gewöhnliche Kriegs Gericht summarisch gefertigt, und die verführte Procedur und gesprochene Urtheil Unsern verordneten KriegsRäthen zu Milderung oder Bestätigung eingesandt werden.

„Endlich ermahnen wir alle und jede Einwohner Unsrer Städte und Landen auf das Dringendste, und fodern sie bei ihrer Pflicht auf, zu Handhabung dieser Unsrer zu Beibehaltung der öffentlichen Ruhe und Sicherheit im Innern festgesezten Verordnung, aus allen ihren Kräften beizutragen und mitzuwirken, wobei Wir den MitSchuldigen selbsten, wenn sie diejenigen, die sich dergleichen Vergehungen zu Schulden kommen lassen sollten, anzeigen würden, eine gänzliche Straflosigkeit, und ihnen, so wie allen übrigen Anzeigern, die vollkommene Geheimhaltung ihres Namens versprechen.

„Gegeben den 7 Februar 1798.

Kanzlei Bern."

10.

Erklärung der Regierung von Solothurn, vom 11 Febr. 1798, die Einführung einer demokratischen RepräsentativVerfassung betreffend.

„Wir Schultheiß, Räthe und Bürger, wie auch die Ausgeschossenen von Stadt- und LandBürgern des eidgenossischen Standes Solothurn, urkunden anmit:

„Daß die bei Uns versammelten VolksRepräsentanten nach eröfneten Instructionen darauf angedrungen haben, die alte Regierung in allen ihren Theilen beizubehalten; daß Wir aber dennoch, nach reifer Überlegung gegenwärtiger ZeitUmstände, und aus natürlicher Sorge für das Wohl und die Ruhe des Staats, eine Abänderung in Unsrer Regierung vorzunehmen Uns entschlossen haben, welche zur Absicht haben soll, unter freien Stadt- und LandBürgern auch die Gleichheit einzuführen.

1. „Vor allem haben wir zu Gott dem Allmächtigen den feierlichen Eid geschworen, daß Wir unsre heilige Religion, so wie sie von unsern Vätern auf Uns gekommen ist, unversehrt erhalten, dieselbe mit Gut und Blut vertheidigen, darinn leben und sterben wollen. Desgleichen

2. „daß Wir das mit dem Blut unsrer Väter erworbene Kleinod der Freiheit und Unabhängigkeit gegen jeden Feind bis auf den lezten Mann beschüzen, und als freie Schweizer von der löblichen EidGenossenschaft uns niemals trennen, sondern jede, in Kraft errichteter Bündnisse auf uns genommene Pflicht, heilig erfüllen werden.

3. „Wollen und verordnen Wir, daß jeder StaatsBürger das Recht haben soll, zu allen Stellen der Regierung und Verwaltung des Staats zu gelangen, und daß der in der Gemeinde unsrer Stadt bis anhin gewaltete Unterschied zwischen Bürgern aufgehoben seyn soll.

4. „Ferner verordnen Wir, daß in Bezug auf die Regierung und das RepräsentationsRecht unter den Stadt- und LandBürgern eine völlige Gleichheit eingeführt, folglich die Regierung mit dem Volke verbunden seyn, somit die Bürger der Gemeinde der Stadt, und die Bürger der Gemeinden der Landschaft durch ihre selbst zu wählenden Repräsentanten an der gesezgebenden Gewalt Antheil haben sollen.

5. „Dieser gesezgebenden Gewalt kommt allein zu, Krieg zu erklären, Frieden zu schliesen, Verträge und Bündnisse zu machen, Civil- und CriminalGeseze zu errichten, allgemeine Abgaben anzulegen, die Constitution und RegierungsForm festzusezen, die jährlich in dem RosenGarten zu besezenden StaatsAemter zu vergeben oder zu bestätigen.

6. „Unsre StaatsVerfassung soll also auf Gleichheit sich gründen, und eine demokratische Repräsentation in der Regierung ausmachen; dis ist die Grundlage der vorhabenden neuen RegierungsForm, mit deren Vervollkommnung

die niedergesezte Commission und die Repräsentanten der Stadt und Landschaft sich schleunigst beschäftigen sollen.

7. „Indessen wollen und verordnen Wir Eingangs Gemeldte, daß die bisherige Regierung ihren Bestand, Gewalt und Verwaltung beibehalten, und in allweg von männlich respectirt werde, und das bis und solange die neue Verfassung förmlich angenommen und festgesezt seyn wird.

„Schließlich soll alles öffentliche und PrivatGut, jenes des Staats und der Gemeinheiten, unter den Schuz der Geseze gelegt, als unverlezlich erklärt, und so wie die Sicherheit der Personen heilig seyn.

„Gott der Allmächtige wolle alles dis durch seinen Seegen zu glüklichem Gedeihen leiten.

„Gegenwärtige Schlußnahme und Verordnung soll in Druk befördert, in den Kirchen öffentlich verlesen, und an gewöhnlichen Orten angeschlagen werden.

„Gegeben Sonntags den 11 Hornung 1798.

Kanzlei Solothurn."

IV.

Liefländische BaurenConstitution von 1797.

— — horrendum, informe, ingens, cui lumen ademptum!

(Eingesendet.)

Mag immerhin, im Westen und Süden ein Staat nach dem andern an den aufgehenden Schwären des Lehen-Systems erkranken und sterben; mögen die Flüchtlinge, die, aus dem vernichteten Feudalism in Frankreich hinweggescheucht, wie Eulen aus abgebrochner Ruine, Europa durchzieh'n, immerhin durch ihr stattliches Elend allen ihren Genossen zurufen: Discite iustitiam moniti, et non temnere cives! — im starren Norden steigt der Barbarei ein neuer Tempel empor. Dort, wo im moralischen Sinne wie im physischen, ein kurzer Sommer immer nur Vorbereitung auf die unendlichen Nebel des Herbstes und die Finsternisse des langen Winters scheint: dort thut izt so eben, am Ende des achtzehnten Jahrhunderts, die Verfassung eines weiten Landes den fürchterlichsten Sprung in die Gräuel der VorZeit zurük. Durch einen einzigen MachtSpruch vernichten die Gewalthaber desselben die Verbesserungen zweier Jahrhunderte, und rufen Verhältnisse wieder in's Daseyn, über deren Zerstörung die Menschheit vergeblich jubelte.

Im zwölften Jahrhundert ward Liefland von den Teutschen entdekt, und im dreizehnten unterjocht. Vergebens drohten die Päpste Innocenz III und Gregor IX mit Interdict und Bann, wenn man die NeuBekehrten zu Sklaven machen würde; vergebens nahm Kaiser Friedrich II die unglüklichen Liven, Letten und Esthen unter den Schuz des römischen Reichs, ut quemadmodum — sagt seine Constitutio de libertate Livonis — alii liberi homines imperii teneantur. Die monströse Ausgeburt des Mittel-Alters, der Schwert-Orden, verhöhnte die Menschlichkeit entfernter Regenten. Ohne Rüksicht zerstükte er mit dem Schwerte die hilflose Beute, welche PfaffenList niedergeworfen hatte. Jeder Comthur nicht nur, jeder LehnsMann und GutsBesizer war unumschränkter Richter über Leben und Tod des LandManns, unumschränkter Gewalthaber über das Vermögen desselben: und welche Abscheulichkeiten muste natürlich die entfesselte Bösartigkeit jedes einzelnen ritterlichen Räubers hervorgehen lassen! — Endlich zerfiel der RitterStaat im sechszehnten Jahrhundert. Ein Drittheil desselben ward abgesondertes Fürstenthum, das andre, schwedische — das dritte, polnische Provinz: aber die Kapitulationen bedungen sich die ungeschwächte Giltigkeit der fürchterlichen Usurpationen, als ein Privilegium aus.

Bald entriß Schweden dem polnischen Chaos seinen Antheil, und Gustaf Adolf — ein so weiser Regent konnte es nicht übersehen, daß das Volk die eigentliche Stüze des Thrones, die Ritterschaft nur das SchnizWerk an demselben sey, — befahl 1632, daß künftig nur die königlichen Gerichte den akernden StaatsBürger zu öffentlichen Strafen sollten verurtheilen können. Karl der Eilfte ertheilte den LeibEigenen seiner Domainen eine sichere Verfassung; er foderte den Adel auf, dasselbe zu thun, und da er sich weigerte, suchte der Monarch durch die bekannte Reduction die Zahl der glüklichern KronBauern zu vermehren. — Als der nordische Held den nordischen Löwen bezwungen, Peter der Erste Karln dem Zwölften Liefland abgenommen hatte, bestätigte er dem Adel seine Privilegien. Sie waren furchtbar, entsezlich, — aber doch gehörte die öffentliche Gerichtsbarkeit über die Bauern nicht mehr zu denselben. Man konnte sie plündern, man konnte sie halbtod geisseln; aber doch standen sie wenigstens der Form nach unter dem Schuz der Geseze. Katharina die Grose wollte gleich im Anfang ihrer Regierung die Aufhebung der LeibEigenschaft veranstalten; aber ihr noch schwankender Thron verbot ihr, Erschütterungen zu verursachen. Sie muste sich begnügen, von dem Adel Rechte für die Bauern zu erzwingen, durch Einführung der Statthalterschaft das ungeheure Misverhältniß der BürgerKlassen zu mildern, und durch Einsezung eigner Tribunale für die Bauern der Justiz einen unparteiischern Gang zu verschaffen. Schon begann, von mancherlei Ereignissen gedrängt, die liefländische Ritterschaft selbst, ihre empörenden UnGerechtsamen zu beschränken, als die Monarchin starb. Paul dem Gerechten * schien die Einführung der Statthalterschaft eine begangene Ungerechtigkeit. Er hob sie auf und gab dem Adel seine alten Privilegien, und — als wenn die Gräber seiner heermeisterlichen Vorfahren sich aufgethan, als wenn die blutigen Geister jener UnMenschen sofort den guten Genius dieses Standes wieder hinweggescheucht hätten, — schuf der Adel sogleich durch einen gedrukten „LandTagsSchluß" 1797 eine BauernConstitution, die — — Doch man beurtheile sie selbst nach den wenigen Zügen, die wir aus dem eben erschienenen Supplement zu den Letten, von G. Merkel, (Weimar, in der Hofmannschen Buchhandlung) ausheben wollen.

Der erste §. bestimmt, daß der akernde StaatsBürger von dem adelichen nicht über die Gränze verkauft und nur an Verwandte einzeln verschenkt werden soll. Wer

* Wer die wichtigsten Verfügungen des neuen Monarchen gehörig würdigen will, lese die einsichtsvollen „Zwei Briefe über die neuesten Veränderungen in Rußland", von J. G. Seume. Zürich, 1797.

es dennoch ohne straffällig zu werden thun will, muß sich, nach §. 2, von sechs seiner Leibeigenen bezeugen lassen, daß der siebente ein Taugenichts sey.

§. 3 spricht den Bauer von der Verbindlichkeit frei, was er verkaufen will, erst dem GutsHerrn feil zu bieten, verwandelt aber dafür sein bewegliches Vermögen, und §. 4 sogar das Vermögen seiner Knechte, in ein eisernes Inventarium seines Gütchens, das ihm bekanntlich der Herr wegnehmen kan, sobald er will, um es einem andern zu übergeben.

§. 5 bestimmt wörtlich, daß der Bauer zwei Drittel von dem Werth seines Landes an Abgaben und das dritte an ordinairen FrohnDiensten abtragen soll, und §. 6. erklärt die grosen periodischen LandArbeiten, als Korn-Schneiden, DüngerFuhre, Dreschen rc. für extraordinaire Leistungen, die nicht in Anschlag kommen.

§. 15 ernennt den GutsHerrn zum einzigen lezten OberRichter in den BauerStreitigkeiten, und §. 17 bestätigt ihm das Recht, leichte Vergehungen auf der Stelle mit dreissig PeitschenHieben, schwerere durch Geisselung mit zehn RuthenBündeln zu bestrafen: nur darf der Bauer dabei nicht mehr an einem Pfosten mit den Händen emporgespreizt werden.

Wichtige Klagen des Bauern gegen den GutsBesizer entscheidet nach §. 21 der adeliche OberKirchenVorsteher mit Zuziehung zweier adelichen GutsBesizer, und §. 22, als ällendliche AppellationsInstanz, der AdelsConvent. — Es giebt also keine kaiserlichen RichterStühle, keine Geseze mehr für den Bauern in Liefland! Er ist völlig dem Schuze des Regenten entrissen und der Adel allein entscheidet, ob der Edelmann die adelichen Rechte überschritten habe. Noch mehr.

Vor diesem fürchterlichen Tribunale dürfen die Bauern nach §. 19 nicht durch einen Advocaten oder Vorsprecher ihre Sache führen: sie müssen es persönlich und mündlich thun, und zwar nach §. 24 nie mehr, als ein oder zwei

Bauern eines Gebiets zu gleicher Zeit, wenn sie nicht so- gleich abgewiesen und als Aufrührer exemplarisch bestraft werden wollen.

§. 25 endlich sezt fest: wenn der unberedte Bauer — der die Geseze nicht kennt, und schon bei dem Anblik sei- ner adelichen Richter bebend verstummt, — ohne Grund geklagt, das heißt, seinen Prozeß, wie es natürlich ist, verloren hat, soll er andern zur Warnung, bei der Kirche, (in Gegenwart der Gemeine,) das erstemal mit zehn, das andremal mit zwanzig RuthenBündeln gegeisselt, das drittemal auf ein Jahr zur FestungsArbeit abgeliefert werden. — Rächende Nemesis! wirst du nimmer er- wachen? —

Nein! den Gebrauch der erneuerten Privilegien be- absichtete Paul der Gerechte nicht!

Europäische Annalen

Jahrgang 1798

Zweiter Band

von

D. Ernst Ludwig Posselt.

Tübingen
in der J. G. Cottaischen Buchhandlung
1798.

I.

Gemählde der Feldzüge der Franken,

vom 15 Pluvios im dritten, bis zum 1 Prairial im sechsten Jahre der fränkischen Republik, (3 Febr. 1795 — 20 Mai 1798.)

Als Fortsezung von Carnot's KriegsTafel.

---

§. 1.

Einleitung.

Ueber den jezigen Krieg und dessen Historiographie überhaupt.

Es ist wieder einmal Zeit, ein Wort von den fränkischen Armeen zu sprechen. Was würde izt Frankreich, was würde Europa ohne die Siege dieser Armeen seyn? Ihre Geschichte ist die der Revolution selbst, oder doch des schönsten Theils derselben. Mit ihnen war sie nach dem Fall von Longwy und Verdun in Gefahr; mit ihnen behauptete sie sich bei Valmy, und erweiterte bald darauf ihr Bette von Nizza bis nach Antwerpen. Gemeinschaftlich wurden sie, in dem schreklichen Feldzuge von 1793, in neue Gefahren verschlungen; aber gemeinschaftlich siegten sie, im Jahr 1794, über alle Hindernisse ob. Von da an war ihr Triumph entschieden, und immer hielten sie gleichen Schritt: mit den Armeen drang auch die Revolution nach Amsterdam, nach Mailand und nach Rom; beide erstiegen sie die höchsten Spizen der Alpen, und rükten die MarkSteine der Grosen Republik bis an den Rhein vor; sie vernichteten das hochberühmte, alte Gleichgewicht von Europa, und sezten an dessen Stelle ein ganz andres, das nicht auf zufällige Allianz- und MachtVerhältnisse, sondern auf wesentliche Gleichheit politischer Formen und Interessen sich gründet.

Diese Armeen, von deren Siegen an sich eine der grösten, vielleicht die grösste unter allen bisherigen Epochen in der WeltGeschichte datirt: diese Armeen, welche Schlachten wie die bei Jemappe, Hondscoote, Lodi, Arcole, Rivoli ꝛc. lieferten; Festungen wie Mastricht, Luxemburg und Mantua eroberten; Rükzüge wie den im Jahr 1796 von den Thoren von München bis an den Rhein, auf allen Seiten umzingelt, unter anhaltenden Gefechten und Siegen ausführten; im Angesicht des Feindes, über den Rhein fünfmal, über die Donau, den Lech und den Po sezten; die Pyrenäen und alle Zweige der ungeheuren AlpenKette vom MontBlanc bis nach Istrien überstiegen: diese Armeen, die mehr als einmal die feindliche Reiterei mit dem Bajonet angriffen und in die Flucht schlugen; die ganz Holland im Laufe eines Monats auf dem Eis eroberten; die im Norden bis an die Mündung der Ems, im Süden bis nach Rom, im Osten bis in die Nähe von Eger und Wien vordrangen; die, ohne Zelten, ohne Magazine und ohne Sold, im gleichzeitigen Kriege gegen neun Mächte, im Drange der Noth und in der Kraft ihres Enthusiasm, Schöpfer einer ganz neuen Taktik wurden, welche keine OperationsLinien, keine Entfernungen, keine Künste des ExercierPlazes mehr in Anschlag bringt; die das Erschöpfendste, was es sonst giebt, den Krieg, zu einer der reichsten ErwerbsQuellen für ihre Regierer machten, alte Staaten vernichteten, neue erschufen, innerhalb 6 Jahren die ganze Gestalt von Europa durchaus und auf immer veränderten — diese Armeen verdienen es doch wohl, daß man ihre Thaten, wär's auch nur der unermeßlichen Folgen wegen, die sie hatten, im Zusammenhang überblike. Wie wird die Nachwelt nicht einst nach allen Details, die darauf Bezug haben, geizen! Und das ungeheure Ganze dieser Revolution und dieses Krieges, wie nie einer war, an Interesse des Stoffs so weit über alles erhaben, was uns von der Art aus dem Alterthum übrig ist, welch ein historisches Gemählde wird es einst unter der Hand des Meisters werden, der mit einer Beredsamkeit wie Livius, und mit einem politischen TiefBlike wie Tacitus, die taktischen Kenntnisse eines Polybius in sich vereinigt!

An Materialien und VorArbeiten dazu wird es ihm nicht fehlen, da dieser Krieg die BuchdrukerPresse fast nicht weniger als das Bajonet beschäftigte.

Ohne Zweifel werden uns mehrere Feldherren ihren Antheil an dem grosen Drama selbst beschreiben.

So haben wir z. B. von Dumouriez bereits seine Denkwürdigkeiten und sein Leben; köstliche Beiträge, dieses zum Feldzuge von 1792, jene zur ersten Epoche des Feldzuges von 1793.

Von General Hoche ist kürzlich eine LebensGeschichte in zwei Bänden erschienen *, wovon der zweite, bei weitem der interessanteste, die eigne Correspondenz dieses Generals, und darinn ungemein schäzbare Details über den VendeeKrieg, zum Theil auch über den Feldzug am Rhein zu Ende des Jahrs 1793 enthält. Auch Moreau, dessen Talente für sein Vaterland doch wohl nicht immer brach liegen werden, hat izt in Passy Musse genug, die Geschichte seiner beiden kühnen RheinUibergänge und seines unsterblichen Rükzuges zu schreiben. Für Pichegru in Cayenne läßt sich ohnehin kein andrer Trost in seiner jezigen Lage gedenken, als daß er sich und der Nachwelt die Thaten seiner schöneren Jahre zurükrufe. Und Buonaparte, der seinen Titel eines

* Vie de Lazare Hoche, Général des Armées de la République, par A. Rousselin, à Paris, an VI (1798) T. I, 480 S., T. II, 488 S. in 8.

„Mitglieds des NationalInstituts" dem des „Generals" voraufsezt; Er der so tief überzeugt ist, daß nur die Muse Unsterblichkeit giebt, daß Fingal ohne Ossian längst nicht mehr genannt seyn würde — sollte Er nicht auch diesen Weg zum Nachruhm gehen wollen und, wie Cäsar, selbst seine Commentarien schreiben?

Auch unter den Heerführern der Coalition ist wohl in diesem Augenblike der oder jener beschäftigt, seinen Namen bei der Nachwelt zu rächen. Vorzüglich dürfte dis in Ansehung des Herzogs von Braunschweig der Fall seyn, wäre es auch nur um das Räthsel des unbegreiflichen Manifests vom 25 Jul. 1792 und des Rükzuges aus Champagne zu lösen. *

* Da namentlich diese beiden Gegenstände der Stoff so vieler Debatten, so seltsamer Legenden waren, und zum Theil noch sind, so verdient hier eine, fast gar nicht unter uns bekannt gewordne, Erklärung von Calonne (im Courier de Londres, Vol. 42, No. 40, vom 17 Nov. 1797) eine Stelle. „Der Herzog von Braunschweig" — sagt Calonne aus Anlaß der Denkwürdigkeiten des ehemaligen See-Ministers Bertrand von Moleville — „befand sich „zu Koblenz bei der Armee, und wohnte durchaus kei„ner von den Conferenzen bei, welche Mallet du Pan „als geheimer Abgesandter Ludwig's XVI, zu Frankfurt „mit einigen östreichischen und preussischen Ministern über „das Projekt des Manifests hatte. Eben so wenig „hatte Er Antheil an der in Mainz zu Stand gebrachten „Redaction desselben; Er unterzeichnete es, da es ihm von „jenen Ministern als eine von den beiden Höfen beschlossene „und genehmigte StaatsSchrift vorgelegt ward, ohne etwas „ab oder zuzuthun; es war also durchaus nicht sein Werk. „Noch sind wohl manche andre Dinge von weit grösserm „Belang, welche die weise und muthige Discretion dieses „Fürsten bisher mit einem Schleier bedekt ließ, den man „zu seinem Nachtheil zu deuten die Ungerechtigkeit hatte. „Trügen wir nicht Bedenken, einem Entschlusse zuwider

Niemand indeß hat ein höheres Interesse dabei, daß dieser Krieg mit allen seinen Details auf die Nachwelt komme, als die Heldin des Stüks, die fränkische Republik. Auch hat sie hiezu alle nöthigen Maasregeln ergriffen. Schon seit dem zweiten Feldzuge war in Paris unter der Leitung des Mannes, der den ganzen Gang des Krieges leitete, (Carnot's,) ein eignes topographisch-militairisches Kabinet angelegt worden, dem in den lezteren Jahren der DivisionsGeneral Clarke vorstand, wo die ganze Correspondenz der Generale, alle officiellen Berichte, alle Plane und Denkwürdigkeiten, die Bezug auf den Krieg hatten, gesammelt wurden. Uiberdis hatte jede der verschiedenen Armeen der Republik ihren eignen militairischen Historiographen, einen Offizier von ausgezeichneten Talenten, der überall dem Marsch der Armee folgte, und Augenzeuge von allen grosen KriegsEreignissen war. So war z. B. im Feldzuge von 1796 ein Bruder des berühmten Alexander Berthier der Polybius von Jourdan, und BataillonsChef Legrand der von Moreau. Folgende Stelle aus einem Schreiben des leztern an den Verfasser dieser Annalen kan zeigen, in welchem Geiste diese Männer die Geschichte des jezigen Krieges bearbeiten. „Ich seze" — sagt er — "meine gewöhnlichen Beschäftigungen fort, unterstüzt durch die officielle Correspondenz, welche die Regierung mir mittheilt. Ich vergleiche und berichtige solche an den Orten selbst, wo die

„zu handeln, den wir verehren müssen, so könnten wir wohl „schon izt unbekannte ThatSachen enthüllen und „Urkunden genug darlegen, um das Räthsel einer Beendigung des Feldzuges, die so unglükliche Folgen hatte, „zu lösen. Wir wissen hinlänglich davon, um vorauszusagen, daß einst, und besonders vor den Augen „der Nachwelt, der Ruhm des Herzogs von „Braunschweig wieder im reinsten Glanze her„vorgehen wird."

„Ereignisse statt hatten, und in Gegenwart derer, die „entweder dabei kommandirten, oder doch Augenzeugen „davon waren; ich verbinde mit meinen Notizen zugleich „Plane, die ich selbst zeichne, oder die schon vorhanden „sind; kurz, ich sammle vorerst Materialien während „die Begebenheiten noch neu sind, um in der Folge mit „Musse und mit desto mehr Genauigkeit den Körper der „Geschichte selbst ausarbeiten zu können. Mein „Zwek ist durchaus nicht, irgend Jemands Eigenliebe, „ja selbst nicht einmal dem NationalStolze oder, wenn „man lieber will, dem NationalRuhm zu schmeicheln; „mein Zwek ist Wahrheit im strengsten Sinne des „Wortes, denn nur Wahrheit kan den Menschen nüz„lich seyn. Indem ich selbst die Fehler, welche meine „eigene Nation begieng, enthülle, glaube ich ihr einen „bessern Dienst zu leisten, als wenn ich solche verhehlen, „und sie nur immer loben wollte. Die Geschichte unsrer „Unfälle und der Ursachen, wodurch sie veranlaßt wur„den, wird uns nicht minder nüzlich seyn, als die Ge„schichte der grosen Thaten, die das WiegenBette unsrer „Republik mit unvergänglichem Glanze bestrahlt haben. „Um diesen Zwek zu erreichen, muß ich nothwendig auch „die Stimme auswärtiger Philosophen kennen, derer, „die erhaben über die kleinlichen Kalkule des Interesse, „über die kleinlichen Leidenschaften des Augenbliks und die „Chikanen des NationalHasses, die Dinge mit unbefang„nem festen Blike sah'n; ja ich muß selbst wissen, was „von den Menschen mit NationalHaß, mit kleinlichen „Leidenschaften, gesagt und geschrieben worden ist. Um „richtig zu urtheilen, muß man beide Theile hören."

Bis diese Annalen jeder einzelnen Armee der Republik erscheinen werden, und bis die MeisterHand eines grosen Genies der Nachwelt daraus ein beseeltes Ganze erschaffen wird, muß es für die ZeitGenossen so ausserordentlicher Begebenheiten unstreitig interessant seyn, sie mit einem schnellen Blike im Zusammenhang zu überschauen.

In dieser Absicht haben wir bereits (im Jahrgang 1796, Heft 5) ein solches, von Carnot entworfenes Gemählde des jezigen Krieges, von der Schlacht bei Hondscoote an bis zur Eroberung von Roses, (vom 8 Sept. 1793 bis zum 3 Febr. 1795.) geliefert. Wir tragen hier nun auch die von der fränkischen Regierung seitdem bekannt gemachte Fortsezung desselben nach, die zwar nur bis zum Frieden von Tolentino (19 Febr. 1797) reicht, die wir aber, nach Anleitung der fränkischen AmtsBerichte, bis zum neuesten KriegsEreigniß, dem Angrif der Britten auf Ostende (20 Mai 1798), fortführen werden.

Auch diese Fortsezung enthält nur diejenigen Treffen und Gefechte, worinn der Sieg sich für die Franken entschied. Freilich bilden diese immer die unermeßliche MehrZahl; doch würde gewiß die Angabe auch jener, worinn sie nicht siegten, ihren Ruhm mehr erhoben als verdunkelt haben. Es waren hier ja keine Macedonier und Perser; von beiden Seiten standen Tapfre; nur Genie und Enthusiasm konnten hier entscheiden. Was die Schlacht bei Arcole, die Heroismusvollste im ganzen Kriege, so vorzüglich interessant und glorreich macht, ist, daß Buonaparte mit seinem kleinen Heer unmittelbar zuvor mehrere Stösse erlitten hatte; mit einer Armee, die heute geschlagen ward, morgen selbst schlagen, ist unstreitig der Triumph des militairischen Genies.

Was die Angaben des feindlichen Verlustes betrift, so muß man einen Unterschied machen. Kanonen, Fahnen, Gefangene kan man nachzählen; hier würde eine grobe Uibertreibung den General, der sich solche erlauben würde, nur lächerlich machen; auch haben die fränkischen Generale, bei einer sehr grosen Zahl von Gefangenen, zu deren Beurkundung fast immer zugleich die Zahl der darunter befindlichen Offiziere bemerkt, weil sich daraus im Durchschnitt ein ziemlich sicherer Schluß auf das Ganze machen läßt.

Weit anders verhält sich's mit den aus der Luft aufgegrifnen Angaben der Getödeten und Verwundeten; hier ist der recipirte Maaßstab: die Hälfte von dem, was der Feind sagt, oder das Doppelte von dem, was der andre Theil selbst eingesteht. *

* „Les ennemis ont avoué (von der Schlacht bei Neerwinden) 1400 hommes de perte, c'est-à-dire le double." Memoires du Général Dumouriez, T. II, Chap. 6.

§. 2.

Feldzüge der Franken,

vom 15 Pluvios im dritten Jahre bis zum 1 Prairial im sechsten Jahre der fränkischen Republik,

(3 Febr. 1795 — 20 Mai 1798.)

Epochen.	Armeen.	Schlachten, Gefechte, Eroberungen.
1 März 1795	Ost-Pyrenäen.	**Bezalu.** Augereau, Divis. General, Commandant. Einnahme von Bezalu; die Spanier, welche hier einen Angrif auf die Franken thun, werden zurükgeschlagen.
5 Mai "	"	**Cistella.** Augereau, Divis. General, Commandant. Die Spanier greifen das Lager von Cistella an, werden aber, mit einem Verlust von 100 Gefangenen und 800 Todten oder Verwundeten, zurükgeschlagen.
6 " "	"	**Crespia und Bascara.** Perignon, Ober General. Allgemeine Recognoscirung auf den Anhöhen von Crespia, Bascara und an der Fluvia; 60 Gefangene gemacht; 30 Pferde erbeutet.

9 Mai 1795	Ost-Pyrenäen.	**Musquirachu.** Marbot, BrigadeGeneral. Schild, GeneralAdjutant. Angrif des spanischen Lagers auf dem Berge von Musquirachu; der Feind wird in die Flucht geschlagen, und läßt dasselbe mit allen Zelten und Geräthschaften zurük. 140 Feinde getödet, 50 gefangen.
26 = =	=	**Anhöhen von Pontons.** Augereau, Divis.General. Die Spanier, 10,000 Mann FusVolks und 1200 Reiter stark, greifen die Truppen aus dem Lager von Pontons während einer Recognoscirung an, werden aber in die Flucht getrieben.
1 Jun. =	Sambre und Maas.	**Luxemburg.** Hatry, Divis.General. Eroberung von Luxemburg. Der Feind verliert darinn 12,396 KriegsGefangene; 25 Fahnen; 819 FeuerSchlünde, worunter 467 metallene; 16,244 Flinten; 336,857 KanonenKugeln; 47,801 Bomben; 114,704 Grenaden; 1,033,152 Pfund Pulver.

14 Jun. 1795	Ost-Pyrenäen.	**Die Fluvia.** Scherer, OberGeneral. Schlacht an der Fluvia. 28,000 Spanier, welche eine grose Fourragirung der Franken in der Ebene von St. Pierre Pescador angreifen, werden nach zehnstündigem Gefechte in die Flucht geschlagen, und ziehen sich in groser Unordnung wieder über die Fluvia zurük; 1200 Feinde getödet oder verwundet; viele Gefangene; 300 Wagen voll Frucht in das Lager von Rimors eingeführt.
26 „ „	Alpen und Italienische.	**Col de Thermes.** Serrurier, Divis.General. Petit Guillaume, Brig.General. Niederlage eines starken Korps Piemonteser, welches Ormea hatte wegnehmen wollen. Eine grose Anzahl Feinde getödet oder ververwundet.
28 „ „	West-Pyrenäen.	**Die Deba.** Moncey, OberGeneral. Willot, Divis.General. Eroberung des verschanzten Lagers der Spanier an der Deba. 200 Gefangene gemacht; 1 Fahne und 2 Kanonen erbeutet.

1 bis 3 Jul. 1795	West-Pyrenäen.	**Lecumbery.** Moncey, Ober-General. Einnahme aller feindlichen Positionen bis Lecumbery. Rükzug der Spanier auf Yrurzum.
6 „ „	„	**Yrurzum.** Willot, Divis. General. Treffen bei Yrurzum. Die fränkische Infanterie greift die spanische Reiterei an, und schlägt sie in die Flucht. Feindlicher Verlust: 500 Todte, 200 Gefangene.
12 „ „	„	**Eybar.** Dessein, Divis. General. Einnahme des verschanzten Lagers von Eybar; 11 Kanonen erbeutet.
13 „ „	„	**Durango.** Dessein, Divis. General. Einnahme von Durango; beträchtliche Magazine und 11 Kanonen erbeutet.
17 und 18 „ „	„	**Bilbao, Vitoria.** Moncey, Ober-General. Dessein, Willot, Divis. Generale. Die Spanier, aus allen ihren Positionen zurükgeworfen, räumen ganz Biscaya und ziehen sich hinter den Ebro zurük; Einnahme von Salinas, Bilbao, Vitoria; eine grose Zahl von Feinden getödet und verwundet.

22 Jul. 1795	Pyrenäen.	(Baseler) Friede zwischen der fränkischen Republik und dem König von Spanien, wodurch die erstere den spanischen Antheil von St. Domingo erhält. Den 30 Jul. kommt die Nachricht davon bei der Armee an.
29 = =	Alpen und Italienische.	**Lager von Pietri.** LaHarpe, Divis.General. Eroberung der durch ein zahlreiches Korps Oestreicher vertheidigten Verschanzungen des Lagers von Pietri; viele Feinde getödet und verwundet.
25 Aug. =	=	**St. Bernouil.** Sieg über ein beträchtliches Korps Piemonteser; eine grose Anzahl Feinde getödet, verwundet und gefangen.
31 = =	=	**Berg Genevre.** Moulin, Brig.General. 4000 Piemonteser, die einen Angrif auf den Berg Genevre thun, werden zurükgeschlagen, 50 davon getödet, 200 zu Gefangenen gemacht.
1 Sept. =	=	**Cerise.** Serrurier, Divis.General. 15,000 Piemonteser, die den Posten Cerise angreifen, werden zurükgeschlagen, viele davon getödet oder verwundet, und 600 Gefangene gemacht.

5 auf 6 Sept. 1795	Sambre und Maas.	**RheinUibergang.** Jourdan, OberGeneral. Kleber, LeFebvre, Grenier, Championnet, } Divis.Generale. RheinUibergang des linken Flügels dieser Armee; Vertreibung des Feindes aus allen seinen Verschanzungen mit einem beträchtlichen Verlust an Todten, Verwundeten, Gefangenen, Kanonen ꝛc. Einnahme von Düsseldorf, mit 168 Kanonen, 10,000 Flinten und KriegsVorräthen aller Art.
13 " "	"	**Die Sieg.** LeFebvre, Divis.General. Die Oestreicher werden von der Sieg zurükgedrängt; 2 Kanonen erbeutet; viele Feinde getödet, verwundet und gefangen.
16 " "	"	**Altenkirchen.** Kleber, LeFebvre, Grenier, } Divis.Generale. Gefecht und Einnahme von Altenkirchen. Die Oestreicher ziehen sich an die Lahn zurük.

Datum	Armee	Ort, Befehlshaber und Ereignis
19 Sept. 1795	Sambre und Maas.	**Die Lahn.** Kleber, LeFebvre, } Divis. Generale. Gefecht an der Lahn; Einnahme von Limburg, Dietz und Nassau; großer Verlust des Husaren Regiments Saxe und der Cavalerie der Ausgewanderten.
: : :	Italien.	**Borghetto.** Massena, Divis. General. St. Hilaire, Brig. General. Treffen auf der Linie von Borghetto; 8000 Oestreicher werden in die Flucht geschlagen, 500 getödet, 400 zu Gefangenen gemacht.
20 : :	Rhein und Mosel.	**Mannheim.** Pichegru, Ober General. Einnahme von Mannheim mit Kapitulation.
25 : :	Italien.	**Garresio.** Miolis, Brig. General. Gefecht bei Garresio; 69 Feinde getödet, 19 zu Gefangenen gemacht.

11 Nov. 1795	Sambre und Maas.	**Kreuznach.** Marceau, Divis. General. Treffen bei Kreuznach; der Feind wird über die Nahe zurükgetrieben, mit einem Verlust von 400 Todten und 150 Gefangenen, worunter 6 Offiziere und ein Adjutant des FeldMarschalls Clerfaye.
17 " "	Italien.	**Lager von Pietri.** Scherer, OberGeneral. Augereau, Charlet, } Divis. Generale. Gefecht beim Lager von Pietri; starker Verlust des Feindes an Todten und Verwundeten; 500 Gefangene; 3 Kanonen, 400 Flinten erbeutet.
23 " "	"	**Loano.** Scherer, OberGeneral. Serrurier, Massena, Augereau, } Divis. Generale. Schlacht bei Loano. Niederlage der östreichisch-piemontesischen Armee; 3000 Feinde getödet; 5000 Gefangene gemacht, worunter einige Generale und 200 Offiziere von allen Graden; Einnahme von Pietra, Loano, Finale, Vado und Savona, mit allen darinn befindlichen Magazinen; 100 FeuerSchlünde, eben so viel MunitionsWagen, 5 Fahnen und eine unermeßliche Menge Flinten erbeutet.

24 Nov. 1795	Italien.	**Garresio.** Serrurier, Divis. General. Gefecht bei Garresio; starker Verlust des Feindes an Todten, Verwundeten und Gefangenen.
= = =	Sambre und Maas.	**Stromberg.** Die Feinde aus Stromberg und allen ihren Posten vertrieben; 200 getödet; 150 Gefangene.
27 — 29 = =	Italien.	**Spinardo.** Servurier, Divis. General. Gefechte bei Spinardo und anderr Orten; 400 Feinde getödet oder verwundet; 600 Gefangene; Wegnahme von 19 Kanonen.
1 Dec.	Sambre und Maas.	**Kreuznach.** Bernadotte, Divis. General. Angrif und Einnahme von Kreuznach; 200 Feinde getödet; 500 Gefangene.
17 = =	=	**Hundsrük.** Marceau, } Divis. Generale. Poncet, } Treffen auf der ganzen Linie des Hundsrüks. Der Feind, auf allen Punkten geschlagen, verliert eine grose Anzahl Todte, 3 Kanonen und 400 Gefangene.

9 April 1796	Italien.	**Voltri.** Cervoni, BrigadeGeneral. Gefecht bei Voltri; schöne Gegenwehr einer republikanischen Brigade gegen 10,000 Oestreicher.
10 „ „	„	**Monte Lezino.** Rampon, BrigadeChef. Angrif der Oestreicher auf die Redoute von Monte-Lezino; sie werden mit einem Verlust von 400 Todten oder Verwundeten zurükgeschlagen.
11 „ „	„	**Montenotte.** Buonaparte, OberGeneral. LaHarpe, Massena, } Divis. Generale. Schlacht bei Montenotte. Der Feind wird gänzlich geschlagen, und verliert 4000 Mann, worunter 2500 Gefangene, viele Fahnen und FeuerSchlünde.
14 „ „	„	**Cosseria.** Augereau, Divis. General. Einnahme des BergSchlosses Cosseria; die Besazung von 1327 Mann wird zu Gefangenen gemacht.

14 April 1796	Italien.	**Millesimo.** Buonaparte, OberGeneral. Schlacht bei Millesimo. Vollkommener Sieg über die östreichisch-piemontesische Armee; 2500 Feinde getödet oder verwundet; 7000 Gefangene; 29 Kanonen und 15 Fahnen erbeutet.
15 " "	"	**Dego.** Buonaparte, OberGeneral. Massena, Divis.General. Treffen bei Dego; der Feind verliert 600 Todte oder Verwundete, und 1400 Gefangene.
" " "	"	**Thal der Bormida.** Rusca, BrigadeGeneral. Gefecht und Einnahme von S. Giovanni, im BormidaThal; 150 Gefangene gemacht; 2 Kanonen erbeutet.
" " "	"	**Batisolo und Bagnasco.** Serrurier, Divis.General. Einnahme von Batisolo, Bagnasco und Pontenocetto, mit 60 Gefangenen.
" " "	"	**Montezemo.** Augereau, Divis.General. Einnahme der Redouten von Montezemo.

17 April 1796	Italien.	**Ceva.** Augereau, Serrurier, } Divis. Generale. Einnahme des verschanzten Lagers der Piemonteser, und der Stadt Ceva.
22 „ „	„	**Mondovi.** Buonaparte, OberGeneral. Schlacht bei Mondovi, und Einnahme dieser Stadt; 500 Feinde getödet; 1300 zu Gefangenen gemacht, worunter 3 Generale und 4 Obristen; 11 Fahnen, 8 FeuerSchlünde und 15 PulverWagen erbeutet.
24 „ „	„	**Bene.** Buonaparte, OberGeneral. Einzug der Franken in die Stadt Bene.
25 „ „	„	**Fossano, Cherasco, Alba.** Serrurier, Massena, Augereau, } Divis. Generale. Wegnahme von Fossano, Cherasco, Alba, und von 28 Kanonen mit beträchtlichen Magazinen.
28 „ „	„	WaffenStillstand mit dem König von Sardinien.

29 April 1796	Italien.	**Ceva, Coni.** Einzug der Franken in die Citadelle von Ceva, und in Coni.
4 Mai „	„	**Tortona.** Einzug der Franken in Tortona.
7 „ „	„	**Piacenza.** Recognoscirung am Ufer des Po gegen Piacenza; Wegnahme von 5 Schiffen mit 500 Kranken und der FeldApotheke der östreichischen Armee.
8 „ „	„	**Uibergang über den Po, Fombio.** Buonaparte, OberGeneral. Dallemagne, Brig.General. Lasne, BrigadeChef. Uibergang des republikanischen VorTrabs über den Po, und Gefecht bei Fombio; der Feind, der 8000 Mann Infanterie, 2000 Reiter, 20 Kanonen hat, wird aus seinem starkverschanzten Lager zurükgeschlagen, und bis an die Adda verfolgt, mit Verlust von 500 Todten, 150 Gefangenen, 300 Pferden und vielem Gepäke.

9 Mai 1796	Italien.	**Codogno, Casale.** La Harpe, } Divis. Generale. Berthier, } Angrif der Oestreicher bei Codogno auf die Division des Generals La Harpe; dieser General wird durch einen FlintenSchuß getödet; aber die Republikaner schlagen dennoch den Angrif muthig zurük, nehmen Casale, 50 Gefangene, und vieles Gepäke weg.
= = =	=	WaffenStillstand mit dem Herzog von Parma.
10 = =	=	**Lodi.** Buonaparte, OberGeneral. Schlacht bei Lodi. Ubergang über die durch die ganze östreichische Armee vertheidigte Brüke über die Adda; 3000 Feinde getödet oder verwundet; 800 Gefangene; 20 Kanonen genommen.
12 = =	=	**Pizzighetone, Cremona.** Buonaparte, OberGeneral. Einnahme von Pizzighetone; die 300 Mann starke Besazung zu Gefangenen gemacht; 5 metallene Kanonen und mehrere Magazine erbeutet; Einzug der Franken in Cremona.
15 = =	=	(Pariser) Friede zwischen der fränkischen Republik und dem König von Sardinien, wodurch die erstere das Herzogthum Savoyen, und die Grafschaften Nizza, Tenda und Beuil abgetreten erhält.

16 Mai 1796	Italien.	**Mailand, Pavia, Como** Einzug der Franken in Mailand, Pavia und Como, wo sie unermeßliche Magazine finden.
17 = =	=	Waffen Stillstand mit dem Herzog von Modena.
25 = =	=	**Binasco.** Lasne, BrigadeChef. 800 empörte Einwohner in Binasco werden angegriffen, geschlagen, 100 davon getödet, das Dorf in Brand gestekt.
26 = =	=	**Pavia.** Buonaparte, OberGeneral Empörung in Pavia; die Thore der Stadt werden von den fränkischen Grenadieren erbrochen; eine grose Anzahl Rebellen getödet.
30 = =	=	**Übergang über den Mincio, Borghetto.** Buonaparte, OberGeneral. Murat, Gardanne, } Brig. Generale. Angrif bei Borghetto auf den östreichischen VorTrab von 4000 Mann, worunter 1800 Mann Reuterei sind; er wird zurük geworfen; die Franken sezen über den Mincio, und nehmen das Dorf Valeggio, Beaulieu's HauptQuartier Flucht des Feindes, der 1500 Mann an Todten oder Verwundeten, 500 Pferde, 4 Kanonen und 8 Pulver-Wagen verliert.

30 Mai 1796	Italien.	**Peschiera.** Augereau, Divis.General. Besezung der (von den Oestreichern geräumten) Festung Peschiera.
31 : :	Sambre und Maas.	**NiederDiebach und Mannebach.** Championnet, Divis.General. Ein Viertel nach Mitternacht nehmen die Franken die VorPosten vor NiederDiebach, und am Morgen das Thal von Mannebach weg; der Feind verliert viele Todte, Verwundete und Gefangene.
1 Jun. :	:	**Die Sieg.** Kleber, Divis.General, Commandant. LeFebvre, Colaud, } Divis.Generale. Angrif auf die Verschanzungen an der Agger und Sieg; der Feind wird auf allen Punkten zurükgeschlagen, und verliert 2400 Mann, worunter 1000 Gefangene.
: : :	Italien.	**Verona.** Buonaparte, OberGeneral. Massena, Divis.General. Einzug der Franken in Verona.

4 Jun. 1796	Sambre und Maas.	**Altenkirchen.** Kleber, Divis. General, Commandant. LeFebvre, Divis. General. Schlacht bei Altenkirchen. Der Feind wird gänzlich geschlagen, verliert eine grose Anzahl Todte, 3000 Gefangene, 4 Fahnen, 12 Kanonen, eine Menge PulverWagen, Gepäke, Magazine.
; ; ;	Italien.	**VorStadt von Mantua.** Buonaparte, OberGeneral. Serrurier, Divis. General. Wegnahme mit dem Bajonet der VorStadt S. Giorgio und der BrükenSchanze von Mantua; der Feind verliert 100 Mann an Todten und Gefangenen.
; ; ;	;	**VorStadt von Mantua.** Buonaparte, OberGeneral. Augereau, Divis. General. Einnahme der VorStadt Cheriale, ihrer Verschanzungen und des Thurms; der Feind muß sich in den Plaz zurükziehen.
5 ; ;	;	**Fort Fuentes.** Eine fränkische Colonne am Comer See nimmt und zerstört das Fort Fuentes.

5 Jun. 1796	Italien.	WaffenStillstand mit dem König von Neapel.
: : :	Sambre und Maas.	**Dierdorf und Montabaur.** Ney, GeneralAdjutant. Einnahme von Dierdorf und Montabaur; 46 Gefangene; 200 Centner Mehl; 1000 Säke Haber; 150,000 BrodRationen :c.
6 : :	:	**Weilburg.** Soult, BrigadeGeneral. Einnahme von Weilburg, mit beträchtlichen Heu- und HaberMagazinen.
8 : :	Rhein und Mosel.	**Kaiserslautern, Tripstadt, Neustadt und Speier.** Moreau, OberGeneral. Der Feind verläßt Kaiserslautern Tripstadt, Neustadt und Speier; man nimmt ihm 200 Gefangene ab.
14 : :	Sambre und Maas.	**Nassau.** Bernadotte, Divis.General. Einnahme von Nassau; die Legion Rohan verliert 70 Mann an Getödeten, 62 an Verwundeten, und 12 Gefangene.

14 Jun. 1796	Rhein und Mosel.	**Reh Hütte, Frankenthal.** Moreau, ObeꝛGeneral. Desaix, St. Cyr, } Divis. Generale. Die Verschanzungen der Oestreicher zwischen Frankenthal und der Reh-Hütte werden überwältigt; 700 Feinde getödet oder verwundet; 200 zu Gefangenen gemacht.
19 : :	Italien.	**Reggio, Bologna, Ferrara, Urbino.** Buonaparte, ObeꝛGeneral. Augereau, Vaubois, } Divis. Generale. Einzug der Franken in Reggio und Bologna, wo sie 400 päpstliche Soldaten mit dem KardinalLegaten gefangen nehmen, 4 Fahnen und 50 Kanonen erbeuten. Uibergabe des Forts Urbino, mit 300 Mann Besazung, 50 Kanonen, 5000 Flinten, 5000 Pfund Pulver, und Magazinen. Besezung von Ferrara und dem dortigen Schlosse, mit 114 Kanonen; der KardinalLegat zum Gefangenen gemacht.
23 : :	:	WaffenStillstand mit dem Papst.

24 Jun. 1796	Rhein und Mosel.	**RheinUibergang, Kehl.** Moreau, OberGeneral. RheinUibergang bei Strasburg; Einnahme des Forts Kehl; 800 Feinde zu Gefangenen gemacht; 16 Kanonen, 2000 Flinten erbeutet.
25 " "	"	**Kork, Willstedt.** Desaix, Beaupuis, } Divis. Generale. Gefecht bei Kork, und Einnahme des Lagers von Willstedt; 150 Gefangene gemacht; 50 Pferde und 1 Kanone erbeutet.
27 " "	"	**Appenweier.** Decaen, GeneralAdjutant. Der Feind mit beträchtlichem Verlust an Todten und Verwundeten aus Appenweier zurükgeschlagen; 150 Gefangene gemacht.
" " "	"	**Urloffen.** Ste. Susanne, Brig. General. Der Feind aus Urloffen zurükgeschlagen; 100 Gefangene gemacht.
28 " "	"	**Offenburg.** Ferino, Divis. General. Einzug der Franken in Offenburg.

28 Jun. 1796	Rhein und Mosel.	**Renchen.** Moreau, OberGeneral. Desaix, Divis.General. Ste. Susanne, Brig.General. Schlacht bei Renchen; ungeheurer Verlust des Feindes an Todten und Verwundeten; 1200 Gefangene; 10 Kanonen und 600 Pferde.
: : :	Italien.	**Livorno.** Vaubois, Divis.General. Einzug der Franken in Livorno; Wegnahme der englischen Magazine und Waaren für 10 Millionen Livr. an Werth.
29 : :	:	**Mailand.** Despinoy, Divis.General. Kapitulation der Citadelle von Mailand; die Besazung von 2800 Mann ergiebt sich kriegsgefangen, mit 150 FeuerSchlünden, 5000 Flinten, 200,000 Pfund Pulver.
2 Jul.	Rhein und Mosel.	**Kniebis.** LaRoche, Brig.General. Angrif auf den Kniebis; Wegnahme einer Redoute auf der Spize dieses Gebirges; 400 Gefangene gemacht; 2 Fahnen und 2 Kanonen erbeutet.

2 Jul. 1796	Sambre und Maas.	**Neuwied.** Jourdan, OberGeneral. Championnet, } Divis. Generale. Bernadotte, } Rheinübergang bei Neuwied; Wegnahme mehrerer Redouten; eine grose Anzahl Feinde getödet oder verwundet; 780 Gefangene gemacht; 30 GepäkWagen erbeutet.
4 = =	=	**Willensdorf.** LeFebvre, Divis. General. Gefecht bei Willensdorf; eine grose Anzahl Feinde getödet; 700 zu Gefangenen gemacht.
5 = =	Rhein und Mosel.	**Baden, Freudenstadt, Bibrach.** Desaix, } St. Cyr, } Divis. Generale. Ferino, } Gefecht am OelBach; Einnahme von Baden und Freudenstadt; beträchtlicher Verlust des Feindes an Todten und Verwundeten; 300 Gefangene. Besezung von Bibrach, im KinzigThal.

5 Jul. 1796	Rhein und Mosel.	**Rastadt, Gernsbach.** Moreau, OberGeneral. Schlacht bei Rastadt. Ungeheurer Verlust des Feindes auf dem SchlachtFelde; er wird aus Gernsbach, Kuppenheim und Rastadt vertrieben, und über die Murg zurükgeworfen; 600 Gefangene gemacht; 3 Kanonen erbeutet.
= = =	Italien.	**Bocchetta di Campion, Belluno.** Massena, Divis.General. Joubert, BrigadeGeneral. Recco, BataillonsChef. Wegnahme mit dem Bajonet der östreichischen Verschanzungen zwischen der Spize des GarderSees und der Etsch; 400 Feinde getödet; 270 zu Gefangenen gemacht; 400 Zelten erbeutet.
6 = =	=	**Lugo.** Pourailler, BrigadeChef. Mehrere tausend Empörer werden in dem Städtchen Lugo (im Ferrarischen) von einem Bataillon Franken angegriffen und zerstreut; eine grose Anzahl derselben bleibt auf dem Plaz.

7 Jul. 1796	Sambre und Maas.	**Limburg und Runkel.** Bernadotte, Championnet, } Divis. Generale. Gefecht vorwärts Limburg; der Feind bis in die Stadt verfolgt. Angrif und Einnahme von Runkel; viele Feinde getödet; 80 Gefangene gemacht.
9 „ „	„	**Die Lahn.** Jourdan, OberGeneral. Uibergang über die Lahn; Marsch der Armee auf Frankfurt und Mainz.
„ „ „	Rhein und Mosel.	**Malsch, Frauenalb, Rothensol.** Moreau, OberGeneral. Desaix, St. Cyr, } Divis. Generale. Schlacht auf der ganzen Linie von vorwärts Rastadt bis im Gebirge vorwärts Gernsbach, (gewöhnlich: Schlacht bei Ettlingen); eine grose Anzahl Feinde getödet und verwundet; 1300 Gefangene gemacht; 1 Kanone erbeutet; der Feind gezwungen, sich hinter Durlach zurükzuziehen.

9 und 10 Jul. 1796	Sambre und Maas.	**Buzbach, Obermerl, Friedberg.** Kleber, Divis. General, Commandant. LeFebvre, Collaud, } Divis. Generale. Gefecht bei Buzbach und Obermerl; Einnahme von Friedberg; der Feind wird in die Flucht geschlagen, mit Verlust von 1500 Todten oder Verwundeten, 500 Gefangenen, 3 Kanonen, 1 Fahne.
11 : :	Rhein und Mosel.	**Ettlingen, Karlsruhe, Durlach.** Moreau, OberGeneral. Einzug der Franken in Ettlingen, Karlsruhe und Durlach.
14 : :	:	**Haslach, Hausen.** Jordy, BrigadeGeneral. Wegnahme mit dem Bajonet der Posten von Haßlach und Hausen; eine grose Anzahl Feinde getödet; 200 Gefangene gemacht; 2 Kanonen erbeutet.
: : :	Sambre und Maas.	**Frankfurt.** Kleber, Divis. General. Einnahme von Frankfurt, mit 171 FeuerSchlünden, 5000 Flinten, 19 Centnern Pulver.

16 Jul. 1796	Rhein und Mosel.	**Alpirsbach.** Vandamme, BrigadeGeneral. Angrif und Wegnahme des Posten von Alpirsbach; 200 Gefangene.
: : :	:	**Rheinfelden, Sekingen rc.** LaBorde, Divis.General. Die Division des Generals LaBorde sezt bei Hüningen über den Rhein, nimmt die östreichischen Wald-Städte und das ganze FrikThal weg; grose Vorräthe von Lebens-Mitteln und einige Kanonen werden erbeutet.
17 : :	:	WaffenStillstand mit dem Herzog von Wirtemberg.
: : :	Sambre und Maas.	**Aschaffenburg.** Ernouf, Divis.General. Militairische Recognoscirung auf der Strasse nach Aschaffenburg; Wegnahme von 450 Säken Mehl und 2000 Säken Haber; das Detaschement bei diesem Depot gefangen genommen.
18 : :	Italien.	**Mantua.** Buonaparte, OberGeneral. Serrurier, Divis.General. Angrif des verschanzten Lagers der Oestreicher vor Mantua; sie werden bis an die Mauern des Plazes zurükgedrängt; während der Zeit sezen die Franken die Stadt an fünf Orten in's Feuer, und eröfnen die LaufGräben, 80 Klaftern von dem Plaze.

18 Jul. 1796	Rhein und Mosel.	**Stuttgart.** Moreau, ObersGeneral. St. Cyr, Divis. General. Einzug der Franken in Stuttgart.
21 ⸗ ⸗	⸗	**Kanstadt, Eßlingen.** St. Cyr, Divis. General. LeCourbe, LaRoche, } Brig. Generale. Gefecht bei Kanstadt und, noch hartnäkiger, bei Eßlingen; die Franken Meister des ganzen linken NekarUfers; 800 Feinde getödet oder verwundet; 300 Gefangene.
22 ⸗ ⸗	Sambre und Maas.	**Königstein.** Marceau, Divis. General. Kapitulation der BergFeste Königstein; die Besazung von 600 Mann kriegsgefangen; 23 FeuerSchlünde; beträchtliche Kriegs- und MundVorräthe.
[illegible] ⸗ ⸗	⸗	**Schweinfurt.** Colland, Divis. General. Einnahme von Schweinfurt.
24 ⸗ ⸗	⸗	**Würzburg.** Championnet, Divis. General. Kapitulation der Stadt und Citadelle von Würzburg; die bischöfliche Besazung, von 2000 Mann Infanterie und 300 Reitern, zu KriegsGefangenen gemacht; 303 FeuerSchlünde, worunter 127 metallene Kanonen; 722 Centner Pulver; 224,523 Patronen.

25 Jul. 1796	Rhein und Mosel.	Waffen Stillstand mit dem Markgrafen von Baden.
27 " "	"	Waffen Stillstand mit dem Schwäbischen Kreis.
29 " "	Sambre und Maas.	**Mainz.** Marceau, Divis. General. Ausfall der Besazung von Mainz; sie wird mit Verlust vieler Todten und 50 Gefangener zurükgeschlagen.
31 " "	Italien.	**Salo.** Sauret, Divis. General. Vertreibung der Oestreicher aus Salo; Wegnahme von 2 Kanonen, 2 Fahnen und 200 Gefangenen; General Guieux, der seit 48 Stunden, ohne Brod, darinn eingeschlossen war, nach der tapfersten Gegenwehr, befreit.
" " "	"	**Lonato.** Dallemagne, Brig. General. Der Feind, zu Lonato geschlagen, verliert 600 Todte oder Verwundete, und 600 Gefangene.
1 August "	"	**Brescia.** Augereau, Divis. General. Wieder Einnahme von Brescia, mit allen darinn zurükgelassenen fränkischen Magazinen und Spitälern.

2 Aug. 1796	Sambre und Maas.	**Königshofen.** LeFebvre, Divis. General. Einnahme der Feste Königshofen, mit 69 Kanonen, 2400 Flinten, und 360 Centnern Pulver.
" " "	Rhein und Mosel.	**Aalen, Heidenheim.** Desair, St. Cyr, } Divis. Generale. Vertreibung der Feinde aus Aalen; 300 Gefangene gemacht; 50 Wagen erbeutet. Wegnahme des Posten von Heidenheim.
3 " "	Italien.	**Lonato, Castiglione, Salo.** Buonaparte, OberGeneral. Massena, Augereau, } Divis. Generale. Guieux, BrigadeGeneral. Schlacht bei Lonato. Die Oestreicher werden gänzlich geschlagen; WiederEinnahme von Salo, Lonato und Castiglione; die Feinde verlieren 2500 Mann an Todten oder Verwundeten; 4000 Gefangene; 20 Kanonen.
4 " "	"	**Guardo.** Despinoy, Divis. General. Guieux, BrigadeGeneral. Eine östreichische Colonne bei Guardo geschlagen; 1800 Mann zu Gefangenen gemacht.

4 Aug. 1796	Italien.	**Lonato.** Buonaparte, OberGeneral. Ein östreichisches Korps fodert Lonato zur Uibergabe auf, wo sich gerade der OberGeneral befindet; obschon er nicht mehr als 1200 Mann bei sich hat, macht er 4050 Mann das Gewehr streken; 2 Kanonen, 3 Fahnen erbeutet.
: : :	Sambre und Maas.	**Bamberg.** Grenier, Divis. General. Einnahme von Bamberg, mit 18,000 Centnern Mehl und einem grosen HaberMagazin.
5 : :	Italien.	**Castiglione.** Buonaparte, OberGeneral. Massena, Augereau, Serrurier, } Divis. Generale. Schlacht bei Castiglione. Die östreichische Armee unter dem FeldMarschall Wurmser wird geschlagen, und drei Stunden weit verfolgt; 1200 Feinde getödet oder verwundet; 800 Gefangene gemacht; 18 Kanonen und 120 PulverWagen erbeutet.

6 Aug. 1796	Italien.	**Peschiera.** Buonaparte, OberGeneral. Massena, Divis.General. Uibergang über den Mincio; die Oestreicher werden in ihrem verschanzten Lager bei Peschiera angegriffen, und mit Verlust von 700 Gefangenen und 12 Kanonen daraus vertrieben.
: : :	Sambre und Maas.	**Altendorf.** Leffebvre, Divis.General. Gefecht bei Altendorf; eine grose Anzahl Feinde getödet; 160 zu Gefangenen gemacht.
7 : :	:	Waffen-Stillstand mit dem Fränkischen Kreis.
: : :	Rhein und Mosel.	(Pariser) Friede zwischen der fränkischen Republik und dem Herzog von Wirtemberg, wodurch dieser das Fürstenthum Mömpelgard, die Herrschaften Hericourt und Passavant, die Grafschaft Horburg, und die Herrschaften Reichenweier und Ostheim abtritt.
: : :	Italien.	**Verona.** Fiorilla, BrigadeGeneral. WiederEinzug der Franken in Verona; 200 Gefangene dariun gemacht.

7 Aug. 1796	Italien.	Corona, Monte Baldo. Massena, Divis. General. Wieder Einnahme der Verschanzungen zwischen der Etsch und dem Garder See; 400 Gefangene gemacht; 7 Kanonen erbeutet.
8 „ „	Rhein und Mosel.	Neresheim. Moreau, Ober General. Der Feind wird in seiner Position bei Neresheim angegriffen, und zurükgeschlagen; 450 Gefangene.
„ „ „	Sambre und Maas.	Forchheim. Kleber, Divis. General, Commandant. Treffen an der Rednitz; der Feind mit starkem Verlust an Todten, Verwundeten und Gefangenen zurükgeschlagen; Einnahme von Forchheim, mit 62 Kanonen und vieler Munition.
9 „ „	Italien.	Mantua. La Salcette, Brigade General. Die Franken nehmen wieder ihre Positionen vor Mantua ein, bemächtigen sich einiger Convois und machen Gefangene.

11 Aug. 1796	Rhein und Mosel.	**Heidenheim.** Moreau, OberGeneral. Desaix, St. Cyr, Duhem, } Divis. Generale. Schlacht bei Heidenheim. Nach 17stündigem Kampfe zieht sich der Feind hinter die Werniz zurük, mit einem Verlust von 7000 Mann an Todten, Verwundeten oder Gefangenen.
„ „ „	„	**Bregenz.** Ferino, Divis. General. Einzug der Franken in Bregenz; Wegnahme von 30 FeuerSchlünden, 49 Schiffen, 40,000 Säken Haber, Gerste und Mehl.
„ „ „	Sambre und Maas.	**Rotenberg.** Ney, BrigadeGeneral. Einnahme der Feste Rotenberg, mit 43 FeuerSchlünden, 40 Centnern Pulver, 450 Tonnen Mehl; die Besazung von 72 Mann kriegsgefangen.
12 „ „	Italien.	**Roc d'Anfo, Lodrone.** Sauret, Divis. General. St. Hilaire, Brig. General. Vertreibung des Feindes von Roc d'Anfo, und Vordringen der Franken bis Lodrone; der Feind verliert 1100 Mann an Gefangenen, 6 Kanonen, und Gepäke.

12 Aug. 1796	Italien.	**Die Etsch.** Augereau, Divis.General. Uibergang über die Etsch, und Vordringen der Franken gegen Roveredo; 200 Gefangene.
13 " "	Rhein und Mosel.	**Kamlach.** Ferino, Divis.General. Abbatucci, Brig.General. Treffen bei Kamlach; der Feind wird bis Mindelheim zurükgeschlagen; starker Verlust der Ausgewanderten; das Korps der „Chasseurs nobles" fast ganz aufgerieben.
15 " "	Sambre und Maas.	**Neumarkt.** Bernadotte, Divis.General. Einnahme von Neumarkt; einige Gefangene gemacht.
17 " "	"	**Sulzbach.** Jourdan, OberGeneral. Der Feind, nach dem hartnäkigsten Gefechte, von der Anhöhe bei Sulzbach vertrieben; 200 Gefangene.
18 " "	"	**Amberg, Wolfering.** Jourdan, OberGeneral. Der Feind, aufs neue zurükgeschlagen, zieht sich bei Schwarzenfeld hinter die Nab.

22 Aug. 1796	Rhein und Mosel.	(Pariser) Friede zwischen der fränkischen Republik und dem Markgraf von Baden, wodurch dieser seinen Antheil an der Grafschaft Sponheim, die Herrschaften Hesperingen, Rodemachern und Grävenstein, so wie die Aemter Beinheim, Rhod und Kuzenhausen an sie abtritt.
24 „ „	„	**Uibergang über den Lech, Friedberg.** Moreau, OberGeneral. Desaix, St. Cyr, Ferino, } Divis. Generale. Uibergang über den Lech. Schlacht bei Friedberg; der Feind wird gänzlich geschlagen, und verliert eine grose Anzahl Todte und Verwundete, 1600 Gefangene, 16 Kanonen, 2 Fahnen.
1 Sept. „	„	**Geisenfeld.** Desaix, Divis. General. Treffen bei Geisenfeld; die Feinde werden geschlagen, und verlieren 500 Pferde.
3 „ „	„	**Ingolstadt und Freisingen.** Desaix, St. Cyr, } Divis. Generale. Der Feind, von Ingolstadt bis Freisingen, auf allen Punkten geschlagen, verliert 1500 Mann an Todten oder Verwundeten, 300 an Gefangenen; die Franken nehmen 106 Pferde, 1 Haubize, 1 Pulver-Wagen, und die Brüke über die Iser weg.

3 Sept. 1796	Italien.	**Seravalle.** Pigeon, BrigadeGeneral. Gefecht bei Seravalle; der Feind wird geschlagen, und verliert 300 Mann an Gefangenen.	
4 = =	=	**San Marco, Mori, Roveredo, Calliano.** Buonaparte, OberGeneral. Massena, Augereau, Vaubois, } Divis. Generale. Schlacht bei Roveredo; groser Verlust des Feindes an Todten und Verwundeten; 6000 Gefangene, 25 Kanonen, 50 RüstWagen, und 7 Fahnen erbeutet.	
= = =	Rhein und Mosel.	**Bruchsal.** Scherb, BrigadeGeneral. Ramel, GeneralAdjutant. Die Besazungen von Philippsburg und Mannheim, mit 4000 bewafneten Bauern, wollen das fränkische Lager bei Bruchsal angreifen; die Franken kommen ihnen zuvor, greifen sie an, und treiben sie bis unter die Mauern von Philippsburg zurük; eine Menge Bauern zusammengehauen.	

5 Sept. 1796	Italien.	**Trient, Lavis.** Vaubois, Massena, } Divis. Generale. Einzug der Franken in Trient; die Brüke und das Dorf Lavis weggenommen; 100 Husaren und 300 Mann Infanterie zu Gefangenen gemacht.
7 " "	Rhein und Mosel.	**Mainburg und Mosburg.** St. Cyr, Ferino, } Divis. Generale. Der VorTrab des Centrums trift auf den Feind in Mainburg, wirft ihn, und nimmt ihm 450 Gefangene und 1 Kanone ab; der linke Flügel der Division des Generals Ferino vertreibt ihn von Mosburg, und bemächtigt sich einer andern Brüke über die Iser.
" " "	"	WaffenStillstand mit dem KurFürsten von Pfalz-Baiern.
" " "	Italien.	**Primolano, Covelo.** Buonaparte, OberGeneral. Augereau, Divis. General. Angrif des verschanzten Dorfes Primolano; der Feind, in die Flucht geschlagen, sammelt sich in dem Fort Covelo, welches er räumen muß; die fränkische Reiterei verfolgt ihn, holt die Spize seiner Colonne ein, und zwingt sie das Gewehr zu streken; 4000 Gefangene; 10 Kanonen, 15 PulverWägen, und 8 Fahnen.

8 Sept. 1796	Italien.	**Bassano.** Buonaparte, OberGeneral. Augereau, Massena, } Divis. Generale. Schlacht bei Bassano. Der Feind aus dem Dorfe Solagna, am Ausgang der BrentaPässe, zurük geschlagen, zieht sich nach Bassano zurük; die Franken dringen in diese Stadt ein, machen 5000 Gefangene, und nehmen 35 Kanonen mit ihren PulverKarren, 3[illegible] bespannte Pontons, über 200 RüstWagen, und unermeßliche Magazine weg.
13 " "	"	**Porto Legnago.** Augereau, Divis. General. Einnahme von Porto Legnago; die Besazung von 1673 Mann ergiebt sich zu KriegsGefangenen; 2[illegible] FeldStüke mit ihrer Bespannung und MunitionsWägen erbeutet.
15 " "	"	**San Giorgio.** Buonaparte, OberGeneral. Schlacht bei San Giorgio; FeldMarschall Wurmser, auf allen Punkten geschlagen, muß sich in Mantua hineinwerfen; 2500 Feinde getödet oder verwundet; 200[illegible] Gefangene, worunter ein ganzes KürassierRegiment und eine Division Uhlanen; 25 Kanonen, mit ihren ganz bespannten MunitionsWagen.

18 Sept. 1796	Rhein und Mosel.	**Kehl.** Sisce', Brigade-General. Mit TagesAnbruch greift der Feind das Fort Kehl an, dringt in dasselbe ein, und kommt bis an die grose RheinBrüke, wo er aufgehalten, geworfen und bis über das Dorf Kehl hinaus zurükgetrieben wird, mit einem Verlust von 1500 Mann an Todten und Verwundeten, 300 an Gefangenen, 1 Haubize, und einigen PulverWagen.
23 = =	Italien.	**Governolo.** Kilmaine, Divis.-General. Der Feind wird bei Governolo angegriffen, zerstreut, und verliert 1100 Mann an Gefangenen, 5 Kanonen und MunitionsWagen, sämmtlich bespannt.
29 = =	=	**Monte-Chiarugolo.** Ausfall von 150 Mann aus Mantua auf Fourragirung; da sie nicht mehr dahin zurük können, ziehen sie sich nach Reggio, wo die bewafneten Einwohner sie bis in das Schloß von Monte-Chiarugolo verfolgen, und mit Kapitulation zu Gefangenen machen.

2 Oct. 1796	Rhein und Mosel.	**Biberach.**	Moreau, OberGeneral. Desair, St. Cyr, } Divis.Generale. Schlacht bei Biberach; der Feind wird gänzlich geschlagen, und verliert 5000 Mann an Gefangenen, worunter 65 Offiziere, 2 Fahnen und 18 Kanonen.
8 : :	Italien.	**Mantua.**	Sahuguet, Divis.General. Der Feind thut einen Ausfall aus Mantua, wird aber mit einem Verlust von 145 Mann an Gefangenen zurükgetrieben.
: : :	:	Aufhebung des Waffenstillstands mit dem Herzog von Modena.	
9 : :	:	Convention mit Genua.	
10 : :	:	(Pariser) Friede zwischen der fränkischen Republik und dem König von Neapel.	
19 : :	Rhein und Mosel.	**Kenzingen und Simonswald.**	Moreau, OberGeneral. Beaupuis, Divis.General. Die fränkische Armee wird im Centrum und auf dem linken Flügel mit überlegener Macht angegriffen; vergebens sucht der Feind sie zu durchbrechen; er verliert 500 Mann an Todten, eine große Zahl Verwundeter, und 700 Gefangene.

20 Oct. 1796	Italien.	**Bastia, St. Fiorenzo, Bonifacio.** Casalta, BrigadeGeneral. Die Franken landen in Corsika, wo eine beträchtliche Zahl Einwohner sich mit ihnen vereinigt; sie marschiren auf Bastia, wo die 3000 Mann starke englische Besazung sich in Unordnung auf ihre Schiffe zurükzieht; General Casalta stürzt auf sie, und macht 8 bis 900 Gefangene. Die Franken machen sich Meister von St. Florenzo und Bonifacio, und nehmen die Besazungen dieser zwei Pläze gefangen.
21 " "	Sambre und Maas.	**Neuwied.** Beurnonville, OberGeneral. Championnet, Grenier, } Divis. Generale. Der Feind geht auf sechs Punkten, zwischen Bacharach und Andernach, über den Rhein, und greift zugleich die BrükenSchanze von Neuwied an; er wird, mit grossem Verlust an Todten und Verwundeten, zum Rükzuge gezwungen; 600 Gefangene und 400 Verwundete bleiben in der Gewalt der Franken.

26 Oct. 1796	Sambre und Maas.	St. Wendel, Kirchen Poland, Bingen 2c. Ligneville, Poncet, Hardy, } Divis. Generale. Angrif und Einnahme von St. Wendel, Kaiserslautern, Kirchen Poland, Bingen; der Feind wird überall zurükgetrieben, und gezwungen vier Lager zu räumen; er verliert viele Todte und Verwundete, 100 Gefangene, 1 Kanone.
2 Nov. -	Italien.	St. Michel, Segonzano. Vaubois, Divis. General. Einnahme des Dorfes St. Michel; die Franken brennen die Brük über die Etsch ab, schlagen den Feind bei Lavis, und treiben ihn bis in das Dorf Segonzano zurük; 1200 Feinde tod oder verwundet; 450 Gefangene.
5 - -	-	(Pariser) Friede zwischen der fränkischen Republik und dem Herzog von Parma.
- - -	-	Die Brenta. Buonaparte, Ober General. Augereau, Massena, } Divis. Generale. Der Feind, der über die Brenta gesezt hatte, wird gezwungen, nach einem mörderischen Gefechte, wieder über solche zurükzugehen; er verliert 500 Mann an Gefangenen und 1 Kanone.

12 Nov. 1796	Italien.	**Caldero.** Buonaparte, OberGeneral. Augereau, Massena, } Divis. Generale. Der Feind wird bei Caldero geschlagen; er verliert 200 Mann an Gefangenen, und 5 Kanonen.
15, 16, 17 " "	"	**Arcole.** Buonaparte, OberGeneral. Augereau, Massena, } Divis. Generale. Schlacht bei Arcole, die drei Tage hinter einander dauert; sie wird, den 17, durch die Einnahme des Dorfes Arcole entschieden, aus welchem der Feind vertrieben, und bis nach Bonifacio verfolgt wird; sein Verlust: 4000 Todte, eben so viel Verwundete, 4 bis 5000 Gefangene, 4 Fahnen, 18 Kananen.
21 " "	"	**Rivoli, Corona.** Buonaparte, OberGeneral. Massena, Vaubois, } Divis. Generale. Der Feind wird angegriffen, und von Position zu Position, von Castelnuovo nach Rivoli, Corona, und längs der Etsch bis nach Dolce zurükgetrieben; eine grose Anzahl Todter und Verwundeter; 1100 Gefangene; 4 Kanonen, und 6 PulverWagen.

22 Nov. 1796	Rhein und Mosel.	**Kehl.** Moreau, OberGeneral. Desaix, Divis.General. Starker Ausfall der Besazung von Kehl; die Linie des Feinds wird, ohne einen FlintenSchuß zu thun, durchbrochen; ein Theil seiner Artillerie vernagelt; beträchtlicher Verlust desselben an Todten oder Verwundeten; 6 bis 700 Gefangene; 10 Kanonen.
23 " "	Italien.	**Mantua.** Kilmaine, Divis.General. Ausfall der Besazung von Mantua, die kräftig zurükgetrieben wird, mit Verlust einer grosen Zahl von Todten und Verwundeten, 200 Gefangenen, 2 Kanonen und 1 Haubize.
30 " "	Rhein und Mosel.	**Hüningen.** Abbatucci, Divis.General. Nachts 11 Uhr greift der Feind, in drei Colonnen, die BrükenSchanze von Hüningen an, und bemächtigt sich des HalbMondes; nach einem blutigen Gefechte wird er wieder daraus vertrieben, mit Verlust von 2000 Mann an Todten oder Verwundeten, und 200 Gefangenen.

12 Jan. 1797	Italien.	**St. Michel.** Buonaparte, OberGeneral. Massena, Divis.General. Gefecht bei St. Michel, vorwärts Verona; der Feind, mit Verlust von 600 Gefangenen und 3 Kanonen, geschlagen.
: : :	:	**MonteBaldo.** Joubert, Divis.General. Der Feind greift die Spize der Linie vom MonteBaldo an, wo er, nach einem hizigen Gefechte, mit Verlust von 300 Gefangenen, zurükgeschlagen wird.
14 und 15 : :	:	**Rivoli.** Buonaparte, OberGeneral. Joubert, } Divis.Generäle. Berthier, } Schlacht bei Rivoli. Sie fängt mit TagesAnbruch mit der Einnahme von St. Marco an, und dauert bis zum Abend fort; der Feind wird gänzlich geschlagen, und die Nacht hindurch verfolgt. Des andern Tages hielt er noch Corona besezt; hier wird alles, was noch am ersten Tage entkommen war, getödet, verwundet, oder gefangen genommen. Der Feind verliert, an diesen zwei Tagen, ausser einer grosen Zahl von Todten oder Verwundeten, 13,000 Gefangene, und 9 Kanonen.

14 und 15 Jan. 1797	Italien.	**Anghiari.** Augereau, Divis.General. Guieux, BrigadeGeneral. 10,000 Feinde sezen, bei Anghiari, über die Etsch; die Franken, nur 1500 Mann stark, plänkeln den ganzen Tag über mit ihnen, und nehmen ihnen 300 Gefangene ab. Am andern Tage zieht der Feind gerades Wegs auf Mantua fort; sein NachTrab wird eingeholt, und er verliert 2000 Gefangene und 16 Kanonen.
" " "	"	**San Giorgio.** Miolis, Brig.General. General Provera greift, an der Spize von mehr als 6000 Mann, die Vorstadt San Giorgio den ganzen Tag hindurch, vergeblich, an; da er hier nicht durchdringen kan, marschirt er gegen die Favorite.

16 Jan. 1797	Italien.	**Die Favorite.** Buonaparte, OberGeneral. Serrurier, } Divis.Generale. Victor, } Schlacht bei der Favorite. Eine Stunde vor Tag greift Provera dieselbe an: FeldMarschall Wurmser thut einen Ausfall aus Mantua, und sucht die Linien der Blokade bei S. Antonio zu sprengen, wird aber, mit Verlust von 400 Gefangenen und einer Menge Todten und Verwundeten, zum Rükzuge in die Festung gezwungen; die feindliche Colonne unter Provera wird an die VorStadt S. Giorgio hingedrängt; hier muß sie, 6000 Mann Infanterie und 700 Reiter an der Zahl, kapituliren; [illegible] Kanonen, alle ihre PulverWagen und Gepäke fallen in die Gewalt der Franken; diese haben innerhalb vier Tagen 2[illegible] Fahnen erbeutet.
26 " "	"	**Carpenedolo.** Massena, Divis.General. Menard, Brig.General. Der Feind, über die Brenta zurükgetrieben, wird bei Carpenedolo eingeholt, wo er, nach einem lebhaften Gefechte, zum Rükzuge gezwungen wird, mit Verlust von 200 Mann an Todten, und 900 Gefangenen.

27 Jan. 1797	Italien.	**Avio.** Joubert, Divis.General. Der Feind, in die BergKlüfte von Tirol verfolgt, wird bei Avio eingeholt, wo ihm 300 Gefangene abgenommen werden.
28 ; ;	;	**Torbole, Roveredo, Trient.** Joubert, Divis.General. Murat, Vial, } Brig.Generale. General Murat landet bei Torbole, und treibt die Feinde daraus zurük. General Vial umgeht sie, und nimmt ihnen 450 Gefangene ab. Einzug der Franken in Roveredo und Trient, wo der Feind 300 Mann an Gefangenen, und 2000 Kranke in den Spitälern verliert.
30 ; ;	Rhein und Mosel.	**Hüningen.** Cassagne, BrigadeChef. Morgens 3 Uhr thun die Franken, in zwei Colonnen, einen Ausfall aus der BrükenSchanze von Hüningen, und vertreiben den Feind aus den zwei ersten Parallelen, wo sie bis an den Tag bleiben. 200 Feinde getödet, 600 verwundet; 2 Kanonen genommen, 9 vernagelt.

1 Febr. 1797	Italien.	**Lavis.** Joubert, Divis.General. Vial, BrigadeGeneral. Die Franken greifen die Trümmern der östreichischen Armee hinter dem Lavis an, und drängen sie bis St. Michel zurük; eine grose Anzahl Feinde getödet oder verwundet; 800 zu Gefangenen gemacht.
: : :	:	**Imola.** Victor, Divis.General. Einzug der Franken in Imola.
2 : :	:	**Der Senio, Faenza, Forli.** Victor, Divis.General. Lasne, Brig.General. Treffen am Senio; ein hinter diesem Fluß verschanztes päpstliches Korps von 3 bis 4000 Mann wird, mit einem Verlust von 400 Todten, 1000 Gefangenen, 8 Fahnen und 14 Kanonen, in die Flucht geschlagen. Einzug der Franken in Faenza und Forli.

2 Febr. 1797	Italien.	**Mantua.** Buonaparte, OberGeneral. Serrurier, Divis.General. Kapitulation von Mantua; die Besazung kriegsgefangen. Die Franken finden in dieser Festung: 500 Kanonen von schwerem Kaliber; 43 FeldStüke; 16 FeldHaubizen; 17,115 Flinten; 4,434 Pistolen; 187,319 KanonenKugeln; 14,502 Bomben; 1,374,228 Patronen; 529,000 Pfund Pulver; 60 Fahnen 2c. 2c.
9 = =	=	**Ancona.** Victor, Divis.General. 1400 Mann päpstliche Truppen, auf den Anhöhen vor Ancona, werden umzingelt, und ohne einen Schuß zu thun, zu Gefangenen gemacht. Einnahme von Ancona, mit 89 Kanonen; 2278 Flinten; 23,600 Pfund Pulver; 22,832 StükKugeln.
10 = =	=	**Loretto.** Marmont, BrigadeChef. Besezung von Loretto. Wegnahme der berühmten Madonna, und eines Werths von 1 Million Livres.

19 Febr. 1797	Italien.	Friede (zu Tolentino) zwischen der fränkischen Republik und dem Papst, worinn dieser auf Avignon und Venaissin, so wie auf die Legationen von Bologna, Ferrara und Romagna, Verzicht thut.
12 März =	=	**Die Piave.** Buonaparte, OberGeneral. Serrurier, Guieux, } Divis.Generale. Uibergang der Franken über die Piave, bei St. Vido und Hospedaletto; der feindliche VorTrab wird zurükgeworfen, und räumt sein Lager von Campana; 86 Husaren zu Gefangenen gemacht.
13 = =	=	**Sacile.** Guieux, Divis.General. Gefecht bei Sacile; dem feindlichen NachTrab werden 100 Gefangene abgenommen.
= = =	=	**Longara.** Massena, Divis.General. Gefecht bei Longara; der Feind verliert 700 Mann an Gefangenen, worunter .00 Husaren und der General Lusignan.

16 März 1797	Italien.	**Der Tagliamento.** Buonaparte, OberGeneral. Guieux, Bernadotte, Serrurier, } Divis. Generale. Schlacht und Uibergang über den Tagliamento; der Erzherzog Karl zum Rükzuge gezwungen, mit Verlust von 4 bis 500 Gefangenen, worunter ein General; 6 Kanonen erbeutet.
19 " "	"	**Der Isonzo, Gradisca.** Buonaparte, OberGeneral. Bernadotte, Serrurier, } Divis. Generale. Uibergang über den Isonzo; Einnahme von Gradisca; 3000 Gefangene gemacht; 10 Kanonen, 8 Fahnen erbeutet.
20 " "	"	**Lavis.** Joubert, Divis. General, Commandant. Baraguey d'Hilliers, Delmas, } Divisions-Generale. Die feindlichen Korps am Lavis umzingelt; nach einem äusserst hartnäkigen Gefechte, 4000 Gefangene gemacht; 2000 Mann, worunter viele Tiroler Scharfschüzen, getödet; 3 Kanonen und 2 Fahnen erbeutet.

21 März 1797	Italien.	**Görz.** Buonaparte, OberGeneral. Bernadotte, } Divis. Generale. Serrurier, } Die Franken ziehen in Görz, der HauptStadt des östreichischen Friauls ein, wo sie 100 Mann Gefangene machen, und 1400 Kranke, 6000 Flinten, 680 Fässer Mehl ꝛc. finden. Die Division des Generals Bernadotte holt den feindlichen NachTrab bei Caminia ein, und nimmt 50 Husaren mit ihren Pferden weg.
22 = =	=	**Puffero.** Guieux, Divis. General. Eine feindliche Colonne, die bei Puffero verschanzt steht, wird mit Verlust von 100 Gefangenen und 2 Kanonen zurükgeschlagen.
= = =	=	**Casasola.** Massena, Divis. General. Der Feind wird über die Brüke von Casasola zurükgetrieben, und bis Ponteba (Pontafel) verfolgt; 600 Gefangene.

22 März 1797	Italien.	**Salurn, Tramin.** Joubert, Divis. General, Commandant. Dumas, Divis. General. Die Franken rüken über Salurn vor, schlagen den Feind aus dem Dorfe Tramin zurük, und nehmen ihm 600 Gefangene und 2 Kanonen ab.
23 " "	"	**Botzen; die Clausen.** Joubert, Divis. General, Commandant. Einnahme von Botzen; der Feind aus seiner Stellung bei der Clausen, mit Verlust von 1500 Gefangenen, vertrieben.
" " "	"	**Idria.** Bernadotte, Divis. General. Die Franken nehmen die Quecksilber-Werke von Idria in Besiz, wo sie für 2 Millionen verarbeitete Materialien finden.
" " "	"	**Triest.** Dugua, Divis. General. Einnahme von Triest.

23 März 1797	Italien.	**Oestreichische Clause.** Guieux, Divis.General. Die östreichische (Flitscher) Clause, nach einem hartnäkigen Gefechte, mit Sturm erobert; die Besazung von 500 Mann, mit dem General Köblöß, zu Gefangenen gemacht.
: : :	:	**Tarvis.** Massena, Divis.General. Treffen bei Tarvis, über den Wolken, auf einer GebirgSpize, von der man zugleich nach Teutschland und Dalmatien hinabsieht; ein östreichisches Korps, das von Klagenfurt herkam, wird, nach dem hartnäkigsten Kampfe, zurükgeschlagen. Eine andre östreichische Colonne, die von der Division des Generals Guieux verfolgt wird, fällt in die des Generals Massena, und muß, nach einem leichten Gefechte, das Gewehr streken; 5000 Mann an Gefangenen, worunter 4 Generale, 30 Kanonen, 400 BagageWagen, fallen in die Gewalt der Franken.
24 : :	:	**Brixen.** Joubert, Divis.General, Commandant. Einzug der Franken in Brixen.

28 März 1797	Italien.	**Mittewald.** Joubert, Divis. General, Commandant. Der Feind von Mittewald vertrieben, mit Verlust von 100 Todten, 600 Gefangenen, 2 Kanonen und allem Gepäke.
29 „ „	„	**Klagenfurt.** Buonaparte, OberGeneral. Massena, Divis. General. Der Feind eine Stunde von Klagenfurt angegriffen, und mit Verlust von 2 Kanonen und 200 Gefangenen zurükgeworfen; Einzug der Franken in Klagenfurt, der HauptStadt von Kärnthen.
„ „ „	„	**Laybach.** Bernadotte, Divis. General. Besezung von Laybach, der HauptStadt von Krain.
2 April „	„	**Freisach, Tirnstein, Neumark.** Buonaparte, OberGeneral. Massena, Divis. General. Der fränkische VorTrab trift in den BergEngen von Tirnstein, zwischen Freisach und Neumark auf den Feind, der nach einem heftigen Gefechte völlig in Unordnung gebracht wird, eine grosse Anzahl Todte, und 5 bis 600 Gefangene verliert.

3 April 1797	Italien.	Hundsmark. Buonaparte, OberGeneral. Massena, Divis. General. Gefecht bei Hundsmark; der Feind wird auf's neue in die Flucht geschlagen, und verliert 300 Todte und 600 Gefangene.
4 = =	=	Knittelfeld, Murau, Judenburg, Fiume. Buonaparte, OberGeneral. Die Franken besezen Knittelfeld, Murau, Judenburg, Fiume.
7 = =	=	WaffenStillstand mit dem Kaiser.
18 = =	=	FriedensPräliminarien (von Leoben) zwischen der fränkischen Republik und dem Kaiser. Dieser thut Verzicht auf Belgien, erkennt die Gränzen von Frankreich, so wie sie durch die Geseze des NationalConvents decretirt worden, und die Errichtung einer unabhängigen Republik in der Lombardei an.

18 April 1797	Sambre und Maas.	**Neuwied.** Hoche, ObeꝛGeneral. LeFebvre, Watrin, } Divis. Generale. Schlacht bei Neuwied; der Feind in völlige Unordnung gebracht verliert 4000 Gefangene, worunter viele Reiterei, alle Artillerie in seinen Redouten, mehrere FeldStüke mit ihren PulverWagen, und 3 Fahnen.
: : :	:	**Ukerath und Altenkirchen.** Championnet, Divis. General. Der Feind wird von Ukerath und Altenkirchen zurükgeschlagen; eine grose Anzahl Gefangene; das Regiment Barko Husaren fast ganz aufgerieben.
: : :	:	**Dierdorf.** LeFebvre, Divis. General, Commandant. Grenier, Divis. General. Ney, BrigadeGeneral. Die feindliche Reserve bei Dierdorf geschlagen; 150 Kürassiers getödet, verwundet, oder gefangen; 500 Mann Infanterie zu Gefangenen gemacht. (Verlust des Feindes an diesem Tage (18 Apr.) überhaupt: 7000 Mann an Gefangenen, 500 Ausreisser, 7 Fahnen, 27 FeuerSchlünde, gegen 60 PulverWagen, mehrere Magazine, und eine grose Anzahl Pferde.)

19 20 April 1797	Sambre und Maas.	**Die Lahn, Königstein.** Hoche, OberGeneral. Uibergang der verschiedenen Divisionen der Armee über die Lahn; Einnahme der BergFeste Königstein.
= = =	Rhein und Mosel.	**RheinUibergang, Diersheim.** Moreau, OberGeneral. Desair, Duhem, } Divis. Generale. RheinUibergang unterhalb Strasburg, bei Killstädt, gegenüber von Diersheim; Einnahme des Dorfs Diersheim; vergebens suchen die Feinde, in sieben wiederholten Angriffen, sich dessen wieder zu bemächtigen.
21 = =	=	**Diersheim, Kehl, Offenburg.** Moreau, OberGeneral. Desair, Dufour, } Divis. Generale. Schlacht bei Diersheim; die Feinde werden geschlagen, in die größte Unordnung gebracht, und nach allen Richtungen hin verfolgt; 4000 Mann, worunter der General Oreilly, zu Gefangenen gemacht; die Franken nehmen Kehl und Offenburg, mehrere Fahnen, 20 Kanonen, alles Gepäke, die Kanzlei des feindlichen GeneralStabes, eine Menge Pferde und PulverWagen.

21 April 1797	Sambre und Maas.	**Grüningen.** Salm, BrigadeGeneral. Gefecht auf der Höhe von Grüningen; der Feind verliert 317 Gefangene, und 2 Kanonen.
„ „ „	„	**Neuhof, Frankfurt.** Watrin, LeFebvre, } DivisGenerale. Die Feinde, nach einem lebhaften Gefechte, mit Verlust von 800 Gefangenen und Kanonen, aus dem Lager bei Neuhof vertrieben. Die Division des Generals LeFebvre ist schon vor den Thoren von Frankfurt, im Begrif in diese Stadt einzudringen, als ein EilBote mit der Nachricht vom Abschluß der FriedensPräliminarien auf dem SchlachtFeld eintrift.
„ „ „	Rhein und Mosel.	**Lichtenau, Kniebis, KinzigThal.** Moreau, OberGeneral. Die Feinde, mit einem Verlust von 100 Gefangenen, aus Lichtenau zurükgeschlagen; Besezung des Kniebis; die Feinde im KinzigThal bis nach Haslach, und gegen das Breisgau hin bis nah an Ettenheim verfolgt. Ankunft eines EilBoten mit der Nachricht vom Abschluß der FriedensPräliminarien.

23 April 1797	Italien.	**Verona.** Kilmaine, Divis. General. Balland, Brig. General. 2 bis 3000 Franken unter General Balland, die in den Kastellen von Verona durch mehr als 40,000 Mann sowohl empörter Bauern von der Venetianischen Terra Ferma als Bürger von Verona blokirt sind, werden, durch die herbeigeeilte Division des Generals Kilmaine, nach mehreren hizigen Gefechten, wieder befreit.
16 Mai	:	**Venedig.** Einzug der Franken in die Stadt Venedig.
30 Dec.	Mainz.	**Mainz.** Hatry, OberGeneral. LeFebvre, Divis. General. Besiznahme der Stadt und Festung Mainz durch die Franken.
25 Jan. 1798	:	**RheinSchanze vor Mannheim.** Hatry, OberGeneral. Ambert, Divis. General. Auffoderung der RheinSchanze vor Mannheim; auf die Weigerung des Commandanten wird sie mit Sturm erobert; einige hundert Pfälzer getödet oder verwundet; 300 zu Gefangenen gemacht.

10 Febr. 1798	Italien.	**Rom.** Berthier, OberGeneral. Cervoni, BrigadeGeneral. Einzug der Franken in Rom. Fünf Tage darauf wird von dem römischen Volke auf dem Campo vaccino (dem alten Forum) die Republik proclamirt.
2 März -	Helvetien	**Lengnau, Solothurn.** Schauenburg, Divis.General, Commandant. Gefecht bei Lengnau; die Schweizer werden geschlagen, mit Verlust von 200 Gefangenen, und 8 Kanonen mit ihren MunitionsWagen; Einnahme von Solothurn.
= = =	=	**Freiburg.** Brune, OberGeneral. Pigeon, BrigadeGeneral. Angrif und Eroberung von Freiburg; der Feind verliert über 400 Mann und eine grose Anzahl Verwundeter.
5 = =	=	**Fraubrunnen, Bern.** Schauenburg, Divis.General, Commandant. Gefecht bei Fraubrunnen; die Feinde von Position zu Position zurükgeschlagen, werden gänzlich auseinander gesprengt, und verlieren alle ihre Kanonen; Einnahme von Bern.

29 April 1798	Helvetien.	**Zug.** Schauenburg, OberGeneral. Jordy, BrigadeGeneral. Eine fränkische Colonne rükt in Zug ein, wo sie 3000 Mann von den Truppen der kleinen Kantone das Gewehr streken macht, und 30 Kanonen erbeutet.
30 " "	"	**Rapperschweil.** Schauenburg, OberGeneral. Die Feinde, nach einem hizigen Gefechte, mit Verlust von 200 Mann und 1 Kanone, aus Rapperschweil vertrieben.
" " "	"	**Richtenschweil.** Fressinet, GeneralAdjutant. Hartnäkiges Gefecht bei Richtenschweil von acht Uhr früh bis zwei Uhr Nachmittags; der Feind wird geschlagen, und verliert über 300 Mann an Todten, und noch weit mehr Verwundete.

2 Mai 1798	Helvetien.	Küßnacht, Schindeleggi. Schauenburg, OberGeneral. Die Franken nehmen, nach heftigen Gefechten, die Posten von Küßnacht und Schindeleggi weg; am leztern Orte läßt der Feind über 100 Todte auf dem Plaz.
3 " "	"	Einsidlen. Fressinet, GeneralAdjutant. Einzug der Franken in Einsidlen; Wegnahme des wunderthätigen MarienBilds. Kapitulation der kleinen Kantone.
17 " "	"	Morge, Sion. Lorge, BrigadeGeneral. 2000 Franken greifen, bei der Brü[cke] von Morge, 6000 empörte Wal[li]ser an, die nach der hartnäkigst[en] Gegenwehr geschlagen werden, und sich nach Sion flüchten; Er[o]berung dieser Stadt mit Sturm; der Feind verliert 7 Fahnen, [.] Kanonen, und 800 Mann, worunter 8 Priester.

20 Mai 1798	England.	Ostende. Muscard, Commandant. Die Engländer bombardiren Ostende, und sezen 2300 Mann Infanterie und 300 Artilleristen an's Land; nicht mehr als 350 Franken greifen sie an, und schlagen sie auf's Haupt; sie verlieren 50 Mann an Todten, eben so viel an Verwundeten, und 1500 Gefangene, worunter ihr Befehlshaber, Generale Coote, sich befindet.

Recapitulation
dieser Tafel.

23 Siege in förmlichen FeldSchlachten.
173 Treffen und Gefechte.
60,379 Feinde getödet oder verwundet.
173,243 Gefangene gemacht.
44 Festungen oder Forts eingenommen.
3483 FeuerSchlünde (ohne die venetianischen und helvetischen Arsenale.)
65,437 Flinten.
1,904,853 Pfund SchiesPulver.
1060 PulverWagen.
198 Fahnen.

II.

Note

von dem bevollmächtigten Minister der helvetischen Republik in Paris, B. Zeltner, am 20 Mai 1798, dem Minister der auswärtigen Verhältnisse, B. Talleyrand, übergeben;

oder

Gemählde der neuesten Lage Helvetiens.

„Der bevollmächtigte Minister der helvetischen Republik erfüllt die erste und süsseste der ihm von seinen Committenten bei seiner Sendung an das Vollziehungs-Directorium der fränkischen Republik aufgetragenen Pflichten, indem er der grosen Nation und ihren höchsten Obrigkeiten für die Wohlthat einer auf die Grundsäze der Freiheit gebauten Verfassung ihre Dankbarkeit bezeugt. Hätten die Republikaner Helvetiens wieder zum Besiz unverjährbarer Rechte gelangen können, ohne alle Mittel zum Genusse derselben zu verlieren, so würde ihre Dankbarkeit keine Gränzen haben.

„Seit Jahrhunderten mit dem fränkischen Volke durch alle Bande wechselsweiser Hochachtung, durch Handels-Verhältnisse und auf gegenseitigen Vortheil gegründete Tractaten verbunden, würde das helvetische Volk mit Inbrunst und Entzüken dessen Bundsgenosse, Freund und Bewunderer seyn, wenn nicht allzuviele Leiden seine politische Wiedergeburt begleiteten.

„Aber schon frägt man sich, ob es dann im Buche des Schiksals geschrieben stand, daß jenes edle Geschenk politischer Freiheit durch alle Arten von Bedrängniß, die auf einer Nation lasten können, erkauft werden muste? Man frägt sich, welcher feindliche Dämon, der wahren Freiheit und der MenschenWürde zum Hohn, sich ein Spiel daraus macht, auf solche Art die wohlthätigen Absichten der fränkischen Regierung zu vereiteln?

„Uiberzeugt daß der schönen Sache der repräsentativen StaatsForm in der Meinung der Völker kein tödlicherer Streich versezt werden könne, als wenn man ihrer Einführung in Helvetien den Ruin dieses classischen Bodens des Glükes und der Tugenden zur Folge geben könnte — haben die Trabanten des Despotism die Leidenschaften einiger verdorbenen Menschen in's Spiel gesezt, um ein muthiges und edles Volk durch Executionen und Gewaltthätigkeiten aller Art mit Abscheu gegen die Regierung der Freiheit zu erfüllen. Sie werden dasselbe zu allen Ausbrüchen der Verzweiflung treiben, wenn man nicht unverzüglich den Leiden, die es quälen, Einhalt thut, wenn man nicht eilt, seine Wunden zu heilen.

„Welche Absichten haben den Gang des fränkischen VollziehungsDirectoriums in Betref der Schweiz geleitet? was konnte dabei allein sein Zwek, der seiner würdige Zwek seyn? — Sich einen ihm wahrhaft ergebenen Bundsgenossen zu erwerben, den gleiche Grundsäze, gleiche Interessen, gleiche RegierungsForm jeden Tag inniger mit ihm verbänden; den Feinden der Freiheit und der fränkischen Republik jede Möglichkeit zu entreissen, ihre Ränke gegen die fränkische Regierung hinter aristokratischen Senaten und unter der Begünstigung von Administrationen fortzuspielen, die ihrem Wesen nach eifersüchtige Feinde der neuen Regierung sind.

„Welcher Freund der Freiheit würde so weisen Absichten seinen Beifall versagen? wer würde nicht erkennen, daß deren Ausführung dringend war? welcher patriotische Schweizer würde darinn nicht die Erfüllung seiner Wünsche — die glükliche Regeneration seines Landes erblikt haben?

„Aber wenn man, indem man die Oligarchie vernichtete, um das Volk wieder mit den geheiligten Rechten, die sie ihm geraubt hatte, zu bekleiden — wenn man es dagegen mit den Lumpen des Elends bekleidet; wenn es frohe, langgewohnte Genüsse gegen Quälereien vertauscht; wenn der Akersmann keinen Pflug mehr hat; wenn der Künstler zugleich seine Arbeit und seine Werkzeuge verliert; wenn der tugendhafte und friedliebende Mann sein Eigenthum mit Füssen getreten sieht — so ist der Zwek verfehlt — so triumphirt England.

„Es sind keine leere Declamationen, keine selbstgeschafne Besorgnisse, die der helvetische Minister hier darlegt: er übernahm die feierliche Verpflichtung, einen scheuslichen Schleier zu zerreissen — er wird sie erfüllen: mit Offenheit und Einfalt, den beständigen CharakterZügen der Nation, die er vorstellt, mit einem Herzen, das nur für die Freiheit schlägt, wird er ThatSachen anführen, und sie mit Beweisen belegen.

„Man hat die Schweiz nach ihrer AussenSeite beurtheilt, und so muste man sie nothwendig falsch beurtheilen. Die Wirkung einer sorgfältigen, aber äusserst mühsamen Cultur nahm man für Fruchtbarkeit des Bodens. Nur die strenge Sparsamkeit der Bürger konnte einen Schein von Reichthum erzeugen. Schon der Anblik des Landes, seine reissenden Ströme, seine Gebirge, seine Glätscher, kündigen hinlänglich ein Klima an, unter dem jede Art von Aerndte sehr precär ist.

„Die Erfahrung hat zu allen Zeiten bewiesen, daß der rauhe Boden der Schweiz nur durch die Freiheit, durch die Achtung für persönliche und Eigenthums-Rechte, durch langen Genuß des Friedens, durch den Vortheil kleiner FeldGüter und einer ziemlich gleichvertheilten Bevölkerung, durch die Abwesenheit stehender Truppen, die Oekonomie der Regierung, und den NationalCharakter fruchtbar gemacht ward. Der sparsame einer strengen Arbeitsamkeit beflissene Schweizer bringt den Ertrag derselben aus allen Theilen der Erde in sein Vaterland zurük; hier erst hat er den bessern Genuß davon; diese theure Mutter ist es, der er mit VorLiebe sich und das Seinige weiht.

„Auch hatte dieses Land nur der Freiheit, der bürgerlichen Sicherheit, deren es ausschlieslich genoß, seine Manufacturen zu danken, die izt sichrere ZufluchtsOrte suchen.

„Diese Ursachen haben, im Laufe von einigen Jahrhunderten, in der Schweiz einen Wohlstand verbreitet, den man mit Unrecht Reichthum nennen würde. Daher, und vornehmlich von den Beuten überwundner Feinde oder der Klöster und Kirchen, welche abergläubige ZeitAlter bereichert hatten, kommen seine sogenannten StaatsSchäze.

„Als Helvetien sich aus seiner ursprünglichen Armuth erhob, gab es keine hinlängliche Hypothek mehr für die Kapitalien, die seine Bevölkerung erfoderte: man muste daher Geld im Ausland anlegen, wodurch dem helvetischen Boden gleichsam Fonds hinzugefügt wurden. Mittelst derselben ward eine Art von Gleichgewicht zwischen den Ausgaben der Schweiz und ihren HilfsQuellen erhalten; aber wie erschöpften sich nicht diese schwachen HilfsQuellen in dem ZeitRaum von 1790 bis 1797! Bewafnungen, welche Frankreich verlangte, und zur Behauptung der Neutralität nothwendig waren; — Verlust in den auswärtigen Fonds, LeibRenten in Frankreich, Anleihen in Lyon, in Genf, in Holland und Teutschland, die vorher, so wie der Handel, von allen Seiten alle baaren Mittel verschlungen hatten, worüber jeder wohlhabende Bürger etwa verfügen konnte; — Abdankung der SchweizerRegimenter, die nun auch die Consumtion vermehrten, und zwar ohne Vergütung; — ausserordentliche und sehr kostspielige Unterstüzungen an Frucht für die Armen und für die Landleute, zu einer

Zeit da alle LebensMittel, aus wohlbekannten Ursachen, zu einem fürchterlichen Preise gestiegen waren; — tolle Maasregeln der ihrem Ende nahen Oligarchie, die, um sich zu behaupten, fast die ganze Bevölkerung aus ihren Sizen riß, so daß die Hirten, die sonst gewöhnlich nur von Milch leben, nun auch den Verbrauch von Brod und Fleisch vermehrten, und zu einfältig um klug zu seyn, als sie gegen die fränkischen Phalangen auszogen, ihr Geld, ja sogar auch ihre SchuldBriefe mitnahmen, und so fast sämtlich ihre ganze Habe verloren; — endlich ein ausserordentliches Deficit in den Magazinen, die besonders für Getraide angelegt waren. Bern allein machte ein Opfer von 2,296,782 fränk. Livres. Der kleine Kanton Lucern ist der einzige, der hinlänglich Frucht erzeugt um seine Einwohner zu nähren. Mehrere Kantone müssen sich damit von dem Ausland her versorgen. Allen mangelt es an Salz und an den Metallen, die ihnen am unentbehrlichsten sind.

„Inzwischen lebt eine fränkische Armee auf Kosten eines solchen Landes nun schon mehrere Monate. Bis izt hat man die Bedürfnisse aus den öffentlichen Magazinen bestritten; aber diese Quelle ist am Versiegen. Die Requisitionen, die Einquartierung und der Unterhalt der Truppen, alle Folgen des Krieges lasten auf der Landschaft; zahlreiche Familien sahen, in wenigen Decaden, ihre NahrungsMittel auf einige Jahre aufgezehrt. Die öffentlichen Fonds sind weggenommen; Contributionen, die ausser allem Verhältniß mit dem Vermögen der Contribuenten stehen, aufgelegt; das baare Geld fortgeführt; die SchuldFoderungen an das Ausland sequestrirt oder ohne Ertrag; die GrundStüke im Werth herabgesunken und ohne Käufer; durch diesen Verfall der Hypotheken, die RentenBriefe verschlechtert; alle grösern Zahlungen im Stoken. Ein Handel, der kaum aufzublühen begann, erliegt; die Fabriken stehen still; der Akerbau erlahmt; das RindVieh, dessen Zahl weit unter die Nothdurft herabgesunken, ist von einer Seuche befallen; * die besten Pferde, die in Requisition gesezt wurden, sind zu Grund gegangen, oder gestohlen; kurz das tiefste Elend ist an die Stelle des Wohlstands, herzzerfressender Gram ist an die Stelle ruhiger Zufriedenheit getreten.

„Was wird aus dem helvetischen Volke werden? Selbst frei von neuen Auflagen, konnt' es nicht auswärtiger Unterstüzungen entbehren, die es sich durch seine Industrie und seine öffentlichen Fonds verschafte. Nun muß es, ohne LebensMittel, ohne Mittel zum Transport, ohne Geld, ohne Credit, während einer verheerenden Vieh-Seuche, die fränkische Armee ernähren und die Habgier von Agenten befriedigen, die noch weit drükender als jene sind. Nicht blos durch Leichtsinn treibt man ein Volk auf's Aeusserste, dem sein Herd um so theurer ist, je mehr Mühe es hatte eine stiefmütterliche Natur zu bezwingen. Man verbittert seinen Ruin noch durch Hohn und Kränkungen, die sein natürliches SelbstGefühl empören. Müssen hier den, dem Minister der auswärtigen Verhältnisse bereits zugestellten, Noten noch neue That-Sachen beigefügt werden? Muß man das Gemählde der

* Folgende authentische Berichte sind dem bevollmächtigten Minister der helvetischen Republik zugekommen. „In Zug ist das Gras, so wie es zu keimen anfieng, fourragirt worden, und das wenige noch übrige Vieh muß nun geschlachtet werden. Nachdem die Vampyren alles genommen und fortgeschleppt hatten, was in unsern Häusern war, stürzen sie sich heute auf die armseligen Lumpen, die man uns gestern noch aus Mitleiden gelassen hatte. Männer, Weiber, Kinder ziehen den Pflug." An andern Orten sucht das Volk, indem es eine ihm künftig unnüze Arbeit verläßt, in der Berauschung die Vergessenheit seiner Leiden, und beschleunigt durch eine solche Versäumniß die Stunde, wo der Hunger es zwingen wird, sich in Masse auf seine Nachbarn hinzustürzen, um Unterhalt für sein Leben zu finden, bis es dasselbe theuer genug verkaufen wird.

Diebstähle, der frechen Beleidigungen gegen die constituirten Gewalten im Kanton Leman, der Betrügereien entwerfen, die ein gewisser Chatet, von der Armee des Generals Brune, während und seit er in Aelen kommandirte, unbestraft verübt hat? Muß man von dem Betragen sprechen, das man sich in Bern erlaubte, damit die Truppen nicht casernirt würden? von dem Betragen des Commissairs Rouhiere bei der Ankunft der Bürger Lepmann, Elias und Comp. als Soumissionairs, bei den Foderungen des Entrepeneurs Schunk, bei der allgemeinen Aufnahme der LebensMittel, bei dem von der VerwaltungsKammer zu Solothurn eingetriebenen ersten Termin der Contribution? O wie könnte man so viele Ungerechtigkeiten stark genug schildern? wie den ganzen Umfang aller dieser schmähligen Details darstellen? Jedes einzeln und aus der Ferne betrachtet, fällt ihre Wichtigkeit minder auf. Man wird sie noch erkennen; aber nur ein wenig Verzug, so wird es zu spät seyn!

„Sie sind nur allzugefährlich, die Folgen eines so empörenden Benehmens gegen ein Volk, das sich weder durch Vergnügungen zerstreuen noch durch Gewalt in Furcht jagen läßt, indeß Milde es sänftiget. Es ist sehr unpolitisch, dasselbe nicht besser kennen lernen zu wollen! in Ansehung desselben zu handeln, als wenn es die glükliche Leichtigkeit des Franken in Ergreifung des Neuen, oder die Apathie des Batavers, oder die unterwürfige Geschmeidigkeit des Italieners hätte! Dis reizbare und muthige Volk hält mir Energie an seiner Religion, an seiner reinen Demokratie, an seinen alten Sitten fest. Alles, was das Gepräge von Treulosigkeit, von Quälerei trägt, erfüllt es mit Unwillen und Erbitterung. Wenn es nichts mehr zu verlieren hat, wenn Verzweiflung es spornt, so wird es jeder Ausschweifung fähig, und grauuvolle Szenen in Helvetien werden die in der Vendee übertreffen. Der Unterzeichnete schaudert indem er dis sagt; aber er muß es sagen; denn fränkischen Directorium nicht die volle Wahrheit enthüllen, wäre ein Verbrechen.

„Schon entfernen die Nachrichten von dem beklagenswerthen Schiksal der Schweiz zu Anfang der so gewünschten Revolution die Graubündner von derselben; sie ziehen das Joch vor, das sie verabscheuten. Die Fesseln des Tirols sind aufs neue festgeschmiedet. Schwaben, bereit ein FreiheitsSystem zu empfangen, stößt es zurük. Der kaum noch das Gelübde that, es zu verbreiten, schwört izt, sich mit aller seiner Kraft ihm entgegenzustemmen, und die Nachbarn von Helvetien schleudern Früchte weg, die ihnen vergiftet scheinen. Und die Despoten! mit welcher wilden Freude bliken sie auf den BrennPunkt ewiger Reactionen hin, der sich da vorbereitet. Sie finden hier den Keim, um den sie sich herzusammlen gedenken; vereinigt mit den Demagogen Helvetiens, durch Oestreich und England unterstüzt, werden die Anarchisten Italiens und Frankreichs, die Royalisten von allen Farben, da den CentralPunkt finden, der ihnen mangelte.

„Die wahren Republikaner in Helvetien werden die ersten SchlachtOpfer einer so grosen Unordnung seyn. Die Städte, diese einzigen ZufluchtsOrte und Stüzen der neuen Ordnung der Dinge, werden dem Grimm des LandVolks preisgegeben seyn, das sie des ersten Schritts zur Revolution und zu ihrem Unglük anklagt: auf sie wird seine blinde und erste Rache fallen. Ganz Europa erschallt von diesen schreklichen Ankündigungen. Der Engländer glaubt sich dem Zorn der grosen Nation entnommen, weil sie nüzliche Nachbarn sich selbst untereinander aufreiben, und köstliche Vortheile in die Hand ihrer Feinde übergehen läßt. Denn Localitäten, Geschichte, alles beweißt die Wichtigkeit einer solchen Nachbarschaft; alles fodert die Feinde der fränkischen Nation auf, ein tapfres, geschäztes Volk, das in diesem Augenblik und auf immer der Gegenstand eines allgemeinen Interesse ist, an sich festzuknüpfen.

„Bürger Directoren! Sie, die mit so viel Glük als Ruhm über das Schiksal der Nationen entscheiden, beruhigen Sie, während es noch Zeit ist, die Gährung des SchweizerVolks; Sie können es. RükErinnerungen, gegenwärtige Leiden, künftige Gefahren, Erpresser .... alles bearbeitet dasselbe. Möge Ihre Weisheit dem äussersten und unvermeidlichen Unglük vorbeugen! Hören Sie, erfüllen Sie die Bitten, welche das helvetische Volk im Namen der Menschheit, der Freiheit und Gleichheit, durch den Unterzeichneten Ihnen vorlegt! Dann wird das Andenken an Ihre Wohlthaten ihm eben so unaufhörlich theuer seyn, als es sich eine enge und unauflösliche Allianz mit dem Ersten Volke der Welt zur Ehre rechnen wird.

„Der bevollmächtigte Minister der helvetischen Republik bittet zu dem Ende das VollziehungsDirectorium der grosen Nation:

1. „Daß die Fonds von aller Art, die unter Beschlag gelegt oder der helvetischen Nation weggenommen worden sind, ihrer neuen Regierung ausgeliefert und zurükgegeben werden, damit sie in Stand gesezt werde:

a. die Kosten ihrer Revolution, als einen der in Unterhandlung kommenden Gegenstände, zu bestreiten;

b. eine bewafnete Macht zu organisiren, welche die helvetische Republik der Allianz mit der fränkischen Republik würdig mache;

c. die dringendsten Bedürfnisse, welche Frankreich der Schweiz liefern könnte, als Frucht, Salz rc. zu bezahlen.

„Diese Fonds gehörten immer der Nation, nie den ehemaligen Regierungen zu, obgleich diese sie mit Treue und Sparsamkeit verwalteten. Ohnehin könnte die fränkische Republik durchaus keinen Gebrauch von den öffentlichen SchuldSchriften machen, die wir, den gemeinsamen Interessen der beiden Republiken gemäs, auf das dringendste zurükfodern.

„Der General Brune, bei seinem Einrüken in die Schweiz, bestätigte die wohlthätigen und grosmüthigen Gesinnungen, die das Directorium der fränkischen Republik jederzeit geäussert hatte. Seine eignen, in die dankbaren Herzen der helvetischen Republikaner tief eingegrabenen Worte waren: „Die grose Nation will euch „die Freiheit schenken, und nicht sie euch verkaufen."

„In diesem Augenblik hat die helvetische Nation, mehr wie jemals, ihre alten Ersparnisse nöthig, um eine kostbare neue StaatsEinrichtung in Gang zu sezen, und damit die neue Republik ihren wohlthätigen Schöpfern Ehre machen, und je mehr und mehr ihre Dankbarkeit bethätigen könne.

2. „Daß die mit einer Contribution belegten verschiedenen Theile Helvetiens von derselben freigesprochen werden.

„Die öffentlichen Fonds können die Unkosten der Revolution mehr als befriedigen; überdis wird es für die fränkische Regierung in allen Rüksichten vortheilhaft seyn, durch die Revolution des am wenigsten reichen Landes in Europa einen auffallenden Beweis edler Grosmuth zu geben. Die Lage, der Ruf, und die Verhältnisse der Schweiz müssen dem Beispiel und dem Schiksal dieses Landes den grösten Einfluß auf das Gedeihen der Revolutionen unsers Jahrhunderts und des republikanischen Systems geben.

„Indem man uns schont, versichert man zugleich den an die Schweiz gränzenden Departementen, und folglich auch ihrer Regierung, neue FinanzQuellen.

„Die HandelsVerbindungen, die zwischen den beiden Republiken in Gang kommen werden, könnten für Frankreich nicht anders als nachtheilig seyn, wenn man uns zu sehr entblößte. Die Städte, von dem Gewicht der Contributionen erdrükt, würden zu Einöden, und auf solche Art jeder Wohnsiz jener Aufklärung zerstört werden, die allein die Stüze einer guten Constitution, die wahre Garantie des guten Einverständnisses ist, das zwischen zwei durch Grundsäze und Interessen vereinigten Republiken statthaben muß. Dis alles würde durch die Unterdrükung der Städte untergraben werden, indem man sie 1. der Mittel ihres eignen Unterhalts beraubte, und 2. sie zwänge, ihren Ruin auf die ganze Gegend zu verbreiten, und dadurch den Haß derer zu verewigen, die sie beschuldigen, daß sie die Franken herbeigerufen, die Revolution begünstigt hätten, und die Urheber ihrer Leiden und ihres Verlustes seyen. Die StadtBürger besizen izt nichts mehr, als Liegenschaften oder SchuldFoderungen an ihre MitBürger. Jene kan man nicht verkaufen, und diese nicht realisiren, ohne den Ruin der Eigenthümer, noch mehr aber den der Schuldner, welche Künstler oder Akersleute sind, zu vollenden. Der geringste Einwohner in den Städten würde in seinen Fall eine Menge von Landleuten verwikeln: man kan ohne Uibertreibung behaupten, daß jede Contribution auf den Bewohner der ärmsten Hütte in der entferntesten Gegend Helvetiens ihre RükWirkung äussern würde.

„Wollte man, um die Städte zu erleichtern, das Land nach Verhältniß belegen, so würde man von einem durchaus entblößten Volke nichts erhalten; das Elend würde die höchste Stuffe erreichen; und die Folgen der Erbitterung sich nicht berechnen lassen.

„Die helvetische Regierung hat allzugrose Bedürfnisse, allzuneue Ursachen zu Beschwerden, um die Fonds der schuldigen Oligarchen nicht nach ihrem ganzen Betrag zu nüzen.

3. „Daß die Artillerie, die Waffen, die Magazine, überhaupt alle der schweizerischen Nation weggenommene Effecten, in die Hände ihrer constituirten Regierung zurükgegeben werden.

„Die Erhaltung der helvetischen Republik beruhet auf diesen Waffen, die der fränkischen Republik, welche Trophäen ohne Zahl besizt, unnüz sind. Wie soll man, ohne sie, die Sache vertheidigen, die nun beiden Theilen gemein ist? wie Interessen vertheidigen, für welche sie, vermöge ihrer Gleichheit in den Grundsäzen, von nun an beide für Einen stehen? wie die möglichen Angriffe abtreiben? Die helvetische Regierung hat keine andern Mittel zu ihrer neuen Festgründung, als ihre Erwartung von der Grosmuth und Gerechtigkeit der Regierung der grosen Nation.

4. „Daß die Anzahl der fränkischen Truppen in Helvetien, besonders die Reiterei, nur auf den durchaus nothwendigen Bestand herabgesezt, und sie sobald wie möglich ganz daraus zurükgezogen werden.

„Der Charakter und die Sitten des fränkischen Soldaten passen zu wenig mit dem Charakter und den Sitten des Schweizers; daher tägliche, und so beklagenswerthe Stösse; daher dieser immer zunehmende, drohende Groll. Ausserdem hungert eine solche UiberZahl von Consumenten arme Gegenden aus, die von jeher den grösten Theil ihres Verbrauchs von dem Auslande beziehen musten. Die Reiterei nimmt dem RindVieh sein Futter weg; diese erste und HauptNahrungsQuelle des Landes muß man vernichten, weil es an Mitteln gebricht, sie zu erhalten, geschweige denn ihre Fortpflanzung zu befördern. Dieser Zweig sowohl des Handels als der Subsistenz zerfällt mit jedem Tage mehr, und dadurch muß das etwa noch übrige baare Geld, welches in glüklichern Epochen einen natürlichern Zug nach Frankreich nehmen würde, nothwendig nach Teutschland und in die Kisten von Oestreich ausströmen.

„Solange die fränkischen Truppen Helvetien besezt halten werden, solange wird das Zutrauen nicht wieder in seinem Schoose erwachen; man wird seine Unabhängigkeit miskennen, und seine SchuldFoderungen an das Ausland werden ohne Werth seyn.

5. „Daß die verfassungsmäsige Regierung der helvetischen Republik in der Ausübung ihrer Gewalt durch alle thunliche Mittel begünstigt werde.

„Durch ihre eigne Existenz weiß die Regierung der grosen Nation hinlänglich, wie höchstnachtheilig die Hindernisse, die man dem Gange der constituirten Gewalten in den Weg legt, im Anfang einer neuen politischen Einrichtung sind. Das VollziehungsDirectorium der helvetischen Republik hat keine andern Zweke, keine andern Interessen, als die das VollziehungsDirectorium der fränkischen Republik hat. Wie kömmt es denn nun, daß Untergeordnete, blose ZwischenPersonen, die in den wechselseitigen Maasregeln dieser Gewalten so nöthige Harmonie stören? Dem helvetischen Directorium, wie fränkische Agenten es zu thun gewagt, die Mittel, seine Befugnisse auszuüben, entreissen — sich Verachtung gegen dasselbe erlauben — heißt die Majestät der MutterRepublik vergessen, und ihre höchsten Obrigkeiten höhnen." Man kan nicht auf Unkosten von Freunden und Bundsgenossen Handlungen dulden, die eben so sehr deren Würde als den wechselseitigen Interessen zuwider sind.

„Es ist daher wesentlich erfoderlich:

a. „Daß den Agenten der fränkischen Republik in Helvetien befohlen werde, sich über alle, diese Macht betreffende Gegenstände mit ihrem Directorium zu verstehen, nicht anders als in seinem Namen, mit seiner Billigung, und mit vollständiger Beobachtung der ihm gebührenden Achtung zu handeln.

„Wären diese Maasregeln gleich von Anfang beobachtet worden, so hätten niedrige Intriganten, blutdürstige Menschen, sich nicht in das Vertrauen tugendhafter Agenten der fränkischen Republik eingeschlichen, noch deren Redlichkeit hintergangen. Weniger Blut wäre in jenen kleinen Kantonen geflossen, die auf eine so grausame Weise mit der Einen und untheilbaren helvetischen Republik vereinigt wurden. Die Auswanderung nach Schwaben (hauptsächlich von Künstlern und Akersleuten) wäre ohne Gewaltthätigkeit verhindert worden. Wie viele Uibel würde nicht ein bisgen Gefühl und Wohlstand den armen Schweizern erspart haben, deren physische, geistige und moralische Bedürfnisse Fremde nie so gut ermessen und befriedigen können, als Inländer, die solche mit ihnen theilen.

b. „Daß die in Helvetien bleibende fränkische Truppen nur HilfsTruppen seyen; daß sie, weit entfernt die Wirksamkeit der neuen Regierung zu hemmen, dieselbe vielmehr nur begünstigen, und im NothFall und auf ihr jedesmaliges Anfodern sie unterstüzen sollen.

„Es wäre wesentlich, daß diese Truppen bald möglichst casernirt würden. Die Erhaltung ihrer Disciplin erfodert solches nicht weniger als die Erleichterung des Landes. So viele zu Grund gerichtete Familien haben Reform in ihrem Innern nöthig, und dazu können sie nicht gelangen, solange sie Fremde beherbergen müssen. Die Zurükziehung der schwarzen Legion, die besonders dem Volk zuwider ist, wäre eine Gefälligkeit, die dasselbe zu schäzen wissen würde.

c. „Daß die dem Kanton Bern in Betref des Unterhalts der Truppen bewilligten Vortheile auf ganz Helvetien erstrekt werden.

„Die schrekliche und dringende Lage seines Vaterlands, das stets sich vergrösernde Uibel, die Befehle seiner Committenten — alles macht es dem helvetischen Minister zum Gesez, den Minister der auswärtigen Verhältnisse auf das dringendste zu bitten, daß er diese allgemeine Note in Verbindung mit den vorhergehenden, in reife und schleunige Uiberlegung ziehe, daß er schleunigstmöglichst dem VollziehungsDirectorium seinen Bericht darüber erstatte, und solchen mit den in der Sache liegenden zahlreichen Gründen unterstüze, da die Existenz einer ganzen achtungswürdigen Nation davon abhängt.

Unterzeichnet: Zeltner."
Fellenberg, Secr."

III.

Bilanz des Kantons Bern vom Jahr 1796, aus den Archiven gezogen.

Einnahme.

I. In Geld.

	Teutsches Gebiet.	Waadt.	Betrag.
Unablösliche LehensGerechtigkeiten	£. 38,119	188,752	226,871
Zehnten, Domainen, PachtZinse .	31,302	11,254	42,556
Zinse von ablöslichen Kapitalien (wovon 744,273 Livr. auswärtige Fonds.)	. .	. .	843,708
Zoll, Geleit ꝛc.	108,495	176,059	284,454
KaufHausAbgaben, Tracten-Licenz-Gelder	. .	. .	71,471
PostFerme	. .	. .	112,500
WeinAuflagen, Abzug-FeuerStatt-Gelder ꝛc.	. .	. .	65,949
MarcchausséeAnlagen	. .	. .	14,700
Auflagen auf die Einwohner der Stadt Bern	. .	. .	25,590
BergWerk zu Roche	. .	26,479	26,479
Ertrag der MünzStatt	. .	. .	71,010
Ertrag des SalzMonopols . . .	. .	. .	325,234
Pulver- und SalpeterHandlung, Kalch- und ZiegelFabrication .	. .	. .	40,556
Gerichtliche Emolumente, Audienz-Gelder ꝛc.	. .	. .	12,210
Dem Fiscus zugeflossene Gefälle, veräusserte Domainen ꝛc. . . .	. .	. .	59,621
GemeinEidgenössische Aemter . .	. .	. .	5,730

Betrag der gesammten Einnahmen an Geld	2,228,639
Betrag der sämmtlichen Ausgaben an Geld	3,378,217
Deficit der Einnahme an Geld:	1,149,578 Liv.

II. In Naturalien.

A. Wein.

	Maas zu 15 S.	Maas zu 10 S.	Teutsches Gebiet.	Waadt.	Betrag.
Lehens-Gerechtigkeiten, Zehnten,	. .	242,680	L. 121,340	. .	481,060
Domainen . .	479,627	. .	. .	395,720	

Totale der Einnahme an Wein: L. 481,060

B. Getreide.

	Sak Korn zu L. 20	Sak Haber zu L. 10.			
Lehens-Gerechtigkeiten . . .	17,092	5,952	. .	. .	401,360
Zehnten, Domainen rc. . . .	40,735	17,813	. .	. .	992,830
Lands-Anlagen, Abgaben, Zölle	381	562	. .	. .	13,240

Totale der Einnahme an Getraide: L. 1,407,430
Totale der Einnahme an Wein . 481,060

Betrag der Einnahme an Naturalien 1,888,490
Betrag der Ausgabe an Naturalien 976,953

Uiberschuß der Einnahme an Naturalien 911,537

Betrag sämmtlicher Einnahmen vom Jahr 1796. L. 4,117,129

Ausgabe.

I. In Geld.

	Teutsches Gebiet.	Waadt.	Totaler Betrag.
Fixe, und veränderliche Besoldungen, Gratificationen	344,545	124,827	L. 469,372
ZeugHaus in Bern, und Festung Aarburg	. .	. .	46,796
Garnison in Bern	. .	. .	112,189
Jährliche Revuen der Miliz im Kanton, SchießGelder rc. . . .	. .	. .	117,919
Ausserordentl. KriegsAusgaben bei Moreau's Rükzuge	. .	. .	713,614
Allmosen, BrandSteuern, LiebesSteuern an Fremde	. .	. .	176,542
FindelKinder, öffentl. Erziehungs- und wohlth. Anstalten	. .	. .	119,119
Gebäude und BauSachen in der HauptStadt	. .	. .	129,795
Oeffentliche Gebäude im Kanton .	118,316	52,241	170,557
Oeffentliche Polizei, Brand- Sperr-Anstalten	. .	. .	60,079
Strassen und Brüken, Schwellen-Unterhaltung	. .	. .	51,169
SanitätsAnstalten, ArztLohn . .	. .	. .	86,670
Gefangenschaft- und CriminalUnkosten	78,877	12,904	91,781
ReligionsAnstalten rc.	. .	. .	35,160
ForstWesen, PferdeZucht, ZehntSchazung, DominialUnkosten rc.	. .	. .	183,891
Holz- und TorfLieferung für die HauptStadt	. .	. .	100,466
Verlust auf ausländischem, im Land verkauften Getreide.	. .	. .	545,779
Geheime RathsAusgaben . . .	. .	. .	11,411
GesandschaftsGelder, Marchungen, Entschädnisse rc.	. .	. .	151,459
GemeinEidGenossische Aemter . .	. .	. .	4,444

Betrag sämmtlicher Ausgaben an Geld: . . . . 3,378,217 Livr.

II. In Naturalien.

A. Wein.

	Maas zu 15 S.	Maas zu 10 S.	Teutsches Gebiet.	Waadt.	Totaler Betrag.
Besoldungen und Gratificationen	219,604	181,923	L. 90,962	L. 164,703	255,665
Abgang . . .	47,938	32,950	. .	. .	52,428

Betrag der Ausgaben an Wein: L. 308,093

B. Getreide.

	Sak Korn zu L. 20.	Sak Haber zu L. 10.			
Besoldungen, Gratificationen	14,636	6,721	. .	. .	L. 359,930
Militair-Anstalten, Revuen .	3,229	997	. .	. .	74,550
Almosen, Brand-Steuern rc. .	4,532	544	. .	. .	96,080
Getreid-Besorgungs-Kosten, Abgang . . .	5,932	1,966	. .	. .	138,300

Betrag der Ausgaben an Getreide: L. 668,860
Betrag der Ausgaben an Wein: 308,093

Betrag sämmtlicher Ausgaben an Naturalien 976,953

Betrag sämmtlicher Ausgaben vom Jahr 1796: 4,355,170
Hievon abgezogen den Betrag sämmtlicher Einnahmen vom nemlichen Jahr 4,117,129

Ergiebt sich ein Deficit von 238,041 fränk. Livr.

Nachschrift des Einsenders von Bern.

„Wenn die vorstehende Rechnung über die StaatsAusgaben und Einnahmen eines der kostbarsten Jahre unsers gewesenen FreiStaats auch kein andres Verdienst hätte, als das flache der Authenticität und das zweideutige der Seltenheit, so würde es immer zu ihrer Empfehlung hinreichen, da man bisher den FinanzZustand Bern's im Auslande nur nach unverbürgten Sagen oder ConjecturalKalkulen kannte. Geräuschvolle Publizität des FinanzWesens war eben so wenig unsre Sache, als die stumme papierne Demuth desselben, welche die Revolutionen mehrerer Staaten begleitete.

„Für den Berner ist die Übersicht dieser Bilanz schmerzlich rührend. Zwar weiß er ohnehin, daß die Regierung diesen NothPfennig, ohne selbst den leisesten Druk, durch Sparsamkeit gewonnen hatte, und nie anders als zum Wohl des Landes verwendete; er weiß, daß auf dem öffentlichen Gelde kein Seufzer, kein Fluch, daß Thränen des Danks auf den Ausgaben und der Segen eines freudigen Willens auf den Einnahmen des Staates hafteten, und dem Fremden war für die, selbst von Feinden anerkannte, gewissenhafte Verwaltung des Schazes der allgemeine Wohlstand Bürge: doch ist auch in dieser VormundschaftsRechnung noch Manches enthalten, dessen Ruchtbarkeit und Beleuchtung die Ehre unsrer weiland väterlichen Regierung (ach, daß sie es früher eingesehen hätte!) gar nicht zu scheuen hat.

„Sie sind arm und bescheiden in das PrivatLeben zurükgetreten, die Verweser mehrerer Millionen. An ihre Stelle trat die grose Nation, welche dem harmlosesten Volke der Erde mit Gewalt der Waffen eine Revolution einpfropfte, die gewiß mehr auf die klingende als auf die drükende Oligarchie losgieng. Noch zwar wird fortgeklungen, freilich statt des Geldes nur mit Worten, und mit dem Troste: Aufklärung ist besser als Reichthum und Pracht (S. die neue Constitution §. 4.): aber die neue oder regenerirte Wirthschaft, welche die Schweiz um Jahrhunderte zurükwirft, erinnert doch zu schmerzlich an Zeiten, die nimmer wiederkommen. Glükliche Vorwelt! deren Einfachheit, Biedersinn und Muth uns jenes Vermächtniß an Gelde hinterließ; glükliche Nachwelt! die keine Constitution mehr zu bezahlen vermag. Indeß seufzet die lebende Generation unter ihrem papiernen Glüke, und muß sich aufgeben, um für die vergangenen zu büssen, und sich für die künftigen zu opfern.

„Noch ist zu bemerken, daß unter der Rubrik der Einnahmen folgende ausländische Kapitalien, als verschäzt, ausgelassen worden sind:

an Zweibrüken	1,635,000 Livr.
an die Stadt Nürnberg	260,865
an Nassau Saarbrüken	186,378
an Frankreich	219,600

(wofür hundert Jahre lang jährlich 3000 Centner Salz.)

„Auch ist die unter den Ausgaben verzeichnete, für Allmosen und Steuern verwendete Summe um so viel auffallender, da die grose AllmosenRechnung unter den vor mir liegenden Originalien fehlte, welches auch mit einigen andern, minder bedeutenden Rechnungen der Fall war.“

I.

Amerikanische StaatsPapiere, den neulichen Aufenthalt und die Unterhandlungen der drei ausserordentlichen Abgesandten der vereinigten FreiStaaten in Paris betreffend.

Ohne Zweifel sieht die englisch=ministerielle Partei, welche in ganz Europa und auch in den vereinigten Staaten von NordAmerika so viele wichtige Anhänger zählt, die Bekanntmachung der folgenden Blätter für eine schreklichere, der fränkischen Regierung beigebrachte Wunde an, als die KriegsMacht der Coalition ihr je versezen konnte. Herrschsucht, Uibermuth, Misbrauch der Gewalt: das sind Vorwürfe, die nach dem bisherigen Laufe der Welt eine mit groser Macht bewafnete Regierung offenbar und ungescheut auf sich laden kan, wenn sie nur dafür sorgt, daß ihr Glük mit ihrem Ehrgeiz ohngefähr gleichen Schritt halte. Aber actenmäsig erwiesene, persönliche niedrige Habsucht in grosen StaatsAngelegenheiten — wenn dieser SchandFlek auf einer Regierung haftet, für und gegen welche die Meinung alles vermag, so kan es bei aller ihrer Macht sehr übel um ihren Bestand aussehen. Actenmäsig erwiesen — das kan auf den ersten Blik diese schmähliche ThatSache ziemlich jedem Leser scheinen. Werth ist sie indessen auf jeden Fall und in jeder Rüksicht einer genauen, unparteiischen Prüfung, und für eine solche Prüfung stellen wir hier einige Fragen voran, die bis izt mehr im Dunkeln liegen, als die declamatorischen ZeitSchriftsteller in England — übrigens dem Staats-Interesse dieses Reiches sehr gemäs — gern zugeben möchten.

Was hatten die amerikanischen Gesandten für diplomatische Gründe, den Herren X. und Y. Glauben beizumessen? Konnten sie, was sie zulezt sagten, daß sie mit Leuten, die keine einzige rechtliche Bevollmächtigung hätten, sich nicht einlassen wollten, nicht gleich Anfangs eben so gut, und besser sagen?

Was hatten sie, und was haben die Leser ihrer Depeschen für Gründe, diese MittelsMänner nicht für HauptPersonen zu halten? War es ihnen nicht klar, daß, wenn sie Vertraute von Personen waren, die hier Geld schneiden wollten, sie durch die ganze Art, mit welcher sie diesen Zwek betrieben, Verräther an diesen nemlichen Personen waren? Und wenn sie Verräther seyn musten — konnten sie nicht eben so gut auch gar nicht Vertraute seyn?

Wenn ihre ganze Sendung etwa auch nur vom Minister Talleyrand herrührte — standen sie da gegen diesen, der das Geld zu seiner Disposition haben sollte, dessen Tasche unter der Tasche des Directoriums und der Minister also zum wenigsten mit gemeint war, nicht gerade auch in dem nemlichen Verhältniß, wenn sie Vertraute waren, Verräther zu seyn, und also auch den, sonst durch nichts Bestimmtes ihnen zukommenden Glauben, daß sie Vertraute wären, nicht zu verdienen?

Wenn die amerikanische Regierung dieses alles einsah, was ist von einer Publizität zu halten, welche ganz allein die angeblichen Committenten von Leuten, die eben so gut auch keine Committenten haben mochten, auf das Entsezlichste compromittirt, da zugleich gegen diese Leute die Discretion, ihre Namen zu verschweigen, beobachtet wird?

Zerstört nicht die zulezt erwähnte Erscheinung des berüchtigten Beaumarchais die ganze noch denkbare Wahrscheinlichkeit, daß es wirklich die Directoren und die Minister, oder ein Minister, waren, welche — ausser der ohne Zweifel sehr denkbaren Anleihe — auch noch das TaschenGeld haben wollten? Wenn diese Wahrscheinlichkeit zerstört ist, wird es nicht fast evident, daß die Weigerung des Directoriums, den amerikanischen Botschaftern einen offiziellen Weg zur Erfüllung ihrer Sendung zu gestatten, PrivatPersonen Anlaß gab, sich aus Absichten, die keineswegs die des Directoriums seyn konnten, und äusserst zusammengesezt scheinen, mit inoffiziellen Verhandlungen zu befassen? Und scheint nicht demnach das Ganze, wenn auch nicht gerade das, wofür es nach der Absicht der Geber sowohl als mancher Empfänger gehalten werden soll, doch wenigstens eine harte Lehre, mit welcher die RegentenErfahrung des Directoriums bereichert wird?

In dem Senat der vereinigten Staaten ward am 5 April der Beschluß genommen, daß 500 Abdrüke der folgenden Botschaft von dem Präsidenten der vereinigten Staaten, und der sie begleitenden Depeschen von den Gesandten an die fränkische Republik, zu dem Gebrauch des Senats bekannt gemacht werden sollten.

Botschaft des Präsidenten.

„Meine Herren vom Senat, und meine Herren vom Hause der Repräsentanten!

„Dem Verlangen zufolge, welches das Haus der Repräsentanten in seinem Beschluß vom 2 dieses Monats äusserte, lege ich beiden Häusern die Instructionen der ausserordentlichen Gesandten der vereinigten Staaten an die fränkische Republik, und ihre Depeschen, deren ich in meiner Botschaft vom 19 März

Erwähnung that, vor, indem ich nur einige Namen, und einige wenige die Personen bezeichnende Ausdrüke weglasse.

„Ich ersuche um deren Geheimhaltung, bis die Mitglieder des Congresses mit ihrem Inhalt vollkommen bekannt seyn, und Gelegenheit gehabt haben werden, über die Folgen ihrer Bekanntmachung zu berathschlagen, worauf ich dieselben ihrer Klugheit überlasse."

„Vereinigte Staaten, den 3 April 1798.

John Adams.

Die Beglaubigungs Schreiben erklärten dem Vollziehungs Directorium, daß der Präsident der vereinigten Staaten die Charles Cotesworth Pinckney, John Marshall, und Elbridge Gerry, angesehene Bürger der Staaten, ernannt habe, um samt und sonders ausserordentliche Gesandte und bevollmächtigte Minister bei der fränkischen Republik zu seyn, in der Absicht, die Harmonie, das gute Vernehmen, und das Handels Verkehr, welches bis vor kurzem so glüklich zwischen beiden statt fand, wieder herzustellen.

Die Vollmachten dieser Herren berechtigten sie im Allgemeinen über alle Foderungen, und alle streitigen Gegenstände zu unterhandeln, zu berathschlagen, zu negoziiren, und dahin einschlagende Tractaten abzuschliesen.

Staats Departement, vom 3 April 1798.

Die in den folgenden Abschriften der Briefe von den Abgesandten der vereinigten Staaten an die fränkische Republik vorkommenden, mit den Buchstaben W. X. Y. Z. bezeichneten Namen, sind in den Originalen mit allen Buchstaben in Chiffern ausgeschrieben. Aus derselben Ursache, warum man gewisse Personen, die in diesen Briefen genannt werden, nur mit einzelnen Buchstaben bezeichnet hat, sind andre Worte, durch welche sie näher bestimmt wurden, ausgelassen worden.

Timotheus Pickering.

Depesche No. I.

Paris, 22 Oct. 1797.

„Geehrter Herr!

„Nachdem wir alle am Abend des 4 dieses angelangt waren, liessen wir des andern Tages mündlich und unoffiziell dem Minister der auswärtigen Angelegenheiten unsre Ankunft wissen, und erkundigten uns zugleich, wann es ihm gelegen seyn würde, einen unsrer Secretairs mit der offiziellen Notification anzunehmen. Er bestimmte den nächsten Nachmittag um 2 Uhr, wo sich der Major Rutledge mit folgendem Schreiben zu ihm begab:

„Bürger Minister!

„Da die vereinigten Staaten von Amerika den Wunsch und die Absicht haben, alle Zwistigkeiten zwischen ihnen und der fränkischen Republik beizulegen, und die Harmonie, das Einverständniß, das Handels- und FreundschaftsVerkehr, welches seit dem Anfang ihrer politischen Verbindung bis vor kurzem so glüklich zwischen ihnen bestand, wieder herzustellen; so hat der Präsident auf und mit dem Rath und der Zustimmung des Senats uns, die Unterzeichneten, samt und sonders als ausserordentliche Gesandte und bevollmächtigte Minister an die fränkische Republik, zur Erreichung dieser wichtigen Absichten, ernannt. Da wir zufolge dieser Ernennung und Aufträge und in dieser Absicht nach Paris gekommen sind, wünschen wir, Bürger Minister, Ihnen in einer Ihnen gefälligen Stunde aufzuwarten, und die Abschrift unsrer BeglaubigungsSchreiben zu überreichen; und indem wir unsern aufrichtigsten eifrigen Wunsch nach einer baldigen Wiederherstellung der Freundschaft und Harmonie zwischen den beiden Republiken bezeugen, schmeicheln wir uns mit Ihrem Beistande zu einem so wünschenswerthen Erfolge. Wir bitten Sie, die Versicherung unsrer vollkommensten Hochachtung und Werthschäzung anzunehmen.

„Paris, den 6 Oct. im 22 Jahr der amerikanischen Unabhängigkeit.

Unterzeichnet: Charles Cotesworth Pinckney.
John Marshall.
Elbridge Gerry."

„Auf diesen Brief ertheilte der Minister die mündliche Antwort, daß er uns übermorgen (den 8ten), um ein Uhr sehen wollte. Dem zufolge warteten wir dem Minister an besagtem Tag und zur angewiesenen Stunde in seiner Behausung, wo auch seine Kanzlei ist, auf, hörten aber, daß er nicht zu Hause sey: der GeneralSecretair sagte dem Major Rutledge, daß der Minister dem Directorium hätte aufwarten müssen, und uns bäte, unsern Besuch bis drei Uhr zu verschieben, um welche Zeit wir uns auch einstellten. Es fand sich, daß der Minister mit dem portugiesischen Gesandten im Gespräch war; doch nach zehn Minuten begab sich dieser hinweg, worauf wir vorgelassen wurden, und die Abschriften unsrer BeglaubigungsSchreiben übergaben, welche der Minister überlas und behielt. Er sagte uns: „das Directorium habe ihm einen Bericht über die Lage „der vereinigten Staaten in Rüksicht auf Frankreich abgefodert; „mit diesem sey er wirklich beschäftigt, und werde in wenigen „Tagen damit fertig seyn, worauf er uns werde sagen lassen, „was weiter für Schritte gethan werden müsten." Wir fragten, ob wir bis dahin HospitalitätsKarten nöthig hätten? Er bejahte es, und klingelte sogleich seinem Secretair, dem er Anweisung gab, sie uns auszufertigen. Das Gespräch ward von seiner Seite französisch, von der unsern in unsrer MutterSprache geführt. Den folgenden Tag schikte man uns für uns und unsre Secretairs HospitalitätsKarten, die in einem, unserm öffentlichen Charakter angemeßnen Styl verfaßt waren. Samstags, den 14, meldete Major Mountflorence dem General Pinckney, daß er eine Unterredung mit Hn. Osmond, dem vertrauten PrivatSecretair des Ministers der auswärtigen Angelegenheiten gehabt hätte, worinn ihm dieser eröfnet, daß das Directorium über einige Stellen der bei der Eröfnung der lezten Sizung des Congresses von dem Präsidenten gehaltenen Rede, äusserst aufgebracht sey, und eine Erklärung darüber von uns verlangen würde. Diese Stellen waren aber nicht näher bestimmt worden. In einer andern Unterredung, die an demselben Tag statt hatte, sagte der Secretair dem Major, daß wir wahrscheinlich bis zur Beendigung unsrer Unterhandlung keine öffentliche Audienz bei dem Directorium haben würden, daß man vermuthlich einige Personen, um mit uns zu unterhandeln, ernennen würde; diese würden aber ihm, dem Minister, Bericht erstatten, und er würde die Führung der Negociation haben. Der Major verhehlte Hn. Osmond nicht, daß er uns diese Nachrichten mitzutheilen gedächte.

„Den 8 Oct. früh, besuchte Hr. W.... von dem Hause...... den General Pinckney, und sagte ihm, daß Hr. X., der in Paris sey, und den der General in........ gesehen habe, ein Mann von grosem Einfluß und Ansehen sey.......... und daß wir uns sehr auf ihn verlassen sollten.

„Am Abend desselben Tages kam Hr. X. zum General Pinckney, und nach Verlauf einiger Zeit...... flüsterte er ihm zu, daß er ihm, wenn es ihm gefällig seyn würde, einen Auftrag von Hn. Talleyrand auszurichten hätte. General Pinckney begab sich sogleich mit ihm in ein andres Zimmer, und sobald sie allein waren, sagte Hr. X., daß man ihm ein Geschäft, worinn er ein vollkommener Neuling sey, aufgetragen hätte; daß er Hn. Talleyrand...... gekannt hätte, und von seiner Achtung für (Amerika) und seine Bürger überzeugt wäre, und herzlich wünschte, eine Versöhnung mit Frankreich zu Stande zu bringen; zu diesem Ende wäre er, wenn man es für gut hielte, bereit, im Vertrauen einen Plan an die Hand zu geben, der, wie Hr. Talleyrand hofte, der Absicht entsprechen würde. General Pinckney sagte, er würde ihn mit Vergnügen hören. Hr. X. antwortete: das Directorium, und besonders zwei seiner Mitglieder, wären über einige Stellen in des Präsidenten Rede ausserordentlich aufgebracht, und sie verlangten, daß solche gemildert würden; dieser Schritt müsse unsrer Aufnahme vorausgehen; ausserdem fodere man eine Geld Summe für den Beutel des Directoriums und der Minister, die Hr. Talleyrand in Empfang nehmen würde; zugleich würde man auch auf eine Anleihe bestehen. Hr. X. sagte, daß Hr. Talleyrand gar nicht zweifelte, nach unsrer Einwilligung in diese Maasregeln würden alle unsre Zwistigkeiten mit Frankreich geschlichtet werden. Auf Nachfragen konnte Hr. X. die besondern Stellen, welche in der Rede beleidigt hätten, so wenig wie den Betrag der Anleihe bestimmen; aber das besondre Geschenk, sagte er, bestünde in 1200,000 Livres, ohngefähr 50,000 Pfund Sterling. General Pinckney antwortete, daß er und seine Collegen seit ihrer Ankunft mit viel Vernachlässigung und Mangel an Achtung behandelt worden wären; daß sie den Frieden, und die Aussöhnung mit Frankreich von Herzen wünschten, und von ihrem Vaterlande mit groser Vollmacht versehen worden wären, um diesen Zwek auf ehrenvolle Bedingungen zu erfüllen. Was die gemachten Vorschläge beträfe, so könnte er sie, bevor sie seinen Collegen mitgetheilt worden wären, nicht einmal überlegen; sobald dieses aber geschehen sey, würde er weiter von ihm hören. Nach der nöthigen Mittheilung und Berathschlagung kam man dahin überein, daß General Pinckney Hn. X. besuchen, und ihn bitten sollte, die Vorschläge uns allen insgesamt zu thun, worauf wir ihn, aus Furcht vor Misverständniß und Irrthum, ersuchen würden, die HauptPunkte schriftlich aufzusezen. Dem zufolge begab sich General Pinckney am 19 Oct. früh zu Hn. X., der darein willigte, seine Collegen Abends zu sehen, und seine Vorschläge schriftlich aufzusezen. Er sagte, sein Verkehr sey nicht unmittelbar mit Hn. Talleyrand, aber mit einem andern Herrn, in welchen Talleyrand das gröste Vertrauen sezte. Dieses war, wie es sich hernach zeigte, Hr. Y.

„Um sechs Uhr Abends kam Hr. X., und ließ uns die erste Reihe von Vorschlägen zurük, die aus dem Französischen übersezt, folgendergestalt lauteten: „Eine Person, die in allem, „was die amerikanischen Geschäfte betrift, das Vertrauen des „Directoriums besizt, und von den gegenseitigen Vortheilen, „die aus der Wiederherstellung des guten Vernehmens zwischen „den zwei Nationen entstehen würden, überzeugt ist, bietet sich „an, zur Erreichung dieses Endzweks allen ihren Einfluß anzu„wenden. Er will den Commissarien der vereinigten Staaten „in allen den Gesuchen, welche sie der fränkischen Regierung „anzubringen haben können, insofern sie nicht den Punkten ent„gegen sind, die er selbst vorzulegen Willens ist, und deren Haupt„Inhalt er vertraulich mittheilen wird, beistehen. Man wünscht, „daß in den offiziellen Mittheilungen einem Theil von des „Präsidenten Rede an den Congreß, der besonders aufge„bracht hat, eine mildernde Wendung gegeben werde; es steht „zu befürchten, daß, falls man sich weigern sollte, gewissen Per„sonen in diesem Stüke zu willfahren, sie ihrer Rache vollen

„kauf lassen möchten. Die Ernennung von Commissarien wird „man auf denselben Fuß, wie sie in dem Tractat mit England ernannt sind, bewilligen, um über Ansprüche, welche „einzelne Bürger von Amerika bei der fränkischen Regierung „und einzelnen fränkischen Bürgern machen könnten, zu entscheiden. Die Zahlungen, welche dem Ausspruch der Commissarien zufolge von der fränkischen Regierung zu leisten seyn „werden, soll die amerikanische vorschiesen. Man wünscht, daß „die Kapitalien, welche auf diese Weise wieder dem amerikanischen Handel zufliesen, zu neuem Beistand für die fränkischen Colonien angewandt werden mögen. Wahrscheinlich „werden Verbindlichkeiten dieser Art, wenn Anspruchmachende „PrivatPersonen sie eingehen, immer die Entscheidung der fränkischen Commissarien beschleunigen; und vielleicht dürfte man „fodern, daß diese Clausel einen Theil der Instructionen ausmachen möchte, welche die Regierung der vereinigten Staaten den von ihr gewählten Commissarien geben würde. Ausserdem wünscht die fränkische Regierung eine **Anleihe** von den „vereinigten Staaten zu erhalten; jedoch auf eine Weise, welche „die englische Regierung nicht eifersüchtig machen, und der „Neutralität der vereinigten Staaten nicht schaden könnte. „Diese Anleihe soll dadurch verdekt werden, daß man bedingt, „die Regierung der vereinigten Staaten willige darein, die „Zahlung der Schulden, welche die Agenten der fränkischen „Regierung bei Bürgern der vereinigten Staaten gemacht hätten, und die bereits anerkannt, wie auch deren Zahlungen „schon vom Directorium befohlen, aber noch nicht vollzogen worden wären, vorzuschiesen. Von dem Betrag dieser Schulden „soll ein Uiberschlag gefertigt werden. Dieser wird wahrscheinlich mit ostensibeln Belegen begleitet seyn, welche den Agenten „die Responsabilität der vereinigten Staaten, im Fall irgend „ein Verdacht Untersuchung veranlassen sollte, zusichern würden. „Von dieser Anleihe sollen auch vorgängig, zur Bestreitung der „**gewöhnlichen Austheilungen in diplomatischen** „**Geschäften**, gewisse Summen abgezogen werden." Die in dem Concept erwähnte Person, welche das Vertrauen des Directoriums besize, sey, wie er in unsrer aller Gegenwart sagte, Hr. **Talleyrand**. Den Betrag der Anleihe konnte er nicht genau angeben; aber er meinte, sie würde unsre Kräfte nicht übersteigen. Die Summe, die man dem diplomatischen Gebrauch gemäs für schiklich ansehen würde, wäre ohngefähr 1200,000 Livres. Die Stellen in der Rede des Präsidenten, mit denen man unzufrieden wäre, konnte er nicht angeben, wollte sich aber erkundigen, und uns dann benachrichtigen. Er versprach, den 21 bei Hn. Gerry zu frühstüken, um uns die gefoderten, oder bis dahin noch von uns nöthig erachteten Erläuterungen zu geben. Allein am Morgen des 20. erschien Hr. X., und sagte, daß Hr. Y., der vertraute Freund des Hn. Talleyrand, anstatt mit uns durch Vermittelung des Hn. X. zu unterhandeln, uns selbst sprechen, und die nothwendigen Erläuterungen geben wollte. Wir bestellten ihn auf den Abend des 20, um sieben Uhr, auf Hn. Marshall's Zimmer. Um sieben Uhr traten Hr. Y. und Hr. X. ein, und nachdem uns ersterer, als der vertraute Freund des Hn. Talleyrand vorgestellt worden war, bezeugten sie unverzüglich die günstigen Gesinnungen dieses Herrn gegen unser Vaterland; Gesinnungen, welche durch die Freundschaft und Höflichkeit, die er persönlich in Amerika genossen, erzeugt würden: durch das Verlangen angetrieben, diese Freundschaft zu vergelten, sey er willig, uns in unsrer gegenwärtigen Unterhandlung bei dem Directorium, das, wie er sagte, wegen eines Theils von des Präsidenten Rede an die vereinigten Staaten sehr aufgebracht sey, und uns weder anerkennen noch empfangen wolle, auch in dessen Verfolg Hn. Talleyrand zu keinem Verkehr mit uns berechtigt habe, mit guten Diensten beizustehen; der Minister könne uns also zwar nicht selbst sehen, habe aber seinen Freund, Hn. Y., bevollmächtigt, uns gewisse Vorschläge mitzutheilen, unsre Antworten darüber zu empfangen, und von seiner Seite zu versprechen, daß, wenn wir uns verbindlich machen wollten, sie als die Grundlage der vorgeschlagenen Negociationen anzusehen, er bei dem Directorium vermitteln wolle, daß es uns anerkenne, und uns eine öffentliche Audienz ertheile. Hr. Y. versicherte uns ausdrüklich und wiederholt, daß er mit keiner Autorität bekleidet sey, daß er keinen diplomatischen Charakter habe; er sey nicht .... er sey nur Hn. Talleyrand's Freund, und im Besiz seines Vertrauens; für seine eigene Person habe er . . . . und er wünsche von Herzen das Wohl der vereinigten Staaten. Darauf zog er eine französische Uibersezung von der Rede des Präsidenten aus der Tasche, worinn die dem Directorium misfälligen Stellen, unsrer Bitte an Hn. X. gemäs, bezeichnet waren; sie sind in der Beilage A. enthalten. Darauf machte er uns die zweite Reihe von Vorschlägen, die er dictirte, während Hr. X. sie in unsrer Gegenwart niederschrieb, und hierauf sie uns zustellte. Diese lauten, aus dem Französischen übersezt, wie folgt: „Man fodert ein „förmliches, schriftlich aufgesetztes Desaveu, des Inhalts: „daß die Rede des Bürgers Präsidenten Barras nichts „Beleidigendes gegen die Vereinigten Staaten, noch irgend etwas, das die in dem ganzen Paragraphen vorkommenden Beiworte verdiente, enthalten habe. Zweitens verlangt „man eine EhrenErklärung für den Artikel, in welcher gesagt „werden soll, daß das daselbst erwähnte Decret des Directoriums nichts dem Tractat von 1778 zuwiderlaufendes enthalte, „und keine von den schlimmen Consequenzen habe, welche der „Paragraph aufstellt. Drittens fodert man eine schriftliche „Beurkundung des durch die fränkischen und englischen Kapers „an unserm Handel erlittenen Schadens. Viertens, da die „fränkische Regierung, ihrem öffentlichen Bekenntniß getreu, „nach welchem sie sich nicht in die innern Angelegenheiten „fremder Regierungen, mit denen sie in Frieden lebt, mischen „will, diesen Paragraphen, je nach dem Sinne, den der Präsident dabei vor Augen gehabt hätte, als einen Angrif auf „ihre Redlichkeit ansehen müßte: so fodert sie eine förmliche „Erklärung, daß der Paragraph weder die fränkische Regierung „noch ihre Agenten habe andeuten sollen. Nach diesen Erklärungen wird die fränkische Regierung geneigt seyn, mit den „vereinigten Staaten einen Tractat zu erneuern, welcher sie „gegenseitig in dieselbe Lage zurükbringen soll, worinn sie sich „im Jahr 1778 befanden; durch diesen neuen Tractat soll „Frankreich gegen die vereinigten Staaten gerade auf denselben Fuß gesezt werden, auf welchem sie mit England, seit „dem zulezt mit dieser Macht abgeschlossenen Vertrage stehen. „Ein geheimer Artikel dieses neuen Tractats würde eine „Anleihe Frankreichs bei den vereinigten Staaten seyn;

„und wenn man einmal über den Betrag der Anleihe einig „wäre, würde man in Rüksicht auf die besten Mittel, ihre „Verlautung zu hindern, die den vereinigten Staaten ange- „nehmsten Mittel zu treffen suchen." Indem Hr. Y. die Rede (des Präsidenten) vorlas, verbreitete er sich weitläuftig über den heftigen Unwillen, den sie veranlaßt habe, und hielt sich lange bei der **Genugthuung** auf, die, sagte er, der Unterhandlung durchaus vorausgehen müste. Allein, meine Herren, sagte er, ich will Ihnen nicht verbergen, daß selbst **nach** dieser Genugthuung der wesentlichste Theil des Tractats noch zu berichtigen übrig ist: il faut de l'argent, il faut beaucoup d'argent: **Sie müssen Geld geben, Sie müssen viel Geld geben.** Er sprach viel von der Macht, der Ehre, und dem eifersüchtigen republikanischen Stolze Frankreichs, und stellte uns die Vortheile, welche wir durch eine auf diese Weise erkaufte Neutralität erhalten würden, sehr lebhaft vor. Er sagte, daß man den Empfang des Geldes hinlänglich würde verbergen können, um uns vor dem Schein einer Neutralitäts-Verlezung gegen England, und vor einer daraus erfolgenden Uiberwerfung mit dieser Macht zu sichern. Von den 1200,000 Livres ward wenig gesprochen; man war von allen Seiten völlig einverstanden, daß diese für die Beamten der Regierung gefodert würden, und darüber also weiter keine Erläuterung nöthig wäre. Wenn diese Vorschläge, sagte er, einmal als angenommene Grundlage des vorgeschlagnen Tractats angesehen würden, so glaubte Hr. **Talleyrand**, daß er das Directorium durch seinen Einfluß bewegen würde, uns zu empfangen. Wir fragten, ob wir als gewiß ansehen sollten, daß wir ohne eine vorgängige, jenem Verlangen gemäse Stipulation nicht empfangen werden würden? Er antwortete uns, daß Hr. **Talleyrand** selbst nicht bevollmächtigt wäre, uns den Willen des Directoriums bekannt zu machen, und ihn also eben so wenig dazu hätte bevollmächtigen können. Die Unterredung dauerte bis halb neun Uhr, da er uns mit dem Versprechen, den folgenden Morgen bei Hn. **Gerry** zu frühstüken, verließ.

„Den 21 Oct. kam Hr. X. vor neun Uhr; Hr. Y. stellte sich erst um zehn Uhr ein: er hatte den Morgen bei Hn. **Talleyrand** zugebracht. Sobald das Frühstük vorüber war, nahmen wir den Gegenstand wieder vor. Er führte uns zu Gemüth, daß wir noch nicht anerkannt, oder empfangen wären; daß das Directorium dergestalt über die vereinigten Staaten aufgebracht sey, daß es beschlossen habe, bevor es uns empfinge, erst die Widerrufungen, Erklärungen und Erläuterungen, welche den vorigen Abend weitläuftig bestimmt worden wären, zu fodern. Er sagte uns, daß sowohl Hr. Talleyrand als er selbst sehr lebhaft fühlten, wie weh es uns thun müsse, diese Foderung zu bewilligen, daß aber das Directorium nicht davon abgehen wolle; daß wir sie also, wenn wir keine andern Mittel finden könnten, seinen Entschluß in diesem Stüke zu ändern, als unvermeidliche Präliminarien unsers Empfangs ansehen müsten. Wenn wir das Directorium in diesem Punkt befriedigten, würde man uns in einem Schreiben über den Umfang unsrer Vollmacht befragen, und von uns zu wissen verlangen, ob wir autorisirt wären, Frankreich ganz auf denselben Fuß wie England zu sezen, — ob, sagte er, unsre Vollmachten wirkliche und wesentliche, oder, wie die des Lord Malmesbury, nur illusorische Vollmachten wären? Wenn unsre Antwort auf diese Frage bejahend ausfiele, so würde Frankreich darein willigen, zur Bestimmung der Foderungen der vereinigten Staaten, auf gleiche Weise wie nach unserm Tractat mit England, Commissarien zu ernennen; von der Competenz dieser Commissarien würden aber diejenigen ausgeschlossen werden müssen, welche wegen fehlenden Mannschafts-Verzeichnisses ((rôle d'equipage) verurtheilt wären, indem dieses ein Punkt sey, über welchen Merlin, während er Justiz-Minister gewesen, eine Abhandlung geschrieben habe, und wegen dessen das Directorium unwiderruflich entschieden sey. Man würde jedoch nichts dagegen einzuwenden haben, wenn wir im Laufe der Unterhandlung wegen dieser Prisen klagen wollten, und könnten wir Merlin durch unser Raisonnement überzeugen, so würde es dem Minister selbst sehr lieb seyn. Wir foderten eine Erklärung über den Theil der Unterredung, wo uns Hr. Y. einen Wink ertheilt hatte, als gäbe es Mittel, die wir anwenden könnten, um der Foderung wegen der Rede des Präsidenten auszuweichen. Er antwortete, daß er keinen Auftrag habe, uns diese Mittel zu bestimmen; daß wir sie aber selbst aufsuchen und vorschlagen müsten. Wenn wir inzwischen seine Meinung, als eines ganz gleichgiltigen Dritten, wissen, und sie als blos von ihm kommend annehmen wollten, so wollte er uns Wege angeben, auf denen es uns seines Erachtens gelingen würde. Auf unsre Frage: welches diese wären? sagte er: Geld. Das Directorium sey auf seine eigne Ehre, und die Ehre der Nation eifersüchtig; es bestehe darauf, von uns eben so ehrerbietig behandelt zu werden, wie wir den König behandelt hätten; diese Ehre müsse auf die bemeldete Weise aufrecht gehalten werden, oder wir müsten an die Stelle der verlangten Genugthuung etwas sezen, das vielleicht noch mehr Werth hätte, nemlich Geld. Er sezte hinzu, daß, wenn wir die Summe, mit der man sich wahrscheinlich befriedigen würde, zu wissen wünschten, er sie uns angeben wollte. Wir baten ihn, fortzufahren; er sagte, es gäbe 32 Millionen Gulden batavischer Rescriptionen, das Pfund von 10 Schilling an Werth, die uns zu 20 Schilling das Pfund angerechnet werden könnten; sodann zeigte er uns die Gewißheit, daß uns die batavische Regierung nach dem Frieden das Geld zurükzahlen würde, so daß wir am Ende nichts verlieren würden; und die einzige Operation in der Maasregel würde ein Vorschuß von uns an Frankreich, von 32 Millionen auf den Credit der holländischen Regierung seyn. Wir fragten, ob die 50,000 Pfund Sterling, die zu einem Geschenk an das Directorium bestimmt wären, zu dieser Summe hinzugerechnet werden müsten? Er bejahte es. Wir erklärten nun, daß wir in Ansehung des zu schliessenden Tractats nicht anstünden zu sagen, daß unsre Vollmachten sehr gros seyen; wegen der andern Punkte wollten wir uns aber in ein andres Zimmer begeben, und in wenigen Minuten mit unsrer Antwort zurükkommen. Wir brachten diese sogleich in folgenden Worten zu Papier: „In Betref eines Tractats „sind unsre Vollmachten gros, allein der Vorschlag einer „Anleihe in Form batavischer Rescriptionen, oder „in jeder andern Gestalt, ist nicht in unsern Instructionen mit „einbegriffen. Uiber diesen Punkt muß die Regierung also befragt werden. Voraussgesezt nun, daß das Directorium alles „Aufbringen amerikanischer Schiffe einstellen, und das Verfah„ren gegen schon aufgebrachte sowohl, als gegen solche, worü-

„der noch nicht geurtheilt ist, aufschieben, und wo der Ver„kauf vollzogen, aber den Freibeutern das Geld noch nicht aus„gezahlt ist, die Zahlung nicht eher vollziehen lassen will, bis „die den Ministern der vereinigten Staaten vorgelegte Prälimi„narFragen erörtert und entschieden seyn werden: so wird sich „zu jenem Behuf, sogleich einer von den amerikanischen Mi„nistern nach Amerika einschiffen." Dieses lasen wir statt einer mündlichen Antwort den Herren vor, und sagten ihnen, sie möchten, wenn sie es wünschten, eine Abschrift davon nehmen. Hr. Y. schlug es ab, und man sah ihm deutlich an, daß er darauf nicht gefaßt gewesen war. Er sagte, wir behandelten die GeldSache, als wenn sie vom Directorium gekommen wäre, da sie doch wirklich nicht einmal vom Minister, sondern nur von ihm herrührte, und er sie nur als einen Ausweg angegeben hätte, um das unangenehme Geständniß, welches das Directorium von uns zu fodern beschlossen hätte, zu vermeiden. Wir erwiederten, daß wir die Sache vollkommen verstünden; daß wir wüßten, der Vorschlag sollte scheinen von uns zu kommen, daß er aber eigentlich von dem Minister herrührte. Wir fragten, was denn zu unsrer gegenwärtigen Unterredung geführt hätte? — und General Pinckney wiederholte nun, was Hr. X. zuerst eröfnet hatte, welches alles von demselben anerkannt wurde. Wir machten bemerklich, daß die Herren keine Beweise gebracht hätten, ob sie zu dem, was sie uns sagten, auch wirklich bevollmächtigt wären; allein auf ihren guten Ruf vertrauend hätten wir nicht daran gezweifelt, daß sie wirklich von dem Minister kämen, und wir hätten mit ihnen wie mit Hn. Talleyrand selbst gesprochen; auch hätten wir keinen Wink des Hn. Y. anders als für vorher gutgeheissen betrachten können. Zöge er es jedoch nicht selbst vor, sich unsre Antwort aufzuschreiben, so wäre uns das einerlei; und sollte er der Antwort auf seinen Vorschlag die Form eines Vorschlags der von uns käme, geben wollen, so könnten wir ihm nur sagen, daß wir in Ansehung irgend eines GeldVorschusses von unsrer Seite durchaus keine andern Vorschläge zu machen hätten; daß Amerika durch die fränkischen Mishandlungen grosen Verlust an seinem Handel erlitten; daß Frankreich schon so manche Klage gegen die vereinigten Staaten geführt hätte; daß wir über diesen Punkt völlig vorbereitet angelangt, und nicht wenig erstaunt gewesen wären, zu finden, daß Frankreich uns nicht anhören wollte, und Foderungen an uns machte, die unsre Regierung keineswegs im voraus vermuthen konnte, da sie uns den Anschein gäben, der angreifende Theil gewesen zu seyn. Hr. Y. drükte sich sehr stark über Frankreichs Zorn aus, und klagte daß wir, anstatt irgend einen Ersaz für die von uns gefoderten Erklärungen vorzuschlagen, dem Directorium selbst Bedingungen zur Erfüllung vorzuschreiben meinten; solche Vorschläge könnte er nicht übernehmen, und das Directorium werde auf die Erklärungen, die er Anfangs angegeben, bestehen. Wir antworteten, daß wir da nicht helfen könnten; daß es die Sache des Directoriums wäre, zu entscheiden, welchen Weg es um seiner Ehre und des Vortheils von Frankreich willen einschlagen müste; die unsrige wäre es, für die Ehre und den Vortheil unsers Vaterlandes zu wachen. Hr. Y. bemerkte, daß wir den ersten Vorschlag in Betref des Punktes, ob wir bereit wären wegen der Rede des Präsidenten die gefoderte Widerrufung, Erklärung und Erläuterung zu geben, gar nicht in Betracht gezogen hätten. Wir sagten ihm, es schiene uns unmöglich, daß weder er noch der Minister sich einbilden könnten, daß eine solche Frage einer Antwort bedürfe; wir hätten auch gar nicht geglaubt, daß man diese im Ernste erwarte, sondern daß die Frage nur als Einleitung zu wesentlicheren Gegenständen habe dienen sollen. Er sprach von der Ehrfurcht, welche das Directorium foderte, und daß es eben so behandelt seyn wollte, wie die ehemaligen Könige. Wir antworteten, Amerika habe der ganzen Welt, b sonders aber Frankreich selbst eine weit grösere Achtung gegen seine gegenwärtige Regierung, als je gegen seine ehemaligen Monarchen bezeugt, und sie könne keinen Beweis dieser Stimmung fodern, den wir nicht zu geben bereit seyen. Er erwiederte, daß wir gewiß nicht empfangen werden würden, und schien vor den Folgen zu schaudern. Wir sagten, Amerika hätte alle möglichen Bemühungen angewandt, um mit Frankreich auf einem friedlichen Fuß zu bleiben; es fahre auch izt noch darinn fort; wenn aber Frankreich uns nicht hören, sondern den vereinigten Staaten den Krieg erklären wollte, so bliebe uns nichts übrig, als die unvermeidliche Nothwendigkeit, uns zu vertheidigen, zu beklagen. Er kam nun wieder auf unsre Vollmachten. Wir sagten, Amerika wünsche sehr, mit keiner Republik, besonders nicht mit Frankreich, in Misverständniß zu gerathen; es wünsche einen dauerhaften Tractat, und wisse, daß kein Tractat dauerhaft seyn könne, wenn er sich nicht mit dem allerseitigen Vortheil der interessirten Parteien vertrage; daher könne man versichert seyn, daß unsre Vollmachten hinreichend seyen, Frankreich, in jedem Punkte, wo izt eine Ungleichheit zu seinem Nachtheil vorhanden seyn könnte, mit England auf gleichen Fuß zu sezen. Nun ward auch des MannschaftsVerzeichnisses gedacht. Wir fragten, welche Sicherheit uns übrig bliebe, wenn Frankreich auf dem Recht bestehe, etwas zu den Bedingnissen unsers bisherigen Tractats hinzuzufügen, oder ihn durch einseitige Herausnehmungen zu verändern, daß irgend ein in der Zukunft abgeschlossner Tractat gehalten werden würde? Hr. Y. sagte, daß er die Zulässigkeit solcher Herausnehmungen nicht behaupte, daß aber das Directorium seine Verordnungen wegen des MannschaftsVerzeichnisses mit dem Tractat verträglich glaube. Wir bemerkten, daß keines unsrer Schiffe das, was man in Frankreich MannschaftsVerzeichniß (rôle d'équipage) nennte, zu führen pflegte, und daß wenn wir alles Eigenthum aufgeben sollten, welches unsern Bürgern in den Fällen, wo ihre Schiffe mit solchen Verzeichnissen nicht versehen waren, abgenommen worden wäre, unsre Regierung den Bürgern für ihr also aufgegebnes Eigenthum verantwortlich seyn würde, da es unmöglich wäre, der Behauptung beizutreten, als sey das MannschaftsVerzeichniß zufolge unsers Tractats erfoderlich. Die Materie der Desavouirung von des Präsidenten Rede ward von neuem berührt, und angemerkt, daß die Constitution der vereinigten Staaten den Präsidenten berechtige und verpflichte, seine Ideen über die Angelegenheiten der Nation mitzutheilen; der Constitution gemäs, habe er dieses gethan; uns komme es auf keine Weise zu, irgend einen Theil seiner Rede zu verstärken oder zu mildern; ein solcher Versuch würde uns bei der Regierung und den Bürgern der vereinigten Staaten durchaus nur lächerlich machen, und von Seiten des Präsidenten eine unverzügliche Desavouirung unsrer Agentschaft und unsre Zurükrufung nach sich ziehen; überdem sey ganz Amerika mit den ThatSachen bekannt, welche der Präsident angeführt habe, und unser Widerruf würde die öffentliche Meinung in Ansehung derselben keineswegs ändern.

„Wir trennten uns mit gegenseitiger Versicherung persönlicher Hochachtung, und von Seiten des Hn. Y. mit allen Anzeigen, daß wir unmittelbar das gedrohte Schreiben erhalten würden. Die Beschaffenheit der obigen Mittheilung überzeugt von der Nothwendigkeit ihrer Geheimhaltung, und wir haben den Herren X. und Y. versprochen, daß ihre Namen in keinem Fall bekannt gemacht werden sollten. Wir haben die Ehre, mit groser Hochachtung zu verharren rc.

Charles Cotesworth Pinckney.
J. Marshall.
E. Gerry."

Der Paragraphen in der Rede des Präsidenten, auf welche in dieser Depesche als dem Directorium misfällig hingewiesen wird, gab es vier; es waren die, in welchen der Präsident, nach der Herzählung der Feindseligkeiten von Seiten Frankreichs hinzusezt: „diese Angriffe müsten mit einer Entschlossen„heit zurükgewiesen werden, welche Frankreich und die Welt „überzeuge, daß wir kein herabgewürdigtes, unter die Colo„nialEmpfindung der Furcht gebeugtes Volk sind, kein Volk, „das NationalEhre, Charakter und Vortheil vernachlässigend, „zu nichts besserem taugt, als das elende Werkzeug fremden „Einflusses zu seyn."

Depesche, No. II,

„Paris den 8 Nov. 1797.

„Werther Herr,

„Wir berichten Ihnen nun, auf 36 Seiten in Chiffren geschrieben, und 8 Seiten ebenfalls chiffrirter Beilagen, den Verfolg der in No. I. vom 22 des lezten Monats angefangenen Umstände, und haben die Ehre zu verharren rc.

Charles Cotesworth Pinckney.
J. Marshall.
E. Gerry."

(An den Obristen Pickering.)

„Den 27 October. Gegen zwölf Uhr erhielten wir einen andern Besuch von Hn. X. Er erwähnte sogleich der grosen Begebenheit, welche die Zeitungen ankündigen, und sagte uns, daß man über die Gegenstände, über die wir uns unterhalten, einige Vorschläge von uns erwartet hätte; daß das Directorium ungedultig würde, und wenn wir es nicht besänftigen könnten, in Absicht auf Amerika entscheidende Masregeln zu nehmen gedächte. Wir antworteten, daß wir uns über diesen Gegenstand hinlänglich erklärt, und nichts hinzuzufügen hätten. Er erwähnte die Veränderung in der Lage der Dinge, welche der Friede mit dem Kaiser hervorgebracht habe, als eine Gewißheit, daß man einen Wechsel in unserm System erwarten könnte. Wir antworteten blos, daß wir diese Begebenheit erwartet hätten, und daß sie auf unser Betragen nicht den geringsten Einfluß haben könnte. Hr. X. bemerkte, daß das Directorium, seit diesem Frieden, gegen uns und alle neutralen Mächte einen weit höheren und entschiedeneren Ton als vorher angenommen, daß es beschlossen hätte, alle Nationen sollten ihm beistehen, oder als seine Feinde behandelt werden. Wir antworteten, diese Wirkung hätten wir schon als möglich betrachtet, und sie wäre, wie wir jenen Vorschlag auf eine entschiedne Weise beantwortet hätten, von uns mit in Anschlag gebracht worden; überdem hätten wir keine Vollmacht, über eine Anleihe zu unterhandeln; unsre Regierung hätte keineswegs auf diesen Umstand gedacht, und so würde eine von uns stipulirte Anleihe ein völlig nichtiges Ding seyn, durch welches wir Frankreich nur betrügen und uns selbst in Gefahr bringen würden. Hr. X. kam wieder auf die Macht und den Zorn Frankreichs zurük, auf die Gefahr unsrer Lage, und stellte uns vor, wie politisch es seyn würde, wenn wir diese Regierung besänftigten, und so Zeit gewännen. Die gegenwärtigen Menschen würden, sagte er, wahrscheinlich nicht lange ihre Gewalt behalten, und es würde sehr traurig seyn, wenn die, welche ihnen folgten, mit günstigeren Gesinnungen gegen uns die beiden Nationen in wirklichem Kriege begriffen finden sollten. Wir antworteten, wenn Frankreich Krieg mit uns führen sollte, so würde dieser uns dergestalt aufgedrungen seyn, daß der Friede bei einer Veränderung in den Mitgliedern der Regierung dann eben so leicht zu erhalten seyn würde, als schon die gegenwärtigen Zwistigkeiten beigelegt werden könnten. Wir fügten hinzu, daß ganz Amerika gegen einen Krieg mit Frankreich wäre, daß uns unsre jezige Lage aber nachtheiliger wäre, als es ein erklärter Krieg seyn könnte; daß unser Handel izt unbeschüzt geplündert würde; wäre aber der Krieg einmal erklärt, so würden wir uns nach Mitteln, uns zu beschüzen, umsehen. Hr. X. sagte, er hofte wir würden keine Verbindung mit England eingehen, und wir antworteten, daß wir es eben sowohl hoften, daß wir alle in unsern Revolutions-Krieg verwikelt gewesen wären, daß wir seinen Schaden gefühlt, und den tiefsten Eindruk davon behalten hätten; sollte uns aber Frankreich angreifen, so müßten wir die besten Mittel zu unsrer Vertheidigung hervorsuchen. Hr. X. kehrte wieder zu der Geld-Sache zurük; er sagte: meine Herren, Sie berühren die Haupt-Sache nicht; es kommt hier auf Geld an; man erwartet, daß Sie Geld geben werden. Wir sagten, diesen Punkt hätten wir hinlänglich erörtert, und unsre Antwort gegeben. Nein, sagte er, Sie haben es nicht: welches ist ihre Antwort? Wir erwiederten, sie ist: Nein, nein, keinen Schilling. Nun machte er uns wieder auf die Gefahr aufmerksam, die unserm Vaterland drohte, und fragte uns, ob es nicht weiser seyn würde, selbst wenn wir der Nation keine Anleihe zugestünden, einen Einflußhabenden Freund für unsre Sache zu gewinnen? Er sagte, wir müßten überlegen, mit was für Männern wir zu thun hätten; daß sie die Gerechtigkeit unsrer Foderung und das Raisonnement, mit dem wir dieselbe unterstüzen könnten, nicht achteten; daß sie ihre eignen Colonien nicht achteten, und sie von unsrer Seite für völlig unangreifbar ansähen; daß wir sie nur durch eine kluge Anwendung unsers Gelds gewinnen könnten: es läge uns also ob, zu überlegen, ob die Lage unsers Vaterlands nicht so beschaffen wäre, daß wir dieses Mittel ergreifen müßten. Wir merkten an, das Betragen der fränkischen Regierung gegen uns wäre von der Art, daß wir wenig Ursache hätten zu glauben, Geld würde eine gute Wirkung haben, oder eine gerechtere DenkungsArt gegen uns hervorbringen;

von lezterer müsten wir erst Beweise haben. Er sagte, wenn wir einen Advocaten gebrauchten, so gäben wir ihm ein Honorarium, ohne zu wissen ob die Sache würde gewonnen werden oder nicht; allein wir müsten ihn haben, und bezahlten seine Dienste, sie möchten ihm gelingen oder nicht: so wäre es auch im gegenwärtigen Falle; das Geld müste für Dienste, die uns Personen zu leisten gewillet wären, erlegt werden, der Erfolg dieser Dienste möchte hernach seyn welcher er wolle. Wir antworteten, diese Fälle liesen sich gar nicht vergleichen; von dem Advocaten, der mit dem Urtheil gar nichts zu schaffen hätte, hienge auch das Gelingen der Sache gar nicht ab; er könnte nur das Seinige thun um es zu bewirken, und wir könnten ihn nur für seine Bemühungen bezahlen: allein das Directorium hätte den Ausgang unsrer Negociation in seinen Händen; es brauchte nur zu befehlen, daß keine amerikanische Schiffe mehr aufgebracht würden, und daß man die schon aufgebrachten wieder freiliese, so würde der Befehl keinen Widerspruch finden. Er sagte, nicht alle Mitglieder des Directoriums wären geneigt an unserm Gelde theilzunehmen, Merlin z. B. würde andersher bezahlt, und würde nichts von dem Geschenke, das wir geben würden, anrühren. Wir erwiederten, daß wir gehört hätten, Merlin würde von den Eigenthümern der KaperSchiffe bezahlt, und er nikte bejahend. Nun fuhr er fort, wegen dieses Punktes mit gewaltiger Beharrlichkeit in uns zu dringen. Er sagte, wir hätten Geld gegeben, um mit den Algierern oder den Indianischen Stämmen Frieden zu haben, und eben so gut könnten wir es ja auch Frankreich dafür bezahlen. Darauf antworteten wir, wenn unsre Regierung mit Algier oder den Indianischen Stämmen einen Tractat begönne, so verstünde es sich, daß Geld die Grundlage und der HauptArtikel desselben seyn müste, die ganze Nation wüste es, und erwartete es als eine gewöhnliche Sache; allein bei einer Unterhandlung mit Frankreich hätte unsre Regierung geglaubt, daß ein Vorschlag der Art als eine tödliche Beleidigung würde aufgenommen werden. Er fragte, ob unsre Regierung denn nicht wüste, daß hier nichts ohne Geld zu erlangen sey? Wir erwiederten, unsre Regierung hätte eine solche Lage der Dinge gar nicht einmal gemuthmaßt. Er schien darüber erstaunt, und sagte, es sey kein Amerikaner in Paris, der ihr nicht darüber hätte Auskunft geben können. Wir versicherten, die Briefe unsers Ministers hätten die Stimmung der fränkischen Regierung immer ganz anders beschrieben; sie hätten sie geschildert, als handle sie immer blos nach Grundsäzen, als hege sie eine völlig reine und uneigennüzige Liebe für Amerika. Er sah ein wenig erstaunt aus, und sagte hastig zum General Pinckney: Nun, mein Herr, Sie sind lange in Frankreich und Holland gewesen, was denken Sie davon? — General Pinckney antwortete, da er sie beide, Hn. X. und Hn. Y. für Männer von Ehre hielte, so könnte er nur Eine Meinung über diesen Gegenstand haben. Hr. X. führte an, daß Hamburg und andre europäische Staaten den Frieden zu kaufen genöthigt wären; daß es unser Vortheil seyn würde, es auch zu thun. Dann sprach er noch einmal von unsrer Gefahr, mit Frankreich zu brechen, und von seiner unwiderstehlichen Macht. Wir sagten, es würde vergeblich von uns seyn, diese Macht und unsern eifrigen Wunsch, einem Kampfe mit ihr auszuweichen, abzuleugnen; keine Nation schäze sie so sehr wie Amerika, und wünsche mehr in gutem Vernehmen mit ihr zu stehen: allein eine Sache sey uns noch theurer wie die Freundschaft von Frankreich, und dieses sey die Unabhängigkeit unsrer Nation; Amerika habe eine neutrale Lage gewählt, es habe ein Recht dazu gehabt, und keine Nation habe eines, uns daraus zu verdrängen; einer kriegführenden Nation, die, ausser dem Gelde, alle Erfodernisse des Kriegs besässe, Geld leihen, hiesse diese Neutralität aufgeben, und am Kriege theilnehmen; dieses Geld unter der Ruthe und dem Zwang von Frankreich leihen, hiesse die Herrschaft über uns selbst aufgeben, und uns einer fremden, uns gewaltsam aufgedrungenen Gewalt unterwerfen. Ehe wir unsre Unabhängigkeit auf diese Weise aufgäben, wollten wir wenigstens einen männlichen Widerstand versuchen; unsre Sache sey von der Sache kleinerer Nationen in Europa verschieden; sie wären ihre Unabhängigkeit zu behaupten unfähig, und rechneten auch gar nicht darauf, allein Amerika sey eine grose, und so weit es seine Selbstvertheidigung beträfe, eine mächtige Nation, die fähig sey, ihre Unabhängigkeit zu behaupten, und sie zu verlieren verdienen würde, wenn sie zugäbe, daß man sie ihr entrisse. Frankreich und GrosBritannien hätten in dem lezten Jahrhundert fast 50 Jahre mit einander gekriegt, und würden es wahrscheinlich im zukünftigen noch 50 Jahre thun; Amerika habe keine Ursache, sich in diese Kriege zu verwikeln, und könnte es izt seine Neutralität und Unabhängigkeit erhalten, so würde es wahrscheinlich in der Zukunft nicht so geschrekt werden, wie in den lezten 4 Jahren; sollte es aber izt seine Rechte als unabhängiger Staat an Frankreich abgeben, oder sie sich entreissen lassen, so könnte es nicht hoffen, sie je wieder zu erlangen, oder in irgend einem künftigen Kriege neutral bleiben zu dürfen. Er sagte, Frankreich hätte uns während unsers Revolutions-Kriegs Geld vorgestrekt, und fodere nun weiter nichts, als daß wir ihm eine ähnliche Freundschaft bezeugen sollten. Hierauf erwiederten wir, daß die Fälle sehr verschieden wären: Amerika hätte eine Anleihe von Frankreich gewünscht, und ihm völlig freie Hand gelassen, sie zu bewilligen oder abzuschlagen; Frankreich aber mache seine Foderung, ohne uns irgend eine Wahl übrig zu lassen. Wir sagten ihm, es sey noch ein andrer Unterschied zwischen den beiden Fällen: Frankreich hätte das Geld für grose, nationelle und französische Zweke vorgestrekt, um einem Nebenbuhler, einem Feind, den es haßte, Schaden zuzufügen; würde aber Amerika Geld vorschiessen, so wäre es keineswegs um irgend eines amerikanischen Interesses willen, sondern damit Frankreich in den Stand gesezt würde, seine Eroberungen noch weiter auszubreiten. Die Unterredung dauerte fast zwei Stunden, und der öffentliche sowohl als Particular-Vorschuß an Geld ward auf verschiedene Weise wiederholt betrieben. Endlich sagte Hr. X., daß er uns nicht tadelte; unser Entschluß wäre, wenn wir ihn ausführen könnten, ohne Zweifel gerecht, allein er äusserte entschieden, daß er dis für unmöglich hielte. Er wollte, sagte er, unsre Unterredung so treu wie er könnte dem Minister, oder Hn. Y., damit dieser sie dem Minister wiederholte, (wir sind nicht sicher welches von beiden), berichten. Darauf trennten wir uns. Den 22 Oct. sagte Hr. Z., ein Franzose, und sehr angesehener Mann, dem Hn. Gerry, daß Herr Talleyrand, Minister der auswärtigen Angelegenheiten, der den vereinigten Staaten sehr geneigt sey, gehoft hätte, er würde die amerikanischen Minister oft als Privat-Personen bei sich sehen, um mit ihnen auf diesen Fuß über die Angelegenheiten ihrer Sendung zu sprechen; er hätte Hn. Z. Auftrag gegeben, Hn. Gerry dieses zu hinterbringen. Dieser schikte nach seinen Collegen, und es ward mit Hn. Z. eine Conferenz über diesen Gegenstand gehalten, in welcher General Pinckney und Hr. Marshall sich äusserten, daß es, da sie nicht mit Hn. Talleyrand bekannt wären, wohl nicht schiklich seyn würde, ihn zu besuchen, daß er aber dieses, nach den französischen Sitten, ihrer frühern Bekanntschaft in Amerika wegen, von Hn. Gerry eher erwarten könnte. Hr. Gerry willigte ungern darein, und gieng den 23 mit Hn. Z. zu Hn. Talleyrand, welcher, da er sich nicht in seiner Kanzlei gegenwärtig befand, den 28 zu dieser Zusammenkunft bestimmte. Nach dem ersten Eingang fieng Hr. Talleyrand die Conferenz an. Er sagte, das Directorium habe einen Beschluß gefaßt, welchen er zur Einsicht anbot, worinn es von den Gesandten über einige Theile der Rede, die der Präsident am leztverflossenen 16 Mai an den Congreß gehalten, zum Theil eine Erläuterung, zum Theil EhrenErklärung foderte. Er fühlte wohl, sagte er, daß dieser Theil der Foderung von Seiten der Gesandten Hindernisse finden müsse; er glaube aber, daß sie durch Anerbieten von Geld der Wirkung dieses Beschlusses vorbauen könnten. Nachdem Hr. Z. auf Bitte des Hn. Gerry versichert hatte, daß die Gesandten keine solche Vollmacht hätten, antwortete Hr. Talleyrand: „in solchen Fällen können „sie die Vollmacht auf sich nehmen", und er schlug vor, daß sie eine Anleihe abschliessen sollten. Hierauf wendete sich Hr. Gerry deutlich in englischer Sprache, welche Hr. Talleyrand, wie er sagte, verstand, gegen diesen Herrn, und versicherte ihn, der Unwille des Directoriums über die Rede des Präsidenten sey ein ihrer Sendung ganz fremder Gegenstand; Hr. Barras habe sich, in seiner gegen Hn. Munroe bei dessen Zurükberufung gehaltenen Rede, auf eine der Regierung und den Bürgern der vereinigten Staaten sehr unangenehme Weise ausgedrükt, und hierüber habe der Präsident, nach dem Erachten der Gesandten, die Bemerkungen gemacht, welche zur EhrenRettung der vereinigten Staaten nöthig waren; dieses würde aber von unsrer Regierung nicht als ein Gegenstand des Zwistes zwischen den beiden Nationen angesehen; wir könnten, da unsre Instructionen gar nichts deshalb enthielten, auch keine Erläuterung noch EhrenErklärung darüber geben, und Hr. Talleyrand selbst sey mit der Constitution der vereinigten Staaten hinlänglich bekannt, um die Wahrheit dieser Bemerkung einzusehen. Hr. Gerry erwies weiter, daß die Vollmachten der Gesandten, ihres Erachtens, den Erörterungen und Ausgleichungen aller wirklichen StreitPunkte zwischen beiden Nationen angemessen wären; daß sie den bestehenden Tractat verändern und verbessern, ja nöthigen Falls einen neuen machen könnten; daß die vereinigten Staaten eifrig wünschten, alle Ursache zu Klagen zwischen sich und Frankreich aus dem Wege zu räumen, und ihr altes FreundschaftsVerkehr auf Bedingungen, welche für beide Nationen gegenseitig ehrenvoll und vortheilhaft wären, zu erneuen, aber auch nur auf solche und keine andre Bedingungen; was aber eine Anleihe beträfe, so hätten wir nicht die geringste Vollmacht dazu; sollten wir uns damit abgeben, so würden wir ihn und das Directorium nur betrügen, welches wir als Männer von Ehre nicht thun dürften; sollte es aber für nöthig gehalten werden, so könnten wir, vorausgesezt daß die andern Gegenstände der Negociation indeß abgehandelt und festgesezt werden sollten, einen von uns abschiken, um Instructionen über diesen Vorschlag einzuholen; da er Verlangen bezeugt hätte, sich mit den Gesandten als blosen PrivatPersonen zu unterhalten, so wünschte er, daß diese Conferenz statt finden möchte, und daß ihre Meinungen, welche, wie er wüste, in den erwähnten Punkten mit den seinigen übereinstimmten, auf diese Weise bekannt würden. Hr. Talleyrand antwortete, es würde ihm angenehm seyn, sich mit den andern Gesandten als PrivatLeuten zu unterhalten, allein die GeldSache müste unmittelbar ohne eine Botschaft nach Amerika abgethan werden; er würde den Beschluß auch keine Woche lang aus den Händen geben, und selbst wenn wir die Hindernisse wegen der Rede aus dem Wege räumen könnten, würden dennoch die vereinigten Staaten der Anleihe wegen angegangen werden. Da in diesem Augenblike ein EilBote aus Italien ankam, und Hr. Talleyrand ungeduldig schien, seine Briefschaften zu wesen, so nahm Hr. Gerry sogleich Abschied. Der Minister begleitete ihn an die Thüre, und bat Hn. Z, Hn. Gerry zu wiederholen, was er, Hr. Talleyrand, gesagt hätte. Hr. Gerry kehrte mit Hn. Z. nach Haus zurük, brachte die besondern Umstände dieser Zusammenkunft, so wie sie vorher angeführt worden sind, zu Papier, und schikte nach dem General Pinckney und Hn. Marshall, denen er sie in Gegenwart des Hn. Z., der sie bekräftigte, vorlas. General Pinckney und Hr. Marshall baten darauf Hn. Z., Hn. Talleyrand zu hinterbringen, daß sie zu dieser Conferenz nichts hinzuzufügen wüßten, und nicht weiter wünschten, daß der Beschluß um ihretwillen länger aufgeschoben werden möchte.

„Den 29 Oct. hatten wir noch einen Besuch von Hn. X. Er sagte, Hr. Talleyrand wünschte sehnlichst, uns nüzlich zu seyn, und hätte gebeten, noch einen Versuch zu machen, ob man uns nicht bereden könnte, ihn dazu in Stand zu sezen. Ein groser Theil der Dinge, die in unsern vorigen Gesprächen vorgekommen waren, wurden nun wiederholt. Die Macht und der Stolz Frankreichs ward uns wieder vorgestellt; man sagte uns, der Untergang von England sey unvermeidlich, und sollte uns diese Begebenheit in Frieden finden, so würden der Reichthum und die Künste dieser Nation natürlicher Weise nach Amerika übergehen. Hierauf antworteten wir, daß Frankreich es wahrscheinlich Amerika verbieten würde, sie aufzunehmen, so wie es der Schweiz verboten hätte, einem englischen Minister den Aufenthalt zu gestatten. Wir sagten ihm auch, daß wir den Werth des Friedens zu schäzen wüßten, daß wir ihn unermüdet suchten, aber nur einen wirklichen Frieden, und daß nur ein wirklicher Friede wünschenswerth seyn könnte. Der Inhalt seiner Vorschläge war, wenn wir die zu einem PrivatGebrauch bestimmte Summe, als Honorar, (das war sein Ausdruk) bezahlen wollten, so würde uns das Directorium zwar nicht empfangen, aber uns erlauben, auf den nemlichen Fuß wie gegenwärtig in Paris zu bleiben, und wir sollten, bis einer von uns, um unsre Regierung wegen eines Darlehns zu befragen, nach Amerika gehen könnte, bei Hn. Talleyrand Zutritt haben; dieses wären die Umstände, unter denen der portugiesische Minister unterhandelt hätte. Wir fragten, ob das Directorium indeß Befehl geben würde, daß das amerikanische Eigenthum, welches noch nicht in die Hände von Kapern geliefert wäre, wieder herausgegeben werden sollte? Er antwortete ausdrüklich, das würde nicht geschehen. Wir fragten, ob es die ferneren Feindseligkeiten gegen unsern Handel einstellen würde? Er antwortete: Nein; allein er sagte, Hr. Talleyrand hätte die Bemerkung gemacht, daß wir in diesem Stük nun nicht mehr viel leiden könnten, weil die Annäherung des Winters die Anzahl der aufzubringenden Schiffe sehr verminderte. Wir sagten ihm, Frankreich hätte Amerika gewaltsam um mehr als 15 Millionen Dollars gebracht, und uns für alle Freundschaft, die wir ihm erwiesen, in jeder Rükſicht als Feinde behandelt; wir wären gekommen, um die Eintracht zwischen den beiden Nationen wieder herzustellen, und für den Schaden, den unsre Landsleute erlitten hätten, Ersaz zu erhalten; statt dieses Ersazes sagte man uns: wenn wir 1200,000 Livres bezahlen wollten, sollte es uns erlaubt seyn, in Paris zu bleiben, als wodurch wir keinen andern Vortheil erlangen könnten, als die Pariser Schauspiele und Opern zu sehen, und dadurch Zeit zu gewinnen, um unserm Vaterlande endlich zu sagen, daß es für Frankreich, indeß dieses seine Mishandlungen fortsezte, seine HilfsQuellen erschöpfen sollte. Er wiederholte nochmals, daß wir durch dieses Mittel den Krieg aufschieben würden, und daß die Macht vielleicht in fünf oder sechs Monaten in andre Hände gerathen könnte. Wir sagten, was wir in Frankreich zu sehen wünschten, wäre eine aufrichtig freundschaftliche Stimmung gegen die vereinigten Staaten, eine aufrichtige Neigung, uns Gerechtigkeit wiederfahren zu lassen; wenn wir diese wahrnähmen, würde es uns auf ein wenig Geld, wie er versicherte, daß es gebräuchlich wäre, obschon wir uns, indem wir es gäben, aussezten, dennoch nicht ankommen; allein wir sähen nur Zeichen der äussersten Feindseligkeit gegen uns; der Krieg würde, so weit es die Lage der Dinge erlaubte, von Frankreich gegen uns geführt, und man dächte nicht einmal daran, diesen Krieg, wenn wir das Geld bezahlen würden, einzustellen; wir hätten keine Ursache zu glauben, daß irgend ein Nuzen daraus erwachsen würde, und wir bäten ihn zu erklären, daß, bis das ungerechter Weise erbeutete amerikanische Eigenthum nicht vorgängig zurükgegeben, und die ferneren Feindseligkeiten eingestellt wären, wir keinen Schilling geben würden; bis dieses nicht geschehen wäre, begriffen wir sogar nicht, wie wir bei unsrer Regierung über eine Anleihe nur anfragen könnten; wenn uns aber das Directorium empfangen, und die Unterhandlungen anknüpfen wollte, und dann irgend etwas vorfiele, das eine Befragung unsrer Regierung nothwendig machte, so würde einer von uns zu diesem Endzwek nach Amerika zurükkehren. — Ohne dieses Geld, sagte er, würden wir Paris verlassen müssen; wir möchten die Folgen überlegen; das amerikanische Eigenthum würde eingezogen, und auf die in den Häfen befindlichen amerikanischen Schiffe Beschlag gelegt werden. Wir antworteten, wenn keine Hofnung zu einer wirklichen Aussöhnung vorhanden wäre, so könnten wir diese Übel nicht verhindern, und der geringe Aufschub, den wir erlangen könnten, würde sie nur vergrösern; unsre Sendung habe mehrere unsrer Landsleute verleitet, ihre Fahrzeuge in fränkischen Häfen zu lassen; unser längerer Aufenthalt in Paris würde ihre Anzahl nur vermehren, und in eben dem Maasse würde der Verlust unsrer Landsleute, wenn Frankreich seine eignen Zusagen und das VölkerRecht dergestalt verlezen wollte, auch zunehmen. Er äusserte den Wunsch, daß uns Hr. Y. noch einmal sehen möchte. Wir antworteten, Hn. Y's Besuche würden uns in Rüksicht auf seine Person allezeit sehr angenehm seyn; käme er aber nur in der Erwartung, daß wir auf GeldVorschüsse eingehen würden, ohne vorläufig eine feste und immerwährende Aussöhnung zu Stande zu bringen, so möchte er sich die Mühe ersparen; denn dieses wäre ein Gegenstand, den wir reiflich überlegt hätten, und in Ansehung dessen wir unerschütterlich wären. Er verließ uns mit den Worten, daß es, wenn die Sachen so stünden, der Mühe für Hn. Y. nicht verlohnte, zu uns zu kommen. Abends, da General Pinckney und General Marshall abwesend waren, kamen die Hn. X. und Y., und wurden von Hn. Gerry auf den folgenden Morgen zum Frühstük eingeladen.

„Den 30 Oct., gleich nach dem Frühstük, ward die Sache wieder vorgenommen. Hr. Y. sprach ununterbrochen fast eine

Stunde. Er sagte, er wolle durch einen Vorschlag, der die Streitigkeiten der beiden Nationen beilegen könnte, eine lezte Anstrengung uns zu dienen machen; was er uns izt sagen würde, hätte keineswegs die Zustimmung des Directoriums, noch könnte sich Hr. Talleyrand zu etwas anderm anheischig machen, als daß er dem Directorium die Vorschläge in unserm Namen machen, und seinen Einfluß zu ihrer Annahme anwenden wolle. Die vergangene Woche hätte es Hr. Talleyrand noch nicht wagen können, solche Vorschläge zu thun, aber seine Lage sey durch den Frieden mit dem Kaiser wesentlich verändert worden; er habe dadurch das Vertrauen des Directoriums in einem hohen Grade erlangt und bei demselben einen grosen Einfluß gewonnen; auch sey er mit Buonaparte und den Generalen der italienischen Armee in genauer Verbindung, und wenigstens auf fünf oder sechs Monate hinaus in seinem Posten gesichert zu achten; unter diesen Umständen wollte er es wagen, zu unserm Besten Vorschläge zu thun, die er vor diesem Zuwachs seines Einflusses nicht gewagt hätte. Hr. Y. wollte sodann unsre Aufmerksamkeit auf unsre Lage, und auf die Macht, die Frankreich gegen uns anwenden könnte, ziehen. Er sagte, wir könnten die Kraft unsers Widerstandes, soweit er auf unsern eignen HilfsMitteln beruhte, am besten selbst berechnen, und sollten uns über einen so wichtigen Gegenstand nicht selbst hintergehen. Das Schiksal von Venedig möchte auch den vereinigten Staaten bevorstehen. Doch, fuhr er fort, verliessen wir uns vielleicht auf ein Bündniß mit England, allein diese Stüze würde uns gebrechen; die Lage von England wäre so beschaffen, daß Pitt auf die von Frankreich gefoderten Bedingungen würde Frieden machen müssen; um dieses unvermeidlich zu machen, wirkten eine Menge Ursachen zusammen; die Opposition ungerechnet, die in England gegen den Minister und den Krieg existire, eine Opposition welche die Furcht der Nation immer noch vermehren müsse, einen Krieg ungerechnet, der sich im Norden gegen England entspinne, so breite sich eine Armee von 150,000 Mann unter Buonaparte's Befehl auf den fränkischen Küsten aus, die von allen HilfsMitteln dieses grosen Genies unterstüzt, wahrscheinlich im Stand seyn würde, in England einzufallen. In diesem Fall würde die englische

Regierung gestürzt werden; sollte dieser Angrif aber auch nicht eigentlich in's Werk gerichtet werden, so würde der Schreken, den er unter der Nation verbreitete, so würden die ungeheuren Ausgaben, die erfoderlich wären, wenn es sich in die Länge zöge, England unausbleiblich zu Grunde richten, und es also zwingen sich durch einen Frieden zu retten; aber ausserdem besässe auch Frankreich Mittel, Englands Bank und ganzes PapierGelds-System sicher zu zerstören. Er wüste wohl, sagte er, daß man allgemein glaube, Buonaparte werde Italien und die Armee, die unter seinen Befehlen gesiegt habe, und von der er angebetet werde, nicht verlassen; allein er könnte uns versichern, daß nichts ungegründeter sey als diese Vermuthung; Buonaparte hätte seit länger als zehn Tagen Italien verlassen, um bei dem Congreß, der in Rastadt zur Beilegung der europäischen Angelegenheiten versammelt sey, den VorSiz zu führen. Er sagte, Pitt selbst wäre von der unzweifelhaften Nothwendigkeit des Friedens so sehr überzeugt, daß er nach der gewonnenen SeeSchlacht gegen die Holländer seine Bereitwilligkeit, auf dieselben Bedingungen wie vor der SeeSchlacht zu unterhandeln, bezeugt hätte; auf die Hilfe von England könnten wir also nicht rechnen; und welches würde nun unsre Lage seyn, wenn der Friede mit England geschlossen werden sollte, ehe unser Zwist mit Frankreich beigelegt wäre? Aber, fuhr er fort, selbst wenn England fähig seyn sollte, den Krieg fortzusezen, und wenn sich Amerika mit England verbände, so würde es doch nicht in unsrer Macht seyn, Frankreich zu schaden; wir dürften zwar allerdings Frankreichs BundsGenossen verwunden können, aber desto schlimmer für uns, wenn wir das thäten. — Nachdem er die Gefahren, die uns erwarteten, wenn wir uns in einen Krieg einliessen, auseinandergesezt hatte, gieng er zu den Vortheilen über, die wir aus einer neutralen Lage ziehen würden, und hielt sich lange bei dem Reichthum auf, den die Zerstörung von England natürlicher Weise über unser Land ergiessen würde. Nun schritt er zur Entwikelung der Vorschläge, die dem HauptInhalt nach in der Beilage A. enthalten sind, ausser daß er noch darauf bestand, wir sollten unsern Einfluß bei unsrer Regierung wegen der Anleihe anwenden. Er sagte ausdrüklich, die Vorschläge sollten als von uns kommend angesehen werden; Hr. Talleyrand wolle für die Genehmigung keines einzigen darunter verantwortlich seyn; er verspreche nur, sich mit seinem Einfluß bei dem Directorium deshalb zu verwenden. Der Vorschlag, sagte er, welcher eine Einstellung der Feindseligkeiten von Seiten Frankreichs betreffe, rühre ausschlieslich von ihm allein her; Hr. Talleyrand sey nicht darüber befragt worden, und er wisse sogar nicht, ob er darein willigen würde, diesen Punkt dem Directorium unter die Augen zu legen; der Vorschlag eines Vorschusses an die fränkische Regierung bis zum Betrag der Summen, die Frankreich unsern Bürgern laut Contracten schuldig wäre, und derer, welche für ungerecht aufgebrachte und verurtheilte Schiffe bestimmt werden dürften, sey unabänderlich; giengen wir diesen nicht ein, so sey es unnöthig, irgend einen andern zu thun, denn die andern würden denn nicht angenommen werden. Er ließ sich über den grosen Vortheil, Zeit zu gewinnen, aus; wir gewännen dadurch unausbleiblich unsre Sache. Er kam auf die Gefahr unsrer Lage zurük, und auf die Politik, mit Frankreich jeden Vergleich einzugehen, in welchen es willigen wollte. Sie glauben vielleicht, sagte er, wenn Sie zurükkehren, und Ihren Landsleuten die Unbilligkeit der Foderungen des fränkischen Directoriums vorlegen, daß sie sich zum Widerstand gegen diese Foderungen vereinigen werden; aber Sie irren sich; Sie müssen wissen, daß die diplomatische Geschiklichkeit Frankreichs, und die Mittel, die es in Ihrem Vaterlande besizt, es bei der französischen Partei in Amerika in den Stand sezen werden, den Tadel wegen der Abbrechung der Negociationen auf die Föderalisten, wie Sie sie nennen, oder nach unsrer Sprache, auf die englische Partei zu wälzen; und dieses wird ganz sicherlich geschehen. Er schloß mit Versicherungen seiner vollkommenen Uneigennüzigkeit, und erklärte, seine einzige Ursache so freimüthig zu sprechen, sey seine Freundschaft für Hn. Talleyrand, und sein Wunsch, das Wohl und den Frieden der vereinigten Staaten zu befördern. Wir sagten, die Freimüthigkeit mit der er gesprochen hätte, sey uns angenehm, und veranlasse uns, eben so zu sprechen, und für izt unsre Ansicht von der gegenwärtigen Lage der Dinge mit einem Rükblik auf die vergangene zu begleiten; Amerika sey die einzige Nation auf Erden, die eine wirkliche Freundschaft für die fränkische Republik bewiesen habe; unter allen Staaten um sie her, die sich unter ihrer Macht beugen und ihren Befehlen gehorchen müsten, sey keiner, der ihre Regierung freiwillig anerkannt noch aus eigner Willkür ihr irgend ein Zeichen von Achtung gegeben hätte; zu einer Zeit, wo fast die ganze europäische Welt, wo Oestreich, das teutsche Reich, Preussen, Rußland, Spanien, Sardinien, Holland und England gegen Frankreich verbündet waren, habe sich Amerika allein gezeigt, und die unzweideutigsten Proben der reinsten, aufrichtigsten Freundschaft gegeben; wie die Lage dieses Staats sehr bedenklich war, wie es gefährlich war, ein freundschaftliches Verkehr mit ihm zu haben, sey Amerika allein aufgetreten, und habe offen und kühn seinen Enthusiasm für die Republik, und den tiefen aufrichtigen Antheil gestanden, den es an ihrem Schiksal nähme. Von jener Zeit an — fuhren wir fort — bis izt, haben die Regierung und das Volk der vereinigten Staaten Frankreich unaufhörlich eine aufrichtige eifrige Freundschaft bethätigt, und wie sie glauben, in keinem einzigen Falle billige Ursache zum Verdacht gegeben; sollte es aber doch geschehen seyn, so wünschten sie nur, man möchte es ihnen anzeigen. Nach dem Entschlusse von Seiten Frankreichs, alles freundschaftliche Verkehr abzubrechen, hat Amerika drei ausserordentliche Gesandten abgeschikt, um wo möglich durch die gehörigen Erläuterungen eine Versöhnung zuwege zu bringen. Diese Gesandten sind bereit, ihrem Wunsche gemäs, jede Maasregel, welche beleidigt haben könnte, zu untersuchen, und sie sind überzeugt, das Betragen ihrer Regierung vollkommen rechtfertigen zu können. Und welches ist das Betragen Frankreichs gegen diese ferne, unschädliche, freundschaftlichgesinnte Republik? Wo es nur unserm Eigenthum beikommen kan, bemächtigt es sich dessen, und reißt es an sich; ungereizt, beschließt es, uns als Feinde zu behandeln, und daß wir keinen Widerstand leisten, vermindert den Ausbruch seiner Feindseligkeiten um nichts. Es höhnt und beschimpft unsre Regierung, und sucht sie in den Augen des Volks herabzusezen, ruft seine Minister zurük, und will die unsern nicht annehmen; wenn wir ausserordentliche Mittel ergreifen, um die zur Hinwegräumung des Misverständnisses nöthigen Erläuterungen zu geben, und in den bestehenden Verbindungen der zwei Nationen solche Abänderungen zu machen, daß dadurch Eintracht hervorgebracht, und gegenseitige Zufriedenheit erreicht werde, will man die Gesandten, die mit diesen Vollmachten bekleidet sind, nicht empfangen; man erlaubt ihnen nicht, die freundschaftlichen Wünsche ihres Vaterlandes zu äussern, sondern in dem hochmüthigen Ton eines Herrn sagt man ihnen, daß, wenn nicht eine Summe, zu der die HilfsQuellen von Amerika kaum hinreichen, bezahlt würde, es der Rache Frankreichs gewiß seyn könnte, und wie Venedig aus der Reihe der Nationen ausgestrichen werden sollte. Frankreich will also die einzige freie Republik auf Erden vernichten, die einzige Nation in der Welt, von der es freiwillig gutherzige, wahre FreundschaftsBezeugungen empfangen hat? Welchen Eindruk muß das auf Amerika machen, wenn Frankreich, ohne alle Reizung von unsrer Seite, falls wir den Frieden nicht kaufen wollen, entschlossen ist, uns den Krieg zu erklären? Wir können nicht einmal glauben, daß uns unser Geld retten würde; unsre Unabhängigkeit wird immer für eine Beleidigung gelten, und immer Ursachen zu neuen Foderungen an die Hand geben. Uiber die Vortheile der Neutralität braucht kein Wort verloren zu werden; unsre Regierung wendet alle Kräfte an, sie zu behaupten, und wir werden sie nie freiwillig aufgeben. Was eine politische Verbindung mit England betrift, so hat Amerika diese nie in Uiberlegung gezogen. Ob die Gefahr, in der diese Macht schweben soll, gegründet sey oder nicht, wollen wir nicht entscheiden; England hat, wie wir glauben, alle Ursache, Frieden zu wünschen, und Frankreich hat diese nicht weniger: aber sollte der Friede auch schon abgeschlossen seyn, so würde das in dem Wege, den Amerika zu gehen hätte, nichts ändern. — Hr. Y. äusserte die entsezlichste Ungedult; er unterbrach uns, und sagte: diese beredte Abhandlung könnte ganz wahr seyn; Amerika könnte, und er glaube selbst, daß dem also sey, Frankreich alle mögliche Freundschaft bewiesen haben, es hätte auch wirklich gerechte Klagen gegen Frankreich; allein um diese Klagen anzuhören, sey er nicht hergekommen; der Minister wollte auf unsre Bitte dem Directorium gewisse Vorschläge thun, er hätte sie uns bekannt gemacht, und alles, was er zur Antwort erbäte, wäre: Ja, oder Nein; das hiesse, wünschten wir, oder wünschten wir nicht, daß der Minister diese Vorschläge für uns thäte? Wir antworteten, daß wir, ohne weiter in die Erörterung einzugehen, nur einen oder zwei Punkte zu bemerken wünschten: daß nemlich der schon vorhandene Tractat Frankreich gewisse Vortheile gäbe, die sehr wesentlich wären, daß hauptsächlich die amerikanische Küste den Prisen, welche Frankreich gegen seine Feinde machte, eine Streke von beinahe 2000 Meilen in der Länge darböte, und diesen Schuz den Prisen, die gegen Frankreich gemacht würden, versagte; nun könne es aber sicher rechnen, diesen Vortheil durch einen Krieg auf immer zu verlieren; in Ansehung der Parteien in Amerika sagten wir ihm auch, sey man in Frankreich ganz gewiß im Irrthum; die ausserordentliche Ungerechtigkeit, die unser Vaterland erlitte, würde jedermann gegen diese Macht vereinigen. — Hr. X. sagte uns, daß Hr. Talleyrand nicht einmal darein willigen wollte, diese Vorschläge dem Directorium vorzulegen, bis er nicht die 50,000 Pfund oder doch den größten Theil davon erhalten hätte. Hr. Y. ließ uns seine Vorschläge schriftlich zurük, und wir stellten ihm die mit B bezeichnete Antwort zu.

„Den 1 November ward endlich beschlossen, daß wir kein mittelbares Verkehr mit der Regierung weiter haben wollten.

„Den 3 November besuchte uns Hr. X., und sagte den Herren Pinckney und Marshall, (Hr. Gerry war nicht zu Hause,) daß uns Hr. Y. noch einmal zu sehen wünschte. Wir antworteten, daß es uns immer viel Vergnügen machen würde, Hn. Y. als einen PrivatMann zu sehen; sollte er aber kommen, um seine Vorschläge wegen des Geldes zu wiederholen, so gäbe er sich völlig vergebliche Mühe, denn über diesen Punkt wäre es uns durchaus unmöglich, an der einmal gegebenen Antwort das geringste zu ändern. Wir sagten ferner, es schiene uns entehrend für unser Vaterland, das mittelbare Verkehr, welches wir uns eine Zeit her hätten gefallen lassen, länger fortzusezen; wir hätten beschlossen, keinen Vorschlag mehr aufzunehmen, wenn er uns nicht durch Personen gemacht würde, die anerkannte Vollmachten dazu hätten. Er sagte, Hr. Y. könnte vielleicht eine geschriebene Vollmacht von dem Minister haben; in diesem Falle, erwiederten wir, würden wir seine Eröfnungen mit Vergnügen hören. Er sprach von der Möglichkeit eines Friedens mit England, und nachdem er uns gebeten hatte, den Nachmittag zu Haus zu bleiben, verließ er uns. Um drei Uhr kam er; nach einem kurzen Gespräch, worinn das oben Gesagte zum Theil wiederholt wurde, zeigte er uns ein Papier, welches, wie er sagte, die Abschrift eines Briefes sey, den Hr. Talleyrand an uns aufgesezt hätte, worinn er wegen der Stellen in der Rede des Präsidenten Erläuterungen verlangte; dieser Brief, hieß es, würde, wenn wir die uns angebotenen Vorschläge nicht annehmen wollten, uns zugeschikt werden. Wir wünschten eine Abschrift davon zu nehmen; er schlug es uns aber ab, weil es ihm verboten wäre. Wir sprachen von dem Brief, den wir erhalten sollten, als einer Maasregel, der wir vorzubeugen nicht hoffen könnten; und er sagte, daß es ihm auch gar nicht schiene, als ob wir sie aufzuschieben wünschten. Hierauf antworteten wir, wenn wir keine Hofnung hätten, das Directorium unserm Vaterlande gewogener werden zu sehen, so könnte uns der Aufschub von einigen Tagen nicht sehr wünschenswerth seyn. Er sagte, man hätte Nachricht aus den vereinigten Staaten erhalten, daß, wenn die Sendung dem Obristen Burr und Hn. Madison anvertraut worden wäre, die Zwistigkeiten zwischen den beiden Nationen schon längst beigelegt seyn würden; und als eine ThatSache, die er nicht Auftrag hätte, uns mitzutheilen, sezte er hinzu, daß Hr. Talleyrand eine Denkschrift an die vereinigten Staaten auffsezte, worinn er sich über uns beklagte, daß wir einem Vergleich mit Frankreich abgeneigt wären. Wegen des ersten Punkts sagten wir, daß die Correspondenten des Ministers sehr viel auf sich nähmen, wenn sie sagten, wie das Directorium Hn. Madison und den Obristen Burr aufgenommen haben würde; was aber die Denkschrift des Hn. Talleyrand anbelangte, so würde es ihm schwer werden, unsre Landsleute zu überzeugen, daß unsre Aussagen falsch wären; sollten wir aber auch glauben können, daß unser Betragen gemisbilligt werden würde, so könnte Hr. Talleyrand doch versichert seyn, daß die Furcht vor Tadel uns nie verleiten würde, Tadel zu verdienen, sondern daß wir immer handeln würden, wie unsre Vernunft und unser Gewissen es uns vorschriebe, und auf den mächtigen Beistand der wahrheitsliebenden und redlichen Menschen rechneten. In dieser Unterredung wiederholten wir, daß Amerika eine neutrale Lage angenommen hätte; daß es getreulich darnach getrachtet hätte, sie zu behaupten; daß ein Darlehn an eine der kriegführenden Mächte eine offenbare Theilnahme an dem Kriege seyn, und wir durch eine von Frankreich erzwungene Theilnahme an dem Kriege unsre Unabhängigkeit durchaus aufgeben würden."

Diese Depesche enthielt verschiedene Documente.

Die Beilage A. enthält die Vorschläge, welche uns erwähntermasen Hr. X. zurükließ: es sind deren sieben. Beilage B. ist die Antwort der amerikanischen Gesandten auf diese Vorschläge.

Der Inhalt der erstern war: 1. daß die Gesandten sollten sechs Monate lang, auf eben dem Fuß wie der portugiesische Minister, in Frankreich bleiben. 2. Daß eine Commission von fünf Mitgliedern über die Reclamationen wegen amerikanischer Prisen entscheiden sollte. 3. Daß die amerikanische Regierung den amerikanischen Gläubigern Frankreichs zuvörderst Entschädigungen zahlen sollte, welche Frankreich künftighin ersezen würde. 4. Einer von den Gesandten soll nach Amerika zurükkehren, um zum Ankauf von 32 Millionen batavischer Rescriptionen für baares Geld, Vollmacht zu holen. 5. In der ZwischenZeit soll mit dem DefinitivTractat vorangegangen werden, und derselbe bei der Rükkehr des Gesandten zum Unterzeichnen fertig seyn. 6. Die Frage wegen des MannschaftsVerzeichnisses soll bis zu seiner Rükkehr verschoben werden. 7. Die Feindseligkeiten sollen auf sechs Monate, während der Hin- und HerReise des Gesandten, eingestellt werden.

Der HauptInhalt der Antwort der amerikanischen Gesandten auf diese Vorschläge war: 1. Daß sie in Betreibung ihrer Absicht nicht auf die Etikette sehen würden. 2. Dawider sey nichts einzuwenden. 3. Sie könnten auf keine Weise die Schulden Frankreichs gegen ihre Mitbürger auf sich nehmen. 4. Wenn die Negociation eröfnet, und irgend ein Vorschlag wegen einer Anleihe gemacht würde, so sollte die amerikanische Regierung in aller Eile befragt werden. 5. Würden sie eifrigst genehmigen. 6. Das MannschaftsVerzeichniß sollte ein Gegenstand der Unterhandlungen seyn. 7. Sechs Monate wären für eine Winter-Uiberfahrt eine zu kurze Zeit; und sie schlugen den Anfang der Erörterungen über die gegenseitige Lage der beiden Länder in der gewöhnlichen Form vor, ohne daß ein diplomatisches Geschenk der Ratification des Tractats vorausgehen sollte.

Die Depesche No. 3. berichtete, daß die Gesandten den 11 Nov. dem Minister der auswärtigen Angelegenheiten ein officielles Schreiben überschikt hätten, in welchem sie ihn ersuchten, ihrer Sendung Aufmerksamkeit zu gönnen; die Regierung der vereinigten Staaten habe ihr Betragen gegen ihre ehemaligen Freunde mit der gewissenhaftesten Aufmerksamkeit untersucht; da es ihr wohl bekannt sey, daß bei der aufrichtigsten Absicht dennoch Ursache zu Beschwerden gegeben werden könne, so sey sie durch ihr eifriges Verlangen, solche, wenn sie gerecht wären, aus eignem Antrieb aus dem Wege zu räumen, dazu bewogen worden; weit entfernt, nach dem VorRecht, in ihrer eignen Sache zu richten, trachten zu wollen, lade sie zu einer ofnen, freimüthigen Erörterung ein. In dessen Verfolg bezeugten die Gesandten ihren eifrigen Wunsch, mit ihren Bemühungen zur Wiederherstellung der Freundschaft zwischen beiden Nationen einen Anfang zu machen, und baten den Minister, diese Eröfnung dem VollziehungsDirectorium vorzulegen. In ihrer Depesche sagen sie, daß sie bis zum 27 Nov. auf diese officielle Mittheilung keine Antwort erhalten haben; daß das Directorium so unfreundschaftlich wie jemals gesinnt scheine; daß man täglich amerikanische Schiffe verurtheilte, und sie wenig Hofnung hätten, den Endzwek ihrer Sendung zu erreichen.

Die Depesche No. 4. ist ein Brief der Gesandten, vom 24 Dec. 1797 datirt. Sie sagen darinn, daß sie auf ihren officiellen Brief an den Minister der auswärtigen Angelegenheiten noch keine Antwort erhalten haben, daß man aber verschiedene Versuche gemacht habe, sie mit Personen ohne alle Vollmachten in Unterhandlungen zu verwikeln. Sie enthielt drei Beilagen

A. B. und C., mit wichtigen Nachrichten über die Plane und Absichten der fränkischen Regierung gegen die unsrige, woraus die Gesandten schlossen, daß, wenn sie nicht Geld und noch dazu eine ansehnliche Summe stipulirten, oder der vorgehabte Angrif auf England misglüke, oder eine gänzliche Veränderung in dem Personale der Regierung vorgienge, sie keine Möglichkeit sähen, die Absichten ihrer Sendung zu erreichen. Dennoch wären sie entschlossen, bis zum 10 Januar in ihrer gegenwärtigen Lage zu verharren; alsdann würden sie dem Minister einen zweiten Brief, der die Absichten der vereinigten Staaten auseinander sezen sollte, übergeben.

Beilage A. zu der Depesche der Gesandten No 4.

„Den 14 Dec. besuchte mich Hr. X., um sich, wie er sagte, wegen einiger Ländereien in .... die ...... gekauft, für den .... zu erkundigen. Bald nachher kam General Marshall nach Haus, und gleich darauf fuhr Hn. Gerry's Wagen vor. Da kommt Hr. Gerry, sagte General Marshall. Das freut mich, sagte Hr. X., ich habe die Herren beisammen zu finden gewünscht, um ihnen zu sagen, daß Hr. Y. Ihnen noch eine Botschaft von Hn. Talleyrand zu bringen hat. Ich bezeugte ihm sogleich mein Erstaunen darüber, da Hn. Talleyrand, Hn. Y. und ihm selbst unser Entschluß, mit Personen, die nicht eigentlich dazu bevollmächtigt wären, über den Gegenstand unsrer Sendung kein weiteres Verkehr zu haben, bekannt wäre. Dieser Entschluß, antwortete er, sey vor sechs Wochen gefaßt, und man vermuthete, daß wir unsre Meinung geändert hätten. Ich sagte, die meinige hätte ich nicht geändert, und ich glaubte, meine Collegen würden auch auf der ihrigen bestanden seyn. In diesem Augenblik trat Hr. Gerry in das Zimmer. Ich unterrichtete ihn insgeheim von der Veranlassung zu dem Besuche des Hn. X. General Marshall, Hr. Gerry, und ich begaben uns sodann in ein besonderes Zimmer, und kamen sogleich überein, auf unserm vorigen Entschluß zu beharren. Wir riefen nun Hn. X., den ich mit wenigen Worten von unsrer Entscheidung benachrichtigte. Hr. Gerry ließ sich nachher noch weitläuftiger über die Schiklichkeit dieser unsrer HandlungsWeise aus, und sprach von der Unanständigkeit mit der man uns seit unsrer Ankunft behandelt hätte.

„Den 22 Dec. bezeugte mir eine Dame von Hn. Talleyrand's genauer Bekanntschaft, wie leid es ihr thäte, daß unsre Lage noch immer so unsicher bliebe; aber, fügte sie hinzu, warum wollen Sie uns kein Geld leihen? wenn Sie uns nur ein Darlehn machen wollten, so würde sich alles bald in's Reine bringen lassen; wie Sie für Ihre Revolution stritten, sagte sie weiter, liehen wir Ihnen doch auch Geld. Ich führte den grosen Unterschied an, der zwischen damals und izt in der Lage der beiden Länder statt fände, und die ganz verschiedenen Umstände, unter denen man uns das Darlehn machte, und unter denen man es von uns foderte. Sie antwortete: wir foderten nicht, wir finden delicater, daß das Anerbieten von Ihnen komme. Allein Hr. Talleyrand, — (und ich bin doch sicherlich nicht seine Vertraute,) — hat mir gesagt, es sey nothwendig, daß Sie ein Darlehn machten; ich weiß, daß er es zu zwei, drei andern Personen gesagt hat, und daß Sie davon unterrichtet sind. Das versichre ich Sie, blieben Sie auch noch sechs Monate länger hier, ohne ein Darlehn kommen Sie in Ihren Unterhandlungen um keinen Schritt weiter. — Wenn das der Fall ist, antwortete ich, so können wir eben so gut noch heute abreisen. Das, sagte sie, würde wahrscheinlich einen Bruch herbeiführen, den Sie lieber vermeiden sollten; denn Sie wissen wohl, wir haben in Amerika eine ansehnliche Partei, die unser Interesse sehr zu Herzen nimmt. — Es ist unnöthig, diese Unterredung weitläuftiger zu wiederholen; ich habe nur dieses angeführt, weil es mir, (in Rüksicht auf die Anleihe und die fränkische Partei in Amerika,) die DenkungsArt des Ministers und der fränkischen Regierung über uns zu enthalten schien.

Charles Cotesworth Pinckney."

Die Beilage B. war ein Auszug aus General Marshall's TageBuch, worinn er sagte, Hr. Y. habe ihm erzählt, daß Hr. Beaumarchais mit viel Freundschaft von Hn. Marshall spräche, der in seiner Sache mit dem Staat von Virginien sein Advocat gewesen wäre; und sogleich sezte er leise und bei Seite hinzu: Hr. Beaumarchais hätte, vorausgesezt daß seine Foderung erwiesen werden könnte, eingewilligt, 50,000 Pfund Sterling davon, als das PrivatGeschenk, welches man von den Gesandten foderte, aufzuopfern; so daß dieses Geschenk ohne einigen Verlust von Seiten der amerikanischen Regierung könnte gemacht werden. Hr. Marshall antwortete: sie wären nicht bevollmächtigt, irgend ein Geschenk, von welcher Art es auch sey, zu geben, und würden auch sicherlich in keines willigen, bis nicht vorläufig oder zugleich die Foderungen ihrer Mitbürger vollkommen und unbedingt anerkannt, und die Gegenstände ihrer Sendung auf eine befriedigende Weise erreicht wären. Nachdem Hr. Y. fort war, sagte Hr. Marshall zu General Pinckney, daß er durch seine Beistimmung keine Uibereinkunft zu Hn. Beaumarchais Bestem befördern würde, sondern sich der Anerkennung aller Foderungen fränkischer Bürger, bevor nicht auch die amerikanischen Foderungen anerkannt wären, unausbleiblich widersezen würde. General Pinckney hielt dafür, daß man sich dieser Foderung auf alle Weise widersezen müste.

Beilage C. enthält einen Versuch des Hn. X. bei den Gesandten, die Vorschläge zu einer Zusammenkunft mit Hn. Y. über die Gegenstände ihrer Sendung zu erneuen; aber sie wiesen dieses von sich. Weiter meldeten sie, Hr. Y. habe den 17 Dec. Hn. Gerry besucht; dieser habe ihm gesagt, seine Absicht, indem er sich zu Hn. Talleyrand begebe, sey ihm Höflichkeit mit Höflichkeit zu vergelten, indem er ihn bitten wolle, einen Tag zu ernennen, an dem er bei ihnen zu Mittag speisen möchte. Hr. Gerry schlug auch vor, mit dem Minister von der unangenehmen Lage der Gesandten zu sprechen; aber sie hätten beschlossen, durchaus auf keine inofficielle Mittheilung über diese Sache sich mehr einzulassen. Hr. Y. sagte, daß er eben mit Hn. Marshall über einen Gegenstand dieser Art gesprochen hätte; daß wir es, so wie er seinerseits auch thäte, nur als ein PrivatGespräch ansehen sollten. Sodann führte er an, daß die Wiederherstellung der Freundschaft zwischen den beiden Republiken, wenn wir zwei Maasregeln, die uns Hr. Talleyrand vorschlüge, genehmigen wollten, weiter gar kein Hinderniß finden würde. Die eine wäre ein Geschenk von 50,000 Pfund Sterling, die andre ein Ankauf von 32 Millionen batavischer Rescriptionen. Was das erste beträfe, so hätte Hr. Beaumarchais in einem Prozeß in Virginien, zwischen ihm und diesem Staat, 145,000 Pfund Sterling gewonnen; von diesem Urtheil würde appellirt; er wolle eine Schrift unterzeichnen, in welcher er, wenn er endlich die ganze Summe zurük erhalten sollte, auf 45,000 Pfund Verzicht thun, und nur 100,000 für sich behalten wollte. Diese 45,000 Pfund sollten den vereinigten Staaten zufallen, die alsdann nur einen kleinen Theil der verlangten 50,000 zu bestreiten haben würden. Der Ankauf von 16 Millionen batavischer Rescriptionen würde sich auf 333,000 Pfund, 6 Schilling, 8 Pence, Sterling, belaufen, welche, nebst den Zinsen zu fünf vom hundert, die Regierung von Holland den vereinigten Staaten gewiß bezahlen würde, so daß also diese ohne allen Verlust bleiben würden; mehr als die Hälfte der Summe könnte man izt in Holland auf die Sicherheit der Rescriptionen auftreiben; über die Zahlung in kurzen Terminen, die man auch durch Anleihe erhalten könnte, würde man sich leicht vergleichen; es sey der Uiberlegung für die Gesandten wohl werth, ob sie durch so ein kleines Opfer den Frieden mit Frankreich erlangen, oder die Folgen des Gegentheils wagen wollten; wenn man mit den Gesandten nicht fertig werden könnte, so würden sogleich Maasregeln genommen werden, um die Küsten der vereinigten Staaten durch Fregatten von St. Domingo aus verwüsten zu lassen; kleine Staaten, welche Frankreich beleidigt hätten, litten dafür; Hamburg und andre aus dieser Gegend würden in wenigen Monaten ihre Regierung verändert sehen; der Schweiz stünde dasselbe Schiksal bevor, und Portugal würde es wohl noch schlimmer gehen; das Unternehmen gegen England würde sicherlich verfolgt werden, und wollten sie irgend einen Weg zu einem Vergleich einschlagen, so wäre dieser Augenblik der vortheilhafteste. Hr. Gerry sagte in seiner Antwort, wenn die Franken die vereinigten Staaten mit ihrer Rache verfolgen wollten, so könnten sie vielleicht ihre Küsten verwüsten, sie könnten ihnen auf diese Art schaden, aber unterjochen könnten sie sie niemals; dieses sähe er, selbst wenn es Frankreich und alle seine BundsGenossen unternähmen, für unmöglich an. Das gestand Hr. Y. ein. Hr. Gerry sagte noch, die Verwüstungen, von denen man spräche, würden die vereinigten Staaten fest mit GrosBritannien verbinden, und sie auf immer verhindern, ihre alte Freundschaft mit Frankreich zu erneuen. In Absicht auf die Vorschläge könnte er keine Meinung darüber äussern; seine und seiner Collegen Lage sey sehr unangenehm; das Directorium sey ungemein gegen die Regierung der vereinigten Staaten eingenommen, und sehe sie als Freunde GrosBritanniens an; wenn die Gesandten Gelegenheit hätten, sich Gehör zu verschaffen, so würden sie diese Eindrüke verwischen, und darthun können, daß ihre Regierung gegen Frankreich eben so freundschaftlich gesinnt sey, als gegen England; izt aber wären die Gesandten in der peinlichsten Lage, sie würden im Angesicht Europens und der amerikanischen Regierung mit der äussersten Verachtung behandelt, und erlitten Mishandlungen, mit denen sie weder ihr Gefühl aussöhnen, noch sie vor ihren Bevollmächtigern rechtfertigen könnten. Hr. Y. fand die Bemerkung richtig, doch sezte er hinzu, den amerikanischen Gesandten würde nicht schlimmer begegnet, wie allen andern auswärtigen Ministern, ja nicht einmal so schlimm; man beobachtete im Ganzen nur wenig Ceremoniel gegen die Gesandten. Hr. Y. und Hr. Gerry fuhren darauf nach dem Hotel des Hn. Talleyrand, der sie sehr höflich aufnahm. Nachdem sie sich niedergelassen hatten, sagte Hr. Gerry zu Hn. Talleyrand auf englisch und langsam, daß Hr. Y. gegen sie einiger Vorschläge, als von Hn. Talleyrand kommend, erwähnt hätte, über die er, Hr. Gerry, aber nicht seine Meinung sagen könnte; er wäre izt nur gekommen, um sich zu erkundigen, ob er ihm nicht einen Tag bestimmen möchte, an dem es ihm bei Hn. Gerry, der alsdann auch seine Collegen einladen würde, zu Mittag zu speisen beliebte; er wünschte, daß die Gesandten auf irgend eine Weise häufiger mit ihm zusammenkommen möchten, überzeugt daß manches eingebildete Hinderniß, welches izt den Negociationen im Wege stünde, dadurch weggeräumt, und jedes wirkliche dadurch überwunden werden würde; da inzwischen ihm wohl bekannt wäre, welche küzliche Rolle die fränkischen Minister izt zu spielen hätten, so fodre er nicht, daß Hr. Talleyrand, sobald es ihm die mindeste Ungelegenheit mache, diese Einladung annehmen solle; er wünsche, ihn von andern Gegenständen zu unterhalten, und es thue ihm leid, zu gestehen, daß die Lage der Gesandten so zweideutig sey, daß es ihnen bis izt unmöglich sey, sich auf eine anständige Weise einzurichten; sie hätten vor einiger Zeit geglaubt, die Sachen nähmen eine günstige Wendung, aber seit kurzem käme ihnen von allen Seiten die Nachricht zu, der Minister der innern Angelegenheiten habe auf Anregung des Directoriums einen Bericht gemacht, nach welchem alle Amerikaner in 24 Stunden Paris räumen müssen; er könnte nicht für die Wahrheit der Nachricht stehen, allein sie schiene ihm, sowohl in Betracht daß sie ihm von so verschiedenen Orten zugekommen, als wegen der Verbindungen der Personen, von denen er sie hätte, nicht sehr unwahrscheinlich; sollte es sich so befinden, so dürfte seines Erachtens das Directorium, so viel die Gesandten beträfe, zur Abfassung dieses Beschlusses keine Ursache haben, indem man ihnen nur einen Wink zu geben brauchte, und sie sogleich Paris verlassen würden; er für seinen Theil würde sich, bis wir empfangen wären, an jedem Ort, bei jeder andern Nation, behaglicher als in Frankreich befinden, und erst dann, wenn sie Nachricht erhielten, daß das Directorium die Unterhandlungen zu eröfnen geneigt wäre, nach Paris zurükkehren. Hr. Taileyrand schien bei dieser Erklärung sehr misvergnügt, vermied aber ein Wort darüber zu sagen. Er antwortete, die Nachrichten, die mir Hr. Y. gegeben, seyen gegründet, und wir könnten uns immer darauf verlassen; er wolle aber seine Vorschläge zu Papier bringen. Dieses that er auch, und nachdem er sie Hn. Gerry gezeigt hatte, verbrannte er das Papier. Der HauptInhalt war folgender: (Siehe No. 1 weiter unten.) Dann sagte er, daß er die Einladung annähme; er wollte in der nächstfolgenden Dekade, da er in der jezigen schon versprochen sey, bei uns speisen.

Hr. Gerry wiederholte nicht alles, was er Hn. Y. gesagt hatte, weil er nicht zweifelte, daß dieser Hn. Talleyrand alles mittheilen würde. Nachdem er das wärmste Wohlwollen für die fränkische Republik, und das lebhafteste Verlangen, die ehemalige Freundschaft der beiden Staaten zu erneuen, welches Hr. Talleyrand mit gleichem Eifer erwiederte, bezeugt hatte, empfahl er sich dem Minister, und ließ ihn mit Hn. Y.

No. 1. „Die Gesandten sollten insgesamt auftreten und sagen: „Frankreich hat den vereinigten Staaten Dienste geleistet,

„und nun wünschen diese, sie Frankreich zu vergelten. Da die „vereinigten Staaten gehört haben, daß Frankreich 16 Millionen batavischer Rescriptionen zu verkaufen hat, so wollen sie „dieselben an sich kaufen, und allen andern Beistand leisten, „der in ihrer Macht ist. — Nachdem dieses erste Geschäft berichtigt seyn wird, wird die fränkische Regierung Mittel hervorsuchen, um die billigen Foderungen der Amerikaner wegen „der Prisen zu befriedigen, und ihren Schiffen in Zukunft „freie Schiffahrt zuzusichern."

Die Depesche No. 5 ist ein Brief vom 8 Januar 1798, der von der merkwürdigen Botschaft des Directoriums, worinn auf ein Gesez angetragen ward, kraft dessen alle neutrale Schiffe, die englische Waaren führten, für gute Prisen erklärt werden sollten, Nachricht erstattet, und sowohl von der Botschaft, als von dem Beschlusse, welchen der Rath der Fünfhundert unterm 11 Januar deshalb erlassen hat, Abschriften beilegt.

II.

GrosBritannien und Frankreich in Bezug auf NordAmerika.

Die officielle Bekanntmachung der vorstehenden Amerikanischen StaatsPapiere erregte in England ausserordentliches Aufsehen, und sie wurden sogleich die Losung und das TagsGeschrei aller MinisterialBlätter. Der Buchhändler Debrett, der im Besiz ist, die laufenden StaatsSchriften abzudruken, * gab sie besonders heraus,

* Es ist vielleicht manchem GeschichtsSammler willkommen, zu erfahren, daß man bei diesem Debrett alle auf den englischfränkischen Krieg Beziehung habende Papiere izt in

damit sie einen Pendant zu Malmesbury's Correspondenz ausmachen sollten, und bald erschien ein zweiter Abdruk, der sich gleich mit der Aufschrift ankündigte: „French Corruption" (französische BestechungsKünste), und wovon man hundert Exemplare für eine Guinee kaufen konnte. Hauptsächlich machte man darinn durch grose Schrift auf die Aeusserung des angeblichen fränkischen Agenten aufmerksam: „daß Pitt von der Nothwendig„keit des Friedens so durchdrungen sey, daß er selbst nach „dem SeeSiege über die Holländer alle Bereitwil„ligkeit bezeugt habe, noch auf eben die Bedingungen „Frieden zu machen, auf welche er vor dieser Schlacht von „ihm angetragen worden war." Uiber die Folgen, die der Bruch zwischen NordAmerika und Frankreich haben könnte, war man in England allgemein voll Freude und guter Hofnung. „Nun könnten", sagte man, „die Ame„rikaner den Franken in WestIndien keine Vorräthe mehr „zuführen. Jene müsten sich nun mit England vereini„gen, und dieses werde dadurch in den Stand gesezt, einen „Theil seiner Land- und SeeMacht aus jenen Gegenden „zurükzuziehen, und dadurch grose Ersparnisse zu ma„chen, während die Uiberreste der fränkischen Colonien „in WestIndien, die sich blos durch NordAmerika erhal„ten hätten, ohne Rettung verloren seyen. Florida und „der Missisippi seyen so gut als schon erobert, und von „den amerikanischen Colonisten des BinnenLandes besezt. „Nun erst werde der Besiz von Trinidad für England „hundertfache Früchte bringen. Und welch unermeßlicher „Gewinn, da NordAmerika KriegsFlotten ausrüsten, „und alles dazu von England nehmen müsse! Uibri„gens lasse sich's leicht erklären, warum das fränkische „Directorium den Bruch selbst aus allen Kräften beför-

6 gros OctavBänden für 2 Pf. 17 Sh. zusammenkaufen kan. Der gemeinschaftliche Titel ist: Staate-papers on the War.

„dere. Den ColonialHandel achte es nicht, und habe schon „längst alle Rüksichten darauf aufgegeben; aber die Amerikaner hätten an die Franken unermeßliche Vorschüsse „gethan, und viele von ihnen grose Summen im Ankauf „der NationalGüter angelegt: mit der Erklärung des „Krieges hörten alle Zahlungen nach Amerika auf, und „alles amerikanische Eigenthum in Frankreich werde se„questrirt; einer so lokenden Aussicht könne eine Regie„rung wie die fränkische nicht widerstehen." Dis war die Sprache nicht blos der MinisterialBlätter, sondern auch der OppositionsZeitungen, und also allgemeine Uiberzeugung jenseits des Kanals.

Wie sehr inzwischen die Erwartungen Englands getäuscht wurden, zeigt die hier nachfolgende Antwort auf die Amerikanischen StaatsPapiere, die zu gleicher Zeit in allen officiellen und halbofficiellen fränkischen TagBlättern erschien, und ohne Zweifel den Minister Talleyrand selbst zum Verfasser hat.

„Die amerikanischen und englischen Blätter sind mit den höchstsonderbaren Communicationen angefüllt, welche die Gesandten der vereinigten Staaten ihrer Regierung machen zu müssen glaubten. Von Seiten dieser Gesandten sind solche ein trauriges Denkmal von Leichtglaubigkeit und Widersprüchen; von Seiten dieser Regierung eine noch traurigere Herausfoderung.

„Man muß, durch die Evidenz der ThatSachen und durch die eignen Worte der Gesandten selbst, ihren unbegreiflichen Irrthum darthun. Man muß, durch die Stärke der Vernunft und schon durch das blose Gefühl des Glükes beider Republiken, auf die so augenscheinlich durch die brittische Regierung betriebene Herausfoderung antworten.

„Ja, diese Regierung, nach so vielen und so lächerlichen Versuchen gegen die fränkische Republik, will nun ein System von Corruption gegen sie organisiren. Voll Verzweiflung über so viele glorreiche FriedensSchlüsse, welche diese leztere zu Stand gebracht hat, schmeichelte sie sich, durch ihre treulosen Ränke, wieder die alten Kriege in Europa aufzuweken, und ihr einen neuen in Amerika zu erregen: aber dis ganze System brittischer Corruption soll enthüllt und zernichtet werden, und das amerikanische Volk soll die Tiefe des Abgrunds kennen lernen, an dessen Rand die knechtischen Freunde seiner ehemaligen Unterdrüker es hinreissen.

„Seit langer Zeit beschwerte sich die fränkische Republik, mit Recht, über die NichtVollziehung der wesentlichsten Punkte der im Jahr 1778 zwischen Frankreich und den vereinigten Staaten geschlossenen Convention. Die Feindseligkeiten zur See führten bald drükendere Beschwerden herbei. Vergebens opfert die Republik die Ausrüstung von Korsaren auf, die die amerikanische Neutralität compromittiren konnten. Ihre rechtmäsigsten Ausrüstungen wurden ihr bald darauf streitig gemacht. Die fränkischen Schiffe erfuhren tausend Plakereien. Ihre Prisen waren nicht mehr unter dem Schuze der Tractaten. Die GerichtsHöfe hatten sich die Erkenntniß darüber angemaßt; lange und verderbliche Chikanen lähmten den Muth der Kapers; bald wurden die fränkischen Häfen in beiden Hemisphären durch brittische Proclamationen für blokirt erklärt; die Schiffe, die aus denselben ausliefen, wurden auf den unbestimmten Verdacht hin, daß sie feindliches Eigenthum führten, angehalten; die, welche LebensMittel zubrachten, wurden zurükgewiesen. Von der andern Seite liefen englische KriegsSchiffe, nachdem sie sich wirklich oder vorgeblich fränkischen Eigenthums bemächtigt hatten, in den Häfen der vereinigten Staaten ein. Unvermerkt wurden sie darinn stationair, und machten sie zu ihren WaffenPläzen, aus denen sie sowohl auf die Franken als auf die mit Frankreich in Verbindung stehenden Amerikaner ausliefen. Indeß schränkte sich die Republik darauf ein, sich auf ihre Tractaten mit den vereinigten Staaten zu berufen, und deren Regierung dringend aufzufodern, ihre eigne Neutralität respectiren zu machen. Die Antwort, die diese ihr darauf ertheilte, war ein heimlich unterhandelter und abgeschlossener Tractat mit GrosBritannien. Sicherte dieser Tractat wenigstens die Neutralität der vereinigten Staaten? Nein. — Er ließ die Gegenwart einer brittischen Macht in ihren Häfen zu; er giebt England Rechte, die, mitten im Kriege, dessen Lage zum Nachtheil Frankreichs verbessern; er gewährt ihm die

Leichtigkeit, noch immer Frankreich und seine Colonien auszuhungern; er opfert die edlen Grundsäze auf, die in den vorhergehenden Tractaten für die Freiheit der Meere festgesezt worden waren.

„Frankreich beklagt sich; — man weicht aus, man schweift geflissentlich von der HauptFrage ab. Es fodert Genugthuung; — man bietet keine an; man spricht nur von den Kränkungen, welche die vereinigten Staaten erlitten haben; man gleitet stillschweigend über diejenigen weg, welche Frankreich erlitten hat. Der Tractat von 1778 wird je länger je mehr entkräftet, und der lezte Streich wird den fränkischen Kreuzern in den amerikanischen Gewässern, durch das Verbot ihre Prisen zu verkaufen, versezt. Die Republik sieht sich genöthigt, um ihre zu lange verhaltene Empfindlichkeit zu äussern und eine Unterhandlung herbeizuführen, sich die Clauseln des englischen Tractats selbst auch zuzueignen. Endlich schienen dann die vereinigten Staaten, blos der widrigen Folgen wegen, die daraus für sie entstunden, eine Annäherung zu wünschen.

„Drei Bevollmächtigte wurden zu dem Ende an die fränkische Republik gesendet: zwei von ihnen, der General Pinckney und Hr. Marshall, zeigten gegen Frankreich Vorurtheile, die sie aus Amerika mitgebracht, oder in der Art von Verbindungen, die sie bald hier knüpften, geschöpft hatten; der dritte, Hr. Gerry, kündigte mehr Unparteilichkeit an, und zeigte sich geneigter, alles, was die beiden Republiken einander nähern könnte, gerne anzuhören.

„Aus dieser übelgewählten Verbindung, welche wenig günstige Gesinnungen bewieß, folgte, und muste nothwendig ein schiefer, verwikelter Gang von Seiten dieser Commissarien folgen; daher ihre beständige Abneigung gegen alles, was eine Annäherung bewirken konnte, ihr Eifer alles zu schreiben, was noch mehr erbittern muste.

„Sie bezeugten zwar Anfangs den Wunsch, daß man sie anerkennen möchte; aber man foderte von ihnen, als vorgängige Bedingung, Erklärungen über einige, für die Republik offenbar beleidigende, Phrasen in der von dem Präsidenten der vereinigten Staaten bei der Eröfnung des Congresses gehaltenen Rede. Sie weigerten sich derselben nicht nur; sie fanden eine solche Foderung ganz unbegreiflich, und verschanzten sich ohne allen Grund hinter GegenVorwürfe. Bald schien alles ihnen das Unangenehme der Desavouirung ersparen zu wollen: und um sie von England zu trennen, und die durch den lezten Tractat zu Gunsten dieser leztern Macht so sehr verrükte Waage wieder in's Gleichgewicht zu stellen, wollte man von ihnen nur einen Beweis von unzweideutiger Anhänglichkeit für unsre Sache, die erst noch vor so kurzer Zeit die ihrige war; unsern Finanzen geschah ein Dienst damit, wenn zu dieser Epoche die batavischen Inscriptionen, die erst in künftigen ZeitFristen zahlbar waren, gegen klingende Münze umgesezt wurden; der Minister der auswärtigen Verhältnisse gab ihnen zu verstehen, ein Anerbieten von ihrer Seite, eine gewisse Quantität derselben zu kaufen, werde als ein Beweis ihrer Freundschaft betrachtet werden. Sie sagten, daß sie dazu keine Vollmacht hätten; sie zeigten, daß sie keinen Willen dazu hatten.

„Um zu irgend einer Uibereinkunft, zu irgend einer freundschaftlichen Erklärung zu gelangen, bedurfte es öfterer Communicationen mit dem Minister der auswärtigen Angelegenheiten. Dieser beklagte sich gegen jedermann, daß er sie nicht bei sich sehe, und sie gestehen selbst ein, daß er ihnen mehrmals diesen Vorwurf machen ließ; aber zwei von den Commissarien, die sich hinter die Etikette stekten, weigerten sich diesem Wunsche zu entsprechen. Hr. Gerry entschloß sich endlich, zu ihm zu gehen; zweimal sprach er den Minister, und sey es Verlegenheit sich näher zu erklären, oder Besorgniß sich zu compromittiren — er sprach nur wenig, und wagte es nicht sich über irgend etwas zu entscheiden.

„Inzwischen hielten die Gesandten sich für verpflichtet, dem Präsidenten der vereinigten Staaten einen sehr weitläufigen Bericht von ihrer Unterhandlung zuzusenden. — Was konnte denn nun dieser Bericht enthalten? Man mußte ihn mit den verächtlichen Manövres aller der Ränkemacher anfüllen, die gesehen hatten, daß die Commissarien, die mit den wichtigsten Interessen beauftragt waren, sich von der Regierung, mit der sie unterhandeln sollten, isolirten, und sich also geschwind um sie her drängten, und sie mit der Idee von ihrem Credit, ihrer Wichtigkeit bezauberten.

„Einer dieser Intriganten scheint — einige Verhältnisse geltend zu machen, in die er mit dem Minister als an ihn empfohlener Fremder gelangt war; ein andrer, und zwar der thätigste, macht sogar nur die Verbindungen geltend, die er mit jenem erstern hatte; denn er erklärt, daß er den Minister gar nicht einmal kenne — und doch muß dieser, wie überhaupt jeder, der an der Spize des auswärtigen Departements steht, der Natur seiner Stelle nach, viele Personen bei sich aufnehmen und anhören, die weit entfernt sind irgend an seinem Vertrauen Theil zu haben, und ohne daß es ihm irgend möglich ist den Misbrauch zu verhindern, den sie, von ihm weg, von den unbedeutendsten Besuchen machen, womit sie sich, so wie ihr Interesse es erfodert, gegen Menschen ohne Erfahrung sich wer weiß wie viel zu Gute thun.

„In der gedrukten Bekanntmachung, welche die amerikanische Regierung dem Bericht ihrer Gesandten zu geben für gut gefunden hat, sind jene unberufene Diplomatisten jeder mit einem Buchstaben bezeichnet. Der Minister, begierig ihre Namen zu erfahren, verlangte dringend deren Mittheilung, und erhielt sie auch endlich; worauf er sie augenbliklich an die Behörde abgab. Mit Vergnügen wird man vernehmen, daß es Fremde sind, und man wird sich's wohl leicht denken, daß sie sich selbst Gerechtigkeit wiederfahren liessen und in aller Eile sich von dem Boden der Republik entfernten. Ein einziger von diesen Buchstaben, Z. bezeichnet einen Franken, der sich sofort selbst bekannt machte. Seine Sprache ist frei von Vorwurf: in dem Berichte wird von ihm gesagt, daß er zuweilen zum Dollmetscher gedient habe, aber man sieht deutlich, daß es immer nur für rechtliche Vorschläge war.

„Was die Ausländer betrift, die man in dieser Unterhandlung figuriren sieht, so scheint der ganze Zwek ihrer Intrigue gewesen zu seyn, den Amerikanern eine Summe von 1,200,000 Livres abzuloken, unter dem Vorwand sie zu Bestechungen zu verwenden. Alle in dem Bericht der Gesandten so kleinlich detailirten Reden und Schritte gehen davon aus, führen dahin zurük.

„Ewig unbegreiflich wird es seyn, wie Männer, die den Auftrag hatten, StellVertreter der vereinigten Staaten bei der fränkischen Republik zu seyn, sich nur einen Augenblik durch so augenscheinlich betrügerische Manövres hintergehen lassen konnten, und man ist versucht, hier statt des Irthums absichtlichen bösen Willen zu sehen.

„Wie? — Drei Männer werden aus Amerika nach Frankreich abgesendet, um daselbst eine Annäherung zwischen beiden Republiken zu unterhandeln: verlegen über einen PräliminarPunkt, können sie bald mit dem Minister nicht als Commissarien zusammentreten; aber sie haben tausend Mittel ihn in seiner Wohnung oder anderwärts als PrivatLeute zu sehen, und zwei von ihnen schlagen stets alle Auswege aus, die man ihnen desfalls anbietet!

„Das ist nicht alles; sie stellen die Details ihrer Unterhandlung auf eine Art auf, als ob die empörenden Anträge, die ihnen nach ihrer Aussage gemacht worden, ihnen durch eine Person, die das Vertrauen der Regierung habe, mitgetheilt worden wären; und doch entschlüpft ihnen im Laufe ihrer Erzählung das Geständniß, daß sie zu verschiednenmalen Mistrauen in diese heimlichen Communicationen gesezt, und endlich beschlossen hätten, von nun an denselben nicht mehr Gehör zu geben. Hr. Gerry erklärt sogar ganz bestimmt, daß diese ZwischenHändler durchaus keine Bevollmächtigung, keine Beglaubigung irgend einer Art vorgewiesen haben. Zu gleicher Zeit sträubten sie sich gegen die unmittelbare Communication, die ihnen alle Augenblike durch den Minister angeboten ward. Liegt in dem allen nicht ein Chaos von Widersprüchen?

„Und wenn man untersucht, durch welche Reihe von MittelsPersonen sie mit dem Minister zu unterhandeln gedachten, den es ihnen so leicht war, unmittelbar zu befragen, muß man es dann nicht für unmöglich halten, daß sie selbst im Ernst an die aus ihrer Erzählung gezogenen Schlüsse geglaubt haben sollten?

„Hier ist es ein mit Hn. Pinckney in Verbindung stehendes Frauenzimmer, das ihm die unschuldigste Sache von der Welt sagt, die man ihm von einem Ende Frankreichs bis zum andern wiederholt haben würde: „leihen Sie uns Geld in unserm Kriege, wir haben Ihnen ja auch in Ihrem geliehen;" und diese so einfachen Worte faßt Hr. Pinckney, der den Drang fühlt, alles zu schreiben und alles zu vergiften, begierig auf; er schikt sie geheimnißvoll an seine Regierung ein, als wenn sie irgend eine Beziehung auf die ihm durch die Intriganten gemachten heimlichen Anträge hätten: so kleinlich ist das Mistrauen! so sehr verirrt sich das Vorurtheil in seinen Raisonnements! so sehr ist die Politik mancher Menschen ein wahres Unglük für die Gesellschaft!

„Dort ist es ein W., dessen Namen man nicht erfahren konnte, der bei dem General Pinckney einen X. einführt, einen Mann, der leicht aufbraußt, der behauptet, er sey mit einer Botschaft von dem Minister beauftragt, der, da man bald in ihn dringt, zu erklären, ob er ihn persönlich kenne, eingestehen muß, daß er ihn nicht kennt, aber daß er die Anträge, die er gethan, von einem gewissen Y. hat, der, sagt er, mit dem Minister in Verbindung steht; und doch, als man diesem Y. die verneinende Antwort auf seinen Antrag wegen der 1,200,000 Livres anvertrauen will, sträubt er sich dagegen, sie zu übernehmen, und muß mit einer Art von Schaam und auf Gefahr seiner eignen Rolle den Glauben zu benehmen, eingestehen, daß der Antrag weder von dem Directorium, noch selbst auch von dem Minister, sondern einzig von ihm, X., kommt, der dadurch den Gesandten die Unannehmlichkeit der gefoderten Desavouirung ersparen wolle. Wenn die nemlichen Leute nachher eine verschiedene Sprache führten, wäre es von Seiten der Gesandten nicht natürlich gewesen, ein für allemal mistrauisch gegen ihre Berichte zu seyn, und vor allen Dingen sich an die Quelle selbst zu wenden? Aber das thaten sie nicht. Wie soll man in einem solchen Betragen, entweder Vernunft, oder Aufrichtigkeit finden?

„In dem nemlichen Berichte sagen sie, daß sie ihre Regierung mit der grösten Ausführlichkeit von allem, was in Bezug auf ihre Commission vorgefallen ist, unterrichten wollen: und während sie mit einer so ängstlichen Sorgfalt so viele Armseligkeiten und Ungereimtheiten zusammentragen, schweigen sie von den officiellen Communicationen, welche Beamte vom Departement der auswärtigen Angelegenheiten im Namen des Ministers mit ihnen hatten: ohne Zweifel geschah dis, weil diese Communicationen, in Uibereinstimmung mit den wenigen, die der Minister selbst gethan hatte, rein, loyal, und von der Art waren, daß sie der Menschheit zur Ehre gereichten: es lag in ihrem Plane, sie mit Stillschweigen zu übergehen. Die andern waren ihrem Ursprung nach verdächtig, ihrem Gegenstand nach ehrenrührig; sie machten sich's zum grösten Anliegen, sie bekannt zu machen.

„Sie übergaben eine weitläufige Darstellung ihrer angeblichen Beschwerden: sie wusten sehr wohl, daß der Minister ihnen eine Note als Antwort zuschiken würde, die dann als ein autentisches ActenStük der Unterhandlung zu betrachten wäre, und ihnen auch wirklich im leztverflossenen Monat Ventos zugeschikt ward. Sie beeilten sich, alles öffentlich bekannt zu machen, was offenbar nicht vom Minister war, und was sie auf seine Rechnung zu wälzen suchten, wohl in keiner andern Absicht, als um dadurch den so verschiedenen Eindruk zu schwächen, den seine Note hervorbringen muste, worinn alles den aufrichtigen Wunsch nach Aussöhnung athmet.

„Das Ganze stellt ein solches Gewebe von Inconsequenzen und Widersprüchen dar, daß der Geist sich darinn verliert. Man weiß nicht mehr, wie man die Vorwürfe, die man den amerikanischen Gesandten deshalb zu machen hat, eigentlich aufzählen soll. Was man aber sehr bestimmt weiß, ist, daß sie entweder auf eine unbegreifliche Art sich täuschen liesen, wenn sie das, was sie erzählen, glaubten, oder daß sie höchst treulos täuschen wollten, wenn sie es nicht glaubten. Von diesen Vorwürfen, die der Unwille erpreßt, muß man jedoch Hn. Gerry ausschliesen, der zwar allerdings sowohl durch die fremden Intriganten als durch seine Collegen selbst kan getäuscht worden seyn, aber den durchaus kein Verdacht von Unredlichkeit und Arglist treffen kan.

„Und was kan denn nun der geheime Beweggrund seyn, warum so läppische Communicationen mit solchem Geräusche verbreitet wurden? Womit können sie jenen gesuchten Pomp rechtfertigen, mit dem das amerikanische Volk zu deren Anhörung vorbereitet ward? Wie kan man es begreifen, daß man einer solchen Posse durch Fasten und öffentliche Gebete mehr Wichtigkeit geben wollte?

„Ein groser Zwek lag wohl ohne Zweifel zum Grunde, warum man es wagte, das unzusammenhängende Gewäsche von zwei Ränkemachern die nicht in Frankreich zu Hause waren, für Entdekungen von der höchsten Wichtigkeit anzupreisen. Vielleicht glaubte man, die Bürger der vereinigten Staaten würden die fränkische Regierung nach diesen Carricaturen beurtheilen, und die fränkische Regierung würde sich durch eine so auffallende Herausfoderung reizen lassen. Man berechnete die Wirkung der Beleidigung nach der Bosheit der Absicht, und nicht nach der Kleinheit der Mittel. Mit einem Worte, man schmeichelte sich Unwillen, nicht Mitleiden zu erregen. Man wollte Krieg; man wollte, daß das grobbeleidigte Frankreich ihn dem Volke erklärte, dessen Sache es vertheidigt hatte, und daß dieses leztere, eben dadurch, wieder in Englands Arme zurükgeführt würde.

„Durch den Krieg verschaft sich das brittische Kabinet einen Alliirten, der für es arbeiten, seine Projekte auf die fränkischen und spanischen Colonien unterstüzen, und den Augenblik seiner Demüthigung verzögern wird. Durch den Krieg ferner, beschleunigt das brittische Kabinet die Ausführung eines Lieblings-Plans, der es nie aus den Augen verlor.

„Man weiß, daß es, als es die Hofnung aufgab, die Staaten, deren Unabhängigkeit es anerkennen muste, wieder mit den drei Kronen zu vereinigen, ihnen wenigstens günstige Vorurtheile für das eingeschränkte Königthum einzuflösen suchte; daß es die CharakterZüge, die das englische und das amerikanische Volk mit einander gemein hatten, durch die Aehnlichkeit constitutioneller Formen zu befestigen suchte, und daß es Sorge trug, lange Zeit hindurch, einen der Söhne Georg's III in der Nachbarschaft der vereinigten Staaten den Aufenthalt nehmen zu lassen. Sollt' es also wahr seyn, daß, zur Schande des menschlichen Geistes, viele amerikanische Bürger mit der englischen OberHerrschaft in der That wieder ausgesöhnt wären? Sollt' es wahr seyn, daß Männer, die das öffentliche Vertrauen an die Spize der Regierung der vereinigten Staaten berief, in keiner andern Absicht zu Gunsten der brittischen

Constitution geschrieben hätten, als um deren Annahme in ihrem Lande vorzubereiten? Sollt' es wahr seyn, daß Durst nach Ehren, und Begierde nach Reichthum, und Verlangen nach immerwährenden Aemtern, diesen Komplot gegen die Freiheit bereits zur Reife gebracht hätten?

„Wenn dis kein bloser Verdacht mehr ist, so klärt sich Alles auf. Man muß Krieg haben, um Truppen aufzubringen und Subsidien zu erhalten; man muß vornehmlich den unnatürlichen Krieg gegen alte Freunde, gegen Brüder, gegen Republikaner haben; dieser Krieg muß innere Stürme erzeugen, alle Begriffe der Moral umstürzen, die wahren Söhne Amerika's empören; und Vorwände bieten sich dann in Menge, um die ehrwürdigen Vertheidiger der Grundsäze als Aufrührer zu stempeln, oder an die Stelle der repräsentiven Regierung eine monarchische einzuführen.

„Von nun an wäre es überflüssig, noch etwas verhehlen zu wollen. Dis sind die schändlichen Künste des englischen Kabinets; dis ist die blinde Tendenz einer Regierung, die unter seinem Einfluß steht; und die fränkische Republik, die für die Freiheit das Blut und das Vermögen ihrer Bürger aufopferte, sie will man reizen, den schreklichen, den entscheidenden Streich zu führen! Aber erhaben über das Gefühl von Kränkung, wird sie nur das Glük der beiden Republiken zu Rathe ziehen, und das ganze WeltAll zum Zeugen der redlichen Gesinnungen aufrufen, die sie nie an den Tag zu legen aufhörte, um mit Amerika in Frieden zu leben."

Nun folgen noch, als Beilage, sechs Briefe.

In dem ersten, vom 30 Mai, fodert der Minister Talleyrand den Hn. Gerry (die beiden andern amerikanischen Gesandten waren schon vor geraumer Zeit von Paris abgereißt,) auf, ihm sogleich die mit den Anfangs-Buchstaben W. X. Y. und Z. bezeichneten Personen, so wie das Frauenzimmer zu benennen, das mit Hn. Pinckney eine Unterredung über die amerikanische Angelegenheit gehabt haben sollte.

Hr. Gerry antwortet darauf den 31 Mai nur im allgemeinen, „daß drei von den gedachten Personen Fremde gewesen seyen, und die vierte nur als Bote und Dolmetscher gedient habe." „Wenn," sezt er hinzu, "diese „Personen nicht bevollmächtigt waren, sich voranzu„stellen, oder wenn sie, im Fall sie bestimmte Voll„machten hatten, solche überschritten, so haben sie sich „einer groben Beleidigung gegen die fränkische Regie„rung und gegen die Gesandten schuldig gemacht; ich bin „nicht befugt, darüber zu urtheilen, da sie, meines Wis„sens, nie irgend eine Bevollmächtigung, „oder irgend ein Document, von welcher Art „es auch wäre, vorgezeigt haben."

In einem weitern Schreiben vom 1 Jun. besteht der Minister auf der gefoderten Angabe der Namen, und fügt die weitere Frage bei: „ob irgend ein zu seinen Geschäften angestellter, oder von ihm mit Aufträgen an die Gesandten abgeschikter Bürger ein Wort gesagt habe, das irgend mit dem, ihnen von X. und Y. gemachten, schändlichen Antrag auf eine Summe zu Bestechungen in Beziehung stünde?"

Gerry antwortet darauf unterm 3 Jun., „er wolle die mit den Buchstaben X. Y. Z. bezeichneten Personen nennen, wenn der Minister ihn zuerst versichere, daß die Bekanntmachung ihrer Namen nicht als von ihm kommend, geschehen solle; da W. nie ein Wort in Beziehung auf X. gesprochen, noch sonst an ihren Communicationen Theil habe, so behalte er dessen Namen zurük, da er desfalls auf kein bloses Hörensagen gehen könne; auch könne er keine Dame nennen, da er seit seiner Ankunft in Paris nie mit einer solchen in politischen Verbindungen gestanden; von den UnterBeamten des Ministers erinnere er sich nicht, jemals ein Wort gehört zu haben, das den mindesten Bezug auf die von X. und Y. gemachten Anträge wegen einer Summe Geldes zu Bestechungen gehabt hätte."

Der Minister Talleyrand versichert nun Hn.

Gerry unterm 4 Jun., „daß die Namen nicht als von ihm kommend bekannt gemacht werden sollten." Dieser überschikte ihm solche hierauf wirklich; sie wurden aber bis izt noch gar nicht bekannt gemacht.

In dem lezten Schreiben macht Bürger Hauteva dem Minister selbst die Anzeige, „daß unter dem Buchstaben Z. Er bezeichnet sey. Er sey nemlich mit Hn. Gerry zweimal bei dem Minister als Dollmetscher der Unterredung gewesen, die dieser in französischer, jener in englischer Sprache geführt hätten. Beidemale habe der Minister blos einen Wunsch nach einer Aussöhnung zwischen beiden Staaten bezeugt, mit dem Beifügen: in der jezigen Lage, und bei den Diensten gleicher Art, die Frankreich einst den vereinigten Staaten geleistet, würde das beste Mittel dazu seyn, wenn diese der Republik eine Anleihe anbieten wollten, indem sie für 15 bis 16 Millionen Gulden batavische Rescriptionen nähmen. Gerry habe dagegen seinen Mangel an Vollmacht vorgeschüzt, und der Minister denselben nur überhaupt aufgefodert, öfters freundschaftlich mit ihm zu communiciren, und sich darüber beklagt, daß solches bis izt noch gar nicht geschehen sey."

III.

Helvetien.

Geschichte seiner neuesten Revolution.

(Fortsezung.)

Die Einnahme von Bern hatte das Schiksal Helvetiens entschieden. Alle grösern Kantone huldigten nun der Uibermacht des Siegers, der nicht so leicht gesiegt haben würde, wenn in ihrer Vertheidigung die nemliche Einstimmigkeit geherrscht hätte, wie izt in ihrer Unterwerfung. Unter allen hatte nur Basel allein sich gar nicht gegen die Franken bewafnet. Die Truppen der übrigen Kantone waren zwar auch nicht in's Gefecht mit ihnen gekommen, aber doch wie zum Kriege ausgezogen. Die von Schafhausen waren nur bis Baden vorgerükt, als sie auf die Nachricht von Berns Eroberung eilig wieder ihren Rükweg antraten. Dem Züricher Contingent, welches durch die Franken ziehen muste, bewilligte General Schauenburg freien Heimzug. Auch Lucern erhielt von dem OberGeneral Brune die Zusicherung, daß keine fränkischen Truppen sein Gebiete betreten sollten. Noch schien, in diesen ersten Augenbliken des Sieges, alles anzukündigen, daß der Krieg in der Schweiz nur den aristokratischen Regierungen von Bern, Freiburg und Solothurn gegolten, und nun, mit deren Vernichtung, sein Ende erreicht habe.

Aber im Innern dieses Landes, wo nur das ehrwürdige, aber schwache Band des Alterthums und die glükliche Abgeschiedenheit von allen auswärtigen Angelegenzeiten bisher die grösten Verschiedenheiten in Regierungs-Art, Cultur, Sitten, Sprache und Religion als Ein Ganzes zusammengehalten hatten, war nun, da der von Aussen hineingebrachte ZündStoff unter so ungleichartigen Theilen zu wirken anfieng, allgemeine Gährung; bei der Energie im NationalCharakter, bei so vielfach sich widerstrebenden Wünschen, Besorgnissen, Interessen, trieben die Leidenschaften sich überall mit Ungestümm umher. Die UnterthanenVölkgen wollten ihre Freiheit, die Städter ihre Privilegien, das LandVolk Gleichheit, die Verfolgten Rache. Den einen gefiel nur das Alte, andern nur das Neue, noch andern izt keines von beiden mehr. Die reine Demokratie in den kleinen Kantonen, die in Staub zertretene Oligarchie, der Fanatism, der alte FöderationsGeist sträubten sich mit ihren lezten Kräften gegen die neue Ordnung der Dinge, und selbst die Freunde dieser leztern fühlten bald mit Mismuth das Gewicht des fremden Einflusses.

Ein flüchtiger Blik auf die Lage, worinn die verschiedenen Theile Helvetiens sich um diese Zeit befanden, wird einen näheren Begrif von diesem politischen Chaos geben.

Die Kantone Bern, Freiburg, Solothurn, trugen izt noch allein die ganze Last des Krieges; die fränkische Armee stand auf ihrem Gebiete, lebte auf ihre Kosten; schon wurden die Kanonen aus dem ZeugHause von Bern nach Frankreich abgeführt; der berühmte Berner StaatsSchaz, woran strenge Sparsamkeit während mehr als einhundertjährigem Frieden gesammelt hatte, einsweilen unter Siegel gelegt. Der Sieger befahl die Annahme des von Paris aus mitgetheilten Entwurfs der neuen helvetischen Constitution.* Hier, unter den frän-

* Sogleich nach dem Einmarsch der Franken, als man noch glaubte eine besondre Constitution für Bern entwerfen zu können, ward eine solche auf Befehl der provisorischen Re-

rischen Bajonetten, gieng alles in ruhiger Unterwürfigkeit den vorgeschriebenen Gang.

Stürmischer wälzte sich die Revolution in Zürich fort, wo die Gährung zwischen LandVolk und Städtern nicht durch fremde WaffenMacht in Schranken gehalten ward. * Zwei Gewalten bekämpften sich: das in Küß-

gierung verfertigt. Sie ist nun gedrukt, unter dem Titel: Projekt einer Constitution für die schweizerische Republik Bern, abgefaßt im März 1798 von Karl Ludwig Haller (Bern, 1798, S. 102 in 8.) und ein schäzbarer Beitrag zur Vervollkommnung der praktischen Politik.

* Zum Verständniß dieser Ereignisse gehört folgende, mir durch einen schäzbaren Züricher Gelehrten mitgetheilte kurze Schilderung des LandVolks an den Ufern des ZüricherSees.

„Man würde sich sehr irren, wenn man unter den Bewohnern der Ufer des ZüricherSees sich eine rohe, uncivilisirte MenschenKlasse vorstellte.

„Das Volk am ZüricherSee ist im Ganzen gut gebildet, stark, grosnervigt; die Männer schöner als die Weiber. Es hat keine eigentliche NationalTracht, und das schöne Geschlecht versteht sich unendlich weniger auf das Gefällige im Anzuge, als die Bernerinnen. Kostbar kleiden sie sich indessen alle, und an Sonntagen sah man in Kirchen und WirthsHäusern bei sehr vielen Seide, bei den meisten silbernes und goldenes Geschmeide. Die Dörfer am ZüricherSee gehören zu den schönsten, die man sich denken kan. Ich schweige von ihrer bekannten vortreflichen, mahlerisch schönen Lage, und bemerke dafür, daß jedes einzelne Haus in denselben vom Wohlstande und der Behaglichkeit seiner Bewohner ein lautes Zeugniß gibt. Recht sehr viele dieser Häuser sind so schön, so gut eingerichtet, so reich meublirt, als je eines in der Stadt; aber selbst in den gemeinsten trift man Reinlichkeit, hinlängliches und gut unterhaltenes HausGeräthe, ja mitunter Bequemlichkeiten an, von denen der Bauer in andern Gegenden

nacht versammelte Comité des ehemaligen Stäfaer Congresses und die provisorische Regierung in Zürich; zwi-

Teutschlands und der Schweiz, kaum eine Ahnung hat.

„Bekanntlich besizt der LandMann am ZürcherSee sehr viel Industrie. Daraus, und aus der vortheilhaften Lage am See, und aus der Nachbarschaft der Stadt, läßt es sich erklären, warum, da fast alle Hände mit Arbeiten für Baumwollen- oder SeidenManufacturen beschäftigt sind, man dennoch wohl wenige Streken Landes auf der Erde antreffen wird, die für den LandBau besser, sorgfältiger, klüger, benuzt wären, als dieser.

„Welch ein beneidenswerthes Völkgen, wäre seine politische Freiheit eben so wenig beschränkt gewesen, als sein Genuß jeder bürgerlichen! Auch kenne ich manche Stadt, wo kaum eine Spur von dem verfeinerten LebensGenuß, von dem zur Aufklärung führenden Luxus anzutreffen ist, wie in den Dörfern des ZürcherSees. Ich übergehe die gröbern sinnlichen Genusse des Gaumens, und finde nur nöthig anzuführen, daß unter sehr vielen Landleuten des ZürcherSees das Spielen, oft in einem alle Schranken der Mässigung übersteigendem Grade, im Schwange war. Sie haben Lesebibliotheken, ZeitungsLeseZirkel, LiebhaberTheater, MusikGesellschaften, Kränzgen, im Winter SchlittenPartien. Einige halten ihren Kindern HausHofmeister: die meisten schiken indessen ihre Kinder in die öffentlichen Schulen, unter welchen namentlich die von Stäfa das Muster einer vortreflich eingerichteten und mit äusserst gebildeten Lehrern (Landleuten) versehenen LandSchule genannt zu werden verdient.

„Da indessen ein groser Theil des Wohlstandes dieser Leute durch den FabrikenVerdienst erworben wird: da die FabrikArbeiter im Ganzen ein sehr leichtsinniges Völkgen sind, welches, uneingedenk daß es morgen darben könnte, alles das heute noch auf Pracht und Gaumenkizel verwendet, was es für seine Arbeit bezahlt bekömmt; nichts auf schlechtere Zeiten zurüklegt; nie dazu zu bringen war,

schen den Anhängern von beiden in der Landschaft war beinahe ein erklärter Zustand von Krieg; das Comite'

eine UnterstüzungsKasse anzulegen: da ferner die Bevölkerung dieses LandStriches in einem auffallend zu grosen Verhältnisse mit seinem FlächenInhalt steht, so läßt sich daraus schon schliesen, daß es eben nichts seltenes seyn muste, am ZüricherSee Unzufriedene und dergleichen zu finden, die von unzufriedenen höhern Ranges leicht zu Werkzeugen der Aeusserung ihres Misvergnügens ge- oder misbraucht werden könnten.

„Das, worüber sich diese leztere, **mit grosem Rechte, beklagten**, war:

„Die eingeschränkte, beinahe ganz auf den StadtBürger concentrirte, HandelsFreiheit.

„Das von den Bürgern, oder vielmehr dem bürgerlichen Magistrate, sich ausschlieslich angemaßte SouverainetätsRecht, und die aus diesem Mittel ausschlieslich gemachte Besezung fast aller einträglichen Stellen und Aemter.

„Daß alle Pfarreien, selbst auf dem Lande, von Städtern besezt waren.

Landleute konnten und durften studiren; wurden ordinirt. Aber selten oder nie gelangten sie zu Pfarreien, deren Collatur fast immer auf die eine oder andre Art von den Städtern abhieng.

„Die Unablösbarkeit der Zehnten und GrundZinsen.

„Sie hatten, in verschiedenen Gegenden, noch andre, aber minder wichtige, Beschwerden.

„Mit Recht beklagten sie sich; ihr **Zwek**, wenn sie blos diesen Beschwerden abgeholfen wissen wollten, war untadelhaft, war der Unterstüzung eines jeden Patrioten würdig. Aber über die Auswahl der **Mittel** wage ich nicht zu entscheiden.

„Wenn sie übrigens (welches ich nicht weiß, nicht behaupte, nicht wünsche) dergleichen Mittel gewählt haben sollten, die nunmehr über Stadt und Land ein gleiches Unglük bringen, so ist dieses nie recht, nie zu entschuldi-

führte mit in = und auswärtigen Behörden Correspondenz, hielt eine bewafnete Macht auf den Beinen, verfügte Arrestationen; alles verräth die drohendste Anarchie, und einen grosen Abstand von der durch den Zusammentritt der LandStände gehoften Eintracht zwischen Stadt und Land. Am Morgen des 6 März kam plözlich der Lärm in die Stadt: „die Landschaft ziehe in Waffen gegen sie „heran, um sich ihrer zu bemächtigen;" noch war hier die indeß erfolgte Entscheidung von Berns Schiksal unbekannt; alle Bürger traten unter die Waffen, ungewiß ob sie solche zuerst gegen die Franken oder ihre eignen Brüder vom Lande würden gebrauchen müssen. Am Abend gaben endlich die Deputirten der LandStände von ohngefähr der Hälfte des Kantons, die nun in Meilen am See versammelt waren, und sich als NationalVersammlung constituirt hatten, ihr Ultimatum ein, worinn sie innerhalb sechs Stunden die Bewilligung verschiedener Punkte, unter andern Aufnahme einer Besazung von wenigstens 1000 Mann in die Stadt, Niederlegung der bestehenden provisorischen Regierung und Uibergabe ihrer Gewalt in die Hände der LandStände bis zur Wahl einer neuen provisorischen Regierung, Aufhebung und Umänderung der ungesezlichen Wahlen der StadtDeputirten zu LandStänden ꝛc. foderten, und im Fall der Verweigerung mit WaffenGewalt drohten. In der Stadt erzeugte ein so troziger Ton nur Erbitterung, nicht Schreken; wenige Stunden vorher war die Nachricht eingegangen, daß in Bern sich alles mit neuem Muthe zur Vertheidigung des Vaterlands erhoben habe; als ob die äussere Gefahr bereits entfernt wäre, glaubte man, der Augenblik sey gekommen, wo Eintracht im Innern, die bisher keine

gen: doch muß man auch nie vergessen, daß das ganz unbegreifliche Benehmen des Magistrats und eines grosen Theils der Bürgerschaft, zu der oder jener verzweifelten Maasregel vieles kan beigetragen haben."

gütlichen Mittel hatten herstellen können, nun durch Gewalt der Waffen gegen die UnruhStifter erzielt werden müste; man nahm aus den Gemeinden, welche der Stadt anhiengen, ohngefähr 800 Mann in dieselbe auf, und rüstete sich wie zum vollen Kriege. Aber am Abend des 7 März brachte der Statthalter Wyß, der als Züricher Repräsentant in Bern gewesen war, die Nachricht von der Einnahme dieser Stadt mit; auch vernahm man am folgenden Morgen, daß die Truppen der Versammlung in Meilen von allen Seiten her gegen die Stadt anzurüken beordert seyen. Sogleich wurden ihnen nach vier Seiten hin Deputationen entgegen, und der Statthalter Wyß an die Versammlung in Meilen selbst geschikt, mit dem Antrag, daß man von Seiten der Regierung, zur Vermeidung des BürgerKriegs, alles aufzuopfern und in die offenste Unterhandlung mit ihr zu treten bereit sey, während welcher sie jedoch ihren Truppen Befehl geben möchte, nicht weiter gegen die Stadt vorzurüken, die ihrerseits gleichfalls jede KriegsAnstalt einstellen werde. Troz allen seinen Bemühungen räumten sie jedoch nur einige unwesentliche Veränderungen in ihrem Ultimatum ein: sie bestanden auf der ungesäumten Niederlegung der provisorischen Regierung in die Hände der LandCommission; sie liessen die Wahl, entweder eine Besazung von 1000 Mann LandTruppen einzunehmen, oder die LandStände nach Küßnacht oder einem andern Ort zu verlegen, und 40 Kanonen an die zwanzig Quartiere des Landes auszuliefern; der Bürgerschaft sollte es freistehen, ihre Deputirten zu den LandStänden neu zu wählen, oder es bei den alten Wahlen bewenden zu lassen. Sie verlangten in wenigen Stunden entsprechende Antwort auf ihre Foderungen; sonst würden, und bei der aufgereizten Stimmung des Volkes müsten sie dieselbe mit WaffenGewalt erzwingen. Der Rath und die Zünfte willigten nun unter gewissen Bestimmungen ein, und am 10 März kam in Küßnacht ein VereinigungsTractat zu

Stande, zufolge dessen die provisorische Regierung ihre Gewalt in die Hände der LandStände übergab, welche veranstalten sollten, daß unverzüglich bis zur Einführung der künftigen StaatsVerfassung eine neue provisorische Regierung, nach dem in den LandStänden stattfindenden Verhältniß (von $\frac{1}{4}$ Stadt- und $\frac{3}{4}$ LandBürgern) gewählt werde; ferner sollten 1000 Mann Besazung in die Stadt genommen werden, eben so viel sollte die Stadt selbst aufstellen können; von beiden Seiten sollten alle Truppen entlassen, und von nun an Stadt und Land als Eine Gemeinde, die alle ihre Schiksale gleichmäsig zu theilen habe, betrachtet werden. Im Namen der LandStände wurden nun sogleich an den fränkischen Minister Mengaud und an den OberGeneral Brune Deputirte abgeschikt, um sie von der erfolgten Vereinigung und der Auflösung der alten provisorischen Regierung zu benachrichtigen, die Wünsche des Kantons Zürich nach Frankreichs Freundschaft darzulegen, und für denselben eine Erklärung, daß keine fränkischen Truppen ihn betreten sollten, auszuwirken.

Eine solche FriedensActe hatte der Kanton Lucern bereits wirklich von dem fränkischen General erhalten. Sie war sehr zur rechten Zeit gekommen, um die auch hier aufs höchste gestiegene Erbitterung des LandVolks gegen die Stadt, welches glaubte, daß es von dieser an Frankreich verkauft sey, in etwas zu mildern. Nach der Einnahme von Solothurn hatten sich die Zuzüger von Uri, Schwyz und Glarus, statt Bern zu Hülfe zu eilen, fliehend in das Entlibuch geworfen, den leidenschaftlichen Argwohn dieses höchsteinfachen, an Muth und KörperKraft noch gar nicht von seinen Vorfahren ausgearteten Völkgens auf das äusserste gereizt, und es aufgefordert, gegen Lucern zu marschiren, mit dem Zusaz, daß sie nachfolgen und mithelfen würden. Das erste Geschäft der VolksRepräsentanten von Lucern, die sich am 14 März zum erstenmal abgesondert von der provisorischen Regierung versammelten, war daher eine Addresse an das Volk, worinn sie es über sein ungerecht mistrauisches Betragen gegen die Stadt, vor der FriedensEpoche, freundlich zurechtwiesen.

Aber ungestümmer als sonst irgendwo, erhob sich der VolksGeist in den kleinen Kantonen. Sogleich nach dem Falle von Bern ward zwischen den Deputirten von Schwyz, Uri, Unterwalden, Zug und Glarus, zu Brunnen, da wo nach der Schlacht bei Morgarten der berühmte ewige Bund, die erste Grundlage der schweizerischen Freiheit, errichtet worden war, eine Conferenz gehalten, worinn man sich der Einführung des neuen ConstitutionsEntwurfs für die helvetische Republik mit aller Macht zu widersezzen, und die beinahe ein halbes Jahrtausend alte reindemokratische StaatsVerfassung gegen alle fremden Anmasungen mit Gut und Blut zu behaupten gelobte. Mehrere benachbarte Landschaften, namentlich Appenzell inner und ausser Rhoden, St. Gallen, das ThurGau, RheinThal, Sargans rc. wurden zum Beitritt in diesen Bund eingeladen. Wie mochten auch diese ächte NaturMenschen, die ersten und in der That die einzigen Freien in Europa, die reinste Demokratie, die es jemals gab, ihre geliebten LandsGemeinden, ihre glükliche Unkunde von Auflagen, gegen eine nur durch starke Auflagen zu behauptende, in Form und Wesen sich doch immer mehr der Aristokratie nähernde repräsentative Regierung vertauschen? Aber wenn auf der einen Seite ein höchstreizbares FreiheitsGefühl die Abkömmlinge Tell's und Winkelried's beseelte, so war hiebei auf der andern Seite der Fanatism, der auch die schönsten Gefühle entstellt, die natürlichsten verwildert, nicht minder geschäftig. Die heilige Jungfrau in Einsiedeln ließ man Wunder thun. Man frischte eine alte VolksSage auf, daß ein kleiner HirtenKnabe den französischen Goliath zu Boden schleudern, d. h.

das tapfre BergVolk der kleinen Kantone die Brigaden der Grosen Nation vertilgen würde. Die Geistlichkeit in Unterwalden nid dem Wald übergab ihrer StandesObrigkeit eine Dankschrift, worinn sie dieselbe auffoderte, sich doch ewig nie jene StaatsVerfassung aufdringen zu lassen, welche in dem famösen Büchlein (dem Entwurf der neuen Constitution) enthalten ist. „Diese französische Constitution sey schon längst von „dem römischen Stuhl als gottlos, ärger„lich, abtrünnig und religionswidrig, ver„worfen und verdammt, und sie als SeelSorger, „hätten mit ihrem hochwürdigen geistlichen Obern, dem „Commissari zu Lucern, diese SchandSchrift wohl exa„minirt, und offenbar gefunden, daß durch dieselbe das „ganze ReligionsGebäude über den Haufen geworfen, „Freiheit, Eigenthum zu Grunde gerichtet, Ungerechtig„keit, Ausgelassenheit, Aufruhr und Tyrannei gestiftet „würde. Darum bäten sie, und verlangten im Na„men der heiligen Religion, und im Namen „des ganzen Volks, daß man dieses fluchwür„dige, gottlose Büchlein unter hoher Strafe zu „lesen verbiete, solches nach Verdienen dem Feuer „übergebe, und jene scharf züchtige, die sich unterstehen „sollten, diese feuerswerthe Schrift dem Volke vor„zupredigen und anzurühmen. Sollten auch im Vater„land Leute sich verrathen, die für das Wohl der Religion „nicht gut gesinnt wären, und verdächtige Reden führ„ten, so vermahnten sie ernsthaft, daß man solche exem„plarisch bestrafe, damit nicht Gott, oder gar „das Volk, die Ehre der Religion zu rächen „veranlaßt würde."

Um den einzigen Punkt, der sie fremdem Einfluß aussezen konnte, aus dem Wege zu räumen, erklärten die kleinen Kantone nun auch noch, zuvorkommend, ihre bisherigen Unterthanen für frei. Entschlossen für ihre alte Verfassung das Aeusserste zu wagen, wandten sie sich nun an den fränkischen OberGeneral mit einer Vorstellung, worinn sie, ohne Troz, aber mit großer Festigkeit, ihm sagten, daß sie „von einer Republik, „gebaut auf die Grundsäze der Freiheit und Gleich-„heit, welche seit Jahrhunderten die ihrigen seyen, „nichts Feindliches erwarteten, und bei den Gerüchten, „die umliefen, zwar nicht ohne Besorgniß, aber auf „jeden Fall ohne Furcht seyen. Ihre Vertheidigungs-„Anstalten, die natürliche Folge jener Besorgniß, zwek-„ten nur auf den Schuz einer Verfassung ab, welcher „die OberHoheit des Volks und das MenschenRecht in „aller ihrer Reinheit und Kraft zum Grunde lägen, wel-„che daher mit den Grundsäzen der fränkischen Republik „gänzlich übereinkomme und seit Jahrhunderten ihr Glük „gemacht habe. Das einzige Verhältniß, worinn viel-„leicht die Grose Nation eine Abänderung hätte wünschen „mögen, sey gelößt: sie hätten keine Untergebene „mehr: die es vormals gewesen, seyen nun frei wie „sie selbst. Ein getreues BergVolk, das kein ander Gut „als seine Religion und seine Freiheit, keinen andern „Reichthum als seine Heerden besize, würden sie sich je-„derzeit eifrigst bestreben, der fränkischen Republik von „ihrer Anhänglichkeit alle jene Beweise zu geben, die „mit ihrer Freiheit vereinbar seyen, und nur „die Pflicht, diese zu vertheidigen, werde sie bewafnen „können."

So waren, selbst nachdem die Waffen der mächtigsten Kantone besiegt waren, die Gemüther im grösten Theile der Schweiz noch in unversöhnlichem Kampfe gegen die ihnen von dem Sieger angebotene neue Constitution, die doch, in der jezigen Lage der Dinge, der einzige Anker war, auf welchem so viele, von ihren alten Grundpfeilern losgerissene einzelne politische Massen wieder einen RuhePunkt finden konnten. Dem WaadtLande, das unter dem Namen des Kantons Leman diese Constitution bereits den 15 Februar angenommen hatte, war hierinn nur noch der Kanton Basel gefolgt, der, unter einigen auf die innern Verhältnisse der Schweiz berechneten Abänderungen, zu welchen der inzwischen von Paris zurükgekommene Bürger Ochs selbst mitgewirkt hatte, den 15 März sie gleichfals annahm.

Der fast allgemeine Widerwille gegen dieselbe, besonders die hartnäkige Wiedersezlichkeit der kleinen Kantone, die, wie alles ankündigte, nur durch Krieg dazu gezwungen werden konnten, brachten izt eine neue Krise in das Schiksal der Schweiz. Statt das Projekt einer einzigen helvetischen Republik durchzusezen, trat General Brune nun plözlich mit dem Plan hervor, aus der bisherigen schweizerischen Bundes-Genossenschaft mehrere abgesonderte Republiken zu bilden. Die Waadt bis Nidau, der Kanton Freiburg, das SaanenLand, SiebenThal, Oberland, Wallis und die Italienischen Vogteien, — Völker disseits und jenseits zweier AlpenKetten, und von drei Sprachen, — sollten eine eigne Rhodanische Republik; die demokratischen oder kleinen Kantone, unter dem Namen Tellgau, eine zweite; und die übrigen Kantone eine dritte Helvetische Republik ausmachen.

Diesen neuen Plan, der schon früher im Werk gewesen, aber an den Bemühungen der Bürger Ochs und LaHarpe gescheitert war, betrieben hauptsächlich ein gewisser Castelaar von Freiburg, die fränkischen Residenten Mangourit in Wallis, Desportes in Genf, und der wegen seines bürgerlichen und politischen Lebens gleich berüchtigte Agent des leztern, Monachon, ursprünglich ein Geistlicher, von Granson gebürtig, der, als die Franken sich zuerst Savoyens bemächtigt, zu Carouge im Comité surveillance angestellt war, wo er zu gleicher Zeit den Spion der fränkischen und der piemontesischen Generale, so wie den Zuträger der ehemaligen Regierung von Bern machte.

Uiberdis unterstüzten diesen Plan auf alle Art und durch tausend Ränke, die Genfer, die, über ihr Schiksal besorgt, einige Hofnung für ihre Unabhängigkeit darinn zu finden glaubten. Seit dem Schlusse des Jahrs 1797 war nemlich, durch einen Befehl des fränkischen VollziehungsDirectoriums, alle Zufuhr nach Genf von Frankreich aus verboten worden, und seit dem Einmarsch der Division Massena in das WaadtLand war solche vollends auf allen Seiten gehemmt. Die Stadt hatte nun keine andre Wahl mehr, als zu verhungern, oder sich Frankreich in die Arme zu werfen. Desportes bot allem auf, um sie für den leztern Entschluß zu bestimmen.

Die Gründe, die man von Seiten Frankreichs voranstellte, waren folgende: „Die Unabhängigkeit von Genf sey der Republik sehr nachtheilig, ohne „ihm selbst irgend vortheilhaft zu seyn. Unabhängig „sey es die Niederlage des Handels ihrer Feinde, das „Asyl ihrer von den Gesezen verfolgten Uibelthäter; es „nöthige sie, ganze Schaaren von Commis gegen den „SchleichHandel, so wie Truppen und eine mit grosen „Kosten verknüpfte Aufsicht zu Hintertreibung der Projekte aufzustellen, die ihre erbittertsten Feinde sowohl „innerhalb seiner Mauern als in den benachbarten Kantonen bilden und nähren würden. HauptOrt eines „Departements, werde es eine der blühendsten „GränzStädte werden; seine Einwohner würden leichtern „Absaz für die Erzeugnisse ihrer Industrie finden; Theil „eines mächtigen Staats, würden sie nicht mehr unaufhörlich die Habgier benachbarter Staaten fürchten, und „abwechselnd den einen gegen den andern um Beistand „anflehen müssen. Sie würden nichts von ihrer Freiheit „verlieren, vielmehr derselben ohne Stürme, ohne Unruhe geniesen. Die Parteien, die ihren kleinen Staat „entzweiten, zerrissen, würden aufhören; Genf, zumal seit einigen Jahren, da die Leidenschaften heftiger als je zuvor darinn gewüthet, sey und könne

„nichts anders seyn, als der Aufenthalt der Zwietracht, „des Hasses und der Verfolgung; es sey Zeit, daß diese „Stadt dem Beispiel der kleinen Republik Mühlhau„sen nachahme." *

Dagegen antworteten die Genfer: „Jener Geist „von Unabhängigkeit und republikanischem SelbstGefühl, „der sie seit mehreren Jahrhunderten ausgezeichnet, sollte „ihnen doch wohl die Achtung einer Nation erwerben, „welcher die grosen Grundsäze der Souverainetät der Völ„ker heilig seyen. Das unabhängige Genf sey für „Frankreich eine stets ofne Quelle gewesen, aus der es „Aufklärung oder Geld schöpfen konnte. Seine Einwoh„ner, durch Mangel an Gebiet zur Industrie gezwungen, „hätten sich durch diese in hohem Grade ausgezeichnet. „Seine Handelsleute, Fabrikanten, Künstler, Gelehrte, „hätten wissenschaftliche Kenntnisse über Europa verbrei„tet, oder dessen Gold an sich gezogen; und ob sie es „denn in Gewölben vergraben? Nein; von Heinrich IV „an, dem sie Geld geliehen, das man ihnen noch auf „diese Stunde schuldig sey, bis herab auf den lezten Kö„nig der Franken, unter dem ihre aufgehäuften Anlehen „bis auf 24 Millionen an Kapital angewachsen, hätten „sie ihren Uiberfluß der fränkischen Loyautät anvertraut; „und was nicht in Frankreichs Kisten geflossen, sey von „ihnen dazu verwendet worden, den Theil des französi„schen Gebietes, der an sie angränze, fruchtbarer zu ma„chen; den Beweis davon gebe der ohne Vergleich höhere „Werth der Güter an ihrer Gränze gegen die übrigen. „Wenn Genf GränzOrt, befestigter Plaz, „GarnisonsStadt, den Requisitionen unterworfen, „zwei bis dreimal in jedem Jahrhundert belagert werde — „so verschwinde die Industrie, so entfliehe der Handel. „Jeder von Frankreichs Kriegen werde ihm die Ausfuhr

* La Décade philosophique etc. An VI de la rep. française, No. 14, p. 309.

„nach irgend einer Seite, vielleicht nach mehreren zu„gleich, verschliesen, statt daß es, neutral, überal hin„dringe. Aber, sage man den Genfern — ihr würdet „HauptOrt eines Departements werden!... „Ob sie darum glüklicher seyn würden? — Aber die frän„kischen ErziehungsAnstalten, an denen ihre „Jünglinge, ihre Gelehrten, theilnehmen könnten!... „Und die ihrigen, und Rousseau, Bonnet, „Saussure, wo denn sie erzogen worden? — Aber „die geographischen Rüksichten, die grade Linie! ... „Lasse man die den Mathematikern; und die Politik „nehme grades Betragen zur Richtschnur. Ohnehin wür„den die Franken ja doch nicht diese Grade Linie von Ver„soix nach Hüningen ziehen; und wozu in solchem „Falle Genf durchschneiden? sie sollten dasselbe vielmehr „zu einem Denkmal ihrer Mässigung, zu einer bescheide„nen Hütte an der Gränze ihres reichen, unermeßlichen „Parks machen. Dann werde die grose Nation, in der „That gros seyn, weil sie der Schwäche schone. Frei„lich" — so endigt diese Vorstellung — „wenn ihr es „durchaus so wollt, werdet ihr uns zulezt haben; aber „werdet ihr Genf haben? Nein, nur einige Mauern „weiter, und Bettler. Ihr habt das Huhn getödet; weg „sind die goldnen Eier. Im Gegentheil, wenn ihr das„selbe leben, wenn ihr es so fett werden lasset als es ge„genwärtig mager ist, so wird es nie auf eure Unkosten, „und stets zu eurem Nuzen legen." *

Bei solchen Gesinnungen boten die Genfer, die in dem Projekt einer besondern Rhodanischen Republik das einzige Mittel sahen, wodurch sie vielleicht noch ihre Unabhängigkeit sichern könnten, zu Gunsten desselben allen ihren Kräften auf.

* Reponse á la Décade philosophique; steht auch eingerükt in der Décade philosophique etc. An VI, No. 16. p. 440.

Aber die unabsehbaren Nachtheile, welche nothwendig aus der Ausführung dieses Entwurfs für das unabhängige Republikgen hätten entspringen müssen, fielen jedem, der dabei interessirt war und nicht blos elende PrivatAbsichten im Auge hatte, so stark auf, daß man demselben im WaadtLande sogleich aus allen Kräften entgegen arbeitete. Nachdem Monachon (4 März) der NationalVersammlung zu Lausanne die Absicht eines desfalsigen Beschlusses des fränkischen Directoriums vorgelegt hatte, schikte die Versammlung unverzüglich ihrem Bevollmächtigten in Paris die nöthigen Weisungen zu, und zugleich eine Gesandschaft an den General Brune, um ihm ihre Bestürzung mitzutheilen. Einheit und Untheilbarkeit war von nun an der WahlSpruch jedes waadtländischen Patrioten, der erste Toast bei jedem patriotischen Mahle; er glänzte, als den 6 März, wegen der Einnahme von Bern, die Städte erleuchtet waren, in unzähligen Innschriften, und scholl aus jedem Munde unter dem Läuten aller Gloken und dem Donner der Kanonen längs der Ufer des Lemanus. Die Antwort des Generals Brune, welcher versicherte, daß er spätere Nachrichten von Paris und weit ausgedehntere Vollmachten als alle fränkische Residenten in der Nähe habe, gewährte neue Beruhigung. Aber mit eben so viel Erstaunen als Unwillen fand man am Morgen des 18 März im ganzen Umfang des WaadtLandes einen Befehl * angeschlagen, daß nun wirklich, nach dem Wunsche einer grosen Zahl von Bürgern aus verschiedenen Kantonen, die Rhodanische Republik gegründet sey; daß sie fünf Kantone:

		HauptOrt:
1.	Leman.	Lausanne.
2.	Sana und Brüw.	— — Petterlingen.
3.	Oberland.	— — Thun.
4.	Wallis.	— — Sitten.
5.	Tesino.	— — Lugarus.

* S. im nachfolg. Cod. diplom. No. 11.

einen gesezgebenden Körper von 72 Mitgliedern, wovon 48 den grosen Rath und 24 den Senat bilden sollten, so wie ein VollziehungsDirectorium von 5 Mitgliedern haben, und jener den 25, dieses den 30 März, beide zu Lausanne, in Thätigkeit seyn sollten.

Während diese militairische Gesezgebung im Waadt-Lande allgemeinen Unwillen verbreitete, und selbst Weiber und Kinder schrien: „lieber sterben als Rhodanisch werden!" erließ General Brune in seinem HauptQuartier zu Bern den 19 März, einen ähnlichen Befehl,* wodurch er eine zweite, Helvetische Republik erschuf, die aus den folgenden zwölf Kantonen bestehen sollte:

		HauptOrt:
1.	Basel.	Basel.
2.	ArGau.	— — Arau.
3.	Baden.	— — Baden.
4.	Schafhausen.	— — Schafhausen.
5.	Zürich.	— — Zürich.
6.	ThurGau.	— — Frauenfeld.
7.	St. Gallen.	— — St. Gallen.
8.	Appenzell.	— — Appenzell.
9.	Sargans.	— — Sargans.
10.	Lucern.	— — Lucern.
11.	Bern.	— — Bern.
12.	Solothurn.	— — Solothurn.

Jeder Kanton sollte 12 Deputirte erwählen, und sowohl der gesezgebende Körper als das VollziehungsDirectorium den 30 März zu Arau in Thätigkeit seyn. In allem Uibrigen sollte der am 15 März zu Basel angenommene ConstitutionsEntwurf befolgt werden.

Eine weitere Republik — sagte General Brune

* S. im Nachfolg. Cod. dipl. No. 12.

in seiner Proclamation — sey schon im Entstehen: der TellGau.

So wäre denn nun der helvetische BundesStaat in vier besondere Republiken zerstükt worden; denn noch hatte Graubünden, welches nach dem neuen ConstitutionsEntwurf zur Vereinigung mit der Einen und untheilbaren Helvetischen Republik eingeladen werden sollte, sich für nichts entschieden, und die neuesten Ereignisse waren keines Wegs dazu geeignet, seinen Entschluß zu beflügeln; die Gesandten, die es in Paris und bei dem ReichsFriedens Congreß in Rastadt hielt, beobachteten nur noch den Gang der grosen Angelegenheiten, und ihre Unterhandlungen hatten mehr die Zurükgabe des Veltlins als den Beitrit zu der neuen helvetischen Republik zum Gegenstand. — Die Schweiz, in vier Föderativ-Staaten zersplittert, hatte wieder ihre alten politischen Gebrechen, ohne mehr ihr altes Glük und Ruhe zu haben; sie hatte, in solchem Fall, durchaus nur verloren. Und welchen Gewinn mochte selbst auch Frankreich, wenn es der Schweiz nicht das Schiksal Venedig's bestimmt hatte, von diesen isolirten, schwachen Massen ziehen? Es ist daher zweifelhaft, ob ein solches System von mehreren abgesonderten Republiken je in Ernst sein Plan war, und ob es nicht vielmehr die Schweizer dadurch nur desto lüsterner nach den Vortheilen des EinheitsSystems machen wollte? War lezteres wirklich seine Absicht, so erreichte es sie vollkommen. In ganz Helvetien, nur die kleinen Kantone ausgenommen, erhob man sich so laut gegen das neue VereinzelungsProjekt, welches auch der geist- und kraftvolle LaHarpe mit gleichem Eifer in Paris selbst bestritt, daß General Brune unterm 22 März seine desfalsigen Verfügungen zurüknahm, * und dagegen verordnete, daß die Deputirten, die sich zu Lau-

* S. im nachfolg. Cod. dipl. No. 13.

sanne hatten vereinigen sollen, sich sogleich nach Arau begeben sollten, um daselbst mit den andern Deputirten der Kantone den gesezgebenden Körper der Einen und untheilbaren helvetischen Republik zu bilden.

Dis war Brune's lezte öffentliche Handlung in der Schweiz. Obgleich unter den Gräueln der SchrekensRegierung emporgekommen, (er war General in der nur allzuberüchtigten RevolutionsArmee, und als solcher mit Tallien in Bordeaux gewesen,) zeichnete er sich doch, während seines OberBefehls in Helvetien, durch Milde und Mässigung aus. „Brune's Heer," sagt man im Waadtlande von ihm, „hat die Schweiz erobert, aber „Brune die Schweizer." Den 8 März ward er an die Stelle von Massena zum OberGeneral der italienischen Armee ernannt, zu der er den 18 abreiste. Den OberBefehl der Armee in Helvetien erhielt nun General Schauenburg, ehemaliger Graf und Obrist des Regiments Nassau, einer der ersten Taktiker Frankreichs * und, wie aus der weiter obenerzählten KriegsGeschichte erhellt, der eigentliche Uiberwinder Helvetiens.

So erwünscht es übrigens allen aufgeklärten schweizerischen Patrioten war, daß das Projekt der Vertheilung Helvetiens in mehrere abgesonderte Republiken zurükgenommen ward: so unangenehme Empfindungen erregte dagegen die Nachricht, daß das fränkische Vollziehungs-Directorium unterm 18 März den Bürger Le Carlier,

* Im Sept. 1793 kommandirte er auf kurze Zeit die MoselArmee. Als Ursache, warum er seitdem kein Kommando en chef erhielt, hat man zum Theil Mangel an persönlichem Muthe angeben wollen: gleichwohl ist bekannt, daß er den 18 Sept. 1796, als die Oestreicher Kehl durch Uiberrumpelung weggenommen hatten, und schon auf die Brüke von Strasburg vorzudringen anfiengen, sich mit der grösten Entschlossenheit an die Spize der in Eile bewafneten Bürger von Strasburg stellte, und sie wieder zurüktreiben half.

ehemaliges Mitglied des NationalConvents, zu seinem Commissair in der Schweiz ernannt habe, um dieselbe nach der neuen Constitution zu organisiren. „Wo „denn nun", fragte man sich, „jene Unabhängig„keit des SchweizerVolkes sey, für deren Behauptung „Frankreich, nach seinen öfteren feierlichen Versicherun„gen, zu den Waffen gegriffen habe? Der erste Grund„zug eines freien Volkes sey, daß es sich selbst seine „Verfassung geben könne; oder ob ein Fremder „besser als die Schweizer bestimmen könne, welche „Verfassung für die Schweiz die angemessenere sey?" ... Inzwischen kündigte Le Carlier in seiner ersten Proclamation vom 28 März dem schweizerischen Volke an, daß seine Sendung das Glük Helvetiens und den Ruhm des fränkischen Namens zum Zwek habe. Er ermahnte dasselbe, sich vor Anarchie zu hüten, seine Obrigkeiten zu organisiren, aus dem provisorischen Zustand ungesäumt in den constitutionellen überzugehen, den Ränken, der Verstellung, den tausend Larven der Aristokratie zu mistrauen — kurz, constitutionell glüklich zu seyn, wie es der Wunsch der fränkischen Regierung sey, den er aus allen Kräften unterstüzen werde. „Die Absicht der frän„kischen Regierung" — fügte er hinzu — „ist, daß die„jenigen allein, welche den Krieg verschuldet haben, an „ihren Personen und Gütern dafür verant„wortlich seyn sollen. Ihr werdet also dazu behilflich „seyn, daß der fränkischen Armee, auf Kosten der „vormaligen Regenten, alle LebensMitteln, deren „sie bedürfen wird, geliefert werden. Ihr werdet fühlen, „daß eine gerechte Schadloshaltung die Kosten ersezen „muß, welche der freche Widerstand der zerstörten Oligar„chie veranlaßt hat, und ihr werdet euch beeiffern, die „an euch ergehenden Forderungen zu befriedigen." — So war denn nun vorläufig der so viel umfassende Ausdruk Requisitionen in das revolutionäre Wörterbuch Helvetiens eingezeichnet! Bis dahin hatte man gehoft, daß die fränkische Armee, wenn ihre Sendung vollendet, d. h. die aristokratischen Regierungen vernichtet wären, sich wieder zurükziehen werde: nun zuerst entstand die Besorgniß, daß auch die Schweiz, gleich Cisalpinien und Batavien, genöthigt werden möchte, vielleicht lange Zeit ein fränkisches TruppenKorps zu unterhalten und zu bezahlen.

Unmittelbar darauf erfolgte ein zweiter Schlag, der die Parallele zwischen Helvetien und den beiden nurgenannten Republiken zu vollenden schien. In einer Proclamation vom 29 März * befahl LeCarlier die unbedingte Annahme der helvetischen Constitution nach dem ersten, teutsch und französisch gedrukten, und der ganzen Schweiz bekanntgemachten Entwurf, ** so daß alle, unter Ochsens Mitwirkung und unter dem Beifall aller aufgeklärten schweizerischen Patrioten darinn getroffene Abänderungen als ungeschehen betrachtet, und nur dem Artikel von der GebietsEintheilung hinzugefügt werden sollte, daß das Oberland einen Kanton ausmache, dessen HauptOrt Thun sey. Man erinnerte sich an Mengaud's so oft gemachte Zusicherungen, daß der von Frankreich mitgetheilte ConstitutionsPlan nur ein Projekt sey, und daß man alle nöthigen Veränderungen darinn treffen könne, wenn man nur die Hauptgrundsäze, für die sich ohnehin jeder republikanische Helvetier erklärt hätte, annehmen würde.

Den besten Schuz gegen diese und ähnliche Folgen von Frankreichs übermächtigem Einflusse glaubte man in der schleunigen Einführung der neuen Constitution zu finden. Die Repräsentanten der Kantone AarGau, Basel, Bern, Freiburg, Leman, Lucern, Oberland, Schafhausen, Solothurn und Zürich, *** ver-

* S. im nachfolg. Cod. dipl. No. 14.

** S. hinten, No. V.

*** S. im nachfolg. Cod. dipl. No. 15.

sammelten sich daher ohne Verzug in Arau, wo sie den 12 April die Helvetische Eine und untheilbare demokratisch repräsentative Republik proclamirten.

(Die Fortsezung folgt.)

IV.

Codex diplomaticus zur neuesten Geschichte Helvetiens.

(Fortsezung.)

II.

Proclamation des Generals Brune, vom 16 März 1798, die Errichtung einer besondern Rhodanischen Republik betreffend.

„HauptQuartier Bern, den 26 Ventos (16 März) Jahr 6 der Republik.

„Der General Brune, OberBefehlshaber der fränkischen Armee in Helvetien.

„Da eine grose Zahl von Bürgern aus verschiednen Kantonen Helvetiens mir den Wunsch bezeugten, sich in Eine und untheilbare demokratische und repräsentative Republik zu bilden, deren Gebiete aus dem WaadtLande und den vier Mandemens, aus Ober und UnterWallis, den Italienischen LandVogteien, dem OberLand und Saanenland, dem Kanton Freiburg, und den Gebieten von Murten und Nidau bestünde: so zog ich die Beweggründe ihres Wunsches in Uiberlegung, und fand, daß dieser Wunsch eben sowohl den Grundsäzen der Freiheit als den Bedürfnissen der verschiedenen Localitäten gemäs wäre, und daß eine aus allen den nurbenannten Ländern zusammengesezte Republik sich nach ihren eigenen Gesezen frei regieren und ohne Schwierigkeiten der Vortheile einer Allianz mit der fränkischen Republik geniesen könnte.

„Dem zufolge wird verordnet, wie folgt:

1. „Die Repräsentanten von Ober und Unter Wallis, den Italienischen Land Vogteien, dem Oberland und Saanenland, dem Kanton Freiburg, und den Gebieten von Murten und Nidau, sollen sich ohne Verzug in der Stadt Lausanne mit den Repräsentanten des Waadt Landes vereinigen, um die Gesezgebung der Rhodanischen Republik zu bilden. Die Länder, welche noch keine Wahl-Männer oder Repräsentanten ernannt haben, sollen solches, ohne Verzug, auf die nemliche Art, wie es im Waadt Lande geschehen ist, thun.

2. „Rhodanien soll aus den folgenden fünf Kantonen bestehen: 1. Leman, oder das ehemalige Waadt Land und die vier Mandemens; Haupt Ort Lausanne. 2. Sana und Brüw (Sarine et Broye) oder der ehemalige Kanton Freiburg und die Gebiete von Murten und Nidau; vorläufiger Haupt Ort Payerne. 3. Das Oberland; Haupt Ort Thun. 4. Wallis; Haupt Ort Sion. 5. Tesino, oder die ehemaligen Italienischen Land Vogteien; Haupt Ort Locarno.

3. „Der gesezgebende Körper besteht aus 72 Deputirten, und ist in zwei Räthe abgetheilt, einen Senat von 24 Mitgliedern, und einen grosen Rath von 48. Der Kanton Leman ernennt 18 Deputirte; Sana und Brüw 18; Oberland 12; Wallis 12, und Tesino 12.

4. „Das Vollziehungs Directorium besteht aus 5 Mitgliedern.

5. „Der gesezgebende Körper und das Directorium sollen ihren Siz in Lausanne haben. Sie können in sechs Monaten den Ort ihres Aufenthalts bleibend bestimmen.

6. „Der gesezgebende Körper wird den nächstkünftigen 5 Germinal (25 März) versammelt seyn. Er kan Sizung halten, sobald 25 Mitglieder im grosen Rathe, und 13 im Senat beisammen sind. Jeder Rath wird alle zwei Jahre zur Hälfte erneuert; und zwar der grose Rath jedes gleiche, und der Senat jedes ungleiche Jahr.

7. „Das Directorium wird den nächstkünftigen 10 Germinal (30 März) in Thätigkeit seyn. Die Bedingung verheirathet oder Witwer zu seyn, um Mitglied davon zu werden, ist nicht nothwendig.

8. „In jeder Stadt oder HauptGemeinde wird eine Municipalität seyn, von welcher der UnterStatthalter Präsident seyn wird. Die Municipalitäten werden über die Erhaltung der GemeindeGüter wachen.

9. „Den Gehalt der constituirten Gewalten trägt der öffentliche Schaz, als allgemeine Ausgaben.

10. „Der in dem Kanton Leman, oder dem ehemaligen WaadtLande, angenommene ConstitutionsEntwurf soll in allem befolgt werden, was den gegenwärtigen Verfügungen nicht zuwider ist. Doch soll die den Statthaltern ertheilte Gewalt der Verhaftnehmung unverzüglich durch den gesezgebenden Körper näher bestimmt und eingeschränkt werden.

11. „Der gesezgebende Körper soll in dem peinlichen Verfahren die Geschwornen einführen. Er kan in zwei Jahren eine Revision der Verfassung vornehmen, jedoch unter der Bedingung, die Veränderungen den UrVersammlungen zur Genehmigung vorzulegen.

„Die der Moral und Freiheit günstigen Gebräuche und Herkommen, die Meinungen und verschiedenen Arten des GottesDienstes, sollen respectirt werden. Der gesezgebende Körper wird hierinn mit seinem Beispiel vorgehen."

Unterzeichnet: Brune."

12.

Proclamation des Generals Brune vom 19 März 1798, die Einrichtung einer besondern Helvetischen Republik betreffend.

„Im HauptQuartier zu Bern, den 29 Ventos Jahr 6 (19 März 1798.)

„Der General Brune, OberBefehlshaber der fränkischen Armee in Helvetien.

„Die Oligarchie, welche auf der Schweiz lastete, hatte durch ihren Troz und ihre Verbrechen den Unwillen von Europa erregt, und die Rache der grosen Nation gereizt: nun ist sie nicht mehr.

„Der Sieg, getreu der Sache der Freiheit, hat neue FreundschaftsBande zwischen der fränkischen und helvetischen Republik vorbereitet.

„Der Kanton Basel nahm den 25 Ventos (15 März) einen ConstitutionsEntwurf an, welchen die Kantone Solotburn, Bern, Zürich, Schafhausen, ThurGau, AarGau, die Landschaft St. Gallen, das Toggenburg u. s. w. als gemeinschaftliche Richtschnur ihrer Regierung anzunehmen wünschen.

„Die guten Bewohner der Kantone kommen in grosser Anzahl, und fodern eine repräsentative Demokratie, die sie vor Tyrannei und Anarchie schüze, und dadurch ihr Glük befestige. Ihre Wünsche sollen nicht vergeblich seyn, ihre lebhaften Besorgnisse sollen alsogleich zerstreut werden.

„Ein Theil der Schweiz bildet schon, unter dem Namen Rhodanien, eine freundschaftliche Republik von Frankreich. Eine andre Republik ist im Entstehen; beide, wetteifernd in Freundschaft und Tugend, ähnlich in ihren Einrichtungen, werden durch Gleichförmigkeit der Geseze sich verbrüdern, und der fränkischen Republik nur Gründe zu gegenseitiger Zuneigung und Wohlwollen darbieten.

„Mit Vergnügen entspreche ich den wiederholten dringenden Wünschen der verschiedenen Länder Helvetiens, und mache daher folgende Verordnung bekannt.

1. „Die Helvetische Republik besteht aus 12 Kantonen, nemlich:

Basel; HauptOrt: Basel.

Aargau; HauptOrt: Arau. Dieser Kanton ist gegen SüdWest durch die Wiger in ihrem Laufe von Zofingen nach Aarburg begränzt.

Baden; HauptOrt: Baden. Er begreift nebst der Landschaft Baden diejenige, welche unter dem Namen der FreiAemter bekannt ist.

Schafhausen; HauptOrt: Schafhausen.

Zürich; HauptOrt: Zürich.

Thurgau; HauptOrt: Frauenfeld.

St. Gallen; HauptOrt: St. Gallen. Er begreift das Toggenburg in sich.

Appenzell; HauptOrt: Appenzell.

Sargans; HauptOrt: Sargans. Er begreift noch ausserdem das RheinThal, Sax, Gams, Werdenberg, Gaster, Uznach, Rapperschweil und die March.

Lucern; HauptOrt: Lucern.

Bern; HauptOrt: Bern. Ohne Einbegrif des Aargaus, Oberlands, der Waadt, und der Bezirke von Murten und Nidau.

Solothurn; HauptOrt: Solothurn.

2. „Die Einwohner jeder Gemeinde werden sich in allen diesen Kantonen in UrVersammlungen vereinigen; und zwar im Kanton Bern den 2 Germinal (22 März), in den Kantonen Basel, Solothurn, Aargau, Baden, Schafhausen, Zürich, Thurgau und Lucern den 3 Germinal (23 März), und sobald als möglich in den andern Kantonen.

3. „Die gegenwärtige Verordnung sowohl, als der ConstitutionsEntwurf wird jeder Versammlung vorgelegt werden, welche, sobald sie ihren Wunsch geäussert hat, je auf 100 Bürger, sie mögen an- oder abwesend seyn, wofern sie das StimmRecht haben, einen WahlMann ernennen wird. Diese Wahlen sollen in einem Tag vollendet werden.

4. „Zwei Tage nachher werden die WahlMänner jedes Kantons sich an dem HauptOrt versammeln, um die Wahl von 12 Deputirten zum gesezgebenden Körper, nach der im ConstitutionsEntwurf enthaltenen Vorschrift, vorzunehmen. Die Verrichtungen der WahlMänner sollen am zweiten Tag ihrer Zusammenkunft geendiget seyn.

5. „Die zu Deputirten erwählten Bürger werden sich drei Tage nach ihrer Ernennung in der Stadt Arau versammeln, woselbst der gesezgebende Körper und das Directorium der helvetischen Republik provisorisch ihren Siz haben werden.

6. „Den nächstkünftigen 10 Germinal (30 März) werden sich die in Arau vereinigten Deputirten als gesezgebender Körper constituiren, die helvetische Republik und ihre Unabhängigkeit proclamiren, und dem fränkischen OberGeneral davon Nachricht ertheilen.

7. „Das Vollziehungs Directorium soll den 10 Germinal in Thätigkeit seyn. Die Bedingung verheirathet oder Witwer zu seyn, um Mitglied davon zu werden, ist nicht nothwendig. Das Directorium ernennt aus freier Wahl den Commissair eines jeden Kantons, allein es wählt ihn aus den eingesessenen Bürgern des Kantons. Die abgehenden Directoren haben das Recht, im Senat zu sizen, mit Vorbehalt der im Constitutions Entwurf enthaltenen Ausnahmen.

8. „Die Gewalt der Verhaftnehmung, welche den Commissarien des Directoriums in den Kantonen ertheilt ist, wird durch den gesezgebenden Körper unverzüglich näher bestimmt und eingeschränkt werden.

9. „Diejenigen Individuen, aus welchen die aristokratischen und oligarchischen Räthe von Bern, Freiburg, Solothurn und Zürich bestanden haben, sind ein Jahr lang von allen öffentlichen Stellen ausgeschlossen.

„Der am 25 Ventos (15 März) zu Basel angenommene Constitutions Entwurf soll in allem, was der gegenwärtigen Verfügung nicht entgegen ist, befolgt werden."

Unterzeichnet: Brune."

13.

Schreiben des Generals Brune, Ober Befehlshabers der fränkischen Armee in Helvetien, vom 22 März 1798.

„An die Bürger aller Kantone.

„Kaum war die Absonderung Helvetiens in zwei Republiken, die man mitten unter den lezten Zukungen der Oligarchie gegen die Freiheit und im wilden Aufbrausen verschiedener Leidenschaften verlangt hatte, erkannt worden, als in allen Herzen nur Reue und eine desto lebhaftere Sehnsucht nach den Vortheilen der republikanischen Einheit zurükblieb. Gerührt über die vielen desfallsigen Aeusserungen selbst von Seiten derer, die zuerst auf Absonderung gedrungen hatten, trete ich ihrem nunmehrigen Wunsche desto zutrauensvoller bei, da alles mich glauben macht, daß solcher aufrichtig ist.

„Dem zufolge haben die Deputirten, die sich zu Lausanne

in einen gesezgebenden Körper vereinigen sollten, sich sogleich nach ihrer Ernennung nach der Stadt **Arau** zu begeben, um mit den andern Deputirten der Kantone den gesezgebenden Körper der **Einen und untheilbaren helvetischen Republik** zu bilden.

„Uibrigens ist in allem, was dem Gegenwärtigen nicht zuwiderlauft, an den Verordnungen vom 26 und 29 Ventos (16 und 19 März) nichts abgeändert."

Unterzeichnet: **Brune.**"

14.

Proclamation des RegierungsCommissairs Le Carlier, vom 28 März 1798, die Constitution der Einen und untheilbaren Helvetischen Republik betreffend.

„Der RegierungsCommissair bei der fränkischen Armee in der Schweiz,

„Unterrichtet, daß der Eifer, mit welchem in mehreren Kantonen die Helvetische Constitution angenommen worden ist, über den wahren Inhalt der angenommenen ConstitutionsActe Zweifel erregen könnte, indem einige Kantone blos den ersten, in der ganzen Schweiz verbreiteten, französisch und teutsch gedrukten Entwurf angenommen, andre aber Abänderungen damit vorgenommen haben;

„In Erwägung, daß jede Art von Ungewißheit über einen so wichtigen Punkt äusserst nachtheilige Folgen haben könnte;

„daß, wenn nicht schnelle und wirksame Masregeln getroffen würden, um dieselben zu verhüten, in denjenigen Kantonen, welche ihre Annahme noch nicht verkündigt haben, neue Debatten zu neuen Abänderungen führen könnten, und hierdurch der ZeitPunkt, wo das Schweizer Volk im Besiz der Vortheile einer freien Verfassung kommen soll, noch hinausgeschoben würde;

„daß die Umstände so beschaffen sind, daß jeder Aufschub dem guten Erfolg der helvetischen Repräsentation äusserst nachtheilig wäre, und daß man die constitutionelle Einrichtung nicht genug beschleunigen kan:

„Requirirt den OberGeneral, folgendes anzuordnen:

1. „Die Annahme der helvetischen Constitution soll blos von dem ersten, teutsch und französisch gedrukten, und in der ganzen Schweiz bekannt gemachten Entwurf zu verstehen seyn.

2. „Alle mit diesem Entwurf vorgenommenen Abänderungen werden für ungeschehen angenommen.

3. „Nur dem Artikel von der GebietsEintheilung wird hinzugefügt werden, daß das Oberland einen Kanton ausmachen soll, dessen HauptOrt die Stadt Thun seyn wird.

4. „In Gemäsheit dessen, was bereits vorgeschrieben wurde, werden sich die Deputirten zu der gesezgebenden Versammlung den 10 dieses Monats nach der Stadt Arau begeben.

5. „Die gesezgebende Versammlung wird berathschlagen können, wenn die Hälfte, mehr Eines, der bereits erwählten Mitglieder beisammen seyn wird; sie wird die Unabhängigkeit der helvetischen Nation, und ihre Constitution zur Einen, untheilbaren, demokratisch repräsentativen Republik verkündigen. Worauf die ConstitutionsUrkunde feierlich verlesen werden wird.

6. „Wenn die gesezgebende Macht constituirt seyn wird, wird sie den OberGeneral davon benachrichtigen.

7. „Die Deputirten derjenigen Kantone, welche späterhin ihren Beitritt zur helvetischen Republik melden werden, sind zugelassen, sobald sie ihre Ernennung bekannt gemacht haben, und ihre Vollmachten für rechtmäsig erkannt sind.

8. „Die Residenz der gesezgebenden Macht in der Stadt Arau ist nur provisorisch, und sie wird ihre Sizungen nach der Stadt Lucern verlegen können, sobald dieser Kanton seinen Beitritt zur Constitution bekannt gemacht haben wird.

„Alle der gegenwärtigen zuwiderlaufende Verfügungen sollen ohne Wirkung seyn.

„Bern, 8 Germinal, Jahr 6 der fränkischen Republik.

Unterzeichnet: Le Carlier."

„Der OberGeneral befiehlt, daß die Verfügungen des obigen Requisitoriums nach ihrer Form und Inhalt vollzogen, in beiden Sprachen gedrukt, wo es vonnöthen publizirt und angeschlagen werden.

„HauptQuartier Bern, 9 Germinal rc.

Unterzeichnet: Schauenburg."

15.

Verzeichniß der am 12 April 1798 in Arau zusammengetretenen Repräsentanten der Helvetischen Republik.

Senat.

AarGau: Bürger Dolder, von Wildegg; J. N. Meyer, Vater, von Arau; Alt Landweibel Lauper von OberBurg; Joseph Baucher, von Niederlenz.

Basel: B. Peter Ochs; Joh. Zäslin; J. Burtorf, krank, alle von Basel; Wilh. Hoch, von Liestall.

Bern: B. Ludw. Bay, von Bern; J. Ulr. Lüthy, von Langnau; Bened. Mänger, von Schüpfen; Ulr. Zulauf, von Langenthal.

Freiburg: B. George Bodoux, de Romont, malade; Abram Fornerod, d'Avenche; Tobie Barras, de Praroman; Louis, de Vevay d'Estavayer le Lac.

Leman: B. Jules Muret, de Morges; Louis Frossard, de Moudon, abs., Urbin Laflechere, de Nyon; I. I. Bertholet, de Corseaux, abs.

Lucern: B. Jos. Pet. Genhard, von Sempach; Alphons Pfyffer, von Lucern; Heinr. Crauer, von Rothenburg; Jos. Burkard, von Meerenschwand.

Oberland: B. Sam. Joneli, von Boltingen, krank; Joh. Bergen, von Oberhasle; J. Schneider, von Frutigen; Joh. Karlen, von Erlenbach.

Schafhausen: B. J. C. Ziegler, Joh. Heinr. Keller, von Schafhausen; Bernh. Müller, von Thozingen; Martin Stamm, von Schleitheim.

Solothurn: B. Jos. Schwaller, Jos. Lüthi, Xav. Zeltner, von Solothurn; Joh. Brunner, von Ballstall.

Zürich: B. J. Bodmer, von Stäfa; Paul Usteri, Heinrich Rahn, von Zürich; Heinr. Stapfer, von Horgen.

Groser Rath.

Aargau: Bürger C. F. Zimmermann, von Brugg; Stetter, M. D. von Zofingen; Sam. Akermann von Hentschiken; Herzig, Sohn, von Efigen; Melchior Lüscher, von Entfelden; Jac. Hemmler, von Arau; Franz Aerni, von Arburg; Gottl. Spengler, von Lenzburg.

Basel: B. J. J. Erlacher, Wilh. Haas, Bernh. Huber, Mich. Gysendörfer, von Basel; Heinr. Hug, von Sissach; Joh. Gysi, von Liestall; Joh. Schwab, von Brattelen; Joh. Schneider, von Bubendorf.

Bern: B. Rud. Graffenried von Bümpliz; Rud. Geiser, von Roggweil; Leonh. Pauli, von Guggisberg, abs., Jac. Oesch, von Amseldingen; Bernh. Friedr. Kuhn, von Bern; Pet. Lüthi, von Leerbach; Nic. Augsburger, von Höchstetten; Jac. Kaufmann, von Steffisburg.

Freiburg: B. Charles Thoria, de Villardsousmout; Benj. Iomini, de Payerne; Tob. Carmintran, de Fribourg; Rod. Mart. Gapany, de Mariens; Claude Broye, de Muriot de la Moliere; Iacq. Gegnoz, de Bulle; Nic. Bottolin, de Rue; Dan. Detrey, de Payerne, abs.

Leman: B. Franç. Millet, de Chavornez; Louis Deloës, d'Aigle, abs.; Benj. Grivel, d'Aubonne; L. Secretan, de Lausanne; I. L. Panchaud, de Moudon; Louis Bourgeois, de St. Sapherin; I. Sam. Maulaz, H. Carrard, de Fiez.

Lucern: B. Joh. Wyder, von Hildisrieden; Karl. Mart. Herzog, von Münster; Andr. Zihlmann, von Marbach; Ludw. Hartmann, von Lucern; Jos. Hecht, von Willisau; Ant. Kilchmann, von Ettisweil; Joh. Bucher, von Buttisholz; Jos. Elmlinger, von Reiden.

Oberland: B. Karl Koch, von Thun; Christ. Michel, von Bönigen; Christ. Matti, von Saanen; J. Fischer, von Brienz; Christ. Bircher, von Adelboden; Christ. Sterchi, von Unterseen; Joh. Rubin, von Reichenbach; Christ. Moor, von St. Stephan.

Schafhausen: B. Joh. Wildberger, von Neunkirch; Heinr. Keller, von Unterhallau; Phil. Ehrmann, von Neunkirch; Hans Jac. Heddinger, von Willhingen; Kasp. Keller, von Sibingen.

Solothurn: B. Jos. Hammer, von Olten; Jos. Trosch, von Seken; Steph. Schlupp, von Rennigkofen; Joh. Arb. von Neuendorf; Pet. Jos. Zeltner, abs., Bened. Kulli, von Solothurn; Jos. Cartier, von Olten; Urs. Gysiger, von Selzach.

Zürich: B. Joh. Kasp. Billeter, von Stäfa, abs; Joh. Kasp. Näf, von Hausen; Joh. Rud. Hegg, von Ellikon; Joh. Konr. Escher, von Zürich; Heinr. Fierz, von Küßnacht; Joh. Rud. Egg, von Ryken.

V.

Entwurf der helvetischen StaatsVerfassung.

Erster Titel.

HauptGrundsäze.

1. Die helvetische Republik macht Einen unzertheilbaren Staat aus.

Es gibt keine Gränzen mehr zwischen den Kantonen und unterworfenen Landen, noch zwischen einem Kanton und dem andern. Die Einheit des Vaterlands und das allgemeine Interesse vertritt künftig das schwache Band, welches fremdartige, ungleiche, in keinem Verhältnisse stehende, kleinlichen Lokalitäten und einheimischen Vorurtheilen unterworfene Theile zusammenhielte, und auf's Gerathewohl leitete. So lange alle einzelne Theile schwach waren, mußte auch das Ganze schwach seyn. Die vereinigte Stärke Aller wird künftig eine allgemeine Stärke bewirken.

2. Die Gesammtheit der Bürger ist der Souverain oder OberHerrscher. Kein Theil und kein einzelnes Recht der OberHerrschaft kan vom Ganzen abgerissen werden, um das Eigenthum eines Einzelnen zu werden. Die RegierungsForm, wenn sie auch sollte verändert werden, soll allezeit eine repräsentative Demokratie seyn.

3. Das Gesez ist die Erklärung des Willens des Gesezgebers, welchen er, nach der von der Constitution festgesezten Art, bekannt gemacht hat.

4. Die zwei Grundlagen des öffentlichen Wohls sind die Sicherheit und die Aufklärung. Die Aufklärung ist dem Wohlstand vorzuziehen.

5. Die natürliche Freiheit des Menschen ist unveräußerlich. Sie hat keine andere Gränzen als die Freiheit jedes andern, und die Verfügungen, welche das allgemeine Wohl unumgänglich erheischt; jedoch unter der Bedingung, daß diese unumgängliche Nothwendigkeit rechtskräftig erwiesen sey. Das Gesez verbietet alle Art von Ausgelassenheit; es muntert auf, Gutes zu thun.

6. Die GewissensFreiheit ist uneingeschränkt, jedoch muß die öffentliche Aeusserung von ReligionsMeinungen die Eintracht und Ruhe nicht stören. Jede Art von GottesDienst ist erlaubt, wenn er die öffentliche Ordnung nicht stört, und nicht Herrschaft oder Vorzug verlangt. Jeder GottesDienst steht unter der Aufsicht der Polizei, welche das Recht hat, sich die Lehren und Pflichten, die gepredigt werden, vorlegen zu lassen. Das Verhältniß, in welchem irgend eine Sekte gegen eine fremde Gewalt stehen mag, darf weder auf StaatsSachen, noch auf den Wohlstand und die Aufklärung des Volks Einfluß haben.

7. Die PreßFreiheit ist eine natürliche Folge des Rechtes, das jeder hat, sich unterrichten zu lassen.

8. Es gibt keine erbliche Gewalt, Rang noch EhrenTitel. Die StrafGeseze sollen jeden Titel und jedes Institut untersagen, welches an Erblichkeit erinnert.

Die erblichen EhrenTitel erzeugen Hochmuth und Unterdrükung, führen zur Unwissenheit und Trägheit, und leiten die Meinung über die Dinge, die Begebenheiten und die Menschen irrig.

9. Der Staat hat kein Recht auf das PrivatEigenthum, ausgenommen in dringenden Fällen, wenn dasselbe zum allgemeinen Gebrauch unentbehrlich ist, und gegen eine gerechte Entschädigung.

10. Ein jeder, der durch gegenwärtige StaatsVerfassung das Einkommen einer Stelle oder Pfründe verliert, soll als Ent-

schädigung eine lebenslängliche Rente erhalten, ausgenommen in den Jahren, in welchen ihn eine ergiebige Stelle oder eine Pension auf eine billige Art entschädigt. Es sind jedoch von aller Entschädigung oder Vergütung ausgeschlossen, diejenigen, welche von dem Augenblik an, da gegenwärtiger Entwurf einer Verfassung bekannt gemacht wird, sich der Einführung einer weisen politischen Gleichheit zwischen den Bürgern und Unterthanen, und des Systems der Einheit und der Gleichheit zwischen Mitgliedern des allgemeinen Vaterlands widersezen; ausserdem sollen seiner Zeit strenge Maasregeln gegen diejenigen ergriffen werden, deren Widerstand sich durch Arglist, Treulosigkeit oder Bosheit ausgezeichnet hätte.

11. Die Steuern müssen zum allgemeinen Nuzen angewandt werden. Die Auflagen müssen mit dem Vermögen, den Einkünften und der Einnahm der Steuerbaren im Verhältniß stehen; jedoch kann dieses Verhältniß nicht ganz genau seyn; eine allzugrose Genauigkeit würde Ursache seyn, daß die Auflagen drükend, das Einsammeln derselben kostspielig, und das Ganze dem Glük der Nation nachtheilig würde.

12. Die Besoldungen der öffentlichen Beamten sollen mit der Arbeit und den Talenten im Verhältniß stehen, welche ihre Stelle erfodert; es muß darauf Rüksicht genommen werden, in wie weit es gefährlich ist, solche Stellen Leute anzuvertrauen, die sich leicht bestechen lassen könnten; auch muß man hindern, daß sie nicht das ausschließliche Eigenthum der Reichen werden. Diese Besoldungen sollen in Früchten bestimmt, und so lang als ein Beamter an seiner Stelle seyn wird, nicht vermindert werden können.

13. Kein liegendes Gut kan unveräußerlich erklärt werden, weder für eine Corporation, oder für eine Gesellschaft, noch für eine Familie; das ausschließliche Recht, liegende Güter zu besizen, führt zur Sklaverei. Der Grund und Boden kan mit keiner Last, Zins oder Dienstbarkeit beschwert werden, wovon man sich nicht loskaufen könnte.

14. Der Bürger ist sich dem Vaterlande, seiner Familie und den Bedrängten schuldig. Die Freundschaft ist ihm heilig; er opfert ihr aber keine seiner Pflichten auf. Er schwört allen persönlichen Haß und alle Eitelkeit ab. Er will nur die moralische

Veredlung des menschlichen Geschlechts; er ladet, ohne Unterlaß, zur süßen Bruderliebe ein; sein Ruhm ist die Achtung guter Menschen, und sein Gewissen entschädigt ihn, wenn man ihm ungerechter Weise diese Achtung versagt.

Zweiter Titel.

Eintheilung des Helvetischen Gebiets.

15. Helvetien ist in Kantone, in Distrikte, in Gemeinden und in Sektionen oder Quartiere der grosen Gemeinden eingetheilt. Diese Eintheilungen beziehen sich auf die Wahlen, die Gerichtsbarkeit und Verwaltung, sie machen aber keine Gränzen aus.

16. Der Umfang der Kantone, Distrikte, Gemeinden und Sektionen von Gemeinden kan durch das Gesez verändert, oder berichtiget werden.

Die Kantone sind gleich, und das Loos bestimmt alle Jahre ihren Rang.

17. Die Hauptstadt der helvetischen Republik soll durch die gesezgebende Räthe bestimmt werden. Einstweilen ist die Gemeine Lucern der Hauptort.

18. Die Graubündner sind eingeladen, ein Theil der Schweiz zu werden, und wenn sie dieser Einladung entsprechen, so sollen der Kantone einstweilen zwey und zwanzig an der Zahl seyn, nämlich:

Der Walliser Kanton: HauptOrt Sitten.

Der Lemanische Kanton, oder das WaadtLand: HauptOrt Lausanne.

Der Kanton Freiburg, mit Inbegriff der Landvogteien Peterlingen, Wifflisburg bis an die Brüsch, und Murten: HauptOrt Freiburg.

Der Kanton Bern, ohne das WaadtLand und das Argau: HauptOrt Bern.

Der Kanton Solothurn: HauptOrt Solothurn.

Der Kanton Basel, mit Inbegriff dessen, was ihm in dem Frickthal könnte abgetreten werden: HauptOrt Basel.

Der Kanton Argau von Arburg und Zofingen an: HauptOrt Arau.

Der Kanton Lucern: HauptOrt Lucern.

Der Kanton Unterwalden, mit Inbegrif von Engelberg: HauptOrt Stanz.

Der Kanton Uri, mit Inbegrif des Urseler-Thals: HauptOrt Altorf.

Der Kanton Bellinzona, welcher die vier obern italiänischen Landvogteien in sich begreift, nämlich: das LivinerThal, Bollenz, Riviera und Bellinzona: HauptOrt Bellinzona.

Der Kanton Lugano, so die vier untern italiänischen Landvogteien begreift, nämlich: Lugano, Mendrisio, Locarno und Valmaggia: HauptOrt Lugano.

Der Kanton Rhätien oder GraubündnerLand: HauptOrt Chur.

Der Kanton Sargans, mit Inbegrif des RheinThals, Sax, Gams, Werdenberg, Gasteren, Utznach, Rapperschweil und March: HauptOrt Sargans.

Der Kanton Glaris: HauptOrt Glaris.

Der Kanton Appenzell: HauptOrt Appenzell, oder abwechselnd Herisau.

Der Kanton Thurgau: HauptOrt Frauenfeld.

Der Kanton St. Gallen, welcher die Stadt und das von allen oberherrlichen Rechten befreite Gebiet des Abtes enthält: HauptOrt St. Gallen.

Der Kanton Schaffhausen: HauptOrt Schaffhausen.

Der Kanton Zürich, mit Inbegrif von Winterthur: HauptOrt Zürich.

Der Kanton Zug, mit Inbegrif der Unterthanen der Stadt, der Grafschaft Baden und der freien Aemter: HauptOrt Zug.

Der Kanton Schweiz, mit Inbegrif von Gersau, Küßnacht, Einsiedel und den Höfen: HauptOrt Schweiz.

Dritter Titel.

Politischer Stand der Bürger.

19. Alle diejenigen, welche izt wirkliche Bürger einer regierenden oder MunizipalStadt, eines unterworfenen oder freien Dorfes sind, werden durch gegenwärtige Constitution, SchweizerBürger. Ebenso diejenigen, welche das ewige HintersäßRecht hatten, und alle in der Schweiz geborne Hintersassen.

20. Der Fremde wird Bürger, wenn er zwanzig Jahre lang nacheinander in der Schweiz gewohnt, wenn er sich nüzlich gemacht, und wegen seiner Aufführung und Sitten günstige Zeugnisse aufweisen kan; er muß aber für sich und seine Nachkommen auf jedes andere BürgerRecht Verzicht leisten; er muß den BürgerEid ablegen, und sein Name wird in das Register der SchweizerBürger, welches in dem NationalArchiv niedergelegt wird, eingeschrieben.

21. Der in der Schweiz wohnhafte Fremde ist den nämlichen Auflagen, der Wache und der Miliz unterworfen, wie die Bürger.

22. Die Bürger allein haben das Recht in den PrimärVersammlungen zu stimmen, und zu öffentlichen Aemtern gewählt zu werden.

23. Die Fremden können nur zu den militärischen Aemtern gelangen, und zu denjenigen Stellen, welche auf Erziehung und Künste Bezug haben; auch können sie als Secretäre und UnterAgenten der öffentlichen Beamten, angestellt werden. Das Verzeichniß von allen diesen also angestellten Fremden, soll alle Jahre von der Regierung bekannt gemacht werden.

24. Ein jeder Bürger, wenn er zwanzig Jahre alt ist, muß sich in das BürgerRegister seines Kantons einschreiben lassen, und den Eid ablegen: seinem Vaterlande zu dienen, und der Sache der Freiheit und Gleichheit, als ein guter und getreuer Bürger, mit aller Pünktlichkeit und allem Eifer so er vermag, und mit einem gerechten Haß gegen die Anarchie oder Ausgelassenheit, anzuhangen.

Dieser Eid wird von allen jungen Bürgern, die das genannte Alter erreicht haben, in der schönen JahrsZeit, an demselbigen Tage, in Gegenwart der Eltern und Obrigkeiten abgelegt, und endigt sich mit einem bürgerlichen Fest. Der RegierungsStatthalter nimmt den Eid ab, und hält eine dem Gegenstand des Festes angemessene Rede.

25. Jeder Bürger ist ein gebohrner Soldat des Vaterlands; er kan sich durch einen andern ersezen lassen, wenn es das Gesez erlaubt; er ist aber schuldig, wenigstens zwei Jahre lang unter dem auserwählten Korps, so ein jeder Kanton unterhal-

ten wird, zu dienen. Der Tag, an welchem die jungen Bürger die ersten Waffen erhalten, soll ein bürgerliches Fest seyn; der RegierungsStatthalter bewafnet die Jugend im Namen des Vaterlandes.

26. Die Diener irgend einer Religion können keine StaatsAemter bekleiden, noch den PrimärVersammlungen beiwohnen.

27. Man verliert das BürgerRecht,

1. durch die Naturalisirung in fremden Landen;
2. durch den Eintritt in irgend eine fremde Corporation, ausgenommen gelehrte Anstalten;
3. durch die Ausreissung oder Desertion;
4. durch eine zehnjährige Abwesenheit, wenn man nicht die Erlaubniß erhalten hat, seine Abwesenheit zu verlängern.
5. durch die Verurtheilung zu entehrenden Strafen, bis zur Wiedereinsezung in das BürgerRecht.

Die Fälle, wo die Ausübung der bürgerlichen Rechte suspendirt werden kan, sollen durch das Gesez bestimmt werden.

Vierter Titel.

Von den Primär- und WahlVersammlungen.

28. Die PrimärVersammlungen bestehen aus den Bürgern und BürgersSöhnen, welche seit fünf Jahren in derselben Gemeinde wohnen, vom Tage anzurechnen, allwo sie erklärt haben, daß ihr Wille seye, sich allda häuslich niederzulassen. Es giebt jedoch Fälle, wo die gesezgebenden Räthe nur den GeburtsOrt, entweder des Bürgers selbst, oder seines Vaters, wenn er nicht in der Schweiz gebohren wäre, für den Wohnsiz anerkennen können. Um in einer Primär- oder WahlVersammlung zu stimmen, muß man das zwanzigste Jahr zurükgelegt haben.

29. Jedes Dorf oder Fleken, wo sich hundert Bürger befinden, die das StimmRecht haben, macht eine PrimärVersammlung aus.

30. Die Bürger eines jeden Dorfs oder Flekens, so nicht hundert stimmfähige Bürger enthält, vereinigen sich mit denen von dem nächstgelegenen Fleken oder Dorf.

31. Die Städte haben eine PrimärVersammlung in jeder

Sektion oder Quartier. Die gesezgebendeu Räthe bestimmen die Anzahl der Bürger.

32. Die PrimärVersammlungen haben Statt,

1. Um die StaatsVerfassung anzunehmen oder zu verwerfen.

2. Um alle Jahre die Glieder der WahlVersammlung des Kantons zu ernennen.

33. Je auf hundert Personen, welche die erfoderlichen Eigenschaften haben, um Bürger zu seyn, wird ein WahlMann ernannt.

34. Die Namen der Erwählten werden dem Regierungs-Statthalter zugeschikt, welcher, mit Beistand des Präsidenten von jeder constituirten Gewalt des Orts seines Wohnsizes, öffentlich durch das Loos die Hälfte der Erwählten ausschliesen läßt.

Die übriggebliebene Hälfte macht für das Jahr das WahlCorps aus.

Am Tage dieser Ziehung wird ein drittes bürgerliches Fest gefeiert und eine Rede gehalten, worinn der RegierungsStatthalter die Grundsäze auseinander sezt, die das WahlCorps leiten sollen, wenn es zusammen berufen wird, um die ihm obliegenden Ernennungen zu machen.

Das erstemal hat obige Ausschliesung der Hälfte WahlMänner durch das Loos, nicht Statt.

35. Die WahlCorps erwählen:

1. Die Deputirten für das gesezgebende Korps.
2. Die Richter des KantonsGerichts.
3. Die Richter des obern GerichtsHofs.
4. Die Mitglieder der VerwaltungsKammer; endlich die Suppleanten gedachter Richter und Verwalter.

Fünfter Titel.

Von der gesezgebenden Gewalt.

36. Die gesezgebende Gewalt wird durch zwei unterschiedene, abgesonderte, eines von dem andern unabhängige, und jedes ein verschiedenes Costume tragende Räthe ausgeübt.

Diese beiden Räthe sind:

Der Senat, welcher aus den gewesenen Directoren und vier Deputirten jedes Cantons besteht.

Der grose Rath, welcher das erstemal aus acht Abgeordneten jedes Cantons besteht; für die Folge soll das Gesez die Anzahl bestimmen, welche jeder Canton nach dem Verhältniß seiner Bevölkerung zu ernennen hat.

37. Im dritten Jahre gegenwärtiger Staatsverfassung, und in der Folge, muß man, um in den Senat erwählt zu werden, entweder Minister, oder auswärtiger Agent oder Mitglied des grosen Raths, oder des obern Gerichts, oder RegierungsStatthalter, oder Präsident einer VerwaltungsKammer, oder eines KantonGerichts, gewesen seyn oder noch seyn.

38. Ferner muß man verheirathet oder Witwer seyn, und das Alter von dreißig Jahren erreicht haben; diese zwei leztern Bedingungen sollen sogleich Statt haben.

39. Die gewesenen Directoren sind von Rechtswegen Mitglieder des Raths der Alten, es seye denn, daß sie eine andere Stelle annehmen, oder daß sie lieber in die gemeine BürgerKlasse zurükkehren.

40. Jedoch soll kein gewesener Director in den Senat eintreten können, so lange unter den übrigen Mitgliedern des Senats, sie mögen gewesene Directoren oder erwählt seyn, ein durch Blut oder Heirath mit ihm in gerader Linie, oder in der SeitenLinie durch Blut verwandtes Mitglied sizt, bis zum Grad von Oheim und Neffe.

41. Die wählbaren Mitglieder des Senats werden alle ungrade Jahre (1. 3. 5.) zum vierten Theil erneuert, so daß jedes erwählte Mitglied acht Jahre lange diese Stelle bekleidet.

42. Um als Mitglied vom grosen Rath erwählt zu werden, muß man das fünf und zwanzigste Jahr zurükgelegt haben, und im Genuß des BürgerRechts seyn.

43. Der grose Rath wird alle gerade Jahre (2. 4. 6. ꝛc.) zum dritten Theil erneuert.

44. Die Zeit dieser theilweisen Erneuerung der beiden gesezgebenden Räthe ist im SpätJahr.

45. Die Mitglieder des Senats, welche es acht Jahre lang gewesen sind, können erst nach einer ZwischenZeit von vier Jahren wieder erwählt werden.

46. Die Mitglieder des grosen Raths, welche es sechs Jahre

lang gewesen sind, können erst nach einer ZwischenZeit von zwei Jahren wieder erwählt werden.

47. Der Senat genehmigt oder verwirft die Schlüsse des grosen Raths.

48. Die bürgerlichen Geseze jedes Kantons und die sich darauf beziehenden Gebräuche sollen ferner den Gerichten zur Richtschnur dienen, bis die gesezgebenden Räthe nach und nach gleichförmige bürgerliche Geseze werden eingeführt haben. Diese neuen Geseze können in keinem Fall eine rükwirkende Kraft auf frühere Verträge und Akten haben.

49. Die Sizungen der beiden Räthe werden öffentlich gehalten; jedoch kan die Anzahl der Zuhörer in jedem Rath, die Anzahl seiner Mitglieder nicht übersteigen. Jeder Rath kan sich in ein geheimes Comite verwandeln.

50. Die gesezgebenden Räthe genehmigen oder verwerfen, auf den Vorschlag des VollziehungsDirectoriums, alles was die Finanzen, den Frieden und den Krieg betrifft. Sie können über diese Gegenstände nicht ohne einen solchen Vorschlag des Directoriums berathschlagen.

51. Die Mitglieder der gesezgebenden Räthe können nur mit Beobachtung folgender Formalitäten vor Gericht gezogen werden.

52. Keine Denunziation gegen ein Mitglied des einen oder des andern Raths kan zu einer gerichtlichen Verfolgung Anlaß geben, wenn sie nicht schriftlich aufgesezt, unterschrieben, und dem grosen Rath zugeschikt worden ist.

53. Der grose Rath berathschlaget zuvor über die Frage, ob die Denunziation soll angenommen werden.

54. Wenn die Denunziation angenommen ist, so wird der Beschuldigte vorgeladen, sich vor dem grosen Rath zu stellen. Man muß ihm drei volle Tage hiezu frei lassen.

Erscheint er, so wird er im Innern des grosen Raths verhört.

55. Der Beschuldigte mag sich gestellt haben oder nicht, so erklärt der grose Rath, nach Verlauf der durch die Citation angesezten ZeitFrist, ob es der Fall sey, sein Betragen zu untersuchen oder nicht.

56. Wenn der grose Rath erklärt hat, daß eine Untersuchung Statt habe, so wird der Beschuldigte durch den Senat vorberufen; es werden ihm zwei volle Tage gegeben, um zu erschei-

nen; und wenn er erscheint, so wird er im Innern des Orts der Sizungen des Senats verhört.

57. Der Beschuldigte mag sich gestellt haben oder nicht, so bestätigt oder verwirft der Senat, nach Verlauf dieser Zeit, und nachdem er über die Sache berathschlagt hat, den Beschluß des grosen Raths.

58. Bestätigt er denselben, so verweist er den Beschuldigten vor den obern GerichtsHof, welcher entscheidet, ob eine Anklage Statt habe.

59. Jede Discussion in dem einen oder andern Rath, wegen einer Beschuldigung gegen eines seiner Mitglieder wird in einem geheimen Comite vorgenommen.

60. Jede Berathschlagung über diese Gegenstände geschieht mit Aufrufung der Namen und durch geheime StimmZettel.

61. Die von dem obern GerichtsHof gegen ein Mitglied eines gesezgebenden Raths ausgesprochene Anklage zieht die Suspension nach sich.

62. Wenn die Anklage ausgesprochen ist, beruft das höchste Gericht seine Suppleanten zu sich, und macht mit denselben nur ein einziges Tribunal aus; es instruirt den Prozeß und spricht das Urtheil, von welchem nicht appellirt werden kan. Eine Stimme mehr, als das Drittel, spricht los. Dieses Drittel wird so genau als möglich bestimmt, so daß das Drittel von zehn, drei; von eilf vier ist, u. s. w.

63. Wenn der Beschuldigte durch das Urtheil des obern GerichtsHofs losgesprochen ist, so tritt er wieder in sein Amt ein.

64. Die beiden Räthe sind gehalten, jedes Jahr ihre Sizungen drei Monate lang einzustellen; sie können es aber für eine längere Zeit thun.

65. Jeder der Räthe hat seine besondere Wache.

Die Wache eines Raths kann nicht zahlreicher seyn als die Wache des andern, nach des VollziehungsDirectoriums.

66. Jeder Rath hat die Polizey im Ort seiner Sizungen, und im äussern Umfang, den er bestimmt hat.

Dieser äussere Umfang kan nur von einem mit Mauern, Heken oder sonst umgebenen Plaz verstanden werden.

67. In keinem Fall können die gesezgebenden Räthe, weder

insbesondere, noch mit einander, noch durch einen Ausschuß, die vollziehende noch die richterliche Gewalt ausüben.

68. Die gesezgebenden Räthe sind nicht befugt, einem oder einigen ihrer Mitglieder, noch irgend jemanden, irgend eines der Geschäfte zu übertragen, welche ihnen die Verfassung auferlegt hat.

69. In keinem Fall können sich die beiden Räthe in Einem Saale vereinigen.

70. Weder der eine noch der andere Rath kan aus sich selbst einen bleibenden Ausschuß ernennen.

Jeder Rath hat blos das Recht, wenn Gegenstände vorkommen, die einer vorläufigen Untersuchung bedürfen, aus seiner Mitte eine Commission zu ernennen, welche sich blos auf den Gegenstand einschränkt, um derentwillen sie ernannt worden ist, und welche aufgehoben ist, sobald der Rath über diesen Gegenstand einen Schluß gefaßt hat.

Sechster Titel.

VollziehungsDirectorium.

71. Die vollziehende Gewalt ist einem aus fünf Mitgliedern bestehenden VollziehungsDirectorium übertragen.

Das VollziehungsDirectorium wird alle Jahre, drei Monate vor der Erneuerung des gesezgebenden Raths, folglich im Anfang des Sommers, theilweise erneuert.

72. Um als Director erwählt zu werden, muß man das Alter von vierzig Jahren erreicht haben, und verheirathet oder im WittwenStand seyn. Diese Verfügung gilt auch schon für die nächsten Wahlen.

Vom dritten Jahr an, nachdem gegenwärtige Constitution eingeführt seyn wird, muß man ausserdem entweder Mitglied einer der gesezgebenden Räthe, oder Minister, oder Mitglied des obern GerichtsHofs, oder endlich RegierungsStatthalter gewesen seyn.

73. Die ErwählungsArt ist für das erste Jahr folgende:

Einer der Räthe verfertigt durch geheimes Stimmgeben, und nach der absoluten Mehrheit der Stimmen, eine Liste von fünf Candidaten, und der andere Rath wählt, durch geheimes Stimmgeben und nach der absoluten Mehrheit der Stimmen, in dieser vorgelegten Liste, den neuen Director.

Das Loos entscheidet aber, unmittelbar vor der Wahl, welcher von den beiden Räthen die Liste der Candidaten verfertigt: diese Operation wird das erste Jahr fünfmal wiederholt, und das Loos entscheidet, wie die erst ernannten nach und nach austreten.

74. Im zweiten Jahr und den folgenden, wird die Wahl weniger einfach seyn. Zuerst schließt das Loos die Hälfte Mitglieder eines jeden Raths von der Wahl aus; diese ausgeschlossene Hälfte entscheidet vorläufig, ob man bei der vorzunehmenden Wahl dieses Mal das Loos soviel möglich wolle walten lassen, oder nicht. Entscheidet sie verneinend, so nimmt die nicht ausgeschlossene Hälfte die Wahl nach der oben beschriebenen Art vor. Wenn sie aber die Frage bejahend entscheidet, so wird zuvor durch das Loos entschieden, welcher von beiden auf gesagte Art auf die Hälfte herabgesezte Rath die CandidatenListe verfertigen solle. Der bestimmte Rath ernennt durch absolute Mehrheit der Stimmen, sechs Candidaten.

75. Die austretenden Mitglieder des VollziehungsDirectoriums können nicht wieder vor einem ZeitVerlauf von fünf Jahren erwählt werden.

Jedoch soll derjenige, welcher am Ende des ersten Jahrs austreten wird, nach Verlauf eines Jahrs wieder erwählt werden können.

Derjenige, welcher im zweiten Jahr austreten wird, kan nach Verlauf von zwei Jahren wieder erwählt werden.

Derjenige, welcher im dritten Jahre austreten wird, kan nach Verlauf von drei Jahren wieder erwählt werden.

Derjenige, welcher im vierten Jahre austreten wird, kan nach Verlauf von vier Jahren, wieder erwählt werden.

76. Das VollziehungsDirectorium sorgt, den Gesezen gemäß, für die äussere und innere Sicherheit des Staats. Es schaltet über die KriegsMacht; doch kan in keinem Fall das Directorium insgesammt, noch eines seiner Mitglieder, weder während der Zeit seiner AmtsVerrichtung, noch zwei Jahre lang nach Endigung derselben, die Truppen kommandiren.

77. Das VollziehungsDirectorium kan jeden der beiden Räthe einladen, einen Gegenstand in Betracht zu ziehen.

78. Ihm gebührt der erste Antrag, die Strafen zu erlassen, oder zu mindern, oder selbst eine Belohnung zu gestatten, im Fall ein Mitschuldiger eines begangenen Verbrechens Entdekungen macht.

79. Es versiegelt die Geseze, und läßt sie bekannt machen; es besorgt die Vollziehung derselben.

80. Es unternimmt und führt die Unterhandlungen mit den fremden Mächten; aber die Verträge, welche es unterschreibt oder unterschreiben läßt, sind nicht gültig, bevor sie von den gesezgebenden Räthen in einem geheimen Comite untersucht und genehmiget worden.

Die Verfügungen der geheimen Artikel werden ohne die Genehmigung der gesezgebenden Räthe vollzogen; sie dürfen aber den öffentlichen Artikeln und der Verfassung nicht entgegen seyn.

81. Das Directorium legt alle Jahre den gesezgebenden Räthen Rechnung ab über die Verwendung der einem jeden Departement angewiesenen Gelder, ausser denen, so ihm für persönliche oder geheime Ausgaben besonders anvertraut worden sind.

82. Die Ernennung, Zurükberufung und Absezung aller Anführer und Offiziere der Armee in jedem Grade, der Minister und diplomatischen Agenten, der Commissarien der National-Schazkammer, der RegierungsStatthalter, des Präsidenten, der öffentlichen Ankläger und Schreiber des obern Gerichtshofs, und OberEinnehmer der Einkünfte der Republik, steht ihm zu. Die UnterBedienten und UnterAgenten werden von denjenigen ernannt, von denen sie unmittelbar abhangen.

83. Wenn das Directorium von einer, wider die äussere oder innere Sicherheit des Staats angesponnenen Verschwörung benachrichtiget wird, so kan es Vorführungs- und VerhaftBefehle gegen diejenigen ergehen lassen, welche man für die Urheber oder Mitschuldigen hält; es kan sie verhören; allein es ist, unter den wider das Verbrechen einer willkührlichen Verhaftung bestimmten Strafen, verbunden, dieselben in Zeit von zwei Tagen vor die PolizeiBeamten zu verweisen, damit den Gesezen gemäs verfahren werde.

84. Es sind vier Minister im Staate; der Minister der aus-

wärtigen Geschäfte und des KriegsWesens; der Minister der Gerechtigkeitspflege und der Polizei; der Minister der Finanzen, des Handels, des Akerbaues und der Handwerke; der Minister der Wissenschaften, schönen Künste, der öffentlichen Gebäude, Brüken und Strassen.

Was die Spitäler, die für die Armen bestimmten Unterstüzungen und das Betteln betrift, so gehören diese Gegenstände in das Fach des Justiz- und PolizeiMinisters.

Das Gesez kan obige Austheilung der den Ministern zugetheilten Geschäfte verändern.

Es kan die Zahl der Minister auf sechs, aber nicht auf fünf festsezen, noch ihrer weniger als vier bestimmen.

85. Alles, was in Ansehung des gerichtlichen Verfahrens gegen die Mitglieder der gesezgebenden Räthe verfügt ist, gilt auch von den Mitgliedern des vollziehenden Directoriums.

Siebenter Titel.

Oberster Gerichtshof.

86. Der oberste Gerichtshof besteht aus einem von jedem Kanton ernannten Richter. Alle Jahre wird der vierte Theil seiner Mitglieder ernannt, und zwar drei Jahre lang fünfe, das vierte Jahr aber sieben Mitglieder.

87. Unter den neuerwählten Richtern ernennt das Directorium den Präsidenten; es ernennt auch den öffentlichen Ankläger, und den OberGerichtSchreiber. Es werden so viele Suppleanten als Richter erwählet; sie werden zur nemlichen Zeit als diese erneuert. Dieser Gerichtshof richtet die Mitglieder der gesezgebenden Räthe, und das VollziehungsDirectorium, wie oben gesagt worden.

88. Dieser Gerichtshof richtet ferner ohne Appellation, entweder allein, oder mit Zuziehung seiner Suppleanten, in CriminalSachen, welche die TodesStrafe, oder die Einsperrung, oder die Deportation auf zehn Jahre oder mehr nach sich ziehen.

89. Er cassirt auch in CivilSachen die Sprüche der untern Gerichte, welche aus Mangel der Competenz, wegen Verlezung der Form oder der StaatsVerfassung nichtig sind.

90. Der einstweilige Siz des obersten Gerichtshofs ist in der

nemlichen Gemeinde, wo die gesezgebenden Räthe und das VollziehungsDirectorium residiren.

Die gesezgebenden Räthe können den SizungsOrt desselben ändern, insofern das VollziehungsDirectorium den Vorschlag hiezu macht.

Achter Titel.

Von der bewafneten Macht.

91. Es soll in FriedensZeiten ein besoldetes TruppenCorps gehalten werden, welches durch freiwillige Anwerbung, und im Fall der Noth auf die durch das Gesez bestimmte Art formirt werden soll.

92. Es soll in jedem Kanton ein Corps von auserlesenen Milizen oder NationalGarden seyn, welche allezeit bereit sind, im Nothfall zu marschiren, entweder um der gesezlichen Obrigkeit Hülfe zu leisten, oder einen ersten fremden Angrif zurükzutreiben.

Neunter Titel.

StaatsVerbrechen.

93. Jede Anklage wegen StaatsVerbrecher, wegen DienstFrevel, Veruntreuung, directer oder indirecter Bestechung, gehört vor den GerichtsHof des Ortes, wo das Verbrechen begangen worden, oder, wenn dieser Ort nicht angegeben ist, vor den GerichtsHof des Orts, wo der HauptBeklagte seine gewöhnliche Wohnung hat. Dieser GerichtsHof untersucht vor allem, ob der Fall einer Anklage Statt finde; in diesem Fall beruft er seine Suppleanten zu sich und macht mit ihnen einen peinlichen GerichtsHof in erster Instanz aus.

94. Wenn durch den Verurtheilten oder durch den öffentlichen Ankläger an den obern GerichtsHof appellirt worden, so soll dieser wie das untere Gericht verfahren, und das Endurtheil nicht anders als mit Zuziehung seiner Suppleanten, aussprechen.

Zehnter Titel.

KantonsObrigkeiten.

95. Die drei ersten Obrigkeiten von jedem Kanton sind der RegierungsStatthalter, die VerwaltungsKammer, und das KantonGericht.

96. Der RegierungsStatthalter stellt die vollziehende Gewalt vor.

Sein StellVertreter ist der UnterStatthalter der Gemeine, wo er seinen Siz hat.

Er hat die Aufsicht über alle Gewalten und Bedienten, in der Ausübung ihrer Aemter, und ermahnt sie an ihre Pflicht.

Er übermacht ihnen die Geseze, wie auch die Befehle des Directoriums.

Er nimmt ihre Anmerkungen, Vorschläge und Klagen an; er ist verbunden sich von Zeit zu Zeit in die verschiedenen Districte des Kantons zu begeben, um seine Aufsicht auszuüben.

Er selbst kann nichts verwilligen, sondern nimmt blos die Bittschriften der Bürger an, und läßt sie den gehörigen Obrigkeiten zukommen.

Er beruft die PrimarVersammlungen und die WahlKorps zusammen.

Er hat den Vorsiz bei den bürgerlichen Festen.

Er hat das Recht den Berathschlagungen der GerichtsHöfe, und der VerwaltungsKammer beizuwohnen, er requirirt alda die Vollziehung der Geseze, ohne aber dabei seine Stimme zu geben.

Er wacht für die innere Sicherheit, übt das Recht der Gefangennehmung aus, und schaltet über die bewafnete Gewalt, ohne daß er sie selbst commandiren kan.

Er ernennt die Präsidenten des Tribunals, der VerwaltungsKammer und der niedern Gerichte, unter den Richtern und Verwaltern, so das WahlCorps gewählt hat.

Er ernennt auch die GerichtSchreiber, den öffentlichen Ankläger und die UnterStatthalter des HauptOrts und der Districte. Er selbst wird vom Directorium erwählt, abgesezt, oder zu einer andern Stelle berufen.

97. Das KantonTribunal spricht in erster Instanz in Haupt-CriminalSachen, und in lezter Instanz in allen andern Criminal Prozessen, und in Civil- und PolizeiSachen.

98. Dieses Tribunal besteht aus dreizehn Richtern, mit Inbegrif des Präsidenten. Das WahlCorps erwählt sie. Der Präsident erwählt seinen Stellvertreter unter den Richtern.

99. Die Richter werden von dem WahlCorps ernannt. Es treten alle Jahre zwei heraus, und jedes Jahr werden sie durch die WahlCorps der Kantone, welche sie erwählt haben, ersezt, ausgenommen, daß im sechsten Jahr drei austreten, welche die WahlCorps auf oben gesagte Art ersezen.

Die austretenden Richter können allezeit wieder erwählt werden.

100. Sie haben Suppleanten für die VacanzZeit und im Fall einer Krankheit, oder wenn sie in das gesezgebende Corps deputirt werden.

101. Die VerwaltungsKammer besorgt die unmittelbare Vollziehung der Geseze über die Finanzen und den Handel, die Künste, die Handwerke, den Akerbau, die Lebensmittel, die Unterhaltung der Städte und der Landstrassen. Sie besteht aus einem Präsidenten und vier Beisizern, so das WahlCorps erwählt, und wovon alle Jahre einer erneuert wird.

Sie können zweimal nach einander gewählt werden; nachher aber können sie nicht wieder ernannt werden, als nach einer ZwischenZeit von zwei Jahren.

Sie haben Suppleanten für die VacanzZeit und im Fall einer Krankheit, oder wenn sie in das GesezebungsCorps deputirt werden.

102. Ausser diesen drei ersten Gewalten gibt es in dem HauptOrt und in den Districten von jedem Kanton untere Gerichte für Civil- und PolizeiSachen. Diese bestehen aus neun Mitgliedern, so das WahlCorps erwählt.

Sie bleiben sechs Jahre lang im Amt.

Es tritt alle Jahre einer heraus.

Der Präsident wird von dem RegierungsStatthalter unter den Beisizern ernannt.

103. Für die Handhabung der öffentlichen Ruhe, und für die Vollziehung der sowohl von dem Statthalter als von den

Gerichtshöfen oder von der VerwaltungsKammer ergehenden Befehle, ist in jedem HauptOrt und in jedem District ein UnterStatthalter, welcher in jeder Section der Stadt, und in jedem Dorfe einen Agenten unter sich hat, den er selbst ernennt.

104. Dieser Agent verfährt in wichtigen Fällen nicht ohne Zuziehung zweier Gehülfen, die er sich selbst wählt, wann er Besiz von seinem Amte nimmt.

105. Das VollziehungsDirectorium kan, wenn es dis für nöthig findet, die Gerichtshöfe und die VerwaltungsKammern absezen, und bis zu den künftigen Wahlen neue ernennen.

In den Schlüssen, die es deswegen faßt, müssen immer die Beweggründe angeführt seyn.

Eilfter Titel.

Abänderung der Constitution.

106. Der Senat schlägt diese Abänderungen vor; die hierüber gemachten Vorschläge aber erhalten nicht eher die Kraft eines Schlusses, bis sie zweimal decretirt worden, und zwar muß zwischen dem ersten Decret und dem zweiten ein ZeitRaum von fünf Jahren verstreichen. Diese Schlüsse des Senats müssen hierauf von dem grosen Rath verworfen oder genehmiget, und im leztern Fall den PrimarVersammlungen zugeschikt werden, um sie anzunehmen oder zu verwerfen.

107. Wenn die PrimarVersammlungen dieselben annehmen, so sind sie neue Grundgeseze der StaatsVerfassung.

Zwölfter Titel.

Mittel die Constitution ins Werk zu sezen.

1. Wenn sich in einer Gemeinde, es sey Stadt oder Dorf, oder in einem Kanton eine gewisse Zahl von Bürgern befindet, welche entschlossen sind in den Genuß der mit der Freiheit und Gleichheit verknüpften Rechte, welche ihnen die Natur verliehen hat, wieder einzutreten, so sollen sie sich durch eine Bittschrift an die Obrigkeit wenden, damit ihnen erlaubt werde, sich in PrimarVersammlungen zu vereinigen, um über die Annahme oder Verwerfung obiger Constitution zu berathschlagen, und ihre WahlMänner zu ernennen.

Wenn die Obrigkeit die Bittschrift verwirft, so geben die Unterschriebenen eine zweite ein, welche, so viel möglich, mit neuen Unterschriften versehen seyn muß.

2. Wenn die zweite Bittschrift wieder von der Obrigkeit verworfen wird, oder mehr als drei Tage verlaufen, ohne daß darüber gesprochen worden, so erklären die Unterschriebenen, daß sie in alle Rechte der ursprünglichen Gleichheit einer jeden Gesellschaft wieder eintreten.

3. Dessen zufolge werden sie sogleich BerufungsBriefe an die Gemeinden und an die schon bestehenden Sectionen von Gemeinden im Kanton abgehen lassen, um sich, zu obenbemeldtem Zwek, in PrimarVersammlungen zu bilden.

4. Diejenigen Gemeinden, welche aus Schwachheit, Feigheit oder Dummheit dieser Einladung nicht Folge leisten, sollen angesehen seyn, als wären sie schon repräsentirt, entweder durch die Gemeinden, welche der Sache der Freiheit und Gleichheit getreu geblieben, oder durch einzelne muthvolle Männer, welche sich als Repräsentanten aufwerfen werden.

5. Jede PrimärVersammlung wird zuvorderst ihren Präsidenten, ihren Secretär, und vier Scrutatoren ernennen, und hierauf über die Annahm der obigen Constitution berathschlagen.

Wenn sie die Constitution angenommen, erwählt sie ihre WahlMänner.

Die WahlMänner versammeln sich im HauptOrte des Kantons.

Sobald das WahlCorps gebildet ist, cassirt es die bestehende Regierung.

Alsdenn ernennt es:

1. Vier Deputirte für den Senat, und acht für den grosen Rath;
2. Die Mitglieder der VerwaltungsKammer.
3. Die Mitglieder des KantonsGerichts;
4. Die Mitglieder der untern Gerichte.

6. So lange bis die gesezgebenden Räthe und das VollziehungsDirectorium in Thätigkeit seyn werden, soll die VerwaltungsKammer die völlige gesezgebende und vollziehende Gewalt, das KantonGericht aber die völlige gerichtliche Gewalt ausüben.

7. Die für die gesezgebenden Räthe ernannten Deputirten vereinigen sich, ohne ZeitVerlust, in der Stadt Luzern, wenn dieser Kanton von der Zahl derjenigen ist, welche sich als unabhängig erklärt haben; wo nicht, in der volkreichsten Stadt oder Ort des Kantons, welcher sich am ersten wird erklärt haben.

Sobald der dritte Theil der Mitglieder, aus welchen jeder der beiden gesezgebenden Räthe bestehen soll, beisammen seyn wird, werden sie sich als Senat und groser Rath constituiren.

8. Sobald die beiden Räthe constituirt seyn werden, so ernennen sie das VollziehungsDirectorium.

9. Das VollziehungsDirectorium ernennt, sogleich nach seiner Installirung, die Minister, die Commissarien der NationalSchaz-Kammer, die RegierungsStatthalter, den Präsidenten, öffentlichen Ankläger und Schreiber des obern GerichtsHofs und die OberEinnehmer der StaatsEinkünfte.

Verlags-Catalog der J. G. Cotta'schen Buchhandlung in Tübingen, von der OsterMesse 1797 bis 1798.

Archenholz Annalen der brittischen Geschichte, 15ter Band, mit Wilberforce's Bildniß. 3 fl.

Desselben 16ter Band, mit Erskine Bildniß. 3 fl.

Archimeds zwey Bücher über Kugel und Cylinder, ebendesselben Kreismessung, übersezt und mit Anmerkungen begleitet von K. Fr. Hauber, mit 6 Kupf. gr. 8. 1 fl. 30 kr.

Bibliothek, allgemeine juristische, von einer Gesellschaft Tübinger Rechtsgelehrten, 3ter Band, gr. 8. 1 fl. 48 kr.

Bohnenberger (M. G. C.) Beschreibung unterschiedlicher Elektricitäts-Verdoppler, von einer neuen Einrichtung nebst einer neuen Anzahl von Versuchen, über verschiedene Gegenstände der Elektrizitäts-Lehre, mit 5 Kupfertafeln, gr. 8. 1 fl. 48 kr.

Bonwinghausen, Frhr. von, Taschenkalender auf 1798, für Pferdeliebhaber, Reuter, Pferdezüchter, Pferde-Aerzte und Vorgesezte grosser Marställe, mit Kupf. gebunden.

Damenkalender auf 1798, herausgegeben von Huber, Lafontaine, Pfeffel, Sulzer, mit K. 3te Aufl. gebunden. 2 fl. 24 kr.

Deigendesch, nüzliches Pferd- und Roß-Arzneybuch; neue Aufl. 12. 18 kr.

Flatt, D. J. F., Magazin für christliche Dogmatik und Moral, deren Geschichte und Anwendung im Vortrag der Religion, 3ter Band, gr. 8. 1 fl. 30 kr.

Flora, Deutschlands Töchtern geweiht, eine Monatsschrift von Freunden und Freundinnen des schönen Geschlechts, 6ter Jahrg. 1798. 4 fl.

Hofaker, B. C. C. principia juris civilis romano-germanici cura C. Gmelin, Tom. IIItii Sect. 2da & ultima. 3 fl. 48 kr.

Die Horen, eine Monatsschrift, herausgegeben von F. Schiller, 1797. 11 fl.

Der Landtag im Herzogthum Würtemberg

I. Band 1—8tes Stük und 1 Beilage. 1 fl. 43 kr.

II. Band 1—9tes Stük und 3 Beilagen. 2 fl. 8 kr.

III. Band 1—10tes Stük und 1 Beilage. 3 fl. 24 kr.

IV. Band 1—7tes Stük 2 fl. 27 kr.

V. Band 1—5tes Stük 1 fl. 44 kr.

VI. Band 1—2tes Stük und 1—5te Beilage 1 fl. 7 kr.

Ploucquet, D. W. G., initia bibliothecæ medico practicæ, Tomus VIIIvus & ultimus. 4. Subscript. Pr. 5 fl.

— — der Arzt, oder über die Ausbildung, die Studien, Pflichten, Sitten und die Klugheit des Arztes. gr. 8. 1 fl. 12 kr.

Plutarchi cheronensis quæ supersunt omnia. Cum adnotationibus variorum adjectaque Lectionis diversitate, operat. Hutten, Tom. Xus, 8 maj. Subscript. Pr. 1 fl. 36 kr.

— — Moralia, id est opera, exceptis vitis reliqua, græce emendavit Xylandri, Stephani, Reiskii, Wittenbachii, aliorumque animadversionibus illustravit Hutten, T. IV. 8 maj. Subscript. Pr. 1 fl. 36 kr.

Posselt, D. E. L., Europäische Annalen, 1798. gr. 8. br. der Jahrgang 6 fl. 54 kr.

— — Ewald Friedrich Graf von Herzberg, mit Auszügen aus seiner Correspondenz, die neuesten Welthändel betreffend. 8. 1 fl.

Schillers, F. Musenalmanach auf 1798. 12. Postpap. 2 fl.

Schnurrer, C. F., Erläuterungen der Würtembergischen Kirchen-Reformations- und Gelehrten-Geschichte, gr. 8. 3 fl.

Taciti Opera cur. Hutten. T. I. 8. maj. Subscript. Pr. 36 kr.

Taschenkalender auf 1798, für Natur- und Gartenfreunde, mit K. geb. 2 fl. 24 kr.

Neueste Weltkunde. Herausgegeben von D. E. L. Posselt, auf 1798. gr. 4. der Jahrgang 18 fl.

Karte von Würtemberg in 9 Blätter. 9 fl.

I.

Helvetien.

Geschichte seiner neuesten Revolution.

(Fortsezung.)

Nach einer Reihe von blutigen Gefechten, nach Ränken aller Art und von verschiedenen Seiten, war endlich den 12 April 1798 in Arau, unter dem Schuze eines fränkischen GrenadierKorps, die Eine und untheilbare Helvetische Republik proclamirt worden. Nur noch von zehn Kantone hatten die Deputirten sich an diesem Orte versammelt. Die übrigen Kantone waren noch unschlüssig, oder getheilt, oder in erklärtem Widerstand gegen die neue Ordnung der Dinge. Graubünden, oder der künftige Kanton Rhätien, wollte erst noch den Gang der Ereignisse beobachten. In den Italienischen LandVogteien war man zum Theil noch zweifelhaft, ob man sich mit der erst unter Stürmen sich ausbildenden Helvetischen, oder mit der schon organisirten Cisalpinischen Republik vereinigen sollte. In Wallis, wo man Anfangs mit der grösten Wärme die Sache der Revolution umschlungen hatte, verbreitete der Fanatism täglich mehr den Geist der GegenRevolution. Durchaus gegen die neue Verfassung erklärten sich die demokratischen oder kleinen Kantone. Man sah hier den seltsamsten Kontrast: festen, eisernen Troz, auf gerechte Sache sich stüzend, wie in den alten SchweizerTagen von Sempach und Näfels — und zugleich einen Fanatism, ärger wie in der Vendee. — Was konnten nicht, durch das schwierigste Local vielleicht in ganz Europa begünstigt, die Führer dieses kleinen aber energievollen Volkes von der vereinten Kraft der zwei stärksten Leidenschaften erwarten? Sie hatten das grose Beispiel der Vendee vor Augen: und was waren die Gebüsche, Hügel und Gräben von Poitou gegen die unersteiglichen Gipfel, die grauvollen Schlünde und WaldStröme der Alpen? Auch war auf ihrer Seite die Macht der Meinung; denn nicht ohne diese zu verlezen, konnte Frankreich, das die Grundsäze der Freiheit und Gleichheit durch die ganze Welt ausgerufen und durch Ströme Blutes befestigt hatte, das freieste Volk auf Gottes Erde, seine uralten Freunde und Bundsgenossen bekriegen, einzig um ihnen das Joch einer minder freien Verfassung aufzulegen; denn das war doch, in Vergleichung mit den Lands-Gemeinden in den kleinen Kantonen, jede repräsentative StaatsForm. Selbst im unglüklichsten Fall unterlagen sie doch wenigstens mit Ruhm, und oft fand der Schwächere, durch seinen Muth, in der Achtung des Siegers einen Schuz gegen Mishandlungen, den er vergebens in feiger Unterwürfigkeit gesucht haben würde. — Unstreitig waren es Betrachtungen dieser Art, welche die Entschlüsse der VolksFührer in den kleinen Kantonen bestimmten: aber der mächtige Hebel, dessen sie sich bedienten, um das Volk in Bewegung zu sezen — die Priester gaben diesem antiken SchweizerKampf für Unabhängigkeit die entehrende Gestalt einer Vendee. Bei der LandsGemeinde, die den 9 April in Unterwalden gehalten ward, um über die Annahme oder Verwerfung der neuen Constitution zu berathschlagen, eröfneten sie die Sizung mit Aufpflanzung des MissionsKreuzes in der Mitte des VersammlungsPlazes. Fünf Priester haranguirten, einer nach dem andern, das Volk. „Dis" — sagte der eine, indem er auf das Kreuz hinwies — „ist der wahre FreiheitsBaum." Ein andrer bewieß, die neue Constitution sey das Werk des Teufels, durch Luthern vervollkommnet, durch Zwingli vollendet. So zur Berathschlagung vorbereitet, verwarf das Volk einstimmig den Entwurf; alles schwur im wilden Getümmel, eher bis auf den lezten Mann umzukommen, als diesem SatansWerk beizutreten. Im ganzen östlichen Theile der Schweiz ward der nemliche Entschluß, ohngefähr unter gleichen Umständen, gefaßt. In Zug büßten mehrere ihren Rath zur Mässigung fast mit dem Leben. In Schwyz, wo von dem Kloster Mariä Einsiedeln aus der Fanatism am unbändigsten wirkte, beschloß man sogar, daß Jeder berechtigt seyn sollte, über alle herzufallen, in deren Händen sich das höllische Büchlein befinden würde. Auch die LandsGemeinde von Glarus verordnete, daß alle, die das Büchlein der neuen helvetischen StaatsVerfassung, so wie auf die neue Regierungs-Form sich beziehende Schriften und in- oder ausländische Zeitungen in Händen haben, und solche nicht abschaffen würden, so wie alle, die, öffentlich oder insgeheim, dergleichen Schriften oder jene Constitution mündlich oder schriftlich anrühmen oder gut auslegen würden, als meineidige und treulose VaterlandsVerräther bestraft werden sollten. Selbst die neuen Kantone Sargans, Thurgau und St. Gallen, die aus ehemaligen Unterthanenländern gebildet waren, schlossen sich hierinn an die kleinen Kantone an. Aus diesem wüthenden Widerstand erfolgte eine höchstbeunruhigende Reaction auf die Kantone, welche der Constitution beigetreten waren, namentlich auf Lucern, wo ihr Beispiel, und mehr noch ihre heimlichen Ränke, die VolksMeinung ganz umkehrten, so daß der Grimm des LandVolks gegen die Stadt neuerdings und mit erhöhter Kraft erwachte.

Freilich war, was um diese Zeit in der übrigen Schweiz

geschah, von der Art, daß es die Gemüther leicht mit weitaussehenden Besorgnissen erfüllen konnte. Zwei von den zugewandten Orten der alten EidGenossenschaft — der innerhalb den helvetischen Gränzen liegende Theil des Bisthums Basel, und die Stadt Mühlhausen — waren bereits förmlich (doch die leztere mittelst freiwilliger Uibereinkunft) mit der grosen Republik vereinigt worden. Gleiches Schiksal traf nun auch die Stadt Genf, wo (15 April) ohngefähr 1500 Mann Franken einrükten, und bald darauf (26 April) ein förmlicher Reunions-Tractat zu Stande kam, der meist die Sicherung des bisherigen, bekanntlich sehr grosen Handels der Genfer betraf. *

Aber weit mehr als eine einzelne Stadt, und noch dazu eine Stadt, die immer nur in Fällen, wo es ihr Vortheil brachte, ihre Verbindung mit Helvetien ansprach, und stets von Unruhen erschüttert, weder Freiheit noch Unterwerfung ertragen zu können schien, schrekten den an solche Masregeln nicht gewohnten Helvetier die Contributionen, die izt zwar nur den Mitgliedern der ehemaligen Regierungen oder deren Anhängern, aber zu so grosen Summen aufgelegt wurden, daß sie die Erschöpfung der ganzen Schweiz, dieses von Natur armen, und nur durch die friedliche Sparsamkeit mehrerer Jahrhunderte zu einem erkünstelten Wohlstand emporgehobenen Landes, zur Folge haben musten. Die alten Regenten von Bern, Freiburg, Solothurn, Lucern und Zürich sollten 15 Millionen Livres als KriegsSteuer, und darunter Bern allein 6 Millionen zahlen. ** Dis war für eine Stadt von 12000 Einwohnern das gleiche Verhältniß, wie wenn man auf Paris, welches 600,000 Einwohner zählt, eine Contribution von 300 Millionen, oder auf Frankreich, dessen Bevölkerung zu 30 Millionen gerechnet, 15 Milliarden legen

* S. im nachfolgenden Cod. dipl. N. 16.

** S. im nachfolgenden Cod. dipl. N. 17 und 18.

wollte. Und ausser dieser Contribution hatten die Franken bereits einen Schaz von 7 Millionen, 12 Millionen an KapitalBriefen, ein ZeugHaus von wenigstens 5 Millionen an Werth, weggeführt. Auch schien das Schiksal des Berner Schazes nun bald auch den öffentlichen Fonds von Solothurn, Freiburg, Lucern und Zürich bevorzustehen, die, nach Le Carlier's Proclamation, untersucht werden sollten, um sodann das Weitere darüber zu verfügen. Diese öffentlichen Gelder waren bis dahin die HauptQuelle des Wohlstands der Schweiz gewesen; denn diesen alten Ersparnissen dankte der Schweizer seine Befreiung von Auflagen, an deren Stelle ihr Ertrag war. Und nun erst vollends, da eine in ihrer Organisation unstreitig weit kostbarere StaatsVerfassung in Gang gesezt werden sollte: wie mochte die Schweiz, durch Requisitionen und Contributionen erschöpft, und nun auch noch ihrer öffentlichen Gelder beraubt, die Last einer solchen neuen Form ertragen?

Diese Maasregeln, die selbst in den Kantonen, die sich zuerst für die neue Constitution erklärt hatten, tiefe Besorgnisse für die Zukunft wekten, entzündeten um so mehr die ohnehin aufgereizten Gemüther in den kleinen Kantonen. Inzwischen suchte der fränkische RegierungsCommissair die leztern durch schmeichlerisches Zureden von ihren Vorurtheilen gegen dieselbe zurükzubringen. „Euer Wohl, eure Ruhe" — sagte er ihnen in seiner Proclamation vom 11 April — „erfodern die innigste „Vereinigung mit den übrigen Theilen der Schweiz; der „gesellschaftliche Vertrag, der euch an sie anschliesen soll, „ist eurer Lage angemessen; sollte er auch hin und wieder „einiger Berichtigung bedürfen, so wird der neue gesezgebende Körper dieselbe vornehmen. Man hat euch die „neue SchweizerVerfassung mit den gehässigsten Farben „geschildert, als ob sie euch eurer Freiheit beraube, eu„ren Handel und eure ViehZucht einschränke, euch mit

„öffentlichen Abgaben überlade und die GewissensFreiheit „zerstöre. Aber die Souverainetät bleibt ja immer in „den Händen des Volks, da die WahlMänner, welche „die öffentliche Beamten ernennen, durch dasselbe gewählt „werden müssen; nur hat diese RegierungsForm, indem „sie demokratisch bleibt, noch überdis den Vortheil, Un„ordnungen und Zügellosigkeit zu verhindern. Weit ent„fernt euern Handel und eure ViehZucht einzuschränken, „wird die neue Constitution euch neue Ansprüche auf „Frankreichs Freundschaft geben, und euch mit der grosen „Republik neue HandelsQuellen eröfnen. Die Abgaben „werden nicht in Verhältniß mit den öffentlichen Beam„ten, die ihr zu ernennen habt, und die aus dem allge„meinen Schaze bezahlt werden, sondern nach eurer Lage „und euren HilfsQuellen erhoben werden. Da die Con„stitution ausdrüklich GewissensFreiheit festsezt, so ist „desfals jede weitere Bemerkung überflüssig. Und so wä„ren denn die HauptEinwürfe gegen die neue Verfassung „beantwortet, durch deren Annahme ihr euch die unzäh„ligen Uibel ersparen werdet, die im entgegengesezten „Falle euch bedrohen, und eine längere Weigerung euch „unfehlbar zuziehen wird."

Da diese freundliche Drohung ohne Erfolg blieb, so verordnete General Schauenburg eine ernstere Maasregel. Durch eine Proclamation vom 13 April * erklärte er alle Communication zwischen den widerspenstigen Kantonen und der helvetischen Republik für aufgehoben. Von nun an sollten keine LebensBedürfnisse von irgend einer Art mehr an sie verkauft; keine Waaren von ihnen in das Gebiet der andern Kantone, oder aus diesen in das ihrige ausgeführt werden; sie sollten, wenn sie das Gebiet der andern Kantone betreten würden, als Störer der öffentlichen Ruhe angehalten werden. Diese Verfügungen sollten fortdauern,

* S. im nachfolgenden Cod. dipl. N. 19.

bis sie die Constitution der Einen und untheilbaren helvetischen Republik angenommen haben würden.

Eine Maasregel wie diese, gegen ein Land, das durchaus nicht ohne fremde Einfuhr bestehen konnte, muste nothwendig die Sache zu einer baldigen Entscheidung bringen; aber freilich war diese nicht so mild und unblutig, wie der fränkische General es hofte. Statt durch ihre Unterwerfung unter die neue Constitution die Zurüknahme des ihnen so lästigen Befehls zu erhalten, wollten sie mit ofnem WaffenTroze nicht nur sich die Verbindung mit den benachbarten Kantonen eröfnen, nicht nur sich selbst bei ihrer alten Verfassung behaupten, sondern, wenn ihr Plan glükte, der ganzen Lage der Dinge in der Schweiz einen Umschwung geben. Die fränkische Kriegs-Macht in diesem Lande belief sich izt kaum über 20,000 Mann; noch lag sie nur in den Kantonen Bern, Freiburg und Solothurn vertheilt. Im ganzen Umfang von Helvetien herrschte ein Misvergnügen, das aus der Vergleichung des vormaligen glüklichruhigen Zustandes mit den jezigen Stürmen und Bedrängnissen entstand. Man vergaß, daß die furchtbaren politischen Gewitter, genannt Revolutionen, immer ein groses Opfer sind, das die jezige Generation für das Glük der künftigen darbringt; so manchen Erfahrungen zum Troz hatte man gehoft, — und wann werden die Menschen zu hoffen aufhören? — daß ein solcher Uibergang vom Alten in das Neue auch wohl ohne Erschütterungen und Leiden, daß, zumal unter dem Beistand der Grosen Republik, auch wohl Freiheit ohne Revolution möglich sey. Aber das Unglük des helvetischen Volkes war, daß es weder für noch gegen die neue Constitution einig genug war. Die VolksFührer in den kleinen Kantonen konnten, wenn es ihnen gelang irgend einen kühnen grosen Schlag auszuführen, mit Grunde hoffen, die niedergehaltene Gährung auch in den übrigen Kantonen zum Ausbruch zu bringen. In seinem AmtsBerichte über die nachherigen KriegsVorfälle behauptet General Schauenburg, und die ersten Feindseligkeiten von Seiten der kleinen Kantone, die wir sogleich erzählen werden, scheinen es zu bestätigen, daß es der Plan der leztern war, nachdem sie sich Meister von Lucern und Zürich gemacht haben würden, plözlich über Arau herzufallen, das Directorium und den gesezgebenden Körper der neuen helvetischen Republik aufzuheben, und dadurch in der ganzen Schweiz eine GegenRevolution herbeizuführen. Vielleicht daß auch auswärtiger Einfluß mit im Spiel war: gewiß ist wenigstens, daß Pitt noch nach der Nachricht von Berns Eroberung im Parlament laut äusserte, er hoffe daß es für die Schweiz noch nicht zu spät sey; daß sein Soldling Mallet du Pan, noch nach dem Falle von Bern, mehrmahls insgeheim zu Zürich war; daß der neue Plan sich keineswegs nur auf die kleinen Kantone beschränkte; daß zur nemlichen Zeit der Sturm auch in Wallis losbrach.

Die von dem fränkischen OberGeneral angelegte Sperre führte bald die Explosion des übelverhaltenen Grolls herbei. Eine solche Sperre war den Ländlern (Bewohnern der kleinen Kantone), die ausser RindVieh, Milch und Käße, fast den einzigen Erzeugnissen ihres Bodens, in allen übrigen Bedürfnissen von ihren Nachbarn abhängen, unerträglich. Schon früher hatten sie sich, doch wie es schien nur zu ihrer Vertheidigung, an den Gränzen der zunächst vor ihnen liegenden Kantone Zürich und Lucern gesammelt: nun rükten sie (28 April) plözlich auf beiden Seiten Angrifsweise vor, besezten am rechten Ufer des Züricher Sees das Städtchen Rapperswyl, und stellten VorPosten bis nach Feldbach, während sie am linken Ufer des Sees gegen das Dorf Richtenschweil vorrükten, und so von zwei Seiten her die Stadt Zürich bedrohten. — Ein andrer Heerhaufe zog, am Morgen des 29 April, auf die

Stadt Lucern los. Die Lucernischen VorPosten, statt sich ihrem Zug entgegenzusezen, giengen vielmehr selbst zu ihnen über. Schon erschienen die Ländler, in zwei Colonnen, im Angesicht der Stadt. Ein Offizier überbrachte nun dem RegierungsStadthalter Rüttimann eine Erklärung der KriegsRäthe der löblichen Stände Schwyz, Unterwalden unter dem KernWald, Zug und Glarus. „Noch" — so lautete sie — „konnten wir der angenehmen, durch „unsre Bünde geheiligten Gewohnheit nicht entsagen, „euch mit dem süssen Namen Brüder und EidGenossen zu begrüssen; noch hatten wir uns nie überzeugen können, daß Ihr, unsre ältesten BundsGenossen, „wenn ihr gleich eine neue Verfassung euch kleinmüthig „aufdringen liesset, die eidgenossischen Bande und Verhältnisse, die uns seit Jahrhunderten zusammenhielten, „gewaltsam zerreissen würdet. Désto tiefer muste es uns „schmerzen, daß Schweizer, daß EidGenossen und Brüder schwach genug waren, sich durch eine fremde SchrekensSprache verleiten zu lassen, gegen uns, eure älteste und getreueste BundesBrüder, eine Sperre zu „verhängen, die keine andere Absicht haben kan, als uns „durch HungersNoth zu zwingen, die glükliche Verfassung unserer Väter gegen eine neue zu vertauschen, die „uns alten biedern Schweizern in jeder Rüksicht unerträglich scheint; und da auch euer freies, noch schweizerisch gesinntes Volk gegen uns laut den Wunsch geäussert hat, zu männlicher Vertheidigung der Verfassung unsrer Väter sich mit uns zu vereinigen: so haben „die feindseligen Handlungen eurer dermaligen Regierung „und die Wünsche eures Volks bei uns, in deren Adern „noch das Blut unserer Väter wallt, die Stimmung aufs „höchste und den männlichen Entschluß zur Reife gebracht, „euch und uns von der Schande dieser von Brüdern gegen Brüder verhängten Sperre zu befreien." Nun folgte die Aufforderung, die Thore der Stadt unverzüglich zu öfnen, und der Vereinigung des Lucernischen Volks mit dem der kleinen Kantone keine Hindernisse in den Weg zu legen. Nur eine Stunde ward zur Bedenkzeit anberaumt. Der Statthalter ließ nun die Bürgerschaft versammeln, und schilderte ihr die Gefahr ihrer Lage: man konnte auf keine schleunige Hilfe hoffen; kaum zählte man 400 Mann, welche die Waffen tragen konnten, und der Feind war über 4000 stark; alle Communication war abgeschnitten. Unter solchen Umständen war die Kapitulation unvermeidlich; sie kam dahin zu Stande, daß die Sperre aufgehoben, die Stadt Lucern mit Entlibuchern und andern, aus dem ZeugHause zu bewafnenden, Landleuten besezt, und dem Volke freigestellt werden sollte, sich selbst eine Verfassung zu wählen und zur Vertheidigung derselben sich mit andern EidGenossen zu verbinden. Den Siegern sollten für gehabte KriegsKosten 10,000 Gulden in baarem Geld, und für eine gleiche Summe Früchte geliefert, auch eine gewisse Zahl Kanonen aus dem ZeugHause abgegeben werden.

Aber die Truppen, die nun sofort zahlreich in Lucern einrükten, uneingedenk ihrer vierhundertjährigen Bünde mit den Lucernern, der so eben geschlossenen Capitulation zuwider, handelten wie in einer mit Sturm eroberten FeindesStadt, berauschten sich in den WirthsHäusern, stürzten die FreiheitsBäume nieder, zerrissen die Fahnen, drohten das RathHaus zu stürmen, die RegierungsGlieder in Stüken zu hauen, drangen in das ZeugHaus, und raubten alles, was sie darinn fanden. Verlassen von ihren LandBürgern, die selbst mit zu der Plünderung des ZeugHauses geholfen hatten, entblößt von aller Munition, bedroht von aussen und in vollkommner Anarchie von innen, in der Besorgniß immer wilderer SchrekensScenen, stand die Stadt da, als auf das dumpfe Gerüchte, „die Franken rükten in starken Schritten zu ihrer Hilfe heran," die Ländler sich

Abends nach und nach wieder aus derselben über die Berge, woher sie gekommen waren, in den Posten von Küßnacht zurükzogen, unter tausend Drohungen, daß sie bald wieder kommen würden, um die Stadt rein auszuplündern und in Brand zu steken.

General Schauenburg, von den Bewegungen in den kleinen Kantonen benachrichtigt, hatte inzwischen zwei Colonnen, unter den Generalen Nouvion und Jordy, in EilMärschen gegen Zürich und Zug aufbrechen lassen. Die leztere Colonne erschien (30 April) so schnell und unvermuthet vor Zug, daß die Obrigkeiten dieser Stadt dem General Jordy die Schlüssel derselben entgegenbrachten. An der Spize eines Escadrons zog er sogleich in dieselbe ein, machte die 3000 Mann, die er darinn fand, das Gewehr streken, und nahm 30 Kanonen und alle KriegsVorräthe im ZeugHause weg. — Am nemlichen Tage besezten die Franken auch die Stadt Lucern, und den Posten von Küßnacht.

Das Korps, welches auf Zürich, wohin General Schauenburg izt sein HauptQuartier verlegte, marschiert war, theilte sich wieder in zwei Colonnen, die am 30 April auf beiden Ufern des Züricher Sees vorrükten.

Die Colonne auf dem linken Ufer, durch die Züricher unterstüzt, traf bei Feldbach auf die Truppen der kleinen Kantone, die sie, nach einem lebhaften Gefecht, bis an die Thore von Rappersweil zurükdrängte. Man ruft aus dem Städtchen, daß man sich ergeben wolle. Die Franken hören zu feuern auf, und rüken näher heran; aber im Augenblik, da die Thore sich öfnen, gibt ihnen ein Bataillon Unterwaldner im Rüken eine Ladung MusketenFeuer. Das Gefecht entglüht nun mit neuer Wuth. Die Franken werden zurükgetrieben; aber bald, nach erhaltener Verstärkung, erneuerten sie den Angrif, drüken den Feind zurük, und nehmen Rappersweil.

Noch weit hartnäkiger war, am nemlichen Tage, der Kampf auf dem rechten Ufer des Sees, bei dem Dorfe Richtenschweil, wo eine kleine fränkische Colonne (von 9 Kompagnien, also höchstens 1000 Mann) unter dem GeneralAdjutant Fressinet gegen mehr als 5000 Schweizern überstand. Diese leztern beherrschten von allen Seiten die Stellung der Franken, und schienen sie zu beobachten, und auf einer vortheilhaften Anhöhe ein Lager bilden zu wollen. GeneralAdjutant Fressinet befahl daher dem BataillonsChef Lenud, an der Spize von 80 Mann diese Anhöhe wegzunehmen. Nun begann ein fürchterliches Gefecht. Auch Fressinet selbst ward sogleich auf seiner linken Flanke, am Ufer des Sees, von einer starken Colonne mit Artillerie angegriffen; er gieng ihr entgegen; noch immer dauerte das Gefecht auf der Anhöhe fort. Nach dem mörderischsten Kampfe wurden die Franken bis in das Dorf zurükgetrieben, wo sie eine kleine Reserve mit einem Vierpfündner aufgestellt hatten. Hier sammelten sie sich wieder, und erwarteten den Feind, der festen Schrittes auf sie anrükte: sie empfiengen ihn mit einem heftigen Musketen- und Artillerie-Feuer. Im nemlichen Augenblik kamen ihnen 4 Kompagnien zur Verstärkung zu. Nun gewannen sie bald wieder den verlornen Boden. Mit gleicher Wuth von beiden Seiten hatte das Gefecht von Morgens 8 Uhr bis Nachmittags 2 Uhr fortgedauert, nach dem eignen Geständniß des fränkischen Commandanten das hartnäkigste, dem er je beigewohnt. „Diese Schweizer" sagt er selbst, „schlugen sich wie lauter Cäsars." Sie hatten eine Fahne, unter der drei von ihren Offizieren fielen. Uiber 300 von ihnen blieben auf dem SchlachtFelde; noch weit gröser war die Zahl der Verwundeten. Selbst die Vendee hatte nicht solche Szenen von verzweiflungsvollem Muthe gesehen. Man dringt in einen Schwyzer, er soll die neue Constitution annehmen: „er wolle" antwortet er, „zuerst seinen Priester darüber fragen," und fällt unter dem Bajonet der Sieger. Zwanzig Bauern, mit Keulen bewafnet, werfen sich in ein Haus, wo sie sich verschanzen und zur Wehre sezen: man bietet ihnen Pardon an; sie wollen nichts davon hören: man sezt das Haus in Brand; aber ehe sie sich ergeben wollen, werden sie ein Raub der Flammen. An diesem schreklichen Gefechte hatten, ausser den Schwyzern, auch noch Truppen aus Ury, Glarus, March, Sargans rc. theilgenommen. Obrist Paravicini, der die Glarner kommandirte, war der erste, der nach empfangner Wunde sich vom SchlachtFeld entfernte; ihm folgten hierauf die Glarner, Marchner, Sarganser rc. Die Schwyzer, die izt allein blieben, zogen sich hierauf gegen Schindeleggi zurük, wurden aber am 2 Mai auch von diesem Posten, nach einem hartnäkigen Gefechte, worinn sie über hundert Todte auf dem SchlachtFeld liesen, vertrieben, und zogen sich, unter der Anführung ihres Obristen Aloys Reding, nur Schrit vor Schrit, immer fechtend, ohngefähr eine Stunde weit bis zur AltMatt zurük.

Tags darauf (3 Mai) drang die fränkische Colonne unter dem GeneralAdjutant Fressinet bis nach Einsiedeln. Sie fand dis Kloster von den Mönchen und den unermeßlichen Schäzen, die der Aberglaube hier aufgehäuft hatte, leer; nur das Bild der heiligen Jungfrau war, in der vergeblichen Erwartung, daß es gegen die profanen Sieger Wunder wirken würde, darinn zurükgelassen worden. Es ward nun, als Seitenstük des noch berühmtern von Loretto, nach Paris abgeschikt. Das Kloster selbst, eines der stattlichsten Gebäude in Helvetien, befahl General Schauenburg als den GrundSiz des Fanatism, der so viel Blut hatte fliesen machen, von Grund aus zu zerstören.

Schon am 2 Mai hatten die Abgeordneten von Glarus um einen WaffenStillstand angesucht, der ihnen auch auf 50 Stunden bewilligt ward. Am folgenden

Tage suchten und erhielten auch Abgeordnete von Schwyz einen Waffen Stillstand von 24 Stunden. Unter diesen Abgeordneten befand sich auch der tapfere Obrist Reding. „Wären Sie in meine Hände gefallen", sagte ihm General Schauenburg, so hätte ich Sie henken lassen." — „Gerade so", antwortete Reding, „hätt' ich's auch mit Ihnen gehalten."

Am 4 Mai kam ein Vertrag zwischen dem fränkischen Heerführer und den Kantonen Schwyz und Glarus zu Stande, der — noch nicht seinem vollen Inhalt nach bekant ist, aber, doch selbst so weit man ihn nach Schauenburgs eignen Angaben kennt, ein unvergängliches Denkmal ihrer Tapferkeit und der Achtung dieses Generals für sie seyn wird. Nach demselben nahmen sie zwar die neue helvetische Constitution an, behielten sich aber dagegen vor, daß die Franken auf ihren Gränzen nicht weiter vorrüken, ihnen ihre Waffen und die bisherige Ausübung ihres Gottesdienstes lassen, und keine Contribution von ihnen fodern sollten.

Der Kanton Zug hatte die neue Constitution schon am 1 Mai, sogleich nach dem Einmarsch der Franken, angenommen. Auch die Kantone Uri und Unterwalden unterwarfen sich nun derselben.

Den 5 Mai schikte General Schauenburg eine Colonne nach Appenzell und in die neuen Kantone St. Gallen und Sargans, die sich in einem vollkommenen Zustand von Anarchie befanden, da ein Theil ihrer Einwohner sich für, der andre wider die neue Constitution erklärt hatte. Diese Maasregel war von entscheidender Wirkung: die drei Kantone nahmen die neue Constitution an, und beschäftigten sich sogleich mit der Ernennung ihrer Deputirten nach Arau.

So war denn nun — Graubünden ausgenommen, welches noch immer auf keine Seite einen Entschluß gefaßt hatte — ganz Helvetien in Eine politische Masse vereinigt. Nur Bern, Freiburg, Solothurn, unter den aristokratischen Kantonen, und izt so eben erst die kleinen oder demokratischen Kantone, waren durch Gewalt der Waffen zur Annahme der neuen Constitution gezwungen worden. Unter den zum helvetischen BundesStaat gehörigen Ländern, die freiwillig ihr gehuldiget, hatte, nebst dem Kanton Basel, dem Aargau und dem WaadtLande, keines mit mehr Enthusiasm es gethan als Wallis, wo das Französische die Landes-Sprache ist, und wo man besonders in UnterWallis, welches bis dahin als UnterthanenLand behandelt worden war, sich des neueingeführten Grundsazes der Freiheit und Gleichheit freute. Aber den geheimen Ränken der Priester, die in dem Misvergnügen der ehmaligen Regenten in Ober-Wallis eine mächtige Beihilfe fanden, gelang es bald, eine andre Stimmung der Gemüther zu bewirken. Die ersten Bewegungen äusserten sich in dem Zehenden von Raron. Schon waren die Deputirten nach Arau ernannt, schon war man mit der Einrichtung der neuen StaatsGewalten nach Vorschrift der Constitution beschäftigt, als ein Theil des Zehnden Gombs (Conches), der sich von dem Berge Furca und dem Ursprung des Rhodans in einem hohen Thal auf beiden Seiten dieses Stroms in seiner Länge von ohngefähr 10 Stunden erstrekt, und fast der ganze Zehnden Leuck sich mit den Empörten von Raron vereinigte. Der fränkische Resident Mangourit, und die provisorische Regierung, zogen sich nun nach St. Maurice zurück, und riefen vorläufig den Kanton Leman auf, um der Empörung in OberWallis Einhalt zu thun: 700 WaadtLänder mit 6 Kanonen sezten sich in Marsch; bald darauf kamen auch 750 Franken an, die durch Lausanne nach Italien hatten ziehen sollen; ein Theil der Einwohner von NiederWallis vereinigte sich mit ihnen. Aber mitlerweile hatten die Aufrührer Sitten (Sion), die HauptStadt von ganz Wallis, weggenommen. Da alle Auffoderungen zur freiwilligen Rükkehr zum Gehorsam fruchtlos waren, so sezte sich die kleine fränkische Armee, unter der Anführung des BrigadenGenerals Lorge, ohngefehr 2000 Mann stark, den 17 Mai, früh um drei Uhr, in Bewegung; um acht Uhr standen beide Theile einander im Angesicht. Die Empörten, 6000 Mann an der Zahl, waren an der Brüke über den WaldStrom Morge verschanzt, wo sie sich wie Verzweifelte wehrten. Zweimal hatten die Franken, bis an die Hüften im Wasser, über den Fluß gesezt; aber der Widerstand, den sie fanden, übertraf alle Vorstellung. Bekanntlich ist Wallis die Heimath eines eben so sonderbaren als traurigen psychologischen Phänomens, von dem noch kein NaturForscher eine ganz befriedigende Erklärung zu geben wuste: ein beträchtlicher Theil seiner Bevölkerung besteht aus Wesen, die nur der Gestalt nach Menschen sind, genannt Cretins, blöde, seelenlose Geschöpfe, die fast keine andern Begriffe, Genüsse und Bedürfnisse kennen, als Essen und Trinken, Schlaf und Begattung. Desto mehr staunten die Franken, als sie ein so abgespanntes Volk durch die Allmacht des Fanatism bis auf solchen Grad begeistert fanden. Kein nur irgend vortheilhafter Posten war, den diese Menschen nicht mit einer Art von Wuth vertheidigten. Doch die fränkische Tapferkeit und Taktik drangen zulezt durch, und die Walliser, aus allen ihren Positionen zurükgetrieben, warfen sich in die Stadt Sitten. Hier stekten sie, als Zeichen der Uibergabe die weisse Fahne auf. Schon wollten die Franken in die Stadt einrüken, als eine verdekte Batterie in ihre Reihen donnerte. Rache für einen so scheuslichen Verrath beseelte nun jeden Krieger; die Stadt ward mit Sturm erobert, geplündert, in der ersten Wuth alle Bewafneten niedergehauen; unter den Todten zählte man acht Priester, die während des Kampfs durch Vorzeigung von Reliquien, Ausstellung des Hochwürdigen, hergemurmelte Gebete, die Wuth des unglüklichen Volkes unterhalten hatten. Dieser Tag kostete den Empörten 800 Mann, 8 Kanonen und 7 Fahnen; aber auch die Franken hatten ihren

Sieg sehr theuer erkauft. — Sie rükten nun weiter am Rhodan hinauf, und bezwangen den übrigen Theil von OberWallis. Sobald sie Brig und den HauptPaß von Simplon weggenommen hatten, unterwarf sich auch der Zehnden von Gombs (Conches), der zuerst die Fahne der Empörung aufgestekt hatte.

Auch die Italienischen LandVogteien, die bis dahin zum Theil noch unschlüssig gewesen waren, ob sie mit der schon ausgebildetern Cisalpinischen Republik sich vereinigen, oder bei dem noch durch so viele Stürme erschütterten Helvetien bleiben sollten, erklärten sich nun, da dessen Schiksal sich mehr zu entwölken anfieng, für das leztere.

So war denn nun, zu Ende des Mai 1798, Alles, was sonst zu dem helvetischen BundesStaat, als Kanton, oder Unterthanen Land, oder Zugewandter Ort gehörte, mit Ausnahme dessen, was die Fränkische Republik sich zugeeignet hatte, (des innerhalb den SchweizerGränzen gelegenen Theils des Bisthums Basel, und der Städte Mühlhausen und Genf,) in der neuen Einen und untheilbaren Helvetischen Republik vereinigt. Nur Graubünden war derselben noch nicht beigetreten; aber schon am 4 Mai hatte der Minister der auswärtigen Verhältnisse, Talleyrand-Perigord, den bündnerischen Deputirten in Paris bestimmt erklärt, „daß die fränkische Regierung schlechterdings die „Einheit der Schweiz für nothwendig halte, und „daher auch Graubünden derselben einverleibt werden „müsse."

Sobald diese neue politische Schöpfung zwischen dem Jura, dem Rhein und Rhodan, ihre definitive Consistenz erhalten haben wird, werden wir zu der (im zweiten Hefte dieses Jahrgangs aufgestellten) Tafel: Helvetien vor dem jezigen Kriege, einen Pendant liefern: Helvetien nach seiner neuesten Revolution.

II.

Codex diplomaticus zur neuesten Geschichte Helvetiens.

(Fortsezung.)

16.

ReunionsTractat der Stadt Genf mit der fränkischen Republik, vom 26 April 1798.

Art. 1. Die fränkische Republik nimmt den Wunsch der Bürger der Republik Genf, betreffend ihre Vereinigung mit dem fränkischen Volke, an; dem zufolge werden die Genfer, sowohl die welche die Stadt und das Gebiet von Genf bewohnen, als die welche in Frankreich und anderwärts sind, für gebohrne Franken erklärt. Die abwesenden Genfer werden nicht als Ausgewanderte betrachtet; sie können zu jeder Zeit nach Frankreich zurükkommen, und sich darinn niederlassen. Sie sollen aller mit der Eigenschaft eines fränkischen Bürgers, zufolge der Constitution, verbundenen Rechte geniesen. In Rüksicht, daß Jacob Mallet du Pan, der ältere, Franz d'Yvernois, und Jac. Ant. Duroveray öffentlich gegen die fränkische Republik geschrieben und gearbeitet haben, erklärt die fränkische Regierung, daß sie zu keiner Zeit der Ehre, fränkische Bürger zu werden, sollen theilhaftig seyn können.

2. Die Genfer, welche ihren Aufenthalt in die Schweiz oder in ein andres Land verlegen wollen, sollen, während eines Jahres von der Ratification des gegenwärtigen Vertrags, das Recht haben, mit ihrem, gehörig bewährten, MobiliarVermögen abzuziehen. Sie sollen drei Jahre haben, um den Verkauf und die Liquidation ihrer liegenden Güter und SchuldFoderungen zu bewerkstelligen, und den Werth derselben auszuführen.

3. Die Einwohner der Stadt und des Gebietes von Genf sollen während des jezigen Krieges, und bis zum allgemeinen Frieden, von allen Real- und Personal Requisitionen frei

seyn. In allen Fällen von TruppenDurchmärschen oder Kantonirungen sollen sie von der Einquartierung der KriegsVölker frei seyn, unter der Bedingung, daß sie die zu diesem Gebrauche nöthigen Gebäude und Gegenstände liefern. Diese Gebäude sollen auf eine Art hergestellt werden, daß sie 3000 Mann fassen können.

4. Die Genfer sollen zu keiner Zeit und unter keinem Vorwand wegen Reden, Schriften und Handlungen, welche Bezug auf Politik haben, und in Genf vor der Reunion statthatten, angeklagt oder verfolgt werden können, mit Vorbehalt der von der fränkischen Regierung im Art. 1. bedungenen Ausnahme.

5. Die in dem Beschluß der ausserordentlichen Commission vom 27 Germinal Jahr 6 (16 April 1798) benannten GemeindeGüter, sollen als volles Eigenthum den Genfern zugehören, und sie nach Gutfinden darüber verfügen können. Mittelst dieser Befugniß soll ihnen die Tilgung der von der Republik Genf gemachten Schulden obliegen, und alle Anordnungen, die sie desfals treffen, sollen ihrer Form und Inhalt nach vollzogen werden. Doch sind das RathHaus, die Archive, die Bibliothek, die beiden Gebäude von Chantepoulet und die der Holländischen Bastion, welche Gebäude namentlich, zufolge des Art. 3, zur Einquartierung der Truppen bestimmt seyn sollen, für unveräusserlich erklärt. Die Republik Genf übergiebt der fränkischen Republik ihre ZeugHäuser, ihr Geschütz und ihre KriegsVorräthe, mit Ausnahme des Pulvers. Die FestungsWerke von Genf werden NationalEigenthum, und sollen unverzüglich der Verfügung der fränkischen Regierung übergeben werden.

6. Die den gegenwärtig bestehenden Corporationen und Gesellschaften der Künste und Handwerker, oder andern, zugehörigen Güter, werden als Eigenthum der Bürger, aus denen diese Corporationen und Gesellschaften bestehen, anerkannt, und sie sollen nach ihrem Willen darüber verfügen können.

7. Alle öffentliche, sowohl Gerichts- als Notariats-Acten, alle PrivatScripturen und HandelsBücher, die ein gewisses Datum haben und vor der Ratification des gegenwärtigen Vertrags gefertigt sind, sollen ihre Kraft und alle

ihre Wirkungen nach den Gesezen von Genf haben. Die unter dem Namen von Versteigerungen bekannten öffentlichen Verkäufe, die vor der nur gedachten Ratification angefangen worden sind, sollen nach den nemlichen Gesezen geendiget werden. Alle diese Akten und Schriften sollen keiner in den Gesezen Frankreichs gegründeten Abgabe unterworfen seyn. Die bürgerlichen Geseze von Genf sollen bis zur Bekanntmachung der Geseze der fränkischen Republik in Kraft bleiben.

8. Die GoldProbe soll einstweilen in Genf auf den Fuß von 750/1000 oder 18 Karat, und die SilberProbe auf den Fuß von 833/1000 oder 10 Deniers erhalten werden. Auch die Art der Aufsicht, die desfalls in den Werkstätten oder Fabriken eingeführt ist, so wie deren sonstige Gebräuche, sollen einstweilen beibehalten werden, bis der Gesezgebende Körper nach seiner Weisheit die dienlichsten Mittel beschlossen haben wird, um die Existenz und den Wohlstand dieser Werkstätten und Fabriken zu sichern.

9. Die Abgabe auf weise Leinwand, die nach Genf kommt, um in dieser Stadt oder deren Gebiete gedrukt zu werden, soll bei deren Ausfuhr zurükbezahlt werden, wobei jedoch die Ausführer die in solchem Falle vorgeschriebenen Formalitäten zu erfüllen haben.

10. Die KaufWaaren, welche dermalen in Genf sind, sollen in Frankreich frei circuliren, ohne einer neuen Abgabe unterworfen zu seyn. Diejenigen, für welche der Beschluß des VollziehungsDirectoriums vom 20 Brumaire, Jahr 5, Certificate der Municipalität oder FabrikenZeichen erfodert, die in Genf sonst nicht nothwendig waren, sollen, unmittelbar nach der Ratification des Gegenwärtigen, mit einem Zeichen versehen werden, welches ihnen daselbst, statt der durch jenen Beschluß vorgeschriebenen Förmlichkeiten, von den fränkischen ZollBeamten angehängt werden soll. Was die englischen Waaren betrift, so sollen sie nicht in Frankreich eingeführt werden können; es soll ein Verzeichniß derselben eingereicht werden, und nach dessen Bewährung durch die fränkischen ZollBeamten sollen sie, innerhalb sechs Monaten, gegen CautionsScheine in das Ausland verführt werden.

11. Die Zahl der Notarien ist für die Zukunft auf acht

bestimmt. Die dermalen diese Stelle begleiten, sollen beibehalten, und keiner mehr ernannt werden, bis die dermaligen, durch Tod oder Abdankung, auf die Zahl von sieben herabgebracht sind.

12. Das VollziehungsDirectorium wird sich bei dem gesezgebenden Körper verwenden, daß in der Gemeinde von Genf angelegt wird: 1. eine MünzStätte; 2. ein Stempel- und RegistrirungsBureau; 3. das bürgerliche und peinliche Gericht des Departements, welchem das Genfer Gebiet einverleibt werden wird; 4. das ZuchtGericht des Bezirks, von dem dieses Gebiet einen Theil ausmachen wird; 5. ein HandelsGericht.

13. Die Republik Genf entsagt den Bündnissen, worinn sie mit fremden Staaten stand; sie legt alle ihre Rechte auf eine besondre Souverainetät in den Schoos der Grosen Nation nieder.

14. Die Ratification dieses Vertrags soll innerhalb eines Monats, von dem Tage der Unterzeichnung an, ausgewechselt werden.

Geschehen und doppelt ausgefertigt zu Genf, den 7 Floreal, Jahr 6 der Einen und untheilbaren fränkischen Republik.

Unterzeichnet: Moses Moricaud, Samuel Mussard, Syndics; L. Guerin, Syndic de la garde; Paul Ludw. Rival, Syndic; Esaj. Gase, Secretair; Franz Romilly, Secretair.

Unterzeichnet: Der fränkische RegierungsCommissair, Felix Desportes.

17.

Proclamation des fränkischen RegierungsCommissairs Le Carlier vom 8 April 1798, die von den vormaligen Regenten in Helvetien zu erhebenden Contributionen betreffend.

„Der RegierungsCommissair bei der Armee der fränkischen Republik in der Schweiz,

„Erwägend, daß es die höchste Gerechtigkeit sey, daß die fränkische Republik schleunig die Schadloshaltung für die beträchtlichen Kosten erhalte, welche die Sendung einer Armee in die Schweiz veranlaßt hat, die dazu bestimmt ist, die Freunde der Freiheit zu beschüzen, und den Herausfoderungen der Oligarchie ein Ende zu machen;

„Erwägend, daß diese Schadloshaltung sich nicht einzig auf den Unterhalt der Armee, welche sich auf dem helvetischen Boden befindet, beschränken, sondern solche Resultate darbieten soll, daß die Verantwortlichkeit, die auf den alten Regenten lag, nicht vergeblich sey:

„Ersucht der OberGeneral zu befehlen, wie folgt:

„Artikel 1. Es wird von den Kantonen Bern, Freiburg, Solothurn, Lucern und Zürich eine KriegsSteuer von 15 Millionen fränk. Livres, und von dem Kapitel in Lucern und den Abteien St. Urban und Einsiedeln eine KriegsSteuer von 1 Million erhoben.

„Art. 2. Diese KriegsSteuer wird ausgetheilt, wie folgt:

Der	Kanton	Bern	zahlt	6 Millionen.
—	—	Freiburg	—	2 „
—	—	Solothurn	—	2 „
—	—	Lucern	—	2 „
—	—	Zürich	—	3 „

„Art. 3. Diese Summe wird nach Fünfteln bezahlt, nemlich: das erste Fünftheil innerhalb 5 Tagen von der Foderung an; das zweite Fünftheil in den 25 folgenden Tagen; das dritte Fünftheil in den 20 ersten Tagen des folgenden Monats; und die zwei lezten Fünftheile in den 40 folgenden Tagen, so daß die völlige Zahlung in 3 Monaten geschehen sey.

„Art. 4. Die KriegsSteuer von 15 Millionen wird einzig durch die alten Regenten, in welchen Kantonen sie wohnen und wo auch ihre Güter liegen mögen, durch die Familien der erwähnten Regenten und durch die Schazmeister der Regierungen bezahlt.

„Art. 5. Man versteht unter den alten Regenten diejenigen, welche zur Zeit des Einmarsches der fränkischen Armee in die Schweiz das Stimm- oder GerichtsbarkeitsRecht bei irgend einer der damals vorhandenen Gewalten hatten. Dergleichen sind die Mitglieder der Räthe, die LandVögte ꝛc. ꝛc.

„Art. 6. Man versteht unter Familien der Regenten:

1. die Familien, die man Patrizier nannte, und die ein ausschliesliches Recht zu den RegierungsStellen hatten;
2. die existirenden Individuen, welche Mitglieder der Regierung waren, sich aber vor dem Anfange des Krieges davon entfernt haben.

„Art. 7. Wenn in Rüksicht des Vermögens der Steuernden eine Ungleichheit der Vertheilung zwischen den Kantonen Freiburg, Solothurn, Lucern und Zürich obwaltete, so mag ein Mittel gefunden werden, eine genauere Austheilung zu treffen; allein keine GegenVorstellung kan die einstweilige Bezahlung der ersten und zweiten VerfallSumme nach dem Fuße der oben angezeigten Austheilung verzögern.

„Art. 8. In Ansehung der Million, die das Kapitel von Lucern, und die Abteien St. Urban und Einsiedeln zu bestreiten haben, wird diese lezte für 500,000 Livres angesezt, und das übrige wird die VerwaltungsKammer in Lucern zwischen dem Kapitel besagter Stadt und der Abtei St. Urban vertheilen.

„Art. 9. Die VerwaltungsKammern werden, jede in ihrem Kanton, auf die Steuermäsigen von angezeigter Eigenschaft, die auf ihre jeweilige Kantone gelegten Summen also vertheilen, daß keine Art von ZahlungsUnvermögenheit die Summe vermindern könne, und daß die ganze Masse der Steuermäsigen, für die theilweisen Zahlungen, die nicht zu Stande kämen, Bürge seyen.

„Art. 10. Die VerwaltungsKammern werden, bei der Vertheilung, auf das grösere und geringere Vermögen sehen, so daß das Uiberflüssige immer verhältnißmäsig stärker angelegt werde, als das Mittelmäsige. Sie können auch, bis zum Belange des ganzen Vermögens, diejenigen Individuen anlegen, von welchen man weiß, daß sie einen thätigern Antheil an der Veranlassung des Krieges genommen haben; aber mit Vorbehalt der gemeinschaftlichen Bürgschaft aller Steuermäsigen, im Falle der zu den bestimmten Zeitpunkten nicht erfolgten Bezahlung.

„Art. 11. Die VerwaltungsKammern werden, wofern es der Fall ist, auf den grösern oder mindern Nuzen Rüksicht nehmen, welchen dieser oder jener aus der Regierung von ihren Stellen könnten gezogen haben.

„Art. 12. Die Regenten, die zur Zeit des Krieges nicht mehr am Ruder waren, und die Glieder ihrer Familien, können nur im Verhältniß der Hälfte desjenigen angelegt werden, was für die alten Regenten angenommen wird.

„Art. 13. Wenn unter den alten Regenten und ihren Familien, Individuen sind, welche sich offenbar der oligarchischen Herrschaft widersezt haben, und welche durch unstreitbare Beweise darthun können, daß sie vor der Epoche des Krieges die Sache der Freiheit unterstüzt haben, so können die VerwaltungsKammern sie von ihrem SteuerAntheile lossprechen, aber immer so, daß die ganze Summe nicht dadurch vermindert werde.

„Art. 14. Wenn man auch wüßte, daß Individuen, welche nicht in die Klasse der alten Regenten und ihrer Familien gehören, auf eine kundbare Weise die Plane der Oligarchie unterstüzt haben, und derselben Mitschuldige geworden seyen, so können die VerwaltungsKammern sie mit in der SteuerAnlage begreifen, jedoch ohne daß in diesem Falle irgend ein Landmann, was er immer für eine Handthierung oder für ein Gewerb treiben möge, noch irgend ein StadtBewohner, der von seiner Hände Arbeit lebt, angelegt werden könne, selbst nicht unter dem Vorwand, daß er, durch die Oligarchie irregeführt, die Waffen ergriffen hätte, und mit den Fahnen der alten Regierung gezogen wäre.

„Art. 15. Die Lieferungen jeder Art, welche der fränkischen Armee, zufolge gesezmäsiger und gehörig erwiesener Requisitionen, gemacht wurden, sollen in jedem Kanton auf die ganze Masse der ihm angesezten KriegsSteuer gutgeschrieben, und nach dem Inhalt ihres Betrags von den drei lezten Fünfteln abgezogen werden.

„Art. 16. Es wird kein Abzug für die Summen gemacht, die in den Kassen der alten Regierungen gefunden, noch für irgend eine Art Lieferung, welche aus den Magazinen gemacht wurde, noch für die Vorschüsse, die unter dem Namen öffentlicher Fonds bekannt sind.

„Art. 17. Alle Güter der Steuermäsigen sind von nun an bis zur gänzlichen Erlegung der gefoderten Steuer für unveräusserlich erklärt. Sie können nur in Versaz gegeben werden.

„Art. 18. In Ermanglung der Bezahlung auf die bestimmte Zeit, werden schleunige und strenge Masregeln gegen jeden Steuermäsigen ergriffen werden; von izt an werden 12 Geisseln aus dem Kanton Bern, und 8 aus dem Kanton Solothurn genommen werden.

„Art. 19. Die Geisseln aus dem Kanton Bern sind:

„Wattewille, LandVogt von Vivis, Baron von Belp; Erlach, Senator; Manuel, Senator; Tscharner, Senator; Fischer, Venner; Groß, LandVogt von Königsfelden; Diesbach, Senator; Brunner, LandVogt von Wimmis; Wurstenberger, Senator; Bonstetten, LandVogt von News; Diesbach, Baron von Caronge, LandVogt von Frienisberg; Müllinen, Schultheiß.

„Die aus dem Kanton Solothurn sind:

„Brunner, Rathsherr; Franz von Roll, Hauptmann bei der SchweizerGarde, und Besenwald, die schon verhaftet sind; Peter Gluz, ArtillerieCommandant; Settier, Rathsherr; Areker, Rathsherr; Grimm, StadtMajor; Surbek, LandVogt von Thierstein. Gugger und Gerber, Rathsherren, sollen freigelassen werden, und können in ihre gewöhnliche Wohnung zurükkehren.

„Die besagten Geisseln werden nach Strasburg oder Hüningen geführt werden.

„Art. 20. Nebst obigen Verfügungen wird auch zur Bewährung der öffentlichen Kassen und der Vorschüsse, die unter dem Namen öffentlicher Fonds bekannt sind, in den Kantonen Solothurn, Freiburg, Lucern und Zürich geschritten, und nach der Bewährung das Weitere beschlossen werden.

„Art. 21. Es wird in jedem KantonsHauptOrt eine besondre Kasse errichtet werden, um die KriegsSteuer zu erheben, und der Betrag davon wird nach und nach in die Kasse des HauptZahlmeisters auf die Befehle des HauptCommissairOrdonnateurs gebracht werden.

„Geschehen zu Bern, den 19 Germinal, Jahr 6 der fränkischen Republik.

Unterzeichnet: Le Carlier."

„Der OberGeneral der fränkischen Armee in Helvetien befiehlt, daß die Verfügungen des obigen Beschlusses nach ihrer Form und ihrem Inhalt vollzogen, in beiden Sprachen gedrukt, und wo es erfoderlich ist, kund gemacht und angeschlagen werden.

„Im HauptQuartier Bern, den 19 Germinal, Jahr 6 der fränkischen Republik.

Unterzeichnet: Schauenburg."

18.

Ebendesselben Proclamation an das helvetische Volk, vom nemlichen Tage und in gleichem Betref.

„An die Bürger Helvetiens.

„Bürger! Erschreket nicht über die KriegsSteuer, welche in euerm Lande erhoben werden soll. Wenn man euch entweder den Betrag vergrösert, oder die Folgen davon verfälscht, und die Nothwendigkeit derselben in Zweifel ziehet, so ertheilet diesen listigen Eingebungen nicht so leicht Glauben, welche man brauchen wird, um eine Masregel, die sowohl das Interesse der Schweiz als Frankreichs erheischet und rechtfertiget, in einem falschen Lichte vorzutragen.

„Keiner von euch wird die Gesinnungen der Freundschaft und der guten Nachbarschaft, welche die fränkische Regierung gegen die schweizerische Nation beleben, in Zweifel ziehen, so wie auch keiner bezweifeln wird, daß die ehemalige Oligarchie alle Kräfte angewandt habe, um die Schweizer zu Feinden der mächtigen Nation zu machen. Es ist wahr, daß ihre Anstrengungen vergeblich gewesen. Aber nichts desto weniger muste man dieselbe verhindern, und die kräftigsten Zurüstungen gegen eine undankbare und treulose Regierung entwikeln. Und gewiß wird man nicht finden, daß man die Folgen des Sieges zu weit ausdehne, wenn die Besiegten die KriegsKosten bezahlen müssen. Diese Schadloshaltung kan auf eine doppelte Weise entrichtet werden: entweder durch eine auf alle Einwohner der Schweiz im Ganzen vertheilte KriegsSteuer, oder wenn dieselbe von den Gütern der ehemaligen Regierung, welche meist beträchtlich sind, erhoben wird.

„Die bestimmte KriegsSteuer, welche man Frankreich als Schadloshaltung schuldig ist, muß entweder von der ganzen Schweiz bezahlt, oder nur von denen ertragen werden, welche die RegierungsStellen begleiteten, und theils für sich, theils durch den Einfluß derjenigen, welche mit ihnen gleiche Meinungen und gleiche Vortheile hatten, die Ursache des Krieges gewesen sind.

„Der erstere Weg wäre an sich ungerecht, und den Grundsäzen der fränkischen Regierung zuwider, welche die Verblendung der Völker niemals mit den Ungerechtigkeiten und den Verbrechen der Regierung verwechselt.

„Man muß sich also an das andre Mittel halten, wodurch die erfoderliche Schadloshaltung einzig auf diejenigen fällt, welche zur schweizerischen Oligarchie gehörten.

„So wird der Mensch der Natur und Freiheit, der stille Landmann, nicht verbunden seyn, den Ertrag seines Schweisses herzugeben, um die Schuld der Oligarchie zu bezahlen; so wird der nüzliche Bürger, dessen thätige Betriebsamkeit für die Bedürfnisse seiner Mitbürger sorgt, nicht Gefahr laufen, seines nothwendigen Eigenthums beraubt zu werden, während der stolze und treulose Aristokrat über desselben Noth sich freuen würde.

„Oder ist ein groser Theil der unterdrükten Klasse der Bürger nicht schon unglüklich genug, daß sie so weit verführt worden, daß sie die Sache, welche einzig ihre Unterdrüker betraf, mit allem demjenigen, was ihnen am theuersten war, vertheidigen mußten, ohne daß man izt ihr Unglük mit neuem Verluste vergrösern müsse?

„Bürger! wenn die Gegenwart der fränkischen Armee euch mit Unruhe erfüllt, so lasset die Furcht fahren: weder euer Handel, noch eure Betriebsamkeit oder ErwerbsQuellen sollen dadurch beeinträchtiget werden.

„Wenn man den Zustand der in verschiedenen Kantonen befindlichen Lebensmittel zu wissen begehrt hat, und ein Verzeichniß davon verfertigen ließ, so geschah es nicht in der Absicht, euch eures nöthigen Vorraths zu berauben, sondern nur damit man nicht genöthigt sey, die verderblichsten Requisitionen erheben zu lassen, und solche Masregeln zu ergreifen, welche, insonderheit wenn sie schnell geschehen müssen, immer von den traurigsten Folgen sind.

„Die UnterhaltungsKosten der Armee werden von dem Ertrag der KriegsSteuer, welche denjenigen, die den Krieg herbeizogen, und ihren Anhängern, auferlegt ist, erhoben, und der Eigenthümer, welcher LebensBedürfnisse liefern kan, soll für dieselben genau bezahlt werden; der Umlauf des Geldes wird durch alle Bedürfnisse der Armee befördert, und es werden daraus solche Vortheile für das Land entspringen, welche euch für einige unausbleibliche Nachtheile eurer gegenwärtigen Lage hinlänglich entschädigen.

„Bürger! Eure Regierung wird sich bestimmt organisiren. Beschleuniget nach euern Kräften den Gang derselben, und bald werdet ihr einsehen, was die Freiheit für ein Volk, das derselben würdig ist, ausrichten kan.

„Bern, den 19 Germinal, im 6 Jahr der fränkischen Republik.

Unterzeichnet: Le Carlier."

19.

Proclamation des OberGenerals Schauenburg vom 13 April 1798, die Aufhebung aller Communication mit den kleinen Kantonen betreffend.

„Der OberGeneral der Armee in Helvetien. HauptQuartier Bern, 24 Germinal Jahr 6.

„Unterrichtet von dem Zustande der Gährung, in welchen die Priester und einige andre ehrsüchtige Menschen das Volk in den Kantonen Schwyz, Zug, Uri, Glarus, Appenzell, Unterwalden (nid dem Wald), so wie in den Districten, welche die neuen Kantone St. Gallen und Sargans ausmachen sollen, zu sezen gewußt haben; unterrichtet, daß Emissarien aus diesen Kantonen in die benachbarten Kantone geschikt wurden, um das Volk gegen die neue Ordnung der Dinge aufzuhezen; daß Einwohner des Kantons Schwyz einen Einfall in jenen von Lucern gewagt, und den FreiheitsBaum in Greppen umgehauen haben; unterrichtet von allen Mitteln, welche man in den erwähnten Kantonen anwendet, um die Bürger der benachbarten Kantone, die Geschäfte halber dahin kommen, irrezuführen; gesonnen, diesen Unordnungen wirksam entgegen zu arbeiten, und die helvetischen Kantone, die die Constitution angenommen haben, die öffentliche Ruhe geniesen zu lassen, welche die fränkische Republik sogleich bei dem Eintritt ihrer Truppen in die Schweiz zu handhaben versprochen hat; sich endlich zu Anwendung der strengen Maßregeln gezwungen sehend, die er gerne vermieden hätte: macht hiemit, gemäs der Auffoderung des RegierungsCommissairs, kund, wie folgt:

Erster Artikel. „Die Verfügungen der Beschlüsse vom 16 und 22 Germinal, in Betref der erwähnten Kantone, sind fernerhin giltig.

2. „Von dem Augenblike der Bekanntmachung des Gegenwärtigen an, sollen alle Verhältnisse zwischen den oberwähnten Kantonen und denjenigen, welche die Constitution angenommen haben, aufhören.

3. „Es ist folglich unter den unten angezeigten Strafen verboten, ihnen einige NahrungsMittel, von welcher Art und unter welchem Vorwand es immer wäre, zu verkaufen.

4. „Die KaufWaaren von jeder Art, welche vom 2 Flo-

real (21 April) an aus derselben Gebiete auf jenes der Kantone kommen dürften, die die Constitution angenommen haben, sollen durch die constituirten Gewalten in Beschlag genommen werden; bis auf jenen Zeitpunkt aber sollen sie schlechtweg zurükgeschikt werden; eben so soll es mit den KaufWaaren gehalten werden, die nach Schwyz, Zug 2c. bestimmt sind.

5. „Eben so sollen die Einwohner der benannten Kantone, welche sich auf dem Gebiete der benachbarten Kantone bis zum 2 Floreal (21 April) zeigen, zurükgewiesen werden; nach diesem Zeitpunkte sollen sie als öffentliche RuheStörer angehalten werden.

6. „Es ist gleichermasen allen Bürgern der Kantone, welche an die erwähnten gränzen, verboten, derselben Gebiet zu betreten.

7. „Diejenigen Bürger, welche etwas kaufen, das aus diesen Kantonen kömmt, oder welche denselben NahrungsMittel oder andre Waaren verkaufen, oder derselben Gebiet betreten würden, werden nach Erfoderniß der Umstände angehalten und bestraft werden. Die gekauften oder verkauften Artikel werden in Beschlag genommen werden.

8. „Wenn die constituirten Gewalten Nachlässigkeit oder bösen Willen bei der genauen Vollziehung der oben vorgeschriebenen Masregeln zeigen sollten, so wird der OberGeneral dieselben durch die unter ihm stehenden Truppen vollziehen lassen.

9. „Der OberGeneral wird die nöthigen Befehle geben, um zu verhüten, daß keine KaufWaare, die für diese Kantone bestimmt ist, oder aus denselben kömmt, weder auf das Gebiet der Republik noch aus demselben komme; und er wird von dem Directorium verlangen, daß die Handelsleute der erwähnten Kantone, die sich in Frankreich befinden, als Einwohner eines mit der fränkischen Republik im Kriege begriffenen Landes angesehen und als solche behandelt werden sollen.

10. „Bei diesen Verfügungen soll es sein Verbleiben haben, bis die öffentliche Ruhe in diesen Kantonen wieder hergestellt, und die Bedingnisse erfüllt seyn werden, die ihnen in den vorigen Beschlüssen vorgeschrieben wurden.

11. „Das Gegenwärtige soll in beiden Sprachen gedrukt, und wo es nöthig, bekannt gemacht und angeschlagen werden.

Unterzeichnet: Schauenburg."

III.

Der Rhein Frankreichs Gränze.

§. 1.

Geschichte des Systems der fränkischen Regierung in Betref der Gränze gegen Teutschland.

Alle bisher bekannte FreiStaaten in der Welt haben sich von kleinen Anfängen erhoben; selbst das unsterbliche Rom war erst nur ein elender ZusammenBau von RäuberHütten, bis es, nach sechs Jahrhunderten von Kriegen, die Einzige herrschende Macht in drei WeltTheilen ward. Aber wir sahen aus dem Stamme einer 1400jährigen Monarchie, ohne alle vorbereitenden Uibergänge, im wilden Enthusiasm, plözlich eine Republik hervorspringen, die schon im Augenblik ihrer Entstehung als die Erste Macht Europens figurirte, die, von neun Mächten zumal angefallen, von einer Kühnheit ohne Beispiel begeistert, von einem Glüke, dem nur ihre Kühnheit glich, begünstigt, keines Feindes, keiner bisherigen Convenienz, keines bisherigen Rechtes achtete, sogleich die grösten Ansprüche voraussellte, eine neue Welt drohte, und nach sechs Feldzügen sie erschuf.

Bei der Erklärung des Krieges (20 April 1792) hatte die damalige gesezgebende Versammlung in Paris zugleich erklärt: „Frankreich wolle keine Eroberungen; die Waffen, die es zu Behauptung seiner Freiheit „ergriffen, werde es niederlegen, sobald es für diese nichts „mehr zu fürchten habe." Aber kaum war der NationalConvent versammelt, kaum wehten, nach dem Rükzuge der preussisch-östreichischen Heere aus Champagne, die dreifarbigen Fahnen an der Maas und am Rhein, als in den eroberten Ländern schon alles von Reunionen mit der grosen MutterRepublik rauschte.

Aber der Feldzug von 1793, dessen erste Hälfte für Frankreich so blutig und so drohend war, hemmte mit einemmal diese kühnen VergrösserungsPlane; in ihre alten Gränzen zurükgetrieben, vermochten die Republikaner selbst kaum diese mehr zu behaupten; man lachte nun über die Reunionen in Belgien und am linken RheinUfer, wie über irgend einen AbentheurerStreich.

Aber wie änderten nicht wieder der Schluß des Feldzugs von 1793, und noch weit mehr der beispiellose Feldzug von 1794, die Lage der Dinge! Die republikanischen Heere siegten, so oft sie schlugen; zum zweitenmal wurden Belgien und der Rhein erobert. Doch der schrekliche alte WohlfahrtsAusschuß, der aus seiner WetterNacht hervor Frankreich und Europen beben machte, sprach izt nicht mehr von Reunionen, sprach noch weniger von Frieden und FriedensBedingungen; nur Krieg war sein LosungsWort, und zwar ein Krieg, der fortdauern sollte bis kein Thron mehr in Europa stünde.

Der 9 Thermidor brach dis ungeheure System. Den 4 Dec. 1794 nannte Merlin (von Douai,) im Namen des neuen WohlfahrtsAusschusses, im NationalConvent zum erstenmal das Wort Friede; aber zugleich kündigte er an, daß die fränkische Republik keinen andern Frieden schliesen werde als wodurch sie den Rhein zu ihrer Gränze gegen Teutschland erhalte.

Und ohngeachtet der Reaction, die nach dem 9 Thermidor statthatte; ohngeachtet des Mangels an den ersten LebensBedürfnissen, wodurch Frankreich um diese Zeit so schreklich litt; ohngeachtet der gänzlichsten Zerrüttung in den Finanzen, da die klingende Münze durchaus verschwunden, das PapierGeld unter allen Werth herabgefallen war; ohngeachtet der Verachtung, die um diese Zeit auf dem veralteten NationalConvent lastete, blieb dieser leztere doch darinn noch der Kühnheit, die ihn immer ausgezeichnet hatte, treu, daß er kaum noch einen Monat vor seinem Ende einen Rhein-Uibergang gebot, der durch die Generale Pichegru und Jourdan ausgeführt ward, und zur Absicht haben sollte, der Republik das linke Ufer dieses Stroms, durch Eroberungen auf dem rechten zu erkämpfen.

Das teutsche Reich selbst auch hatte um diese Zeit eifrig die Herstellung des Friedens mit Frankreich gewünscht, und zu dem Ende eine Deputation ernannt, um in seinem Namen auf dem künftigen Congreß einen die Erhaltung seiner ungetheilten Integrität und Verfassung sichernden, annehmlichen Frieden zu unterhandeln.

So gros demnach die Kluft war zwischen der Abtretung des linken Rhein-Ufers, die man in Paris foderte, und der Integrität des Reichs, worauf man in Regensburg bestand: so schien doch izt die öffentliche Meinung in Frankreich eine Annäherung zwischen diesen beiden Extremen vorzubereiten.

So wie nemlich, in der Epoche der Reaction, die Partei, welche bald darauf durch den 13 Vendemiaire (5 Oct. 1795), und späterhin durch den 18 Fructidor (4 Sept. 1797) zu Boden geschlagen ward, gegen alles, was bis dahin nicht blos Grausames und Schreklıches, sondern auch nur überhaupt Kühnes und Groses in der Republik geschehen war, ein Geschrei erhob, dem ihre vielen und um diese Zeit unbändig frechen Journalisten den Namen der öffentlichen Meinung gaben: so war sie insonderheit auch entschieden gegen alle Vergrösserungs-Plane. Sie wollte, daß dieser schrekliche Revolutions-Krieg, der ein paar Jahre später eine ganz neue Welt erschuf, sich, wie alle Kriege seit der Mitte dieses Jahrhunderts, auf den Status quo endigen, und Frankreich wieder in seine alten Gränzen zurüktreten sollte, die, wie selbst die Erfahrung dieses Krieges gezeigt, unüberwindlich seyen, und ohnehin schon einen für eine Republik vielleicht nur allzugrosen Flächen Raum umschlössen. Von dieser Faction der alten Gränzen waren unbedingt die Royalisten von allen Farben und Schattirungen, so wie die Gleichgiltigen oder Aengstlichen, die nur recht bald Frieden wollten.

Andre, die denn doch glaubten, daß so viele Ströme Blutes nicht vergebens geflossen seyn könnten, waren für die MaasGränze, wodurch Frankreich ganz Belgien nebst dem Bisthum Lüttich gewänne, und seiner auf dieser Seite vorgerükten Gränze durch die beiden HauptFestungen Mastricht und Luxemburg eine neue Stärke geben könnte.

Die dritte Meinung, der fast alle entschiedenen Republikaner anhiengen, war die, daß für Frankreich keine angemeßnere, festere Gränze sey als der Rhein, diese grose NaturGränze, welche ohnehin auch schon die des alten Galliens gewesen sey, und welche die Armeen der Republik, den blosen Umfang von Mainz ausgenommen, bereits wirklich erobert hätten, also auch zu behaupten wissen würden.

Um diese Zeit war bei dem Repräsentanten Louvet eine Summe von 6000 Francs, als Preis für die beste Beantwortung der Frage hinterlegt worden: „Ist es „dem Interesse der fränkischen Republik gemäs, ihre Gränzen bis an das linke Rhein„Ufer vorzurüken?" Die Zahl der Concurrenten belief sich auf 56, und fast alle waren für die bejahende Meinung. * Vorzüglich entwikelte einer der Ersten Ingenieurs von Frankreich die Wichtigkeit der RheinGränze für die Republik in militairischer, politischer und CommerzialRüksicht so meisterhaft, daß wir, da

* S. La rive gauche du Rhin, limite de la république française, ou Recueil de plusieurs dissertations, jugées dignes des pris proposés par un negociant de la rive gauche du Rhin, publié par G. G. Boehmer. Paris, an 4. 217 S. in 8.

Frankreich seitdem wirklich zum Besize derselben gelangt ist, diesen Aufsaz, als einen wichtigen Beitrag zu dessen neuester StaatsKunde, hier einrüken.

„Um sich zu überzeugen, daß der Rhein die natürliche Gränze Frankreichs ist, reicht beinahe schon der erste flüchtige Blik auf eine LandKarte hin. Dieser Strom, von Basel bis zu seinem Ausfluß in's Meer, bildet einen ungeheuren Graben, ein natürliches Beken, wo die Wasser von den GebirgRüken Frankreichs gegen NordOst und gegen Ost sich vereinigen, um sich in die NordSee zu ergiesen, während die von den entgegengesezten GebirgRüken Teutschlands gegen NordWest und gegen West eben dahin abfliesen. Es ist demnach zwischen Frankreich und Teutschland ein starkbezeichneter Abschnitt, eine mächtige Vertiefung der ErdKugel, welche beide Staaten von einander trennt, und den Völkern, die sie bewohnen, wechselseitige Schwierigkeiten entgegensezt, diese ScheidungsLinie zu übersteigen, weil beide von den höchsten Punkten ihrer Länder herabsteigen müssen, um an den Rhein zu gelangen, beide hier das natürliche Hinderniß des Ubergangs über diesen Strom finden, beide endlich, wenn sie auch über denselben gesezt haben, nachher erst noch die GebirgRüken des jenseitigen Bodens erklimmen müssen. Diese LocalHindernisse gegen ein unmittelbares Verkehr sind das, was man gewöhnlich unter dem Ausdruk: natürliche Gränzen, versteht: denn GebirgKetten und Meere, die man eigentlich als solche betrachtet, sind es in der That nur deswegen, weil sie dergleichen Hindernisse der Communication in höherm Grade aufstellen.

„Da kein andrer Fluß als der Rhein von den Alpen entspringt, um Frankreich bis zum Ozean zu umschliessen, da keine GebirgKette sich von den Alpen herziehet, um sich an der NordSee zu endigen: so ist es klar, daß Frankreich zwar andre künstliche Gränzen haben kan als den Rhein, aber daß man unmöglich eine natürlichere für dasselbe finden kan.

„Diese Gränze ist die des alten Galliens. Man öfne Strabo, einen der ältesten und genauesten ErdBeschreiber: er schließt dieses Land zwischen den Pyrenäen, den Alpen, dem MittelMeer, dem Ozean und dem Laufe des Rheins, von seiner Quelle auf dem GotthardsBerge bis zu seinem Ausfluß in die NordSee, ein. Der fränkischen Republik, wenn sie den Rhein wieder zu ihrer Gränze nimmt, würde also, um dem alten Gallien gleich zu seyn, noch immer alles Land fehlen, das auf dem linken Ufer des Rheins von Basel bis zum Gotthard liegt, d. h. das ganze Gebiet der Schweiz und ihrer Alliirten, nur Graubünden und Veltlin ausgenommen: aber durch alte Bündnisse mit den Schweizern vereinigt, sieht sie gerne diese sich in das alte Reich der Gallier mit ihr theilen, und hat nicht vergessen, daß auch die Helvetier Gallier sind.

„Der Rhein gibt der fränkischen Republik eine bessere Gränze als ihre alte war: denn die VertheidigungsLinie Frankreichs gegen Norden erstrekte sich bisher von Dünkirchen bis Landau, in einer Länge von 130 Stunden, während die neue RheinGränze, von Landau bis Cleve, dieselbe auf einen Raum von ohngefähr 80 Stunden einschränkt, d. i. ihre dem Angrif ausgesezte Fronte um mehr als ein Drittheil ihrer Länge vermindert. Gewiß ein unschäzbarer Vortheil!

„Jene alte VertheidigungsLinie muste man in drei partielle OperationsLinien, jede von etwa 40 Stunden, eintheilen, welche die Unterhaltung von drei Armeen und von 43 KriegsPläzen erfoderten, von denen 18 in erster, 11 in zweiter, und 14 in dritter Linie lagen. Die erste dieser partiellen OperationsLinien erstrekte sich von Dünkirchen bis Maubeuge, die zweite von Maubeuge bis Thionville, die dritte von Thionville bis Landau.

„Die erste allgemeine VertheidigungsLinie begrif folgende Pläze: Dünkirchen, Bergue, Lille, Condé, Valenciennes, Maubeuge, Philippeville, Marienbourg, Rocroy, Charleville, Mezieres, Sedan, Montmedy, Longwy, Thionville, Sierk, Saar-Louis, Landau.

„Die zweite begrif: Gravelines, St. Omer, Bethune, Douai, Bouchain, Le Quesnoi, Avesnes, Stenay, Metz, Bitsch, Weissenburg.

„Die dritte begrif: Calais, Ardres, Aire, Hesdin,

Arras, Bapaume, Cambrai, Landrecies, Verdun, Toul, Moyenvic, Sarbourg, Sargemuines, Pfalzburg.

„Dis war die Gränze, an welcher die vereinte Macht von Oestreich, Preussen, dem teutschen Reiche, GrosBritannien und Holland scheiterte. Inzwischen muß man nicht vergessen, daß Condé, LeQuesnoy, Valenciennes, Landrecies, Weissenburg, Sierk, Verdun, in feindlicher Gewalt waren, und daß die nachherigen erstaunlichen Siege der Franken sehr durch den Fehler begünstigt wurden, den Kaiser Josef II begieng, als er alle Festungen in den Niederlanden schleifen ließ, deren nach einander folgende Belagerungen die Eroberung von Belgien schwerer, langwieriger, und die von Holland fast unmöglich gemacht haben würden.

„Die neue Gränze, welche Frankreich mit dem Rhein umschlösse, würde vor der alten den Vorzug haben, daß sie viel kürzer ist, daß sie einen fortlaufenden Graben vor sich hat, dessen Uibergang streitig gemacht werden kan und immer gefährlich ist, daß sie auf erster Linie durch 14 Festungen, mithin verhältnißmäsig durch 3 mehr als die alte gedekt wäre, und unter denselben mehr Festungen vom Ersten Rang zählte, die von Seiten des Feindes weit mächtigere und kostspieligere AngrifsAnstalten erfodern würden. Uiberdis muß man bemerken, daß diese neue Linie zu ihrer Vertheidigung nur zwei Armeen nöthig hätte, deren Flanken durch die Maas, die Mosel und den Rhein gesichert, und die Fronte durch die Festungen an dem leztern Strom gedekt wäre; eine Stellung, worinn man sie mit Recht als unüberwindlich betrachten könnte.

„Die Festungen auf erster Linie längs dieser neuen Gränze könnten Speier, Frankenthal, Worms, Oppenheim, Mainz, Bingen, Rheinfels, Coblenz, Andernach, Bonn, Cölln, Neuß, Cleve seyn, und statt der drei Linien von Festungen, welche die alte Gränze dekten, könnte diese neue deren fünf bis sechs haben, wofern dis nicht eine überflüssige und, bei den UnterhaltungsKosten für so viele Pläze, allzulästige Stärke wäre. Es ist unzweifelhaft, daß die nachfolgenden Pläze eine Eintheilung von fünf

Linien im Rüken der ersten zulassen würden; und nicht minder gewiß ist es, daß man daraus auch blose zwei Linien bilden kan, die aus 30 bis 40 grosen Festungen bestehen, und den Feind sicherer aufhalten würden, als ein System, das, bei einer grösern Zahl von Linien, eine grösere Zahl von kleinen Pläzen, die selten von entscheidendem Nuzen sind, in sich begreifen würde. Es wird hinreichend seyn, hier die Namen der Pläze aufzuzählen, unter denen man für diesen neuen Cordon wählen könnte. Es sind folgende: Grave, Venlo, Rüremonde, Jülich, Achen, Montroyal, Kreuznach, Lüttich, Trier, Saarlouis, Berg-op-zoom, Antwerpen, Namur, Bouillon, Luxemburg, Thionville, Bitsch, Sluys, Gent, Lille, Tournai, Condé, Mons, Valenciennes, und alle andern, welche die erste Linie Frankreichs bildeten. Weit der grösere Theil dieser Pläze ist befestigt: die Republik hat daher nicht zu fürchten, daß sie noch während der Anlegung ihrer neuen Gränze, ungerüstet, durch einen Angrif überrascht, oder in Ausgaben, die ihr lästig seyn könnten, verwikelt werden möchte. Die erste Linie der neuen Gränze würde sehr wohl gedekt seyn, weil dis von nun an fast der einzige Punkt wäre, wo sie die ganze bewafnete Macht, die sie in FriedensZeiten unterhält, am schiklichsten aufstellen könnte; und gesezt es fänden sich auf dieser Linie, oder im Rüken derselben, Punkte, die zu befestigen wären, so würde auch dis ihr zum Vortheil gereichen, da sie sich dazu der Truppen während des Friedens bedienen, oder sie daselbst, mittelst verschanzter Lager, in der Uibung der grosen KriegsBeschwerden erhalten kan.

„Welche andre, weiter rükwärts liegende, Begränzung man auch Frankreich innerhalb des linken RheinUfers geben wollte, so würde sie doch immer schwächer und kostbarer seyn als die natürliche Gränze, die dieser Strom für dasselbe bildet.

„Angenommen, daß das rechte Ufer der Maas die neue GränzLinie abgäbe, daß man sich bestimmte, Luxemburg zu behalten, und von dieser Festung an bis nach Landau hin sich ohngefähr auf die alte Gränze einzuschränken: so würde dadurch die VertheidigungsLinie, welche die Republik dekt,

110 Stunden lang, statt sich auf 80 zu beschränken, und dadurch würde es, so wie vormals, nothwendig, sie in drei OperationsLinien einzutheilen, und für jede derselben eine Armee aufzustellen; die Zahl der zu unterhaltenden Pläze würde in Verhältniß der grösern Ausdehnung dieser Gränze vermehrt werden; sie würde zwischen Lüttich und Luxemburg ein Loch von 25 Stunden ohne alle Vertheidigung offen lassen, Luxemburg in erster Linie sezen, und das Schiksal Frankreichs von dem dieser Festung abhängig machen, deren Einnahme den Feind nach Verdun führen und das Innere der Republik bedrohen würde, in das er, nach einer Erfahrung, die ihm so theuer zu stehen kam, nun nicht mehr durch die ehemalige Champagne pouilleuse einzudringen suchen würde, da er sich durch das ehemalige Pertois geradezu auf Chalons stürzen kan.

„Wenn der Feind Bedenken trüge, die Macht, welche die Pläze an der Maas besezt hielte, auf seiner rechten Flanke zu haben, und also nicht bei Cölln, sondern bei Mainz über den Rhein sezte: so würden die durch die Mosel und durch den Rhein gedekten Flanken seiner Armee ihm erlauben, sich auf die Gränze von Lothringen zu werfen, indem er seine ganze Macht gegen die Pläze an der Saar concentrirte, die ihm kein genugsames Hinderniß entgegensezen; er würde sich auf solche Art allen Vortheil gegen die fränkische Republik verschaffen, den sie gegen ihn haben wird, wenn sie diesen so wichtigen Theil ihrer Eroberungen behält.

„Zugegeben endlich, daß es möglich wäre, innerhalb des RheinUfers eine GränzLinie anzulegen, welche durch die gute Wahl ihrer Position, durch die Treflichkeit der Posten, die sie böte, militairisch stärker wäre als die, welche der Rhein bildet: würde man nicht daraus folgern müssen, daß man, gerade weil man sich diese unüberwindliche Linie geben kan, sie als zweite Linie aufbewahren, und seine erste bis an den Rhein vorrüken müsse, weil auf solche Art nur der kleinstmögliche Theil des Gebietes von Frankreich den Verheerungen des Kriegs ausgesezt bleiben würde, indem der Feind bei jeder Oefnung, die er durch die erste Linie brechen könnte, nach dieser Hypothese, ein unübersteigliches Hinderniß in der zweiten finden würde? Indeß haben wir hier nur um allen, irgend gedenkbaren, Gründen zu begegnen, diesen Fall erörtert, der zu sehr gegen die Erfahrung streitet; denn in der That gibt es eben so wenig eine Gränze, die man nicht durchbrechen könnte, als es eine unüberwindliche Festung gibt. Die wahre Wehr-Mauer der Republik ist, ausser dem Muthe ihrer Bürger, eine Gränze von der kleinstmöglichen Ausdehnung, die mit grosen und starken Festungen besezt ist, und in ihrem Rüken noch eine oder zwei andre Linien von gleich starken, grosen und wohlangelegten Festungen hat. Nur dadurch kan man bewirken, daß der Verlust einiger Schlachten keinen grosen Gefahren blosstellt, daß die kleinere Zahl der grösern Widerstand leisten kan, daß die Langwierigkeit mehrerer schweren Belagerungen Zeit gibt, sich von seinen Niederlagen zu erholen und wieder das Uibergewicht über den Feind zu gewinnen, oder den Frieden herbeiführt.

„Ist man, aus allen diesen Gründen, nicht zu dem Schlusse berechtigt, daß jede Begränzung Frankreichs innerhalb des Rheins mehr Raum, mehr Kosten erfodert, mit grösern Gefahren verknüpft und, was man auch thun mag, minderstark seyn wird als die RheinLinie, schon deswegen allein weil diese die kürzeste ist, weil sie einen natürlichen Graben vor sich hat, und weil man, indem man sie behält, zugleich jede andre trefliche Position, die ihr im Rüken liegt, behält? ... Frankreich muß demnach seine Gränze bis an den Rhein vorrüken.

„Freilich sind nicht alle Eroberungen gut zu behalten. Von dieser Art sind die, deren Ertrag nicht die Kosten oder Gefahren ihres Besizes aufwiegt; die, welche ein Gebiete verlängern statt es auszurunden, und dadurch die Vertheidigung und Erhaltung des Ganzen um so schwerer machen. Aber Frankreichs Eroberungen verstärken dasselbe vielmehr statt es zu schwächen, weil sie seine Gränze abkürzen, und dadurch seine zurükstossende Kraft verstärken. Ihre Einverleibung in die fränkische Republik gewährt dieser, ausser dem treflichsten VertheidigungsStande, die Mittel desto furchtbarer Angrifsweise zu wirken; denn im Besize verschiedener Brüken über den Rhein, ist dieser Strom kein Hinderniß mehr für sie, während er noch immer eines für ihre Feinde bleibt, und in den ersten 24 Stunden kan sie die Armeen aus ihren GränzBesazungen auf deren Gebiete vorrüken lassen und es zum KriegsSchauplaz machen; sie hört auf solche Art auf, in unmittelbarer Berührung mit den zwei ersten militairischen Mächten Teutschlands zu seyn; sie sezt zwischen sich, und Oestreich und Preussen, eine Reihe von Fürsten, deren Staaten das rechte RheinUfer begränzen.

„Indem Frankreich also seine MarkSteine bis an den Rhein vorrükt, vermehrt es seine Sicherheit, weil es dann auf dem entgegengesezten Ufer nur schwache Nachbarn hat. Seinen neuen Eroberungen, die seit drei Jahrhunderten zugleich Anlaß und Schauplaz der blutigsten und unnüzesten Kriege waren, sichert es dadurch den Frieden zu; und selbst auch sein eigner Friede kan nicht anders vortheilhaft und dauernd seyn, als wenn es diese Länder behält, die, unkluger Weise ihren vormaligen Besizern zurükgegeben, sehr bald der unfehlbare Keim von Zwistigkeiten werden würden, an denen es, vermöge seiner Nachbarschaft, immer theilnehmen müßte.

„In Wahrheit, was würde Frankreich durch diese unpolitische Zurükgabe anders thun, als die Macht der beiden nordischen Staaten, die es am meisten zu fürchten hat, noch vergrösern? Solange noch ein Schatten von Reich und von Germanischem BundesStaat übrig seyn wird, werden die Mitglieder desselben, blose Genossen einer FeudalCoalition, die unversöhnlichen geheimen Feinde der fränkischen Republik, dieser furchtbaren Zerstörerin des FeudalWesens seyn. Die Fürsten, und überhaupt alle Stände des Reichs, werden nothwendig immer mehr von den östreichischen und preussischen Monarchen abhängen, mehr durch Interesse und durch Freundschaft an sie festgeknüpft seyn, als sie jemals sich der fränkischen Republik anschliesen könnten. Ein Fürst ist immer in natürlichem Einklang mit einem Könige, und fühlt zu sehr, daß er in einer Republik nur ein Mißklang ist. Wie vertrüge es sich demnach mit Frankreichs Politik, diesen Fürsten seine Eroberungen zurükzugeben, da eine solche Zurükgabe im Grunde doch nur Gewinn für diejenigen seyn würde, die seinen Untergang geschworen hatten, und in denen lange noch das Verlangen ihn zu bewirken fortleben wird?

„Und macht es nicht selbst die einfachste StaatsKlugheit der fränkischen Republik zum Gesez, sich bis an den Rhein zu vergrösern, da Oestreich und Preussen, während ihrer Coalition gegen dieselbe, durch die Zerstükung des unglüklichen Polens, sich so ungeheuer vergrösert haben?

„Hat Preussen nicht, ausser den Mitteln eine SeeMacht zu werden, sich ein Gebiete erworben, das drei- bis viermal gröser ist als dasjenige, welches Frankreich behält, wenn es den Rhein zu seiner Gränze macht? Hat Oestreich nicht seinen Staaten einen Umfang von Ländern einverleibt, der mehr als noch einmal so gros ist als die Provinzen, deren Besize es entsagen muß? und was ist dieser Verlust, der ihm durch seine neuen Erwerbungen schon überflüssig ersezt worden ist, anders als eine Zurükgabe der alten Burgundischen Erbschaft, die schon längst wieder mit Frankreich hätte vereinigt werden sollen? — Hat die fränkische Republik nicht das gröste Interesse dabei, daß zwischen ihr und den östreichischen und preussischen Monarchien ein gewisses Verhältniß von MachtGleichheit erhalten werde? und kan sie dasselbe anders erhalten, als indem sie auf deren Kosten in eben dem Maase sich vergrösert, wie sie selbst auf Kosten eines Dritten sich vergrösert haben? Wie könnte sie, ohne den gerechten Ersaz, den die Reunion ihrer Eroberungen ihr gewähren wird, mit Gleichgiltigkeit den Zuwachs von Macht betrachten, den jene Monarchien, ohne alles EroberungsRecht, sich mitten im Frieden verschaften?

„Aber nicht nur in militairischen und politischen Rüksichten, auch in Beziehung auf den Handel ist die Vereinigung der Länder auf dem linken RheinUfer mit Frankreich von der wesentlichsten Wichtigkeit. Die Ursachen, warum Cäsar vor 1800 Jahren Gallien als ein von der Natur vorzüglich begünstigtes Land schilderte, waren nicht nur die Manchfaltigkeit seines Bodens, seiner Temperatur, die glükliche und seltene Eigenschaft auf einem unermeßlichen Gebiete die Erzeugnisse verschiedener Klimate zu vereinigen, sondern hauptsächlich auch der ausnehmende Vortheil einer Gestaltung, nach welcher die höchsten Punkte des Landes ohngefähr in seiner Mitte sind, so daß von diesen Gipfeln die Flüsse sich nach seinen verschiedenen Gränzen hinabgiesen, und daß sie in dieser von der Natur privilegirten Region sämtlich entstehen und ihren Lauf endigen.

„Man hat seit Cäsarn gesehen, von welchem Nuzen diese glükliche Vertheilung der Gewässer auf der Oberfläche Frankreichs sowohl für dessen Fruchtbarkeit als für die Leichtigkeit und Ersparniß im Transport seiner Erzeugnisse, für die Belebung seines Handels, und für die Fortschritte der Cultur seyn könnte, die immer in Verhältniß der Menge und Leichtigkeit der Communicationen zunimmt. Die Franken, die in dunklern Zeiten schon durch Kanäle die beiden Meere vereinigt, und neuerlich durch gleichkühne Arbeiten ihre HauptFlüsse unter sich und mit den nordischen und westlichen Meeren verbunden haben, werden das System der inländischen Schiffahrt, welches die Unterhaltung der Wege erspart und durch den niedrigen Preis des Transports zu Wasser den LandesProdukten einen vortheilhaftern Absaz sichert, immer mehr vervollkommnen. Nun würde es aber diesem System an dem nöthigen Ganzen fehlen, wenn die fränkische Republik, nachdem sie die unschäzbarste aller Eroberungen, die der Schelde, der Maas, der Mosel und des Rheins, dieser Quellen des ehemaligen erstaunlichen Wohlstands von Holland, gemacht hat, ihr Interesse auf einen solchen Grad miskennen sollte, daß sie dieselbe wieder zurükgäbe, und von neuem ihre NationalIndustrie und alle Nerven des Handels lähmte, wozu sie von der Natur selbst schon durch ihre Lage berufen ist.

„Die Länder, welche die fränkische Republik gegen Norden erobert hat, umfassen nicht weniger als 4 Millionen Einwohner: sie werden durch die Queich, die Nahe, die Mosel, die Maas, die sich in den Rhein ergiesen, und durch die Schelde, die sich in die NordSee stürzt, bewässert; der Rhein umschließt alle diese Besizungen, und trägt durch mehrere Mündungen sein Wasser in eben dieses Meer. Dieser in seinem ganzen Laufe längs der Gränze Frankreichs schifbare Fluß nimmt von Teutschland aus die Lippe, die Roer, die Wipper, die Sieg, die Lahn, den Main und den Nekar auf. Diese Flüsse kommen zum Theil tief aus Teutschland her, und sind die Kanäle, welche demselben die Produkte von Frankreichs Boden und Industrie, so wie dessen Colonial-

Waaren zuführen können. Behält also Frankreich jene Eroberungen, so öfnet es seinen Manufactur- und ColonialProdukten einen neuen Markt von mehr als 4 Millionen Käufern; gibt es sie wieder zurük, so verliert es 4 Millionen Consumenten, und noch überdis alle Erzeugnisse ihres Bodens und ihrer Industrie; es überläßt andern, und aller Wahrscheinlichkeit nach seinen Feinden, diesen Markt und die grosen HilfsMittel, deren sie sich dann gegen es selbst bedienen werden.

„Uibrigens sind es nicht nur diese 4 Millionen Consumenten, die es hiebei gilt: es sind auch die eines sehr grosen Theils von Teutschland, welche Frankreich, mittelst des Rheins, durch die Lippe, die Roer, die Lahn, den Main und den Nekar, versorgen kan; es sind überhaupt alle, die den unermeßlichen LänderUmfang auf dem rechten RheinUfer bewohnen. Wer wird ihnen wohlfeilern Kaufes als Frankreich, seine Weine, seine Liqueurs, seinen Tabak, Zuker, Kaffee, Indigo zuführen können, wenn es ausschlieslich mit Holland die Schiffahrt auf allen diesen Strömen besizt? Die Elbe, die Weser und die Ems können Engländer in ihren Gewässern sehen; aber ausser dem Laufe dieser Flüsse müssen ihre Waaren die Kosten des Transports zu Lande tragen, der eben nicht sehr lang zu seyn braucht, um ihre Concurrenz ganz unschädlich zu machen.

„Ferner ist es eine Betrachtung, die allerdings sehr mit in die WaagSchaale gelegt zu werden verdient, daß Frankreich durch die RheinGränze die besten Stellungen für die GränzZollstätten erhält. Hier kan ihre Zahl am leichtesten eingeschränkt werden, und hier ist es am schwersten ihrer Wachsamkeit zu entgehen. Nimmt man eine Stellung, die weiter rükwärts ist, so verlängert man die Linie, verliert den Vortheil des Grabens, ist gezwungen ein ganzes Heer von Zöllnern aufzustellen und, was man auch thun mag, die Waldungen, die Gebirge und Thäler, werden immer ein Weg für den SchleichHandel bleiben, gegen den der Rhein mit geringen Kosten ein Hinderniß bietet, welches man leicht unübersteiglich machen kan.

„Frankreich müsse demnach seine Gränzen an den Rhein vorrüken. Nur unter dieser Bedingung müsse es

Frieden machen. Oder sollten seine tapfern Brigaden nur darum mit heldenmüthiger Hingebung ihr Blut versprizt, nur darum das gegen sie verschworne Europa besiegt haben, damit ihre Feinde ohne Mühe sich in Polen vergrösern könnten, ohne irgend etwas von ihren alten Staaten zu verlieren? damit sie, nach so vielen schmählichen Niederlagen, noch mächtiger und furchtbarer würden als sie waren, da sie zuerst den blutigen Kampf begannen, in dem sie unterlagen? Nein, der Triumph des fränkischen Volkes schränkt sich nicht darauf ein, die Monarchen zu zwingen seine Souverainetät anzuerkennen. So viele Siege müssen sie hinlänglich belehrt haben, daß es nicht nur gegen ihren Willen sich nach eignem Gutfinden Geseze geben konnte, sondern daß es auch seinen Feinden dergleichen vorzuschreiben vermag."

Wie stark übrigens auch diese und andre Gründe für die Vereinigung des linken RheinUfers mit Frankreich seyn mochten, so war doch um diese Zeit, bei dem grösten Mangel an Geld und LebensMitteln, die Meinung von der Nothwendigkeit eines schleunigen Friedens, und folglich auch das System der alten Gränzen, wodurch es allein möglich schien ihn zu erhalten, allzu populär, als daß der NationalConvent, der ohnehin sich selbst überlebt hatte, demselben durchaus zu trozen gewagt hätte; er that es wenigstens zum Theil. Was er izt noch, in seiner MachtVollkommenheit, verordnete, das konnte der nachfolgende Gesezgebende Körper nicht mehr umstossen. Er wollte daher das VollziehungsDirectorium, welches nun statt des WohlfahrtsAusschusses die Zügel der Regierung übernehmen sollte, gleichsam zu siegen zwingen, indem er noch, kurze Zeit vor seiner Auflösung, (1 Oct. 1795) die kühne aber wahre Politik hatte, ganz Belgien, oder alle vormals unter dem Namen: Oestreichische Niederlande begriffene Länder, nebst dem Bisthum Lüttich und den Abteien Stablo und Malmedy, der fränkischen Republik unwiderruflich als wesentliche Bestandtheile einzuverleiben. Es wurden daraus folgende neue Departemente gebildet:

1. Dyl. . . . HauptOrt: Brüssel.
2. Schelde. . . . Gent.
3. Wälder. . . . Luxemburg.
4. Jemappe. . . . Mons.
5. Lys. . . . . Brügge.
6. NiederMaas. . . . Mastricht.
7. Beide Netten. . . Antwerpen.
8. Ourthe. . . . Lüttich.
9. Sambre und Maas. . Namur.

Durch diesen muthigen Beschluß war nun vorerst wenigstens das System der alten Gränzen verworfen, und vorläufig die MaasGränze angenommen, deren grose militairische Vortheile besonders auch Carnot entwikelt hatte. Von der RheinGränze sprach man noch weder bejahend noch verneinend. Gleichwohl hatte der NationalConvent noch alles was von ihm abhieng gethan, um der Republik auch diese köstliche Eroberung zu sichern. Auf seinen Befehl hatte Jourdan zu Anfang des Septembers zwischen Doesburg und Düsseldorf, unter allen republikanischen Generalen zuerst, über den Rhein gesezt, und bald darauf Pichegru Besiz von Mannheim genommen; beide sollten nun durch gemeinschaftliches Zusammenwirken die östreichischen Heere an die Donau zurüktreiben, und so das linke RheinUfer auf dem rechten erobern. Bekanntlich verunglükte dieser Plan: der Zwang der DemarcationsLinie, Mangel an hinlänglichstarker Diversion von Seiten Pichegru's am OberRhein, Clerfaye's wohlberechnete Manövres, und mehr als dis alles die damalige innere Lage Frankreichs (es war die Epoche des 13 Vendemiaire) nöthigten Jourdan, sich wieder auf der rechten Seite des Rheins von Mainz bis nach Düsseldorf zurükzuziehen; Clerfaye erstürmte nun auch die gewaltigen fränkischen Linien vor Mainz, auf der linken RheinSeite, wo Pichegru's Freund Schaal, ein entschiedener Anhänger des alten

GränzSystems, kommandirte; Wurmser nahm wieder Mannheim weg, und Pichegru zog sich, nach mehreren unglüklichen Treffen, in die Linien der Queich zurük.

Inzwischen hatte eine neue, kraftvollere Regierung das Ruder des fränkischen Staats, zur höchsten Zeit für dessen Rettung, übernommen. Sie erfand, um wenigstens den Feldzug von 1796 eröfnen zu können, einen NothBehelf: die TerritorialMandaten — für das Uibrige sorgte der Feldzug selbst, der reichste an Contributionen wie an Thaten. Auch er, wie der vorhergehende, war auf den Plan berechnet: das linke Rhein-Ufer auf dem rechten und, wenn es seyn müste, vor den Thoren von Wien zu erobern. Darauf zielten die SeparatFriedensSchlüsse mit Wirtemberg und mit Baden ab, worinn beide alle ihre Besizungen auf dem linken RheinUfer an Frankreich abtraten. Bald schien auch für das gesammte Reich nichts anders mehr übrig, als der übermächtigen Republik das Opfer des ganzen linken RheinUfers darzubringen; denn schon war Jourdan bis nahe an die Gränze Böhmens, Moreau bis in's Herz von Baiern vorgedrungen. Aber plözlich wechselte die Szene. Jourdan ward wieder bis an den NiederRhein zurükgetrieben; auch Moreau nahm nun seinen Rükzug an den OberRhein, der in der Kriegs-Geschichte unsterblich seyn wird. Hier, am OberRhein, dauerte der Feldzug bis in's Jahr 1797 fort, da nach langwierigen und blutigen Belagerungen den 9 Jan. das Fort Kehl, und den 1 Febr. der BrükenKopf von Hüningen, wieder in die Gewalt der Oestreicher fielen.

Aber im gleichen Augenblike mit dem leztern, fiel auch Mantua endlich unter Buonaparte's ununterbrochnen Anstrengungen und Siegen. Innerhalb eines Monats drang der Held nun, wie im RennLaufe, von den Ufern der Piave bis nach Leoben, neun Posten von Wien, vor. Hier kamen (18 April) die Friedens-Präliminarien mit Oestreich zu Stande, deren wesentlicher Inhalt: Verzichtleistung des Kaisers auf Belgien, Anerkennung der Gränzen Frankreichs so wie sie durch die Geseze des NationalConvents decretirt worden, Errichtung einer unabhängigen Republik in der Lombardei war. Von der RheinGränze war hiebei durchaus keine Frage. „Wenn ein System von Mässigung, das „an Schwäche gränzt, oder Mangel an hinlänglich tief„gedachten und weitumfassenden Planen, oder die Schwie„rigkeiten, die aus allen den Parteien entstehen, welche „die Republik entzweien und statt des Vaterlands nur „ihren PrivatTriumph vor Augen haben; wenn dis alles „zulezt" — schrieb um diese Zeit ein fränkischer General * — „der Republik schlechtabgemessene Grän„zen gibt, und sie dadurch in einem Zustand läßt, der „die Nothwendigkeit neuer Kriege herbeiführt: „so kan man ein solches Unglük zuverlässig nicht Dem „aufbürden, welcher der Republik das Recht erworben „hatte, ihren Feinden alle die Bedingungen vorzuschrei„ben, die ihrer künftigen Sicherheit und Ruhe angemes„sen seyn konnten."

§. 2.

Wirkliche Erwerbung des linken RheinUfers von Seiten Frankreichs.

Aber wenn die mächtige Krise, die sich um diese Zeit im Innern von Frankreich immer näher vorbereitete, den FriedensPräliminarien von Leoben einen Charakter von Mässigung aufgedrükt hatte, worinn die feurigen Republikaner nur Schwäche, feige Verlassung der öffentlichen Sache fanden, und worüber man selbst im Auslande nicht minder verwundert als erfreut war: so brachte dagegen die Explosion vom 18 Fructidor (4 Sept.) auch in die FriedensUnterhandlungen mit Oest-

* Campagne du Général Buonaparte en Italie &c. par un Officier Général, p. 353.

reich wieder einen ganz neuen Schwung. Die Kanonen, die an diesem Tage in Paris gelöst wurden, tönten auch in Campo Formio wieder; und am 17 Oct. 1797 ward der DefinitivFriedensTractat zwischen Oestreich und Frankreich unterzeichnet. Noch kennt man zwar die geheimen Artikel desselben nicht; doch enthüllte sie bald darauf der ReichsFriedensCongreß in Rastadt wenigstens zum Theil.

Buonaparte selbst fand sich, bei der Eröfnung dieses Congresses, auf wenige Tage in Rastadt ein. Hier schloß er den 1 Dec. mit dem FeldZeugmeister Grafen von LaTour eine Convention, welche den Rükzug der östreichischen Truppen vom Rhein und die Besezung der von ihnen verlassenen Posten, insonderheit der Stadt und Festung Mainz, durch die Franken zum Gegenstand hatte. Die einzigen bis izt bekannt gewordnen Artikel dieser Convention sind folgende:

„Art. 8. Den 10 Dec. werden die fränkischen Truppen die Stadt Mainz einschliesen, wobei sie jedoch den östreichischen Truppen freien Durchzug lassen werden."

„Art. 11. Die fränkischen Generale, welche die Truppen kommandiren, die um die Festung Ehrenbreitstein herliegen, werden den östreichischen Truppen, die diesen Plaz räumen, alle nöthigen Erleichterungen für ihren Durchzug gewähren; auch werden sie den östreischen Generalen die Pferde, Schiffe, und andre zum Transport der Artillerie und der Kriegs- und MundVorräthe nöthigen Mittel verschaffen."

Diese wichtige, so schnell zu Stand gebrachte Convention gab hinlänglich zu erkennen, daß das Schiksal des linken RheinUfers zu Campo Formio unwiderruflich entschieden worden sey.

Nur zwei feste Punkte auf diesem Ufer waren izt noch nicht in der Gewalt der Franken: Mainz, und die RheinSchanze von Mannheim.

Mainz hatten sie bekanntlich im ersten Feldzuge (21 Oct. 1792) so leicht erobert, durch durch das blose Drohen Custine's! Sie verloren es wieder, nach einer langen

Belagerung, (22 Jul. 1793) da noch eine, mit allem reichlich versehene, Besazung von 17,000 Mann darinn lag, in dem Augenblike, da Houchard und Beauharnois von zwei Richtungen her, nach blutigen und glüklichen Treffen, mit schnellen Schritten zu seinem Entsaze heraneilten. Im Laufe des ohne Beispiel glüklichen Feldzuges von 1794, zu Ende Octobers, umschlossen sie es wieder auf der linken RheinSeite, und warfen dicht davor jene berühmten Linien auf, worinn 30,000 Mann von der Mosel- und RheinArmee ein volles Jahr hindurch standen. Jourdan, der im Sept. 1795 bei Düsseldorf über den Rhein sezte, drang schnell bis an den Main vor, und blokirte es nun auch auf der rechten RheinSeite. Aber bald ward er aus dieser Stellung wieder bis gegen Düsseldorf zurükgetrieben; durch einen kühnen Schlag überwältigte Clerfaye (29 Oct.) selbst auch die fränkischen Linien auf der linken RheinSeite; Mainz war nun wieder ganz entsezt, und blieb es bis um die Hälfte des Jul. 1796, da, nach einem abermaligen RheinUibergang der beiden fränkischen Armeen unter Moreau und Jourdan, dieser leztere es auf's neue durch ein TruppenKorps unter dem DivisionsGeneral Marceau blokiren ließ. Aber nicht mehr weit von der Gränze Böhmens, ward Jourdan von dem ErzHerzog Karl zum Rükzuge genöthigt und, als Folge davon, um die Mitte des Septembers auch die Blokade von Mainz wieder aufgehoben. In dem kurzen Feldzuge von 1797 giengen die Franken zum drittenmal über den Rhein. Hoche, der nun an Jourdan's Stelle kommandirte, drang mit BlizesSchnelle, innerhalb vier Tagen, bis an Mainz vor, und DivisionsGeneral Watrin traf schon Anstalten, um es wieder auf der rechten RheinSeite zu blokiren, als die Ankunft eines Eilboten mit der Nachricht von den FriedensPräliminarien von Leoben den weitern Unternehmungen ein Ende machte. Von dieser Zeit an hatten die gegenseitigen Armeen sich in den zwischen ihnen festgesezten WaffenStillstandsLinien gehalten, bis, zufolge der am 1 Dec. in Rastadt zwischen Buonaparte und LaTour geschlossenen Convention, in der Nacht vom 9 auf den 10 Dec. die östreichischen Truppen plözlich aus allen ihren bisherigen Stellungen am Rhein abzogen, und die Franken nun sogleich über die von ihnen verlassene WaffenStillstandsLinie vorrükten.

Schon unterm 9 Dec. hatte das fränkische VollziehungsDirectorium eine eigne Mainzer Armee errichtet, und den General Hatry, der das Kommando derselben erhielt, beauftragt: Mainz in Besiz zu nehmen, und den Frieden von Campo Formio in Vollziehung zu bringen. Den 17 Dec. foderte Hatry den GeneralLieutnant von Rüdt, der die kurfürstlichen Truppen in Mainz kommandirte, zur Uibergabe auf. Da dieser sich weigerte, so schikte er den 21 Dec. seinen GeneralAdjutanten Mortier, mit einem drohenden Schreiben, an den Kurfürsten selbst nach Aschaffenburg: „innerhalb 24 Stunden erwarte er bestimmte Antwort; sey diese nicht bejahend, so werde er „sich gezwungen sehen, sich mit Gewalt des Plazes zu „bemeistern, die unglüklichen Einwohner den Schreken „eines Bombardements preiszugeben, und das Kurfürstenthum zum Schauplaz des Kriegs zu machen." Der Kurfürst gab eine schlaue, ausbeugende Antwort, mit der sich der fränkische General nicht begnügte. Die Drohungen wurden wiederholt, geschärft, die Frist peremtorischer. Er muste sich also, da nirgends her einige Hilfe zu erwarten war, der Kränkung unterwerfen, den Befehl selbst zu geben, daß Mainz den Franken überliefert würde. Den 28 Dec. ward in Hatry's HauptQuartier zu Wiesbaden die Capitulation wegen der Uibergabe abgeschlossen, und schon am 30 Dec. nahmen die Franken Besiz von Mainz. . . . So fiel die einzige VorMauer Teutschlands, eine Festung vom ersten Rang, die vier Feldzüge hindurch den furchtbarsten fränkischen

Heeren einen unbezwinglichen Widerstand entgegengesezt, und mehr als einmal ihre grösten Plane scheitern gemacht hatte, nun am Schlusse des Krieges, ohne Schwert-Streich, in ihre Gewalt.

Izt war auf dem ganzen linken RheinUfer die Rhein-Schanze bei Mannheim noch der einzige, von teutschen Truppen besezte Punkt; es lagen darinn 4 Kompagnien pfälzischer FeldJäger, und ohngefähr 80 Mann Reuterei. Den 25 Jan. 1798 ward sie durch den DivisionsGeneral Ambert aufgefodert, und da die Besazung sie nicht gutwillig räumen wollte, mit Sturm erobert. Diese kühne Unternehmung kostete den Franken über 300 Mann an Todten. Dagegen nahmen sie 500 Gefangene, worunter 15 Offiziere waren, 50 Pferde, 3 Kanonen, und 4 PulverKarren. Einige hundert Mann waren in Verfolgung der Pfälzer bis über die RheinBrüke und auf das rechte RheinUfer gedrungen, von dem sie erst am folgenden Tage, nach einer getroffenen Uibereinkunft, sich wieder zurükzogen; die RheinBrüke ward abgebrochen, und auf das rechte Ufer gebracht.

Nun war, von Germersheim an bis hinunter nach Cleve, auch nicht Eine Scholle Erde mehr auf dem ganzen linken RheinUfer, die sich nicht in der Gewalt der Franken befunden hätte. Und welche Macht hätte diese leztern izt wieder aus Mainz, dem Schlüssel und der VorMauer dieser neuen Eroberungen, herauszutreiben vermocht? . . . Izt, da die Frage von der RheinGränze in der That schon völlig entschieden war, wurden die Unterhandlungen darüber auf dem ReichsFriedensCongreß in Rastadt erst eröfnet. Am 19 Jan. erklärten die bevollmächtigten Minister der fr[illegible]kischen Republik der Reichs-Deputation: „daß die Abtretung des linken „RheinUfers die Grundlage des künftigen Friedens seyn müste;" und nach langem, vergeblichen Schrift-Wechsel ward endlich, am 11 März, von der ReichsDeputation förmlich die Abtretug des linken Rhein-Ufers an Frankreich beschlossen.

§. 3.

Eintheilung der neuerworbenen Länder auf dem linken RheinUfer.

Die neuen Erwerbungen Frankreichs zwischen der Maas und dem Rhein, und dem Rhein und der Mosel, erhielten durch eine Verordnung des RegierungsCommissairs Rudler vom 23 Jan. folgende Eintheilung: *

Departemente.		HauptOrte.
1. Roer.	. . .	Aachen.
2. Saar.	. . .	Trier.
3. Rhein und Mosel.	.	Coblenz.
4. Donnersberg.	.	Mainz.

I.

Das RoerDepartement hat zu Gränzen:

Gegen Osten, den Rhein von der dem Ausfluß der Sieg gegenüber gezogenen Linie an bis oberhalb der preussischen Stadt Emmerich, an dem Orte, wo die Waal sich mit diesem Strom vereinigt; die Waal, von ihrer Vereinigung mit dem Rhein an bis zu der in dem Bezirk von Cleve begriffenen Gemeinde Kekerdom.

Gegen Norden, die Batavische Republik.

Gegen Westen, die Departemente der Ourthe und der Untern Maas; die Maas, von dem Einfluß der Niers in dieselbe bis nach Venlo, jedoch mit Inbegrif des Landes Kessel, eines kleinen Theils des Herzogthums Geldern auf dem linken Ufer der Maas.

* S. Recueil de Reglemens pour les pays d'entre Meuse et Rhin, et Rhin et Moselle, publiés par le Commissaire du gouvernement. Ordre Administrativ. S. 9. ff.

Gegen Süden, eine dem Ausfluß der Sieg gegenüber gezogene Linie bis nach Bodenum und Hessenich; die Erft von diesem Punkt an bis nach Schonau; von hier aus in einer auf Ardorf gerichteten Linie, bis Hamel, von wo aus eine grade Linie, die sich zwischen Broch, Söternich und Volemberg hinzieht, auf Schleiden geht, welches am linken Ufer des Flüßgens Brayff oder Olf liegt.

Dieses Departement begreift vierzig Kantone, wovon die Namen der HauptOrte folgende sind:

1. Aachen, HauptOrt des Departements und des Kantons.
2. Borcette.
3. Eschweiler.
4. Jülich.
5. Geilenkirchen.
6. Heinsberg.
7. Erkelen.
8. Titz.
9. Grebenbroich.
10. Bergheim.
11. Düren.
12. Nideggen.
13. Monjoy.
14. Gemünd.
15. Zulpich.
16. Bruil.
17. Wesling.
18. Pullheim.
19. Cölln.
20. Zons.
21. Neuß.
22. Osterath.
23. Gladbach.
24. Kaldekirchen.
25. Crefeld.
26. Urdingen.
27. Meurs.
28. Ilenkirchen.
29. Stralen.
30. Geldern.
31. Rheinberg.
32. Xanten.
33. Kervendonk.
34. Goch.
35. Calcar.
36. Cleve.
37. Gennep.
38. Horst.
39. Ravenstein und Megen.
40. Gemert und Boxmeer.

2.

Das SaarDepartement hat zu Gränzen:

Gegen Norden, das RoerDepartement, der Linie nach, die von Schleiden nach Hamel geht, und sich zwischen Broch, Söternich und Volemberg hinzieht.

Gegen Osten, die Departemente Rhein und Mosel

und Donnersberg, von dem obgenannten Punkte Hamel aus nach der Linie, die auf Ardorf am linken Ufer der Ahr gerichtet ist; längs der Ahr bis zu ihrer Quelle gegenüber von Kerpen, von wo aus eine Linie an die Quelle des Ußflusses, gegenüber von Uß, auf dem rechten Ufer dieses Flusses zieht; das rechte Ufer der Uß bis zu ihrem Ausfluß in die Mosel; das linke Ufer der Mosel bis Trarbach; von Trarbach eine Linie an die Kirn, längs des Flüßgens, das durch Trarbach läuft, indem sie von diesem Punkte aus zwischen Nieder- und Ober-Cleinich, zwischen Wal und Cromenau, und zwischen Lepersweiler und Kissert zieht; längs der Kirn bis zu ihrem Ausfluß in die Nahe; das rechte Ufer der Nahe, von Kirn bis zum Einfluß der Glan; von hier aus die Glan, längs ihrem linken Ufer, bis zu ihrer Quelle, von wo aus eine Linie an das linke Ufer der Blies geht, indem man der Richtung von Homburg nach Klosterhof auf dem rechten Ufer der Blies folgt, und von diesem Punkte aus längs der Blies bis zu ihrem Ausfluß in die Saar.

Gegen Süden, die Blies.

Gegen Westen, die Saar, und das Mosel Departement.

Dieses Departement ist in folgende ein und dreissig Kantone eingetheilt:

1. Trier, HauptOrt des Departements und Kantons.
2. Pfalzel.
3. Dreis.
4. Berncastel.
5. Budelich.
6. Grumburg.
7. Saarburg.
8. Merzig.
9. Lebach.
10. Tholey.
11. Birkenfeld.
12. Baldenau.
13. Wittlich.
14. Schöneken.
15. Prum.
16. Schönberg.
17. Stadt Kyll.
18. Gerolstein.
19. Daun.
20. Manderscheidt.
21. Herrstein.
22. Grumbach.
23. Baumholder.
24. St. Wendel.
25. Kussel.

26. Hochen.
27. Ottweiler.
28. Saarbrük.
29. Bliescastel.
30. Reifferscheid.
31. Blankenheim.

3.

Das Rhein und Mosel Departement hat zu Gränzen:

Gegen Norden, eine Linie die, gegenüber dem Einfluß der Sieg, oberhalb Rheindorf, am Ufer des Rheins, bis Hessenich und Bodenum an die Erfft zieht.

Gegen Westen, die Erfft von dem Ende der obgedachten Linie (Hessenich) hinaufwärts bis nach Schonau, am rechten Ufer dieses Flusses; von diesem Punkt aus in grader Linie bis nach Ardorf, am linken Ufer der Ahr, so daß diese Linie zwischen den Dörfern Matoel und Brüling, Lintweiler und Hamel hinläuft; die Ahr bis zu ihrer Quelle gegenüber von Kerpen, von wo aus sich eine grade Linie bis an die Quelle des UßFlusses, gegenüber von Uß, welches am linken Ufer desselben liegt, zieht, so daß die Linie zwischen Noen und Nobt hinläuft; der UßFluß von dem Dorfe Uß an, an dessen linkem Ufer hin, bis zu seinem Ausfluß in die Mosel; die Mosel bis nach Trarbach; von Trarbach eine Linie an die Kirn längs des Flüßgens das durch Trarbach läuft, und von da zwischen Nieder- und OberCleinich, zwischen Wal und Cromenau, zwischen Lepersweiler und Kiffert hin, an die Kirn; die Kirn, bis zu ihrem Ausfluß in die Nahe.

Gegen Süden, die Nahe, von Kirn bis zu ihrem Ausfluß in den Rhein, bei Bingen.

Gegen Osten, der Rhein, vom Einfluß der Nahe in diesen Strom, bei Bingen, bis an die Sieg einschlieslich.

Dieses Departement besteht aus folgenden dreissig Kantonen:

1. Coblenz, HauptOrt des Departements und Kantons.
2. Budenach.
3. Polch.
4. Boppart.
5. Machenheim.
6. Münster-Mainfeld.
7. Andernach.
8. Mayen.

9. Sinzig.
10. Remagen.
11. Bonn.
12. Rhynbach.
13. Sattenberg.
14. Aldenau.
15. Winnenburg.
16. Ulmen.
17. Keisersek.
18. Hontheim.
19. Kochheim.
20. Beilstein.
21. Castelaun.
22. St. Goar.
23. Bacharach.
24. Simmern.
25. Kirchberg.
26. Trarbach.
27. Gemünden.
28. Stromberg.
29. Kreuznach.
30. Monzingen.

4.

Das Departement vom Donnersberg hat zu Gränzen:

Gegen Osten, den Rhein, von Germersheim bis nach Bingen einschlieslich.

Gegen Süden, die Departemente des NiederRheins und der Mosel.

Gegen Westen, das rechte Ufer der Glan, und eine Linie, die von der Quelle dieses Flusses an die Blies, in der Richtung von der Stadt Homburg nach Klosterhof, am rechten Ufer dieses Flusses, geht.

Gegen Norden, den Rhein und einen Theil der Nahe von Bingen, längs dem rechten Ufer dieses Flusses, bis zum Einfluß der Glan.

Dieses Departement hat (nach der berichtigten Eintheilung vom 15 März) folgende sieben und dreissig Kantone:

1. Mainz, HauptOrt des Departements und Kantons.
2. Worms.
3. Zweibrüken.
4. Germersheim.
5. Edenkoben.
6. Neustadt.
7. Speier.
8. Mutterstadt.
9. Dürkheim.
10. Grünstadt.
11. Frankenthal.
12. Pfeddersheim.
13. Göllheim.
14. Kirchheim-Polanden.
15. Alzei.
16. Bechtheim.
17. Oppenheim.

18. Wörstadt.
19. NiederUlm.
20. OberIngelheim.
21. Bingen.
22. Wöllstein.
23. OberMoschel.
24. Rokenhausen.
25. Winnweiler.
26. Otterberg.
27. Kaiserslautern.
28. Wolfstein.
29. Lauterecken.
30. Landstuhl.
31. Homburg.
32. Mödelsheim.
33. NeuHornbach.
34. Kontwig.
35. Pirmasenz.
36. WaldFischbach.
37. Anweiler.

IV.

ReichsFriedensCongreß in Rastadt.

„Periculosum est longum cum valentiore certamen, et, ut in navi fit, jactura aliqua redimenda maior calamitas, omissa ira ac spe, fallacibus, ut recte Livius dixit, auctoribus."
GROTIUS de iure belli ac pacis, L. III. C. 25.

§. 1.
Einleitung.

Lage Frankreichs bei der Eröfnung des Rastadter Congresses. Seine Plane. Parallele des jezigen FriedensGeschäfts mit dem Westfälischen in der Mitte des vorigen, und dem Rastadter zu Anfang des jezigen Jahrhunderts.

Im 20 Artikel des am 17 Oct. 1797 zwischen Oestreich und der fränkischen Republik zu Campo Formio geschlossenen Friedens ward verordnet: „Es soll „zu Rastadt ein, einzig und allein aus Bevollmächtig„ten des teutschen Reichs und der fränkischen Republik „bestehender Congreß, zur Wiederherstellung des Frie-

„dens zwischen diesen beiden Mächten, gehalten werden. „Dieser Congreß soll einen Monat nach der Unterzeich„nung des gegenwärtigen Tractats, oder, wo möglich, „noch früher erdfnet werden."

Frankreich, welches so eben mit seinem furchtbarsten und lezten Feinde auf dem festen Lande sich ausgesöhnt hatte, stand nun auf einem Gipfel von Macht und Ruhm, wie in der neuern Geschichte noch kein Staat ihn erreicht hatte. Mitten im Chaos seiner politischen Wiedergeburt hatten, zu gleicher Zeit, neun verbündete Mächte seine alte Gränze angefallen: und nicht nur hatte es sie von seinem Boden zurükgeschlagen, sondern seine Heere, die im Feldzuge von 1794 nicht weniger als 1,216,000 Streiter zählten, hatten mit alles vor sich niederwälzendem Ungestümm die entferntesten Gebiete seiner Feinde überschwemmt, und ihnen im Angesicht, zum Theil selbst in den Mauern ihrer HauptStädte, Frieden geboten. Schon hatte sich die Republik, Kraft feierlicher Tractaten, mit 14 neuen Departementen, oder statistisch ausgedrükt, um 900 □ Meilen und 4 Millionen Menschen vergrösert. Alles dis schien die fränkische Nation zu der stolzen KanzleiFormel zu berechtigen, womit sie sich von nun an in allen öffentlichen Verhandlungen, selbst, die grose nannte.

Frankreich stand izt an der Spize eines Bundes-Systems, welches (Neapel und Portugal ausgenommen) alle Staaten des südlichen Europa's umfaßte. Am Po hatte es eine ganz neue Republik erschaffen, die schon izt an VolksZahl und innerer Macht sich mit den europäischen Königreichen vom zweiten Range maß. Zwei alte Republiken, am NordMeer und am MittelMeer, hatte es, durch seinen übermächtigen Einfluß, zur vollsten Gleichheit seiner Grundsäze und Interessen umgeformt. Es herrschte in Italien: nur der Mässigung seines Feldherrn hatte der Papst es zu danken, daß er mit dem Verlust der Legationen Bologna, Ferrara und Romagna noch die übrige Ruine des KirchenStaats fristete. Der König von Sardinien war aus einem Feinde, den es für den unmächtigen Willen ihm zu schaden um mehr als den fünften Theil seiner Länder gestraft hatte, sein Alliirter geworden, der, rund um von Republiken eingeschlossen, nur noch durch es und unter ihm bestand. Selbst der Monarch von Spanien, diesem schlafenden Riesen der seine Kräfte nicht kennt, war izt an die fünf Männer im Luxemburg, die den Stab über seinen StammsVetter Ludwig gebrochen hatten, aus Furcht weit fester angeschmiedet, als einst FamilienBande und gleiches Interesse ihn mit dem Hofe von Versailles verknüpft hatten. So weit hatte die kaum über fünf Jahre alte Republik es gebracht, daß Frankreich und der Süden in politischer Beziehung für Synonimen gelten konnten. Wenn die grose Republik sich in Bewegung sezte, so nahmen nun zugleich auch Spanien, und Sardinien, und die Batavische, Cisalpinische und Ligurische Republiken, d. h. ein volles Drittheil des europäischen Menschengeschlechts, an dem Stosse Theil.

Wenn Frankreich auf solche Art im Süden von Europa die Einzige herrschende Macht war, so muste nun seiner Politik vor allen Dingen daran gelegen seyn, sich auch auf der Seite, wo es künftig allein noch etwas zu fürchten haben konnte — gegen die grosen Mächte im Norden und Osten dieses WeltTheils, eine feste, für Angrif und Vertheidigung furchtbare Stellung zu geben. Einer der grösten Staaten, mehr Republik als Königreich, einzige noch übrige Trümmer aus dem MittelAlter, durch seine Verfassung ein Hinderniß gegen eigne, durch seine Lage gegen fremde Eroberung, eine Art von Scheidewand zwischen dem Norden und Süden — Polen, war seit dem Jahre 1795 von der politischen Karte Europens verschwunden. Drei ohnehin schon mächtige, zum Theil übermächtige, Staaten hatten sich in die Glie=

der des zerstükten Riesenkörpers getheilt, und dadurch auf eine furchtbare Weise vergrösert.

Rußland hatte sich	7035	□ Meilen und	4,592,544	Menschen,
Preussen	—	2058	„ —	2,075,686	„
Oestreich	—	834	„ —	1,037,742	„

zugeeignet. *

Was konnten nicht drei Mächte, wie diese, in Verbindung mit einander! Und das Maas ihres Wollens schienen sie hier, an Polen, gegeben zu haben. Wenn die Siege der grosen Republik sie vermocht hatten, sich in die Gründung einer Masse freier Staaten zu resigniren und sich damit zu begnügen, wenn sie die Gränz-Linie sicherten: so war es doch bei dem, durch die fränkische Revolution, und besonders durch den Krieg, wodurch man sie hatte vernichten wollen, so mächtig aufgereizten allgemeinen Zweikampf der Meinungen und Leidenschaften nicht zu erwarten, daß zwei einander so durchaus entgegengesezte politische Systeme sich nicht noch lange Zeit hindurch an einander reiben, sich stossen und drängen sollten, bis sie entweder gegenseitig sich in friedliches Gleichgewicht gesezt, oder eines das andre verschlungen haben würde. Solange insonderheit noch England das Schwert in der Hand dasteht, und Pitt, mit einer so furchtbaren Macht ausgerüstet, noch die Nothwendigkeit der Vernichtung des republikanischen Systems predigt: wer kan für RükFälle bürgen? Frankreich hatte zu Anfang des Krieges feierlich erklärt, daß es nicht Eroberungen wolle, sondern nur Behauptung seiner Freiheit: aber wenn die drei grosen Mächte im Norden und Osten von Europa im Laufe dieses Krieges ein ganzes Königreich von 10,000 □ Meilen und 8,000,000 Menschen unter sich theilten, so muste es das zerstörte MachtVerhältniß wiederherstellen, so muste es die von ihnen gemachten Eroberungen auch auf

* S. Polens Ende. Historisch, statistisch und geographisch beschrieben von Sirisa. Warschau, 1797.

seiner Seite ausgleichen, so muste es insonderheit sich gegen diese furchtbaren Mächte durch die sicherste und festeste Gränze zu verwahren suchen.

Sie hatten sich durch die Vernichtung Polens vergrösert; Frankreich konnte dagegen kein ander Aequivalent finden als auf Kosten Teutschlands. Teutschland hatte mit an dem Kriege gegen die Republik Theil genommen; und bekanntlich fiel in den Kriegen zwischen mächtigen Staaten der Verlust am Ende immer auf den schwächern Dritten zurük. Teutschland war, seit es kein Polen mehr gab, die einzige ZwischenMauer, die das südliche Europa und sein neues politisches System von dem Norden und seinem ganz entgegengesezten System trennte; es war, in mehr als einer Rüksicht, der Einwirkung des leztern offen. Hier also, auf ihrer östlichen Aussen-Linie, muste die fränkische Republik, ausser einer Vergröserung, die mit jener, welche die nordischen Mächte in Polen gefunden hatten, in Verhältniß stand, sich zugleich die möglichstfeste Gränze zu geben suchen. Eine solche war die, welche einst das alte Gallien umschloß, und alle Vortheile einer von der Natur selbst vorgezeichneten Gränze in sich vereinigte — der Rhein. Es ließ sich daher leicht voraussehen, daß auf dem FriedensCongreß, der sich in Rastadt eröfnen sollte, Abtretung des linken RheinUfers, die erste HauptFoderung der fränkischen Republik an das teutsche Reich seyn würde.

Ob und welche Absichten dieselbe etwa noch weiter dabei hatte, kan erst die Zukunft enthüllen. Merkwürdig ist indeß immer, was in einem sehr accreditirten Pariser TagBlatte schon unterm 21 Oct. 1797 in Beziehung auf das teutsche Reich gesagt worden ist; um so merkwürdiger, als ein Theil dieser politischen Prognose (der sich auf den Papst bezieht) schon wirklich in Erfüllung gegangen ist. „Da die teutsche Verfassung der „CentralPunkt aller Adels- und FeudalVorurtheile von

„Europa, und die Souverainetät des Papstes „der GrundPfeiler aller religiösen Vorurtheile ist: so „muß es der einzige Zwek der fränkischen Politik seyn, die eine wie die andre zu vernichten, oder wenigstens ihre Vernichtung „vorzubereiten. Was nun zuvörderst das teutsche „Reich betrift, so verliert dasselbe, wenn das linke „RheinUfer der Republik einverleibt wird, ganz, oder „doch dem grösten Theil nach, vier KurFürstenthümer „und mehr als zwanzig unmittelbare Stände, die bisher zu dem Westfälischen, dem NiederRheinischen oder „OberRheinischen Kreise gerechnet wurden. Nun findet „sich aber nach dieser Wegnahme, und nach der gänzlichen Verschwindung des Burgundischen Kreises, die bisherige teutsche ReichsVerfassung dergestalt decomponirt „und zerrissen, daß dis gothische Gebäude zu Ende des „achtzehnten Jahrhunderts wohl schwerlich mehr auf die „Dauer dürfte hergestellt werden können." *

Wie dem auch seyn mag, so macht immer die von Seiten Frankreichs vorausgestellte FriedensBasis: Abtretung des linken RheinUfers, die Entschädigung der dadurch benachtheiligten Stände auf dem rechten Ufer, und folglich Säcularisationen nothwendig, die in diesem Umfang wohl nicht ohne grose HauptVeränderungen im System des teutschen Reichs erfolgen können. Nun verhält es sich aber mit Staaten wie mit Menschen: Erschüttrungen, wodurch ein jugendlicher Körper nur noch mehr erstarkt, stürzen einen alternden Körper oft in die drohendste Krise; und Teutschland hat nur allzuviel Aehnlichkeit mit Lucan's Eiche:

— — nec iam validis radicibus haerens
Pondere fixa suo est: nudosque per aëra ramos
Effundens, primo nutat casura sub euro.

* Moniteur, 30 Vendemiaire, an 6. (21 Oct. 1797.)

Zwar hatte es, genau vor 150 Jahren, bereits ein ähnliches Wagestük bestanden, in dem Westfälischen Frieden. Auch damals galt es nichts Geringeres, als dem zu jener Zeit noch so gothischen StaatsGebäude eine ganz neue Form zu geben; unter den gefährlichen Einflüssen zweier auswärtigen Mächte, die beide einander beneideten, beide durch dessen Trümmern sich vergrösern wollten; unter den Auspizien eines Kaisers, den ein groser Theil der teutschen Stände wie seinen furchtbarsten Feind betrachtete. Welche Säcularisationen damals! welche Abtretungen an Frankreich und Schweden! wie kühne Ausgleichungen im innern Teutschland! was für eine GrundVeränderung in Form und Geist der teutschen Verfassung! — und das alles zu einer Zeit, wo man kaum, durch eine Reihe von Kriegen, aus dem Medium aevum's Stupor gerüttelt worden war, kaum noch, so schüchtern wie möglich, angefangen hatte, in Sachen des teutschen StaatsRechts den despotischen Dogmen des Justinianeischen Codex die freiern Grundsäze des VölkerRechts unterzuschieben.

Aber damals hatte man nichts Arges daraus, daß einige Duzend Länder ihre Besizer änderten; unbefangen gieng das Volk von der alten Ordnung der Dinge in die neue über. Damals war Ausbildung der LandesHoheit in Teutschland das grose LosungsWort: wenn auch einzelne geistliche Herrscher in die Reduction fielen, einzelne weltliche Herrscher an LänderUmfang verloren, so gewann doch das Herrscherthum im Ganzen. Die teutschen Fürsten wurden unabhängiger in ihren Staaten; die Könige fiengen an, die grosen Werkzeuge ihrer AllGewalt, die stehenden Heere aufzustellen; der Monokratism strebte von nun an immer mächtiger empor.

In welche ganz andre Zeiten ist dagegen der jezige Rastadter Congreß gefallen! Zeiten voll Gährung im Geiste der Völker, wo bereits mehr als 40 Millionen Menschen in Europa VolksSouverainetät, unverjährbare MenschenRechte, Freiheit und Gleichheit zu ihrem FeldGeschrei gemacht haben, wo nicht nur jedes Jahr, sondern beinahe jeder Monat die unerwartetsten Katastrophen herbeiführt, wo der Kampf zwischen einer alten und einer neuen Welt durch hundert unvorgesehene Anlässe sich immer wieder von neuem zu entzünden droht. Als der Friede zu Münster und Osnabrük unterzeichnet ward, hatte der politische Horizont durch ein dreissigjähriges Gewitter sich gereiniget. Jzt, wohin man in Europa blikt, im Süden und im Norden, bemerkt man nichts als Mistrauen, Besorgnisse, eine Spannung, wie sie selbst kaum vor dem Ausbruche der Feindseligkeiten hergieng, und kein noch so tiefblikender StaatsMann wird bestimmt vorauszusagen sich getrauen, welche Gestalt dieser WeltTheil auch nur nach Abfluß des nächsten Lustrums haben wird.

Wie ganz anders waren die Umstände, unter denen, zu Anfang des Jahrhunderts, in dem nemlichen Rastadt, von den nemlichen Paciscenten unterhandelt ward!

„Ganz Europa" — sagt Villenave, der in dem fränkischen AmtsBlatte: der Redacteur,* diese Parallele zieht — „war zu Anfang des achtzehnten Jahrhunderts, in dem so berühmten Spanischen Erbfolge-Kriege, gegen Frankreich coalirt, oder wie man damals sagte, alliirt. Feldherren, wie Marlborough und Eugen, Vendome und Villars, verewigten sich durch die Schlachten von Höchstädt, Ramillies, Almanza, Malplaquet und Denain. Die Alliirten vergassen über ihrem allgemeinen Interesse, der Demüthigung Frankreichs, nicht ihre besondern Vortheile. Die Engländer machten sich Meister von Port Mahon und Gibraltar; der Kaiser Leopold ächtete den Herzog von Mantua und nahm dessen Staaten. Spanien ward erobert,

* No. 717 vom 12 Frimaire, an 6.

Toulon von den Alliirten belagert, Frankreichs Marine zerstört, Lille weggenommen.

„Inzwischen behaupteten sich die französischen Truppen in den Niederlanden, besezten Savoyen und Piemont, nahmen Trier, Kehl, AltBreisach, Landau 2c. weg. Der Sieg bei Denain, der plözliche Fall Marlborough's und der Tod des Kaisers, gaben dem politischen System der Alliirten plözlich eine andre Wendung, und England zuerst zeigte sich zum Frieden geneigt.

„Ein allgemeiner Congreß versammelte sich, im Januar 1713, zu Utrecht. Frankreich, England, Holland, damals die SchiedsRichterin Europens, der Kaiser, der König von Preussen, der Papst, der König von Sardinien, die Republiken Venedig und Genua, schikten ihre Bevollmächtigten dahin. Man glaubte, es würde ein allgemeiner Tractat zwischen Frankreich und den Alliirten erzielt werden; aber dem erstern gelang es, alle diese Mächte zu isoliren, und mit jeder einzeln zu unterhandeln.

„Der Kaiser wünschte besondere Tractaten in Rastadt zu eröfnen. Der Prinz Eugen und der Marschall von Villars fanden sich den 26 Nov. 1713 daselbst ein. Die Unterhandlung ward mit dem grösten Geheimniß betrieben; sie umfaßte zugleich die Interessen des teutschen Reichs, welches dem Kaiser Vollmacht ertheilt hatte, in seinem Namen zu tractiren. Die Präliminarien wurden zu Rastadt den 14 März 1714, und der DefinitivFriede zu Baden in der Schweiz den 7 Sept. desselben Jahres unterzeichnet; das Reich ratificirte ihn den 9 Oct.

„Frankreich hatte dessen bedurft; er war daher weder glorreich noch vortheilhaft für dasselbe. AltBreisach, Freiburg und das Fort Kehl, mit allen ihren Zugehörungen, wurden dem Kaiser zurükgegeben. Das Fort Pile, und andre auf den RheinInseln unterhalb Strasburg erbaute Schanzen, wurden auf Kosten Frankreichs geschleift. (Art. 4, 5 und 6.) Lezt res versprach, die gegenüber von Hüningen angelegten Festungs-Werke, so wie die RheinBrüke und verschiedene andre Forts zu zerstören, (Art. 8.) und die festen Schlösser von Bitsch und Homburg zu räumen. (Art. 9.) Es willigte ein, daß der Kaiser Besiz von den Niederlanden nähme; dem zufolge wurden Menin, Tournai, Furnes ꝛc. auf ewige Zeiten an ihn abgetreten. (Art. 19.) Es versprach, ihn im ruhigen Besize aller der Länder und Pläze zu lassen, die er in Italien innhatte, als Neapel, Mailand, Mantua, die Insel Sardinien und die Häfen von Toscana. (Art. 30.) Die KurFürsten von Trier und von der Pfalz, der TeutschOrdensMeister, die Bischöffe von Worms und Speier, die Häusser Wirtemberg und Baden, wurden wieder in alles hergestellt, was ihnen, dem Ryswiker FriedensSchluß zuwider, entrissen worden war. (Art. 12.) Eben so wurden auch die KurFürsten von Cölln und von Baiern in ihre Staaten, Rang, Vorzüge, Regalien, Güter, KurWürden, und andre Rechte, die sie vor dem Kriege hatten, hergestellt. (Art. 15.) Endlich erkannte Frankreich noch die KurWürde des Hauses Hannover an. (Art. 13.) Es gewann bei diesem Frieden von Rastadt nichts, als die Stadt Landau mit ihren Zugehörungen, d. i. die Dörfer Nußdorf, Damnheim und Queichheim.

„Welch ein besserer Unterhändler ist izt Buonaparte als damals Villars war! Der Tractat von Campo Formio, und derjenige, wodurch er in Rastadt seine Vollendung erhalten soll, werden alle Verfügungen dessen von 1713 ändern. Damals gab Frankreich dem Kaiser die Niederlande zurük; izt tritt Er sie demselben ab. Damals überließ ihm Frankreich die Herzogthümer Mailand und Mantua; izt trit Er sie der Cisalpinischen Republik ab. Damals erhielten die KurFürsten und Fürsten des Reichs alle ihre Staaten auf dem linken RheinUfer zurük; izt werden sie solche auf ewig verlieren. Damals erkannte Frankreich die KurWürde des Hauses Hannover an; izt ist die Frage davon, dieses KurFürstenthum zu sequestriren.

„Nie war ein FriedensSchluß so vortheilhaft und ehrenvoll für Frankreich wie dieser, der den RevolutionsKrieg endigen soll. Der Tractat von Pillniz war auf seine Zerstükung berechnet: die Tractaten von Campo Formio und von Rastadt werden seinen FlächenRaum, seinen NationalReichthum und seine Bevölkerung um ein volles Fünftheil vermehren."

§. 2.

Kaiserliches HofDecret wegen des ReichsFriedens vom 1 Nov. 1797.

Schon unterm 18 Jun. 1797 hatte der Kaiser die allgemeine ReichsVersammlung zu Regensburg von den am 18 April zu Leoben abgeschlossenen FriedensPrälimnarien mit Frankreich, und daß auch das teutsche Reich in dieselben eingeschlossen sey, benachrichtigt, und die bereits im Oct. 1795 zu dem FriedensGeschäft vorläufig deputirten Stände aufgefodert, zu dessen Beschleunigung ihrer Seits mit Eifer und Thätigkeit alles Nöthige vorzukehren, „um sodann, vereinigt „unter ihrem ReichsOberhaupt, im Geiste patriotischer „Einheit und Standhaftigkeit das grose Werk zu beginnen, „auf der Basis der Integrität Teutschlands Er„haltung und Wohlfahrt, dem Sinn einer Reichs„Integrität gemäs, mittelst eines sichern und billi„gen Friedens zur bleibenden Wonne der friedliebenden „Menschheit auf Jahrhunderte zu befestigen."

Am 21 Jul. waren hierauf in den verschiedenen ReichsCollegien die Berathschlagungen über den ReichsFrieden eröfnet worden. Ausdruk eines gränzenlosen Dankes gegen den Kaiser, der durch seine furchtbare HausMacht auch dem Reiche seine alte Integrität gesichert hätte, verbunden mit den Klagen mehrerer Stände über die noch immer von den fränkischen Truppen erleidenden Bedrükungen, machten überhaupt den Inhalt der abgelegten Stimmen aus, von denen überdis ein groser Theil den Wunsch äusserte, daß, wie schon in früheren Fällen geschehen, dem Kaiser allein die Beendigung des FriedensGeschäfts übertragen werden möchte. Von 58 Stimmen, die bis zum 28 Jul. im FürstenRathe abgelegt worden waren, (die übrigen fehlten noch, aus verschiedenen Ursachen,) hatten 43 diesen Antrag gethan, in den nur 15 nicht mit einstimmten. Im KurfürstenRathe war für denselben nur ein Drittheil der abgelegten Stimmen; die übrigen übergiengen ihn mit Stillschweigen.

Am 11 August war hierauf in dieser Sache der endliche Beschluß gefaßt, und das Conclusum des FürstenRaths, in welchem mitlerweile noch mehrere Stimmen eingekommen waren, zur Grundlage des zu erlassenden ReichsGutachtens angenommen worden, dessen HauptInhalt dahin gieng: „daß der Kaiser die Abschliesung des ReichsFriedens zu übernehmen geruhen möge; sollte es aber, wie es scheine, demselben nicht gefällig seyn, hierinn dem allgemeinen Wunsche zu entsprechen, so werde die bereits beschlossene ReichsDeputation sich einzufinden bereit seyn."

Da hierauf am 17 Oct. zu Campo Formio der DefinitivFriedensTractat zwischen dem Kaiser und der fränkischen Republik zu Stande kam, so erließ Ersterer unter dem 1 Nov. wegen des ReichsFriedens folgendes HofDecret.

„Von der römisch-kaiserlichen Majestät Franz II ꝛc. in Gnaden anzufügen:

„Sr. römisch-kaiserlichen Majestät sey die reichstägliche Erklärung allerunterthänigst vorgelegt worden, welche die allgemeine ReichsVersammlung, nach gepflogenen herkömmlichen Berathschlagungen in den dreien ReichsCollegien, über das am

18 Jun. des laufenden Jahres erlassene allergnädigste HofDecret beschlossen, und am 11 August an Se. kaiserliche Majestät in gebührender Ehrfurcht gelangen ließ.

„Die darinn hervorleuchtenden patriotischen Gesinnungen und bezeugte Theilnahme an der Beförderung der ReichsFriedens-Angelegenheit gereichten Sr. kaiserl. Majestät zur besondern reichsoberhauptlichen Zufriedenheit. Zugleich geruheten AllerhöchstDieselben zu genehmigen, daß nunmehr die, zur Ausrüstung der zum FriedensGeschäfte bestimmten ReichsDeputation erfoderliche, bereits beschlossene und allergnädigst ratificirte ReichsInstruction, samt der Vollmacht, mit Beirükung an gehörigen Orten der kaiserlichen Genehmhaltung, sodann erstere mit der bei der Re- und Correlation von den Ständen beschlossenen Abänderung, leztere mit Einschaltung der unmittelbaren freien ReichsRitterschaft, nach der in dem kaiserlichen HofRatifications-Decret vom 19 Nov. 1795 ausgedrükten allerhöchsten Intention, auszufertigen sey. Nebstdem hegen Se. kaiserl. Majestät zu den, durch einen allgemeinen ReichsSchluß eines ausgezeichneten Vertrauens gewürdigten deputirten Ständen, die feste reichsväterliche Zuversicht, und fodern auch diese wiederholt im Namen der Geseze, und kraft Ihrer durch die Geseze bestehenden kaiserl. Autorität, dringendst dazu auf, daß sie, in stets lebhafter Erinnerung der schweren Pflichten eines ReichsDeputirten, dem grosen ErhaltungsGeseze der Einheit und Gesammtheit des teutschen Reichs in gesezlicher Verbindung mit dessen Oberhaupt unverrükt getreu, das gemeinsame Interesse und Wohl des teutschen Vaterlands mit edlem Pflicht-Gefühle und teutscher Standhaftigkeit wirksamst zu unterstüzen, und also vereint mit ihrem ReichsOberhaupte den längstgewünschten, auf die Basis der Integrität des Reichs und seiner Verfassung zu gründenden, billigen und anständigen Frieden bestens befördern und beschleunigen werden.

„In eben dieser gerechtesten Zuversicht haben auch Se. Kaiserl. Majestät AllerhöchstIhre Bemühungen für die baldige Eröfnung des Congresses seit dem erlassenen HofDecret vom 18 Jun. dieses Jahrs ununterbrochen fortgesezt, und es dient AllerhöchstDenselben zur grosen Beruhigung, endlich der allgemeinen ReichsVersammlung den Erfolg hievon mittheilen zu können, daß die, in der FriedensGeschichte dieses Jahrhunderts schon berühmte Stadt Rastadt zum Orte des künftigen Friedens-Congresses ausersehen sey. Ihre friedliebenden Wünsche und aufrichtige Bereitwilligkeit zur baldigsten Herstellung des allgemein gewünschten öffentlichen RuheStandes forthin durch die That selbsten vor dem gesammten Publikum zu bestätigen, verfügen demnach AllerhöchstDieselben, vermöge der Ihnen zustehenden VollziehungsGewalt der ReichsSchlüsse, daß nunmehr sämtliche deputirte ReichsStände binnen des möglichst kürzesten Zeitraums ihre, in der gerechtesten reichsoberhauptlichen Erwartung Sr. Kaiserl. Majestät durch constitutionsmäsige Gesinnungen, teutsche Redlichkeit und biedern Sinn achtungswürdige Abgeordnete an den gedachten VersammlungsOrt abschiken, damit sofort zur Beginnung des grosen Werkes unverweilt geschritten, und der so sehnlich erwartete ReichsFriedensCongreß ohne den mindesten Verzug eröfnet werden könne, wozu AllerhöchstSie, in Ihrer reichsoberhauptlichen Eigenschaft, ihren wirklichen kaiserl. geheimen Rath und Kämmerer, Ritter des goldnen Vliesses und St. StephanOrdens Groskreuz, des heiligen römischen Reichs Grafen von Metternich-Winneburg und Beilstein, als Ihren kaiserl. Bevollmächtigten zu bestimmen allergnädigst geruhet haben.

„Schlieslich geben Se. Kaiserl. Majestät dem gesammten Reiche, nach so vielen bereits an den Tag gelegten unläugbaren Proben Ihres wahren reichsväterlichen Wohlwollens, auf das geneigtwilligste die Zusicherung des nachdrüklichsten kaiserl. Schuzes bei dem bevorstehenden höchstwichtigen FriedensGeschäfte, um welchen die allgemeine ReichsVersammlung Se. Kaiserl. Majestät am 11 Aug. dieses Jahrs so angelegentlich gebeten hat. AllerhöchstDieselbe halten sich aber auch Ihrer Seits berechtigt und verpflichtet, das gesammte Reich zu dem gemeinsamen Beistande und der Unterstüzung aufzufodern, die das gemeinsame ReichsVerband, die allgemeine verbindliche Theilnahme an dem Schiksal des teutschen Waterlands, die Liebe und theuerste Pflicht zur Aufrechthaltung des teutschen Staats-Körpers und dessen Verfassung Allen und Jeden besonders auferlegen.

„Es verbleiben übrigens ꝛc."

§. 3.

Verzeichniß des bei dem ReichsFriedensCongreß in Rastadt sich befindenden GesandtschaftsPersonals.

Anmerkung. Die seit der Mitte des Mai 1798 erfolgten, oder noch erfolgenden Veränderungen werden in der Folge nachgetragen werden.

I. Paciscirende Theile.

I. Kaiser und Reich.

A. Kaiserl. Majestät, als Reichs-Oberhaupt.

Diese Gesandtschaft wohnt im Schlosse.

Hr. Franz Georg Karl, des heil. römischen Reichs Graf von Metternich-Winneburg und Beilstein, kaiserlicher wirklicher GeheimerRath, Kämmerer, Ritter des goldenen Vliesses, des königlich ungarischen St. StephanOrdens Groskreuz, kaiserlicher Botschafter und Bevollmächtigter zum ReichsFriedensCongreß.

Hr. BotschaftsRath Schraut, (bei der kaiserl. königl. Gesandtschaft in Berlin.)

Hr. BotschaftsSecretär von Bleul, Feldkriegs Kanzlei- auch der kais. PlenipotenzKanzleiDirector.

Hr. BotschaftsPublicist, auch fürstl. strasburg. HofRath von Blum.

Drei geheime ReichsKanzleiOfficialen und BotschaftsKanzlisten, die Herren B. Marx, J. Ph. Dilg, L. Schwarzhuber.

Hr. geheimer Reichs-HofKanzlei-Rollist Schönner.

Hrn. Kenzinger und Lefevre, Privat-Secretäre des Hrn. Grafen von Metternich.

B. ReichsDeputation.

a) KurMainz. Wohnt im Schlosse.

Hr. DirectorialGesandte Freiherr von Albini, KurMainzischer HofKanzler, Staats- und ConferenzMinister, Bevollmächtigter.

Hr. Hof- und RegierungsRath Freiherr von Münch, (Sohn des ReichsHofraths.) — Als Legations-Secretäre.

Hr. von Zurwesten, bischöfl. würzburgischer Hofrath. — Als Legations-Secretäre.

Hr. Hofrath Rau (ist nach Mainz zurükgegangen.) — Als Legations-Secretäre.

Hr. LegationsSecretär Otto, (ehedem bei der Gesandtschaft in Berlin.) — Als Legations-Secretäre.

Hr. KammerSecretär Länger, als LegationsRegistrator.

Hr. geheimer Kanzlist Krämer. — Als Legations-Kanzlisten.

Hr. Regierungs-Kanzlist Kilian. — Als Legations-Kanzlisten.

h) KurSachsen. Hr. ConferenzMinister und wirklicher GeheimerRath, Graf von Löben, Bevollmächtigter.

Hr. Hof- und JustizRath, auch Kanzlei-Director Günther.

Hr. Geheimer Secretär Schmidt, als LegationsSecretär.

Hrn. geheime Kanzlisten Nagel, Wolf und Geißler.

Zur Gesandtschaft gehören ferner:

Hr. KammerHerr Graf von Einsiedel.

Hr. KammerHerr Graf von Schulenburg-Klosterrode.

Hr. Hof- und JustizRath und KammerJunker Senft von Pilsach, genannt Lauhn.

Hr. Lieutenant Graf von Löben, (Sohn des Ministers; ist wieder abgegangen.)

i) Oestreich. Wohnt im Schlosse. Hr. Graf von und zu Lehrbach, kaiserl. königl. Kämmerer, wirklicher GeheimerRath, auch des Maltheser- und königl. ungarischen St. StephanOrdens Groskreuz, Bevollmächtigter, auch am 16 April interimistisch als Minister des Königs von Ungarn und Böhmen.

Hr. LegationsRath von Tautphäus, (bei der kaiserl. königl. Gesandtschaft in München.)

Hrn. LegationsSecretäre Schiellein und Einisch.

d) Baiern. Hr. Joh. Theod. Heinrich ReichsGraf Topor Morawizky, wirklicher GeheimerRath, Commandeur des MaltheserOrdens, auch Capitular des St. GeorgiOrdens, (ehedem KammerPräsident.)

Hr. ReichsGraf Desid. von Larose'e, Kämmerer, als GesandtschaftsCavalier (reisete im April ab.)

Es sind beigegeben

Für die Baierisch-Oberpfälzisch- und Neuburgischen Lande:

Hr. OberLandesRegierungsRath von Krönner, (ehedem Prof. in Ingolstadt.)

Für die Kurpfälzischen Lande:

Hr. RegierungsRath und Professor des StaatsRechts zu Heidelberg, von Zentner.

Hr. RegierungsRath von Schlemmer, (abwesend.)

Hr. Heeser, kurfürstl. wirklicher Rath und GeheimerSecretär.

Hr. von Pallhausen, GeheimerRegistrator.

Hr. Secretär Mayers.

Hr. von Mieg, Secretär.

Hr. BauSecretär Holzer.

Für die Jülich- und Bergischen Lande:

Freiherr von Hompesch, kurpfälzischer GeheimerRath, (siehe Speier.)

Hr. Schenk, Jülich- und Bergischer Militär-OekonomieRath.

Hr. GeheimerSecretär Robens.

Wegen Bergen-op-Zoom und der übrigen Niederländischen Herrschaften:

Hr. von George, kurpfalzbairischer wirklicher GeheimerRath.

e) Würzburg.

Hr. Domherr Graf von Stadion, Bevollmächtigter.

Hr. Domherr Baron von Ritter. } Gesandtschafts-Cavaliere.
Hr. Hofrath Baron von Reigersberg. }

Hr. Hofrath und Professor Samhaber, LegationsRath.

Hr. Hofrath und LegationsSecretär Oehninger.

Hr. geheimer Kanzlei- und LegationsRegistrator Düring.

f) Bremen. (Hannover.)

Hr. Baron von Reden, KurBraunschweig-Lüneburgischer Bevollmächtigter, geheimer KriegsRath, und an den k. preussischen Hof ernannter Minister, (war ConDirectorialis bei dem Convent in Hildesheim.)

Hr. Hof- und KanzleiRath und Professor von Martens.

Hr. von Schwarzkopf, MinistreResident bei dem kur- und oberrheinischen Kreise.

Hr. Baron von Bothmer, KammerJunker, GesandtschaftsCavalier, (abgegangen.)

Hr. LegationsSecretär La Grange.

Hr. Wägner, LegationsKanzlist.

g) Hessen-Darmstadt. (Alternirt mit Baden.)

Hr. StaatsMinister Freiherr von Gatzert, Bevollmächtigter.

Hr. RegierungsRath Lichtenberg, als LegationsSecretär.

Hr. Secretär Bast.

Hr. Secretär Haberkorn.

Hr. RegierungsRath Strecker, als Particular-Abgeordneter in den Angelegenheiten des Hessen-Darmstädtischen Hofes.

Hr. RegierungsRath Kappler.

h) Baden.

(Alternirt mit Hessen-Darmstadt.)

Hr. StaatsMinister Freiherr von Edelsheim, erster SubDelegirter.

Hr. GeheimerRath Meier, zweiter SubDelegirter.

Hr. Hofrath und GeheimerSecretär Posselt, Sen. als LegationsSecretär.

Hr. Müller, Secretär und geheimer Kanzlist.

i) Reichs-Stadt Augsburg.

Hr. GeheimerRath von Pflummern, (aus Biberach,) erster Bevollmächtigter.

Hr. RathsConsulent Schmidt, zweiter Bevollmächtigter.

Hr. GesandtschaftsSecretär Lang.

Hr. Kanzlist Deißler.

k) Reichs-Stadt Frankfurt.

Hr. Schöff und KreisGesandter von Günderrode, erster Bevollmächtigter.

Hr. Schöff D. Schweizer, zweiter Bevollmächtigter.

Hr. Hofrath Hofmann, (aus Wezlar,) als LegationsSecretär.

Hr. Kanzlist J. Z. Ravenstein.

II. Fränkische Republik.

Diese Gesandtschaft wohnt im Schlosse.

Bürger Napol. Buonaparte, Präsident der Gesandtschaft und erster bevollmächtigter Minister. (Am 2 Dec. 1797 wieder abgegangen.)

Bürger Joh. Bapt. Treilhard, zweiter bevollmächtigter Minister, als Doyen d'äge Präsident der Gesandtschaft seit Buonaparte's Abwesenheit; (ward im April 1798 von dem Departement der Seine und Oise in den Rath der 500, und darauf zum Director erwählt; gieng den 19 Mai nach Paris ab.)

Bürger Bonnier d'Arco, dritter bevollmächtigter Minister; (im April 1798 vom Departement des Herault in den Rath der 500 erwählt; blieb jedoch in Rastadt.)

Bürger Rosenstiel, GeneralSecretär der Gesandtschaft, (ehedem Consul in Elbingen; aus Mietesheim im Elsaß.)

Bürger Fauvelet-Bourrienne und Camille Perrett, PrivatSecretäre des Generals Buonaparte. (Abgegangen seit dem 8 April.)

Die Bürger Marmont, Junot, Durocq, Lavallett, Sulkowsky (von der polnischen Familie dieses Namens) Adjutanten des Generals Buonaparte. (Abgegangen mit oder nach dem leztern.)

Bürger Bertolio, PrivatSecretäre des Ministers Treilhard.

Bürger Bilger, PrivatSecretär des Ministers Bonnier.

Insbesondre wegen der ehemaligen östreichischen Niederlande:

Bürger d'Oultrepont, RegierungsCommissär, (ehedem Advocat) nebst seinem Sohne, (im April 1798 von dem Departement der Dyle in den Rath der 500 erwählt, und nach Paris abgegangen.)

II. Legitimirte ParticularAbgeordnete, und in Person anwesende ReichsStände.

I. Aus dem KurCollegio.

a) KurTrier, legitimirt seit dem 5 Dec. 1797.

Hr. DomDechant und GeheimerRath, Graf von Kesselstadt.

Hr. Hofrath Radermacher.

Hr. Hofrath Sontag.

Hr. Secretär Reifferscheid.

b) KurCölln und Hoch- und Teutsch Meister, legitimirt seit dem 5 Dec. 1797 für das Teutsch-Meisterthum, und den 12 Dec. interimistisch für die Kur.

Der regierende Hr. ReichsGraf von Erbach-Schönberg, Herr zu Breuberg, rc. des teutschen Ordens Ritter, Commenthur und Statthalter zu Mergentheim.

Hr. GeheimerRath und residirender Minister am k. k. Hof, Gottfried von Ulrich.

Hr. Hof- und RegierungsRath, auch Hof- und AppellationsGerichtsCommissär Bachem.

Hr. RegierungsRath Biegeleben.

Hr. Hof- und RegierungsRath Kible.

Hr. LegationsSecretär A. Handel.

Hrn. LegationsKanzlisten F. Hörner und Hermens.

Hr. RegierungsRath Weber, PrivatSecretär bei dem Hrn. ReichsGrafen von Erbach.

c) Preussen, qua Kur-Brandenburg, legitimirt seit dem 20 Dec. 1797 bei der ReichsDeputation, und durch besondre Vollmachten bei der fränkischen Gesandtschaft.

Hr. Graf Schlitz genannt von Görtz, wirklicher geheimer Staats- und KriegsMinister, Grand-maitre de la Garderobe, ReichstagsGesandter, Ritter des schwarzen und rothen AdlerOrdens, als erster Bevollmächtigter.

Freiherr von Jacobi-Klöst, ausserordentlicher Gesandter und bevollmächtigter Minister am Grosbritannischen Hofe, als zweiter Bevollmächtigter.

Hr. von Dohm, Gesandter am niederrheinisch-westfälischen Kreise, und bevollmächtigter Minister am KurCöllnischen Hofe, als dritter Bevollmächtigter, (ConDirectorialis beim Congresse in Hildesheim.)

Hr. Graf von Bernstorff, (Neffe des verstorbenen dänischen KabinetsMinisters) KammerHerr und LegationsRath.

Hr. Graf von Finkenstein, (Enkel des KabinetsMinisters) LegationsRath.

Hr. von Jordan, (nach Lissabon als LegationsSecretär bestimmt.)

Hr. von Matolai, Rath und brandenbürgischer LehenPropst in Wien, als Legations-Secretär.

Hr. GeheimerArchivar Lang aus Baireuth, als LegationsSecretär.

Hr. GeheimerSecretär Beyer aus Ansbach, als LegationsSecretär.

Hr. Hofrath Höffelein aus Stuttgart, (unter dem Schuze der Gesandtschaft, als Agent der PfälzerProtestanten.)

Hr. Horn, PrivatSecretär des Herrn Ministers von Dohm.

Anmerkung. Die fünf übrigen KurHöfe sizen in der Deputation.

2. Aus dem FürstenRathe.

a. Geistliche Fürsten, mit Einschluß der ReichsPrälaten. *

a) Speier, legitimirt seit dem 5 Dec. 1797.

Freiherr von Hompesch, der DomStifter Speier und Eichstädt, und des RitterStifts Odenheim Capitular.

Hr. Hof- und RegierungsRath Oehl, GesandtschaftsRath.

Hr. Dolhofen, geheimer Kanzlist, als Secretär.

b) Strasburg, legitimirt seit dem 20 Jan. 1798.

Hr. ReichsGraf von Truchseß-Wurzach, DomPropst, erster Bevollmächtigter.

Hr. Max. ReichsGraf von Königsegg-Rothenfels, DomCapitular von Cölln und Strasburg, zweiter Bevollmächtigter.

Hr. Anselm Marschall, Abt von Mauersmünster, dritter Bevollmächtigter.

Hr. Hartmann von Eggs, Pfarrer zu Benfelden, geistlicher Rath, vierter Bevollmächtigter.

Hr. Mez, fürstl. LegationsRath und DomCapitular. Consulent.

Hr. Winum, Secretär.

* Bis izt fehlen noch unter den HochStiftern Abgeordnete von Salzburg, Constanz, Regensburg, Freising und Fulda.

Anmerkung. Die Grafen von Truchseß und Königsegg besorgen privative auch das Interesse des DomCapitels.

c) Augsburg, legitimirt seit dem 1 April 1798.	Hr. GeheimerRath und ViceKanzler von Epplen.
d) Trient, legitimirt seit dem 4 Jan. 1798.	Hr. GeheimerRath von Zwackh.
e) Basel, legitimirt seit dem 18 Dec. 1797.	Freiherr von Ligerz, Domherr zu Basel, erster Abgeordneter. Hr. von Billieux von Ehrenfeld, GeheimerRath, zweiter Abgeordneter. Hr. Schuhmacher, Hofrath und ConferenzSecretär, dritter Abgeordneter.
f) Lüttich, legitimirt seit dem 10 Dec. 1797.	Hr. StaatsMinister und GrosKanzler, Graf von Mean und Beaurieux, des DomStifts Lüttich Capitular. (Bruder des Fürst-Bischofs.) Freiherr von Othe'e, GeheimerRath und Gesandter beim niederrheinisch-westfälischen Kreise, zweiter Abgeordneter. Hr. von Gretzmüllern, LegationsSecretär.
g) Johanniter-Meisterthum zu Heitersheim, legitimirt seit dem 15 Dec. 1797.	Freiherr von Pfirt, MaltheserOrdens GrosBailli und Commenthur zu Hohenrhein in der Schweiz. Freiherr von Truchseß, MaltheserOrdens Groskreuz und Commenthur zu Halle in Schwaben. Hr. Alb. J. von Ittner, GeheimerRath und HofKanzler zu Heitersheim. (Abgereiset Ende März.) } Alle drei mit gleichem Range. Hr. Chevalier Debray, LegationsRath, (in Frankreich geboren. s. Maltha.) Hr. Bumüller, LegationsSecretär.

h) Prior und Kapitel der gefürsteten Abteien Stablo und Malmedy, legitimirt seit dem 12 Jan. 1798.	Hr. GeheimerRath, Baron von Othe'e. (Siehe Lüttich.)
i) Bisthum Corvey, legitimirt den 20 April 1798.	Hr. GeheimerRath von Hertwich, (s. westfälische Grafen.)
k) Schwäbisches Prälaten-Collegium, legitimirt den 4 Mai 1798.	Hr. Kanzler von Scheffer aus Kaisersheim. Hr. OberAmtsRath von Seyfried aus Salmansweiler.
l) Aus dem rheinischen Prälaten-Collegio: Gefürstete Aebtissin zu Essen und Thorn, und sodann das Kapitel zu Thorn insbesondre, legitimirt seit dem 15 Dec. 1797.	Hr. van den Schoor, Hofrath und Ober-Vogt.

b. Weltliche Fürsten, mit Einschluß der ReichsGrafen.

Anmerkung. Man wird unter den altfürstlichen Häusern Braunschweig-Wolfenbüttel, die Sachsen-Ernestinischen und etwa Oldenburg vermissen; diese haben aber, so wie die fehlenden neufürstlichen, Correspondenten (s. No. V.)

a) Pfalz-Zweibrük, legitimirt den 5 Dec. 1797.	Hr. ReichstagsGesandter Freiherr von Rechberg und Rothen-Löwen. Hr. LegationsRath Burkhardt, (aus Regensburg.)

b) Schweden wegen Vor-Pommern, legitimirt den 14 März 1798.	Hr. ReichstagsGesandter Canut von Bildt.
c) Meklenburg Schwerin, legitimirt den 9 Jan. 1798.	Hr. GeheimerRath, Graf von Bassewitz. Hr. Hofrath Gumpelzhaimer, (aus Regensburg.)
d) Wirtemberg, legit. den 4 Dec. 1797 von Seiten des seitdem verstorbenen, und den 24 von Seiten des izt-regierenden Herzogs.	Hr. GeheimerRath von Mandelslohe, erster Bevollmächtigter. Hr. RegierungsRath Wekherlin, zweiter Bevollmächtigter. Hr. LegationsCommissär Parrot, (aus Mömpelgard.) Hr. LegationsSecretär Volz.
e) Hessen-Cassel, legitimirt den 3 Febr. 1798.	Hr. StaatsMinister Freiherr Waitz von Eschen. Hr. KriegsRath Kopp, LegationsSecretär, (ehedem in Paris.)
f) Hessen-Darmstadt, leg. 8 Dec. 1797.	Hr. Strecker, (siehe oben S. 282.)
g) Dänemark wegen Holstein, legitimirt den 5 Jan. 1798.	Hr. Niels von Rosenkranz, Kammer-Herr und Gesandter in Berlin. Hr. LegationsRath, Professor von Eggers, (aus Kopenhagen.) Hr. RegierungsAssessor, Baron von Eyben, als LegationsSecretär.
h) Aremberg, legitimirt den 3 Febr. 1798.	Hr. GeheimerRath von Zwanziger, Löwenstein-Werthheimischer und Castellscher Abgeordneter bei der fränkischen KreisVersammlung, (negociirte in Paris.) Hr. LegationsRath von Zwanziger, sein Sohn. Hr. De Seigneur.
i) Hohenzollern-Sigmaringen,	Der regierende Fürst von Hohenzollern-Sigmaringen, Anton Aloys, in Person, (am 1 Febr. abgereiset.)

legitimirt den 29 Jan. 1798.	Hr. Hofrath Geßler, als Abgeordneter.
k) Hohenzollern-Hechingen, legitimirt den 10 März 1798.	Hr. Hofrath Franck.
l) Salm-Salm, legitimirt den 9 Dec. 1797.	Hr. GehrimerRath und KanzleiDirector von Noel. Hr. LegationsSecretär Noel.
m) Salm-Kyrburg,	Der regierende Fürst Friedrich IV (geb. 1789. Waise seit 1794 durch Robespierre's Wuth;) mit seines Vaters Schwester, der regierenden Fürstin von Hohenzollern-Sigmaringen, in Person.
legitimirt den 20 Dec. 1797.	Hr. GeheimerRath von Zwackh, Abgeordneter, (s. Trient.) Hr. LegationsSecretär D. Dambmann.
n) Nassau, GesamtHaus, legitimirt den 8 Dec. 1797.	Hr. RegierungsPräsident, Freiherr von Kruse, (in Nassau-Usingischen Diensten), Bevollmächtigter. Hr. LegationsSecretär von Neurath, (Sohn des KammerGerichtsAssessors.) Insbesondre für Nassau-Hadamar und Dillenburg: Hr. GehrimerRath von Passavant-Passenburg. Hr. DomänenRath Tollius, (aus dem Haag.) Hr. LegationsSecretär von Schenk.
o) Fürstenberg, legitimirt den 23 Dec. 1797.	Hr. GeheimerRath Kleyser von Gleysheim. Hr. Hof- und RegierungsRath Merlet, (wieder abgereiset.) Hr. Rath von Held, LegationsSecretär.
p) Schwarzenberg, legitimirt den 15 Dec. 1797.	Hr. GeheimerRath von Zwanziger, (siehe Aremberg.)

Thurn und Taxis, legitimirt den 5 Dec. 1797.	Hr. GeheimerRath und ReichsOberPostAmtsDirector, Freiherr von Vrints-Berberich, aus Frankfurt. Hr. LegationsSecretär Braun. Hr. Kanzlist Rittwege.
r) Wetterauisches GrafenCollegium legitimirt den 5 Dec. 1797.	Der regierende Hr. ReichsGraf zu Solms-Laubach, (ReichsHofrath in Wien.) Hr. GesandtschaftsSecretär Meister.
Von einzelnen Mitgliedern des Wetterauischen GrafenCollegiums:	
1) Solms, legitimirt den 20 Dec. 1797.	Hr. GeheimerRath von Zwackh, (siehe Trient.)
2) Sayn-Wittgenstein Berleburg.	Der regierende Fürst, Christian Heinrich, in Person.
3) Wild- und RheinGrafen, legitimirt den 20 Dec. 1797.	(Wie Solms.)
4) Leiningen-Guntersblum, legitimirt den 8 Dec. 1797.	Die regierende Fürstin. Der ErbPrinz Emich Karl, (KurPfälzischer GeneralMajor) in Person. Hr. RegierungsDirector Lang, als Bevollmächtigter. Hr. Ströver, GeneralCassier.
5) Wartenberg, legitimirt den 2 April 1798.	Hr. KanzleiDirector und Hofrath Nonne.
s) Schwäbisches GrafenCollegium,	Der regierende Hr. ReichsGraf von Stadion-Warthausen...

legitimirt den 5 Dec. 1797.	Hr. GesandtschaftsSecretär Breßand.
Von einzelnen Mitgliedern desselben:	
1) Fürsten und Grafen zu Oettingen, legitimirt den 21 Jan. 1798.	Hr. GeheimerRath und RegierungsPräsident von Rudsch, (auf eine Zeitlang abgegangen.) Hr. GeheimerRath und KreisGesandter von Belli. Hr. RegierungsAssessor D. Strampfer, als LegationsSecretär. Hr. Baron von Falkenstein, als LegationsSecretär.
2) Grafen von der Leyen und HohenGeroldsek, legitimirt den 29 Dec. 1797.	Die Hn. Räthe Seybert und Brixius.
t) Aus dem Fränkischen GrafenCollegio:	
1) Fürsten und Grafen von Löwenstein Wertheim, legitimirt den 21 Jan. 1798.	Hr. GeheimerRath und KreisGesandter von Zwanziger, (siehe Aremberg.) Hr. LegationsRath von Zwanziger.
2) Erbach-Schönberg.	Der regierende Hr. Graf, in Person, (s. KurCölln.)
3) Hohenlohe-Waldenburg-Bartenstein, leg. 8 Dec. 1797.	Hr. GeheimerRath Domin. Duvasois.
4) Hohenlohe-Bartenstein, auch 5) Hohenlohe-Schillingsfürst, leg. 8 März 1798.	Hr. von Zwackh, (siehe Trient.)

5) Reichs-Graf von Leiningen-Westerburg, legitimirt den 4 Mai 1798.	Hr. Hofrath Nonne.
u) Westfälisches Grafen-Collegium. 1) Kathol. Theils, legitimirt den 15 Febr. 1798.	Hr. Clemens Graf von Metternich-Winneburg, (ältester Sohn des kaiserl. Hrn. Bevollmächtigten), erster Abgeordneter. Hr. (KurCölln.) GeheimerRath und KanzleiDirector Freiherr von Hertwich, zweiter Abgeordneter. Hr. Registrator Morenhoffen.
Von einzelnen Mitgliedern:	
ReichsGraf v. Waldbott-Bassenheim.	Der regierende Hr. Graf, in Person. Hr. Secretär Blum.
2) Protestantischen Theils, legitimirt den 28 Dec. 1797.	Hr. ReichsGraf von Solms-Laubach, (siehe Wetterauische Grafen.)
Von einzelnen Mitgliedern:	
a) Fürst von Wied Runkel, legitimirt den 10 Dec. 1797.	Hr. RegierungsRath Klum.
b) Fürst von Anhalt-Bernburg-Schaumburg, legitimirt den 20 Dec. 1797.	Hr. GeheimerRath von Zwackh. (s. Trient.) Hr. LegationsSecretär D. Dambmann.
c) Reichs-Graf von Bentheim-Steinfurt.	Der regierende Hr. Graf, in Person, (als Baron von Ravenhorst.) Hr. Rath Nagel.

3. Aus dem reichsstädtischen Collegio.

a) Lübek,	Hr. Senator Rodde.

legitimirt den 19 Dec. 1797.	Hr. LegationsSecretär Carstens.
b) Bremen, legitimirt den 17 Dec. 1797.	Hr. Senator von Gröning. Hr. LegationsSecretär Pape.
c) Hamburg, legitimirt den 19 Dec. 1797.	Hr. Syndicus D. Doormann. Hr. LegationsSecretär Schade.
Diese drei ReichsStädte haben ihre Abgeordneten auch insgesamt am 5 Jan. 1798 für die Hanse legitimirt.	
d) Heilbronn, legitimirt den 26 Dec. 1797.	Hr. Senator Schreiber. } Abgeordnete. Hr. Consulent Flachsland. } Hr. Orth.
e) Für die schwäbischen ReichsStädte insgesamt. Die GeneralVollmacht ist von den Städten Augsburg u. Ulm ausgestellt.	
Aus Augsburg, legitimirt den 12 Apr. 1798.	Hr. RathsConsulent von Prieser.
Aus Ulm, legitimirt den 2 Apr. 1798.	Hr. RathsConsulent Miller.
Aus Uiberlingen, legitimirt den 12 Apr. 1798.	Hr. RathsConsulent Ill.

4. Unmittelbare ReichsRitterschaft.

legitimirt den 5 Dec. 1797.	Der kaiserl. Hr. GeheimeRath und CantonOdenwaldische RitterHauptmann Freiherr Eberhard von Gemmingen, Bevollmächtig-

ter der drei Kreise der unmittelbaren Reichs-Ritterschaft.

Ihm sind untergeordnet:

Für Schwaben: Hr. GeneralSyndicus Gronmeyer.

Für Franken: Hr. Consulent Oertinger.

Für den Rheinstrom: Hr. Consulent Itstein.

Hr. Stein, Secretär der ReichsRitterschaft.

Insbesondre:

Oberrheinischer Canton, legitimirt den 10 Dec. 1797. Freiherr von Gagern, herzogl. Zweibrükischer GeheimerRath und OberHofmeister, auch RitterRath der unmittelbaren Oberrheinischen ReichsRitterschaft.

Hr. Graf Vogt von Hunoldstein.

Canton Nekkar, Schwarz-Wald und Ortenau, legitimirt den 2 Jan. 1798. Hr. BezirksPräsident von Berstedt.

Anmerkung. Der RitterHauptmann Freiherr von Kerpen, der für den niederrheinischen Canton erwartet wurde, ist noch nicht angekommen.

III. Gesandte auswärtiger Mächte.

1) König von Ungarn und Böhmen. Hr. Ludwig Graf von Cobenzl, Botschafter am russisch-kaiserlichen Hofe und wirklicher kaiserl. GeheimerRath, kam im Anfang des Dec. 1797 in Rastadt an, wurde im Mai 1798 zu Verwaltung des Departements der auswärtigen Angelegenheiten nach Wien berufen, (unterzeichnete den Frieden von Campo Formio.)

Hr. LegationsRath Hoppe, (ehedem bei dem Grafen Mercy in Paris.)

Hr. BotschaftsSecretär Butz, (abgereiset.)

2) Schweden. Hr. GeneralMajor und KammerHerr Graf von Fersen, (mit dem BotschafterDiplom; kam am frühesten, nemlich in der Mitte Novembers, an, gieng Anfang Aprils 1798 nach Karlsruhe.)

Hr. ComitialGesandter von Bildt, als bevollmächtigter Minister. (s. VorPommern, S. 288.)

Hr. von Schörbing (aus Regensburg) als BotschaftsSecretär.

3) Cisalpinische Republik. (Im Dec. 1797 angekommen.) Bürger (ehedem Graf) Melzi d'Erile, Mitglied des grosen Raths, bevollmächtigter Minister.

4) Batavische Republik. (Im Dec. 1797 angekommen.) Bürger Karl Ludwig Buch, (ehedem GeneralLandschaftsEinnehmer in Bentheim.)

5) Der päpstliche Stul zu Siena. (Kam im Jan. 1798 an, reisete Ende März ab.) Hr. Graf von Turiozzi (war als BotschaftsSecretär nach Paris bestimmt.)

6) Ligurische Republik. (Kam Anfang Febr. 1798 an.) Bürger Boccardi, bevollmächtigter Minister bei der fränkischen Republik.

Bürger Luigi Boccardi, sein Bruder, als LegationsSecretär.

7) Graubündten. Hr. Mont.
Hr. Planta.
Hr. Sprecher. } giengen nach Paris.

Hr. G. A. Vieli (ehedem Präsident der Syndicatur im Veltlin.)

8) MaltheserOrden. (s. Heitersheim, S. 286.) Hr. Commenthur von Pfirt (Ferrette.)

Hr. Chevalier Debray.

IV. GeschäftsTräger von Mittelbaren.

1) Wirtembergische Land-Stände.	Hr. RegierungsRath. und LandschaftsConsulent Georgi. (Mit Einwilligung des regierenden Herzogs in Rastadt angestellt im Dec. 1797.) Hr. Gutscher, bei der LandschaftsRegistratur.
2) Evangelischer KirchenRath und geistliche Güter-Administration in der Pfalz. (Dec. 1797.)	Hr. Hofrath Höffelein (s. KurBrandenburg, S. 285.)
3) Landständischer Confeß im Breisgau. (Jan. 1798.)	Der Hr. Prälat der Abtei Schuttern, Placidus, kaiserl. wirklicher GeheimerRath, (im Namen der LandStände,) abwesend.
Insbesondre: a) Ritterschaft.	Hr. Graf von Hennin. (Starb im April 1798.) Hr. Baron von Andlau. (Abwesend.)
b) Universität zu Freiburg.	Hr. RegierungsRath von Jellenz. (Abwesend.) Hr. ProRector Prof. Mertens. (Abwesend.) Hr. AppellationsRath Prof. von Petzek. (Abwesend.) Hr. UniversitätsSyndicus D. Leiner. (Abwesend.)
c) Gefürstete Abtei St. Blasii.	Hr. Hofrath von Schlichtinsfeld. (Abwesend.)
4) Duc de Looz & Cosswaaren. (Izt zu Ellichhausen bei Wetzlar wohnhaft.)	Hr. Hofrath und GeneralIntendant Franz Jos. Vithon (überreichte am 20 Jan. 1798 seine Vollmacht bei dem ReichsDeputations-Directorium.)

	Hr. von Rhebek, als LegationsSecretär.
5) Duc de Croy, legitimirt den 1 März 1798.	Der KurCöllnische GeheimeRath Hr. von Hertwich, (s. westfälische Grafen.)
6) Stadt Hildesheim.	Hr. Syndicus Horstmann, Hr. Riedemeister Hinüber, Hr. Secretär Weinhagen, (Am 11 April abberufen und abgegangen.)
7) Hildesheimische Land-Stände.	Hr. Major von Bok.
8) Abtei Wadgassen.	Hr. D. Schmid, als Procurator.

V. Correspondenten und GeschäftsTräger von Reichs-Ständen, so noch nicht bei der Deputation legitimirt worden.

Sachsen-Weimar. (Jan. 1798.)	Hr. LegationsRath Weyland.
Braunschweig-Wolfenbüttel. (Dec. 1797.)	Hr. Hofrath und Prof. Häberlin aus Helmstädt (welches in öffentlichen Blättern, von Braunschweig aus, widersprochen worden.)
HessenHomburg.	Hr. RegierungsRath Sinclair. (Abgegangen.) Hr. GeheimerRath Fresenius.
Hessen-Rheinfels-Rotenburg.	Hr. KanzleiDirector von Langen.
FürstBischof von Hildesheim und Paderborn.	Hr. Graf von Meerveldt, Domherr zu Münster und Hildesheim. Hr. Hofrath Zeppenfeld.
Ligne.	Hr. Rath Claus.

VI. Abberufene Gesandtschaften. *

1) Schweizerische Eidgenossenschaft.

(März 1798.) Uibergab Credentialien an die kaiserliche, die königlich-preussische und an die fränkische Gesandtschaft, auch an den Hrn. Markgrafen von Baden.

Hr. Pestalozzi, Mitglied des täglichen Raths zu Zürich (nachher Repräsentant zu Frauenfeld.)

Hr. Karl Ludwig von Tscharner, des souverainen und des geheimen Raths zu Bern Mitglied; Professor der Rechte, (am 5 März Mitglied der provisorischen Regierung in Bern.)

Hr. Meyer von Knonau (aus dem Kanton Zürich) als GesandtschaftsSecretär.

Hr. RathsExspectant Karl Ludwig von Haller (aus Bern, Enkel des grosen Haller's) als GesandtschaftsSecretär.

2) Baiern.

(Febr. 1798.)

Hr. Max. ReichsGraf von Preysing, wirklicher GeheimerRath und Capitular des St. GeorgenOrdens, SubDelegirter.

Hr. Karl ReichsGraf von Preysing, Kämmerer, Hof- und HofKammerRath; des MaltheserOrdens EhrenRitter, GesandtschaftsCavalier. (Sein Sohn.)

Hr. HofgerichtsRath Reichert aus Mannheim, und Sohn.

Hr. Revisions- und LegationsRath von Branka.

* Die Abberufung einzelner gesandtschaftlichen Personen ist in der HauptListe angemerkt.

§. 4.

Geschichte der ReichsFriedensVerhandlungen selbst.

Indole est Germania ingens, neo minor solertia,
Nil tamen festinat unquam.

GRUTERUS ad Opitinm.

Erste Epoche:

Bis zur Annahme der FriedensBasis: Abtretung des linken RheinUfers an Frankreich.

(11 März).

Dem FriedensTractat von Campo Formio gemäs sollte der Congreß in Rastadt spätestens den 17 Nov. eröfnet werden. Inzwischen fand sich selbst General Buonaparte erst den 25 Nov. Abends daselbst ein, und die Gesandten des Wiener Hofes (der Graf von Metternich als Bevollmächtigter des Kaisers als ReichsOberhaupts, der Graf von Lehrbach als Bevollmächtigter von Oestreich, und der Graf von Cobenzl als Minister des Königs vou Ungarn und Böhmen,) kamen erst nach ihm dort an. Der Aufenthalt des Italikers war nur von kurzer Dauer. Nachdem er am 1 Dec. mit dem GeneralFeldZeugmeister von LaTour insgeheim eine Convention wegen des Rükzugs der östreichischen Truppen vom Rhein hinter den Lech und der Besezung der Stadt Mainz durch die Franken abgeschlossen, und mit dem Grafen von Cobenzl die Auswechslung der Ratificationen des FriedensTractats von Campo Formio vollzogen hatte, reiste er den 2 Dec. mit dem frühesten Morgen nach Paris ab.

Die Reichs Deputation selbst eröfnete ihre Sizungen den 9 Dec. Die Richtschnur ihres Benehmens bei dem ihr aufgetragenen grosen Werk sollte die bereits am 14 Oct. 1795 von Reichswegen beschlossene Vollmacht und Instruction seyn. In dieser, freilich in einer ganz andern Lage der Dinge verfaßten, Vollmacht war ihr nur überhaupt die Gewalt ertheilt worden:" nach Ausweis der „Instruction, dasjenige zu berathschlagen, und nach dem „ReichsStyl zu verhandeln, was zu Wiederherbeibrin„gung eines ehrbaren, sichern, beständigen und allgemei„nen ReichsFriedens dienen, und zu Beförderung der Be„freiung und Restitution, auch billigen Satisfaction und „Entschädigung der beschwerten, und zum Theil in Ge„fangenschaft gerathenen ReichsStände und Glieder, „auch überhaupt zur gemeinen Wohlfahrt und Beruhi„gung des Vaterlands gedeihen möge." In der Instruction selbst, worauf diese Vollmacht sich bezog, ward die Deputation angewiesen: „auf die Herstellung „des Status, wie er vor dem Ausbruch der Mishelligkei„ten mit Frankreich bestanden, und auf eine billige Ent„schädigung den Antrag zu richten, damit überhaupt ein „die Erhaltung der ungetheilten Integrität und Verfas„sung des teutschen Reichs sichernder und annehmlicher „Friede möglichst erwirkt werde".... Von Abtretungen an Frankreich, als Opfern des gewünschten Friedens, war also in der Vollmacht der ReichsDeputation durchaus keine Frage.

Gleichwohl fieng die übermächtige Republik den grosen diplomatischen Prozeß izt ohne weiters von der Execution an. Sogleich in ihrer ersten Sizung ward die ReichsDeputation durch den Grafen von Lehrbach von dem Rükmarsch der kaiserl. königl. Truppen aus dem Reiche in die ErbLande benachrichtigt. Bald darauf lief eine Nachricht nach der andern von dem Vordringen der fränkischen Truppen über die WaffenStillstandsLinie, von der Berennung der Festung Ehrenbreitstein, von der Auffoderung und Einschliesung der Festung Mainz durch den General Hatry 2c. ein, indeß zu gleicher Zeit Baiern gegen die durch die östreichischen Truppen geschehene Besezung der Festung Ingolstadt protestirte. Dem Beschluß der über alle diese Ereignisse bestürzten Deputation, „von der kaiserlichen Plenipotenz sich diejenigen Verabredungen des Friedens von Campo Formio „zu erbitten, die einen unmittelbar wesentlichen Bezug „auf das teutsche Reich hätten," sezte der östreichische Gesandte eine Protestation entgegen.

So ward die Lage des teutschen Reichs seit der Eröfnung des Congresses in Rastadt immer bedenklicher, ohne daß auch nur noch der erste Schritt in der FriedensUnterhandlung geschehen war. Noch war nicht einmal der Punkt der gegenseitigen Legitimation berichtiget. Die Minister der fränkischen Republik erklärten, daß sie dieselbe nicht vollziehen könnten, weil der ReichsDeputation keine Befugniß zu Cessionen ertheilt sey; diese müsse sich daher, da die in der Instruction, worauf ihre Vollmacht sich beziehe, festgesezte Basis der Integrität gänzlich unzulässig sey, mit einer neuen, unumschränkten Vollmacht versehen. Während die Deputation sich desfalls an die allgemeine ReichsVersammlung in Regensburg wandte, nahmen die fränkischen Truppen am 30 Dec. wirklich Besiz von der Stadt und Festung Mainz. Am 8 Jan. ward hierauf die verlangte illimitirte Vollmacht in Regensburg wirklich beschlossen. Am 15 kam sie in Rastadt an, wo nun sogleich die Auswechslung derselben mit jener der fränkischen Gesandtschaft vollzogen ward. Wir rüken beide hier ein.

GeneralVollmacht für die zu den FriedensUnterhandlungen ernannten ReichsDeputirten.

„Demnach des heil. röm. Reichs KurFürsten, Fürsten und Stände rathsam befunden, aus deren Mitte diejenigen zu erkiesen, welche den zwischen Kaiserl. Majestät, unserm allergnädigsten Herrn, und dem teutschen Reiche eines, und der Republik Frankreich andern Theils, zu Wiederherstellung eines billigen, anständigen und dauerhaften ReichsFriedens veranlaßten gütlichen Tractaten von Reichswegen beizuwohnen, und dessen Interesse mit zu beobachten hätten, und hiezu aus dem kurfürstl. Collegio KurMainz und KurSachsen, aus dem fürstlichen aber katholischer Seits: Oestreich, Baiern, Würzburg, sodann Augsburgischer Confessionsverwandter Seits: Bremen, HessenDarmstadt und Baden, und aus dem reichsstädtischen katholischer Seits: Augsburg, und Augsburgischer Confessionsverwandter Seits: Frankfurt am Main erwählet und benennet worden;

„Als wird mit Ihrer Kaiserl. Majestät, als des ReichsOberhaupts, allerhöchster Genehmigung Denenselben von gesamten Reichs wegen zu dem Ende Kraft dieses vollkommene Gewalt ertheilt, daß Sie die Ihrigen fördersamst an den bestimmten Ort des Friedens-Congresses abordnen, um daselbst mit und neben dem hochansehnlichen Hn. Plenipotentiario zu erscheinen, und dasjenige zu berathschlagen, zu verhandeln und zu beschliessen, auch zu unterzeichnen, was zur Wiederherstellung eines billigen, anständigen und dauerhaften allgemeinen ReichsFriedens dienen, und überhaupt zur gemeinen Wohlfahrt und Beruhigung des Vaterlands gereichen mag.

„Was nun durch Sie, ReichsDeputirte, insgesamt, oder in eines oder des andern Abwesenheit, Krankheit oder NichtErscheinung, durch die übrigen nebst höchstgedachter kaiserl. Gesandtschaft also gehandelt, beschlossen und unterzeichnet werden wird, solches soll von dem gesamten Reiche in der wechselseits zu bestimmenden Zeit ratificirt, angenommen und unverbrüchlich gehalten, auch die deputirten Stände deswegen, wie es sich in dergleichen Fällen gebühret, jedesmal vertreten werden. Sign. Regensburg, den 11 Jan. 1798.

(L. S.) Kurfürstl. Mainzische Kanzlei."

Vollmacht der Minister der fränkischen Republik. *

„Auszug aus dem Register der Beschlüsse des Vollziehungs-Directoriums vom 6 Brumaire, Jahr 6 der fränkischen Einen und untheilbaren Republik. (27 Oct. 1797.)

„Das Vollziehungs-Directorium beschließt:

„Der Bürger Buonaparte, Ober-General der italienischen Armee, und die Bürger Treilhard und Bonnier, sind zu bevollmächtigten Ministern der fränkischen Republik für die Unterhandlungen mit dem teutschen Reiche ernannt, über die man im 20 Art. des am 26 Vendemiaire mit dem Kaiser geschlossenen Friedens-Tractats übereingekommen ist.

„Der General Buonaparte ist zum Präsidenten der Gesandtschaft ernannt. In seiner Abwesenheit wird der älteste von den Bevollmächtigten seine Stelle vertreten.

„Der Bürger Rosenstiel ist zum Secretär der Gesandtschaft ernannt.

„Der Minister der auswärtigen Verhältnisse erhält den Auftrag zu Vollziehung des gegenwärtigen Beschlusses, der für izt nicht gedrukt werden soll.

„Der Präsident des Vollziehungs-Directoriums:
L. M. Revelliere-Lepaux.
„Der General-Secretär: La-Garde."

Den 19 Jannar nahmen nun endlich die Unterhandlungen selbst damit ihren Anfang, daß der kaiserliche Bevollmächtigte Graf von Metternich der Reichs-Deputation die ihm von den Ministern der fränkischen Republik mündlich eröfneten Friedens-Propositionen mittheilte. In dem Eingang seines Antrags sprach er von den Bemühungen des kaiserlichen Hofes, bei den Unterhandlungen zu Leoben, für die Integrität des teutschen Reiches. „Bei dem nachher erfolgten Definitiv-Frie-„den habe man nichts sehnlicher gewünscht, als eine noch

* Eine spätere Vollmacht ertheilte den fränkischen Ministern die Gewalt, den Reichs-Frieden nicht nur zu unterhandeln, sondern auch abzuschliesen.

„deutlichere Bestimmung hierüber zu bewirken; aber bei „der damaligen Stimmung der fränkischen Bevollmächtig„ten habe man davon keine Anregung machen dürfen, „ohne bedenkliche Weitläuftigkeiten und Erklärungen zu „veranlassen. Inzwischen seyen, zufolge des 20 Arti„kels, die Leobener Präliminarien zur Grundlage genom„men, und darauf der Rastadter Congreß veranstaltet „worden. Nun lehre aber die Erfahrung, daß man mit „einem Feinde zu thun habe, der, stolz auf die Uiber„macht seiner Waffen, seine Worte nach Convenienz aus„lege, die ReichsIntegrität als eine unzulässige Friedens„Basis erklärt, und eine neue Vollmacht mit Gewalt er„zwungen habe. Diese Vorbedeutungen — man könne „es nicht verhehlen — seyen nicht sehr günstig, wie „denn wirklich die Bevollmächtigten der fränkischen Repu„blik, als HauptGrundsaz des zu schliesenden ReichsFrie„dens, den Lauf des Rheins zur Gränze foder„ten. Allein deswegen müsse man das Reich dem Feinde „schlechterdings noch nicht preisgeben. Sollte aber auch „die Entwikelung der Umstände Kaiser und Reich in die „Nothwendigkeit sezen, von ihrem Entschluß abzugehen, „so würde doch den beschwerten Ständen noch die Hof„nung einer künftigen Entschädigung, und den SubDele„girten das Zeugniß ihrer erfüllten Pflicht übrig bleiben" ꝛc.

Die Deputation beschloß hierauf: „noch einen Versuch zu machen, um die Minister der fränkischen Republik zu bewegen, andre, den Präliminarien von Leoben gemässe Propositionen aufzustellen." Der weitere Lauf der Verhandlungen erhellt aus den nachfolgenden Acten-Stüken.

1.

Note der ReichsDeputation, * vom 26 Jan. 1798, als Antwort auf die von Seiten Frankreichs gemachte FriedensProposition.

„Der Antrag einer FriedensBasis, welcher unterm 17 dieses der Kaiserl. Plenipotenz und dem Kurmainzischen Deputations-Directorium von der französischen Gesandtschaft dahin gemacht worden sey, daß die französische Republik als Grundlage des abzuschliessenden ReichsFriedens den Lauf des Rheins zur Gränze verlange, entferne sich so sehr von derjenigen FriedensBasis, welche teutscher Seits beabsichtigt worden sey, daß man der französischen Gesandtschaft diejenigen Betrachtungen nicht vorenthalten könne, welche sich diesem Antrag entgegenstellten. Ohne izt in die ältern rechtlichen StaatsGründe einzugehen, welche dem teutschen Reich in Absicht auf diesen Antrag überhaupt zur Seite stünden, könne man vor allem nicht unbemerkt lassen, daß durch die in Vorschlag gebrachte neue ReichsGränze nebst dem burgundischen auch die beträchtlichsten Bestandtheile der drei rheinischen ReichsKreise von Teutschland abgerissen, und hierdurch viele angesehene Stände des teutschen Reichs und so viel andre ReichsAngehörige ihre Lande und Besizungen entweder ganz oder doch gröstentheils verlieren würden.

„Die ohnehin schon so mächtige französische Republik würde durch diese, für sie verhältnißmässig unwichtige, überrheinische Provinzen schon an sich selbst, noch mehr aber in Hinsicht ihrer Verschiedenheit in Sprache, Sitten und DenkungsArt, keinen so beträchtlichen Zuwachs an reeller Macht und Gröse erhalten; das teutsche Reich hingegen und dessen ganzes System, wobei die teutschen Völker bisher zufrieden gewesen seyen, durch diesen, für dasselbe äusserst beträchtlichen Verlust, bis auf seine GrundPfeiler zerrüttet, und der teutsche StaatsKörper dermasen

* Die Noten der ReichsDeputation sind jedesmal als Erlaß derselben an die kaiserl. Plenipotenz verfaßt, den die leztere sodann erst später an die fränkischen Bevollmächtigten beförderte. Bis zu der Note vom 8 April erfolgten die Antworten dieser leztern stets am ersten Tage nach dem Empfang. Sie bedienten sich darinn der französischen, so wie die kaiserl. Plenipotenz in ihren Noten der teutschen Sprache.

geschwächt werden, daß er seine bisherigen Verhältnisse gegen die andern europäischen Staaten fortan zu behaupten, und seine dermalige Verfassung aufrecht zu erhalten, kaum mehr vermöchte.

„Gleichwohl sey eben diese eigenthümliche, von Frankreich im Westfälischen Frieden ausdrüklich garantirte Verfassung im Centrum von Europa von jeder aufgeklärten Politik für eines der ersten Mittel das politische Gleichgewicht dieses WeltTheils zu erhalten, angesehen worden, und selbst Frankreich, dem es bereits in vordern Zeiten nicht unmöglich gewesen wäre, seine Gränze bis an den Rhein auszudehnen, habe dieselbe dennoch seinem StaatsInteresse niemals angemessen gefunden.

„Ganz im Geist dieser bisherigen Politik seyen die Präliminarien zu Leoben am 17 April 1797 abgeschlossen, und in denselben dem teutschen Reich seine Integrität zugesichert, auch solche im DefinitivFrieden von Campo Formio bestätigt worden. Hierdurch habe das teutsche Reich Gründe genug zu haben geglaubt, um über die Aufrechthaltung seiner Verfassung und seiner Integrität vollkommen beruhigt zu seyn, und man habe nicht vermuthen können, daß dem klaren Inhalt dieser feierlichen Verträge zuwider die französische Regierung ihre Foderung an das teutsche Reich nicht nur auf alles dasjenige, was sie auf dem linken RheinUfer vor dem Frieden von Campo Formio erobert, sondern sogar auch noch auf jene Lande, deren sie sich erst während des WaffenStillstandes und während der FriedensUnterhandlungen selbst plözlich bemächtigt habe, sonderlich aber auf die eigentlich nicht eroberte teutsche GränzFestung Mainz erstreken würde.

„Wenn man nun endlich hierbei noch betrachte, daß das teutsche Reich nicht angreifender, sondern angegriffener, mithin zum Krieg genöthigter Theil sey; auch, daß die fränkische Republik mehrmals selbst öffentlich sich von allen EroberungsAbsichten entfernt erklärt habe; überhaupt aber eine siegende Nation nur durch Mäsigung sich das allgemeine Vertrauen von Europa erwerben, und sich dadurch eine dauerhafte Gröse versprechen könne, so glaube die FriedensDeputation, man könne von der Gerechtigkeit und Grosmuth des französischen Gouvernements erwarten, es werde dasselbe geneigt seyn, statt des dermalen geschehenen Antrags, eine solche Grundlage des Friedens zu proponiren, welche mit demjenigen, was in den Präliminarien zu Leoben zu Gunsten des Reichs stipulirt worden ist, sich mehr in Ubereinstimmung sezen lasse. Mit diesem auf den ReichsFrieden und dessen Basis selbst sich beziehenden Antrag sehe man sich noch vermüsiget, einige andre provisorische Anträge an die französische Gesandtschaft in Verbindung zu sezen, welche die dermalige bedrükte Lage der französischer Seits occupirten teutschen ReichsLande beträfen. Man glaube um so sicherer der Erfüllung derselben entgegen sehen zu dürfen, als diese Ausflüsse der mit der französischen Nation abgeschlossenen Verträge und der allgemein anerkannten Geseze des VölkerRechts auch wesentliche Folgen der nunmehr wirklich eröfneten DefinitivFriedens-Negociationen seyen.

„Diese Anträge concentrirten sich dahin, daß

1) Den FriedensPräliminarien von Leoben gemäs, der WaffenStillstand bis zum DefinitivFriedensSchluß genau beobachtet werde.

2) Daß nunmehr die französischen Truppen sich von dem rechten RheinUfer gänzlich ab, auf dem linken aber hinter die vertragsmäsige WaffenStillstandsLinie zurükziehen möchten.

3) Daß alle Feindseligkeiten, und daher auch die, unter mancherlei Namen auferlegten ausserordentlichen Contributionen und Requisitionen für izt und künftig aufhören.

4) Daß alle Veräusserungen der den ReichsStänden und ihren Unterthanen, Stiftungen und Vasallen, auch allen und jeden mittel- und unmittelbaren ReichsAngehörigen zustehenden sowohl in als ausser dem teutschen ReichsGebiete gelegenen Begüterungen, den verderblichen WaldVerheerungen und Holz-Verkäufen, der Suppression der geistlichen und frommen Stiftungen, den Verfolgungen der Unterthanen, welche ihren bisherigen Herrschaften ihre gesezmäsige Anhänglichkeit bezeugt haben, und besonders denen sich noch wirklich im Dienst ihrer Herrschaften befindenden Civil- und MilitairPersonen unter dem auf sie ohne allen Grund angewandten EmigrantenNamen, und der daher vorgenommenen Sequestration oder Verkauf ihrer Güter und Habschaften, Einhalt geschehe; weniger nicht diejenigen Diener, welche bisher noch in en, theils vorhin, theils

izt erst occupirten Landen geblieben, mit Arrest ihrer Person und ihres Vermögens auf keine Art bekümmert, sondern ihnen mit ihren Effecten sich wegzubegeben und ihren Herren zu folgen, erlaubt werden möge; überhaupt aber die in den von den französischen Truppen occupirten teutschen Ländern gar nicht anwendbaren EmigrationsGeseze bei allen denjenigen, weß Standes sie immer seyn mögen, nicht in Vollzug gesezt werden, welche sich von dem Schauplaz des Krieges und von den AufenthaltsOrten der Armeen in diesen Gegenden entfernt hätten.

5) Daß das Republikanisiren der Unterthanen und jede Veränderung der bisherigen GrundVerfassung, so wie überhaupt alle RevolutionsAnstalten und Neuerungen in den von den französischen Truppen sowohl besezten als nicht besezten ReichsLanden abgestellt werden; und endlich

6) Die TruppenZahl selbst in den sodann noch besezt bleibenden Landen, um ihrer gänzlichen Erschöpfung zuvorzukommen, verhältnißmäsig vermindert werde."

2.

Note der fränkischen Bevollmächtigten, vom 9 Pluvios VI (28 Jan. 1798.)

„Die Unterzeichneten haben die Antwort der ReichsDeputation auf den Vorschlag der fränkischen Republik, daß der Rhein die Gränze werde, erhalten. Sie werden solche ihrer Regierung zuschiken, müssen aber sogleich bemerken, daß die Antwort auf wesentlich fehlerhaften Grundlagen beruhe. Ganz Europa weiß, daß das Reich der Republik den Krieg erklärt hat, zu einer Zeit, wo diese ein aufrichtiges Verlangen und einen mächtigen Beweggrund hatte, den Frieden zu erhalten. Das Reich kan also keineswegs zu seinem Vortheil jene Erklärung ansprechen, daß die Republik nie Krieg führen werde, um sich durch Eroberungen zu vergrösern: eine Erklärung, welche übrigens auf keine Weise billige Schadloshaltungen, besonders im Fall eines ungerechten Angrifs, ausschließt oder das Recht durch Bestimmung fester Gränzen für seine Sicherheit zu sorgen beschränkt.

„Von der andern Seite ist es klar, daß die Verfassung des

Reichs dadurch allein, daß sein Gebiete sich verkleinert, nicht abgeändert wird.

„Endlich können die Präliminarien eines Vertrags, woran das teutsche Reich nicht einmal Antheil hatte, nicht mit Grund entgegen gehalten werden, da überdis noch, statt der Bestimmung desselben, ein nachher abgeschlossener Friede eintrat.

„Und doch sind es diese drei Gründe, auf welchen die Antwort der ReichsDeputation beruht. Sobald nun ihre Unstatthaftigkeit erwiesen ist, kan auch Alles, was man daraus folgern wollte, nicht bestehen. Und die Gründe, worauf die Foderung der fränkischen Republik beruht, bestehen noch in ihrer ganzen Stärke.

„Die Schadloshaltung, welche die Republik fodert, ist gerecht: ihre Sicherheit fodert die RheinGränze, und die Sicherheit des Reichs fodert diese Gränze noch mehr. Die ReichsDeputation sah sich gedrungen, förmlich anzuerkennen, daß die Republik keinen beträchtlichen Zuwachs an Macht und Gröse durch den Erwerb der am linken RheinUfer gelegenen ReichsLänder erhalten würde, man möge ihre Gröse, oder ihre Sprache, Sitten und DenkArt in Betracht nehmen.

„Es erhellet daraus, daß die Republik nicht aus VergröserungsSucht die RheinGränze begehrt, und daß ihr Verlangen auf einem viel dringendern, und beiden Mächten gemeinschaftlichen Grund beruht, nemlich um zur künftigen Sicherheit für unveränderliche Gränzen zu sorgen. Davon ist also die Rede, und nicht von der Reihe von Fragen, welche die ReichsDeputation dem eigentlichen Gegenstand der Erörterung unterzuschieben scheint.

„Die Unterzeichneten sezen nur noch diese Bemerkung hinzu, daß die ungesäumte Genehmigung dieser Foderung der Republik, die darauf folgende Erörterung der weitern NebenPunkte, und die Abschliessung eines dauerhaften Friedens, allen Vorwand zu wechselseitigen Beschwerden heben werden. Und dis ist das einzige Mittel, um zu beweisen, daß man in Wahrheit, und nicht zum Schein, den Drangsalen des Kriegs ein Ende zu machen wünscht. Rastadt, den 9 Pluvios, Jahr VI.

Die bevollmächtigten Minister der fränkischen Republik,

Treilhard. Bonnier."

3.

Note der ReichsDeputation, vom 31 Jan. 1798.

„Die hochansehnliche Plenipotenz, vereint mit der ReichsDeputation, müsse den bevollmächtigten Ministern der französischen Republik die, mittelst Note vom 28 Jan. gefällig ertheilte Versicherung, daß sie die, auf ihre proponirte neue FriedensBasis von den erstern erhaltene und von ihnen gemeinsam gut gefundene Antwort alsbald an das französische Gouvernement überschikt hätten, um so mehr verdanken, als die hochansehnliche Plenipotenz und die Deputation zuversichtlich hoffen dürfte, das französische Gouvernement werde der Erheblichkeit und Wahrheit der Gründe, welche in dieser Antwort vorgelegt worden, volle Gerechtigkeit wiederfahren lassen.

„Daß aber eben diese Gründe nicht sogleich in dem ersten Augenblik bei den französischen bevollmächtigten Ministern selbst die erwünschte Uiberzeugung gewirkt hätten, müsse man blos dem Umstand zuschreiben, daß in gedachter Antwort Alles nur vorerst in kurzen Säzen habe vorgetragen werden wollen, was sich hiernächst bei weiterer Discussion bestimmter werde erläutern lassen. So habe man daher den wesentlichen Saz: daß das teutsche Reich nicht angreifender, sondern angegriffener, mithin zum Krieg genöthigter Theil gewesen sey, vorerst allerdings ohne nähern Beweis vorgetragen. Dieser Beweis aber liege in den öffentlichen Acten und in der chronologischen Folge der damals notorischen Ereignisse. Nach der Verfassung des teutschen Reichs werde jeder ReichsKrieg durch Gutachten der allgemeinen ReichsVersammlung und hinzukommende Ratification des allerhöchsten ReichsOberhauptes beschlossen. Dieses ReichsGutachten sey für den gegenwärtigen Krieg den 22 März 1793 zu Regensburg beschlossen worden, und in offenem Druk erschienen; damals sey die Custinische Armee schon ohne alle KriegsErklärung, ja sogar ohne alle Commination, in die rheinischen ReichsLande eingefallen gewesen, und habe sich wirklich schon eines grosen Theils des ober- und kurrheinischen Kreises bemeistert gehabt; es heisse daher in dem gedachten ReichsGutachten wörtlich:

„Nachdem Frankreich dem Reiche mit der That selbst ohne alle förmliche Erklärung den Krieg gemacht, die Lande

„der Stände mit feindlicher HeeresMacht angegriffen und occu„pirt habe ꝛc., so sey — — — — — dieser von Frankreich ge„gen das teutsche Reich wirklich bereits angefangene und durch „die That selbst erklärte, abgenöthigte Krieg für einen allgemei„nen ReichsKrieg zu achten."

„Durch dieses constitutionelle Document und die in demselben enthaltenen ThatSachen sey also nunmehr vollkommen bewiesen, daß das teutsche Reich ein mit Krieg angegriffener, und nicht angreifender Theil gewesen sey, und daß mithin dieses Reich, indem es sich blos in den Schranken der abgedrungenen NothWehr erhalten habe, wohl nicht erwarten sollte, eine solche Verminderung seines Territoriums zu erleiden, welche seine ganze Verfassung wesentlich zerrütte. Eine wesentliche Zerrüttung des Reichs sey aber unstreitig, wenn nicht nur viele ansehnliche Fürsten und Stände, auch reichsritterschaftliche Cantone ihre Lande ganz oder zum Theil verlören, sondern sogar auch alle 4 rheinische Herren Kurfürsten, mithin das halbe kurfürstliche Collegium, theils ihrer Residenzen, theils beinahe aller ihrer KurLande entsezt würden. Neben dem Verlust des burgundischen Kreises würde hierdurch auch der kurrheinische Kreis beinahe zernichtet werden; der oberrheinische die Lande seiner beiden Directoren, Worms und PfälzSimmern, auch vieler andern Stände beinah gänzlich verlieren; der niederrheinische aber fast eben so empfindlich in seinen Ständen leiden. Daß also dem Reiche durch die FriedensBasis der RheinGränze ein äusserst beträchtlicher, seine bisherigen Verhältnisse zerstörender Verlust bevorstehen würde, ergebe sich hieraus von selbst. Nur als Gegensaz eines solchen erschütternden Verlustes könne man den Zuwachs, welchen dadurch die französische Republik erhalten würde, verhältnißmässig ihrer schon wirklich bestehenden Macht und Gröse, für dergestalt beträchtlich nicht ansehen, daß dieser Zuwachs in dem Augenblik, wo diese mächtige Republik der lange schon leidenden Menschheit Ruhe und Frieden zu verschaffen ernstlich gemeynt sey, für sie entscheidend seyn könne; und nur in so ferne, als die Erhaltung dieser Lande bei dem teutschen Reiche ganz Europa interessire, die französische Republik hingegen diesem WeltTheile redende Beweise ihrer Mäsigung geben wolle, sehe man diese allerdings schöne, grose und volkreiche Lande in Hinsicht auf diese Republik für nicht so wichtig an, daß leztere nicht den Reiz einer solchen Vergröserung überwinden werde, um dagegen den wahren Ruhm politischer Mäsigung zu behaupten. Uiberzeugen könne man sich ohnehin nicht, daß die Gränze des in manchen Gegenden sich sehr schlängelnden, in andern oft sein Bette verlassenden, auch häufig mit Inseln bedekten Rheins, einer andern fest bestimmten, mehr militärischen Gränze vorzuziehen sey; noch weniger aber, daß das teutsche Reich selbst Ursache habe, diese RheinGränze auch mit geringerm Verlust, als wovon hier die Frage sey, sich zu wünschen. Daß aber diese Gränze überhaupt mit der dem Reich in den Präliminarien zu Leoben zugesagten Integrität sich nicht vertrage, davon schienen die französischen bevollmächtigten Herren Ministers selbst überzeugt zu seyn, indem dieselben blos in Zweifel zögen: ob das Reich die gedachten Präliminarien für sich anzuführen mit Recht vermöge. Nun giengen zwar diese FriedensPräliminarien allerdings das teutsche Reich weiter nicht an, als insofern Kaiserl. Majestät, in Ihrer allerhöchsten Eigenschaft als ReichsOberhaupt, nach der Allerhöchst Ihnen vom Reich ausdrüklich übertragenen ersten FriedensEinleitung, auch zugleich für das Reich zu Leoben tractirt habe. AllerhöchstDieselben hätten nun aber dem Reiche unterm 18 Jun. des verflossenen Jahrs feierlich bekannt gemacht:

„Daß in den am 18 April zwischen den von beiderseits Bevollmächtigten unterzeichneten und nunmehr wechselseitig ratificirten FriedensPräliminarien, zufolge der auf AllerhöchstSie durch das ratificirte Gutachten vom 3 Jun. 1795 im ehrerbietigsten Vertrauen übertragenen ersten FriedensEinleitung, zu Begründung eines sichern und billigen Friedens festgesezt worden sey, daß vom Tage der Unterzeichnung an alle Feindseligkeiten zwischen dem teutschen Reiche und der französischen Republik aufhören sollten; sodann ein Congreß von beiderseitigen Bevollmächtigten zu beschiken und der HauptFriede auf die Basis der Integrität des Reichs abzuschliessen sey."

„Womit denn auch die zugleich mitgetheilten eigentlichen französischen Worte dieses PräliminarFriedensArtikels vollkommen übereinstimmten. Das Reich habe nicht gesäumt, diese bekannt gemachte FriedensBasis mittelst eines eignen Schreibens in tiefstem Dank zu acceptiren, und es habe nunmehr lediglich der versprochenen weitern Bestimmung entgegen gesehen: wann und wo seine Deputirten zu Beschliessung des DefinitivFriedens auf die festgesezte Basis eintreffen sollten.

„Die Bevollmächtigten Sr. Kaiserl. Majestät hätten nunmehr für und Namens des Reichs nichts anders mehr zu tractiren gehabt, als über die Zeit und den Ort zu conveniren, wann und wo der DefinitivReichsFrieden abgeschlossen werden solle.

„Dieses noch einzigen Auftrags hätten sich gedachte Bevollmächtigte dadurch entledigt, daß in dem 20 Artikel des Friedens von Campo Formio die gedachte Zeit und Ort wirklich bestimmt seyen. Von andern Dispositionen des Friedens von Campo Formio wisse man nichts; vielmehr seyen im Eingang dieses Friedens die Präliminarien von Leoben ausdrüklich bestätigt worden, ob es gleich, so viel das teutsche Reich betreffe, welches von daher weiter nichts erwartet, keiner solchen Bestätigung bedurft habe.

„Was endlich die Reihe von Beschwerden betreffe, welche man der Antwort auf die proponirte FriedensBasis beizufügen sich genöthigt gesehen habe, so wünsche man zwar nichts sehnlicher, als daß solchen durch baldigen DefinitivFriedensSchluß mit Einemmal abgeholfen werden möge. Da man jedoch von der Gerechtigkeit des französischen Gouvernements sich versprechen dürfe, daß diese, gröstentheils sehr dringende, Beschwerden auch jezt schon in Gefolge der LeobnerPräliminarien und des WaffenStillstandes würden gehoben werden, so müste man die bevollmächtigten französischen Minister angelegenst ersuchen, nicht nur diesen wiederholten Antrag um baldige Abstellung der erwähnten Beschwerden, sondern zugleich auch alle hier oben zu Erhaltung der ReichsIntegrität weiter angeführte Gründe, so wie bereits mit der ersten Antwort geschehen sey, ebenfalls noch an ihr Gouvernement zu bringen, und solche zu dessen billiger Rüksicht bestens zu empfehlen."

4.

Note der fränkischen Bevollmächtigten, vom 15 Pluvios VI (3 Febr. 1798.)

„Die bevollmächtigten Minister der fränkischen Republik haben die Note der ReichsDeputation von dem gestrigen Tag erhalten. Weit entfernt, Beweggründe anzubieten, wodurch ihr erster FriedensVorschlag gemildert werden könnte, kan diese Note im Gegentheil nichts, als die ganze Schiklichkeit und selbst die Nothwendigkeit desselben fühlbar machen.

„Der öffentliche und anstössige Schuz, welchen Haufen von Ausgewanderten, die unsre Gränze bedrohten, ohngeachtet der dringendsten Vorstellungen der Republik, fanden, war der erste feindliche Schritt gegen Frankreich, das zuverläsig den Frieden wollte, und unwidersprechlich ein groses Interesse hatte, ihn aufrecht zu erhalten. Die beständige Weigerung, diese Versammlungen von unversöhnlichen Feinden zu zerstreuen, nöthigte Frankreich zu Maasregeln der SelbstErhaltung. Weit entfernt, diese durch eine billige Genugthuung zurük zu halten, endigte das Reich damit, den Krieg zu erklären. Diese ThatSachen sind weltkundig.

„Nie hat man die Integrität des Reichs zur Grundlage des Friedens zwischen dem teutschen StaatsKörper und der fränkischen Republik genommen, oder dazu nehmen wollen. Dis ist ebenfalls eine allgemein bekannte Sache: und es würde ein unbegreiflicher Grad von Leichtglaubigkeit seyn, das Gegentheil anzunehmen. Auch der 20 Artikel des Friedens von Campo Formio, die einzige Stelle, wo von dem Frieden zwischen diesen beiden Mächten die Rede seyn soll, enthält nur dis, daß zu Rastadt ein Congreß gehalten werden soll. Es ist unnöthig, die Erläuterung der ReichsDeputation, welche sie in Absicht auf ihre Geständnisse über die Wichtigkeit der ReichsBesizungen jenseits des Rheins gegeben hat, zu untersuchen. Die bevollmächtigten Minister der fränkischen Republik würden sich strafbar machen, wenn sie sich in Weitläuftigkeiten einliessen, die keine andere Wirkung haben können, als den allgemein gewünschten Zeitpunkt einer Endigung des Kriegs noch weiter hinauszuschieben.

„Sie erklären die ReichsDeputation wegen der Folgen verantwortlich, welche die längere Weigerung, einer gerechten, angemessenen, und beiden Staaten nüzlichen FriedensGrundlage beizutreten, haben wird, welche denen, die auf dem linken Rhein-Ufer verlohren haben, eine Schadloshaltung auf dem rechten RheinUfer eröfnet. Rastadt den 15 Pluvios, J. 6 der fränkischen Republik.

Treilhard, Bonnier."

5.

Note der ReichsDeputation, vom 9 Febr. 1798.

„Man habe aus der Note vom 15 Pluv. (3 Febr.) mit Bedauern ersehen, daß die ferneren Erläuterungen, welche unter dem 2 dieses den bevollmächtigten Ministern der französischen Republik gegen die vorgeschlagene neue FriedensBasis mitgetheilt worden seyen, ihren Beifall ebenfalls nicht erhalten hätten. Ob man nun schon noch immer hoffen müsse, daß diese Gründe von dem französischen Gouvernement annoch in gerechte und billige Erwägung würden gezogen werden, so wollte man doch gegenwärtig, um auch den entferntesten Schein zu beseitigen, als beziele man durch anhaltende Vertheidigung seiner Gründe die Verzögerung der FriedensUnterhandlungen, sich nicht nur der weitern Ausführung derselben dermalen gänzlich, sondern auch noch aller gründlichen Bemerkungen enthalten, welche sich den in der jüngsten französischen Note angeführten neuen ThatSachen entgegenstellen liessen. Man halte für das beste Mittel, dieses FriedensWerk zu beschleunigen, wenn die Deputation in den Stand gesezt werde, dasjenige auf einmal vollständig zu übersehen, was die französische Republik von dem teutschen Reiche nach einem unglüklichen Kriege als Opfer verlange. Um den Umfang und den eigentlichen Werth der Abtretungen beurtheilen zu können, müsse man besonders wissen, welche Modificationen überhaupt dabei stattfinden, auch welche Domanial- und sonstige Zuständigkeiten, nebst dem als unverlezlich vorauszusezenden PrivatEigenthum, denjenigen verbleiben sollen, welche solche Abtretungen eigentlich betreffen möchten. Ohnehin könne es den Einsichten des französischen Gouvernements nicht entgehen, daß es für die Verhandlungen ein groser ZeitVerlust seyn würde, wenn eine vielumfassende Basis zuvörderst allein festgesezt werden sollte, weil man ohne deren vorgängige Ratification von Kaiser und Reich in dem PacificationsWerk nicht weiter würde fortschreiten können; dahingegen, wenn dermalen eine vollständige, der Lage der Umstände angemessene, gerechte und billige Proposition von Seiten der Republik erfolge, sich die Deputation darauf in einer Art erklären könne, welche zu einem baldigen Abschluß des ganzen Geschäfts die gegründetste Hofnung machen müsse."

„Man glaube hierdurch den thätigsten Beweis des disseitigen eifrigsten Wunsches zum baldigen FriedensSchluß zu geben, werde es aber auch als die erste Probe der gegenseitigen friedlichen Gesinnungen zu erkennen nicht verfehlen, wenn die französische Republik übrigens, unter Beobachtung des WaffenStillstandes bis zum Ausgang der gegenwärtigen FriedensUnterhandlungen, wenigstens ihre Truppen einstweilen von dem rechten RheinUfer abziehen, und dadurch diese so hart mitgenommene Lande zu erleichtern sich entschliessen wollte. Rastadt, den 8 Februar 1798."

6.

Note der fränkischen Bevollmächtigten, vom 22 Pluvios VI (10 Febr. 1798.)

„Die bevollmächtigten Minister der fränkischen Republik bemerken, in Antwort auf die Note der ReichsDeputation vom heutigen Datum, daß man den Gegenstand ihrer ersten Proposition wohl nicht deutlicher fassen könne, als sie gethan haben.

„Die fränkische Republik verlangt den Rhein als GränzScheide beider Staaten. Dis ist das unabänderliche Verlangen der fränkischen Regierung; hierüber kan kein Zweifel statthaben, sobald die Eröfnung durch die Minister der Republik geschehen ist. Es ist hier nicht darum zu thun, den Werth der abgetretenen Gegenstände zu berechnen; die ReichsDeputation ist sich im Anschlag derselben nicht gleich geblieben, aber nichts kan gleichgiltiger seyn, da die Basis unter jeder Voraussezung nothwendig ist.

„Noch weniger kan hier in Frage kommen, welche Besizungen den beschädigten Fürsten übrig bleiben sollten. Die Domänen der Fürsten, welche die Souverainetät ausübten, werden izt, wie es in solchen Fällen üblich ist, in die Domäne der Nation übergeben, an welche die Abtretung geschehen ist.

„Die Fragen verwikeln wollen, hiesse nicht den FriedensSchluß beschleunigen, sondern ihn verzögern. Abtretung dessen, was jenseits des Rheins liegt — dis ist die Basis! Entschädigung auf dem rechten Ufer — dis die Folge! Die Berechnung, die Art und die Anwendung der Entschädigungen kommen nachher in Betracht. Wie kan man sich mit FolgeFragen beschäftigen, bevor man über das Prinzip einig ist? Der erklärte Wunsch der fränkischen Regierung für den Frieden kan nicht in Zweifel gezogen werden; es ist notorisch, daß die Minister der Republik sich bestrebten, bald beim Congreß zu erscheinen, daß sie hinlängliche Vollmacht zum Unterhandeln dahin mit sich brachten, daß sie ihre erste Proposition mit Offenheit in demselben Augenblik machten, wo die ReichsDeputation hinreichend authorisirt war, dieselbe anzuhören; und, um keinen Zweifel über ihr Verlangen, den Abschluß zu beschleunigen, übrig zu lassen, werden sie fortfahren, alles sorgfältig zu beseitigen, was, ohne geradezu zum Zwek zu führen, den Gang der Negociation aufhalten, und von der HauptSache auf NebenFragen und fremde Gegenstände führen würde; alles, was nur dazu dienen könnte, die Völker noch länger den Drangsalen des Kriegs auszusezen, indem man den Übelgesinnten Zeit liesse, verderbliche Bündnisse und sträfliche Intriguen zu knüpfen.

„Die Minister der fränkischen Republik beziehen sich gänzlich auf ihre Note vom 15 Pluvios, und bestehen darauf, die Deputation für verantwortlich zu erklären wegen längerer Weigerung oder Ausflüchte, die eben so gut als Weigerung sind, einer zuträglichen und nothwendigen FriedensBasis beizutreten. Rastadt, den 22 Pluvios, im 6 J. der Republik.

Treilhard, Bonnier."

7.

Note der Reichs Deputation, vom 16 Febr. 1798.

(Anerbieten der Hälfte der auf dem linken RheinUfer liegenden Lande.)

„Man habe mit Zuversicht gehoft, daß der, den bevollmächtigten Ministern der französischen Republik in der disseitigen Note vom 10 d. geäusserte Wunsch, alle FriedensBedingnisse mit ihren respectiven Modificationen auf einmal zu erfahren, die Uiberzeugung bewirken werde, wie lebhaft man disseits die baldige Erzielung eines FriedensSchlusses beabsichtige. Die GegenNote von demselben Tage aber entspreche diesem Wunsche nicht, indem darinn auf der bereits vom 11 l. M. von der französischen Gesandtschaft gemachten Proposition einer FriedensBasis lediglich bestanden werde. Wenn man nun aber auch dem wiederholten Antrag, eine FriedensBasis vorher zu bestimmen, länger nicht zu widerstehen gemeint sey, so würden doch die französische Minister und Bevollmächtigte bei nochmaliger Erwägung aller in den vorherigen Noten angeführten erheblichen Gründe von selbst ermessen, wie wenig man auf die vorgeschlagene Basis, wornach der ganze Lauf des Rheins zur Gränze der beiden Staaten verlangt werde, in ihrer ganzen Ausdehnung einzugehen vermöge. Um jedoch alle Nachgiebigkeit zu beweisen, und auf's baldigste zu Abschliessung des Friedens zu gelangen, glaube man, so schmerzlich es der Deputation fallen müsse, dennoch, sogar auch sehr beträchtliche Aufopferungen nicht versagen zu können. Wenn daher das französische Gouvernement seine FriedensProposition, wie man von dessen Gerechtigkeit und Billigkeit beharrlich erwarte, mäsigen, und nur die Hälfte der auf der linken Seite des Rheins liegenden teutschen ReichsLande verlangen wolle, so würde auf diese Basis die Unterhandlung gegründet werden können, und käme es für's Erste nur darauf an, daß man französischer Seits nun über diejenige Hälfte, welche der Gegenstand der Abtretung seyn sollte, unter den allenthalben und in einem jeden Betracht nöthigen Modificationen und mit möglichster Rüksicht auf Festsezung einer militärischen GränzLinie sich sofort bestimmt erklären möge. Nach diesem unumwundenen Erbieten könne der französischen Gesandtschaft nicht der geringste Zweifel mehr übrig bleiben, als ob man disseits den FriedensAbschluß nicht aufrichtigst zu beschleunigen suche. Es werde daher französischer Seits nunmehr dieses minder Anstand finden, daß einstweilen das genaueste Verbleiben des WaffenStillstandes, mit Zurükziehung der französischen Truppen vom rechten RheinUfer, um welches man sich schon mehrmals verwendet habe, verbindlich zugesichert werde. Rastadt, den 16 Febr. 1798."

8.

Note der fränkischen Bevollmächtigten, vom 2 Ventos VI (20 Febr. 1798.)

„Die Note der ReichsDeputation, welche gestern Abend den bevollmächtigten Ministern der fränkischen Republik durch den Herrn Grafen von Metternich, Bevollmächtigten Sr. Majestät des Kaisers, zugestellt wurde, enthält eine in jeder Rüksicht unzuläsige Modification der von Seiten der fränkischen Republik gemachten Foderung.

„Die in der Note vorgeschlagene Theilung würde Inconvenienzen aller Art bestehen lassen, die unvermeidlich sind bei Gränzen, welche die Natur nicht selbst vorgezeichnet hat, ohne einen besondern Vortheil darzubieten, der jenen Inconvenienzen das Gleichgewicht hielte.

„Erwägt man nun noch, daß die Beweggründe, aus welchen die ReichsDeputation die fränkische Proposition bis auf diese Stunde abzulehnen suchte, eben so sehr einer theilweisen als einer gänzlichen Abtretung entgegen stehen, und daß folglich das Anerbieten einer Hälfte ein förmliches Geständniß von der Unzulänglichkeit jener Beweggründe ist, so lassen sich keine Ursachen denken, welche die Deputation vermögen könnten, die andre Hälfte noch zu verweigern; zumal da man sich erinnert, daß sie in ihrer ersten Note sich auf die Unwichtigkeit dieser Besizungen stüzte.

„Es ist ausserdem allgemein bekannt, daß alle Fürsten und Stände, welche **erbliche** Besizungen auf dem linken RheinUfer haben, bereits ihre Beistimmung zu einer Abtretung gegeben haben, deren Nothwendigkeit sie einsehen. Es kan also nur ein dunkles PrivatInteresse sich dem allgemeinen Wunsch entgegen stellen, der nach einem langen und grausamen Krieg so laut um Frieden ruft.

„Die fränkische Republik ist es diesem allgemeinen Wunsche, sie ist es sich selbst schuldig, nicht zur Verlängerung von Drangsalen beizutragen, die die Menschheit beugen, welches geschehen würde, wenn sie längere Zögerungen dultete, die Uibelgesinnte öffentlich dazu benuzen, neue Coalitionen zu knüpfen.

„Die Minister der Republik erklären daher, daß sie, fester als je, auf ihrer Proposition, in der ganzen Ausdehnung derselben, bestehen; sie verlangen eine schleunige und positive Antwort über eine seit langer Zeit vorgesehene Basis, die von alleu Einsichtsvollen als zuträglich und nothwendig anerkannt ist, in welche die dabei am meisten interessirten Theile gewilligt haben, und die, da sie der Republik nichts läßt, als was sie schon besizt, noch ausserdem die Ruhe beider Staaten sichert.

„Die Mitglieder der ReichsDeputation werden nun zu prüfen wissen, ob sie die Verantwortlichkeit aller schlimmen Folgen auf sich zu nehmen Sinnes sind, welche Weigerung oder Zögerung in diesem Falle nach sich ziehen dürfte. Rastadt, den 2 Ventos, im 6 Jahr der Republik.

Treilhard. Bonnier."

9.

Note der ReichsDeputation, vom 2 März 1798.

„Man könne nicht umhin, in RückAntwort auf die jüngste französische Note vom 20 Febr. (2 Ventos) sich in Rüksicht der in dieser Note enthaltenen Bemerkungen zuvörderst auf alle diejenigen Gründe zu beziehen, welche man in den verschiedenen, bisher an die französische Gesandtschaft erlassenen Noten weitläuftig auseinander gesezt habe, und man müsse insbesondre die so wesentliche Betrachtung erneuern, daß der angefoderte Verlust aller überrheinischen Provinzen, deren Wichtigkeit, relativ auf Teutschland, nicht verkannt werden könne, so wie die proponirte Bestimmung des Laufs des Rheins zur Gränze, das teutsche Reich auf's äusserste schwächen, in seinen politischen und CommercialVerhältnissen wesentlich beeinträchtigen, und bei seinen unübersehbaren Folgen, statt des Genusses einer friedlichen Ruhe, in seinem Innern tief zerrütten würde. Diese, mit dem dieser Deputation anvertrauten Wohl des ganzen Reichs so innig zusammenhängende Betrachtung, nicht aber verborgenes PrivatInteresse sey es, welche die ReichsDeputation in ihren Schritten, Anerbietungen und Beschlüssen leite, und noch ferner leiten werde; sie könne daher solche eben so wenig, als die fernere Bemerkung unterdrüken, daß ihr von einer Anerkenntniß aller erblichen, auf der linken RheinSeite possessionirten teutschen Fürsten und Stände, von wirklicher Nothwendigkeit der RheinGränze, oder sogar von einem Wunsche, daß das linke RheinUfer abgetreten werden möge, nichts bekannt sey; sie wisse nur, daß ein Theil dieser Stände einzeln sich bereit erklärt hätte, dem Wohl des Vaterlands, wenn es erfodert werden sollte, das schmerzliche Opfer seiner überrheinischen Besizungen unter solchen Bedingungen zu bringen, welche nicht von einzelnen Ständen, sondern von Kaiser und Reich abhiengen. Uiberhaupt aber hätten alle und jede Stände des Reichs die Sorge für ihr einzelnes Interesse dem allein competenten Ermessen dieser ReichsDeputation überlassen, und diese bleibe stets verpflichtet, den von dem gesammten Reich ihr gegebenen Auftrag, das Wohl des Reichs im Ganzen zu wahren, nie aus den Augen zu verlieren.

„Zufolge dessen finde sie forthin gegründetes Bedenken, auf die jenseits proponirte FriedensBasis in ihrer ganzen Ausdehnung einzugehen. Da es jedoch dem französischen Gouvernement, nach eigenen Erläuterungen der französischen Gesandtschaft an diese ReichsDeputation, nicht um Vergröserung, sondern hauptsächlich um bestimmte natürliche Gränzen zu thun sey, so lasse man sich eine solche GränzBestimmung, wenn gleich auch mit einiger weitern Aufopferung, willig gefallen. Man wolle demnach als solche künftige Gränzen zwischen Teutschland und Frankreich den Rhein und die Mosel dergestalt in Vorschlag bringen, daß dem französischen Gouvernement die Wahl bleibe, die Uiberlassung der teutschen ReichsLande, die jenseits des Rheins und am rechten Ufer der Mosel liegen, oder derjenigen, die jenseits des Rheins und am linken Ufer der Mosel liegen, zu verlangen, und daß alsdann, mittelst etwa einiger Vorrükung einer hiernächst zu bestimmenden militärischen GränzLinie auf dem bei dem teutschen Reich bleibenden Theile, der französischen Republik auch in diesem Theile noch etwas mehr zugestanden werde. Weß Endes man von dem französischen Gouvernement nunmehr die Erklärung erwarte, welche Seite der Mosel es wählen, und was für eine militärische Gränze es auf der andern Seite zu verlangen gedenke. Daß aber bei einer so wichtigen Uiberlassung von Landen und Leuten die ReichsDeputation verpflichtet sey, doch auch auf Milderung des Schiksals so vieler dabei betheiligten ReichsStände, der unmittelbaren ReichsRitterschaft, und sonstigen ReichsAngehörigen, den möglichsten Bedacht zu nehmen, werde den Einsichten der französischen Gesandtschaft sicher nicht entgehen. Man müsse daher zugleich in der Anlage diejenigen Bedingungen, unter welchen man sich von Seiten der ReichsDeputation zu der andurch vorgeschlagenen alternativen Cession verstehen könne, und zugleich vorläufig einige weitere Artikel beifügen, welche bei dem gegenwärtigen FriedensSchluß zu berichtigen seyn werden. Man glaube hiedurch zur Beförderung des Geschäfts wesentlich beizutragen, indem durch den gegenwärtigen FriedensSchluß dennoch alle künftige Verhältnisse zwischen beiden Staaten mit einemmal deutlich bestimmt werden müßten, und es der französischen Gesandtschaft in dieser Hinsicht nicht unangenehm seyn werde, die Anträge, welche disseits bei der gegenwärtigen FriedensNegociation zu machen seyen, jezo schon einigermasen zu übersehen; wobei man ohnehin noch voraussezen dürfe, daß die Absicht des französischen Gouvernements nicht seyn könne, diejenigen teutschen ReichsLande, welche man nicht zum Gegenstand der Uiberlassung wähle, längerhin mit Truppen der Republik besezt zu halten."

Punkte, welche obiger Note beigelegt sind.

1) Daß die Flüsse, welche man zu künftigen Gränzen in Vorschlag bringt, zur Hälfte unter Bothmäsigkeit des teutschen Reichs verbleiben, und daß vorzüglich in Rüksicht des RheinStroms der 18 Art. des Ryswicker und der 6 Art. des Badener Friedens, nebst bisherigem völkerrechtlichem Herkommen, bei der disfallsigen fernern Negociation zum Grunde gelegt werde, auch ferner in Rüksicht der Zölle und andrer auf den GränzFlüssen bestehenden Rechten, Abgaben und Beschwerden eine Uibereinkunft zu treffen sey.

2) Daß in den zu überlassenden Landen jeder bei der ungestörten Ausübung der christlichen Religion, welcher er zugethan ist, so wie bei der freien und ungehinderten Nüzung der bisher besessenen Kirchen- und Stiftungs-, auch Armen- und Schul-Güter, Renten und Zinsen zu schüzen, und in allem, was zu jeder besondern kirchlichen Verfassung gehört, keine wesentliche Veränderung zu machen sey.

3) Daß die französische Republik allen und jeden Ansprüchen auf Souverainetät, Hoheit, Justiz- Lehen- und Domainen-Rechte, KammerBesizungen, Zinse, Zehnden und Gülten, Zölle, Brüken- Weg- und GeleitsGelder, in den bei Teutschland verbleibenden Landen, kurz, allen und jeden Eigenthums- und andern Ansprüchen, welche etwa von den zu überlassenden Landen hergeleitet werden möchten, namentlich der sogenannten Subrogation aux droits des Princes et états de la partie de la rive gauche à ceder sur les possessions situées sur la rive droite. entsage, so wie dagegen das teutsche Reich in seiner Eigenschaft als Staat, auf alle und jede Rechte dieser Art, vorbehaltlich jedoch der Fürsten und Stände (die unmittelbare ReichsRitterschaft mit eingeschlossen) deren Länder überlassen werden, feierlichst verzichte.

4) Daß der unbeschränkte Genuß aller den ReichsStänden (die unmittelbare ReichsRitterschaft mit eingeschlossen) in denen zu überlassenden Ländern zustehenden Patrimonial- Privat- und andern Güter, namentlich der Forsten, Berg- und SalzWerke, Fabriken, Eisen- und KupferHämmer und aller Anstalten, die im Französischen unter der Benennung Usines bekannt seyen, verbindlich zugesichert keinem rechtmäsigen Besizer unter irgend

einem Vorwand entzogen, sondern denselben zur freien Disposition freibelassen, auch ein hinlänglicher Zeitraum, während dessen dieses Eigenthum nicht anders, als jenes der französischen Unterthanen zu behandeln und mit Abgaben zu belasten sey, zu deren freiem und unbeschränkten Verkauf, auch Wegzug, bestimmt werde.

5) Daß eben so den gedachten ReichsStänden, der unmittelbaren ReichsRitterschaft, den sonstigen ReichsAngehörigen, auch allen und jeden Unterthanen, weß Standes und Würde sie seyn mögen, für alle in den zu überlassenden Landen ihnen zustehende Rechte und PrivatEigenthum aller Art gleiche verbindliche Zusicherung der Erhaltung des ungestörten Genusses und Besizes, des freien Verkaufs und Wegzugs geschehe.

6) Daß den ersagten ReichsStänden und der freien ReichsRitterschaft für die in den zu überlassenden Landen besizende Hoheits- Justiz- Domanial- und LehenRechte, auch Zölle, Landes- und DefensionsAbgaben, FiscalRevenuen (insofern ihre Erhaltung für dieselbe mit den Grundsäzen der französischen Regierung unverträglich erachtet werden sollte) von der französischen Republik Entschädigung geleistet werde.

7) Daß alle seit dem Anfange des Kriegs von der französischen Republik in Betref der in dem 4 und 5 Art. benannten Gattungen von Eigenthum vorgenommene Sequestrationen und Confiscationen aufgehoben, und diese Besizungen ihren rechtmäsigen Eigenthümern wieder zurükgegeben, oder falls solches in Natura nicht mehr thunlich sey, der Ersaz mit dermalen vollgiltigen ZahlungsMitteln geleistet werde.

8) Daß allen und jeden teutschen StaatsBürgern geistlichen und weltlichen Standes, wie auch allen und jeden geistlichen und weltlichen Stiftungen, Corporationen, Universitäts- und SchulAnstalten, welche auf dem disseitigen RheinUfer seßhaft oder belegen sind, das Eigenthum und die unbeschränkte Nuzung derjenigen Güter und Pertinenzien gelassen werde, so sie bis dahin auf dem linken RheinUfer besessen haben, und zwar ohne alle Einschränkung und Bekümmerniß.

9) Daß zur Bezahlung aller von teutschen unmittelbaren ReichsAngehörigen und Unterthanen an die französische Bürger oder an die französische Nation selbst, aus was immer für einem Titel habenden GeldFoderungen, die blos wegen des Kriegs angelegten Sequesters und ZahlungsVerbote aufgehoben, und ein gleiches auch teutscher Seits zugesichert werde.

10) Da die meisten Länder, welche in die französische Botmäßigkeit kommen könnten, auch die Zölle und sonstige WasserEinkünfte wegen darauf haftenden beträchtlichen Schulden verhypothecirt, und diese Hypotheken theils auf eigene Theile und Gefälle dieser Lande, theils auf die Lande im Ganzen gestellt seyen, so seye zu bedingen, daß die französische Republik diese Schulden samt rükstehenden Zinsen, insofern sie diese Unterpfänder acquirirt, als eine auf denselben haftende Last, nach den

bei der Darleihung stipulirten Bedingungen übernehme, und folglich, wenn ihr das ganze Land zufällt, diese SchuldenLast ganz, wenn sie aber nur einen Theil erhält, solche pro rata auf sich nehme.

11) Daß die französischen Geseze gegen die Emigration in denjenigen teutschen ReichsLanden, welche izt erst rechtlich überlassen werden, nicht angewendet, die desfalls bereits erlassenen Verfügungen zurükgenommen, und die Einwohner dieser Lande, welche sich etwa wegen KriegsGefahren entfernt haben möchten, weder an ihrem Vermögen noch sonst auf irgend eine Art gekränkt werden.

12) Daß niemand wegen seiner Anhänglichkeit an seine vorige Herrschaft und politische StaatsVerfassung verfolgt, oder ungleich behandelt, vielmehr der etwa deshalb an Haab und Gut erlittene Verlust baldigst ersezt werde.

13) Daß alle diejenigen Personen, geistlichen und weltlichen Standes, welche ohne ihr Verschulden ihre Besoldungen, Benefizien, Emolumente, oder irgend sonstige Unterstüzungen und Einkünfte, oder auch ein Unterkommen durch neue Einrichtungen und Organisationen ganz oder zum Theil verlieren würden, eine billigmäsige Entschädigung oder Versorgung erhalten.

14) Daß so wie vorstehende Bedingungen auch auf die im Elsaß und Lothringen betheiligten Stände und Angehörigen des Reichs und deren Besizungen, insofern solche auf sie Anwendung leiden, zu richten; also in Ansehung nur besagter Stände und Angehörigen des Reichs noch insbesondre zu bedingen sey:

a. Daß ihnen wegen des Verlusts, den sie seit der Revolution durch die getroffenen neuen Einrichtungen auf so mancherlei Art erlitten haben, ein verhältnißmäsiger SchadenErsaz angedeihe.

b. Daß ihnen ihr Eigenthum und alles, was sie vor Ausbruch der Revolution besessen, mit der Erlaubniß, solches veräussern und Abschoßfrei abführen zu dürfen, eingeräumt und verabfolgt, und was nicht mehr vorhanden, billigmäsig vergütet, auch bei den Successionen ihren HausVerträgen nachgegangen werde.

c. Daß man die Diener und andre Personen, welche wegen der Revolution die Elsässische und Lothringische Besizungen ermeldter Stände und ReichsAngehörigen verlassen haben, nicht als Emigrirte betrachte, und mithin die auf die EmigrantenListe schon gesezte ausstreiche, sofort ihnen alles restituire und vergüte, was sie in Beziehung auf diese Auswanderung verloren haben.

d. Daß wegen der besondern RechtsVerhältnisse und verschiedner Zuständigkeiten, welche einige der mehrbesagten Stände und Angehörigen des Reichs durch die vorigen ReichsFriedensSchlüsse und Lettres patentes erlangt haben, eine Uibereinkunft mit den Betheiligten sich ausdrüklich vorbehalten werde.

15) Daß auf die in dem gegenwärtigen Krieg gemachten Geld- und NaturalRequisitionen, Contributionen und andre Foderungen, insofern solche noch nicht geleistet worden, kein weiterer Anspruch mehr gemacht werde.

16) Daß die wechselseitigen CommercialVerhältnisse näher bestimmt, und die RheinSchiffahrt nicht nur so weit als der Rhein die Gränze zwischen Teutschland und Frankreich ausmache, sondern durch gemeinsame Uibereinkunft mit der Batavischen Republik festgestellt werde, damit der RheinHandel nirgends willkürlichen Störungen ausgesezt seyn möge.

17) Daß für alle künftige Fälle für die AufenthaltsOrte des teutschen ReichsTages und des ReichsKammerGerichts eine unverlezliche Neutralität und durchgängige EinquartirungsFreiheit festgesezt und verbindlich zugesichert werde.

18) Daß die französische Republik dem teutschen Reich die annoch in Strasburg befindlichen reichskammergerichtlichen Acten zurükstelle. Rastadt, den 2 März 1798."

10.

Note der fränkischen Bevollmächtigten, vom 13 Ventos VI (3 März 1798.)

„Die Unterzeichneten haben die Note der ReichsDeputation erhalten, die gestern Abend durch den Herrn Grafen von Metternich, bevollmächtigten Minister Sr. Majestät des Kaisers, an sie geschikt wurde. Hier ist die Antwort:

„Die fränkische Republik hat gleich Anfangs, mit einer Offenheit, von der sie sich nie entfernen wird, die Basis angegeben, ohne welche kein Friede gemacht werden kan. Es ist bereits in den vorhergehenden Noten gezeigt worden, daß sie angemessen, gerecht und nothwendig sey. Das Interesse beider Staaten erheischt sie."

„Die Republik konnte erwarten, daß man, alle Umgehungen und Ausflüchte vermeidend, ihr mit derselben Offenheit antworten würde. Es ist Zeit, diesen Discussionen ein Ende zu machen.

„Die Minister der fränkischen Republik verlangen daher von der ReichsDeputation eine positive Erklärung, ob sie der vorgeschlagenen Basis beitreten wolle, oder nicht?

„Rastadt, den 14 Ventos im 6 Jahr der Republik.

Treilhard, Bonnier."

11.

Note der ReichsDeputation, vom 11 März 1798.

(Bedingte Abtretung des ganzen linken Rheinufers.)

„Man habe aus der jüngsten Note der französischen Gesandtschaft vom 4 März (14 Ventos) ersehen, daß das beharrliche

Verlangen des französischen Gouvernements unabänderlich darinn bestehe, daß man disseits der proponirten Basis, nach welcher der Lauf des Rheins die Gränze beider Staaten werden solle, beitreten möge. Die ReichsDeputation habe durch die so sehr beträchtlichen, in den vorigen Noten vorgeschlagenen Anerbietungen bereits die Nothwendigkeit anerkannt, daß von Seiten des Reichs der allgemeinen Ruhe ein Theil des ReichsGebiets zum Opfer gebracht werde. Da nun aber alle diese Anerbietungen nicht als genügend angenommen, sondern in der angezogenen Note unumwunden erklärt werde, daß ohne den Beitritt zur vorgeschlagenen Basis kein Friede geschlossen werden könne: so habe die ReichsDeputation, zur Erlangung dieses so sehnlich gewünschten Friedens, auch das lezte Mittel zu erschöpfen, nunmehr für unvermeidlich erachtet, dem so bestimmten Verlangen des französischen Gouvernements nachzugeben, und sie wollte demnach, jedoch unter Voraussezung:

a. Daß die gänzliche Zurükziehung der französischen Truppen von der rechten Seite des Rheins sofort erfolge, und keine weitere KriegsPrästation daselbst stattfinde,

b. Daß die französische Republik, ausser der Uiberlassung der teutschen ReichsLande jenseits des Rheins, sonstige Foderungen und Ansprüche von irgend einer Art an das Reich nicht mache, und daß

c. wegen der mit der Note vom 3 März den bevollmächtigten Ministern der französischen Republik überreichten Punkte das Erfoderliche in der angetragenen Maase bei der weitern Unterhandlung festgesezt werde,

der französischer Seits proponirten FriedensBasis hiemit beitreten.

„Da es jedoch dem französischen Gouvernement blos um gute natürliche Gränzen, nicht aber um Vergröserung zu thun sey; da Frankreich die Aufrechterhaltung der teutschen Verfassung und den Wohlstand Teutschlands wolle; da jeder Strich Landes auf der linken RheinSeite, den man bei Teutschland erhalte, für das Reich von äusserster Wichtigkeit sey: so hoffe man zuversichtlich, daß das französische Gouvernement, wenigstens noch für den lezten Strich der teutschen Lande am UnterRhein, nemlich vom Ursprung der Roer bis wo sich solche in die Maas ergießt, sodann aufwärts von dem Ursprung der Nette bis wo diese in den Rhein falle, einer Ausnahme stattgeben, und solchen Strich Landes dem teutschen Reich zu überlassen sich noch entschliessen werde."